山大第一

刘培平　主编

山东大学出版社

图书在版编目(CIP)数据

山大第一/刘培平主编.—2版.—济南:山东大学出版社,2017.10(2019.8重印)
ISBN 978-7-5607-4491-9

Ⅰ.①山…
Ⅱ.①刘…
Ⅲ.①山东大学—概况
Ⅳ.①G649.285.21

中国版本图书馆CIP数据核字(2011)第200283号

山东大学出版社出版发行
(山东省济南市山大南路20号 邮政编码:250100)
新华书店经销
济南华林彩印有限公司印刷
787毫米×1092毫米 1/16 32.5印张 637千字
2017年10月第2版 2019年8月第3次印刷
定价:68.00元

《山大第一》编纂委员会

编写说明

山东大学是中国近代高等教育的起源性大学。其源头可以追溯到登州文会馆，为近代中国高等教育历史之最。1901年创办的山东大学堂，是继京师大学堂之后中国创办的第二所国立大学，也是中国第一所按章程办学的大学。从诞生起，学校先后历经了山东大学堂、国立青岛大学、国立山东大学、山东大学以及由原山东大学、山东医科大学、山东工业大学三校合并组建的新山东大学等几个历史发展时期。一百多年来，山东大学秉承“为天下储人才”“为国家图富强”的办学宗旨，踔厉奋发，薪火相传，在各个学科、各个领域涌现出了大批杰出的人才，取得了丰硕的成果，为中国高等教育的发展做出了重要贡献。

2011年10月15日，是山东大学建校110周年纪念日。为了弘扬山东大学优良传统和学风，激励广大师生学习先贤，奋发进取，提升山东大学的社会影响力，推动学校科学发展，加快建设世界一流大学的步伐，我们编辑了《山大第一》。该书旨在介绍山东大学的历史和主要成就，让世人走近山大，了解山大。

本书收集了从山东大学的起源登州文会馆、山东大学堂的成立到山东大学发展的各个时期在全国各个领域属于第一的人物和事件138条。由于时间仓促，只是选编了部分人物和事件，难免有遗漏，我们还将继续选编相关的人物和事件。同时，由于编写人员的水平参差不齐，文章的体例和内容不尽统一，敬请读者谅解。

听山大故事　做山大才俊

——在山东大学 2009 级学生开学典礼上的演讲

徐显明

尊敬的各位来宾、各位老师，亲爱的全体新同学：

大家晚上好！

今晚注定是个美好的夜晚，它将永远铭刻在你们的记忆中。见证今晚这个历史时刻的还有大家身后的兴隆山，它正默默地给予我们刚毅和力量；在我们的头顶，则是灿烂的星空，它让我们感到深邃和空灵。如果再联想得远一点，我们的威海分校毗邻着的浩瀚的大海，在那里可能正惊涛拍岸，波浪会用另一种形式庆祝我们所举行的活动。我们今晚与大自然是如此地亲近。在这样一个心旷神怡的夜晚，在大自然的博大的怀抱中，我们所举行的山东大学 2009 级新生开学典礼，更平添了一份神圣和庄严，更多了一层深刻的内涵和启示。这不仅仅是一种欢迎仪式，更是同学们思考人生新起点的开始。在这里，我代表学校、代表全校广大师生员工，向以优异成绩考入山东大学的一万五千名 2009 级本科生、研究生新同学表示衷心的祝贺和欢迎！希望你们今晚能有难忘的收获。

同学们，你们跨入的这所大学是值得你们骄傲的。在未来的几年中，你们将用一生最宝贵的年华在这里书写青春的历史。从今天起，山东大学将伴随你一生，将成为你们未来事业永远的加油站。校长在这个时候向你们致辞，意义之一是帮助你们认识这所学校，以便大家以最快的速度融入她。意义之二是帮助你们逐步变成一个杰出的山大人。

好的大学是由无数美妙的故事组成的。山东大学就是一所有着无数美好故事并令人向往的大学，今天晚上我想先给你们讲几个故事。

刚才发言的同学提到山东大学已经有一百多年的历史了，但是靠什么来证明我们的历史呢？山东大学最初建址的泺源书院已经荡然无存，我们无法用建筑物来表达自己的过去。目前唯一能证明我们百年历史的证据是一份官方文献。它就是1901年由袁世凯奏呈朝廷而由光绪皇帝御批的《山东大学办学章程》。这个章程在哪呢？2000年我访问台湾时，专门委托台湾大学的孙震校长帮助寻找这份章程，因为我们确信它就藏在台北的故宫博物院里。孙震先生现在是我校的校董，他以山东人特有的仗义和热情满足了我们的这个请求。2001年山大迎来一百周年校庆的时候，从台湾拓来的《山东大学办学章程》终于回到了山东大学的怀抱。今年3月份，朱正昌书记率团访问台湾，向台湾方面提出请求，要看看这个办学章程的原件，台湾故宫博物院虽费周折但最终也满足了我们的要求。当朱书记带领代表团，戴上手套、口罩，抚摸到这份章程的时候，同学们想一想，朱书记的指尖实际上已经触摸到了我们山东大学一百零八年的厚重。

我们为什么这样看重这份章程？因为章程既是我校起源的证据，也是我校精神与品格形成的开始。章程中在表达山大办学宗旨时有如下的话，我背给同学们听一下。“公家设立学堂，是为天下储人才，非为诸生谋进取；诸生来堂肄业，是为国家图富强，非为一己利身家。”“为天下储人才，为国家图富强”就是我们山东大学成立第一天起就承担的历史使命。百余年间，我们就是为了实现这个使命而存在的。山大的“天下”观，表明了我们的博大，山大的“国强”观，表明了我们的责任。

这是我给同学们讲的第一个故事，这个故事告诉大家，你来山大读书，目的是什么，责任是什么！

第二个故事。1996年山东大学迎来95年校庆的时候，有一位80多岁的老人不请自到。这位老人颇受全体山大人敬重。当大会主持人介绍他的名字时，全场响起长时间雷鸣般的掌声。这位老人的一句话使参加校庆的全体师生大为吃惊。他说：“我是回母校来表达一个学子心情的。我是山大的一个老学生。”这位老人回忆了1926年他在山东大学求学的经历。当时的山东大学实行大学高中一体化的办学模式，他在山东大学附中读书，读了四年，到1930年考到清华去，从清华又到了哥廷根大学，50年代初又回到了北京大学，成为全国当时最年轻的一级教授和中科院哲学社会科学学部的学部委员。

我想大家一定知道这个人是谁了。他来参加校庆，目的是要感谢山东大学。他说了这样一个故事：他在山东大学附中读书的时候，对一些经史的科目不感兴趣，用他自己的话讲，“大明湖里青蛙的叫声比老师讲得好听”，所以他对大明湖里的青蛙感了兴趣。当时山东大学的校长叫王寿彭，是清末状元，1903年进士及第。他发现这个学生非常聪明，就对这个学生进行单独点拨。王寿彭劝这个学生把精力放在学术上，并与其约定，如果这个学生年终考试能考第一名，就给他一份奖励。这个学生对校长非常崇拜，很希望能求得校长的书作。

王寿彭是清末有名的书法家，时人以得其片纸寸缣为荣，尤其是他所做的扇面书作，被称为精品。他答应了这位学生的要求，只要这个学生考第一名，他就允诺为这个学生写一幅字，还要给他做个书题扇面。到年底，这个孩子果然考了第一名，校长没有食言，赠送了两件礼品给他，这两件礼品是这个学生一生中最珍视的东西，直到晚年他还不断向他的学生和世人述说他获得书赠的故事。所以他到山东大学来告诉我们，他原来只想像他的叔叔一样做个小职员，在一个当铺里面拨拉算盘就可以了，是山东大学改变了他的人生，是山东大学给了他学术的方向，他永远感谢山东大学，他是回来寻根的。他这次来山大，带来了他主编的比《永乐大典》和《四库全书》规模都要大的两套《传世藏书》回馈母校。这位老人就是季羡林。

这个故事告诉我们，大学是改变人生方向和人生命运的地方。

我还想给大家讲一个上世纪30年代的山东大学的故事。30年代的山东大学，名师集聚。老舍、游国恩、沈从文、梁实秋、洪深、王统照等名家都在山大任教，而闻一多是文学院的院长。作为教师，闻一多素来是十分苛刻的。在他眼里，给学生打10分就表明这个学生有一定的才分；给学生60分，这个学生就是十分优秀的；但是这次他破例给了一个来参加考试的学生98分，而这个考生的数学考了0分。闻一多把这个学生的情况向当时的校长杨振声作了汇报，杨校长给闻一多院长自主录取的权利，这个学生后来就被破格录取了。这个学生后来成为当代诗坛的常青树，被誉为现代诗圣。他就是在山大读书期间就以《烙印》诗集震动诗坛的臧克家。

大学是创造奇迹的地方。中学教育能够使人成其为人，而大学的神奇之处，就在于她能使人成其为才。这就是臧克家的故事留给我们的启示。当时有两道试题，臧克家完全可以只做一道。一道题叫作“你为什么投考山东大学”，另一道叫作“杂感”。臧克家当时把两道题都答了。第一道题答得如何我们不得而知。第二道题的内容现在流传下来了。臧克家在杂感中有三句话打动了闻一多，“人生永远追逐着幻光，但谁把幻光看作幻光，谁便沉入了无底的苦海”。正是这三句充满哲理的话使闻一多动情。闻一多给了臧克家机会，臧克家则创造了奇迹。同学们，山东大学就是这样一个给学生机会，让学生创造奇迹的地方。

我要给大家讲的第四个故事，发生在上世纪的50年代。当时山东大学在青岛办学。有一位文学院的学生博览群书，但他同时对自然科学很感兴趣。他很愿意听当时“冯陆高萧”四大名家的课。冯沅君是冯友兰的妹妹，是山东大学的一级教授，在现代文学史上是绕不过去的才女。陆侃如是山东大学的一级教授，在法国的巴黎大学取得的博士学位。巴黎被认为是当时世界的汉学中心。

他在巴黎大学留学的时候，法国教授给他出了一道题，问他“中国的长诗叫《孔雀东南飞》，为什么孔雀东南飞”？陆侃如用法国的一个长诗篇名来对答，说因为《西北有高墙》。《西北有高墙》在法国文学史上的地位等同于中国文学史上的《孔雀东南飞》。他的妙答被认为是中外文学史上的一个绝对。就这一句话，打动了法国的汉学家们，他们认为他获得博士学位是当之无愧的。高亨教授在周易的研究上现在还是一座高峰，同学们有时间一定要读他的代表作《周易大传》，毛泽东更愿意读的是他的《商君书注译》。高亨先生也是一级教授。还有在山大成名的萧涤非先生是唐代文学研究的代表性人物，它领唐诗研究风骚数十年。我们这位校友凡是“冯陆高萧”的课一定要去聆听，除此之外的时间和精力他用在了自然科学上。他尤其对数学更感兴趣。就是这样一位校友，后来做了共和国的财政部长。在我们一百年校庆的时候，他回来了，代表校友致辞，他脱开稿子讲了一段非常幽默的话：“我是学文学的，有什么资本后来去做那个沾满了‘铜臭味’的工作(他是讲担任财政部长)？是因为我在母校修了很多数学方面的课，尤其是莫叶教授讲的数学史深深地吸引了我。所以我现在每年算账几千亿没有出过错。”这位校友对山大有很深厚的感情，当他离开山东大学的时候，他和他的同学约定，每年的10月份要在北京北海的一棵树下见面，几十年如一日，这位校友就是项怀诚部长，是一位文理兼通的才子。

这个故事告诉我们同学，学文科的，一定不要放弃对自然科学的追求，学理科的一定要有人文素养。他现在不做部长了，但他现在担任全国桥牌协会的会长。对桥牌的兴趣，也是他在山东大学听数学课的时候培养而成的。文理兼通的人，兴趣也高雅。山东大学是名家雅士的乐园。

我再给大家讲一个70年代山东大学的故事。山东大学有多位教师参加了1978年召开的第一届全国科学大会，当时全国科学大会的常务主席是童第周先生，他是中科院常务副院长，中科院的院长是当时卧病在床的郭沫若。童第周是在山东大学副校长的这个任上到北京工作的，他被认为是中国生物科学的奠基人。他在任山大教授和生物系系主任期间发明了“童鱼”。同学们，以中国人的名字命名的世界性的概念不是太多，“童鱼”是一个，“夏道行函数”“夏不等式”是一个，这两项都出自山东大学。

童第周主持的科学大会向与会者颁发了五个自然科学的一等奖，我们国家第一次设立自然科学一等奖，这是当时国家的最高奖。五个一等奖里面有两项是由山东大学完成的。一项是哥德巴赫猜想。我们同学可能知道一位大数学家陈景润，但完成哥德巴赫猜想的有三个人：获奖证书上依次排列着王元，他是当时中科院数学所的所长；陈景润，他是中科院数学所的研究员；第三位的是山东大学的潘承洞。报告文学的作者徐迟当时采访了王元和潘承洞，但是在他们二位身上只看到了数学家的严谨，而找不到文学家想要的“文学点”，最后在另一位的身上发现很多的故事：比如说当陈景润一脑袋撞到电线杆子上的时候，他马上向电线杆子鞠躬说“对不起”，因为他正在思考哥德巴赫猜想；开人代会了，大家都上车了，发现少了一个人，最后工作人员在厕所里找到了他，他正在用厕纸演算哥德巴赫猜想。这些故事经过文学家的妙笔生花，就变成了上世纪影响最大的报告文学名篇，其篇名与自然科学大会闭幕式上的闭幕词相同，陈景润由此成为科学的代名词。这篇报告文学影响了两代人。这篇报告文学有着时代性贡献，它的影响力甚至大于50年代魏巍的《谁是最可爱的人》。但是，由于这篇报告文学只突出了一个人，王元与潘承洞这两个对哥德巴赫猜想做出同样研究贡献的人，竟被学界以外的人遗忘了。

另一项一等奖是量子化学中的“配位场理论”，属于化学的新领域。获奖者中有山东大学的邓从豪院士。1978年的五项一等奖中有山大的两项，而主持大会的又是山东大学输送的生物领域最伟大的科学家。有人说，这次大会，就是山东大学的大会。

这个故事我要告诉同学们，什么是大学，大学就是研究大学问和高深学问的地方。

山东大学的故事很多，今天不可能一一讲完。如果每二十年有一个代表性的故事的话，我还应该再讲一个。这就是发生在两个世纪相交的2000年7月22日的故事。这一天，山东大学、山东医科大学、山东工业大学三校完成了合并，组建成为我们今天的新山东大学。这个故事到明年才满十年。山东医科大学，合并前已有97年的历史，是中国最早的四所医学院校之一，其前身就是誉满学林的齐鲁大学，合并前隶属国家卫生部。山东工业大学，合并前已有半个世纪的历史，是进入“211”工程建设的国内著名工科院校。两校各有其辉煌，且名师荟萃，有许多领域在国内举足轻重，是行业内公认的领袖大学。三校合并后，山东大学进入了发展史上的第三个黄金时期。

这个故事是要告诉同学们，你们来到了一所正站在历史新起点上的大学，你们将与她一起创造新的辉煌。

综上六个故事，大家就该对山东大学有一个概貌式的了解了。我把这所大学的特色归纳如下：

其一，山东大学是历史名校、百年名校。中国近代第一所真正意义上的大学是1895年洋务运动中兴办的天津西学学堂，后更名为北洋大学，即今之天津大学；第二所是1896年创办于上海的南洋公学，即今之交通大学；第三所是清政府于1898年创办的京师大学堂，即今之北京大学；第四所是清政府于1901年以济南泺源书院为校址兴办的“山东大学堂”。前两所为私立，后两所为官办。我校是京外的第一所官办大学。早期的中国大学，无论官办私立，都是“教育救国”理想下的产物，而学校精神都秉承着“实事求是”，这是我校的底蕴。我校是近代中国高等教育的发源性大学之一。

其二，山东大学是中国第一所按章程办学的大学。自我校章程上奏朝廷后，光绪二十七年十月，学部大臣张百熙将我校章程转饬其他各省，要求各省参照办理。此后的各省将书院改学堂的奏报中，均直言不讳，称所改学堂“课程、等级、班次，不外山东章程”。按章程办学，是我校对中国高等教育的创造性贡献。

其三，山东大学是中国目前学科门类最齐全的大学，是综合性大学的代表。早在20年代末30年代初，我校即因综合性而被国民政府确名为“国立山东大学”。1952年院系调整时，我校的地质、测绘、工学、教育学、艺术、戏曲、农学等学科被调至南京、武汉、长春、成都、郑州等地所在著名高校，但仍以文理为特色，被教育部确定为为数不多的全国重点综合性大学。目前，我校的本科专业多达百余个，二级学科博士点近二百个，这两个数字都列全国高校前列。目前全日制在校学生数达近6万人，列全国之首。山东大学是中国正规办学规模最大的大学。

其四，山东大学是一所有学科优势和特色的高水平研究型大学。名师云集，辉煌不断。早在30年代，我校即以“文史见长”著称学林，后又形成“海洋学科远东第一，生物学科中国最好”的优势，但因1958年学校由青岛迁至济南，海洋学科留青岛独立办学，学科优势受到削弱。上世纪末三校合并以来，除文史特长继续保持外，新发展的金融数学、晶体材料、凝聚态物理、胶体界面化学、微生物、机械、材料学、心脑血管、新药制造、公共卫生、中国古典哲学等学科均是国内一流水平，有些方向和领域已处在世界水平。彭实戈院士将在2010年的世界数学大会上作一小时报告，这是只有世界领袖级科学家才能获得的地位和殊荣。

其五，山东大学是一所以德性而著称的大学。她既有山一样的仁爱，又有海一般的包容。山大地处齐鲁文化之发源地，得儒学文化之地利，有丰富的历史与道德资源。她既是中国传统文化研究的代表性大学，也是中国美好道德传承的代表性大学。从这所大学走出的国家级领导人已达十余位，军中将帅已达几十位，共和国的省部长已达百余位，学界领袖遍布所有学科领域，经济巨子、文化名流、社会栋梁、国民表率不计其数。如果要把山大与北大、清华作一比较的话，可以打这样的比方：北大如水，包容而自由；清华如云，高远而自然；山大如山，仁爱而自在。山大的校德，体现于师德。山大教授的潜心为学，求真务实，挚爱学生，爱岗敬业，在中国高等教育接受市场洗礼的过程中是难能可贵的。那些安贫乐道的教师尤令人敬佩，师德既代表校德，又塑造生德，山大的德性不输于国内任何一所大学。

综上，就是校长要帮助大家认识的山东大学，希望大家能够感悟她、认同她。

下面，我想再帮助大家逐步变成一个优秀的山大人。我要提出几点建议与大家共勉：

第一，希望大家成为一个“学会了学习”的山大人。大学阶段的学习和高中阶段的学习有三个不同：第一个不同，高中阶段的学习以常识为对象，大学里不再是学常识，而是学科学。科学的特点，一是无尽头，二是不断有新发现。第二个不同，高中阶段的学习，大家是被动地根据老师的安排来进行，到了大学里，大家必须主动去学习。谁能学会主动学习，谁就学会了大学生活。谁如果还是被动地等着老师来安排学习，谁就会把大学当成“高四”。第三个不同，高中阶段的学习是全面而零散的，不系统的，大学阶段的学习是专业的，知识是系统的，大学要给大家一种完整的某个专业的知识结构。这就是大学和中学的不同。我想特别告诉大家，学习知识固然重要，而学习获得知识的方法更重要。所谓的学会学习就是学会学习的方法。知识会因为更新而被忘记，但是方法将伴你一生。在大学一年级里，大家要把学会学习作为第一要务。

第二，希望大家做一个“有教养”的山大人。知识的多少，只表明你的阅读范围的宽窄和记忆力的强弱，能够运用知识才是你的能力，把运用知识的能力内化为内在的素质时，你开始变得出类拔萃。如果把这种素质再向德性上升华一步，我想你的人格就开始走向完善了。把知识、能力、素质统一于德性中的人，就是一个有教养的人。在道德和才能这两者的比较上，同学们可能知道司马光的名言。德才兼备的人，被称作“圣人”，这样的人在社会上可能只是极少数；更多的是第二类的人，叫作“以德胜才”的人，德行超过了才能，这样的人才被称为“君子”；反过来，“以才胜德”的人被认为是“小人”；既无德又无才的人，是“愚人”，是“废人”。我不要求同学们都变成圣人，但我希望你们中最有教养的那部分能接近圣人，哪怕是只摸到圣人的脚尖。我希望更多的同学能够变成君子。君子喻于义，君子不能不弘毅。君子表现于言行，表现为对人的尊敬，对施恩的反报，对未知的敬畏，对仁义礼智信的践行；表现为学会倾听，表现为孝敬，表现为包容，甚至表现为不闯红灯、不随地吐痰和不出脏言。

第三，希望大家能够做一个“学会创新”的山大人。自然科学最高水平的创新是创造新的知识，学习数理化生的同学，你要用一生的努力去创造一个概念、一个定理、一个公式；工程技术类学科最高水平的创新是创造新的方法，这是我们工科的同学应做的贡献，要去创造新工艺、新流程、新途径、新手段；社会科学最高水平的创新是创新思想，学习社会科学的同学要做有思想的人；人文学科最高水平的创新是创新一种文化。文学、史学、艺术等学科，要让人们改变生活方式，要提高人的品位。这四个创新，几乎把我们山东大学所有的学科都涵盖了。创造是很难的，但是，能否创新，就把人的平庸与杰出区分开了。希望大家能够成为一个能创新的人。即，在任何时候，都是一个有想法的人。

第四，希望大家能够成为一个“无愧于山大人称号”的人。什么样的人能够代表山东大学呢？要看他身上是否有由山东大学这个酵母为其发酵后留下的味道。一所大学的文化就像酵母一样，一所大学就是一个发酵池，进到山东大学这个发酵池来，总是要染上山东大学的味道。这个味道是什么？山大人历来是以学风扎实而著称的，我们不做那种夸夸其谈的人；山大人历来是以做事踏实而著称的，我们不做那种半途而废的人；山大人历来是以对事业的忠诚而著称的，我们不做那种朝楚暮秦的人；山大人做人是以老实、朴实、诚实而著称的，我们不做那种无信无义、口是心非、说做不一的人。山大人讷于言而敏于行，山大人是攀高不停而有后劲的人。这几个“实”字就是山大的校风、学风，也就是我们的“德风”。这几个“实”字在你身上体现出来了，你身上就有了山东大学的味道。你就可以自豪地说，你已能对得起“山大人”这个称号了。

校长想向新山大人表达的还有很多，但在今天这个特别的仪式上，我只想着重点突出以上两点，希望能大家能受到启发、有所收益。请大家记住这个夜晚。其实我内心更希望的是大家能在若干年之后，成为另一位校长在迎新典礼上所讲的新故事里的新主人公。

这也是我今天对大家的祝语。

目　录

登州文会馆

登州文会馆是1864年由美国北长老会传教士狄考文创办的私立学校，1876年改称“文会馆”，1881年开设大学预科，1882年纽约长老会总部批准以tengchow College（登州学院）为学校英文名称，以“文会馆”作为中文名称。文会馆是中国最早的现代型大学，为中国早期高等学堂输送了大批师资力量。

1864年1月，美国基督教传教士狄考文携其新婚妻子抵达登州，进行传教活动。但在传教过程中，他亲身领略了成年人的“敌视”情绪，从而萌生了培养儿童的想法。在其妻的协助下，狄考文租了座废弃的寺院，办起了蒙养学堂。第一期只招到六名学生，都是贫农子弟。狄考文不仅免去了学生的学费，还提供衣履、靴袜、饮食、笔墨、纸张、医药、灯火及归家路费。这六名学生，除一人读过一年私塾，其余皆“不知读书为何事”者。学堂是启蒙性质的，狄考文聘请了一位受洗入教的中国儒师教授经学，他亲自教常识、算术，他的妻子教授地理、音乐，还请了一位中国老妇人“司厨”。

蒙养学堂的学制为六年，由于学生流动性大，真正学完全部课程的人很少。至1872年，九年间共招收85人，“学满6年者仅4人”。不过这时学堂已有了一些声誉，在校学生已达22人，为学堂的进一步发展奠定了基础。同年，狄考文下决心提高学校层次，他为已毕业的学生又设计了4年课程。到1876年，学生邹立文、李青山、李秉义3人完成了全部10年的课程。狄考文为他们举行了隆重的毕业典礼，并将学堂定名为文会馆，宣布邹立文等三人为该馆的首届毕业生。

文会馆分备科和正科，读书九年。由狄考文亲自编写课本，包括数学、物理化学以及圣经、国学、英文；狄考文的妻子则讲授历史、地理、音乐等。文会馆大学部的课程主要有两大类：圣道文学、天化格算。具体是：四书五经、策论经义、中国史记、万国通鉴、福音合参、天道溯源、省身指掌、救世之妙、是非学、心灵学、富国策、圆锥曲线、微积分、天文学、代数学、地理学、地理志、地石学、测量学、数学、化学、乐法、体操。在教学实验设备方面，锅炉、蒸汽机、柴油机、电动机、发电机、铣床、电镀设备、磨光机、螺丝机，化学药品、瓦斯灯、烧焊用具、各种电池、显微镜、望远镜等一应俱全。当时在整个中国也没有几处设备这么先进、齐全的学校。也正是在登州文会馆时期，狄考文和教师邹立文合作，最早将阿拉伯数字引入中国。

为了加强学校管理，文会馆制定了一系列严格的规章制度让学生遵守，像礼拜制度、斋舍制度、讲堂制度、放假制度，以及一些禁令（包括禁烟、禁鸦片、禁酒、禁谎诈等）和赏罚条款等。同时，文会馆规定了严格的考试和升留级制度。考试分为日、季、年试。日试为口试，教习暗记分数；季考为笔试，主要考查学生对“学理”领悟情况；年考以数学、代数、五经为主，不及格罚令复学。正斋学生逐一通过六年的所有课程的考试，颁发列有所学课程的毕业文凭。

为了培养更高层次的人才，狄考文决定进一步提高办学层次，办一所大学。1881年，狄考文向美国长老会总部提交了把文会馆建设成为正式大学的计划书。其内容包括：登州文会馆扩建为大学，定名山东书院；在基督教影响下，对学生施以充分的中西学教育；所有课程都用中文教授；设立大学预科；逐步实现学生自备学费，尽快培养一批能胜任教学工作的中国籍教师；学校向中心地区迁移。1882年，美国纽约长老会总部正式批准文会馆为大学，并增派传教士帮助办学。学校规模又有了新的扩大。文会馆正斋学生，既可以从备斋学生中擢入，也可以从莱州、青州等地的教会中学毕业生中选取。

1897年9月5日，美国传教士路思义和妻子伊丽莎白斯受美国基督教差会长老会的派遣来到中国，路思义在文会馆担任物理教师。1897年至1900年间，正是中国大乱的年头。先是德国人占领胶澳（青岛），继则一百天的戊戌变法失败。全国上下，一股反洋仇洋的情绪在滋长。1900年春，义和团运动兴起，所有在华的外国人惶惶不可终日，文会馆的课也上不下去了。在登州的传教士纷纷去烟台转朝鲜汉城避难。决定尽快将登州文会馆迁至潍县。1904年，登州文会馆迁移潍县，与英国浸礼会在青州创办的广德书院中的大学班合并，更名广文学堂。1917年，广文学堂和青州的神学院迁济南，正式组成为济南齐鲁大学，下设文理学院、医学院、神学院。1929年，遵照南京国民政府法令，大学要在政府立案，不准开设神学院，神学院独立，称齐鲁神学院。

在中国传统教育根深蒂固的氛围下，登州文会馆一开始就采用了现代的教学制度和教学方法，在办学目的、方向和体制上冲破了传统教育的藩篱，使西方新的教学方法得以在山东立足，培养出了中国第一批有资格走上高等学府讲堂的能够用中国语言讲授自然科学的教师。

自1864年到1904年，登州文会馆办学40年，聘请的外国教习是很少的。除三任监督狄考文、赫士、柏尔根外，仅聘过三个外国人为正式教习。学校教授自然科学的教习主要由本校毕业生担任。前后留校任教的毕业生有20人之多。文会馆办学40年，培养出的正式毕业生仅200余人，人数虽少，但却对山东乃至全国的新式教育产生了重要的影响。

1898年，光绪皇帝采纳了维新派的主张，实行变法办洋学堂，聘任北美基督教新教长老会教士丁韪良为总教习，并授权他选聘刘永锡、于志圣、仲伟仪、王长庆、綦鸿奎、连英煌、朱葆琛等八名登州文会馆毕业生任数学、物理和化学等西学教习，还聘请多位汉学教习，共同创办了京师大学堂。

1901年初，慈禧发布实行“变法上谕”。当年旧历七月，下令废除八股。8月2日，又下令把各地书院都改为学堂，并要各省都设大学堂。山东巡抚袁世凯知道办洋学堂很重要，清军修械所的技师都是狄考文培训出来的，他还参观过登州文会馆的现代实验室并与校长狄考文和赫士私交甚深，恳请狄考文和赫士帮他创办山东大学堂。校长赫士博士亲自挂帅，率领文会馆教习张丰年(化学)、刘永锡(化学)、王锡恩(天算物理)、仲伟仪(汉学)、刘光照、王执中、姜渔渭、刘玉峰、周文远、李光鼎、罗绳引(汉学)，并挑选文会馆毕业的学生冯志谦、郭中印、连志舵、李星奎、王振祥、郭风翰、赵策安、张正道等人，还有赫士夫人富知弥和文约翰、维礼美森等美籍教习四人，沿用登州文会馆办学的方法、条规，采用文会馆的课本、教材及教学仪器设备，参照文会馆办学的各项经费开支编制预算，于1901年10月，在济南泺源书院创办山东大学堂。可见，登州文会馆在山东大学堂的初创阶段起到了很大的作用。

山东大学堂创办后，清政府谕令全国各省“立即仿照举办，毋许宕延”，于是，全国各省都遵照清廷严令，纷纷仿效山东办学的经验，争聘文会馆毕业的学生为教习。当年，除贵州外全国各省的大学堂，上海、天津等地官办的格致院、南洋公学、北洋师范、江南大学以及保定、奉天、云南的武备学堂，各省官办的师范、方言、法政、农业等学堂都聘请文会馆毕业生前去任教习。如李天相、宋景清、朱堡琛、陆之平、周云路、冯文修等任山西大学堂教习；朱学儒、生格敬、邵次明、王仰之、周益训、陶立等任云南大学堂教习。因各省办大学需要的师资太多，文会馆毕业生有限，且多在教会学校里任职，后来连文会馆肄业的学生也都被聘去。当年，慈禧太后还曾嘉奖袁世凯和赫士博士，并授命赫士替清廷制定全国的办学规划、方针、政策以及各种规章制度。

登州文会馆作为一所教会学校，能够长期存在并传播和介绍西方近代科学，并且有所发展，以至于发展成为著名的齐鲁大学。这种办学实践本身，就有力地冲击和改变了传统的教育观念和教育思想，使清末教育改革得以率先在山东顺利进行，继而遍及全国。正如于中旻博士在《狄考文与中国哈佛大学》和《翼报》中称："对于清末及民国初年，中国教育体制的建立，文会馆贡献很大。"

（李彦英）

山东大学堂

清朝末年，随着西方列强的不断入侵，中国民族危机和社会危机空前加剧。在变法维新思想的推动下，“废科举，兴学校”的潮流不可遏止。改革封建传统教育，逐步使中国教育近代化，已经成为中国近代教育发展的趋势。光绪二十七年八月初二日（1901 年 9 月 14 日），光绪皇帝正式下令全国各地书院分别改为大中小学堂，上谕云：“人才为庶政之本，作育人才，端在修明学术……除京师已设大学堂，应行切实整顿外，著将各省所有书院，于省城均改设大学堂，各府及直隶州均改设中学堂，各州县均设小学堂，并多设蒙养学堂。……”于是，各地纷纷遵旨办理，很快在全国范围内掀起了一个书院改学堂的热潮，山东大学堂就是在这种背景下创办的。

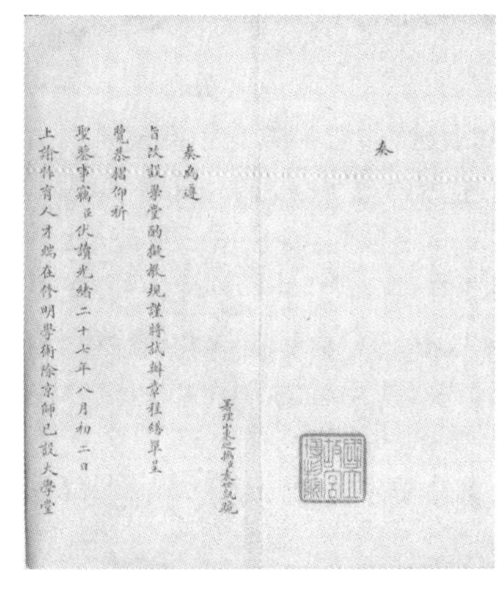

奏

奏為遵

旨改設學堂酌擬暫規謹將試辦章程繕單呈

覽恭摺仰祈

聖鑒事竊臣伏讀光緒二十七年八月初二日

上諭作育人才端在修明學術除京師已設大學堂

中国最早的大学章程——山东大学堂章程

光绪皇帝有关书院改学堂的上谕发布时，山东巡抚袁世凯正在家里休假，看到皇帝的谕旨后，立即组织人员起草了《山东试办大学堂暂行章程折稿》，于光绪二十七年九月二十四日上奏光绪皇帝，认为“国势之强弱，视乎人才，人才之盛衰，原于学校。诚以人才者立国之本，而学校者又人才所从出之途也。以今日世变之殷，时艰之亟，将欲得人以佐治，必须兴学以培才，顾学校不难于大兴，而规划实难于妥拟。……迨臣假期将次届满，适逢八月初二日谕旨。销假之后，当即钦遵饬各属一律举办，并筹资择地，先于省城改设大学堂，以为之昌，拟定试办章程四项：首议办法，次立条规，次订课程，次筹经费。请为我皇太后、皇上约略陈之”。奏请先在省城设立大学堂，分斋督课，其中专斋相当于大学，正斋相当于中学，备斋相当于小学。光绪皇帝于十月初六日朱批：“知道了。政务处及各该衙门知道。单并发。”奏陈得到清廷的照准，于是山东首先办起了一个官立山东大学堂，十月正式开学。这是继京师大学堂之后，在各省最早兴办的官立大学堂。

官立山东大学堂开始设在省城的济南泺源书院内，第一批招收新生300多名。第一任校长为袁世凯的智囊唐绍仪（当时称“管理总办”）（另一说为北国工业巨子周学熙）。延聘登州文会馆馆主、美国耶稣教长老会传教士赫士为总教习（相当于今日之教务长）。分专斋、正斋、备斋，分斋督课。聘请中西教习50余人，后增至110多人。

《山东试办大学堂暂行章程折稿》（以下简称“山东大学堂章程”）共分四部分：学堂办法、学堂条规、学堂课程、学堂经费，共计96节，对大学堂的各项管理制度和如何创办省城大学堂作了十分详尽的规定。

学堂办法规定：考各国学制，必先有小学而后升入中学，由中学而后升入大学，此通例也。大学堂内区分三等，一备斋，习浅近各学，略如各州县之小学堂；二正斋，习普通学，略如各府厅直隶州之中学堂；三专斋，习专门学。三斋之外，另设蒙养学堂，自7岁起至14岁止，8年内专令讲读经史，并授以简易天文、地舆、算术，毕业后选入备斋，再令讲求浅近政治，加习各科初级艺学，俟入正斋，又加深焉。现当创办伊始，所有中学、小学以及蒙学，均尚在议而未设之列，只可先用经义、史论考选学生，挑入备斋肄业，暂以三百人为定额。设总办、监督、教习各员。各种图书、仪器，先择应用者酌量购置，以供肄业。

学堂条规规定：课士之道，礼法为先，而宗圣尊王尤为要义。堂内应恭祀至圣先师孔子暨本省诸先贤先儒，每月朔望由教习率领诸生行礼，并宣讲圣谕广训，以束身心。若恭逢万寿圣节暨圣先师孔子诞日，均须齐班行礼，以志虔恭。

学堂课程规定：备斋以两年为毕业之限，温习中国经史掌故，并授以外国语言文字、史志、地舆、算术等各种浅近之学。正斋以四年为毕业之限，授普通学，分政、艺两门。政学分为中国经学、中外史学、中外治法学三科，艺学分为算学、天文学、地质学、测量学、格物学、化学、生物学、译学八科。专斋则以两年至四年为毕业之限，共开设中国经学、中外史学、中外政治学、方言学、商学、工学、矿学、农学、测绘学、医学十门课程。

学堂经费规定：就现在办法而论，学堂常年额支之款暂需六万两，其一切活支数目尚难预计，日后渐次推广，经费亦须随时加增。

《山东大学堂章程》在当时发生了重大的实际影响，成为各省书院改学堂所效法的榜样。光绪皇帝八月初二日（1901年9月14日）的上谕，只是下达了一道命令，要求各地将书院改为学堂，至于应该怎样改，改了以后又应该如何办理，并没有可以操作的具体方法。而《山东大学堂章程》恰恰在这种情况之下，提供了一个应该如何改和怎样办理学堂的具体而又可以操作的模式，在当时中国书院改学堂的大潮中开风气之先，使书院改学堂运动有了切实可行的办法和依据。

光绪二十七年十月十五日上谕：“前经谕令各直省设立学堂。责成该督抚学政切实统筹举办，惟通省学堂。同时并举财力或有不逮，若必待各府厅州县中小学堂筹定，始行开办。转至观望迟延，查袁世凯所奏山东学堂事宜及试办章程，拟先于省城建立学堂一区，分斋督课，先从备斋正斋入手，俾初学易于造就，渐有师资，再行次第推广，其教规课程，参酌中西，而淳淳于明伦理，循礼法尤得成。德达材本末兼赅之道，著政务处即将该署督原奏并单开章程通行各省，立即仿照举办，毋许宕延，其如何……”随即学部大臣张百熙将山东大学堂办学章程转饬各省，要求各省参照办理。

此后，各省乃遵旨将省城书院改为大学堂，或新设大学堂，其中有：浙江巡抚任道镕以求是书院改为大学堂(1901)；江苏学政吏部左侍郎李殿林奏准，将南菁书院改为江苏全省南菁高等学堂(1901)；江苏巡抚聂缉椝奏准将苏州中西学堂改为苏州省城大学堂(1902)；河南巡抚锡良奏设河南大学堂(1902)；山西巡抚岑春煊奏准在太原开办山西大学堂(1902)；贵州巡抚邓华熙奏设贵州大学堂(1902)；江西巡抚李兴锐奏请将省城豫章书院改为江西省大学堂；陕西巡抚升允、藩司樊增祥创办关中大学堂(1902)；闽浙总督许应骙奏设全闽大学堂(1902)；湖南巡抚俞廉三奏准改求实书院(原时务学堂)为湖南大学堂(1902)；四川总督奎俊将锦江书院、尊经书院以及四川中西学堂合并改建为四川通省大学堂(1902)；广西巡抚丁振铎将体用学堂改为广西大学堂(1902)，等等。他们在奏折中均直言无讳，称学堂“课程、等级、班次，不外山东章程”，或者是“仿照山东章程，就本省情形、现有财力”，变通办理。因此，在一定意义上，《山东大学堂章程》在中国近代大学堂发端起始和实际办理的过程中，它已经超越了一所大学(山东大学堂)办学章程的作用，而是在全国大学堂的办理过程中发挥了具有普遍意义的重要指导作用。

山东大学堂同私塾和科举制度比较起来，已经有了质的区别。首先，它已经具备了近代正规高等学校的体制和规模，学堂有校长等管理人员 80 人，各类教师 110 多人，还有美、英、德、日籍教师 8 人。其次，当时虽然还不像现在这样划分专业，但也分了本科和预科，学制定为三年，并有严格的考试制度，不及格的不能毕业。第三，除了经学外，开设了二十多门课程，包括社会科学、自然科学和外国语。这些课程有：文学、历史、地理、法制、理财、兵学、格致、心理学、算学、物理、化学、博物、地质矿物、英文、德文、法文、日文、图画、音乐、体操，等等。上述课程虽然大多数是基础课，但在清末比起科举时代的八股文，已经是较为进步的了。

山东大学堂是山东省内第一所官办的高等学府，也是近代山东高等学校教育的开端。它不但培养了一批人才，提高了山东的科学文化水平，而且也提供了办学经验，促进了山东教育的发展。山东大学堂建校的 14 年中，共培养了 770 多名具有现代科学知识的人才，并选送了 59 名留学生，其中到欧美留学的 11 人，到日本留学的 48 人。特别是在辛亥革命中，由山东大学堂选送去日本留学的徐镜心、张柏言等人为推翻封建王朝的民主革命做出了突出贡献。

山东大学堂的创办在当时的中国引起强烈反响，特别是被光绪皇帝通饬各省要求参照办理的《山东大学堂章程》，作为中国第一部大学章程，不仅为山东大学一百多年按章办学奠定了传统基础，而且为当时正在兴起的中国现代大学教育树立了生动的范标，催生了全国各地大学堂的诞生，为中国大学教育的兴起和发展做出了原创性的独特贡献。因此，山东大学是中国近代高等教育的起源性大学，是中国最早按章程办学的大学，由光绪皇帝御批的《山东大学堂章程》是中国最早的大学章程。

（李彦英）

同盟会元老丁惟汾

丁惟汾

丁惟汾(1874～1954),字鼎丞,山东日照人,同盟会创始人之一,著名社会活动家。1907 年,任山东法政学堂校长。1912 年,任国民党山东党务主任、省议会议员,山东法政专门学校校长。1924 年,在国民党"一大"上当选为中央执行委员,任北京办事处主任。1926 年,任国民党青年部部长、中执委常委。后历任国民党中央党务学校训导长、教育长、中执委秘书长、监察院副院长。1954 年,在台北去世。

1874 年 11 月 6 日,丁惟汾出生于日照农村,幼年在其父亲执教的私塾读书,闲暇时协助家里从事农业劳动。丁惟汾不擅长诗词,精习《左传》《史记》等书,尤其喜爱对文字、音韵。青年时代参加过县学考试,是廪生。丁惟汾的父亲丁以此,是清朝末年的秀才,由于家贫,无力举业,只能以教私塾维持全家生计。一生仕途无望,对清末政治腐败深为不满,崇尚西方民主思想,对子孙后辈经常灌输民主共和的主张。据其孙丁基实记忆,丁家书房门上就贴着祖父题写的"欧风美雨留嘉客,古史今书读幼孙"对联;甚至在菜园门上,也贴有"闲时铲平专制草"内容的门对。受父亲的教诲,丁惟汾凡事身体力行,丁以此对丁惟汾早年从事的革命活动也一直是支持的。家庭环境的影响,决定了丁惟汾一生革命活动的性质是为国家民主、为人民利益奔走,不是为个人发达而为之。事实上,在丁惟汾的影响下,其侄子丁履侗(天鹤),外甥薄守德(字子明)、郑培南都在年纪很轻时就为民主革命献出了自己宝贵的生命。

一、中国同盟会创始人之一

1903 年,丁惟汾考入保定留日预备学校。次年,公费赴日留学,到日本明治大学攻读法律。1905年7月30日，革命先驱孙中山流亡日本，在东京赤坂区邀约各省留日革命学生集会，筹备成立中国同盟会，丁惟汾等代表山东留日学生，出席了筹备会。同年8月20日，孙中山先生召开同盟会成立大会，到会的有17省的留日学生100多人，正式举行入盟仪式。提出“当天发誓，驱除鞑虏，恢复中华，创立民国”的革命口号。丁惟汾等咬指盟誓，激励入会者。他从此成为资产阶级民主革命的急先锋，并与徐镜心一起被推选为山东同盟会主盟人。同年冬，日本政府颁布取缔留学生组织，迫害中国革命党人，徐镜心等人返回国内开展革命活动，丁惟汾继续留在日本，接任山东同盟会主盟人，同时负责对国内山东省革命同志的通讯、联络工作。

在日本东京，他与蒋衍升等创办了《晨钟》周刊，揭发清廷腐败，大力宣传同盟会的主张，传播革命思想；同时联络反清志士，壮大革命队伍，蒋衍升编辑，丁惟汾发行，并向国内邮寄。一年多的时间，在留日学生中发展同盟会员400余人，其中山东籍留日学生就有50多人。同盟会成立的消息传到国内，促进了山东革命力量的发展。

1907年，丁惟汾留日回国，任山东法政学堂校长，在这里他又发展同盟会员的工作。其中，王乐平就是由丁惟汾介绍走上革命道路的。王乐平自幼就有爱国情怀。1906年，王乐平考入山东高等学堂，1907年加入同盟会，后因有革命倾向被开除学籍。1909年，考入山东法政学堂，积极参加辛亥革命，与丁惟汾等组织山东各界联合会。在他们二人的领导下，山东各地同盟会组织发展迅速，吸纳了大量同盟会员，建立了同盟会支部。日照的许衍灼、薄子明、丁履侗、李凤鸣等知名人士都加入了同盟会。

1911年10月10日，武昌起义之后，各省纷纷响应，相继宣告独立，脱离清政府。山东也积极策动独立，丁惟汾是这一运动的发起人和主要组织者。他以政法学堂为活动基地，联络革命党人，聚集力量。同盟会在学界、工商界、官僚士绅和新军的中下级军官中也开展了活动，联合各方力量，密谋举事；并在法政学堂拟定《山东独立大纲》数则，秘密活动，成立了山东省各界联合总会，公推夏莲居为会长，力促山东巡抚孙宝琦宣布独立。11月13日，孙宝琦被迫承认宣布独立。后孙宝琦出尔反尔，山东独立受挫。丁惟汾、陈干、吕子人等秘密从青岛抵达上海，请求上海都督革命党人陈其美等支援烟台起义，获得陈其美有力的军事援助。丁惟汾回烟台后，与先期到达的徐镜心等革命志士一起策动了烟台地区的起义，直至南北议和。

1912年2月，袁世凯窃取革命果实，就任临时大总统，成立国会。丁惟汾当选为山东省议员，后又当选为国会众议员。在国会中，以宋教仁为首，丁惟汾、徐镜心等联合山东国民党议员，坚决抵制袁世凯操纵国会选举，并取得胜利。1915年，支持外甥薄子明组成山东护国军，反对袁世凯称帝。1923年10月，抵制曹锟贿选总统，返回上海，协助孙中山改组国民党，展开国共合作。

二、力促国共合作

1922 年 2 月，王乐平与共产党员王尽美一起到苏俄参加远东各国共产党及民族革命团体第一次代表大会，他们回国后向丁惟汾介绍了苏俄的革命经验，使丁惟汾认识到中国革命必须组织工农群众，打倒帝国主义和军阀才能胜利，坚定了他支持孙中山先生改组国民党，实现联俄、联共、扶助农工的信心。在孙中山先生支持下，丁惟汾在上海筹办了进步刊物《北方周刊》，秘密向北方各省发行，鼓吹孙中山先生反帝反军阀的三民主义思想。

1924 年 1 月 20 日，国民党第一次代表大会在广州召开，许多共产党员也以个人名义参加了国民党。丁惟汾与李大钊均被选为中央执行委员，一起被孙中山指定为国民党章程审查委员会委员，参与了党章草案的审查工作，皆坚决支持孙中山的改组政策，赢得了孙中山的肯定。此外，丁惟汾还曾与林伯渠、毛泽东、周恩来等共产党员一起工作。后被派到北京，与李大钊一起负责国民党北方执行部的工作。

1924 年 4 月，北京执行部成立，下设组织、宣传、青年、工人、调查、农民等部，李大钊担任组织部长，丁惟汾担任工人部长；同时，丁惟汾与王法勤等人担任秘书处常委，处理日常事务。北京执行部的国民党负责人名义上是丁惟汾，实际上，北方国共两党的工作都是在李大钊同志的领导之下，因此国民党北京执行部和北京特别市党部，事实上是国共合作统一战线组织。经过丁惟汾、李大钊等人的艰苦努力，国民党组织在北方得到了较大发展，同时也培养了一批青年骨干分子。北方国民党力量在 1927 年以前有了长足的发展，仅山东一省就发展了 2000 多国民党员，北方各省省党部也都相继建立了，丁惟汾、李大钊对此有建树颇丰，深为北方党人所敬重。

在这期间，丁惟汾和李大钊组织了 1926 年“三一八”反对段祺瑞善后会议的国民会议运动，五卅惨案雪耻会，北方青年黄埔从军运动等。这些活动促进了北方革命运动的发展，成为全国革命高潮的前奏。由于丁惟汾、李大钊代表着不同阶级利益、有着不同思想理论基础的革命者，丁惟汾代表的中国旧文化残余与李大钊代表的新文化运动产生了激烈地碰撞，丁惟汾“自始即认三民主义为救国救民之唯一宝典”，二者在许多重大原则问题上发生了激烈争论，同时也加剧了国民党内部左派与右派的斗争，丁惟汾最终走上了反对国共合作的道路。

国共第二次合作期间，周恩来也多次找丁惟汾晤谈，希望他能继续与共产党合作共事，丁惟汾欣然答应。但由于蒋介石阻挠，终未成行。国共谈判时期，毛泽东主席曾拜访这位共产党的老朋友。国民党败退台湾时，陈毅曾对其后人说，丁惟汾对共产党没做过什么坏事，要他不要走。潘汉年也这么认为。可见，这位为“救国救民”勤劳一生的革命家始终受到共产党人的尊敬。

三、国民党元老

第一次国共分裂，1927 年 4 月，蒋介石在南京另立国民党中央，为壮大力量，竭力笼络北方革命党人，丁惟汾在这种情况下走上与蒋介石合作的道路，进入蒋介石为首的南京政府，出任国民党中央党校训导长、国民党中执委常务委员。丁惟汾是国民党元老，长期掌管党务，在国民党北方执行部工作，建立了中国反帝大同盟，组建了北方各省的省党部，在北方革命党人中拥有很高威望。蒋介石十分清楚这一点，也正是蒋介石常称呼丁惟汾"七哥"的原因。在国民党政府成立的过程中，丁惟汾也曾任过国民党中央委员会的秘书长、中央宣传部部长、中央政治学校教育长、监察院副院长、总统府资政等职。一度控制了南京国民党中央的大权，当时有"蒋家天下丁家党"之说。然而以蒋介石为首的江浙财阀，只看中他这块党国元老的招牌，借以笼络人心。他成了蒋介石搞独裁统治的一个幌子。待羽翼丰满之际，蒋介石就重用陈果夫对丁惟汾影响较大的各省党部进行整改，借以削弱丁惟汾的权力。面对蒋介石咄咄逼人的气势，丁惟汾亲赴平、津等地，发起拥护民主，反对中央党部的反蒋斗争，最终以失败告终，从此退出了国民党的权力核心。丁惟汾对政治心灰意冷，转而潜心于国学研究。但仍以党国元老的身份在南京国民政府中担任一些无足轻重的职务。1949 年随国民党退居台湾，1954 年去世。

四、学者革命家

丁惟汾出生在日照望族，家学渊源，人才辈出，皆有志于学术研究。其父丁以此曾著有《毛诗正韵》一书，深得民初汉学家章太炎、黄侃等大师的赞赏，这对丁惟汾影响甚深。丁惟汾早年赴日学习法律，后又执教山东法政学堂并任校长，拟定《山东独立大纲》。虽组织、参与了反清、反袁、反独裁、反蒋、国共合作等重大革命活动，历经 50 余年，仍博览群书，不辍研究，且与章太炎、刘师培、黄侃等国学大师交往深厚，时常一起探讨、研究，获益匪浅。丁惟汾曾于 1927 年在中央政治学校讲授《诗经》，1936 年被政府聘为孔子奉祀官孔达生先生导师，讲授《毛诗》及古韵，1938 年在重庆讲授《毛诗》及古韵，按古韵诵《诗》，1945 年参与制定国民政府《宪法》。丁惟汾一生著有《毛诗韵律》《方言译》《诂雅堂丛著》《尔雅释名》《尔雅古音表》《方言译》《俚言证古》《诗毛氏传解故》等国学成就。1930 年，丁惟汾担任山东党史编纂委员会委员，撰有《山东革命党史稿》，是研究民国史和山东地方史的重要文献。难怪于右任先生在其去世后写下挽联："开国为元老，传经作大师。"堪称丁惟汾先生一生革命功业、学术贡献的真实写照。

丁惟汾作为学者的另一面，他还十分重视教育。丁惟汾接受教育的过程一直是由其长兄丁惟淞供养的，他知道受教育的艰难和受教育的重要性。1935 年，丁惟汾在自己家乡西官庄创办"鼎立小学"，实行义务教育。他将历年的积蓄，用来购置良田，建筑校舍。广揽名师，严谨治学，成为全县有名的教学质量很高的小学。招生没有门第限制，无论本村外村，还是丁姓外姓的，都可来此接受教育。国共第一次合作分裂后，在蒋介石独裁统治恐怖环境下，丁惟汾利用公费资助过不少年轻人出国留学，使他们能够学习西方的先进技术，以便将来为国家建设做出贡献。这其中就包括养女、诺贝尔奖获得者丁肇中的母亲王隽英。至今有很多海外华人及其侄孙辈每提到先辈丁惟汾，还都充满感激之情。

（耿德良）

抗日将领张自忠

张自忠

张自忠(1891～1940),字荩忱,山东临清唐园人,著名抗日将领,民族英雄。1911 年加入同盟会,1912 年入山东政法专门学校学习。后投笔从戎,历任营长、团长、旅长、师长、军长、集团军总司令等职。抗日战争中,身经百战,屡建奇功。1940 年 5 月,在枣宜会战中,以身殉国。

张自忠父亲张树桂,继承祖业有数百亩地,在唐园可称首富。张树桂在光绪二十六年捐了一个巡检,在江苏赣榆县青口就任。光绪三十一年,他因执法公道,忠于职守,由青口巡检署理赣榆知县,后来病卒于任上。

1907 年,张自忠由母亲主持,与本县咨议局议员李化南之女李敏慧结婚。1908 年,入临清中学堂读书。1911 年,考入天津法政学堂。学校里的进步思想和气氛对他影响很大。他第一次接触到孙中山的三民主义学说和"驱除鞑虏,恢复中华,建立民国,平均地权"的资产阶级纲领,结合他过去所学的孔孟之道,所读的《三国演义》《说唐》《精忠说岳全传》等书,所崇拜的关羽、岳飞、秦琼的浩然正气、忠义行为,对他的一生产生了巨大影响。1912 年,转入济南法政专科学校。1911 年,山东公立法政学堂创建。1912 年,山东公立法政学堂更名为山东第二法政学校。1906 年,官办山东法政学堂创建。1912 年,官办山东法政学堂更名为山东第一法政学校。1913 年,山东第一法政学校、山东第二法政学校合并组建山东省立法政专门学校。山东省立与工业、农业、商业、矿业、医学等六个专门学校成为山东大学的前身。

张自忠目睹列强欺凌中国,军阀混战,痛感国家不幸,民族多难,立志报国,于是弃学从戎。1914 年秋,到奉天(今辽宁沈阳)新民屯陆军第二十师第三十九旅第八十七团车震部下当兵。不久,被提升为司务长。1915 年初,车震升任第三十九旅旅长。后升任师长兼长(沙)岳(州)镇守使。张自忠也被车震升任为师部参谋。

1916年9月,车震因事前往去天津,顺道去廊坊见冯玉祥,并向冯玉祥推荐张自忠。冯玉祥收下了张自忠并将其字“荩臣”改为“荩忱”。起初被派为差遣,不久升任排长。

1918年9月,冯玉祥在常德设立军官教导团。次年初,张自忠被派到教导团军官队学习。在教导团学习半年,结业后恰逢第十六混成旅扩编新兵团。张自忠升任该团第二营第五连连长。这期间,张自忠曾一度调任上尉副官,又调任水上陆战队第三队队长,驻河洑训练新兵。这水上陆战队实际上是沅江上的水上警察。张自忠不愿干这种非正规部队,又要求并经冯玉祥同意,重回学兵连当连长,以后继任学兵团营长。

1922年春,中国大地上又掀起了一场大战,这便是直奉大战。这场战争在河北北部爆发。吴佩孚急调第十一师东下驰援,并任命冯玉祥为后方总司令。冯玉祥就任河南省督军后,利用这个大好时机招募新兵,很快编成三个旅,使自己的兵力扩充成5个旅,总兵力达5万人。第二十一旅旅长刘郁芬,第二十二旅旅长鹿钟麟,第七混成旅旅长张之江,第八混成旅旅长李鸣钟,第二十五混成旅旅长宋哲元。另外还新编了两个补充团、一个学兵团。两个补充团团长为佟麟阁、门致中,每团2000人。学兵团团长冯玉祥自兼,第一营营长张自忠,第二营营长张凌云。

张自忠在石敬亭的领导下,全副精力抓紧练兵,使学兵团成为训练有素、军纪严明、富有生气的模范部队。1924年,张自忠被升为学兵团团长。1924年秋天,冯玉祥把学兵团和卫队团合编为卫队旅,孙连仲任旅长,张自忠任第一团团长,冯治安任第二团团长。

就在这时,发生了历史上有名的“北京政变”。曹锟在事先一点不知情的情况下被抓住幽禁了起来。这次“北京政变”真可谓迅雷不及掩耳,一举获得成功。1924年10月24日,冯玉祥在北苑召开会议,商讨如何应付北方时局。冯玉祥被推为国民军总司令兼第一军军长,胡景翼、孙岳分别任副总司令兼第二、第三军军长。1927年4月,武汉国民政府委冯玉祥为国民革命军第二集军总司令。

1927年5月,冯玉祥统率国民革命军第二集团军东出潼关,讨伐奉系军阀张作霖。张自忠随总部移驻郑州。同年底,张自忠升任第二十八师师长兼郑州警备司令,负责维持郑州治安,保卫总部安全。冯玉祥为培养中下级军官,成立了“第二集团军军官学校”,任命张自忠兼任军官学校校长。

1928年初,张自忠的第二十八师及军官学校西迁至兰封(今河南兰考),又迁开封。西北军进行缩编,冯玉祥的嫡系部队整编为12个师,张自忠的第二十八师改编为第二十五师,辖三个旅,兵力两万余人,原三十六师师长董振堂任副师长。驻扎开封期间,张自忠除任二十五师师长、军官学校校长外,还担任开封警备司令。地方上的治安秩序,也由他负责。不久,冯玉祥免去了张自忠第二十五师师长职务，专任潼关警备司令。

1929年，调任第十一军第二十二师师长。同年冬，原二十五师改编为第六师，任师长，后参加中原大战。1931年1月16日，蒋介石、张学良联衔通电，正式宣布了对宋哲元、张自忠等人的任命。2月6日，宋哲元领衔通电就职。同年6月，南京政府开始整编全国陆军，第三军改番号为第二十九军。军长宋哲元，副军长秦德纯、刘汝明、吕秀文，参谋长张维藩，总参议肖振瀛，第三十七师师长冯治安，下辖三个旅，第一旅旅长赵登禹，第二旅旅长鲍刚，第三旅旅长李金田；第三十八师师长张自忠，下辖三个旅，第四旅旅长童玉振，第五旅旅长张春棣，第六旅旅长张人杰。

1931年夏，三十八师移驻太行山区的阳泉、平定、昔阳和冀西的井陉一带。这年，发生了震惊中外的“九一八”事变。张自忠对于日本军阀的疯狂侵略和国民党政府的不抵抗政策甚为愤慨。9月20日，他与宋哲元、庞炳勋、吕秀文、刘汝明、冯治安、沈克、马法五等将领联名通电全国，请缨抗战，呼吁全国四万万同胞“宁为战死鬼，不作亡国奴，奋斗牺牲，誓雪国耻”。但是，由于南京政府的不抵抗政策，“九一八”事变后仅四个多月，东三省全部沦陷在日军铁蹄之下。西北军余部改编为国民政府陆军第二十九军，张自忠任该军三十八师师长兼张家口警备司令。

1933年元旦之夜，日本突然出兵向天下第一关山海关攻击。东北军守军何柱国败退，山海关失陷。日本侵略者取得了进攻热河的有利势态。

国民政府一面发表《山海关事件宣言》，请求国联制裁日本，一面制定了“以确保冀热并巩固平津为目的”的作战计划，将北方各军及中央军北上增援部队编组为八个军团：第一军团由于学忠第五十一军及庞炳勋第四十军组成。于学忠任总指挥，总兵力三四万人，集结于大沽、芦台，拟用于天津、大沽口、芦台一线；第二军团由商震第三十二军和王以哲第五十七军组成，商震任总指挥，兵力4.3万人，集结于滦东、滦西，拟用于滦东及滦河防御；第三军团由二十九军组成，宋哲元任总指挥，集结于三河、玉田、蓟县，拟用于凌南、义院口之线；第四军团由五十三军组成，万福麟任总指挥，兵力约4.3万人；第五军团由五十五军组成，汤玉麟任总指挥，兵力约3万人，拟用于建平、赤峰之线；第六军团由孙殿英第四十一军、冯占海第六十三军、张作相第六十五军组成，张作相任总指挥；第七军团由傅作义第五十九军、李服膺第六十一军组成，傅作义任总指挥，兵力3万人；第八军团由何柱国第六十七军、徐庭瑶第十七军和肖之楚第二十六军组成，兵力约6万人，杨杰任总指挥（实则由徐庭瑶代）。以上各部，统归军事委员会北平分会委员长张学良调度指挥。

1933年2月21日，日本关东军以第六、第八师团、独立混成第十四、第三十三旅团和骑兵第四旅团等部为主力，并纠集伪满军张海鹏等部约10万人，在关东军司令官藤信义指挥下，分兵三路进攻热河，热河省主席兼第五军团总指挥汤玉麟部连同义勇军不下10万人或逃或降，一触即溃，汤玉麟本人以200辆汽车装运私产逃至天津。3月4日，日军先头部队仅128人不费一枪一弹，耀武扬威地占领了热河省会承德。热河在短短十余天里竟被日军占领。举国上下为之震惊与愤慨。在舆论的压力下，张学良被迫辞职，遗职由何应钦代理。这个时候，二十九军已扩编为三个师。军长宋哲元，副军长秦德纯，参谋长张维藩，总参议肖振瀛，第三十七师师长冯治安，辖第一〇九旅（旅长赵登禹），第一一〇旅（旅长王治邦）；第三十八师师长张自忠，辖第一一二旅（旅长黄维纲），第一一三旅（旅长佟泽光）；暂编第二师师长刘汝明，辖第一旅（旅长李金田），另还有一个特务团，全军约3.4万人。但装备还是很差，全军只有野炮、山炮十余门，重机枪不过百挺，轻机枪每连只两挺，步枪多为汉阳造、三八式，还有一些毛瑟枪和土枪，许多枪都没有刺刀。按老传统，每一士兵有一把大刀。

1933年初，二十九军奉命参加长城抗战，率所部与三十七师在喜峰口与日军血战，官兵们在旅长的带领下争先奋勇，大刀在阳光下闪起一道道血红的光。“大刀，向鬼子们的头上砍去！……”这就是二十九军的勇士们的“战歌”。此战二十九军名声大振。

在保定的蒋介石得到喜峰口、罗文峪大捷的捷报，十分高兴，特电召宋哲元、张自忠、冯治安到保定。蒋介石接见了他们，并盛情款待。由于冷口、迁安失守，日军迅速深入长城以内，二十九军固守喜峰口、罗文峪一线，既不可能，也无必要。4月13日，二十九军奉军委会令忍痛放弃喜峰口、罗文峪一线阵地，向西南方且战且退。长城抗战终告失败。

1933年长城抗战结束，局势比较平静。年底张自忠决定回乡一趟，一为参加侄儿廉瀛的婚礼，二为祭扫父母陵墓。这次张自忠返乡，可说是衣锦荣归，他是三十八师师长，又是全国闻名的长城抗战的英雄。他带着全家七八口人，乘坐两辆轿车，并有一个警卫排，分乘两辆大卡车随行。一路之上，他受到沿途官府、驻军的热情招待。

1935年4月9日，国民政府授予张自忠中将军衔。其实1927年底张自忠任师长时，已是实授中将衔。鉴于各系军队编制军衔混乱，1935年国民政府对全国陆军实行统一授衔并予确认。6月，张自忠受命兼任张家口警备司令，负责维护察哈尔省治安。12月11日，国民政府经日方同意，任命宋哲元为冀察政务委员会委员长。18日，政委会成立，辖区包括河北、察哈尔两省和北平、天津两市。委员会委员共17人，主要由二十九军将领、东北军人士和亲日派三部分人员组成。二十九军方面，除宋哲元外，还有张自忠、石敬亭、秦德纯、肖振瀛任委员。河北省主席由宋哲元兼任；商震调任河南省主席；秦德纯任北平市市长；肖振瀛任天津市市长；张自忠任察哈尔省主席，并兼察省保安司令。

张自忠出任省主席后，三十八师师部及特务团、一一二旅二二三团、一一四旅二二八团均由宣化移驻张家口市。

1937年“七七”事变时，任冀察政务委员会委员和天津市市长，除掌管军务外并负责对日交涉。当二十九军撤离平津时，他受命代理冀察政务委员会委员长兼北平市市长。日军占领北平后出走。12月，在河南任第五十九军（由原三十八师扩编）军长。后该军调赴徐州，编入第五战区序列。

1938年2月，奉命支援淮北于学忠部。在固镇指挥五十九军与日军血战七天，夺回曹老集、小蚌埠，稳定了淮可防线。3月，又奉命支援临沂庞炳勋部，指挥五十九军在临沂城郊与日军精锐坂垣师团进行拉锯战。他抱定拼死的决心，曾致电鹿钟麟："战而死，虽死犹生；不战而生，虽生亦死。"经七昼夜鏖战，取得临沂战斗的胜利，因功升任第二十七军团军团长，兼五十九军军长。同年5月中旬，在徐州突围时，奉命掩护友军撤退。在战斗人员不足的情况下，五十九军在萧县南部地区顽强阻敌。完成任务后，到河南信阳稍事整补之后，又投入武汉会战，在潢川、大别山一带狙击敌人。10月，率部安全撤回鄂西，升任第三十三集团军总司令。后兼第五战区右翼兵团总司令。

1939年5月，敌酋冈村宁次调集十余万日军进犯随县、枣阳。张自忠率三十三集团军从外线夹击敌人，并率领骑兵第九师及总部手枪营出敌不意，冒险东渡襄河（一段），拦腰截击敌军主力，在田家集大败日军，取得了襄东战役的胜利。

1940年5月，日军集结重兵向宜昌发动进攻。率部从右翼打击向枣阳地区进犯的日军主力。出击前，召集军事会议，鼓舞士气，全军士气高昂，与敌激战，连连告捷。5月7日，率总部手枪营和七十四师的两个团，从宜城东渡襄河，给敌人以极大威胁。日军调集主力，折回反扑。经过七八天的苦战，部队减员甚重，粮弹两缺。5月16日，被困在南瓜店的杏儿山，缸子口。从早晨到中午，他奋勇督战，不肯退避。在战斗中，肩部中弹，仍指挥若定。18日，日军冲上杏儿山，他身中七弹，仍呼喊"杀敌报仇"，为国为民流尽最后一滴血。

1940年5月28日，国民政府为他举行国葬。中共中央在延安也举行了隆重的追悼会，并在祭文中给以高度评价，毛泽东、朱德、周恩来分别为其题写了"尽忠报国""取义成仁""为国捐躯"的挽词。在第二次世界大战中属于反法西斯阵营的五十多个国家中，张自忠是阵亡将士中军衔最高的将领——第三十三集团军上将总司令。周恩来曾亲自写下文章称赞张自忠"其忠义之志，壮烈之气，直可以为中国抗战军人之魂"。

（孙　华）

革命英烈刘谦初

刘谦初

刘谦初(1897～1931)，原名刘德元，字乾初，后改为谦初，化名黄伯襄，山东平度人。伟大的无产阶级革命战士、中国共产党的优秀党员、马列主义的忠实信徒。

1897 年 12 月 2 日，刘谦初出生，父亲给他取乳名为“光”，希望他长大成人后有所作为。在刘谦初四五岁的时候，父亲为其讲《水浒传》《三国演义》的精彩片段。在父亲的故事中他渐渐长大，初步养成了疾恶如仇、反对奴役、敢报不平、同情百姓的性格。

1904 年，刘谦初 8 岁时，进入村里的私塾读书。私塾先生许庆霖给他起了学名“刘德元”，字“乾初”。课余时间，刘谦初自学了《孙子兵法》《周髀算经》《九章算术》等书籍。

1913 年，刘谦初参加了知务中学的入学考试，以优异的成绩被录取。知务中学是一所由美国基督教浸信会创办的教会学校，主要开设《圣经》《数学》《英语》《国文》《历史》《地理》等课程。面对学校繁杂的课程。刘谦初明智地采取了中外兼蓄、批判接受的态度。

1916 年，袁世凯复辟帝制，引起了全国人民的强烈反对。刘谦初在知务中学的学生会上发表演讲，斥责袁世凯窃国殃民，并模仿《满江红》的格调，填写了一首讨袁词，强烈谴责袁世凯。2 月，刘谦初偕同刘维汉等 13 名同学，奔赴青岛，参加了讨袁大军，被编在第三支队的炮兵团，刘谦初任团部司书，后任队部书记。5 月初，刘谦初随军参加了攻克潍县的战斗。5 月 9 日，直接参加了攻打高密城的攻城战斗。6 月，讨袁斗争取得胜利。刘谦初等同学却被学校以违章乱纪为由驱逐出校门。1917 年春节后，刘谦初等同学被平度师范讲习所录取。1916 年底，知务中学换了一位开化的外国校长，刘谦初等同学因祸得福，在 1917 年底，同时获得了两所学校的毕业证书。

1918年春节过后，刘谦初就乘火车到了济南，报考齐鲁大学。秋天，刘谦初以优异的成绩被齐鲁大学录取，进入文预科学习。刘谦初对所学功课，均悉心揣摩，成绩优异。他的作文经常被当作范文在课堂上讲读。

1919年5月4日，五四运动爆发。24日，济南大中学校的学生游行示威，刘谦初积极参加，带头高呼"誓死收回青岛""取消二十一条""惩办卖国贼等口号"，还参加街头演讲，散发传单，唤起了广大群众的反帝爱国热情。6月初，齐鲁大学暂时关闭。秋，齐鲁大学开始复课。

1920年，刘谦初大学毕业。1921年春，经人介绍，刘谦初任教于山东黄县崇实中学。刘谦初任普通中学班的文科老师，主讲《国文》和《历史》。教学之余，刘谦初阅读鲁迅和胡适提倡的白话文的论文。这年，刘谦初参加了基督教上海圣教书报公会的征文比赛，题为《我的二十世纪宗教观》，获得第一名，并依据比赛规则，获得了燕京大学的入学资格。

1922年9月15日，刘谦初开始了他三年的燕大生活。刘谦初插班在文理科，从二年级开始，主修历史，兼修地理。1923年4月21日，他的第一篇学术论文——《中国国民性的观察》在《燕大周刊》第九期发表。6月，经方伯务、范鸿劼(二人均是共产党员)介绍，刘谦初秘密加入了中国社会主义青年团，并在方伯务的直接指导下秘密从事革命活动。刘谦初在6月也担任了《燕大周刊》的编辑部副部长。为了使学生了解社会和知晓国家大事，刘谦初编译了《武力不能统一今日的中国》《泰谷尔纪实》《专门以上学校学生理合干涉政治》等文章。刘谦初主编《燕大周刊》期间，这一刊物成了一方窗口，变得生机勃勃。

1925年夏天，刘谦初大学毕业，被派到闭塞落后的润州中学任教。刘谦初被安排教初三班的国文课。他冲破阻力，进行国文教育改革，传播新文化新思潮和马克思主义学说。

1926年刘谦初接受了岭南大学附中的聘书，继续任教。在此执教期间，刘谦初创办《倾盖周刊》杂志，并使岭南大学的文科教学水平达到顶峰。12月，刘谦初离开岭南奔赴武汉，参加了国民革命军第十一军。

1927年1月25日，经王海萍(共产党员)介绍，刘谦初加入了中国共产党，成为一名正式党员。2月7日，第十一军政治部决定创办理论周刊《血路》，刘谦初任副主编。刘谦初作为政治理论宣传员，代表第十一军深入各地，巡回演讲。第十一军在武昌水路街为出师河南讨伐奉系军阀培养宣传工作人员，参加培训的来自全国16个省区的45名优秀分子。刘谦初任训练教官，逐渐《社会进化史》和《中国近百年史》。在此期间，结识了张文秋并坠入爱河。3月7日，毛泽东主持的第六届中央农民运动讲习所在武昌正式开课，在当时是一件盛事。刘谦初和张文秋听了毛泽东关于《湖南农民运动考察报告》的演讲，并专程去拜访了这位伟人。4月26

日，刘谦初和张文秋在武汉的李桂英（刘谦初的表姐，武汉地下党员）的家里举行了简单的婚礼。4月29日，新婚三天，刘谦初就告别了妻子，随军北伐。5月1日，刘谦初随部队到达河南确山地区。5月4日，部队到达汝南县，按照政治部的指示，刘谦初组织召开了农民代表会，成立了汝南农民协会筹备处和人民讨奉委员会。6月1日，第二次北伐结束。6月中旬，国民革命军班师回武汉。刘谦初根据党的指示赶赴上海，接受新的任务。到达上海后，党组织分配刘谦初去江苏省委工作。10月，在上海坚持斗争不到三个月的刘谦初，又被中央派去福建工作。刘谦初任漳州地区党的书记，负责领导漳州城区、漳州南乡、南靖县的程溪和靖城、龙溪县的石码和许茂、海澄县等地下党的工作。

1928年，福建党组织由于叛徒投敌卖国再次面临灭顶之灾，刘谦初主持临时省委工作。8月底，刘谦初当选福建省委书记。

1929年2月3日，中共中央调刘谦初回上海，留在中央工作。后任职于山东省委。其公开职务是齐鲁大学的教授，化名黄伯襄，在齐鲁大学教历史和语文。其家实际成了山东省委机关。4月下旬，由刘谦初、张文秋、刘小甫等人组成了中共山东省委。6月初，刘谦初领导了胶济铁路总同盟大罢工。7月28日，刘谦初结束了领导组织胶济铁路沿线总同盟大罢工工作，胜利返回济南。8月6日，刘谦初不幸被捕。就在同一时刻，济南城外先后有60多人被捕。刘谦初苦心经营和恢复重建的山东党组织再次遭到破坏。刘谦初等被判处死刑。后经相关部门的努力，改判有期。在狱中，刘谦初带领大家成立了狱中党支部，刘谦初任支部书记。在狱中，刘谦初还结识了共产党员、山东省委前领导人邓恩铭。支部成立后，刘谦初和邓恩铭立刻成为狱中同志和难友的核心。刘谦初为战友们争取到写信的权利，这样就可以用明信的形式与党组织互通情况。张文秋在狱中，党组织关怀并看望她，出狱后，党中央妥善安置，使她在好的环境里安心的生下孩子。张文秋出狱时见到了丈夫刘谦初，并把孩子名字定为“思齐”。

1930年3月2日，女儿思齐顺利出生。紧张的工作之余，张文秋要做的只有两件事情，一是带孩子，二是给刘谦初写信。刘谦初每收到信，总要回两封，一封给妻子，一封呈中央，汇报狱中情况。刘谦初的信，中央的负责同志看过，无一不被他的大无畏精神感动，觉得他是一位难得的对党忠诚的好同志。周恩来看信后，说刘谦初像猛虎关入囚牢，是党的损失，应当设法营救。营救刘谦初，中央做了大量的工作。刘谦初在燕京大学的要好同学于毅夫是张学良的助理秘书，通过他说服张学良，以张学良的名义与山东土皇帝、反动军阀韩复榘商量，请求释放刘谦初等在押政治犯，碍于张学良的面子，这个土皇帝有点让步。

1931年2月，张文秋带着周恩来的嘱托和关怀，在山东省委书记张含辉的安排下，张文秋获得两次探监机会第二次探监，是在一个阴雨连绵的夜晚，想不到的是，这一别，将成永诀！就在营救工作露出一线曙光时，情况却发生了急剧变化，土皇帝原来是冯玉祥的部下，此时投靠了蒋介石。为了证明“剿共”有力，向蒋介石邀功，他指示将所有在押政治犯一律枪决。1931 年 4 月 5 日凌晨，天刚蒙蒙亮，在济南纬八路侯家大院操场上，罪恶的枪声响了，21 位烈士的鲜血，洒在了齐鲁大地上，就在他们倒下的瞬间，一轮红日喷薄而出。他们的英灵，将与天地同在，与日月同辉！那一天，江河呜咽，山川同悲。历史不会忘记，人民不会忘记，烈士的英名将永载史册。在律师李华南的冒死帮助下，刘谦初的灵柩被父亲运回刘家庄，安葬在村前的土地上。4 月 12 日，在周恩来的主持下，上海党中央机关为刘谦初等烈士召开了秘密追悼会。

1960 年 3 月，经中央人民政府内务部决定，中共山东省委、山东省人民政府将刘谦初烈士的忠骨由刘家庄迁葬济南英雄山革命烈士陵园，与山东党组织的创始人王尽美、邓恩铭比邻。国家副主席王震、山东省顾问委员会主任梁步庭，为纪念碑题了“宁死不屈，浩气长存”和“垂范后来”12 个大字。2002 年，修葺一新的刘谦初故居落成。它坐落在田庄镇刘家庄东首街一条南北巷的东侧，街门向西，正房五间，坐北朝南，是一栋砖木结构的传统式平房。

刘谦初牺牲后，张文秋将悲痛深埋心中，继续从事地下斗争。1937 年 9 月，党中央调张文秋到延安工作。不久，与红军老干部陈振亚结为秦晋之好。此时，刘谦初已牺牲八年。思齐饰演《弃儿》剧中的主角弃儿，为毛泽东所喜爱，被毛泽东认作干女儿，此后，小思齐就成了毛泽东家的常客。1938 年，张文秋生下女儿“安安”，取名“少华”，后改名为“韶华”，是 20 世纪 90 年代中期全国有数的 14 位女将军之一。后来，张文秋又在狱中生下第三个女儿少林。1946 年 6 月 19 日，党中央将他们从狱中成功救出。那年，思齐 16 岁，岸英已经 24 岁。经过一段时间的相处，毛岸英不能再欺骗自己了，他爱上了思齐。1949 年 10 月 15 日，刘思齐和毛岸英在毛泽东的住地丰泽园举行了简单的婚礼。1950 年 6 月 25 日，朝鲜战争爆发，10 月 18 日，毛岸英随志愿军奔赴朝鲜，参加抗美援朝战争，11 月 25 日，毛岸英壮烈牺牲。1983 年 7 月 23 日，张文秋率女儿韶华、女婿毛岸青、外孙女李杰、外孙毛新宇到济南英雄山烈士陵园，为刘谦初扫墓。1994 年 4 月，91 岁高龄的张文秋在中共平度市委领导的陪同下，到烈士陵园瞻仰了烈士的遗像，缅怀了英雄的事迹。

（孙　华）

开国元帅罗荣桓

罗荣桓

罗荣桓(1902～1963),湖南衡山人,久经考验的忠诚的共产主义战士,坚定的马克思主义者,伟大的无产阶级革命家、政治家、军事家,中国人民解放军和中华人民共和国缔造者之一,中国人民解放军政治工作奠基人,中华人民共和国元帅,党、国家和军队卓越领导人。

1919 年夏,罗荣桓到长沙进入谊群补习学校,该校不久改名为协均中学。柳直荀是该校创办人之一,他是由毛泽东、蔡和森等发起和组织的新民学会的会员。

1923 年 7 月,罗荣桓考入山东私立青岛大学(山东大学前身)工科预科。这个学校的发起人和第一任校长高恩洪,是当时的胶澳督办。此人是吴佩孚的老师,当过北洋政府的交通总长,是一个以直系军阀为靠山的反动官僚。继任校长宋传典也是官僚,他和大部分教职员都是基督教徒,使这所大学增添了一些西方的色彩。这所学校规矩很严,制定了若干繁琐的通则和规则,规定凡“私充报馆访事或主笔者”“干预国家政治及地方词讼者”“加入党派不肯脱离者”“聚众要挟罢课辍业者”均予以开除。在青岛大学读书期间,罗荣桓曾参加反对军阀和帝国主义的爱国活动。

1926 年秋,罗荣桓在青岛大学预科毕业。因为参加“五卅”运动,罗荣桓无法进入青岛大学本科。后来赴广州投考中山大学,因德语未过,未能成功,于是回家乡组织农民协会,进行反对土豪劣绅的斗争。

1927 年 4 月,通过补考,罗荣桓进入武汉中山大学理学院读书。5 月,加入中国共产主义青年团,担任了武昌中大支部的组织干事,不久转为中共党员。7 月,罗荣桓被派往鄂南通城从事农民运动,与谭梓生一同下乡会合汪玉堂等,开始组建农民自卫军,任党代表。因罗荣桓身材比较高大,戴着一副深度近视眼镜,穿着旧中山装，颇有读书人的风度，有的战士就称他“先生”。队伍到达修水县后，余洒度从自己所带的队伍中抽调部分骨干，连同这支农民武装，整编为师部特务连，由原警卫团的排长谭希林任连长，叶重开任副连长。罗荣桓仍沿袭在农军的职务，任党代表。9月17日，罗荣桓与所属部队转移到铜鼓县排埠和浏阳县孙家段一带，与毛泽东和在东门市受挫的第三团会合。罗荣桓改任师部参谋，仍随特务连行动，与朱建胜共同负责指挥特务连。后来部队在枫树坪整编，一个师缩编为一个团。团长陈浩；一营长黄子吉，党代表宛希先；三营长张子清，副营长伍中豪，党代表何挺颖；特务连连长曾士峨，党代表罗荣桓。另成立军官队和卫生队各一。

1928年4月下旬，朱德、陈毅率领南昌起义部队余部和湘南起义农军近1万人到井冈山，与毛泽东率领的秋收起义部队合编为工农革命军(不久改称“工农红军”)第四军，由朱德任军长，毛泽东任党代表，王尔琢任参谋长。下设三个师八个团。不久因粮食问题，红四军又取消师的番号，缩编为四个团，即第二十八团(由南昌起义保留下来的部队编成)、第二十九团(由宜章农军编成)、第三十一团(由秋收起义部队编成)、第三十二团(由袁文才、王佐部队编成)。罗荣桓任第三十一团第三营党代表。三营营长是伍中豪。朱毛会师很快粉碎了江西之敌杨如轩的第二十七师的“进剿”，第一次占领永新县城，并成立了永新革命政府。红军前锋——罗荣桓等率领的第三营一部到达天河，震动了吉安。11月，湘军和赣军有部分官兵起义，进入井冈山，分别被编为特务营(营长毕占云)和独立营(营长张威)。12月下旬，由平江起义部队编成的红五军第一、第三纵队共800多人在军长彭德怀和党代表滕代远率领下，也来到了井冈山。

1929年3月中旬，红四军歼灭土著军阀福建省防军第二混成旅郭凤鸣部两个团，攻占长汀。部队在此对番号作了改变。团改称纵队，营改称支队，连改称大队。第二十八团主力编为第一纵队，第二十八团余部和特务营编为第二纵队，第三十一团编为第三纵队。第三纵队司令伍中豪，党代表蔡协民。罗荣桓任第三纵队第九支队(即原三十一团三营)党代表，九支队长是张宗逊。10月31日，在攻打梅县的战斗中，罗荣桓腰部右肋骨下，被子弹打穿，负了重伤。1929年底，参加中共第四军第九次代表大会(古田会议)，被选为四军前敌委员会委员。古田会议结束后不久，第二纵队改组了领导机构，曾士峨任司令，罗荣桓任政治委员。

1930年7月下旬，按照中共中央决定，红一军团进逼南昌郊区。8月23日，和由红五军扩编而成的红三军团在浏阳县永和市会师，组建了红一方面军，由朱德任总司令，毛泽东任总政治委员、总前委书记，罗荣桓为红四军政委。

1932年3月，红一方面军进行了整编，将红四军和红十五军编为第一军团，由林彪任总指挥、聂荣臻任政委、陈奇涵任参谋长、罗荣桓任政治部主任。3月下旬，红一军团和红五军团组成东路军入闽，东路军的指挥机关由一军团指挥机关兼代。罗荣桓兼任东路军政治部主任。10月，中共苏区中央局在宁都召开会议，“左”倾冒险主义领导者加紧推行其政治上反"右倾"，组织上"改造和充实各级领导机关"的错误纲领，毛泽东被调去做政府工作，随后又被撤销了一方面军总政委的职务，邓(小平)、毛(泽覃)、谢(唯俊)、古(柏)又被错误地批判。罗荣桓亦受牵连。在一军团政委聂荣臻和政治部副主任李卓然的坚持下，才暂时保持原职务。

1933年4月中旬，罗荣桓还是被调离一军团，被任命为江西省军区政治部主任。不久，罗荣桓又被任命为军委总政治部巡视员和总政治部武装动员部长。后任扩红突击队总队长，负责红军扩军宣传工作。

1934年1月21日，罗荣桓出席了中华苏维埃第二次全国代表大会，获得一枚银质奖章，并被大会选举为中华苏维埃共和国第二届中央执行委员会候补委员。9月，红八军团在兴国县组建，下辖第二十一师、第二十三师，共7000余人。罗荣桓任军团政治部主任。长征中八军团撤销，他先后任总政治部巡视员、第一军团政治部副主任。到陕北后，参加了东征战役。

1936年6月，罗荣桓进入中国人民抗日红军大学学习，并兼任培训高级干部的第一科政治委员。1937年1月，任军委后方政治部主任，7月任第一军团政治部主任。5月16日，党的全国代表会议胜利闭幕了。罗荣桓亦借此良辰吉日，和林月琴结婚。抗日战争爆发后，罗荣桓被任命为第一军团政治部主任。8月22日，中国工农红军改编为国民革命军第八路军。原红一军团、十五军团及第七十四师合编为第一一五师。林彪任师长，聂荣臻任副师长，罗荣桓任政训处主任。10月23日，恢复红军传统的政治工作制度，聂荣臻任政治委员，政训处改为政治部，罗荣桓任政治部主任。

1938年，罗荣桓到达吕梁山地区，与代师长陈光指挥午城、井沟和薛公岭等战斗，保卫了黄河河防。同年秋，参加扩大的中共六届六中全会，随后任一一五师政治委员。1939年3月1日，罗荣桓与陈光率一一五师师部和主力一部组建东进支队进入山东，与山东人民抗日起义武装组成的八路军山东纵队并肩作战，先后在鲁西、鲁南、冀鲁边、鲁中、滨海地区发动群众，建立抗日民主政权，发展人民武装，巩固和扩大抗日根据地。

1941年8月任山东军政委员会书记。就在这年冬，日伪军5万余人"扫荡"鲁中抗日根据地，中共中央山东分局和一一五师师部等领导机关被日伪军合围于沂水留田一带。他领导军民坚持斗争，挫败日军在山东进行的规模最大的一次"扫荡"。

1943年3月，中共成立任山东军区，罗荣桓被任命为司令员兼政治委员，同时兼任一一五师政治委员、代师长，后任中共中央山东分局书记，统一领导山东抗日民主根据地的党政军工作。在罗荣桓的领导下，山东军区与一一五师部机关进行了合并，组建山东军区，从而将地方部队与常规部队进行了合理的整合，全军区也进行了缩编，充实了一线战斗部队的实力。

1944年，各军区根据山东军区的命令，进行了大规模的攻势作战。自6月初至8月上旬的两个多月内，共进行了10余次较大战役，歼日军300余人，伪军3万余人。1945年，罗荣桓决定将山东第一线部队编成八个师、十二个警备旅、一个滨海支队及一个海军支队。为了发展壮大八路军的力量，各军区广泛地开展了参军运动，组织了第二梯队的部队。县区武装升级后又立即补充起来。山东八路军总人数达27万余人。8月13日，山东省战时行政委员会宣布改为山东省人民政府，黎玉任山东省人民政府主席。8月26日，在毛泽东的安排下，林彪、萧劲光转赴山东工作。罗荣桓为书记及政委，林彪为司令员，萧劲光为副司令员。

1945年6月，罗荣桓被选为中共第七届中央委员。抗日战争胜利后，率山东主力部队6万余人进军东北，任东北民主联军副政治委员、东北军区第一副政治委员、东北野战军政治委员。在东北期间，他曾主持组建二线兵团，为主力部队输送了大量兵员。

1949年1月，任第四野战军第一政治委员。他作为中共平津前线总前委委员和人民解放军平津前线政治委员，参与指挥平津战役，主持和平解放北平的谈判工作。6月以后被任命为中共中央华中局(后为中南局)第二书记，华中军区(后为中南军区)第一政治委员。

中华人民共和国成立后，历任最高人民检察署检察长(兼任总干部管理部部长)、人民解放军总政治部主任、中央人民政府人民革命军事委员会副主席、中共中国人民解放军监察委员会书记。1952年，领导筹建人民解放军政治学院，后兼任院长。从1959年12月起，他在中共中央军委还分管民兵工作，曾任人民武装委员会主任。

罗荣桓是中共第八届中央政治局委员，第一、第二届全国人大常委会副委员长，国防委员会副主席。1955年，被授予中华人民共和国元帅军衔和一级八一勋章，一级独立自由勋章、一级解放勋章。从1942年起经常带病指挥作战，1946年曾切除一侧肾脏，以后长期抱病工作，1963年12月16日病逝于北京。罗荣桓追悼会上，毛泽东深深地向这位从秋收起义就开始跟随他的青岛大学土木工程系的高材生、中国人民解放军政治思想战线奠基人(毛泽东语)的元帅鞠了三个躬。而且，他专为罗荣桓赋诗一首。多年以后，党的第二代领导集体核心邓小平同志在给《罗荣桓传》题词的时候，曾经饱含深情地说道："罗荣桓同志是做老实人，干老实事，一生光明磊落，在重大原则问题上始终和中央保持一致，始终为人民群众着想，这样的同志才是真正的共产党员，才是优秀的共产党员。"2002年，纪念罗荣桓同志诞辰100周年纪念会上，江泽民代表中央、中央军委高度赞扬了罗荣桓光辉战斗的一生，江泽民说："罗荣桓同志是我军政治工作的一面旗帜。"一个生前死后居然连续得到党的三代领导集体核心的赞许的军中将领在历史上几乎绝无仅有！

(孙　华)

齐鲁怪杰栾调甫

栾调甫

栾调甫(1889～1972)，山东蓬莱人，名延梅，号山东伧子，书斋曰“三经堂”。任齐鲁大学教授，主持齐鲁大学文学院和国学研究所工作。中华人民共和国成立后任山东大学教授、山东省文史馆馆员。栾调甫先生以研究墨学闻名于世，号称当代四大墨师之一，同时又精于经学、文字学、金石学、版本目录学、农学。在上世纪中前期与王献唐、路大荒等共同高举朴素求真的“齐鲁学派”大旗，就学术成就与私人交往而言，可并称为“山左三杰”。

1889 年 5 月 1 日，栾调甫先生出生在父亲供职的上海英租界三马路“格致书室”。由于其父月薪仅 12 元，无法供养 9 口之家，所以栾调甫先生出生满月后即被送回蓬莱老家。6 岁时返沪，由其父授《三字经》，当年又读完《百家姓》等，为启蒙之始。1896 年，寄居山东黄县(龙口市)宋家疃，入教会义塾，半工半读。1898 年，又重入上海明强学堂。1899 年，再归故里，入免费的郭氏英文义馆，跟随一贺先生学习“四书五经”与英文，使其具备了深厚的国学根底和较高的英文水平。1902 年，栾调甫先生彻底辍学，被迫回到上海“格致书室”，做起了书店的小伙计。书店的生活反而能够让他广为涉猎，沉下心来读书，自学儒家经典。他又通过父亲学习物理、化学等课程，从中汲取自然科学知识；后来又因为有较好的英语基础，得以在上海翻译英文工业书籍。在这一期间，先生手不释卷，利用工作之余的点滴时间充实提高自己。因为用功极深，居然导致双耳几近失聪，又贫困交加，先后失妻夭女，自己也因营养不良和瘟疫九死一生。其学习的勤苦，由此可见一斑。这些经历，使他虽然没能接受正规教育，却在无形中开阔了眼界，秉承了当时山左学人“承受朴学，融合西学”的普遍求学、治学道路。

1920年,栾调甫到济南任齐鲁大学博医会编辑,翻译多部医科书籍。业余仍苦心钻研墨学,对墨子研究提出"坚白离盈"说,深入阐发墨辩逻辑的丰富内容。对梁启超《墨经校释》一书提出自己的见解,写成《读梁任公〈墨经校释〉》。梁启超誉之为"此种发明,可谓石破天惊"。1924年,齐鲁大学文学研究会特聘其作研究墨子的专题学术报告,他论及的墨子对光学的发明,引起学者们的极大重视。1924年,著《梁任公五行说之商榷》。1925年,受聘为齐鲁大学文学院教授兼国学研究所主任,撰写《墨子讲义》《论语研究》《历代书籍制度考》《如何承受西方科学》《守旧的中国》等。1936年,转任山东大学教授,创立"字系说",著《说文解字补正》(10册20万字),编印《中国语言百科全书》《中国语文学》。1940年,回校仍任国学研究所主任和国学教授。1947年,中央研究院第一届院士提名表上列名。1952年,任职于山东博物馆。1957年,受聘为山东省文史研究馆馆长;是年,人民出版社出版他的《墨子研究论文集》。1960年,受聘为中国科学院山东分院历史研究所研究员。1963年,被选为中国人民政治协商会议山东省委员会常务委员。1967年,将全部家藏古籍4705册捐献给国家。1972年病逝,终年83岁。

栾调甫是一位在逆境中靠自学成材的国学大家。他一生手不释卷,勤于钻研,因为家中贫困,在齐鲁大学曾看过大门。栾调甫凭着自己的勤奋,终于成就为一代墨学大师。

1922年,梁启超集二十年研究《墨经》的心得,写成《墨经校释》一书,轰动学术界。栾调甫阅读之后,对梁启超《墨经校释》一书提出自己的见解,写成《读梁任公〈墨经校释〉》。梁启超读了这篇文章,大为震惊,一是过去从未有人敢这样评批他的著作;二是海内治墨界中,竟有超越他的"小人物",梁启超下定决心要找到这个栾调甫,一睹其人,探个究竟。

1925年10月,梁启超先生亲往济南齐鲁大学拜访他。校方竟不知校内有栾调甫其人。几经查询,方知栾调甫此时是在中文系代课,曾兼管过校大门职事。梁启超千里迢迢来拜访这位"把门大将军",虚心请教,赞誉栾调甫的这篇文章:"即使不是绝后,也是空前。"一时全校为之震惊。

齐鲁大学是1904年至1952年在中国山东省办学的一所教会大学,也是当年外国人在中国创办的十三所教会大学之一,由来自美国、英国以及加拿大三国的14个基督教会教会组织共同筹款联合开办,其前身为山东基督教共合大学(Shantung Christian University),1904年由潍县广文学堂、青州共合神道学堂和济南共合医道学堂合并而成。那时还是北洋军阀统治时代,所有教会学校的大权全在洋人手中,校长是洋人,董事长也是洋人。学校大、小的经费有外国教会提供,学校的财政、行政、教学等大权全操于外人手中。梁启超到齐鲁大学径直去学校办公楼,找校长和教务长等人,但都不晓得栾调甫这个人,以后才查出他是中文系的代课老师,而实职是守护校门。因栾调甫他不住在校内的宿舍,而是住在南关茅家坟一处偏僻的小杂院里，所以很少人知晓。那茅屋仅有一间，另半间灶房，四口人就挤在一间屋中。他就是在这间小房中自己亲手刻蜡版，油印了文稿 40 份，拟分赠海内同治墨学者。然而，他献身国故整理至此二十年，没有发表过文章，没有同商旧学的学友，独自一人独来独往于古籍书卷研究中，他对文坛名家、学者也茫然无所知。这些油印稿只好求助于各杂志社代为转发。给梁启超的一份是同章太炎、胡适的一份一起拜托北京《哲学》杂志社代转的。他分装好了信封，写明收信人姓名，但不写发函地址，仅请杂志社填上收信人住址投寄，这是一封没有来龙只有去脉的信件。这也是一封怪函，信封中只见文章一稿，不见信函半张，正像梁启超日后所言："顾函内无书，又无发函地所，怅惘不可言！"梁启超细读文稿之后，深感作者出手不凡，学术水平之高。梁启超先生在沪晤张君，始知栾调甫先生在齐鲁大学任教。这是他发表的第一篇较为重要的文章，以前很少发表文章，对一些学者也少有来往，所以很少有人知道他。数日后，梁启超先生离校，齐鲁大学即聘任栾调甫先生为国学系教授，年薪 960 元，不再看大门了。那时栾先生 35 岁，正当年呀。梁启超先生慧眼识英才的故事，一时传为佳话。

1930 年，在栾调甫倡议下，筹建了齐鲁大学国学研究所，他担任主任，聘请老舍、郝立权、余天庥、王敦化、范迪瑞等学者执教兼从事研究，一时人才济济，为国学研究所的极盛时期。期间，他撰写《墨子讲义》《论语研究》《历代书籍制度考》《如何承受西方科学》《守旧的中国》等。

在齐鲁大学期间，先生不仅教书育人，还能慧眼识金，发现和引荐了许多日后的学术大家。先是 1930 年初，老舍结束了英国伦敦大学东方学院的教职后，返回祖国。当年 7 月，接受齐鲁大学的聘书，任国学研究所文学主任兼文学院文学教授。老舍为何不就近在北京找个大学任教，而要舍近求远，离开老母和北京，远来济南呢？原来老舍到齐大之年，正是该校国学研究所成立之时。研究所的建立，了却了栾调甫多年想培养高级国学研究人才的夙愿，他在物色研究人员时，特地提出一个由名家、学者组成的名单，老舍先生就在这个名单中。于是时任齐大校长的林济青先生，按照栾调甫先生的提议，去北京延揽了六位专家学者，老舍便因此成为了其中之一，二人后来关系密切，形影不离，盖因于此。

1936 年，山东大学发生学潮，赵太侔被迫辞职，原齐鲁大学校长林济青代理校长。栾调甫于 1936 年 8 月来到青岛国立山东大学，任中文系教授，担任了古今体诗习作、词及习作、汉魏六朝文及习作、唐宋以降文等课程。在青岛，栾调甫创立"字系说"，著《说文解字补正》(10 册 20 万字)，编印《中国语言百科全书》《中国语文学》。

栾调甫先生善于藏书。先生业余时间经常与王献唐、路大荒、张景栻等藏书家优游济南书肆，广罗群籍．他到底有多少藏书，实在是难以计数。虽然因为战乱漂泊，他的这些藏书多有流散，即便如此，至先生身后，还尚余万卷之多。先生藏购图书，亦可用“书痴”来形容。1943 年，先生正是贫困潦倒的时间，仍然坚持购书。他自己说道：“夺口腹之奉以购书，求之今世，恐无几人也。”济南舜井街上友竹山房的店主吕川升，外号“吕狠子”，十分精明，无论栾调甫还是王献唐先生，都被其占过不少便宜。先生买其《顾虎头画烈女传》，被吕川升敲了竹杠，却说：“明知出价大，不得不忍痛出之。”先生藏书，非想据为己有，而是始终考虑传承的问题，希望能为后人所用，而不是存之居奇。先生在藏书之余，亦多题跋，学术价值很高。但这些书跋如今散佚各处，尚待整理。终先生一生，著作百万余言，可惜多未正式发表。这主要是先生朴实求真的学风和不求人知的态度所决定的。

栾调甫先生所为人津津乐道的主要学术收获，就是他对墨学研究的巨大成就。在上海的学徒生涯中，栾调甫先生就已经开始了独立的墨学研究。其第一本学术著作是耗费了七年时光于 1911 年完成的《名经注》，当时栾调甫先生仅有 23 岁。后来他记述道：“此为余专治《墨经》之始，也是余注《墨经》之始。”但这本号称“海内墨辩第一善本”的学术巨著却并未能刊行，仅在小范围内流传。遗憾的是，栾调甫先生秉承齐鲁学人著述严谨、不求人知的学风，许多手稿都未能刊行，以至于王献唐先生叹道：“治墨四十年，发表太少，深以为憾！”

栾调甫先生的学术成就远不止于墨学。他先后写成过《论语讲义》《论语研究》《释夫子》等儒学专著。其文字学著作更达十余种，从基本的《文字学概论》到艰深的《说文解字补正》《古今文字考释》，文字学研究已经自成体系。虽然栾调甫先生研究金石版本之学的文章保存极少，但是金石版本学的一代宗师王献唐先生却屡屡求教于他。后来王献唐南去巴蜀，在考校金石时因为没有栾调甫先生相助而感到遗憾，并赋诗道：“玄亭风雨忆侯生。”此外，蒲学大师路大荒也被先生《聊斋志异刻本有几种》一文所折服。栾调甫先生又开《齐民要术》研究之先河，后辑为《齐民要术考证》一书。该书为农学界所盛赞，栾调甫先生也被称为“《齐民要术》研究开创之人”“贾学第一功臣”。

栾调甫一生著述丰富，但发表很少。如今所能见到的著作，主要包括专著、墨学论文、文字学论文、题跋和其他零散论文文章 70 余种。其中《墨学研究论文集》和《齐民要术考证》两书，在中华人民共和国成立后得以正式出版，代表了栾调甫的学术水平。栾调甫子女根据先生遗嘱，整理遭劫后藏书 1030 种，4705 册，捐献给国家，现藏于山东省图书馆。2001 年山东教育出版社出版了《栾调甫文集》六卷。

（王玉平）

于复新与于氏环状沉淀试验

于复新

于复新(1890～1967),字铭三。山东安丘人。八岁失聪,后克服困难,自学成才。1911 年,入齐鲁大学医学院附属医院化验室当练习生,后升任化验室主任。1921 年,创有"于氏环状沉淀试验法"(即梅毒血清环状试验法),是世界首创。1929 年撰写出版了我国最早的检验专著《实验诊断学》。此书再版多次。1946 年,被齐鲁大学医学院聘为临床细菌学教授。济南解放前夕,拒随南迁。1950 年,应邀参加中华全国第一次自然科学工作者代表会议。次年作为特邀代表出席济南市各界人民代表会议。后任华东皮肤花柳病防治委员会委员、山东省科普协会筹备委员、山东医学院诊断学教授等职。其著作还有《梅毒血清环状试验》《梅毒的血清诊断问题》《单做康氏反应的缺点及其补救办法——环状沉淀法的应用》《解放前与解放后济南梅毒血清阳性率的比较》等论文十余种。其中《实验诊断学》《临床检验》1952 年被定为全国医士、全国临床检验专业教材。

在旧中国,梅毒病的发病率是很高的,它严重地危害着人民健康,在大城市尤甚。在上世纪 20 年代,确诊本病的最先进的检查方法是两个外国人发明的梅毒血清反应——康(Kahn)氏和瓦(Wassemann)氏反应。这两种试验法各有优缺点:瓦氏反应的准确率高,为 98.3%,但操作复杂,出结果需等一天以上,且可因抗补体因素的出现而不能判定结果;康氏反应的准确度较低,为 94.3%,且易出现假阳性,操作也较复杂。因此医学检验界渴望有一种既简易而又可靠的梅毒血清试验法,并都为之苦苦探索着。

在齐鲁医院化验室,已有十年临床检验经验的化验员于复新,于 1921 年发明了一种新的梅毒血清试验法,他本人称其为"梅毒血清环状沉淀试验法"(国内同仁则尊称之为“于氏试验”)。于氏试验经过2000多份血清的对照观察,证实该新法操作简单,便于推广应用,且正确率在97%左右,方法得到了充分肯定,于1923年发表在齐鲁大学主办的全国性学术刊物《齐鲁医刊》第3卷第2期上。此成果本想以于复新的名字投稿国外,他的老师美籍医生(兼管化验)柯德仁(Dr. S. Cochran)怕外国不给刊登,遂以“柯—于”二氏之名发表在美国学术杂志上,推广到全世界。

“于氏试验”的最大优点是不易出现假阳性,对于一些不能开展瓦氏反应、只能做康氏反应的检验科,加做“于氏试验”能明显提高梅毒血清试验的准确度。“于氏试验”早于日本的井出氏环状反应,且比井出氏反应准确。

以后,于复新又与他的学生共同发明了利用康氏抗原做凹玻片试验,以代替外国的克莱氏试验,更加简便、可靠。这样,在齐鲁医院,每一份病人的血标本要常规地做三个试验——康氏、于氏、凹玻片;如仍有怀疑再加做华氏反应。至于华氏反应,于复新教授坚持用三个抗原的法国方法,而不采用一个抗原的美国方法,以确保检验结果的准确可靠。

1947年,于复新教授又在国内首先开展了梅毒螺旋体黑地映光检查法,更容易直接看到病原体,大大提高了对梅毒病的诊断水平。

于复新教授在世界上首创诊断梅毒病的新方法——于氏环状沉淀试验及其以后一系列发明与改进,进一步提高梅毒病的诊断准确率、缩短了出结果的时间,简单而便于推广到全国、全世界,不但有很大的学术价值,而且更有无可估量的社会意义。于复新对新中国梅毒病的防治和最终消灭梅毒病做出了积极的贡献,对保障人民身体健康和净化社会风气、促进精神文明建设、提高我国的国际地位都有巨大作用,影响深远。

于复新教授深感医学检验人才的缺乏,更看到中文检验教材是空白,严重制约着我国医学检验事业的发展,因此将他积累多年的资料和实践经验编撰成专著《实验诊断学》,于1929年出版,贡献给检验界同仁。这是中国学者自编的第一部检验学专著。为培养我国自己的高级临床检验人才,他于1930年主办了我国最早的大专水平的检验技师班。1937年,于教授又增补资料改版了他编著的《实验诊断学》,行销国内。在解放战争时期,该书在于教授不知情的情况下,被华东解放军卫生部重印,并在前言中作了说明,作为华东解放军医务检验人员的重要参考书和学员的教材。那时济南尚未解放,而于教授的学术专著却已在为人民的解放战争服务、造福解放区军民了。

(田道正)

侯宝璋的《实用病理组织学》

侯宝璋(1893～1967),安徽利辛阚疃集人,著名病理学家、医学教育家。中国病理学先驱者。

侯宝璋

1918年,侯宝璋分班入齐鲁大学医学院学习。1920年,侯宝璋毕业于该校并留校工作。在齐鲁医学院工作期间,侯宝璋成绩卓著。1926年,侯宝璋先后到美国芝加哥大学和德国柏林大学深造。在柏林大学,他在Ludwig Pick的领导下,接受了极为严格的病理学训练。1934年获罗氏基金的资助,在英国伦敦大学热带病学研究所工作一年。回国后出任齐鲁大学医学院病理学系教授和系主任。1937年抗日战争爆发,齐鲁大学被迫迁至成都,他随校到成都任华西齐鲁联合大学病理系教授及主任,并代理齐鲁医学院院长,1938年教育部任命他为部聘教授,兼任中央大学医学院病理系教授。1942年先后出版《为司马相如的病下一诊断(中国糖尿病史)》《医史丛话》《中国解剖学史》。1943年出版《中国牙医史》。1946年受美国国务院邀请,赴美讲学,1947年又受英国文化委员会邀请,赴英国讲学。1948年,英国教育部聘请他任香港大学医学院病理系主任教授,代理院长。1954年曾相继发表《中国天花病史》《疟疾史》《杨梅疮考》。1956年发表《原发性肺癌与华支睾吸虫感染的关系》,第一次提出并证明了寄生虫在人体肝内寄生可以引起恶性肿瘤,因而在学术界引起很大的重视。侯宝璋的科研成就,在国际上亦享有盛誉。先后发表论文50多篇,著书3部。1958年当选为伦敦(国际)肿瘤学会执行委员、受聘于英国皇家病理学会终身会员、美国病理学会会员、香港政府医务部病理学顾问,1961年香港大学授予其荣誉科学博士。

1934年,侯宝璋教授在十多年苦心收集、积累丰富的病理材料、图片资料基础上,加上一贯的苦心研究,终于总结成书,出版了《实用病理组织学》这部病理学专著。这是中国病理学界第一部学术专著。

《实用病理组织学》的出版发行在中国病理学术发展史上具有里程碑式的重要意义。他不但是对中国人疾病的病理学诊断研究上具有重大价值，而且他还吸收了国际上病理学最新研究成果，因而具有广泛参考与应用价值，被中外病理学家给予高度评价。他的研究成就被美、英和日本等国病理学杂志刊登传播，使他在国际病理学界享有盛誉。英国著名史学专家李约瑟在《中国科学技术史》这部名著序言中指出："侯宝璋是本书作者当时在中国巡回研究中国科学史所尊重和倚靠的病理学家、解剖学家和医学史学家。"

1962年，正值国家暂时经济困难之际，侯宝璋毅然由英国管辖地区香港回到祖国首都北京。他的归来对海外侨胞和国际医学界产生了积极作用和广泛影响。回到北京后周总理和陈毅副总理在中南海西花厅专门设家宴热情接待了侯宝璋教授一家。国家安排他担任中国医科大学副校长，兼病理学教研室主任，后当选为全国政协委员。他回来时为我国订购了一批先进的科研仪器设备，带回了多年精心收集的珍贵病理标本及数百份图片资料，并建立起当时国内最高级的分子病理学实验室，为国家病理学研究迅速与国际接轨，做出了积极贡献。

1963年，侯教授出席全国科学技术协会举行的春节联欢晚会，受到了刘少奇、邓小平、董必武等党和国家领导人亲切接见，刘主席与之热情握手致意。1964年他又受到毛主席、刘主席、周总理、朱德委员长、邓小平总书记、宋庆龄副主席等亲切接见和慰问。

1967年，侯宝璋教授不幸病逝，不但国内痛悼，而且连美国的CANCER杂志、英国医学杂志等均在显著位置发表了悼念文章，可见其国际影响之广大。

侯宝璋一生从事病理学的教学和科研工作，在发展中国病理学研究和医学教育方面成绩显著。他对中华分支睾吸虫与二级胆管性肝癌的关系、胆汁性肝硬化、绒毛膜癌、鼻咽癌、黑热病，以及中国医学史等方面的研究，都有独到的建树。在从研究原发性肝癌与华支睾吸虫感染关系200例肝癌分析中，第一次证明了寄生物（华支睾吸虫）在人体肝内可引起恶性肿瘤，阐明了此病与种族无关，与喜食生鱼者密切相关。他又是早期发现绒癌组织有自然消退现象者之一，并提出机体（子宫及各器官）可能有抗绒癌机制。这些成果引起了国际医学病理学界广泛的重视。

（田道正）

皮肤病专家尤家骏

尤家骏(1898～1969)，字修之，山东即墨人，曾任齐鲁大学医学院、山东医学院教授(一级)。尤家骏是我国麻风病防治专业的开创者和奠基人，著名的皮肤性病专家、医学教育家、国际知名的麻风病专家，在国内外享有很高声誉；曾获山东省卫生系统先进工作者和省先进工作者荣誉称号(特等奖)；在国家级和国外学术刊物发表论文30余篇，出版专著和教材8部。

尤家骏

尤家骏出生于即墨县农村一户贫苦家庭，由于出身贫寒，尤家骏深知上学得来不易，因而非常珍惜时间，总是努力多学些知识，把自己的本领练得好一些。在齐鲁大学读医科时，最初全班86人，他通过自己的刻苦努力，成为了最终21名获医学博士学位学生中的一员。大学第四年时光尤家骏喜欢上了皮肤科学，深得当时的院长兼皮肤花柳科主任海贝殖的赏识。1926年毕业后，尤家骏被留在齐鲁医院皮肤科工作，因月薪太低，两个月后转入泰安博济医院工作一年，后又被要回济南，历任齐鲁大学医学院皮肤科讲师、副教授、教授兼系主任。由于工作努力，谦虚好学，颇有建树。1932年8月，尤家骏被海贝殖院长送到奥地利维也纳大学皮肤病院专修深造一年。留学时，因外国人看不起中国人，促使他更加发愤自强，刻苦钻研，学习中把所学的知识和技术形成详细的笔记和画图，学习结束后和其他珍贵资料一起带回国内。回国后，尤家骏接替海贝殖兼任济南麻风病疗养院院长。1937年抗日战争爆发，齐鲁大学迁至四川成都，尤家骏在出发不久因病返回济南治疗和养病，病愈时济南已沦于日寇之手，无法成行。1939年，齐鲁大学医学院院长请张汇泉教授来电催尤家骏赴成都教课，正要准备动身，留守的施尔德院长竭力挽留，邀其共同支撑齐鲁医院工作。太平洋战争爆发后，该院的英美籍人员均被抓入潍县集中营，齐鲁医院被日本侵略军占为陆军医院，市民看病很不方便。1942 年 2 月，尤家骏和一群老同事到新成立的济南市立医院工作，亲任院长兼皮肤科主任，继续为市民健康服务，并借此保存了不少医疗器械。抗战胜利后，他于 1946 年又回到复兴的齐鲁医院任皮肤花柳科主任、教授。1947 年 8 月，尤家骏赴美国纽约哥伦比亚大学中心医院进修，对皮肤霉菌学和皮肤组织病理学作了重点研究，带回一些稀有霉菌菌种和重要资料，回国后率先开展了皮肤病组织病理诊断工作。1948 年，他代表中国出席在哈瓦那举行的第五次国际麻风会议。在就麻风病的分型所作的学术报告中，尤教授以丰富的实践经验说明麻风病并非不治之病，驳斥了英国传教士把中国描绘成麻风之国的无稽之谈，引起与会专家的强烈反响。新中国成立前夕，尤家骏谢绝外国友人的挽留，放弃国外优厚的待遇和生活条件，毅然返回祖国。他经香港回到北京，受到毛主席的接见。毛主席握着他的手亲切地说："尤大夫，欢迎你回来为中国人民服务啊！"回国后历任齐鲁大学医学院教授兼附属医院皮肤科主任、济南市立医院院长、山东省皮肤病防治研究所所长、山东医学院教授兼附属医院皮肤科主任等职。

尤家骏教授从事皮肤科医疗、教学、科研和社会卫生工作四十余年，积累了丰富的经验，取得了丰硕的成果。

早在 1927 年尤家骏即以抗酸染色法检查麻风杆菌，并熟练地掌握了梅毒螺旋体的检验方法，1928 年已用铋剂治疗梅毒病。1930 年，在国内率先开展头颅浅部霉菌的分类与鉴别，并建立了霉菌实验室，对一些皮肤病的病因和诊治进行了研究。他的突出成就在于对麻风病的防治研究成果。1950 年，他在中华医学杂志发表"现代麻风分类及治疗"，成为国内外麻风病专业的经典论著。其后他在《中华皮肤科杂志》等学术刊物陆续发表《麻风病讲座(一)(二)(三)》《麻风病与婚姻的关系》《麻风病的治疗》《替彼松治疗麻风病报告 8 病案》《麻风病的病理学》《罕见的瘤型麻风病例》《世界上最年幼的麻风患者》《结核样型麻风纯神经炎》《五年来麻风病防治工作的发展》《麻风病防治的新发展》《广东、陕西麻风病防治情况》《播散性黄瘤样型麻风一例报告》等一系列具有指导性的麻风病专题论文。他在国内首创用氨硫脲、替彼松药物疗法、氧气疗法、中药苦参疗法(与省中医院韦继贤院长合作首创)治疗麻风病的良好效果在报道后，被迅速推广应用，获得很大社会效益。在治疗过程中，他还对瘤型麻风的淋巴结和皮肤病变进行了组织学的对比研究，发现了世界上第一例罕见的瘤型麻风患者。此外，他还应用麻风菌素联合卡介苗注射预防麻风病。麻风病是一种古老的疾病，当时民间一直流传着这样一种说法：麻风病是上天惩罚人的疾病，也被称为"天刑病"。这种迷信的思想顽固地盘踞在人们的思想中，为防治工作带来巨大的困难和阻力。在职期间，尤家骏以高度的敬业献身精神，不怕脏、不怕累，甘冒风险亲自到病房诊病。他对每位麻风病人同情、体贴，从不歧视，平等对待，体现了一名医生高尚的职业道德。他常常穿着普通隔离衣检查病人，带头消除人们对麻风病常有的恐惧心理，给青年医生、学生及病人家属等留下了深刻印象。

作为一代医学泰斗、现代麻风病防治的先驱，尤家骏教授著述甚多。他总结大量的临床实践经验，撰写了《麻风病学概论》《新麻风病简编》《现代麻风分类与治疗》《麻风病手册》《麻风病图谱》《麻风病学讲义》等麻风病专著，并发表论文多篇，对麻风病的历史、病原、传染、分型、症状、诊断、治疗、预防以及流行病学等进行了系统而详细的阐述，对全国麻风病防治和科研、教学工作起了极大的推动作用，当之无愧地成为我国麻风病学权威。除前述麻风病专著外，他还受国家卫生部教材编审委员会委托编写了《皮肤病及性病学》，被列为全国高等医学院校统一教材。

1950 年 11 月，山东省卫生厅抽调 30 名医护人员组成省麻风病调查队，由尤家骏教授亲自讲课、带领实习，学习半个月后，尤教授一起参与对 7 个县历时 3 个月的实地调查，并作技术指导，写出专题报告，为新中国建立麻风病防治机构、加强防治工作提供了第一手资料。1951～1959 年，他受卫生部委托，在山东医学院主办全国麻风病高级医师进修班 5 期，为全国各地培养出高级麻风防治医师 130 余名，成为各省区市麻风防治工作的栋梁。1952 年，他还亲赴甘肃省主持西北卫生部举办的 5 省麻风病高级专修班，并受卫生厅委托在山东、广东省举办了中级麻风病防治进修班。1964 年，受卫生部委托，山东医学院承办全国皮肤病理学习班，主要由尤家骏教授讲课，并协助指导阅病理片。他为全国培养了大批皮肤病学专门人才。此外，他还担负越南留学生培训工作，有良好的国际影响。

尤家骏教授 1951 年在我国首次发现“黄色酿母霉菌病”，并探讨了硫酸铜、碘剂对该病的治疗，还用浅层 X 线治疗孢子丝菌病，均为国内首创。他还开展组织疗法、睡眠疗法、冷藏血等疗法治疗各种疑难皮肤病，均取得满意效果。

其高尚的医德医风、精湛的医疗技术和对我国医学事业的贡献足以使他成为全国医务界的代表人物。

然而，尤家骏教授这位备受尊重和赞扬的名专家，在“文化大革命”中却被“四人帮”反党集团强加了种种污蔑不实之词，惨遭迫害，致使其精神失常。在患病期间仍被强迫劳动，因而病情恶化，于 1969 年 2 月 13 日不幸逝世，终年 71 岁。

1978 年 7 月 20 日，经上级领导同意，山东医学院召开了全体教职工大会，对尤家骏教授予以平反昭雪，恢复名誉。强加给他的“资产阶级反动学术权威”等莫须有的罪名一律推倒，并举办隆重的追悼会，将其骨灰盒安放到济南市英雄山革命烈士陵园干部堂。

（常　杰）

状元校长王寿彭

王寿彭

王寿彭(1875～1929),字次籛,山东潍坊人。清末民初著名学者、教育家、书法家,状元。幼承祖训,刻苦读书,后应科考,多次在县、府试中名列案首。光绪二十八年(1902 年)乡试中举,光绪二十九年(1903 年)连捷进士。1903,以第三十七名贡士参加光绪二十九年癸卯恩并正科殿试中第一甲第一名,授翰林院修撰。后入进士馆读书,并曾在译学馆(北京大学前身)教过书。1905 年,曾随载泽、端方等五大臣出国,赴日本考察政治、教育和实业。著有《考察录》一书,倡导教育改良,兴办实业。1910 年(宣统二年),王寿彭到武昌,出任湖北省提学使,兼布政使,代理湖北巡抚,曾创办"两湖优级师范学堂",为湖北、湖南培养了一批教育人才。这期间,他创立预算制度,并制定学款独立章程,使办学经费专款专用,为全国之首创。辛亥革命后,任山东巡按使署秘书,教育司长,北京总统府秘书、秘书长。1925 年,任山东省教育厅长。1926 年,王寿彭创办了省立山东大学并自兼校长。1929 年,王寿彭病逝于天津。

1926 年,奉系军阀张宗昌督鲁,他虽是封建腐朽势力的代表,但为顺应形势,装扮开明,被迫于 6 月 30 日下令于济南重建山东大学。山东省代理省长林宪祖下令省教育厅于暑假期间筹办山东大学,并以省教育厅长、清末状元王寿彭兼任校长。1926 年 7 月 24 日,山东省教育厅发出指示,将山东省立农业、工业、矿业、商业、医学、法学六个专门学校合并改建为省立山东大学,并将山东省第一、第二、第六、第十等四个中学高中部学生,拨给省立山东大学作为附中,又增设文科。王寿彭校长 8 月 5 日到职视事,启用校钤,并挂出了自书的"山东大学"校牌。王寿彭主持拟定山东大学规程,明确规定了办学宗旨和培养目的。9 月 5 日举行开学典礼,校长王寿彭在会上发表了“读圣贤书，做圣贤事”的训词。为了鼓励学生好好学习，王寿彭当众作出承诺：哪位学生如果连续两个学期获得甲等第一名，他就给谁题写一幅字。著名学者季羡林曾在山大附中读书，成绩出众，连续两个学期都得了甲等第一名，王校长履行自己的诺言，给季羡林写了一副对联曰：“能将忙事成闲事，不薄今人爱古人。”另外还给他写了一个扇面，将清代诗人厉鹗所作的一首诗恭录于上。在扇面末端王寿彭题写“录《樊榭山房诗》，丁卯夏午，羡林老弟正，王寿彭赠”。这体现了王寿彭在学问面前的平等理念和对晚辈发自内心的激赏与呵护之情。季羡林曾回忆说：“一个教育厅长兼大学校长的硕士之士，能对一个十六岁的学生称老弟，看来是相当没有架子的，从这一点看，他还是一个开明的人。”作为学生能得到状元的亲笔字，自然倍感殊荣，视若珍品。

省立山东大学设文、法、工、农、医五个学院（那时称科），计有中国哲学、国文学、法律、政治经济、商学、机械、机织、应用化学、采矿、农学、林学、蚕学、医学13个系（那时称分科），并有附属中学。学制：文、工、农三院为四年，法、医两院为五年，实行学分制，学生毕业授学士学位。

在教学计划中除开设专业课程外，经学、数学、英日语为必修课程，古文学、古史学、世界史、逻辑学等为选修课。教材一部分选用国内已出版的大学教科书，一部分由教师自己编写。教师中多数学有专长，抱有“教育救国，科学救国”的思想，又因才得其用，故教学态度认真和联系实际，肯于探索，积极提高水平。学生中多数受到“五四”运动新思潮的影响，思想开放，勇于接受新事物，勤奋向上，学习风气较浓厚。省立山东大学，初步树立起了重视教学、重视研究的好风气，也充满着科学、民主和进步的生机。

作为山东省教育厅长兼山东大学校长的王寿彭，提倡尊孔读经。办学坚持鲁文化的重传统和齐文化的重创新并重，提倡古今并重。他在兴办教育方面表现出极大的执著和投入。为创办山东大学付出了不少的心血，从经费的筹措到学科的设置，直至聘用教职员工，件件事情他都亲自过问。一是资金方面大投入。山东教育厅每月拨给山大25000元，教职工的待遇是：校长月薪400元，系主任及教授月薪300～360元，这在当时不是一个小的数目。二是广揽各类人才。山东大学的教师来源主要有两部分，一部分是科举出身的经史学者，另一部分是从德、英、日取得学位的回国留学生。新与旧的结合，使省立山东大学充满了生机。当时山东大学全校共有教师330人，其中教授就有200多名，当时在全国高校中也是阵容最强大的。如文学院院长王宪五，清末拔贡，精通经学、古文，有“山东才子”之称；法学院院长朱正钧，曾留学日本；工学院院长汪公旭，曾留学德国；农学院院长郭次璋，日本早稻田大学毕业；医学院院长周颂声，曾留学日本。有资料记载：“当时山东大学有1088名学生在学习。在山东大学名下毕业者共计210名。”在那个内战频繁的动荡年代，王寿彭能够坚持办教育，让一些学生没有荒废学业也确属不易。尤其省立山东大学制定的《设学大纲》和明确的培养目标，比起山东大学堂是一个很大的进步，应该说王寿彭在其中做出了贡献。

据当年在山东大学读书的学生回忆："校长（王寿彭）对待学生，总是循循诱导，未曾加以训斥。在督办公署派人来逮捕学生中的地下党员时，他宣扬当局怎样优待学生，谆谆告诫学生要明哲保身。这话本不足以说服学生求进步的心理，但在他还是出于诚心爱护。"

王寿彭毕竟是封建科举状元，思想体系是陈旧的。1927 年，王寿彭受到山大一部分留学归来教授的强烈责难，辞职离校。辞去山东大学校长之职，王寿彭继续担任山东教育厅长。1928 年 3 月，张宗昌仓皇下台，离开济南逃亡天津。王寿彭虽然没有当即随张宗昌而去，但一个月后北洋军阀政府倒台，国民党政权接管山东省政府，他还是追到天津张宗昌那里，客居异乡，两人在一起郁闷度日。次年，王寿彭病逝于津门，只有 54 岁。

王寿彭对近代教育做出了较大贡献。他所著《考察录》一书中就倡导改良教育，兴办实业。此书在当时很有影响。王寿彭还是湖北新式教育制度的有力倡导者。他在湖北提学使任内，创办了"两湖优级师范学堂"，为两湖培养了一批教育人才。他制定学堂章程，并在中国首创"预算制度"，使办学经费专款专用，此制度后在全国各地加以推广。

王寿彭工于书法，字以藏锋圆润、敦厚大气为特色，时人以"得其片纸寸缣为荣"。当年"山东大学"的校牌和齐鲁大学"校友门"的匾额均为其所书。他在家乡也留有不少墨迹，以楹联、匾额、题扇居多。曾为潍县西南关五道堂"仙师庙"题名并书"仁术博施能济众，虔诚祈祷自蒙庥"。今潍坊市博物馆存一刻石，即清末进士陈恒庆为曹鸿勋临《九成宫醴泉铭》作跋文，由王寿彭所书。他的著作除《考察录》外，还有《靖盦诗文稿》《潍县志稿·艺文志》，编修《王氏家乘》。

（李彦英）

国学泰斗季羡林

季羡林与温家宝总理

季羡林(1911～2009),字希逋,又字齐奘。山东清平(现临清市)人,著名语言学家、教育家、翻译家、社会活动家,精通12国语言。曾历任中国科学院哲学社会科学部委员、北京大学副校长、中国社科院南亚研究所所长、第二、三、四届全国政协委员、第六届全国人大常委。当代中国社会科学界泰斗,山东大学校友。

6岁时,季羡林从临清官庄到达济南,投奔叔父季嗣诚。入私塾读书。7岁后,在山东省立第一师范学校附设新育小学读书。10岁,开始学英文。

1926年,季羡林在正谊中学初中毕业后,考入新成立的山东大学附设高中。附中有两处校舍,一处在老东门外的山水沟,原为矿业专门学校的校舍,一处在北园白鹤庄,原为职业中学校舍。季羡林在北园校舍读书。这里荷塘四布,垂柳蔽天,犹如仙境一般,非常适合读书。在这里,季羡林学会了用功,再也不去荷塘钓鱼虾、捉蛤蟆了。山东大学的校长是前清状元、当时的教育厅长王寿彭。他提倡读经。在高中教读经的有两位老师,一位是前清翰林或者进士,一位绰号"大清国",是一个顽固的遗老。两位老师对《书经》《易经》等经典及其注释等都背得滚瓜烂熟。教国文的老师是王崑玉先生,是一位桐城派的古文作家,有自己的文集。后来到山东大学去当讲师了。他对季羡林的影响极大。季羡林的习作曾得到他的高度赞扬。这也激发了季羡林对古文的兴趣。季羡林设法弄到了《韩昌黎集》《柳宗元集》以及欧阳修、三苏等的文集进行阅读。在中学期间,季羡林也学了德文。

1928年，设在北园的山东大学附中关了门。同年，筹建国立山东大学，校址迁至青岛。山东大学附中的学生，转入由附中高中部改设而成的山东省立济南高中(今济南一中)。1929年，季羡林转入新成立的山东省立济南高中学习一年。这是季羡林一生中的一个重要的阶段。特别是国文方面，这里有几个全国闻名的作家：胡也频、董秋芳、夏莱蒂、董每戡，等等。正是在这些业师的教诲与熏陶下，季羡林对写作产生了浓厚的兴趣并打下了扎实的功底。在高中学习三年中，季羡林参加六次考试，考了六个甲等第一名，成了“六连冠”。

1929年，季羡林与彭德华结为夫妻。他们的结合是父母之命，媒妁之言。彭德华她自幼丧母，只有小学水平，是一个真正善良的人，一生没有跟任何人发过脾气。上对公婆，她真正尽了孝道；下对子女，她真正做到了慈母。中对丈夫，她绝对忠诚，绝对服从，绝对爱护。季老的婚姻可谓中国封建婚姻包办的悲剧，但是他后来的独居也使得他内心平静，从而专注于他的学术研究，正如梅兰芳的寂寞成就了他一样。

1930年，季羡林进京报考了北京大学和清华大学，结果“连中双元”，被两所学校都录取了。由于清华大学的留学前景要好于北京大学，最终季羡林选择了清华大学，入西洋文学系专攻德文，师从吴宓、叶公超学东西诗比较、英文、梵文，并选修陈寅恪教授的佛经翻译文学、朱光潜的文艺心理学、俞平伯的唐宋诗词、朱自清的陶渊明诗。同学有吴组缃、林庚、李长之、胡乔木等。大学期间曾翻译德莱塞、屠格涅夫的作品。因成绩优异，曾获得家乡清平县政府所颁奖学金。在大学期间，季羡林还有缘结识了沈从文先生和老舍先生。

1934年夏天，季羡林大学毕业。受母校济南省立高中校长宋还吾先生之邀，回母校担任国文教员。1935年9月，清华大学与德国DAAD签订协定，双方交换研究生到对方去留学。清华招收赴德研究生，为期三年。季羡林被德国录取。10月，季羡林抵达德国哥廷根，入哥廷根大学。1936年春，季羡林进入哥廷根大学梵文研究所，主修印度学，学梵文、巴利文，辅修选英国语言学、斯拉夫语言学，并加学南斯拉夫文。其梵文主持讲师为著名梵文学者瓦尔德施米特教授。季羡林也成为施米特教授唯一的听课者。季羡林一边上学，一边兼任哥廷根大学汉学系讲师。

1940年12月至1941年2月，季羡林在论文答辩和印度学、斯拉夫语言、英文考试中得到四个“优”，因特殊原因，参加了两次答辩，顺利毕业。因战事方殷，归国无路，只得留滞哥城。10月，在哥廷根大学汉学研究所担任教员，同时继续研究佛教混合梵语，并在《哥廷根科学院院刊》发表多篇重要论文。

1941年，季羡林获哥廷根大学哲学博士学位。随后又师从语言学家E·西克研究吐火罗语。1946年季羡林回到了别离将近十一年的祖国的怀抱。季羡林被北京大学聘为教授，创办了东方语言文学系，并兼任系主任。从1946年至1949年，季羡林在各类报刊上发表了四十余篇文章。内容大体可分为三类：一类是学术论文，如《一个故事的演变》《梵文〈五卷书〉——一部征服了世界的寓言童话集》《从比较文学的观点上看寓言和童话》等；一类是介绍东方语言文化以及国外研究东方语言文化现状的文章；还有一类是各种评论文章。

1951年，季羡林当选为北京市人民代表。同年，季羡林随中国文化代表团出访印度、缅甸。这一年季羡林写了八篇文章，并汉译了马克思《论印度》出版。1952年7月，教育部对全国各级各类学校教职员工的工资进行调整，季羡林被评为一级教授。这一年季羡林只写了一篇文章，即《随意创造复音字的风气必须停止》。

1956年，季羡林任中国科学院哲学社会科学学部委员。这一年季羡林共写了五篇文章，并汉译《沙恭达罗》出版。1954年、1959年、1964年季羡林分别当选为第二、三、四届全国政协委员，并以中国文化使者的身份先后出访印度、缅甸、民主德国、苏联、伊拉克、埃及、叙利亚等国家。

1983年，季羡林当选为第六届全国人大常委。1988年，季羡林任中国文化书院院务委员会主席，并曾以学者身份先后出访联邦德国、日本、泰国。20世纪80年代后期以来，季羡林对文化、中国文化、东西方文化体系、东西方文化交流以及21世纪的人类文化等重要问题，在文章和演讲中提出了许多个人见解和论断，在国内外引起普遍关注。季羡林认为，"文化交流是人类进步的主要动力之一。人类必须互相学习，取长补短，才能不断前进，而人类进步的最终目标必然是某一种形式的大同之域"。其实，季羡林近十年来积极参与国内东西方文化问题的讨论，也贯彻着这一思想。季羡林将人类文化分为四个体系：中国文化体系。印度文化体系，阿拉伯伊斯兰文化体系，自古希腊、罗马至今的欧美文化体系，而前三者共同组成东方文化体系，后一者为西方文化体系。季羡林为东方民族的振兴和东方文化的复兴呐喊，提出东西方文化的变迁是"三十年河东，三十年河西"，在国内引起强烈反响。季羡林表达的是一种历史的、宏观的看法，也是对长期以来统治世界的"欧洲中心主义"的积极反驳。

2009年7月，季羡林在北京301医院因突发心脏病病逝，其骨灰在他的家乡——山东省临清市康庄镇官庄村安葬。

季羡林的学术研究，用他自己的话说是："梵学、佛学、吐火罗文研究并举，中国文学、比较文学、文艺理论研究齐飞。"季羡林自1946年从德国回国，受聘北京大学，创建东方语文系，开拓中国东方学学术园地。在佛典语言、中印文化关系史、佛教史、印度史、印度文学和比较文学等领域，创获良多、著作等身，成为享誉海内外的东方学大师。中国东方学有季羡林这样一位学术大师，实为中国东方学之福祉。

（孙　华）

国学大师顾颉刚

顾颉刚

顾颉刚(1893～1980),原名诵坤,字铭坚,江苏吴县人,著名历史学家、民俗学家、现代古史辨学派的创始人、中国历史地理学和民俗学的开创者。历任厦门、中山、燕京、北京、云南、齐鲁、中央、复旦、兰州等大学教授,中央研究院院士,及中山大学历史语言研究所主任、齐鲁大学国学研究所主任等职。第二、三届全国政协委员,第四、五届全国人大代表。

顾颉刚出生于江苏省苏州市一个书香世家,祖父为其取名诵坤。从小聪慧,爱读书。1897年入私塾读“四书”。1906年,入当地一所公立高等小学。1908年,转苏州第一中学堂。1912年秋,入上海神州大学,喜爱文学。1913年,入北京大学预科,沉迷于戏剧与故事。1915年,顾颉刚因病回家,养病之余,著《清代著述考》。1916年,碍于预科生的身份,顾颉刚临时取名“颉刚”,以“自修”身份考入北京大学,学习哲学。1918年,北大教授刘半农等人发起征集歌谣运动,征集各地民歌,并刊发于《北大日刊》。此事引起顾颉刚的兴趣,他开始搜集歌谣数百首,并其他方言、谜语、谚语、唱本、风俗、宗教等资料若干。1919年5月,顾颉刚著《一个“全金六礼”的总礼单》,开始考虑民俗学、民间文艺的一些问题。

1920年,顾颉刚北大毕业,留校任助教。冬,他开始点校《古今俗书考》,同时,将自己收集的歌谣进行注释整理,陆续发表于《北京晨报》。

1921年,北大成立研究所,沈兼士和马裕藻邀顾颉刚担任助教,兼《国学季刊》的编辑,编点《辨伪丛刊》。同时常与胡适、钱玄同等人书信来往,讨论古史、伪书、伪事等问题,着手撰写“古史辨”论文。这时顾颉刚也致力于《诗经》研究,先后撰成《汉儒的诗学和诗经的真相》《歌谣的转变》《诗经的厄运与幸运》《从诗经中整理出歌谣的意见》等文章。

1922年，顾颉刚为商务部书馆编纂中学历史教科书，拟将《诗》《书》等古籍中的上古史传说整理出来。其“古史是层累地造成”说开始酝酿，认为古代的史实记载多由神话转化而成。

1923年底，顾颉刚离开商务印书馆，回北大研究所，担任《歌谣》周刊编辑，专职研究民俗学、民间文艺，并成为《歌谣》周刊的主要撰稿人，发表《郑樵对于诗词与故事的见解》《东岳庙的七十二句》《两个出殡的导子帐》《各种方言标音实例（苏州音）》等文章。1924年，《歌谣》周刊刊发顾颉刚的《吴歌甲集》《孟姜女故事的转变》，反响热烈。

1925年4月，顾颉刚等人到北京西郊妙峰山进行社会民俗调查，后发表《妙峰山的香气》等文章。“五卅”惨案后，顾颉刚为《京极》主编《救国特刊》。9月，撰《孟姜女故事研究的第二次开头》。1926年初，《吴歌甲集》由北京人学歌谣研究室出版。4月，《古史辨》第一册出版。5月，发表《孟姜女故事之历史系统》。6月，撰成《苏州的歌谣》。秋天，赴厦门大学任国学院研究教授。年底，游泉州考察风俗，撰成《泉州的土地神》。1927年初，发表《孟姜女故事研究》。4月，赴广州中山大学，后担任学校历史系教授兼主任、图书馆中文部主任，代理语言历史研究所主任，主编《中山大学语言历史研究所周刊》等。年底，与何思敬、钟敬文等创立中山大学民俗学会，创办《民间文艺》（后改名《民俗》周刊）亲撰发刊词。民俗学会还成立民俗物品陈列室，派员到韶关、云南等地考察、搜集唱本等民间文艺资料，创办民俗学传习班，顾颉刚主讲“整理传说的方法”又编辑出版民俗丛书。顾颉刚关于孟姜女故事的论著及其与师友的通信资料曾汇编成三册《孟姜女故事研究集》相继出版，《妙峰山》和《苏粤的婚丧》（与刘万章合作）也出版了。

1928年3月，顾颉刚赴岭南大学演讲《圣贤文化与民众文化》。同时，顾颉刚任中山大学《语言历史学丛书》的总编辑，负责历史学和民俗学两类丛书的编纂。在中大期间，顾颉刚还先后为刘万章《广州儿歌甲集》，周振鹤《苏州风俗》、钱南扬《谜史》、谢云声《闽歌甲集》、陈元柱《台山歌谣集》、魏应麟《福州歌谣集》、吴藻汀《泉州民间传说》、姚逸之《湖南唱本提要》等书作序，发表《天后》及《东莞城隍庙图》等文章。

1929年5月，顾颉刚到北京，任燕京大学国学研究所研究员兼历史系教授，兼课于北京大学，同时主编《燕京学报》。先后撰写《周易卦爻辞中的故事》《论易系辞传中现象制器的故事》《五德终始说下的政治和历史》《洪水之传说及治水之传说》等。

1934年初，顾颉刚与谭其骧等人筹备组织禹贡学会，创办《禹贡》半月刊，制定“禹贡学会研究边疆计划书”，为挽救民族危亡致力于边疆和民族历史与现状的研究。同年，顾颉刚将自己研究《尚书》的成果分辑为《尧典评论》《尧典问题集》和《禹贡讨论集》等出版，相继发表《五藏山经试探》《战国秦汉间人的造伪与辨伪》《汉代学术史略》《王肃的五帝说及其对于郑玄的感生说与六天说的扫除工作》《三统说的演变》《汉代以前中国人的世界观念与域外交通的故事》《禅让传说起于墨家考》《夏史三论》《九州之戎与戎禹》《鲧禹的传说》等篇(其中少部分与童书业合作)。

1935年初，顾颉刚担任北平研究院史学研究会历史组主任，主编《史学集刊》；7月，调查河北省古迹，编纂《北平志》。1936年5月，当选为禹贡学会理事；秋，任燕京大学历史系主任，主编《大众知识》。

从1929年顾颉刚到燕京大学至抗战前夕，他曾作过民间文艺研究，1931年与吴立模合作写成《苏州唱本叙录》。1933年，参加燕京大学教职员学生抗日会，成立“三户书社”(后改为通信读物编刊社)，出版通俗读物，宣传抗日。接着，发表《鸣凤记中的吴歌》《明俗曲琵琶调》《王恩任拟歌谣》《北平说书分类》《滦州影戏》《孟姜女故事材料目录》等文章，又点校冯梦龙《山歌》等。

“七七”事变后，顾颉刚赴西北工作。9月，任甘肃“老百姓社”社长。编印《老百姓》旬刊。1938年春曾先后赴临洮、渭源、康乐、岷县等地考察。1938年10月，顾颉刚到昆明，任云南大学文史教授，在《益世报》上辟办《边疆》周刊。

1939秋，顾颉刚到成都，任齐鲁大学(今山东大学前身)国学研究所主任。时齐鲁大学国学研究所立志于“拟集中精力于整理廿四史，使散乱材料串上系统而成各种专史之材料集。为将来正式作通史之基础”。顾颉刚在此招收研究生，并开设“目录学”“春秋学”“经学”“古物古籍调查实习”“编辑方法实习”等，创办《责善》(半月刊)、《齐大国学季刊》，成立了《齐鲁学报》编辑委员会。为专神于齐鲁大学工作，顾颉刚发表“启事”，声称除齐鲁大学之职务外，辞去其他一切职务。

1944年秋，顾颉刚再次受聘齐鲁大学重任国学研究所主任，同时考察大足、合川等地。该年，与娄子匡主编《风物志集刊》。

中华人民共和国成立后，顾颉刚历任上海市文管会委员、上海图书馆筹备委员、中国史学会上海分会常务理事、复旦大学教授、中国科学院历史研究所第一所研究员、中国民间文艺研究会常务理事、全国政协文史资料委员会副主任。

1966年“文化大革命”爆发后，顾颉刚作为“反动学术权威”，戴高帽，受批判，每天到历史所劳动，一直持续到70年代初才得以解脱。

1979年，发表《柳毅传说与遗迹》《嫦娥故事的演变》《〈庄子〉和〈楚辞〉中昆仑和蓬莱两个神话系统的融合》《“周公制礼”的传说和〈周官〉一书的出现》《〈尚书·甘誓〉校释译论》等论文。该年，担任中国社科院历史所学术委员、中国文联全国委员、中国民研会副主席等职。

1980年12月25日，顾颉刚因病逝世。之后数年内，遗稿《〈禹贡〉中的昆仑》《酒泉昆仑说的由来及其评论作》《〈山海经〉中的昆仑区》《中国影戏略史及其现状》《〈六月雪〉故事的演变》等陆续得到发表外，顾颉刚尚有数百万字的笔记未曾面世。

顾颉刚史学的最大贡献在于提出“层累地造成的中国古史”观点，创立了“古史辨派”。其观点主要有以下三点：第一，“时代愈后，传说中的古史期愈长”。第二，“时代愈后，传说中的中心人物愈放愈大”。第三，“我们在这上，即不能知道某一件事的真确的状况，至少可以知道某一件事在传说中的最早的状况”。

顾颉刚将史学上的创见运用到民间文学、民俗学领域来，取得了极大成就。他在孟姜女故事和歌谣学、民俗学诸方面的研究，赢得了很高的荣誉。

顾颉刚通过所谓的“演变法则”，考察并研究了民间文艺。他研究中涉及一些神话传说人物、事件等，成为后来一些人的研究课题。除此，单就他在主编杂志、主持学会、宣传民间文艺、提醒带动同人进行民间文艺研究方面作的辛勤努力和所起的倡导性作用而言，其功劳也是异常卓著的。

顾颉刚一生著述颇丰，除所编《古史辨》之外，重要的尚有《汉代学术史略》《秦汉的方士与儒生》《尚书通检》《中国疆域沿革史》《史林杂识》等等。

美国史学家施耐德(Laurence Schneider)1971 年出版了中外学术史上第一本有关顾颉刚学术生涯的专著，题为《顾颉刚与中国的新史学》，把顾颉刚视为中国现代史学的代表人物。德国汉学家吴素乐(Ursula Richter)于 1992 年亦出版了《疑古：作为新文化运动结果的古史辨与顾颉刚》，再度证明了顾颉刚的国际声望。

(孙　华)

中国现代话剧运动的先驱宋春舫

宋春舫

宋春舫(1892～1938),浙江吴兴人,我国著名的剧作家、戏剧理论家、翻译家和国际著名的戏剧藏书家,中国海洋科学研究事业的奠基人之一。

宋春舫出身富家,从小受到良好的教育。13岁时,他考中了清朝最后一次科举考试的秀才。科举制度废除后,他进入上海一所美国人办的教会学校学习,开始接受欧美最新的科学文化知识。1910年,他进入美国人办的教会大学——上海圣约翰大学学习。1912年春,他去瑞士留学深造,进日内瓦大学攻读政治经济学,三年后获硕士学位。而后,他游历法、德、意、美等国,专修政治、法律,但兴趣所在却是戏剧。他通晓英、法、德、意、西班牙等五国语言,能读希腊语和拉丁语,这使他能在欧美戏剧天地中自由地翱翔。1916年,宋春舫从欧洲学成归国,带来了西方现代戏剧理念。回国后,宋春舫先在上海圣约翰大学和清华大学任法文教授,"五四"时期任教于北京大学,讲授欧美戏剧史及戏剧理论,成为我国在高校开设戏剧课程的第一人。1924年,宋春舫任上海东吴大学法国文学教授,并仍兼任清华、北大教授。1929年,任国立青岛大学图书馆馆长。他当过大学教授、外交官员、律师、图书馆长、银行高级职员等。1938年,年仅46岁病逝于青岛。

1929年10月,国立青岛大学筹备委员会在青岛开始办公,因筹办图书馆事关急要,乃聘宋春舫为主任(即馆长),专司其事。创办伊始,诸事待理。当时所藏图书,仅有私立青岛大学图书,及济南运来前省立山东大学所馆藏书28箱,为数极少且多不适用。宋春舫到职后,积极备置,注重丰富馆藏,并陆续制定了国立青岛大学图书馆暂行组织条例、图书馆贷出规则、阅报室规则及校外人借书暂行规则、借阅指定参考书规则等,为山东大学图书馆的发展,奠定了良好的基础。

1930年,宋春舫还兼任过青岛观象台"观象图书馆"的主任。据青岛市档案馆馆藏的《青岛观象台十周年纪念册》记载，青岛观象台图书馆成立于1930年2月，宋春舫任主任。当时的观象台购买了大量天文、气象书籍，但由于没有专人负责管理，对图书、资料的编排极不规范，既无分大类也无细目，查阅和借、还都不方便。宋春舫查看了原来图书、资料管理的情况后，亲自动手制订《图书目录编排法》，从此青岛观象台就有了图书资料的统一目录编排方法。经过宋春舫的分类编目后，至1933年春，青岛观象台便将该台所有图书资料的目录编印成册，分发同人，还寄送国内学术机关进行相互交流。

宋春舫被时人誉称“世界三大戏剧藏书家之一”。他不仅喜欢读书，而且特别爱书，更喜欢收藏图书，对图书管理比较用心，并总结了一套图书管理方法。谈及宋春舫，后人必谈及他的藏书楼和藏书票。早在旅欧期间，他就购置了大量西方戏剧书籍如莎士比亚、莫里哀、易卜生等剧著，并携归故里。1931年，宋春舫“斥金四千，始建褐木庐于青岛之滨”，将平生所收藏的戏剧书籍4800余册尽藏其间。“褐木庐”英文名Cormora，是集法国大戏剧家高乃依（Cormeille）、莫里哀（Moliere）、莱辛（Racime）其名头两个字母缩合而成，以表示他对这三位戏剧大师的崇拜与敬仰。“褐木庐”是宋春舫的私人图书馆，也是当年青岛的一张文化名片，时在山东大学任教的杨振声、闻一多、梁实秋、洪深、章铁民、张友松、孙大雨等，都是“褐木庐”的常客。梁实秋对“褐木庐”曾有过生动的描绘：“我看见过的考究的书房当推宋春舫先生的‘褐木庐’为第一。在青岛的一个小小的山头上，这书房并不与其寓邸相连，是单独的一栋，环境清幽，只有鸟语花香，没有尘嚣市扰。《太平清话》：‘李德茂环积坟籍，名目书城。’”我想那书城未必能和“褐木庐”相比。在这里，所有的图书都是放在玻璃框里，框比人高，但不及栋，我记得藏书是以法文戏剧为主。所有的书都是精装，不全是胶硬粗布，有些是真的小牛皮装订，烫金的字在书脊上排着闪闪发亮，也许这已经超过了书店的标准，微近于藏书楼的性质，因为他还有一册精印的书目，普通的读书人谁也不会把他书房里的图书编目。从梁实秋的描述中，可看出“褐木庐”实在不是普通的书房或藏书楼。“褐木庐”是中国、乃至亚洲最丰富的戏剧宝藏，时人称誉宋春舫为“世界三大戏剧藏书之一”。宋春舫去世后，其藏书大部捐给了北京图书馆和上海图书馆。他为我国的图书事业做出了自己的贡献。

宋春舫在戏剧理论的荒芜园地里辛勤地耕耘。他把戏剧作为研究对象，生前先后出版了三本戏剧论集，分别是《宋春舫论剧（第一集）》（收论剧文章16篇，1923年由中华书局出版）、《宋春舫论剧（第二集）》（收论剧文章10篇，1936年由上海生活书店出版）和《恺撒大帝登台》（即宋春舫论剧第三集，收论剧文章13篇，1937年商务印书馆出版）。他于1937又完成了《宋春纺论剧（第四集）》。除“序”外，该集包括戏剧论文10篇、译剧四篇（《蚁与蝉》《人命一条》《最后一役》《推霞》）、资料两篇（《研究戏剧剧曲最低限度的英文书籍》《褐木庐藏写剧书目》）。1940年，上海《剧场艺术》杂志社原拟出版该书，后因故未成。其中《戏剧理论史略》一文作为“遗著”发表在《剧场艺术》上。

在宋春舫众多的戏剧论著中，以诞生于“五四”新文化运动高潮中的《宋春舫论剧（第一集）》影响最大。它是“五四”剧坛唯一的一本系统介绍世界戏剧思潮流派、探讨中国话剧发展道路的专著。该书收录了作者1916～1922年所写的戏剧论文16篇，另有附录两种：《世界名剧谈》和《新欧剧本三十六种》。这些戏剧论文所传播的西方现代戏剧文化观念和表达的理论见解，在“五四”戏剧改良的讨论和中国话剧的理论建设中，具有独特的启蒙作用，第一次使中国剧坛知道了戈登格雷、莱因哈特、小戏院、新剧场运动、表现派、未来派、象征派等等，从而成为当时戏剧工作者以及爱好戏剧的青年学生的“戏剧指南”。评论者称宋春舫的剧论，“使一班盲目地接受和从事这一艺术的人，知道话剧究竟是怎样一个东西，开阔了大家的眼界”。文学史家认为，他“对于新剧的提倡，亦有相当的劳绩。所著《宋春舫论剧》参考欧美戏剧家的意见，并加入个人的见解，作为有系统的论文，在中国戏剧不发达的文坛上，要算是不可多得的文章”。戏剧家顾仲彝回忆说：“那时像我这样爱好戏剧的青年奉之为戏剧教本读，得了许多新鲜的知识，引起了我爱好戏剧的热忱。”可以说，宋春舫是我国真正介绍欧美戏剧的第一人。

宋春舫同时也在戏剧创作的田园里播种，以擅作喜剧著称。他的第一部戏剧作品《一幅喜神》为独幕话剧，1932年1月由上海新月书店出版。此剧出版后，剧作家剑啸在《中国的话剧》一文中评说：“《一幅喜神》在将来的中国戏剧史上或可得到相当的地位。”1936年3月和5月，他分别出版了三幕剧《五里雾中》和独幕剧《原来是梦》。1937年1月，他将上述三部合为《宋春舫戏曲集》第一集，由上海商务印书馆出版。1926年，他创办了以“研究戏剧艺术建设新中国国剧”为宗旨的“中国戏剧社”，成员中有日后在国立青岛大学（1932年改名为国立山东大学）任教授的闻一多、赵太侔、梁实秋、杨振声、洪深等人。他为中国话剧运动的开创与发展做出了重要贡献。

此外，他出版过游记集《海外劫灰记》（法文）和《蒙德卡罗》；翻译作品有小说《一个喷嚏》《一个舞女的口供》《一支金的自来水笔》和剧本《青春不再》。为了宣扬中国的戏剧（以及小说、诗歌），他用法文写了《现代中国文学》《中国戏剧》两书。他著有经济学文章《不景气之世界》和《海光经济论文集》等。

宋春舫还是一位海洋学家，为我国的海洋事业做出了自己的贡献。他在留学法国期间，曾到摩纳哥参观了阿尔贝大公一世创建的海洋博物馆和水族馆，激发了他对海洋科学的极大兴趣。1919年，宋春舫作为中国代表团的秘书参加“巴黎和会”，便开始关注青岛、热爱青岛。五四运动后，宋春舫在从事戏剧活动之外，还在为创办中国的海洋机构奔走、呼吁。1927年暑假，宋春舫来青岛找到时任青岛观象台台长的老朋友蒋丙然，探讨在青岛建设第一个“中国海洋研究所”的问题，经过商讨，决定在青岛观象台内已有的海洋潮汐和一部分水文等观测的基础上，设立

“海洋科”,并由宋春舫担任首任科长。商定后,由蒋丙然向青岛市政府请示,很快得到批准。

青岛观象台海洋科是中国海洋科学的起点。1928年春天,宋春舫来到青岛开始了“海洋科”的筹建工作。他到任后,向法国定购海洋科学仪器设备和国外新版海洋科学方面的图书,对技术人员进行培训。海洋科借用舰船每月测量胶州湾水温变化,采集水样、海底沉积物和海洋生物标本;建立化验室,分析海水盐度、密度及海底沉积物。他们还编辑出版了中国第一个海洋科学期刊——《海洋半年刊》。宋春舫专门著文介绍海洋科学和海洋研究的内容和发展状况,发表在上海出版的《时事新报》的文章《海洋学与海洋研究》就是其中之一篇。此文还论述了中国海岸线漫长,应该重视海洋科学研究。

青岛观象台海洋科的成立,是宋春舫和蒋丙然两人在筹建中国海洋研究所的道路上迈出的第一步。1930年秋,中国科学社在国立青岛大学开会,文学家宋春舫和气象学家蒋丙然倡议建立青岛水族馆及中国海洋研究所。这一倡议得到了蔡元培、杨杏佛、李石曾诸先生的支持,决定成立中国海洋研究所筹备委员会,先行建设青岛水族馆。宋春舫被推举为中国海洋研究所筹备委员会三名常委之一,负责提出海洋水族馆的建设蓝图及海洋水族馆、海洋生物标本馆的设计。经过一年多的建设,1932年5月8日举行了青岛水族馆开幕典礼。蔡元培先生在开幕词中说:“……此馆,当为我国第一矣。比年国家多故,百事尽废,独此水族馆,得二三君子之努力,此底于成。”更对宋春舫等人努力和执著的精神大加赞许:“于此亦见事在人为,苟能赴之以毅力,持之以恒心,又安惧其不能终济乎?”水族馆的建立旨在普及海洋知识,促进海洋科学研究。这座水族馆,从某种意义上说,是我国现代海洋科学的摇篮。在水族馆楼内,镶嵌在山墙中的石碑上,刻着当年发起人和募捐人的名单,宋春舫的名字赫然醒目。

水族馆的建成仅是中国海洋研究所的第一期建设工作,宋春舫仍一如既往地为中国海洋研究所的主楼建设资金多方筹划,至1937年主建筑楼落成。宋春舫作为一个卓有成就的文学艺术家,热心、执著地倡导、推动中国海洋科学事业的建立和发展,奔波于创建中国海洋科学研究机构的第一线,不仅出力,还出资金,为中国海洋科学事业做出了重要贡献。宋春舫是当之无愧的中国海洋科学研究事业的开创者和奠基者。

(张庆美)

红烛之光闻一多

闻一多(1899～1946),原名闻家骅,又名亦多,字友三,亦字友山,湖北浠水人。著名学者,新月派代表诗人,中国现代伟大的爱国民主战士,中国民主同盟早期领导人。其诗沉郁奇丽,具有强烈而深沉的民族意识和民族气质。在中国古代文学研究方面亦成就非凡,郭沫若叹为“前无古人,后无来者”。

闻一多

1913 年秋,14 岁的闻一多以湖北省籍正取第二名的成绩考入北京清华学校。1914 年开始担任《清华周刊》编辑,1916 年开始发表作品,1917 年中等科毕业,是校内文学、美术、戏剧诸项活动的骨干之一。1919 年五四运动爆发,闻一多组织学生积极参加。1920 年 4 月,他写了第一篇白话杂文《旅客式的学生》,批评清华师生的腐化气息,呼吁改良学校。9 月,他发表第一首白话新诗《西岸》,始署名闻一多。1921 年 11 月与梁实秋等人发起成立清华文学社,次年 3 月,写成《律诗底研究》,开始系统地研究新诗格律化理论。

1922 年 7 月,闻一多赴美国留学,先入芝加哥美术学院,后转学到珂泉科罗拉多大学,年底出版与梁实秋合著的《冬夜草儿评论》。1923 年,出版第一部诗集《红烛》,把反帝爱国的主题和唯美主义的形式典范地结合在一起。

1925 年 5 月回国后,任北京艺术专科学校教务长,并从事《晨报》副刊《诗镌》的编辑工作。后又历任国立第四中山大学外文系主任(1928 年更名为中央大学,1949 年更名为南京大学)、武汉大学(任文学院首任院长并设计校徽)、国立青岛大学(1932 年改为国立山东大学)文学院长、北京艺术专科学校、政治大学、清华大学、西南联合大学教授。

闻一多是 1930 年来到国立青岛大学的。那年闻一多由于学术上的新旧矛盾刚从武汉大学辞职。这年夏天，他到上海寻找新的工作，在那里碰到了正为国立青岛大学聘请教员的杨振声。

杨振声一见到闻一多，马上发出邀请。同时邀请的，还有梁实秋。闻一多不是山东人，不像杨振声那样对山东有那么深的情结，因此对到国立青岛大学起先有些犹豫。杨振声很会做工作，力言青岛胜地，景物宜人，劝闻一多不妨前去看看。当时正是暑假，梁实秋打算回北京省亲，于是两人相约去青岛一看究竟。在青岛的情形，梁实秋在《谈闻一多》中有许多记述。他们先是到一家店里，各买了一件宽袍大袖的和服，然后雇了两部马车观光海滨公园、汇泉浴场、炮台湾、湛山、第一公园、总督府等处。在青岛，他们印象最深的是当地的民风。给他们拉车的两个车夫都是山东大汉，对人彬彬有礼，路过山上居民接水的橡皮管时，尽管周围无人，也要把车停下来，把水管高高举起，让马车赶过去后再把水管放下来，以免马车轧着水管，一路上折腾三次，也不以为烦。所以，除了杨振声的热情邀请和青岛的风光外，山东人的质朴、诚实，让他们认定青岛是天时、地利、人和都具备的地方。于是，当杨振声设宴款待他们时，二人便一言而决，在席上畅快地答应接受青岛大学的聘书。在这期间，他不仅取得了许多学术研究上的突破，而且招收了臧克家这位后来成为著名诗人的学生。

国立青岛大学是1930年9月21日正式成立并开学的，杨振声宣誓就任校长后，宣布聘任名单，闻一多被聘为文学院院长。文学院下设中文、外文、教育三个系，中文系主任由闻一多兼任。闻一多到国立青岛大学，正是学校初创阶段。那年，国立青岛大学在北平、济南、青岛三处招收一年级新生，闻一多一进校，第一项工作就是参加招生阅卷。很多人都知道，闻一多与臧克家关系上最有名的故事，是臧克家报考国立青岛大学时数学虽然得了零分，但一首颇具人生感悟的短诗，打动了闻一多的心，破格把他录取了。同时，闻一多还引进了不少人才，如方令孺、游国恩、丁山、姜叔明、张煦、谭戒甫等。

在国立青岛大学，闻一多第一年开设的课程有“中国文学史”“唐诗”“名著选读”三门。这些课程虽然是闻一多所熟悉的，但为了讲好这些所必须进行的进一步研究，则对闻一多的治学起到了相得益彰的作用。

在国立青岛大学，闻一多的唐诗研究有了很大进步。梁实秋在《谈闻一多》中说：“一多在武汉时即已对杜诗下了一番工夫，到青岛以后便开始扩大研究的计划，他说要理解杜诗需要理解整个的唐诗，要理解唐诗需先了然于唐代诗人的生平，于是他开始草写唐代诗人列传，积稿不少，但未完成。他的主旨是想借对于作者群之生活状态去揣摩作品的含义。”根据梁实秋的这一回忆，说明闻一多的唐代诗人列传始草于国立青岛大学，其成果可能就是手稿中的《全唐诗人小传》。该稿共9册，60余万字，收集了唐代406位诗人的材料，其中部分编成传记，其余多为分门别类摘录的原始资料。

在闻一多的唐诗研究手稿中，还有《全唐诗校勘记》《全唐诗补编》《全唐诗人小传订补》《全唐诗人生卒年考》《唐人遗书目录标注》《唐人九种名著叙论》《唐文别裁集》《唐诗要略》《唐诗校读举例》《全唐诗辨证》《唐风楼捃录》等。仅从这些篇名来看，就足以说明他的勤奋和深入。以上工作，当然不是全部在青岛进行的，但许多是在青岛时期便开了头。臧克家在《我的先生闻一多》中回忆道："这时候，他正在致力于唐诗，长方大本子一个又一个，每一个上，写得密密行行，看了叫人吃惊。关于杜甫的一大本，连他的朋友也持笔画列成了目录，题名《杜甫交游录》。"

其次是《诗经》研究。闻一多的《诗经》研究是在武汉大学开始的，但他学术成果的基础，则是在国立青岛大学奠定的。他的《诗经》研究很有创新之处，他特别注意运用西方文化人类学的方法，窥视中国文化源头时代人的心态变化，许多观点与传统的注经结论截然不同，后来得到郭沫若的高度评价。

比如《诗经》中有篇《芣苡》。"芣苡"就是车前草，这首诗，过去一直被解释为是劳动时唱的歌。闻一多想，车前草是很普通的植物，长得又不美，不值得歌颂，为什么要歌唱它呢。经过思考，他用现代社会学理论解开了答案，认为车前草是种多籽植物，因为上古时代女性最大的责任就是传宗接代，劳动时唱它，实际上是表达了女人多孩子的意思，因为只有多生孩子，自己在那个社会才有地位。

1932年，南京国民政府和山东地方势力的争权夺利斗争延伸到国立青岛大学内部，派系纷争，风潮迭起，闻一多受到不少攻击与诽谤，被迫辞职。

山东大学为了纪念闻一多，1950年，将校内的闻一多故居命名为"一多楼"。1978年，将一多楼辟为"闻一多故居展室"，并在楼前建造花坛，正中竖立闻一多半身大理石雕像，座上刻着他的学生、著名诗人臧克家撰写的碑文。1985年，青岛市政府将闻一多故居列为市级文物保护单位。闻一多故居位于现在中国海洋大学东北角。

1932年秋，他回到母校清华大学任中国文学系教授，从事中国古典文学的研究。1937年抗战爆发后，清华、北大、南开三所大学迁往湖南组成国立长沙临时大学，他到临大任教。1938年2月，闻一多参加临大学生"湘黔滇旅行团"，一路跋山涉水步行3500华里，采集民谣、民歌，创造出许多描绘祖国壮丽山河风景画。临大迁到昆明后改为西南联合大学，闻一多继续在联大任教。抗战八年中，他留了一把胡子，发誓不取得抗战的胜利不剃去，表示了抗战到底的决心。

抗战后期，昆明的民主运动在中国共产党的领导下日益高涨。1943年以后，闻一多在中国共产党的影响和领导下，积极投身于反对国民党政权的独裁统治、争取人民民主的斗争的洪流。

1944年他加入中国民主同盟，被选为民盟云南省支部执行委员，积极参加由中共地下党和民盟同志所组织的"西南文化研究会"，谈学术、议时政、研究斗争策略；并认真阅读马列主义和毛泽东著作，以及《新华日报》和《群众》杂志等革命书刊,使自己的政治思想发生了深刻的变化。

1945年,在中国民主同盟第一次全国代表大会上被选为民盟中央执行委员,后又担任云南支部宣传委员兼《民主周刊》社社长。

同年12月1日,国民党特务制造了镇压进步学生的"一二·一"惨案,闻一多满怀悲愤,撰文揭露真相,抨击黑暗,呼唤民主,亲自为死难烈士出殡。他同广大进步学生一起,组织了众多的争自由、反独裁、反内战的活动,起草和修改了大量的杂文、宣言、通电、抗议书等文稿,言辞激烈,旗帜鲜明,因而被国民党特务列入暗杀黑名单,悬赏40万元买其人头。但闻一多无所畏惧,继续从事各种进步活动。

1946年西南联大开始分批北上,为了工作需要,他坚决留在昆明。在白色恐怖下,1946年7月11日,民盟中央委员李公朴惨遭暗杀,闻一多的处境十分危险,但他置生死于度外。7月15日,他义无反顾地前往参加李公朴先生的追悼会,面对国民党特务,他拍案而起,慷慨激昂地发表了著名的《最后一次的讲演》,悲愤地表示为了民族"要像李先生一样,前足跨出大门,后脚就不准备再跨进大门"的坚定决心。追悼会后,又出席了民盟在《民主周刊》社为李公朴被暗杀事件举行的记者招待会。当天下午在回家途中即遭到国民党特务杀害,时年不满48周岁。

21日,西南联大校友会召开闻一多先生追悼会,朱自清出席并讲了话。他一开头便激动地说:闻一多先生表现了我们民族的英雄气概,激起全国人民的同情。这是民主主义运动的大损失,又是中国学术的大损失。

闻一多是近现代中西文化大交汇、大碰撞中成长起来的一位学贯中西、博古通今的大家,他首先以诗人闻名于世。闻一多诗作的数量并不算多,但却以感情深厚、艺术精美见长。他的诗在内容上的突出特点,就是具有极强烈的民族意识和民族气质,表现出深沉、热烈的爱国主义精神,并从爱国爱民的真情出发,表现出对黑暗现实的厌恶,对人民疾苦的同情和美好未来的憧憬。爱国主义精神贯穿于他的全部诗作,成为他诗歌创作的基调。早在清华学生时代所作的《李白之死》《红荷之魂》等诗中,成功地运用中国传统的诗歌题材和形象词汇歌唱他心中的理想与爱情。留美时期写下的《太阳吟》《洗衣歌》《孤雁》《忆菊》等名篇,表现了他对帝国主义"文明"的鄙视和对祖国的思念。回国初期的诗作《祈祷》《爱国心》《一句话》《我是中国人》《七子之歌》等,用炽热的情感,完整的意象,和谐的音律,表现了诗人的民族自豪感。《死水》时期的诗较之往昔之作,题材更广泛,思想更深沉,进一步接触到了中国社会现实。《春光》《静夜》《荒村》等诗充满了对处于军阀混战中灾难深重的劳动人民的同情;《唁词——纪念三月十八日的惨剧》《天安门》《欺负着了》等诗则直接把笔锋指向了北洋军阀的暴行。在《发现》这首诗中,诗人面对着军阀混战、列强侵略、山河破碎、民不聊生的现实,感到困惑与不安,他"追问青天,逼迫八面的风",但"总问不出消息"。闻一多的这些诗篇发展了屈原、杜甫创作中的爱国主义传统,具有鲜明的时代感以及社会批判的性质。《七子之歌》是闻一多先生

1925年三月在美国留学期间创作的一首组诗，共有七首。分别是《澳门》《香港》《台湾》《威海卫》《广州湾》《九龙》和《旅顺，大连》。其中《澳门》《香港》《台湾》三首诗选入北师大版四年级下册语文教材。

1928年出版第二部诗集《死水》，在颓废中表现出深沉的爱国主义激情。在新诗形式上闻一多既善于吸收西方诗歌音节体式的长处，又注意保留中国古典诗歌的格律的传统，提出了一套创造新格律诗的理论，主张新诗应具有“音乐的美（音节）”“绘画的美（辞藻）”“建筑的美（节的匀称和句的均齐）”。闻一多的诗，是他的艺术主张的实践。他的大多数诗作，犹如一张张重彩的油画，他不仅喜用浓重的笔触描绘形象，渲染气氛，尤善于在大胆的想象、新奇的比喻中变幻种种不同的情调色彩，再配上和谐的音节、整饬的诗句这些优美的艺术形式的框架，使他的诗成为一幅完整的艺术品。但有时由于刻意雕琢，便失去素朴与自然美的光华。闻一多所倡导的新格律诗理论和独树一帜的诗歌创作影响了为数众多的诗人，并形成了以他为代表的新格律诗派，在新诗发展史上写下了重要的一页。

闻一多先生是一位伟大的诗人，更是一位知识渊博的大学者。他在中国古代文学研究和古代文化研究方面所取得的创造性的重大成就，引起了学术思想界更为强烈而普遍的震动。自从1932年到清华任教后，开始潜心于中国传统文化的研究。广泛地研究了中国古代文化遗产，由唐诗研究开始，上溯先秦汉魏六朝，乃至于古代神话、甲骨文和钟鼎文，以文学为中心，旁涉民俗学、社会学、人类学，形成一个完整的中国文学史和文化史的研究体系。对《周易》《诗经》《庄子》《楚辞》研究的学术贡献尤大，著有《神话与诗》《唐诗杂论》《古典新义》等专著。1942年出版《楚辞校补》，得到学术界的普遍赞誉。

闻一多遗著由朱自清编成《闻一多全集》四卷。闻一多的文章辑有《闻一多全集》共八卷四册，1948年由上海天明书店出版。1955年，人民文学出版社出版了《闻一多诗文选集》。

（李彦英）

人民艺术家老舍

老舍(1899～1966),满族正红旗人,原名舒庆春,字舍予,中国现代小说家、文学家、戏剧家。老舍的一生,总是在忘我地工作,他是文艺界当之无愧的“劳动模范”。他发表了大量影响后人的文学作品,获得“人民艺术家”的称号。

1936年,老舍在青岛国立山东大学

老舍父亲是一名满族的护军,阵亡在八国联军攻打北京城的巷战中。襁褓之中的老舍,家曾遭八国联军的意大利军人劫掠,还是婴儿的老舍因为一个倒扣在身上的箱子幸免于难。老舍九岁得人资助始入私塾。1913年,考入京师第三中学(现北京三中),数月后因经济困难退学,同年,考取公费的北京师范学校,于1918年毕业。1922年任南开中学国文教员。同年,发表了第一篇短篇小说《小铃儿》。1924年赴英国,任伦敦大学东方学院中文讲师。教学之余,读了大量外国文学作品,并正式开始创作生涯。自1925年起,陆续写了三部长篇小说:《老张的哲学》《赵子曰》和《二马》。三部作品陆续在《小说月报》上连载后,引起文坛的注目。1926年,老舍加入文学研究会。1929年夏,绕道欧、亚回国。1930～1937年,老舍先后在山东济南齐鲁大学和青岛山东大学任教。

1930年7月,老舍第一次应齐鲁大学校长兼文理学院院长林济青的聘请来到济南,担任国学研究所文学主任兼文学院教授,负责讲授《文学概论》《文学批评》《文艺思潮》《小说及作法》《世界文艺名著》等课程。

在此期间,老舍先生还主持和编辑了《齐大月刊》。《齐大月刊》是由齐鲁大学文学院、理学院和医学院合办的一个综合性刊物,除刊登学术论文外,也刊登一些文艺作品和一些反映学校动态、校际往来等内容的消息报道。编辑部由文、理、医三学院各派两名教师和两名学生任编辑委员,老舍先生就是文学院选派的两名教师之一，并被选派为编辑部主任，主持该刊的编辑和出版工作。《齐大月刊》创刊号在当年10月10日正式出版，为大32开本，90余页，老舍为创刊号撰写了《编辑部的一两句》和《发刊词》，阐明了该刊的创办背景和内容及办刊宗旨。《齐大月刊》自1930年10月10日创刊，至1932年6月休刊，共出版了两卷，每卷8期。

老舍为何不就近在北京找个大学任教，而要舍近求远，离开老母和北京，远来济南呢？原来老舍到齐大之年，正是该校国学研究所成立之时。研究所的建立，也是齐鲁怪杰栾调甫多年想培养高级国学研究人才的夙愿，他在物色研究人员时，特地提出一个由名家、学者组成的名单，老舍先生就在这个名单中。于是，时任齐大校长的林济青先生，按照栾调甫先生的提议，去北京延揽了六位专家学者，老舍便是其中之一。在济南这座温和朴实的古城里，老舍和普通的教员、记者、车夫、厨子、说唱艺人、民间拳师为友，汲取民间养分，创作了四部长篇小说——《大明湖》《猫城记》《离婚》《牛天赐传》，还出版了包括《黑白李》《微神》等15部短篇小说在内的短篇小说集《赶集》以及幽默诗文集《老舍幽默诗文集》，以及散文《趵突泉》《济南的冬天》等，并翻译发表了大量外国文学。此间，他看到第一次国内革命战争失败后日本帝国主义的肆意侵略和国民党反动派的卖国行径，激起他的愤恨，于是便创作了长篇小说《大明湖》，为济南人民以及所有蒙受侵略之苦的祖国人民抒发愤慨。在这部小说里，他第一次描写了共产党人的形象。

1934年秋，去青岛山东大学任教。老舍先被聘为中国文学系讲师，一年之后，于1935年暑假被改聘为中文系教授，直至1936年暑假辞去教职时为止。在山东大学任教的两年间，先生曾先后为学生讲授了《小说作法》《文艺批评》《高级作文》《欧洲文学概论》《文艺思潮》《欧洲通史》等六门课程。课余继续小说的创作，《牛天赐传》(1934)和中篇《月牙儿》(1935)，都是从街头巷尾摄下市井细民的生活场景。

在此期间，老舍结识了当时聚集在青岛的许多文朋诗友。1935年，老舍与洪深、王统照、臧克家等朋友一起发起在《青岛民报》附出《避暑录话》周刊，题名语意双关，一是避时令之暑，二是避“当局”之“暑”，所刊诗文俱出名家，不但文字生动活泼，常有精美之作，而且立意精到，令读者刮目相看，于是在青岛一纸风行，赢得了读者的喜爱。

1936年，老舍辞职，从事专业写作。在山东工作和生活的这段时期，是他一生中创作的旺盛期之一。他先后编了两个短篇集《樱海集》《蛤藻集》，收入中短篇小说17篇。创作了《选民》(后改题为《文博士》)、《我这一辈子》《老牛破车》和中国现代文学史上的长篇杰作《骆驼祥子》。《骆驼祥子》完成于1936年夏，发表于同年9月至翌年10月的《宇宙风》，1939年由上海人间书屋出版单行本，1943年后被译为日文、英文、法文、德文、瑞典文、捷克文，是老舍的代表作。

1937年8月13日，老舍再次应齐鲁大学之聘来到济南，拟执教国文系的两门课。对老舍第二次到齐大后的情形，老舍先生夫人胡絜青曾作过如下的描述：1937

年8月中旬，二女舒雨出生才十几天，我们举家由青岛迁回济南。老舍应聘重回齐鲁大学任教。这是“卢沟桥事变”一个多月以后的事情。整个济南城里，谣言四起，人心惶惶。齐大虽说开了学，可是很难正正经经地上课了。学生们一个接一个地来和老舍辞行，有的南下流亡，有的退学回家；学院预备南迁，教员们也日少一日，纷纷携家带眷去投奔乡下的亲朋。偌大的一座校园里，花木仍旧，却失去了往日的歌声笑语，空空荡荡，笼罩在一片国难当头的阴云下。

在人们逃亡奔波期间，老舍一方面给各家报刊写些短文，宣传抗战；另一方面阅读各种传记及小说，并摘录一些名人佳句来鞭策自己。同时，还以极大的爱国热情参加了中共山东省和济南市地下组织所发起和领导的一系列抗日救亡运动，比如1937年老舍的好友沈旭先生等在济南地下市委的领导下筹备成立“山东文化界抗敌后援会”时，老舍曾参加了在大明湖附近的山东教育馆举行的第一次筹备会议，并在这次会上发了言，强调要团结，并且要真正的团结。对此，老舍的另一位好友方殷先生在《痛怀老舍》一文中也回忆道：“‘山东省文化界抗敌协会筹备会’第一次开会时，老舍是第一个到场的。他谦虚地坐在会场的一个不显眼的角落里，在签到簿上签的名字是蝇头大的小字，字工整极了，不像一些‘大人物’那样张牙舞爪地大笔一挥，恨不得把自己的大名占满一张纸。”

老舍二次执教齐鲁大学的时间很短，1937年11月15日傍晚，国民党军队炸毁了济南泺口的黄河铁桥，老舍终于下定了决心，告别了齐鲁大学，向当时抗战的中心——武汉奔去了。

讲坛上，老舍是从容的，讲起课来或严丝合缝，或妙语连珠，带来了生动活泼的气氛。幽默是他的风格，但并不滥用，恰当地区分了作家和教授在气质上的异同。对老舍先生在齐鲁大学讲课时的情形，老舍先生当年在齐鲁大学的学生张昆河先生曾有过这样的回忆：老舍先生讲课，是坐着的。后来知道，他有腿病。但讲着讲着，兴致上来，便也站起来。讲得逸兴遄飞时，常有妙语脱出，冷不丁袭来，引得哄堂大笑，但先生自己可不笑，始终板着脸，一本正经。先生讲课并不看讲义，也很少手势，而能挥洒自如、纵横跌宕。虽然是浓重的北京口音，但经过了淘洗和净化，没有那种京片子的贫、虚、俗，没有哗众取宠的江湖气。例子多是外国的，课却轻松动听，并不涩奥，颇有融古今中外于一炉的味道。先生对当时的军阀统治是不满的。课堂上亦有言涉政之辞。但多是反语、冷箭，含沙射影，藏而不露。

对学生的作业和作品，他特别认真地批阅，从结构、段落到标点符号，绝不敷衍，而见微知著，往往要提一些建设性的修改意见，学生们拿到他那温雅的小楷眉批，得到一些与思维和主题有关的指导，怎能不喜悦。

老舍一生写了800余万字的作品。主要著作有：长篇小说《二马》《猫城记》，中篇小说《月牙儿》《我这一辈子》，短篇小说集《赶集》《樱海集》《东海巴山集》《蛤藻集》《火车集》《贫血集》，剧本《龙须沟》《茶馆》《西望长安》。另有《老舍剧作全集》

《老舍散文集》《老舍诗选》《老舍文艺评论集》和《老舍文集》等。老舍以长篇小说和剧作著称于世。他的作品大都取材于市民生活，为中国现代文学开拓了重要的题材领域。他所描写的自然风光、世态人情、习俗时尚，运用的群众口语，都呈现出浓郁的“京味”。优秀长篇小说《骆驼祥子》《四世同堂》便是描写北京市民生活的代表作。他的短篇小说构思精致，取材较为宽广，其中的《柳家大院》《上任》《断魂枪》等篇各具特色，耐人咀嚼。他的作品已被译成二十余种文字出版，以具有独特的幽默风格和浓郁的民族色彩，以及从内容到形式的雅俗共赏而赢得了广大的读者。

（王玉平）

药化专家汤腾汉

汤腾汉(1900～1988),祖籍福建龙溪(今龙海)人,我国著名药物学家和化学家。20世纪30年代两度任山东大学化学系教授、主任,40年代致力于中草药剂及化学试剂的研制。中华人民共和国成立后,较早将极谱、光谱、色谱等现代技术,应用于毒物、药物分析研究,主编有《化学试剂及其标准》等。他毕生致力于化学和药学的教学事业与科学研究工作,培养了几代药学专门人才。1951年后,他献身于军事医学领域药物化学研究工作,是中国军用毒剂化学检验研究的先驱者。他组织领导的军事医学重大科研成果"战时特种武器伤害的医学保护"荣获首次国家科技进步特等奖。

汤腾汉

汤腾汉1900年生于印度尼西亚。1917年,考入日本东亚高等预备学校,1918年考入南京工业专科学校机械系,1920年考入天津北洋大学冶金系,1922年赴德国柏林大学化工系留学,后转药学院,1926年毕业于德国柏林大学药学院,获国家颁发的药师证书。1929年,获德国柏林大学理科博士学位。1930～1935年,任山东大学教授,兼任化学系主任。1935年与人合作,在天津创建我国第一个化学制药厂。1935～1936年,任北洋大学工学院教授。1936～1938年,任山东大学化学系教授、主任,兼任理学院院长。1939～1946年,任华西协和大学教授,兼任药学系主任。1946～1951年,任同济大学教授。1946～1953年,兼任上海科发制药厂总工程师、厂长。1951～1958年,任军事医学科学院研究员、药物系副主任、主任。1956年,加入中国共产党。1958～1963年,任军事医学科学院药理毒理研究所所长。1963～1969年,任军事医学科学院副院长。第三、四届全国政协委员。

1930年,在德国柏林大学留学多年的汤腾汉,抱着学成为国效力的愿望,风尘仆仆，来到风光秀丽的国立青岛大学任教，并担任了化学系主任。他倾其所学，一展抱负，决心为祖国的化学教育，为山东大学化学系的建设贡献力量。

汤腾汉初到国立青岛大学时，正是化学系成立伊始，只有汤腾汉教授和王荣昭助教等几个人。在汤腾汉的主持下，以后又有傅鹰、胡铁生、王祖荫、王文中、陈之霖等教授和石坦因(德籍)、黎书常、黄冷溪等讲师任教。当时的化学系设备简陋，勉强能做定性分析、定量分析和吹管分析。汤腾汉等人十分重视增置仪器设备和实验用的药品试剂，每年都有最新设备和化学纯试剂从国外进口，从而使山大化学系的设施始具名牌大学规模。

他非常重视学生的基础理论学习，亲自讲授一二年级的重要基础课程。他主讲普通化学、有机化学、有机分析、药物化学等课程；倡议学校建立化学楼和科学馆，每年出版研究报告文集；倡议在化学系成立药科，把化学教育与药学教育较好地结合起来。

1933年，化学系迁入新落成的科学馆三楼，汤腾汉等人进行了改革，在化学系分设七个实验室和图书室、阅览室。为了师生学习研究方便，每位教授设一个研究室，以指导学生做研究课题，同时把校图书馆内有关化学专业用书和杂志集中在化学系内。为部分师生研究山东黏土的综合利用，还在校内设立了一个瓷窑厂，专门从博山聘请了一位技师带学生实际操作试制耐火制品和陶瓷。在这里，师生们作出了几百个数据，终于找出了原料合理配方。汤腾汉一向认为，应重视培养学生独立研究能力，特别重视培养学生联系实际和解决问题的能力。他和傅鹰等各位教授想方设法为师生创造了良好的化学实验场所和实验环境。课余时间，大部分学生在实验室里做自己的课题研究，汤腾汉和一些导师也经常在课余时去实验室指导学生实验。

汤腾汉非常重视每年的学生实习，亲自为学生联系安排实习场所。他让学生通过学习调查选定毕业论文，这样做能结合学生的兴趣爱好，使学生毕业后都能有相应的专长。为了活跃学术空气，使学生更好地提高学术水平，他经常带头在学校规定的每星期一“总理纪念周”时作学术报告，他在校期间就报告了十多次，深受学生欢迎。在他的倡议下，每年都出版《山东大学化学试验报告》(化学文集)。他又发起成立“山大化学社”，对外开展有关化学、药物学技术咨询，接受校外委托化验和研究工作，还出版了《科学的青岛》《科学的山东》两书，为研究山东、青岛的状况提供了科学依据。

1933年，在他的努力下，经教育部批准山东大学化学系附设药学专科。从此，汤腾汉教授把化学教育和药学教育较好地结合起来。在调查实践的基础上，他指导学生发表许多有关中草药的论文，如徐植琬的《益母草的化学研究》、赵幼祥的《威灵仙的化学研究》、曾在因的《川贝母的化学研究》、赵元祥的《酸枣仁的化学研究》、罗瑞麟的《斑蝥虫的化学研究》等，发掘利用了山东本地资源，开发了有实用价值的科研工作。在他的指导下，化学系学生从山东收集20多种曲酒样品，由学生谢汝立、郭质良等经过分析比较，找到一种高效酵母，应用于酒精生产，其效力相当于当时德国著名的菌种。1937年，化学系毕业留校任助教的郭质良、勾福长二人均取得佳绩。郭质良的《山东曲酒之研究》论文荣获中华文化教育基金委员会特种科研奖（奖金500元），勾福长的《制造骨胶之研究》论文荣获严特约纪念工业化学征文特等奖（奖金200元）。其论文在国内著名刊物上发表，国外刊物也进行了摘要介绍，引起了学术界的重视。

1935年，汤腾汉趁假期应邀到北洋大学工学院任教、讲学，除讲授普通化学外，还指导研究工作，完成了《华北煤炭低温蒸馏之研究》《华北煤炭浸质及其焦性研究》《植物油气相热裂之研究》等工作，影响极好。一年后，山东大学校长请他返校执教，并出任理学院院长。

在汤腾汉的主持下，山大化学系取得了显著成果，教学科研成绩辉煌，更培养了一批批优秀的人才，山大化学系享誉全国。

"七七"事变后，山东大学内迁。他因铁路中断，又身患疾病，不得已先到印尼治疗休养，但千岛之国的美丽风光遮不住战争的阴云，他内心与苦难的祖国息息相通，病愈后立即筹划回国。他冒着种种危险，携妻女经香港、越南入滇、川，辗转三月有余，于1939年抵达成都，任华西协和大学教授，其后兼任药学系主任，同时在四川大学及川康农工学院兼课，教学任务十分繁重。

汤腾汉教授不仅是一位著名的药学家和化学家，还是一位药学实业家。

在20世纪30年代初的旧中国，化学制药和化学试剂的生产几乎是一片空白，就是普通的药品和化学分析试剂制品都是从国外进口的。汤腾汉教授看在眼里，急在心里。他决心改变这种现状，创办企业，把科研成果转化到生产方面去。

1935年，他会同胡铁生、王文中教授和化学系学生赵幼祥、赵元祥、陈富春发起筹集资金，购置设备，在天津成立了"永生化学制药公司"。1935年夏，适值汤腾汉任教五年后休假一年之际，他便赴天津担任该公司的董事长，胡铁生教授担任经理负责具体工作。一年内就用自己研究的成果，生产出质量较高均符合标准规格的化学制品和试剂数十种。永生化学制药公司是我国唯一的国人资本、国产原料，产品完全国货，填补了我国的一项空白，为祖国争得了荣誉。这个化工公司在"七七"事变后，把仪器设备运至成都并重建了永生化工厂，于1940年投产正式经营。除在天津永生制药厂生产的产品外，又增加了葡萄糖酸钙、麻醉用乙醚、注射用葡萄糖、肝精片等产品，以及化学药品和试剂数百种，供医疗、教学和工厂急需。当时的国民党卫生署看到西南各省医疗和化学药品奇缺，由其出资合营，将永生制药厂扩大生产，令永生制药厂在重庆建立"中央制药厂"。汤腾汉任总经理兼总工程师。这时蓉渝两厂的技术骨干全是山大的校友和毕业生。随着经营扩大，两厂的产品种类大量增加，均符合《中华药典》规定的标准。其产品销往我国西南和西北等省市。抗战胜利后，“中央制药厂”迁至上海。1949年后，中央制药厂、平津永生制药厂全部交给国家，汤腾汉除担任同济大学、上海大学和上海医学院药学系教授外，仍在继续指导制药厂技术工作。药厂的建立，为教学与生产相结合作了示范，为祖国的医学事业发展做出了贡献，同时也为国家培养了大批医药人才。

1951年10月，他应邀参加军事医学科学院工作，曾于1963～1969年任副院长，从此，长期在国防医学科研岗位上埋头苦干，默默奉献。

1951年，根据抗美援朝战争的需要，中央军委决定成立军事医学科学院。汤腾汉深知国防建设是国家建设中最重要的一环，没有国防就谈不到建设，他满怀激情，应邀参加军事医学科学院药物系的筹建工作，亲自指导开展药物分析研究。该系在短时间内便建立起光谱分析、仪器分析、非水滴定、纸层析等方法，应用于化学毒物和药物的分析测定，为轻工业部和卫生部门解决乙醚、铋化合物生产、砷剂检测等实际问题。1955年底，他参加军事医学代表团赴苏联参观考察，回来后，即参加组建药理毒理研究所工作，并担任所长。他对所里的学科配置、人员培训、研究规划、规章制度等方面无一不亲自部署，并组织了第一代神经性毒剂中毒治疗复方的研制，指导了对国外军用毒剂、火箭推进剂、抗毒药物、复方制剂的定量分析方法研究，主持“战时特种武器伤害的医学防护”研究课题并取得突出成绩，荣获首次国家级科技进步奖特等奖，是中国军用毒剂化学检验研究的先驱。

汤腾汉一生重视学术刊物，把它当作培养专业人才的园地，倾注了很多心血。抗日战争期间，他在极其困难的条件下受命主编《中国药学会会志》，三年中连续出版了三卷，收载专著、研究论文。“文化大革命”前十余年间，他曾不顾科研任务和领导工作的繁忙，应聘担任《药学学报》编委、主编。1958年，在他的倡导下，创办和主编了《药学文摘》(现名《国外医学药学分册》)，为药学工作者掌握本专业国外学术动向，汲取新知识、新技术提供了方便。他作为卫生部教材编审委员会特约编审，认真审定和评阅了一批药物化学专著和高等院校教材。由于他博学多才，诲人不倦，被学生和同行誉为“活字典”。

汤腾汉曾具有中国和印尼双重国籍。他放弃国外的优裕生活，献身于祖国的药学教育和科研，促进民族制药工业，为军事医学科研工作呕心沥血，默默奉献，是一位令人崇敬的爱国科学家。

（李彦英）

中国的莎士比亚权威梁实秋

梁实秋(1903～1987),祖籍浙江余杭,号均默,原名梁治华,字实秋。中国当代学贯中西、博古通今的文学大家,著名学者。中国20世纪文坛最具影响力的散文家,中国现代文学史上享誉盛名的文学评论家,他还是杰出诗人、著名文学翻译家,国内第一个系统全面研究和翻译莎士比亚的权威。

梁实秋

梁实秋出生于北京,1915年考入清华学校,并于1921年与闻一多、孙大雨等人共同组织清华文学社。1923年8月,赴美留学,先后在科罗拉多大学和哈佛大学求学,专攻英语和欧美文学,1926回国,先后任教于南京东南大学,国立山东大学和北京大学。1927年与徐志摩、闻一多创办新月书店。1949年5月,移居台湾,先后任台湾省立师范学院英语系主任、台湾省立师范大学文学院院长,1987年11月3日病逝于台北。

一、悠悠山大情　铭铭青岛心

国立山东大学校长杨振声师法蔡元培先生“兼容并包,思想自由”之办学方针,遵循“宁缺毋滥”的原则,在全国广聘名师,到上海时碰见闻一多、梁实秋二人。杨振声求贤若渴,一遇闻、梁,便视为宝,遂坚邀他们到青岛任教。杨振声介绍说:讲风景环境,青岛是全国第一,二位不妨前去游览一次,如果中意,就留在那里执教,如不满意绝不勉强。这种先尝后买的方法颇具诱惑力。于是,在1930年夏天,梁实秋携眷与闻一多欣然抵达青岛进行考察。在青岛的“半日游览”里，他们沿街所见，绿树成荫，掩映着红瓦楼房，而且三面临海，气派壮观，令人心旷神怡，梁写下了“天气冬暖夏凉，风光旖旎，而人情尤为淳厚”。一席饮宴后就立即接受了青岛大学的聘书，梁实秋被任命为外国文学系主任兼图书馆馆长，成为人才济济、盛极一时的山东大学中又一枝奇葩。

暑假过后，梁实秋如期来到山东大学。生活上有情有趣，舒适惬意，尽情享受着海滨生活的慷慨赠与，与此同时，山大刻苦扎实的学风也令其振奋精神，全心全意投入到事业之中。起初梁实秋主要着手于古书的研究，一方面是为化解当代社会“蔑视经书或是提倡复古”的极端风气，提倡用辩证批判的态度对待古书；另一方面也为自己在山东大学执教做足文学准备。短短几年，梁实秋逐字逐句地研读完《十三经注疏》《资治通鉴》《二十一史》和《杜诗全集》。梁实秋还特别迷上了杜诗，用两年多的时间苦心搜集到六十多种杜诗版本，几乎全部杜诗都被他“圈点了一遍”，而杜甫所撰写的仇注、钱注、千家注等，他莫不耳熟能详、且能洞烛其利弊。饱览古书使他的文学功底愈加深厚。

梁实秋的工作十分忙碌，他在外文系开设了“英语”“欧洲文学史”“莎士比亚”“文艺批判”等课程，还担任了其他系的公共英语课。他来山大时只有28岁，但讲起课来却是轻车熟路，思维敏捷，语言精练生动。授课时间观念极强，总是踏着铃声进入教室，进屋便讲，不疾不徐，绝无赘余，一课讲毕话音刚落而下课铃声正好响起。他常对学生和同事说：“上课时一分钟也不能浪费，课间是学生活动和休息的时间，一分钟也不容侵犯，故而上下课必须准时。”仅凭这点，他就赢得了全校师生的赞扬。年轻有为的他相貌堂堂、温和有礼、衣着淡雅不俗，虽是留洋出身，却不喜洋服，总是长衫棉袍，颇具谦谦君子之风，再加上他的智慧与谐趣，往往让课堂气氛非常轻松，深受学生欢迎，这也令他的众多学生至今还能记忆起他所教授的课程。他也曾回忆说：“我所讲课只要听之者不是根本不听，总能得其梗概，稍加钻研，必可臻于深刻。”虽然他极为爱护学生，遇到寒暑日总会特别关照提醒同学们，但对待成绩分数又十分严格，他常说“轻画分数，才是教师的失职”，也正因这种恪尽职守的执教风格，才让他的学生在认真求知的浓烈气氛中不断拓宽知识，受益匪浅。1934年，当山东大学的学生们听说胡适信邀梁实秋去北京大学任教，便联名上书挽留梁实秋，并致函北大校长“敝系经梁实秋先生主持开办，同学夙受陶冶，爱戴正殷，群情迫遑。北平素为文化区域，人才较多，至希见谅，另行延聘，以慰渴望”。由此可见学生们对他的敬重和信任。

梁实秋负责的图书馆工作也是千头万绪，要准备每周一期的《图书馆专刊》，作为图书馆专业周刊，不仅在大学罕见，在社会上也是唯一的。他有时还特地到上海为图书馆选购图书，由于馆内收藏莎翁著作最多，中外文各种版本甚至珍藏本都囊括其中，山东大学图书馆也因此而名扬全国。与此同时，他依然奋力写作，不间断地撰写小品、散文，并准备开展莎士比亚全集翻译。

古有李白、杜甫等八位盛世酒徒，1000 多年后在山东大学又出现了新一代的“酒中八仙”。四年的执教，让梁实秋结交了众多好友，与杨振声、闻一多等七名“酒徒”，加上诗人方令孺一名“女吏”八人共同组成了“新八仙”，他们秉性豪爽“三十斤花雕一坛，一夕而罄，”他们又文笔卓绝写下“酒压胶济一带，拳打南北二京”的好句。

1934 年夏，梁实秋一家迁往北平，从此，他结束了在山大四年风流倜傥的名士生活，美丽的山大校园、淳厚的山大校风和性情豪爽的山东人，都给他留下了深刻记忆。他认为这四年是他一生中家庭最幸福的时期，还认为中国从北疆到南粤以青岛为最好。漫漫岁月里他念念不忘这段时光，这种情怀也深深感染着一家人，其女梁文蔷于 1999 年特地回青岛寻访，当她看到刻着“梁实秋故居”的石碑，禁不住潸然泪下。

二、笔耕一生　著作等身

梁实秋在他风雨波折的八十载春秋中勤奋耕耘，成果颇丰，著作达 2000 万字，留给中国文坛一座巨大的宝库。作为一代文学大师，梁实秋一生中撰写了《西雅图札记》等三十多本文集，小品文、杂文更是数不胜数，其中散文集《雅舍小品》为其代表作，以其特殊的艺术风格在 20 世纪 40 年代独树一帜，开拓了一片散文新天地。该散文集 40 年间共印 30 多版，创下中国现代散文著作发行的最高纪录。老舍夫人在梁实秋辞世后，用 14 个字精辟地概括了他的一生：“生前著作无虚日，死后文章惠人间。”

他也是新月派名副其实的重要理论家、文学批评家，在新月书店连续出版了《浪漫的与古典的》和《文学的纪律》两本文学批评专著，还在《新月》月刊发表了数十篇文艺专论，其思想观点受到不少学者追捧。他的写作风格在新月派诗人中极具代表性，其作用也是无可取代的。

翻译莎士比亚全集的巨大工程几乎耗掉了他大半生岁月。原本他对莎士比亚的了解也甚为有限，只是在上学时读过几个剧本，但他自念翻译莎剧极有意义，遂制定一个翻译计划，准备每年译出两部，18 年后中文莎翁全集即可问世，可谁知这漫长的过程竟延续了 40 载春秋。他以难以置信的毅力年复一年地工作着，特别是当开始一起参与翻译的闻一多、徐志摩等人纷纷放弃之后，他独任艰巨，默默地承担了全部任务。在工作进行到最艰难的时候，也只是轻轻叹谓“译事中的困难真是一言难尽”。1936 年，商务印书馆开始出版梁译莎剧，直至 1967 年终于译完包括诗集在内的莎翁全部作品。晚年的梁实秋杂事缠身，又患有糖尿病和胆结石，身体健康明显恶化，因此对译完莎剧常有力不从心之感，甚至给女儿梁文蔷写信说：“我打算以余年完成这一工作，但是上天是否准许我，我自己也无把握，只有靠你们给我祷告了。”漫长的翻译过程是对梁实秋生命和意志的严峻考验，他顽强地经受住了。这一宏大工程竣工，煌煌四十卷莎翁全集，全部译文达300余万字。他这项历经半生的壮举重启了莎学东方之门，也被世人誉为给当代中国带来的最好的文化礼物。

1977年，他主编的《远东英汉大辞典》，是我国英语领域颇具代表性的权威工具书，享有极高的知名度和信誉度。

梁实秋在人生旅途上顽强地挺进，生命不歇，笔耕不辍。垂暮之年，他以惊人的毅力又完成了两项浩大的工程：编纂《英国文学史》和《英国文学选》。更为惊人的是，与此同时他还计划开始另一项更大的工程：用英文写《中国文学史》、编《中国文学选》。常年的伏案写作致使他痔疮出血染红了坐垫，他却全然不觉。“大凡天地生人，宜清勤自持，不可懒惰，若当得个懒字，便是懒汉，终无用处。”这是梁实秋给友人的赠言，却也是自己毕生的格言警句，勉励着他不停地创作。

三、重情重义思乡泪　朴实无华真性情

他是文学大师，也是重情重义之士。他一生朋友众多，从学界到政界，从国内到国外，吴文藻、闻一多、季羡林等人都是他的挚友。他曾写道：“一旦真铸成了友谊，便会金石同坚，永不退转。”当代文学名家冰心女士更是对他欣赏有加，并称“梁实秋是我的一生知己”。1981年梁文蔷第一次回国，父亲让她给冰心捎句话“他没变”，这份超越时间和空间的友谊，感人至深，众多弥足珍贵的友谊伴随了梁实秋一生。

虽然在国外生活过多年，但梁实秋骨子里绝对是一个有很深的中国文化情怀的人。他从美国回来立即抛开钢笔用起了毛笔，直到抗战结束后，才不得不又用起钢笔。对于子女教育，很是注重中国文化的传承，在家从不卖弄自己极好的英文，只说北京话。他天天走小路步行到校，从不坐车。在很多人眼里，他“洋派十足”，教书时，口操英语，却长袍马褂布底鞋，叠裆裤子还要扎腿带子。

梁实秋可谓是爱吃更爱品的美食大家，出国后，他时常念叨北京的小吃，后来有朋友从大陆带一些老北京的小吃给他，他尝后总是摇头叹气：“不一样，不一样！”在饭桌上说起一道菜肴就想起在北京时的地道做法，进而陷入惆怅的思乡之情，人不管流浪多远，对故乡感情是永远割不断的。在美国的时候，别人特地邀请他加入美国籍，梁实秋拒绝说：“我是中国人，我以是中国人为自豪。”

性情旷达、淡泊名利的梁实秋曾与诺贝尔奖失之交臂，当台湾准备将梁实秋推荐为诺贝尔奖获得者时，他说：“我不行，中国代表就给一个名额，台湾这么一个小地方代表不了中国，只有老舍行。”可是当时梁实秋还不知道相隔海峡的老舍已经去世了。晚年的梁实秋曾感叹自己一生中有四个遗憾：“一是有太多的书没有读；二是与许多鸿儒没有深交，转眼那些人已成为古人；三是亏欠那些帮助过他的人的

情谊；四是陆放翁‘但悲不见九州同，现在也有同感’。”博览群书并撰写2000万字文章的文学大师，竟然说自己读书不够，这是何等的自谦，也正是这恬淡朴实的性情，一次又一次地将梁实秋推向文学巅峰。

1987年11月3日，梁秋实带着八十六年的“风风雨雨的幸福记忆”离开了，给世人留下了他一生铸就的文学瑰宝。他生前特意嘱咐葬礼时要穿长袍马褂，不要西装，并将他葬于高处，“为的是让他能够隔海遥望魂牵梦萦的故乡”。

好一个享誉盛名的文学大师，好一颗感天动地的赤子之心。

（殷丛薇）

核物理学家王普

王 普

王普(1902～1969),字贯三,山东沂水人,是我国著名的核物理学家和物理教育家,在中国核物理及山大物理学科史上都占有重要地位。王普先生曾任山东大学物理系主任、代教务长,是山东大学物理学科的创建者,为山东大学的创建和恢复,特别是为物理学科的建立和发展做出了突出贡献。

他早期研究用热中子轰击Al核产生的人工放射性,是参加中子核核裂变研究最早且有所贡献的物理学家之一。他于1939年发现了核裂变的缓发中子,为核裂变反应堆的建造以及原子能的和平利用铺平了道路。王普还在核乳胶在高能物理实验中的应用、低能X射线谱分析以及宇宙线中不稳定粒子的研究等方面取得了一定的成果。他是中国核物理学的先驱,被称为"是见证了核裂变时代开始的中国人,也是最先在核裂变领域中工作并取得重要成果的中国人之一"。

1902年9月9日,王普出生于山东沂水的一个知识分子家庭。从8岁起他便在聊城县上小学,1922年在聊城山东省立第二中学高中毕业。同年,王普考入北京大学预科,1928年毕业于北京大学物理系,获得了学士学位。同年秋天,王普被老师介绍到上海中央研究院任助理研究员。1930年,国立青岛大学(1932年改名国立山东大学)聘他去创办物理系,当时该系只有一位教师和一位实验技师,王普对山东大学物理系的创建起过重要作用。

1935年秋,王普考取了山东省公费生,赴德国柏林大学留学,跟随导师K·菲利浦在威廉皇家科学院的达莱姆化学研究所研究核物理学。王普1938年获得科学博士学位,之后到美国卡内基学院担任客座研究员。1939年,在燕京大学、辅仁大学任教授。1946 年,重返国立山东大学,任物理系主任、代教务长。1947 年,任美国国家标准局辐射物理学研究员。1956 年,重回山东大学物理系任教授,兼中科院物理所研究员,曾任政协山东省常委。

王普的学术研究工作主要有两个方面:(1)中子物理学与核裂变物理学;(2)X射线谱的测定。

1935 年,王普赴德国柏林大学留学,当时,他跟随导师 K·菲利浦在威廉皇家科学院的达莱姆化学研究所研究核物理学。当时的达莱姆化学研究所的物理部主要研究核化学,是核物理学和化学的国际研究中心之一,学术力量很强。所长是著名放射化学家和物理学家哈恩(O. Hahn,1879～1968),副院长兼物理部主任是奥地利、瑞典物理学家迈特纳女士,王普的博士生导师菲利浦(K. Philipp)是柏林大学教授兼该所研究员。王普首先进行了热中子同 Al 原子核作用的研究。他在 1938 年发表了研究成果:证实了用热中子可以产生半衰期为 2.3 分的 ^{28}Al β 发射体的生成;测定了热中子在 Al 中的吸收系数($0.037cm^2/g$)和相应的截面面积($1.6\times10^{-24}cm^2$);表明 Al 在热中子能区中不存在共振能级。

1938 年,王普在德国获得博士学位后,同年得到中华教育文化基金会的资助,转赴美国华盛顿卡内基学院,担任客座研究员一年,仍然从事核物理学的研究。1939 年 1 月 26 日至 28 日,华盛顿卡内基学院和乔治·华盛顿大学在华盛顿联合主办了第五届国际理论物理学会议。王普作为其中唯一的亚洲学者,亲身参与和见证了人类历史上的一个重要时刻。

这次会议原定的议题是讨论低温的获得和低温下物质的性质,由于 N·玻尔(Bohr)在会上宣布了铀核裂变的发现,引起了人们的极大兴趣,竟把会议议题临时改变成核裂变讨论。卡内基学院的 R. B. 罗伯茨(Roberts)和王普等人立即于 1 月 28 日会议闭幕的当晚进行实验证实。王普即是当晚参加原子核裂变实验演示的成员。1939 年 2 月 11 日的《科学简讯》(*Science News Letter*)正式报道:罗伯茨及其同事们在 1 月 28 日"晚上具有历史意义的午夜实验会议上",向玻尔和费米展示了核裂变碎片的存在。王普和罗伯茨等人继续合作,于会后三个月内在美国的《物理学评论》杂志上发表四篇短文。其中两篇涉及了铀和钍在裂变中发射缓发中子的研究,这不仅是非常重要的结果,而且比 H·哈班(Halban)等人关于迅发中子的发现还要早。他最早观察到了铀和钍原子核分裂时放出的迟发中子。这一结果,在以后的核裂变反应堆的物理过程中起着必不可缺的特殊重要作用。这是王先生对核物理和原子能的重要贡献之一。

王普是最早参加中子和裂变物理学研究并做出重要贡献的中国物理学家,他最早观察到了铀和钍原子核分裂时放出的迟发中子,这在以后的核裂变反应堆的物理过程中起着必不可缺的特殊重要作用。因此,王普在我国核物理学界的先驱者中占有重要的地位。1939 年,中国《科学》杂志的编者介绍说:"王普博士除参加此次核子分崩表演成绩优异外，近期发现迟发中子及原子能之实际利用理论……蜚声国际，为国增光，难能可贵。”

1939 年秋季，王普从美国回到北平，先后在燕京大学、辅仁大学等校任教。1946 年，王普重返山东大学并任物理系主任，代教务长。他积极延聘教授，推动学术讨论，使物理系在当时成为山大实力最强、活力最大的一系。但由于当时全面内战爆发，教育和科学研究发生暂时困难，王普于 1947 年底再度出国，应聘到美国国家标准局担任辐射物理学研究员，研究 X 射线物理学和核物理学。王普虽然身在国外，却时刻心系祖国。王普的同学、好友郭贻诚在一篇怀念王普的文章中写道："王普第二次去美国工作的九年期间，时常和我通信往来。1949 年后，他在通信中，时时关心着祖国的发展变化，充满了爱国主义的情思，屡次表示要设法回国。”直到 1956 年 8 月王普借赴欧洲参加学术会议的名义，设法绕道前苏联回到祖国，随即到山东大学物理系任教，这是王普第三次来到山东大学。

王普先生重回山大之后，时刻牵挂着物理学科的建设与发展。他提出了两项课题：一是利用闪烁谱仪研究 X 射线谱和各种材料对它的吸收；二是利用核乳胶研究宇宙线中的不稳定粒子。他在山东大学物理系开设了近代物理课程，并着手建立了核乳胶实验室，培养了几位青年教师做这方面的工作，为后来的发展打下了基础。他以核乳胶进行高能物理研究的决策，非常适合当时国内高校的实际情况，山大高能物理与核物理实验研究能够延续、坚持下来，并为改革开放后的发展打下了较好基础，都与这最初的正确决策直接相关。

1958 年，王普先生支持并主办了对中国核物理学界产生了深远影响的“基本粒子与原子核理论讲习班”。在中国科学院院士、第三世界科学院院士、中科院高能物理研究所研究冼鼎昌先生的回忆文章中较为详细地介绍了这次讲习班的情况：“1957 年，朱洪元教授在北京大学开设‘量子场论’课，这是中国第一次系统讲授有关基本粒子的基础理论的课程。课讲下来，反映很好，第二年在山东大学（当时校址在青岛）组织了一个暑期讲习班……北京大学的课程和青岛的暑期讲习班，是粒子理论在全国范围中第一次普及，造就了一代粒子物理学家，其影响是很深远的。在这里特别要提到当时山东大学物理系王普教授的支持。”“王普教授支持并主办了山大 1958 年的基本粒子及核物理暑期讲习班，学员来自全国各高等院校和研究所共六十多人，请朱洪元、张宗燧两位先生系统地讲授‘量子场论’和‘色散关系’课程，清清华大学的谢毓章先生为基础不足的学员补一些必要的量子力学课程，组织工作是十分有效和出色的。”

现在山大粒子物理与原子核物理进入了一个新阶段，宇宙线高能物理、加速器高能物理开始站在国际水平上继续向前发展，并且研究领域进一步丰富，主要包括加速器高能物理、粒子物理理论、非加速器高能物理、低能加速器物理四个方向。我们应该铭记并纪念王普先生对山大物理所作的开创性贡献。

王普不仅在科研上取得了重大成就，对于教学他也非常认真，十分重视基础课的教学。他在讲授《近代物理》时，注重基本概念的论述，强调对问题实质的理解，不为教本的体系和内容所限，博采众长，融会贯通，不仅讲授课本知识，还注重课堂实验演示。他讲话风趣，引人入胜，因此，他的近代物理课程，不仅使学生获得了新的知识，也使他们了解到这些知识是怎样得到的，使其可以逐渐学会研究和发展物理学的途径和方法，十分受学生的喜爱。

王普在教学过程中十分强调物理学要和生产实际相联系，对各科目中与应用有关的部分，都认真教授。为了满足当时知识青年的渴求，王普还专门翻译了《原子物理学入门》《核子物理学入门》和《近代物理学入门》，作为大学教学的补充读物，同时还开设科学德文课，他撰写了一些科普文章，向人民大众传播物理知识。

1956年之后，王普除了担任中国科学院原子能研究所研究员、山东大学教授外，还兼任政协山东省第一、二届常委，省物理协会理事、青岛市科协副主席等职务。1957年以后，王普患了高血压和心脏病，长期在青岛等地住院疗养。在经受病痛困扰的同时，他依然关注着学术事业的发展。但“文化大革命”给他带来了灾难性的打击。1968年，王普遭到几次抄家，最后在身患严重高血压和心脏病的情况下被隔离审查，于1969年1月15日不幸逝世，享年67岁。

（赵岩荣）

世纪诗翁臧克家

臧克家(1905～2004),山东潍坊诸城人,曾用名臧瑗望,笔名少全、何嘉。他自幼受祖父、父亲影响,打下了良好的古典诗文基础。1923 年夏,考入山东省立第一师范。期间,阅读了大量新文学作品,并开始习作新诗。1925 年首次在全国性刊物《语丝》上发表作品,署名少全。1927 年,考入中央军事政治学校武汉分校,曾经参加北伐战争。1929 年,在青岛《民国日报》上第一次发表新诗《默静在晚林中》,署名克家。1930 年,考入国立山东大学,得到闻一多(时任山大文学院院长)、王统照先生的热情教诲与精心帮助。1932 年开始发表新作,以一篇《老马》成名。

臧克家

臧克家先生是诗人闻一多先生的高徒,是近代杰出诗人、著名作家、编辑家,忠诚的爱国主义者,中国共产党的亲密朋友,中国民主同盟盟员,全国人民代表大会第二、三届代表,全国政协第五、六、七、八届委员,第七、八届常务委员,中国作家协会第一、二届理事,第三届理事、顾问,第四届顾问,第五、六届名誉副主席,中国文联第三、四届委员,第六、七届荣誉委员,中国诗歌学会会长,中国毛泽东诗词研究会名誉会长。

"有的人活着/他已经死了/有的人死了/他还活着……"这个熟悉而富寓哲理的声音,在我们脑畔回响了半个世纪,与我们的心弦共振了好几十年。这就是诗的力量,不,这是臧克家先生的力量,这位伟大的诗人是山东大学的土壤中培育出来的诗坛巨匠。

人生永远追逐着幻光,
但谁把幻光看作幻光,
谁便沉入了无底的苦海。

这是1930年以国文98分、数学零分被山东大学破格录取的考生——臧克家的杂感。也正是由于这三句杂感，打动了判分极严的闻一多先生，使他得到国文考试最高分，以98分的高分夺冠。当时，闻一多先生是国文系主任，他慧眼识奇才，认为虽然数学得零分，但凭借国文考卷上看破人生幻光的杂感，就能发现这位青年身上潜在的才气。这在山东大学新生录取史上，是一个例外。正是由于这一个例外，使他跨上了一个新台阶，确定了他的人生道路，造就了世纪诗魂。

臧克家常常说，他是非常幸运的，因为他遇到了很多好老师。没有他们的指导、提携、倾心帮助，他可能一无所成。臧克家先生很感谢他的每位老师，每每谈起恩师，他总是脸色红润，眼睛湿润，仿佛回到他展露才华的青年时期，置身在青岛的红瓦绿树之间，他的心"沉浮在记忆的大海之中"。闻一多、王统照、梁实秋、萧涤非、沈从文等诸位先生都对他帮助很大。王统照先生待人重友谊、真诚，并对臧克家鼓励、奖掖，不遗余力，臧克家经常捧着诗去向他求教，他还是《烙印》的鉴定者、资助者，又是它的出版人。在国文系，臧克家跟沈从文先生学小说史，跟游国恩先生学《楚辞》，跟梁实秋先生学外语，跟丁山先生学古文字学……山东大学丰厚的学术土壤，给他以良好的教育，也为他成为杰出的诗人奠定了基础。还有他毕业前后到山东大学任教过的老舍、洪深、王统照、赵少侯、孙大雨诸先生，都是他尊敬的前辈，后来成为亲密的朋友，结下了深厚的情谊。臧克家后来在回忆这一段生活时说："我跟闻先生读书学习，时间不长，也不过二年，但他给我的影响很大，印象极深。""……可以说，没有闻一多先生，就没有我的今天。"

臧克家1930年考入青岛大学外文系，后来经闻一多同意转入国文系。从此，他跟着闻先生学习。闻先生给他们讲名著选读、文学史、唐诗、英诗。他治学十分严谨，诗人气质很浓，从此他对闻先生的诗入了迷。特别是闻一多的诗集《死水》给了臧克家很大影响，他用它滋养了自己，也用它折服了自己许多顽固心。于是，他开始试着寻找自己的风格，也开始了狂热的诗歌创作。

臧老在山东大学学习期间，除了学好功课外，就是向闻一多先生和他的诗学习。学习怎样想象，怎样造句，怎样去安放一个字。闻一多先生教导他说，下一个字像下一个棋子一样，一个字有一个字的用处，决不能随便安置。敲好了它的声音，配好了它的颜色，审好了它的意义，给它找一个只有它才适宜的位置，安放好，安放牢，任谁看了只能赞叹却不能给它换掉。他常常捧着自己值得一看的诗去向闻先生求教，闻一多先生指点诗的好处、缺点，哪个想象很聪明，哪个字下得太嫩等，与西洋著名诗人类似的诗句相比较，把认为好的诗句上画个红圈。有一次，臧老拿着自己刚写好的《昨日之歌》去请教闻先生。闻先生粗略地翻看了他的诗，在他内封面题字"在成熟的手腕下的作品"的"成熟"上加个"半"字，笑着说："不，成熟应该改成半成熟。"有一次，臧克家去拜访闻先生，正碰上闻先生焚诗，闻先生说是"不成熟的诗"一定要毁掉，臧克家遂被先生的严格感动，回来后就烧掉了自己的诗稿，臧克家先生曾经说："我的诗是从火中开始的。"臧克家说："闻一多先生，在做人、做学问、写作方面，都是我的老师，令我十分钦佩！"

臧克家写了觉得好的诗，总要送去给闻一多看。1931 年暑假，臧克家从故乡把《神女》寄给闻先生，先生看后寄回去，在一些句子上画了红的双圈。闻一多先生挑一些认为好的诗拿到《新月》上发表，譬如：《难民》《失眠》《像粒砂》等等，成为臧克家正式发表诗作的开头。臧克家在 30 年代诗坛上的迅速崛起并成为中国现当代杰出的诗人，的确是与闻一多的指导和提携，尤其是他的精神感召力分不开的。1933 年，臧克家的诗集《烙印》出版，闻一多亲自为之作序。1934 年，臧克家的第二部诗集《罪恶的黑手》问世，进一步奠定了他在诗坛上的地位。

正是大师们的教诲提携，臧克家陆续写作并发表了《忧患》《希望》《生活》《烙印》《不久有那么一天》《老马》《老哥哥》等许多诗篇，他真的也没有辜负闻先生对他的期望。1933 年，他从所写的诗中精选了 22 首结集为《烙印》，在闻一多、王统照、王笑房诸先生指导资助下，自费出版。闻先生为之作序，王统照先生还作了这本书的发行人。卞之琳、李广田、邓广铭为《烙印》设计封面，跑印刷所等费心出力，臧老一直感念至深。《烙印》出版后，得到了闻一多、梁实秋、茅盾、老舍、韩侍桁诸多名家的肯定和赞扬。闻先生不仅资助了二十块大洋，还为诗集写序，热情地肯定了他的诗"没有一首不具有一种极顶真的生活的意义"。《烙印》出版不久，在当时影响很大的《文学》杂志上，一期刊登两篇评介文章，一篇是茅盾先生的，另一篇就是老舍先生的。他的评文很别致，如："设若我能管住生命，我不愿它又臭又长，我愿又臭又硬。……克家是否臭？不晓得。他确是硬，硬得厉害。"由于这两篇评介，书店才接受了《烙印》这本小小的诗集。臧克家成为 1933 年诗坛引人注目的一颗新星，也可以说是山东大学最耀眼的学生。臧老在诗坛上真正成为诗人实际是在《烙印》出版后，所以说臧克家是在山东大学这块沃土培育出来的诗人。

臧老的诗既有闻一多先生讲究炼字炼句，注重意境的特点，又独有一股浓浓的泥土味，不刻意去营造形象，而是用朴实、凝练的大众语言，创造人人都能读懂却并非人人都能解透的鲜活生动的形象。特别是诗集《烙印》，在这部诗集中，诗人倾注了自己对农民、土地、乡村那种强烈而真挚、浑厚而深沉的生命情感。因此，有人又把臧老誉为"农民诗人"。

臧老曾说："我和山东大学真有缘分。祖孙三辈在这里受教育，又在这里教书育人。"后来臧老的老同学历史系的王先进教授对臧老长子臧乐源说："经过考证研究，法政学堂是山东大学的前身，你祖父是法政学堂毕业的，你告诉你父亲，你们是一家四代山大人了！"乐源听了十分兴奋，四辈同出一高等学府，这在国内外恐怕都是少有的。臧老的父亲臧统基，长得很清秀，善良热情，儒雅潇洒，对人亲切谦恭，凡是和他交往的人，不论亲疏，都很喜欢他。他喜欢诗，也能写诗。他的住室窗外有棵石榴，便自号"红榴花馆主人"。

臧老的父亲可以说是不知会有“山东大学”的老山东大学的学生，而臧老的儿子乐源和乐安却是不期而至的山东大学的学生。1948 年上海白色恐怖加剧，臧老被迫远走香港。两个儿子由夫人郑曼设法经青岛送到解放区参加革命，后来考入济南华东大学，分别在政治班、俄文班学习。不久华东大学与山东大学合并，就这样顺理成章地成为山东大学的学生。乐源毕业后留在山大工作。其间，学校送他到中共中央党校学习，到人民大学马克思主义哲学经典著作进修班深造，提高了他的思想道德修养、学术水平和教学能力。他一直工作在教学第一线，致力于马克思主义哲学和伦理学的教学和研究工作，从助教到教授，也担任了十多年系领导工作。臧老孙辈都在山大学习过，其中孙女因为体育成绩优秀，是被山东大学“争”来的。臧老为此自豪，也衷心感谢山东大学对自己一家四代的培养。

他一生创作了许多文学作品。他创作的《难民》《老马》《有的人》等诗篇，以凝练的诗句描写了旧中国农民忍辱负重的悲苦生活；长诗《罪恶的黑手》，揭露了帝国主义的罪恶和伪善的面目，这些诗是他早期诗歌的代表作，已成为我国现代诗史上的经典之作。1932 年开始发表新作，以一篇《老马》成名。1933 年他的第一部诗集《烙印》出版，得到闻一多、茅盾等前辈的好评；次年，诗集《罪恶的黑手》问世，从此蜚声诗坛。1934 年至 1937 年在山东省立临清中学任教，出版诗集《运河》和长诗《自己的写照》，创作了散文集《乱莠创作》的《难民》《老马》《有的人》等诗篇，以凝练的诗句描写了旧中国农民忍辱负重的悲苦生活；长诗《罪恶的黑手》，揭露了帝国主义的罪恶和伪善的面目，这些诗是他早期诗歌的代表作，已成为我国现代诗史上的经典之作。1941 年秋，任第三十一集团军参议、三一出版社副社长、代理社长，筹备出版了进步刊物《大地文丛》，创刊后，被当局查禁。1943 年 4 月，在中华全国文艺界抗敌协会第五届年会上当选为候补理事。同年夏，任赈济委员会专员并负责编辑《难童教养》杂志至 1945 年秋。在此期间，创作出版了长诗《古树的花朵》、回忆录《我的诗生活》和《泥土的歌》《十年诗选》等诗集。臧克家以新诗名世，但是，被诗名遮掩了的散文也有很高成就。应当说，在创作的时间和数量上，他的散文是与诗平分秋色的，包括《野店》《蛙声》《山窝里的晚会》《海》《炉火》《我的诗生活》在内的散文和回忆录。1957 年，他和周振甫合著的《毛主席诗词讲解》，对毛泽东诗词的传播和普及，起了重要的作用。抗日战争爆发后，臧克家同志创作和出版了《从军行》《淮上吟》等诗集及散文集《随枣行》，热情讴歌了抗日军民的伟大爱国精神和英勇抗敌的事迹。

俗话说文如其人，克家先生的生平可以浓缩为“耿耿丹心，昭昭诗人”这几个字，他虽然已驾鹤西去了，但对后人而言，“放下又拾起的/是你的信件/拾起放不下的/是我的思念”。他的精神将永远和他的《烙印》一样，深深地“烙”在人们的心上。

（王玉平）

一门三代山大人

丁肇中教授

丁肇中(1936～　),汉族,祖籍山东日照涛雒,华裔美国人,现任中国科学院高能物理研究所学术委员会委员,美国科学院院士,世界著名物理学家,山东大学、中国科学技术大学名誉教授。

在中国高等院校的发展历程中,有许多家族几代人与同一所大学有着千丝万缕的联系,山东大学也有不少的家族几代人分别与山东大学的各个时期有着方方面面的关系,其中丁肇中一家与山东大学的关系在山东大学的历史上影响最大。丁肇中的外祖父王以成先生曾求学齐鲁大学的前身登州文会馆;丁肇中的父亲丁观海先生既是山东大学的学生又曾两次任教于山东大学;丁肇中先生又被山东大学聘为名誉教授。

丁肇中1936年1月27日生于美国密歇根州安娜堡,先后在重庆、南京和青岛上小学。1948年,随父母去台湾,又在台中读了一年小学。1949年,丁肇中先考入台北成功中学,次年入台湾建国中学,接受严格的教育。他的数学、物理和历史学习成绩优秀。1955年建国中学高中部毕业后,考入成功大学机械工程系。1956年,转到美国密歇根大学,在物理系和数学系学习,1960年获硕士学位,1962年获物理学博士学位。1963年,他获得福特基金会的奖学金,到瑞士日内瓦欧洲核子研究中心(CERN)工作。1964年起,在美国哥伦比亚大学工作。1965年,成为纽约哥伦比亚大学讲师。1967年起,任麻省理工学院物理学系教授。他是美国科学院院士,研究方向是高能实验粒子物理学,包括量子电动力学、电弱统一理论、量子色动力学的研究。他所领导的马克·杰实验组先后在几个国际实验中心工作。

1994年,丁肇中教授受邀首次访问山东大学,时隔十年后,2004年2月,丁肇中教授第二次来山东大学访问。丁肇中教授第二次访问山东大学时,对山东大学有关学科的科研情况进行了认真细致的考察，并与山东大学签署了 AMS 国际合作项目的合作协议。2004 年 6 月，丁肇中教授第三次访问山东大学，与山东大学空间热科学研究中心讨论关于"AMS02 热系统研究与设计"的任务，考察项目进展情况，同时与物理与微电子学院进行"高能物理研究进展"方面的交流。2005 年 6 月，丁肇中教授第四次访问山东大学，并做客"大家讲坛"为师生们作了一场题为"我所经历的实验物理"的主题演讲。丁肇中教授还出席了 AMS 项目座谈会，了解了山东大学 AMS 项目的研究进展情况。2006 年 3 月，丁肇中教授第五次访问山东大学，与山东大学空间热科学研究中心进行 AMS02 项目工作会谈，并参加了"与大师面对面"访谈活动。

丁肇中教授为什么对山东大学这么有感情，这么关心呢？这是因为山东大学是他们的家，他们一家三代人都与山东大学有着很深的历史的情缘，他的外祖父、他的父亲都曾在山大学习或工作过。

丁肇中的外祖父王以成（1877～1912）——辛亥志士，字箫九，山东海阳人，同盟会早期会员，抗清志士。1897 年，王以成考入登州文会馆，后东渡日本学习土木工程，由丁惟汾介绍加入同盟会。1908 年回国，任津浦铁路工程师，著有《论铁路工程》等；1911 年任《国风日报》编辑。武昌起义爆发后，他奔走于天津、山东等地，联络王长庆等组成民军，欲光复胶东诸县。1912 年，发动诸城起义，组成军政府，因寡不敌众，被俘遇难。其女王隽英（丁肇中母亲）由丁惟汾收养。

王以成求学的登州文会馆（1864），是中国第一所教会大学，也是齐鲁大学创办的初创阶段，是由美国北长老会传教士狄考文创办的。狄考文于 1864 年正月到达蓬莱，和先期达到的一对传教士夫妇在城西北观音庙办起了一座寄宿的"蒙塾"。1872 年，狄考文又在此基础上，扩大了校舍，增加了课程。称前三年为"备斋"，后六年为"正斋""正斋视高等学堂之程度，即隐括中学与内；备斋视高中学堂之程度，而隐括蒙学与内"（《文会馆志》），正式定名为"文会馆"，英文名为"登州书院"。1876 年，文会馆第一批学生毕业（学制 12 年），毕业生仅三人：邹立文、李青山、李秉义。狄考文宣布这是这所大学的首届毕业班。后来的齐鲁大学的学生，即以邹立文、李青山、李秉义这三位学生作为他们的第一届校友。登州文会馆比上海圣约翰书院（即后来的圣约翰大学）早三年，比北京汇文、通州的潞河（两校当时都称书院，后合并为燕京大学）早了十几年。

丁肇中的父亲丁观海先生既是山东大学的学生，也曾在山东大学执教过，这段鲜为人知的历史故事，是在这样一种场合下才被大家所了解。

2004 年 2 月 27 日，一个春光明媚的上午，山东大学学校南门上方悬挂着的"热烈欢迎山东大学名誉教授、诺贝尔物理学奖得主丁肇中再访山大"红色条幅在春风中飘荡，向人们昭示着山东大学这位贵宾的到来。丁肇中教授此次是专程到山东大学就该校加盟他的 AMS 太空试验项目研究进行考察的。在丁肇中教授来山大作学术演讲结束时，展涛校长赠送给了他一件珍贵的礼物——档案复印件（这件礼物是从山大档案馆和人事处档案室以及山东省档案馆收藏的档案中，搜集、整理并汇集成册的）。这份档案复印件，上面详细地记录着丁肇中之父丁观海先生在山大求学和执教经历，即包括其父丁观海先生当年在山大学习、工作的86张档案资料复印装订成册，制成精美的礼物。当丁肇中接过这本精美的礼物时，顾不得正在进行的欢迎仪式，在众多正对着他的电视镜头和镁光灯中，立即埋首一页页翻阅起来。当他翻完最后一页，脸上露出了惊喜的微笑，并意味深长地说："我原来只知道父亲在山大执过教，从这份档案中才获知父亲也是山大的毕业生。中国有句古话'树高千尺，叶落归根'，我是'树高一丈，叶落归根'。"

由于丁观海先生在山大毕业后又到上海交大学习，且在山大学的是中文而在交大学的是土木工程，而他以后所从事的也主要是土木工程专业的教学，因此，在山大学习的那段经历，不仅现在的山大师生无人知晓，就是丁肇中教授本人，也只是约略记得他父亲是山大的教师，详情并不了解。这些资料是档案馆在筹办"丁肇中教授与山东大学"的展览时，被刘培平馆长发现的。

丁肇中的父亲丁观海，是著名土木工程学教授，但他最初在山大学的却是中文。丁观海先生是国立山东大学的第一届毕业生。1929年，考取上海光华大学物理系，学习一年后，1930年考入国立青岛大学（1932年改为国立山东大学）中文系，学号为23230，与臧瑗望（臧克家）成为同班同学。当时的国立山东大学人才济济，名师荟萃，学风严谨朴实。校长杨振声倡导"兼容并包""科学民主"的办学方针，积极延聘专家、学者来校任教，以提高学校的学术地位。著名诗人闻一多先生担任文学院院长兼中国文学系系主任，著名教授梁实秋、游国恩、张煦、沈从文、任之恭、汤滕汉、黄任初、姜叔明、王淦昌等都曾给丁观海先生上过课。学校规定中国文学系必修课14门，选修课18门。丁先生经过四年的刻苦学习，参加了中国文学系文学专集、戏曲概论、唐宋以降文、儒家学说研究、中国文艺云论、史学名著、古史字学、校勘学实习、地理学通论等毕业试验课目，并撰写了题为《唐人传奇述评》的毕业论文，以优异的成绩于1934年毕业，成为国立山东大学第一届毕业生。由于成绩突出，丁观海被留校继续研究工作。此后，丁观海又先后考入上海交大和自费到美国密执安大学学习土木工程。1935年春，丁观海先生与公费赴美留学的恋人王隽英女士结为伉俪，并同留密执安大学攻读研究生，获硕士学位。

1936年1月27日，王隽英早产，在美国生下了丁肇中，这个意外使丁肇中成了美国公民。丁肇中出生两个月后，王隽英带着他回国与父亲团聚。1936年8月，丁观海受聘回到了母校——山东大学，任土木工程系讲师，讲授应用力学、投影几何、工程制图、工程材料、材料试验等课程。

1937年7月，抗日战争爆发。11月，山东大学奉命迁往安庆，不久又迁至四川万县。丁观海先生带着妻子王隽英、儿子丁肇中先到南京，后又到芜湖。不久，又举家渡江北上，逃到合肥。1938年，他们辗转汉口，西去四川，在万县的山东大学继续任教。1938年12月，丁观海受聘到重庆大学任教。1946年春天，山东大学在内迁停办八年之后在青岛复校。丁观海作为复校后的山东大学首批受聘教授，于1946年8月再次回到山东大学，在工学院土木工程学系任教授。1947年，丁观海辞职离开山东大学。1948年春，丁观海应台南工学院之聘，赴台湾。

丁肇中从小跟随父亲颠沛流离，辗转大半个中国，父亲所执教的山东大学尽管在战乱时几经迁徙，但给他留下了深刻印象。丁肇中心中浓浓的山大情结，使得他格外关注山大的学术成果，他多年来对山东大学的学科建设给予了很大的支持。他也非常想尽自己的一份力提升山大在国际上的知名度。他希望山东大学能参与他领导的太空试验计划。他认为，自己所取得的巨大成就，不仅是中国人的骄傲，更是山东人的骄傲。他说，中国的学者通过参加该高科技的国际尖端项目，可以带动相关学科直接参与国际合作，可以在短时间内与国际接轨，掌握一些先进技术，促进中国空间技术研究的发展，相关技术也将对山东相关产业的发展有重要贡献。所以，他期望山东大学也能参与AMS太空研究计划。他风趣地预言："假使不出错误，到2007年的晚上，天晴的话，可以看到一颗最明亮的星星，它就是这个空间站，因为它非常大，可以看到它像星星一样转，到那时你们会记住上面有一个AMS的实验，里面有山东大学的参与贡献。"

这位在国际上赫赫有名的著名物理学家丁肇中先生，山东大学的师生对他不仅有一种敬重、崇拜的心情，更有一种亲切、亲近的感觉，因为丁肇中教授是山东人，也是山大人。也正是由于这种特殊的关系，丁肇中教授这几年经常来山东大学，每次来都要为学生作精彩的报告，对学生影响很大。

（王玉平）

乡土文学之父沈从文

沈从文

沈从文(1902～1988),原名沈岳焕,字崇文,湖南凤凰人,现代著名作家、历史文物学家、京派小说代表人物。作品主要以湘西生活为题材,形成独特的创作风格,被誉为“乡土文学之父”。他的作品被译成日本、美国、英国、苏联等40多个国家的文字出版,并被美国、日本、韩国、英国等10多个国家或地区选进大学课本,1987、1988年两度当选诺贝尔文学奖提名候选人。沈从文先生不仅是著名的作家,还是著名的历史学家、考古学家,他撰写出版了《中国古代服饰研究》《中国丝绸图案》《唐宋铜镜》《龙凤艺术》《战国漆器》等学术专著,特别是《中国古代服饰研究》填补了我国文化史上的一项空白。

沈从文1902年12月28日生于湖南凤凰县一个贫苦之家,14岁高小毕业后他投身行伍,看尽人世黑暗而产生厌恶心理。接触新文学后,在郁达夫、徐志摩等鼓励下自学写作。1924年开始在《晨报副刊》发表作品,接着又在《现代评论》《小说月报》上发表。1928年,到上海与胡也频、丁玲创办《红黑》杂志。1929年,在中国公学任教。1931～1933年,在国立青岛大学(国立山东大学前身)任讲师。1933年,与杨振声合编《大公报·文艺副刊》,主编中小学国文教科书。1939年,任西南联合大学教授。1946年,任北京大学教授。建国后在中国历史博物馆和社科院历史所任研究员,从事历史、文物研究。1988年病逝于北京。

1930年,沈从文就曾打算应国立青岛大学校长杨振声之邀,前往青岛任教,但因战争原因未能成行,而是去了武汉大学。1931年8月,沈从文才到青岛大学国文系任教,开设的课程有中国小说史和高级作文课程。他在青岛时,住在福山路3号的小楼上。这是一座大学的教职员宿舍楼,坐落于八关山的东麓,拾步可到学校;距中山公园(当时为青岛第一公园)、汇泉湾和海滨浴场,也不过一箭之地。他给自己的居室取名为“新窄而霉斋”,以区别北京之窄而霉斋。巴金应沈从文之邀去青岛时,曾在此住了一个星期。

这时的沈从文,对于大学的课堂,已不像在上海中国公学第一次讲课时那样生疏。他已有上海、武汉讲学的经验,讲起课来有条有理,游刃有余,内容充实,方式灵活,语言生动,很受学生的欢迎。课下有不少学生向他请教写作问题,还有些学生拿着习作,请他具体指导。他对学生非常热情,总是有问必答,设法帮助同学解决实际困难。臧克家曾是他的学生,第一本诗集《烙印》出版时,曾得到沈从文的资助;卞之琳由北平来青岛,谈及出版诗集的困难,沈从文听后,在自己抽屉里还放着当票的情况下,慷慨地把30块钱塞给了卞之琳。卞之琳回北平后就用这些钱出版的第一本诗集《三秋草》。

在山东大学两年多的时间,他教课以外,在报刊上发表了几十篇作品,如《论徐志摩的诗》《油坊》《慷慨的王子》《早上——一堆土一个兵》《丁玲女士被捕》《丁玲女士失踪》《女人》《来客》等等;出版了多个作品集,如《虎雏》《记胡也频》《泥涂》《都市一妇人》《月下小景》《凤子》《一鳞集》等;完成了许多作品,如《从文自传》《爱欲》《三个女性》等。以后完成的代表作《边城》《长河》等,也是在青岛构思的。他在以后回忆这段创作生活时写道:“可能是气候的关系。在青岛时觉得身体特别好,每天只睡三四个小时,写作情绪特别旺盛。我的一些重要作品就是在青岛写成或在青岛构思的。”在青岛,他的文学创作进入成熟时期。

沈从文一生创作的结集80多部,是现代作家中成书最多的一位。他曾用的笔名有休芸芸、茂林、小兵、沈甲辰、上官碧、璇若,等等。早期的小说集有《蜜柑》《雨后及其他》《神巫之爱》等,基本主题已见端倪,但城乡两条线索尚不清晰,两性关系的描写较浅,文学的纯净度也差些。20世纪30年代后,他的创作显著成熟,主要成集的小说有《龙朱》《旅店及其他》《石子船》《虎雏》《阿黑小史》《月下小景》《八骏图》《如蕤集》《从文小说习作选》《新与旧》《主妇集》《春灯集》《黑凤集》等,中长篇《阿丽思中国游记》《边城》《长河》,散文《从文自传》《记丁玲》《湘行散记》《湘西》,文论《废邮存底》及续集《烛虚》《云南看云集》等。他以“乡下人”的主体视角审视当时城乡对峙的现状,批判现代文明在进入中国的过程中所显露出的丑陋,这种与新文学主将们相悖反的观念大大丰富了现代小说的表现范围。沈从文由于其创作风格的独特,在中国文坛中被誉为“乡土文学之父”。

从作品到理论,沈从文后来完成了他的湘西系列,乡村生命形式的美丽,以及与它的对照物城市生命形式批判性结构的合成,提出了他的人与自然“和谐共存”,本于自然,回归自然的哲学。“湘西”所能代表的健康、完善的人性,一种“优美和健康和自然,而又不悖乎人性的人生形式”,正是他的全部创作要负载的内容。

中华人民共和国成立前后,沈从文经过了很长一段时间的惶恐、迷茫,还曾自杀未遂，最终作出了艰难的抉择——结束自己的文学创作。从此，沈从文一头扎进了博物馆，每天提前到门口，等着开门上班，曾因太过专注，被管理员反锁在库房里而未察觉。在这片新的事业领域内，沈从文默默无言地耕耘着。一篇篇文物研究的学术论文发表了，一部部专著——《唐宋铜镜》《战国漆器》《中国丝绸图案》《龙凤艺术》相继出版了，他的生命之火再次发出耀眼的光辉。1963 年，周恩来总理在一次会议上谈到文化建设方面的问题时，提出要组织人力编一部中国自己的服装史，文化部副部长齐燕铭立即推荐了沈从文，周总理也当即同意了。沈从文接到委托后，欣然允诺。他钦佩周总理对民族文化研究工作的重视，感念他的信任，更愿意做这种开拓式的工作。《中国古代服饰研究》在写作的初期还是相当顺利的。按照统一安排，由轻工业出版社负责出版，由历史博物馆从美工组抽人负责图片制作，由沈从文提供图像实物资料，加以描摹绘制。到第二年春，一部包括 200 幅主图及部分附图，20 余万研究说明文字的《中国古代服饰研究》初稿即告完成。书稿完成后，出版社立即出样书，分送有关部门及专家征求意见。在听取了各方面有关意见后，沈从文又中途增补。按预定计划，此书将在 1964 年冬付印，作为建国 15 周年献礼。可是，1964 年后中国社会政治形势的变化，却导致了这本书创作和出版的中断。

1966 年，一场史无前例的“文化大革命”在全国范围内迅速铺开。沈从文被扣上了“反动学术权威”的帽子，《中国古代服饰研究》一书，被作为“鼓吹帝王将相，提倡才子佳人”的毒草受到批判。沈从文被送到湖北咸宁“五七”干校，接受再教育。在异常艰苦的环境中，沈从文仍念念不忘那本服饰研究。1971 年，沈先生因年迈多病被允许回到北京后，马上开始工作，继续编写他的晚年巨著《中国古代服饰研究》。从最初动笔到最终完成，经历了整整 16 个春秋之后，1979 年 1 月，《中国古代服饰研究》修订增补工作完成。1981 年，这部八开本，印刷装潢精美，展示中国古代服饰的原始面貌和发展脉络的开山之作终于在香港出版问世。

（常　杰）

一代宗师傅鹰

傅　鹰

傅鹰（1902～1979），字肖鸿，福建闽县（今福州）人。我国胶体与界面化学的主要奠基人，杰出的化学家和化学教育家，中国科学院院士。他献身科学和教育事业长达半个多世纪，对发展表面化学基础理论和培养化学人才做出了重要贡献。

1902年1月，傅鹰出生于北京。1919年考入燕京大学化学系。1922年赴美国留学深造，就读于密歇根大学研究院，从事硅胶自溶液中的吸附现象及液体对固体润湿热的研究。1928年，在密歇根（Michigan）大学研究院获得科学博士学位。1929～1931年，曾任东北大学和北京协和医学院教授。1931～1934年，任国立山东大学化学系教授。1934～1939年，任重庆大学教授。1939～1944年，任厦门大学教授、教务长，兼理学院院长。1944～1945年，任重庆大学教授和重庆动力油脂厂实验室主任。1945～1950年，再度赴美国，任密歇根大学研究员，继续在密歇根大学开展界面吸附现象及溶液吸附热力学的研究。1950年8月回国，先后任北京大学、清华大学教授。1952～1954年，任北京石油学院教授。1954～1979年，任北京大学教授，主持创建了我国第一个胶体化学教研室并任室主任，1955年当选为中国科学院学部委员。1962年4月，傅鹰出任北京大学副校长。1979年9月7日逝世于北京。

傅鹰执教化学讲坛整整半个世纪。为国家培养了几代化学人才，堪称桃李满天下。傅鹰执教国立青岛大学（1932年改名为“国立山东大学”）时，给一年级学生讲过无机化学、分析化学，还为三年级学讲过物理化学课。傅先生学识渊博，讲课深入浅出，初学之易懂易会，复学之回味无穷。一位30年代初在国立青岛大学受教于傅鹰的学生曾说过：“吾辈学生受傅先生春风雨露，得益匪浅。”当时，国立山东大学的名教授济济，化学系有汤腾汉、傅鹰、陈之霖教授等。这些教授，都很重视培养学生独立研究能力，特别注重培养学生联系解决问题能力。傅鹰教授常亲临实验室指导学生做课题实验。1933 年下半年，傅鹰就指导勾福长进行活性炭制备和吸附作用的研究，脱色性好和吸附毒气最多的活性炭可用于制造防毒面具和制糖工业中的脱色剂。这项研究曾得到研究防毒面具人员的赞许和兵工总署的好评。

傅鹰教授虽离开了山东大学，但他一直关注着山东大学化学学科的发展。傅鹰教授的早期研究生柳正辉、王果庭、陈宗淇、杨孔章、沈钟先后分配到山东大学。傅鹰教授曾对他的研究生说："希望你们做工作母机，到各高等学校去任教，为了使你们在工作开始时，能继续相互帮助，打开局面，奠定基础，要相对集中分配。"这些学生没有辜负傅鹰教授的期望，他们在山东大学建立了胶体与界面化学研究室。得知 1958 年山东大学化学系建立了胶体化学教研室，傅鹰教授非常高兴。傅鹰教授参与了由周总理亲自主持的我国"1963～1972 年科技发展十年规划"的制定工作。他吸收山东大学胶化教研室承担了十年规划的课题——活性炭的吸附。为了开展这一课题的研究，山东大学建立了溶液吸附和气体吸附实验室，带动了相关研究的开展。如今，"胶体化学研究室"发展成为现在的"胶体与界面化学教育部重点实验室"，成为我国胶体与界面化学基础与应用研究的重要基地，胶体化学在山东大学开花结果，代代相传。

1963 年，山东大学邀请傅鹰教授来讲学。他为化学系师生作了有关胶化化学与工农业生产的学术报告。他特别指出：胶体与界面化学，渗透到工业、农业各个方面，有关广泛的应用，虽然以胶体命名的工业系统少见，但在工农业生产过程中，无不涉及胶体与界面问题。他十分关心山东大学实验室的建设，参观了山大化学系的无机、分析、有机、物化及胶化实验室，仔细询问了物理化学和胶体化学的实验内容，边看、边问，看得认真，问得具体。他对陪同参观的人员说："教学实验必须保持一定的数量，提高质量，严格要求。这样，才能训练学生动手、观测、查阅、思维等各方面的能力，从而使学生提到分析问题和解决问题的训练。"傅鹰为山东大学化学系的建立和发展做出了重要贡献。

傅鹰把"帮助祖国发展工业和科学作为严肃的首要任务"。他是最早主张把高等学校办成教学和科研两个中心的学者之一。早在山东大学、厦门大学工作时，他就指导他的学生进行科学研究。他曾上书学校和教育部门的领导，申明胶体科学是利国利民的科学，建议在我国发展这一学科。1954 年，在学校和教育部的支持下，傅鹰在北京大学化学系主持建立了我国第一个胶体化学教研室，亲任室主任。他认为，高等学校教师的神圣任务就是培养人才。他先抓教学，培养教学骨干。他招收研究生，亲自为青年教师上课，指导建设实验室。通过他们去培养大量本科生。

在教育上，傅鹰有其独特的严谨的教育理念。1955 年 9 月，傅鹰教授在《化学通报》上，发表了在学术界引起强烈反响与共鸣的《高等学校的化学研究——一个三部曲》。《三部曲》的第一部是献给学校当局的。他就什么是研究、对待研究的态度和如何提倡研究发表了“供领导参考”的看法，恳请领导“本着言者无罪的精神，以容忍的态度对待一个科学工作者的意见”。傅鹰在其第二部曲中，指出“学校当局创造了有利条件之后，研究之能否顺利地展开，首先要看导师们对待研究的态度”。他说:“我们每一个人全应当体会，时代已经变了。现时中国化学家的首要任务是帮助祖国发展工业和建立我们的化学，从前那一套应当铲除了。”傅鹰以师长的身份，把第三部曲献给下一代。他充满挚爱、信任和希望，深情地嘱咐他的学生：“你们应当认清你们的责任。我们的祖国能不能成为一个独立的、现代化的国家和我们的科学水平有极重要的关系，其中最重要的一种就是化学水平，而提高化学水平的责任主要是在你们的肩上。现在我们将这些抱负和理想寄托在你们的身上。我们不能允许你们使我们失望，因为这也是全国人民的希望。”在做学问中，傅鹰教授博采众家之长，吸取前人经验，对自己编著的教材也进行不断补充，做到精益求精，最终出版《大学普通化学》和《化学热力学导论》等书。

为了培养更多的人才，傅鹰提出先招收研究生，同北京大学苏联专家组组长、列宁格勒大学化学系主任诺沃德拉诺夫教授一起，从53届化学系毕业生中一次就招收了13名研究生。他一方面继续在他擅长的表面化学领域，指导部分教师和研究生研究不同的吸附模型和热力学，深入探讨吸附质、吸附剂和溶剂复杂的相互作用。另一方面，又组织力量开展国内尚属空白的许多胶体体系的研究，如高分子溶液的物理化学、缔合胶体的物理化学、分散体的流变学、乳状液与泡沫的稳定性、水面不溶物膜等。他始终以发展的思想治学，不断追踪科学发展的步伐，以先进、新颖的理论和科学事例来充实教学内容。在20世纪50年代，他讲授普通化学时，就为学生介绍晶体对称性、化学热力学原理、物质波动性、催化理论、势能曲线和共振论等内容，这在当时国内外都是很罕见的。在传授知识的同时，他十分注重培养学生的思维方法和严谨的治学态度。傅鹰对学生要求非常严格，在实验和习题上都丝毫不得马虎。傅鹰教授还很注重培养学生实事求是的学风，傅鹰针对长期存在于化学界某些人身上的轻实验重理论的风气，特别强调实验在科学发展中的重要作用。他辩证地对待科学理论和实验之间的关系，认为“任何人全承认理论是必要的，倘若这种理论是从实验的结果出发，有预示的作用，有指导的作用，使我们对于现象了解得更深入一步。没有理论，实验就可能变成盲动，劳而无功，进步迟缓，或根本不能进步。但是无论如何，理论即使是最好的理论也不能代替实验。而我们的学生中有很可观的一部分正犯了以理论代实验的错误。我们有责任来纠正这种错误”。为此，在课堂上经常用翔实的实验数据来论证理论产生的实验基础、精确程度以及适用范围；课后，他还亲自到实验室指导青年教师备课和严格认真地指导学生上实验课，仔细观察和分析每一个实验现象。因此，无论在教材中，还是在课堂上，他经常用翔实的实验数据来论证科学理论，使学生深刻理解科学理论必须基于可靠的实验数据。

傅鹰一贯强调协作的重要性。他说："我们的化学家太少而任务又如此之多，所以合作是很重要的。"在校内，他提倡开展系内、系间的合作研究；在校外，他热情受聘于中国科学院化学研究所、化学物理研究所等单位，兼任研究员和学术委员，密切高校和科研单位的联系。在讨论教学和科研的关系时，他再次强调：高校教师必须搞科研，这是提高师资水平，保证教学质量的重要途径。不做研究，就只能教学生达到似懂而不可能达到真懂的地步。傅鹰教授的这些可贵的教育理念，在北京大学、山东大学，乃至全国的教育中都产生了极大的反响，也取得了积极的效果。

傅鹰是我国少数有突出贡献的物理化学家之一，尤其在胶体和表面化学的研究上有着很深的造诣，是我国胶体科学的主要奠基人，是我国化学教育的一代宗师。傅鹰在国内的研究在许多方面也取得了成果。傅鹰和北京协和医学院的吴宪合作，研究了鸡蛋清蛋白溶液的表面化学性质。在1930年他们共同发表的论文中指出：等电点时的表面张力最低。这在国际上是蛋白质界面化学方面最早的论文之一。1957年，他为了探索化学在生命科学中的作用，和植物学家汤佩松合作，开展了生命起源课题的研究。用火花放电法首次由简单的无机物H2S合成了含硫氨基酸，证实了他们提出的"在地球原始状态下的还原气体中，作为蛋白质和酶或辅酶中一个重要成分的含硫氨基酸，可以不借助任何生物的参与，由火花放电的辐射能直接产生"的看法。这是从化学角度研究生命起源的先驱工作之一。

早在密歇根大学研究院，傅鹰师从巴特尔教授，主攻表面现象和吸附作用，旁及多种胶体体系。他潜心研究，取得了系统而有开创性的丰硕成果，受到国际学术界的重视和好评。傅鹰1929年发表的博士论文，曾对著名的"特劳贝(Traube)规则"进行了修改和补充，傅鹰用硅胶从溶液中的吸附实验证明，在一定的条件下，吸附量随溶质的碳链增加而减少。在巴特尔的指导下，傅鹰还进行了液体对固体润湿热的研究，并首次测定了四种不同的二元液体混合物对固体的润湿热。在1929年发表的研究论文中指出：润湿热是总表面能变化而不是自由表面能变化的量度，度量自由表面能变化的应是黏附张力。且他以充分的实验数据断定，不能完全依靠润湿热的大小作为判断固体对液体吸附程度的指标，并于1929年首创了利用润湿热测定固体粉末比表面的热化学方法。在当时这是一项首创性的研究成果，比著名的BET气体吸附法要早八年。

1944～1950年，傅鹰第二次赴美期间，以他所擅长的热力学为工具，继续开展吸附作用的研究。他发现了溶液中多分子层吸附现象，将著名的BET多层吸附公式，由气相中的吸附合理地推广到应用于溶液中的吸附，并提出了计算活度系数的方法。其研究成果仍居于当时国际同类研究的前列，都被写入了各国的胶体和表面化学专著之中。

傅鹰襟怀坦荡，为人刚正不阿。1957年，他曾坦率地对党在知识分子和科学教育工作中某些“左”的政策、对一些基层党组织和个别党员的错误做法提出过尖锐、中肯的批评，对此毛主席曾给予充分的肯定。1962 年 3 月，傅鹰应邀出席中央在广州召开的全国科学工作者代表会议。他又对反右扩大化、“大跃进”中的错误和知识分子政策中的偏差等陈述了肺腑之言，得到了周总理的肯定和关切，紧接着任命他为北京大学副校长。因为傅鹰的磊落耿介，他曾被毛泽东“钦点”过两次。也正因为这两次“钦点”，他在“反右”斗争中竟奇迹般地与“右派”擦肩而过。按照龚育之的说法，“反右”中，“傅鹰因为有过毛的这番话，得幸免于这一场灾难”。而据北大化学系的教师回忆，正是由于“毛泽东对傅鹰给予充分肯定，不但先生没有被错划为右派，北大的教授们也都因此而幸免”。

2002 年，傅鹰诞辰 100 周年纪念大会在北京大学举行。时任国务院副总理李岚清致函北大：“傅鹰先生是一位忠诚的爱国者。他拥护党的领导，以主人翁的态度向党进言献策，是党的真挚诤友。他刚正不阿，在逆境中仍坚持真理，与恶势力进行斗争。傅鹰先生的事迹感人至深，是我国爱国知识分子的榜样。”

（英启琛）

藏汉学家张煦

张 煦

张煦(1893～1983),字怡荪,四川蓬安人,著名藏学家、语言文字学家。

张煦出生在经济富裕的家庭,祖父十分重视教育,家中设立私塾。张煦幼时,便就读于自家设立的私塾,学习“四书五经”。祖父对其学业要求十分严格,常常给他加班加点补习功课,由此打下了牢厚的国学基础。稍长以后张煦进入县城、省城读书。

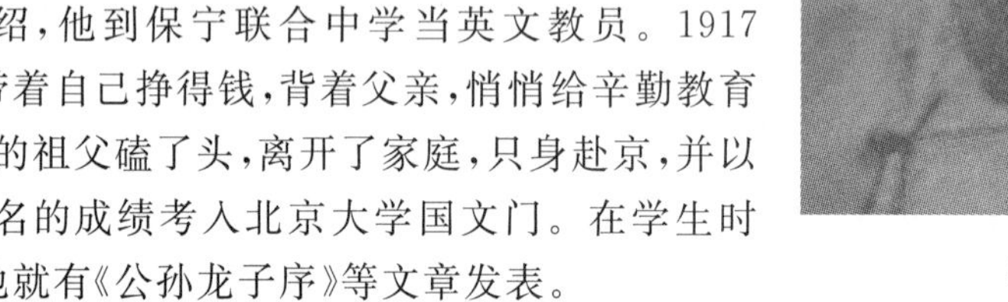

1915年,张煦毕业于四川省高等学堂。经人介绍,他到保宁联合中学当英文教员。1917年,带着自己挣得钱,背着父亲,悄悄给辛勤教育自己的祖父磕了头,离开了家庭,只身赴京,并以第一名的成绩考入北京大学国文门。在学生时代,他就有《公孙龙子序》等文章发表。

1920年,张煦从北京大学毕业,留校任教。

张煦因为研究《老子》,和梁启超结交,传为学术界佳话。1922年3月4日,梁启超到北大礼堂作了一次关于《老子》成书年代问题的学术讲演,礼堂座无虚席,连窗台上都挤满了听众,张煦当时也坐在窗台上。梁启超在演说中认为,《老子》一书有战国时期作品之嫌,并诙谐地对听众说:“我今对《老子》提出诉讼,请各位审判。”张煦听了不以为然。他依靠自己从演讲现场匆匆记下的几页笔记为原材料,连夜用文学作品的形式写成了一篇学术论文,文中称梁先生为“原告”,称“老子”为“被告”,自称是“梁任公自身认定的审判官并自兼书记官”,以在座“各位中的一位”的身份“受理”梁先生提出的诉讼,进行“判决”。其“判决”全文如下:“梁任公所提出各节,实在不能丝毫证明《老子》一书有战国产品的嫌疑,原诉驳回,此判。”全文分析严谨、逻辑严密、材料充分,针对当时已名满天下的梁启超的观点,逐一进行批判:“或者不明旧制,或则不察故书,或则不知训诂,或则不通史例,皆由于立言过勇，急切杂抄，以致纰缪横生，势同流产。”文章长达数万言。写就以后，张煦将其寄给了梁启超。心胸宽阔的梁启超收到文章后，十分赞许作者的才华，尽管并不同意作者的观点，仍然亲自为该文写了如下题识：“张君寄示此稿，考证精核，极见学者态度。其标题及组织，采用文学的方式，尤有意趣，鄙人对于此案虽未撤回原诉，然深喜《老子》得此辩才无碍之律师也。”该学术论文连同梁启超的题识，在《晨报》全文发表，张怡荪也因此而负才名。

此后至 1935 年，张煦先后担任了北京大学、民国大学、北京女子师范大学、清华大学讲师、教授，山东大学教授、中文系主任、校务委员，讲授《国文》《楚辞》《韩昌黎文》《文学专家研究》，开过《文学史》《古代汉语》《文字学》《梵藏修辞学》和《佛典翻译文学》等课程。

在山东大学工作期间，张煦出版了《〈玉篇〉原帙卷数部第叙说》。

1928 年，张煦任教于清华大学。在此期间，张煦在陈寅恪那里接触到藏文资料并发现藏学著作大都来自国外的研究者，特别是工具书。他认为西藏是中国的领土，藏族是中华民族中的一个民族，藏学是中国的学问，中国首先应该研究它：“要揭开藏族文化的宝库，就必须有一部完善的工具书，既便于自己使用，也可以为后来者搭下一座桥梁”“遂萌下编纂《藏汉大辞典》的念头”。

他决心要改变藏学研究的现状。他时年已 30 多岁，他的夫人和一些朋友都不赞成，认为他研究中国文学会有很大的成就。有人说他已经是名牌大学中文系的教授了，又来改行，另辟蹊径，“这是舍其田而耘人之田，不可取也”。更有人讥讽他，说他是“丢了现成的铁不打而去挖矿”。

他认为中国的事就是要由中国人干，坚持走自己的路，而且还邀集北大、清华的一批愿意从事西藏文化研究的同事共同研究。后来日寇的侵略，越逼越紧，国内的大学不愿做这个难见成效的科研工作，他又不愿去教会大学按外国文化侵略的口味办事。于是，张煦在北京向喇嘛拜师求教，学习藏文，正式转入西藏文化的研究。

1935 年，他从青岛返北京，在圆恩寺用自己的积蓄租了房屋，约北大、清华的部分同仁一起成立西陲文化院，自任院长，购买书籍、资料，翻译了《宗轮晶鉴》(即土观政教史)等藏文典籍。他当时，“要获得一份资料，谈何容易，最初为这部辞典寻找藏文条目”“就曾托人两上五台山，借阅藏文本的《集论》……为了收集国外藏学研究的资料，就多方面托人购置，个人财力有限，有时得竭锱铢而求之”。

1937 年秋，“月惨卢沟，风哀南苑，机群震空，炮声撼地”之时，他编成了《藏汉集论词汇》和《汉藏语对勘》两书，由于“平津甚严文字之禁”，只好“潜移南行，入沪求印”。但一至上海，能铸藏字之南市已经沦陷，“迫去香港”，方得以印刷。这两本书的序言都写于旅途中，其中《藏汉语对勘》序言，还写在 1938 年 1 月 15 日长沙二次空袭警报刚解除之后。在战火颠簸中，张煦编就《藏汉集论词汇》。这是他的第一部藏汉辞书。随后编就《藏汉语对勘》。

1938年，张煦在成都创办了西陲文化院，作为西藏文化专门机构，自筹经费开展藏学研究活动，为此，他邀请了不少藏学大师、佛学高僧等来文化院讲学，编就、《藏文书牍轨范》及《藏汉译名大辞汇》等。随后，张煦回到成都，放弃去大学任教，在成都正式挂出了西陲文化院的牌子，全力以赴，投入辞典编纂工作。8月，他刊印了自己编著的《藏文书牍轨范》与《汉藏语汇》。

1939年，编成《汉藏译名大辞汇》。他专门请了藏族著名佛学大师、爱国老人喜饶嘉措到西陲文化院主讲佛经。

1941年，藏汉词条注释基本完成后，国民政府想让西陲文化院为其政治目的服务，为他们培养所谓的“边务人员”。由于张煦进行了抵制，他们一方面让四川省教育厅停发补助费，一方面又以教育部的名义叫送预算，软硬兼施。张为避免麻烦，也为了更好地收集资料，于是远去康定，接受了《西康通志》的总纂任务。在康定，他遭到“调统”特务指使的散兵的毒打。在极端困难的情况下，他在编写志稿的同时，继续从《杂集论》《瑜伽师地论》《俱舍论》等藏汉文本佛书里广泛收集词汇、短语，不停辞书的编纂工作。

1945年，张煦为了逃避国民党特务的干扰，远离成都来到了康定，完成了《西康通志》的总纂任务，编写了国内第一本《西康省分县地图集》，搜集整理了十册之巨的《藏汉大辞典资料本》。

1948年，张煦到四川大学中文系任教。为了培养藏学、藏语研究人才，他义务性地开设藏语和藏学的课程，曾应约赴四川大学锦江佛学会为五位学生义务讲授《藏文文法》，长达一年时间。

1949年后，张煦被聘为四川大学教授，兼川大文科研究所所长，一边主持编辑《藏汉大辞典》，一边培养藏学研究人才。他曾采用各种方式培养《藏汉大辞典》的编写人才，《臧汉大辞典》编写人员中的金鹏、王沂暖等著名人士，都是他培养的学生。他曾鼓励学生说：“研究西藏吧！这里好比一块肥得流油的土地，撒下种子就要开花结果。西藏文化是一座宝库，只要钻进去，就可以获得很多宝贝。”

1958年，中国科学院四川分院成立，《臧汉大辞典》划归该分院领导，张煦继续领衔主编。为了获得具体翔实的文献资料，已65岁高龄的张煦亲自率领《臧汉大辞典》编纂组成员，前往拉萨，深入群众，采集口语资料。途经西安时，西藏一位负责同志担心他年龄大，体力不支，难以适应高寒地区的气候，执意劝他返回成都。张煦却坚持说：“感谢党对我的关怀，但编成《臧汉大辞典》是我多年的夙愿。此次受分院之命，一定要去拉萨完成《臧汉大辞典》的编纂任务。”几经磋商，拗不过他的执著，这位领导同意他去了。在西藏，各方面给编纂《臧汉大辞典》提供了有利的条件，藏族著名的诗人江金·索朗杰布和著名的老学者洛桑图旺、洛桑多吉热情赞助，积极参加工作。张煦十分兴奋，在与编纂组副主编祝维翰商量后，决定改弦易辙，打破原稿规模，扩大收词范围，走综合双解的道路。由于工程浩大，他在拉萨一直住到1962年才回成都。

1959年12月22日，他有一首诗写道："朝捧稀糜晚酪浆，强因文字付平章，千山寒雪侵虚室，一片晴云走大荒。楼阁罗香擎易举，日星悬照傍偏长，史仓不见通弥（西藏苍颉）去，觅取邗沟愧对忙。"工作中他仔细审阅每一个词条，一丝不苟。他常说"辞典就是老师"，编纂者"要以严肃认真的态度对待工作"。

1963年，《藏汉大辞典》归省民委领导，张煦也随之调入四川民族研究所。

1964年，《藏汉大辞典》初稿终于编成，张煦和副主编祝维翰一起将文稿送交北京相关领导、专家审查，获得较高评价。

"文化大革命"期间，张煦被定罪为"反动学术权威"，《藏汉大辞典》编辑工作停顿。在邓小平、方毅等领导的关怀下，1978年，《藏汉大辞典》编辑工作重新上马。1978年，张煦获"吴玉章奖金"语言文学一等奖。

1979年，出版了《藏汉词典》征求意见稿。1981年，张煦将自己珍藏的两部《甘珠尔》和一部《丹珠尔》、几百包藏文书籍捐给了四川省民族研究所，并要家属在他身后，把他积累的藏文书籍全部捐赠给四川民族研究所，供后继者使用，希望后继者全面打开西藏文化的宝库。

1983年9月1日，张煦不幸病逝于成都，生前并未亲眼目睹《藏汉大辞典》的正式出版。1985年，《藏汉大辞典》由民族出版社正式出版发行。它是我国第一部供阅读藏文典籍、研究藏学课题以及解决实际问题使用的大型综合工具书。全书收词53000余条，以词语为主，兼收百科。这部辞书无论就藏族文化的开拓面，收集系统和编写内容的深度以至体例的建立等方面较之国内外同类辞书，均有较大的提高，对藏语文化的发展和藏汉文化的交流都有极其重要的作用。

1986年，《藏汉大辞典》获四川省社会科学优秀科研成果一等奖。1987年，《藏汉大辞典》参加了香港举办的国际书展；1993年，《藏汉大辞典》获国家图书奖提名奖。

（孙　华）

“骨科圣手”赵常林

赵常林

赵常林(1905～1980),山东黄县(今山东龙口)人。1923年,入齐鲁大学医学院求学。毕业后历任齐鲁大学医学院助教、讲师、副教授、教授。先后在北京协和医院、齐鲁医院、济南市立医院从事医疗和教学工作。1947年,赴美国纽约骨科医院留学。翌年回国。1949年后,历任山东省立第二医院院长,山东医学院外科教研室主任,山东医学院附属医院外科主任,山东医学院院长等职。擅长骨外科,在国内声誉较高。主要著作有《外科学》《医士丛书外科学》《中级医生外科学》《急症外科学》等。曾被选为济南市人大代表、山东省人大代表、山东省政协委员及省政协第四届常委。由于他有丰富的临床经验,基本功扎实,手术干净利落,对骨外科专业医疗技术精湛,被业内人士誉为“骨科圣手”。

赵常林齐鲁大学毕业留校后,任齐鲁医院外科住院医师。1933年,加入过抗日救护队,并到北京后方医院服务,于1934年7月调入北京协和医学院骨科任助教、讲师。1937年5月,应母校之邀,又回到齐大医学院,任外科副教授、齐鲁医院外科主任。1942年2月,由于侵华日军占领了齐鲁大学,将齐鲁医院强行改为日本陆军医院,他又受皮肤科主任尤家骏之邀,到新成立的济南市立医院任外科医长,继续为民众服务。抗战胜利后,他立即回到齐鲁医院担任院长兼外科主任,承担了复院重建的艰巨任务。一年后,他获准到美国纽约骨科医院留学一年。临行前,他的朋友、济南成通纱厂经理苗海南借给他200万元法币作出国路费,才得以成行。在美国,他一面做事,一面抓紧学习西方先进医术,以便为祖国和人民健康服务。回国后继续担任院长、外科主任、教授。

济南解放、中华人民共和国成立后,赵教授积极响应党的号召,努力参加各项社会卫生工作和推行中西医结合事业。1949年12月,他和全市医务界知名人士以团结中西医药人员为宗旨,发起并成立济南医学讲习所,次年改名“市医务进修学校”,招收开业的中西医务人员业余学习中、西医药学,培训中西医结合人员。他带领院内18位专家分任各科课程的临床教师,与省立医院共同承担实习任务,为新中国培养了大批医药骨干。

1950年春,他参加鲁中南灾区慰问团医疗队,调查和治疗营养性水肿等疾病月余。同年任济南市医务界抗美援朝推行委员会常务委员,动员和参加抗美援朝医疗队下乡工作数次。此外,经常受邀参加省立医院、市立医院、铁路医院、工人医院的会诊,并亲自协助施行手术。

1955年,山东省成立西医学习中医委员会,由16名中西医专家组成,赵常林院长为委员之一。他除负责和推动全省西学中工作的开展以外,并在院内具体落实党的中医政策,让各科选派专人参加统一举办的脱产或在职学习中医班,在日常业务学习中注重应用中医或中西医结合知识,要求多请中医会诊等,尤其是按省卫生厅要求,选派了出生于中医世家的内科肖珙医师代表山东赴上海参加卫生部举办的全省首届西医离职学习中医研究班,为期三年,使之成为我省及我院中西医结合事业的带头人。

1956年,国家要求著名专家培养副博士研究生,赵常林教授被指定为导师,招收了骨科专业的副博士研究生,培养高层次专业人才。

赵常林除完成医学院的课堂授课外,接受兄弟医院进修医生逐年增多,他总是亲自讲课。对科内医生随时进行指导。如在门诊,对住院医生及实习生,教他们简化的开口引流术,病人痛苦最少,着力改变轻门诊、不重视小手术的倾向;为培养职工独立思考,他常结合病案提出各种问题让大家回答,最后结合课堂讲授内容进行总结,形象生动、印象深刻。为尽快培养人才,他放手大胆地让年轻医生独立手术,发挥创造性,他在旁边指导,技术提高很快。同时,他对护理临床教学也很重视,常与护校负责人接洽,想法协助助,凡护士在本院实习者,他均能随时进行现场指导。如在门诊上石膏时,他专门叫来实习的护士作示教。

在科研方面他很注重发挥集体力量,大力帮助与推动全科同仁的科研工作,对下级医生的论著都能协助完成并仔细审阅,提出详细的修改、补充意见。此外,他还对山东医学院学报送来的稿件认真审阅,提出具体意见。先后在国家级和国外学术刊物发表论文20余篇,主编《急症外科学》等专著和教科书5部。

赵常林教授长期从事外科医疗、教学和科研工作,积累了丰富的临床经验。他技术精湛,医技全面,一专多能,对外科领域不同专业的手术都很在行,因此,在解放前后人员严重缺乏的情况下,他身为一院之长,仍然经常亲自主刀,熟练地进行妇产科和眼科手术。

他早在1947年就在国内领先开展麦氏截骨术治疗股骨颈骨折、用肌腱移位术治疗婴儿瘫后遗症。1949 年,又率先开展股骨粗隆下截骨术、全距关节及足三关节融合术。1950 年,开展膝关节半月板切除术,1952 年开展腰椎间盘突出症开窗法髓核摘除术,1955 年开展脊柱侧凸畸形楔形切开矫正脊柱融合术等,均为国内率先开展和首例成功,其他在省内领先开展或首例成功手术不计其数,为我国及山东省骨外科学的医疗技术发展做出了开创性贡献。

(田道正)

磁学先驱郭贻诚

郭贻诚

郭贻诚（1906～1994），字式縠、式古，曾用名伯遗，全国知名的物理学家，物理学教育家，我国磁学和磁性材料教学和研究工作的奠基人之一。他在微磁化理论、磁性薄膜和非晶态磁性的工作中取得了重要成果，为我国的磁学研究做出了突出贡献。他把毕业生的精力给了我国的教育事业，为我国培养了几代物理学人才。

郭贻诚出生在北京一个教师家庭，自幼受到良好的家庭教育，上中学时就学业出众。1922 年考入北京大学预科，1925 年预科毕业，入本科物理系。在这里，他受到当时我国许多著名教授的指导，打下坚实的物理基础。1928 年，他以优异的成绩获理学学士学位。1929 年，任北京中法大学居里学院助教。1931 年，他受同学好友王普的邀请，到青岛山东大学任物理系讲师。1936 年，获得公费去美国留学，8 月赴美国加利福尼亚理工学院攻读博士学位，1939 年获自然哲学博士学位。

1939 年 9 月，郭贻诚从美国回到上海，经人介绍到浙江大学龙泉分校任物理教授。父亲的衰老，家计的艰辛，迫使他于 1941 年离开龙泉分校，回到北京。他先后担任过燕京大学数学讲师、北京师范大学物理学教授，北京临时大学第七分校物理系教授兼系主任。1946 年，他又回到青岛山东大学任物理系教授。此后就一直在山东大学从事教学和科研工作，先后任物理系主任、山东大学理学院院长，山东大学副教务长。

郭贻诚知识渊博，才华出众，是从事物理学教育的一位多面手。他先后主讲过热力学、光学、电磁学、电动力学、量子力学，并亲自辅导普通物理实验。有许多新课都是他首先主讲，然后再逐步交給他的助手或其他教师。利用这种办法，他在山东大学带出了一批物理教师队伍。

郭贻诚在教学上，严格认真，一丝不苟。有许多课他已教过多遍，但在每次上课前都重新进行认真的准备，并努力找出改进的地方。他讲课层次分明，条理清晰；对一些疑难问题，他善于多层次、多角度地进行阐述。因此，凡是听过他讲课的人，总是对问题理解得比较深刻。在教学中，他重视实验教学，除在讲课中理论联系实际外，还亲自辅导普通物理实验。他常说："物理学从本质上来看，是一门实验科学。只有实验才能检验理论是否正确；只有实验才能发展这门科学。"在他担任物理系主任期间，该系的实验教学有了明显的改善。在他的领导下，山东大学建成了具有国内先进水平的磁学实验室。这个实验室在我国的磁学研究和教学工作中发挥了重要作用。郭贻诚在教学中还十分重视教材的建设。他除了在讲课中编写了大量讲义外，还和杨肇燫等人合译并出版了《大学物理》。1965 年，他在博采各国教材之长的基础上，结合国内及自己的研究结果，编著出版了专著《铁磁学》。这本书全面、系统地介绍了现代铁磁学的基础理论、实验结果及发展趋势，是我国第一部铁磁学专著，也是我国高等院校磁学专业正式出版的第一部教材和教学参考书，长期为我国各高等院校作为教材而沿用。此书在国内外都有较大影响。美国磁学专家 R. F. 司徒勋(Soohoo)于 1980 年来我国访问时，称赞这是一本好的教科书。日本磁学专家近角聪信看到此书后，立即写信给郭贻诚表示赞赏。1982 年来山东大学访问时说："这本书在日本大学很受欢迎，是日本磁学专业学生的参考书之一。"该书 1982 年第二次再版。

1956 年，郭贻诚在山东大学建立了磁学专业，这是国内最早成立的五个磁学专业之一。1958 年，郭贻诚招收第一届磁学专业的研究生。1978 年，他开始招收磁学专业硕士和博士研究生，成为国家教委所属院校磁学专业第一个博士生导师。从 1929 年郭贻诚从事大学教育起，他在我国高等院校耕耘了 50 余年，为国家培养了一批又一批物理学科技人才。特别是他从事磁学教学以后，他培养的磁学专业学生毕业了几百人，他们遍布全国各地工厂、研究所和大学中，成国我国磁学事业发展的生力军和骨干力量。

郭贻诚是一位物理学教育家，也是我国知名的磁学专家，在磁学实验研究和理论研究方面均做出重要贡献，但他早年研究的却是宇宙射线。在美国攻读学位时，他一面学习理论知识，一方面跟随 C. D. 安德森(Anderson)教授进行宇宙线研究。安德森教授因发现正电子而获得 1936 年诺贝尔物理学奖，并于 1936 年又和 S. H. 内德梅厄(Neddermey—er)从宇宙线中发现了 μ 介子。因此，郭贻诚所从事的研究是非常有意义的。为了证实安德森的发现，也为了探测新的带电粒子，郭贻诚夜以继日地进行实验研究，先后拍摄、观测、分析了 2000 多张宇宙线照片，并从中找出了 μ 介子(当时叫重电子)的轨迹，从而为安德森的发现提供了新的证据。在那里他成为第一个参加寻找介子的中国人。新中国建立后，他意识到国家急需发展工业，特别是发展电力工业和电讯工业，他毅然放弃了多年所从事的宇宙线研究而改为研究磁学，并在磁学实验和磁学理论方面取得一系重要成果。在他的主持和领导下，山东大学在我国较早地建立了磁学教研室并建起了磁学实验室，以后又成立了磁学研究室，成为我国磁学教学和科研工作的重要阵地。

20 世纪 50 年代末至 60 年代初，他主要从事铁氧体磁性材料的研究工作，在改进这类材料的工艺、提高这类材料的性能方面进行了大量的实验研究，为我国发展铁氧体磁性材料工业做出了贡献。在这段时间内他还做过铁微粉的研究工作。60 年代初期至中期，为了满足国家对于计算机快速磁膜存储器的需求，郭贻诚承担了教育部下达的“铁磁薄膜研究”的重点课题。在他的指导下，山东大学磁学研究室很快建成了镀膜室并自行制造了克尔磁光效应磁畴观察仪、测量磁各向异性的转矩仪、铁磁共振仪以及测量铁磁薄膜静态和动态磁特性的各种设备。郭贻诚和他领导的课题组利用这些设备对 Ni-Fe 薄膜的单轴磁各向异性及其角分散、磁畴结构、畴壁蠕移、静态及动态磁特性进行了系统的研究，在第一届及第二届全国磁学及磁性材料会议上发表了一些有影响的论文。这些论文对于理解和改进 Ni-Fe 薄膜的磁存贮特性提供了实验基础。在 70 年代初，他们终于研制成功了 216×50 字位的磁膜存储器。1976 年以后，郭贻诚承担了国家下达的非晶态磁性薄带和薄膜的重点研究课题。在这项研究工作中，他和他领导的课题组取得了一系列重要进展。在 1978 年召开的第 24 届国际磁学和磁性材料会议上，他发表了《Fe-Co 非晶薄带的低场磁性》论文，受到与会者广泛的重视。在 1980 年召开的第 26 届国际磁学和磁性材料会议上，他又发表了《Fe-Co 非晶薄带的晶化动力学》和《Co-Fe 非晶薄带的磁化与温度的关系》两篇论文。前一篇文章从实验上验证了 T. Masumoto 等人提出的晶化理论；后一篇文章指出在 FeCo 非晶薄带中可能存在着铁磁性与亚铁磁性并存的两相结构。这三篇文章均载于美国《应用物理杂志》上。在 1982 年召开的国际磁学会议上，郭贻诚宣读了他的论文《磁场热处理对于非晶薄带 $Fe_{38}Si_{10}B_{12}$ 磁损耗的影响》，引起了强烈的反应，此文刊登在欧洲磁学与磁性材料上。此后，郭贻诚又指导他的研究生在 Co 基非晶软磁薄膜的制备工艺、晶化过程、结构相变以及多晶 Fe 膜的 B 离子注入方面进行了深入的研究，并取得了重要进展。

郭贻诚在磁学理论研究方面也有所建树。他的《微磁化理论》，对 W. F. 布朗(Brown)的理论及结果作了精辟的阐述。在自旋旋波理论方面，他进行了深入的研究并在改进计算过程方面提出了新的方法，1963 年发表了相关的论文。1965 出版的专著《铁磁学》是我国磁学工作者学习基础理论的主要参考书。1977 年，他主持翻译出版了《结环行器》一书，适应了当时进行的微波铁氧体结环行器的设计和制造的需要。1984 年，他在对非晶态磁性进行多年研究的基础上，与王震西共同主编出版了《非晶态物理学》，这是我国第一部系统论述非晶态物理的专著。在这本书中，他与潘孝硕共同撰写了“非晶态磁性”一章。1986 年，该书获得了山东省科技成果奖。

郭贻诚还在组织我国磁学学术交流方面做出重要贡献。1964 年,他分别在济南和青岛组织并主持了第一届全国磁学讨论会和第二届全国磁学及磁性材料会议。此后直到 1981 年,他是我国历届全国磁学及磁性材料会议的主要组织者之一。1979 年,他在济南组织并主持了第二届全国磁学讨论会。在这次会议上,他邀请我国的一些磁学专家到会作了专题学术报告并进行了讨论。1980 年,他组织了以 R. F. 司徒勋为主讲人的磁共振讨论班;1981 年他又组织了以鲁鲍斯基为主讲人的非晶态磁性讨论班。在长期的学术交流和交往中,郭贻诚和我国磁学界的施汝为、潘孝硕、戴礼智结为挚友。他们亲密无间的合作精神,为我国磁学界树立了良好的榜样。他多次参加国际磁学会议,促进我国磁学学术的国际交流。他曾应邀到东京大学物理研究所、麻岛大学、东北大学和名古屋大学作学术报告。1984 年,他被聘为第四届国际铁氧体会议顾问委员会顾问。1985 年,他是国际磁性薄膜会议的特邀代表。

在 1960 年至 1985 年期间,郭贻诚担任山东省物理学会理事长;1985 年以后,被推选为山东省物理学会名誉理事长。此外,他还是中国物理学会的理事。

在行政职务方面,郭贻诚除长期担任山东大学物理系主任、理学院院长、副教务长外,1966 年前后还曾担任济南市副市长。

在进行教学和科学研究的同时,郭贻诚积极参加中国共产党所领导的各项社会活动。1951 年,他加入了中国民主同盟,曾任民盟青岛市委常委,民盟山东省委副主委兼秘书长、主任委员、名誉主任委员,民盟中央委员。

他还曾当选为山东省第二届人民代表大会代表,第二、四、五、六届全国人民代表大会代表,中国人民政治协商会议第二届山东省委员会委员、第二至五届副主席。在他当选为人民代表期间,经常不辞劳苦地到基层了解情况和检查工作,并把发现的问题直言不讳地提交给政府。

郭贻诚把毕生的精力献给了人民,献给了他所从事的物理学教育和磁学研究工作。为了表彰他对人民的贡献,中国物理学会于 1982 年向他颁发了从事物理学教学和科研工作 50 周年的荣誉奖状和金质奖章;山东省教育厅于 1984 年授予他忠于社会主义教育事业、从事教学工作 30 余年的荣誉证书。

(张庆美)

中国奥运先行者宋君复

宋君复(左一)

宋君复(1897～1977),浙江绍兴城区小坊口人。清光绪三十一年(1905),进私塾读书,两年后转入浸礼会所办小学求学。毕业后考入杭州蕙兰中学。1916年,以优异成绩考取公费留学美国,先在柯培大学学物理,毕业后,因感我国体育之幼稚,又进入美国麻省春田学院专攻体育。回国后,执教于蕙兰中学,从1926年起,历任沪江大学、沈阳东北大学、山东大学、北京体育学院体育系主任、教授。

作为中国第一批体育专家,著名体育教育家,宋君复一生致力于中国体育的发展壮大,在山东大学执教期间,分别于1932年、1936年和1948年征战第十届、十一届和第十四届奥运会,成为旧中国唯一一个参加过三次奥运会的人。中华人民共和国成立后,任北京师范大学体育系教授,北京体育学院体育系主任、副院长。1964年,当选为中华全国体育总会第四届委员会委员,同年,又任第四届全国政协委员。著作有《体育原理》《刘长春短跑》《女子篮球训练法》《女子垒球训练法》《第十届世运会各国著名田径选手电影姿势图》等。

宋君复曾经两次担任山东大学体育系主任,第一次是1932～1937年,1931年日本占领东北,东北大学迁址后,宋君复来到青岛,出任国立山东大学体育系主任,1937年抗日战争全面爆发,宋君复离开山东;第二次是1946～1949年,宋君复再次出任山东大学体育系主任。中华人民共和国成立后,宋君复前往北京,出任北京师范大学教授,后成为北京体育学院系主任、副院长,于80岁高龄去世。对于宋君复在国立山东大学执教时的评价，田广渠(原《新山大》编辑)认为，“他和众多名师如老舍、梁秋实、童第周、王普、傅鹰等共同托起山大的辉煌”。

一、宋君复三次征战奥运会

1. 第十届奥运会

“九一八”事变后，国民党政府主管体育工作的教育部以国难当头为“由”，拒绝中华全国体育协进会(1931 年国际奥委会正式承认的中国奥委会)的要求，宣布不派运动员参加第十届洛杉矶奥运会。但此时，日本帝国主义却要派遣东北选手刘长春、于希渭代表伪“满洲国”参加奥运会，这立即引起了进步力量和体育界人士的愤怒和抗议。

原任东北大学体育科教授的宋君复，此时刚从沈阳到国立山东大学，而刘长春是东北大学体育科的学生，两人有着良好的师生关系。在老师宋君复的强烈感召下，刘长春在《体育周报》上发表声明说：苟于之良心尚在，热血尚流，又岂能忘掉祖国，而为傀儡伪国做马牛。

后来，中国体育协进会将计就计，在宋君复等人的精心运作下，以刘长春为唯一运动员组团参加了第十届奥运会，这是中国第一次派遣运动员参加奥运会。当时，中国代表团正式成员仅有三人，分别是领队郝更生、教练宋君复和运动员刘长春，而代表团的实际领军人物正是宋君复。大赛闭幕后，宋君复与刘长春应世界青年大会的邀请，参加了主题为“九一八”事变的演讲。为了这次演讲，宋君复彻夜准备发言材料。在演讲时，他慷慨陈述，揭露“九一八”事变真相，澄清了许多问题。他那流利的英文让与会者陡生敬意。

2. 第十一届奥运会

1935 年，宋君复奉命筹备中国体育代表团，参加次年在德国柏林举办的夏季奥运会。崔乐泉在《中国近代体育史话》(中华书局 1998 年 3 月第一版)一书中这样记载：“1935 年 7 月 10 日～8 月 20 日，在青岛山东大学还曾举行过‘全国体协暑期训练班’。这个训练班是为迎接第十一届奥运会而进行的运动员集训。可见，这类短期训练班多是作为一种临时措施而举办的，它在当时培训体育师资及其他体育专业人才方面还是起了一定的作用。”当时宋君复备战十一届奥运会的集训场地旧址在中国海洋大学鱼山路校区，在现已翻新的运动场外，树有一块纪念碑石，上刻有“一九三六年第十一届奥运会中国体育代表团运动员训练场地旧址”字样。1936 年，中国奥运会代表团共有 69 名运动员，他们参加了田径、游泳、举重、自行车、拳击、篮球和足球 6 个大项的比赛，刘长春再次入选。宋君复对篮球运动颇有研究，除了辅导刘长春以外，还担任了第十一届奥运会中国代表团篮球队指导。在紧张的训练过程中，宋君复又接到通知：他获得了国际篮球裁判资格，至于在这届奥运会上他是否担任篮球比赛裁判，并没有找到记载。

3. 第十四届奥运会

1948 年，旧中国最后一次组队参加伦敦奥运会，宋君复与王正廷、马约翰、董守义等 7 人组成遴选委员会，全面负责中国代表团的组建工作，同时出任篮球遴选委员会委员，并作为中国篮球队教练，前往英国伦敦参加第十四届奥运会。

二、宋君复与中国首座奥运体育场

1931 年，从洛杉矶回国后，宋君复深深意识到了中国体育的落后。甩掉“东亚病夫”的帽子，在中国建造一座五星级的体育场，这是宋君复在留学美国期间就有过的梦想。参加洛杉矶奥运会期间，奥运会主会场的建筑给宋君复留下了深刻印象，在中国修建一个具有奥运特点的体育场，就成为他的一个心愿。可以说，没有这个“有心人”，就不会出现中国第一座“奥运”体育场，也就不会有青岛体育场。

1933 年将要在青岛召开第 17 届华北运动会，这使得宋君复意欲建造一座“奥运样式的体育场”的设想水到渠成。是年 6 月末，由宋君复提供图纸，耗资 19 万余元费时 4 个月的青岛第一体育场在汇泉湾建成了。当时宋君复设计的青岛体育场，围墙呈锯齿堡状，气势磅礴，是洛杉矶体育场在“海外”的唯一缩小版。1933 年 7 月，这座著名的奥运建筑正式投入使用，占地 76000 平方米，可容观众 16000 人，半个多世纪以来对中国体育发展影响深远。

当时宋君复从洛杉矶带回青岛的体育场“蓝图”，目前有两种说法：其一是宋君复将洛杉矶体育场临摹下来带回青岛；另一种说法是宋君复带回的就是体育场图纸。青岛体育场与洛杉矶体育场的式样完全相同，只是按原版四分之一缩建而已。

有研究专家认为，仅仅凭借现场临摹，是无法完成建筑的巨细的，更难以掌握从整体中缩小；建筑不仅仅是直觉艺术，仅用临摹根本无法完成。因此，宋君复极有可能是先寻找到了洛杉矶体育场的图纸，才有可能“按图索骥”，但其背后的周折，后人已无法得知。

值得一提的是，青岛体育场采用了当时最为先进的跑道——400 米篮曲式跑道，直道 8 条、弯道 6 条，它是由德国人涤木博士创造的，它的出现给国内“直来直去”的跑道作了终结，是一场“跑道革命”。

青岛体育场建成后，立即成为了国内首屈一指的体育场。此后，国内许多重大赛事都在此举办。1933 年 7 月在青岛举行的华北运动会上，刘长春以辽宁选手身份在青岛体育场参赛，夺得了 100 米和 200 米两项冠军，证明他的确达到了国内短跑“顶尖”水平。这个体育场使用了很长一段时间，中华人民共和国成立后称为青岛第一体育场。后来，在原址上重新改造，现在为天泰体育场，被用作青岛中能足球队征战中超的主场。

（袁淑娟）

民族语文学家闻宥

闻　宥

闻宥(1901～1985),江苏娄县(今属上海松江)泗泾镇人,字在宥,号野鹤。闻宥出生于1901年,毕生致力于藏系语言文字及古文物之研究,对字喃,彝文、羌语以及古铜鼓的研究,被人誉为民族语文学家。闻宥先生任职于《民国日报》时,与著名文人钱病鹤共事,时称“双鹤”;又曾与竺可桢、沙孟海共事于商务印书馆,主编过《新文学丛刊》。

闻宥先生一生辛勤耕耘于教育事业。从1929年起,历任广州国立中山大学文史科副教授、教授兼预科教员;1932年,在青岛山东大学文理学院任中国文学系教授。1933年秋至1935年夏,又任北平燕京大学国文系副教授兼北平大学女子文理学院教授。1935年秋,重返山东大学,一年后因国家动荡,局势难测辗转到了四川、云南等处。1937年从春至冬,在成都四川大学中文系任教授;1938年春到昆明,任云南大学文学院文史学系教授兼主任,又兼西南联大义务讲师。1940年春至1951年冬,在四川成都私立华西大学文学院任中文系教授兼研究所所长,同时兼四川大学教授;1951年冬开始,在公立华西大学文学院任教授兼附设博物馆馆长。1952年秋,全国院系调整后,闻先生任四川大学中外文系教授;1955年调到中央民族学院工作,直至1985年9月逝世。

说到学贯中西,精通多门外语的大学者,人们自然而然会想到陈寅恪、钱钟书两位先生。其实除了这两位驰名中外的大师外,松江泗经也曾经出过一个无师自通的“语言天才”——闻宥。在闻宥先生论学书信中,英、法、德、日这些常见的学术语言他一概都能应用自如,而且与众不同的是,他对我国西南地区民族的小语种也有很深的研究,在国际东方学界享有盛誉,被人誉为民族语文学家。陈寅恪先生也评价闻宥“君化无用为有用，我以小巫见大巫”。闻宥早年参加南社，在沪上写鸳鸯蝴蝶派小说，后来长期致力于语言学、古文字学、考古学的教学和研究。

这位天才文人，国学基础得益于家学，1901 年 10 月 5 日，先生出生于江苏松江府（原娄县）泗泾镇一个书香寒门，父亲是清末秀才。1915 年后，他离家到松江府中学就读，十分爱好文学，写了不少诗篇，受到南社诗人姚翁的赏识，引荐他参加在上海举办的南礼诗人一年一次的“雅集”（文人聚会）。此后结识了南社社长柳亚子，并加入了南社，不断发表诗篇，成为当时颇有名气的诗人。1920 年，先生入上海震旦大学（教会学校）文法学院就读，该校用法语教课，先生法文自然精通；课后先生又自修拉丁文，练就了坚实的外语功底。然而，令人惊诧的是，他不但通晓英、日、法、俄等数种语言，而且还是生僻的民族小语种的专家。字喃、彝文和羌语等的研究，都由他创始，广受国际学术界的称道和引述。他的《论民族语言系属》《羌语比较文法》《保罗译语考》《评托玛斯南语——汉藏边区一种古语》等论著为他赢得了国际声誉，不断有学术机构邀其加入。他被选为法国远东博古学院通讯院士、西德德意志东方学会会员、土耳其国际东方研究会会员。1952 年，法国出版的《世界的语言》将他的论文列入有关内容。晚年，他对一般所谓印度支那语或藏汉语更有独到的见解，认为这个语族是“可疑”的，必须根据文献，重新研究。但此志未竟，已患心力衰竭，在北京逝世。

闻宥的笔同时触向文学与学术两个领域，他是鸳鸯蝴蝶派的重要成员，作品有《春莺絮梦录》《雹碎春红记》《野鸠零墨》等，翻译作品有《鬼史》。学术研究涉猎甲骨文、古音韵、白话诗，著有《白话诗研究》《转注理惑论》《殷墟文字孳乳研究》等。

（王玉平）

电影先驱洪深

洪 深

洪深(1894～1955),学名洪达,字伯骏,号潜斋,别号浅哉,江苏武进人,电影戏剧理论家、剧作家、教育家、社会活动家、导演,中国电影的开拓者。1912年,考入清华学校。1913年,移居青岛。1915年,创作剧本《卖梨人》。1916年,到美国入俄亥俄州立大学习陶瓷工程。1919年,入哈佛大学戏剧训练班,是中国第一个专习戏剧的留学生。1922年,回国任职南洋兄弟烟草公司,创作了中国第一部电影剧本《申屠氏》。1923年,上演第一部剧作《赵阎王》,自饰主角。1928年,任中华电影学校校长,明星电影公司编导主任。1930年,加入中国左翼作家联盟,任总书记。1934年,任国立山东大学外文系主任,带领师生演出了话剧《寄生草》,创作了电影文学剧本《劫后桃花》。1935年,会同王统照、老舍等创办《避暑录话》。抗战爆发后,任上海救亡演剧二队队长。1938年,任国民政府军委会政治部戏剧科科长。1943年,到重庆任中央青年剧社编导。1946年,后历任复旦大学、厦门大学、北京师范大学教授、外语系主任。1953年,当选中国文联主席团委员、中国剧协副主席。1954年,任中华人民共和国对外文化联络局局长,兼中国对外文化协会副会长。一生创作编译了38部话剧,著有《洪深文集》《洪深选集》等。

一、戏剧人生

1907年,洪深被父亲带到上海,先后就读于徐汇公学、南洋公学,当时这两所学校戏剧活动较为频繁。学校曾上演戏剧《冬青引》,洪深看了演出非常好奇,演员把陈旧的故事,幻化成发生在眼前的新事,使人身临其境。洪深从此迷上了戏剧,校内外每有演出，必先睹为快。洪深后来回忆说："我小的时候也是这样看戏的，有时为了看戏犯过规，有时爬墙去看戏。"这些经历对他的人生发生着潜移默化的影响，并悄悄地在他的心中播下投身戏剧的种子。

1912年，洪深考入清华学校，开始从事戏剧活动，经常参加学校组织的演出，展现出良好的戏剧天赋。洪深后来回忆清华演剧生活时说："凡是学校里演戏，除了特别团体如某年级的级会，不容外人参加的以外，差不多每次有我的份。我又很高兴编剧，在清华四年，校中所演的戏，十有八九出于我手。"1915年，洪深发表了第一个剧本《卖梨人》。该剧用现实主义方法抨击了社会上的不平等现象，同时是国内较早采取以剧本为脚本的演出形式，对现代戏剧的形成起积极推动作用。同年，洪深又创作了《贫民惨剧》，这一时期的演出、创作活动奠定了洪深一生戏剧、电影工作的主题基调，即反应基层民众生活，为民请命的主题。

1916年，洪深从清华大学毕业公费赴美留学，在俄亥俄州立大学学习烧磁，后到哈佛大学改修文学和戏剧。留学期间，洪深虽然专业是烧瓷工程，但却对文学、戏剧、小说非常热爱，经常去剧院欣赏戏剧，并创立了剧作《为之有室》《回去》，在留学生当中获得很大反响。从理性的角度，洪深也不打算为了自己的爱好而放弃实业救国的梦想。但是其父洪述祖因宋教仁案被处死这一家庭重大事件彻底改变了洪深人生轨迹，痛下决心改学戏剧。洪深曾很有感触地说："我的那次家庭变故，给我的打击实在太大了，从那个时候起，我就决定，第一，我这一辈子决不做官；第二，我决不跟那些上层社会的人去打交道。我要暴露他们，鞭挞他们，这样我就只有学戏剧一条路，这条路我在国内学校读书的时候就有了基础的。"洪深经历无数次地辗转反思，放弃了实业救国梦想，坚定地迈上戏剧之路。

洪深在美期间成功地编、导、演出了英文剧《木兰从军》。1922年，回国后，历任复旦大学、暨南大学教授，上海戏剧社排演主任。1930年后，洪深参加了中共领导的"左联"和"剧联"，结识了田汉、夏衍、茅盾、马彦祥等一大批戏剧界、文化界志同道合的朋友，逐渐接受了无产阶级文化思想，其作品内容进入了一个新的发展时期，开始了民众戏剧之路。从1930年开始他写了《农村三部曲》，包括《五奎桥》《香稻米》《青龙潭》三个剧本，受到戏剧界的好评。

抗日战争前夕，洪深回到上海创办《光明》半月刊。1937年抗日战争爆发后他辞去大学教职，先后任上海救亡演剧第二队队长、国民政府军事委员会政治部第三厅第六处第一科科长。1939年到重庆。1946～1948年，任复旦大学教授，因支持学生"反饥饿，反迫害，反内战"运动，受到国民党特务的迫害。1948年底，被中国共产党派人营救至东北解放区。中华人民共和国成立后，洪深后历任北京师范大学外语系主任、文化部对外文化事务联络局副局长、中国戏剧家协会副主席、中国作家协会理事、中国人民对外文化协会副会长等职。为新中国戏剧事业、外交事业贡献了自己的一切。

二、电影先驱

除了戏剧导演、演出、创作成就外，洪深在影坛的业绩也同样引人注目。1925年洪深加入郑正秋等创立的“明星公司”。同年，发表了他的第一部电影剧本《申屠氏》，受到时任国会议员沈钧儒的好评。洪深还编导了《冯大少爷》《四月里底的蔷薇处处开》《爱情与黄金》等十多部影片。到1937年“抗战爆发”，洪深一直担任明星影片公司编导，他编导的《歌女红牡丹》是中国电影史上第一部有声电影。洪深早期编导的电影并未取得特别成就，但在具体的艺术处理上，他仍然展现了自己的特色。从动作的运用和内心活动的刻画，到情节结构和人物个性的处理，洪深的编导技巧都得到了同时代影人的推崇。

由于当时影坛的些许污浊陋习受到社会的鄙视，洪深的电影活动同样不为人们理解，面对种种质疑和规劝，他更坚定了在电影界做一番事业的决心。洪深曾申辩：“第一，我以为做影戏，是正当职业，在电影界劳心劳力混口饭吃，也同人力车夫，跑了一身大汗，赚两角小洋车钱一样，不是什么可耻的事；第二，凡是道德人格名誉，乃是个人的事，与职业没有多大关系的，试问政界、商界，不论什么界，什么职业，那里会没有几个败类，我大胆说一句，电影界里，就有败类，成分也未见比政界商界高许多，不过不幸社会对于电影界，格外的苛求，格外的注意罢了。”

洪深等认为提升电影界声望的当务之急是培养出高质量的电影演员，于是在1925年夏创建了中国第一个电影演员培训机构——“中华电影学校”，并担任校长。学校由于资金、人员等原因只办了一批，但培养出了胡蝶等一批三四十年代家喻户晓的明星演员。作为中国第一个正规的电影学校，它的历史地位和实际作用是不容低估的。

1934年，洪深回到青岛，任国立山东大学外文系主任。他教课之外仍从事戏剧研究和电影创作活动，参加了青岛著名的京剧票社——和声社。他还带领校内外的一些师生，由他导演和主持演出了著名话剧《寄生草》。这一时期，洪深在电影剧本创作上也达到了事业的高峰。

在青岛期间，他创作了中国第一部正规的电影文学剧本《劫后桃花》。该剧通过一个寓居青岛的封建官僚家庭的没落，揭露了帝国主义对中国的长期侵略。《劫后桃花》的上映在中国影坛上引起很大反响，被誉为“历史的照妖镜”，从一个角度反映了帝国主义者侵略中国的历史，揭露了清朝遗老等这群为帝国主义侵略中国效劳的汉奸的无耻嘴脸；对宣传抗日起了很大作用。《劫后桃花》等优秀电影剧本，为中国电影艺术首创了文学剧本的样式，尽了开拓者的责任。胡蝶在回忆录上说：“洪深是美国留学生，中外文学造诣都很深，他丰富的生活阅历、熟练的创作技巧，使这部电影里的人物刻画入木三分。”《劫后桃花》也成为中国电影史上最优秀的作品之一，在中国电影发展史上占有重要的地位。

洪深一生创作了38个电影剧本，其中有26个剧本被电影公司摄制成影片，导演过9部电影，还撰写了大量电影理论著作，如《现代戏剧导论》《洪深戏剧论文集》《编剧二十八问》《电影戏剧表演术》《电影术语词典》《电影戏剧的编剧方法》等，为中国现代电影艺术事业做出了重大贡献。

三、艺术追求

洪深对生活充满激情，崇尚正义，从事戏剧、电影创作总是力图揭露社会的黑暗，表现人性的美好，惩恶扬善，以积极健康的人生态度来改造社会人生。但自从父亲因宋教仁案被杀、经历世态炎凉后，洪深对社会有了比较清醒的认识，对政治产生了仇恨和厌恶，决定除了戏剧外还通过电影来实现做一个易卜生的理想。他一生都是在为社会进步而奋斗。

首先，洪深信奉“为人生”的艺术观。他说：“从古以来，戏剧总是用来传播鼓吹一个部落或一个集团的理想、主张、生活方式与人生哲学的。”“而愈是在社会有剧烈变革的时期，戏剧的影响大众的行为的作用，便愈是强大”“戏剧永远是为了影响人类的行为而作的”。因此，出于教育世人、改造人生和社会的意图，他非常强调作者写作的目的。他说：“作者写作的目的，应当永远是解答现代生活中的一个问题。”他认为写作的目的应该永远是解答观众在现实生活中所遇到的种种问题，剧作者必须做一个指导人生的“工程师”。

其次，洪深认为追求真实是戏剧的首要目标。他认为戏剧的取材，就是人生，戏剧是充分地描写人生的艺术，要使“观众对于台上之事物不起疑问也”。洪深强调作者写作要立足于现实生活，从个人的生活感受出发，描写真实的人生。戏剧只有通过真实的生活画面才能增强剧作感染观众的力量，实现“切实有益”的教育目的。此外，洪深还非常重视人物性格的真实刻画，应从人物性格的矛盾冲突中挖掘戏剧性，表现其社会意义。他认为“人物是戏剧的生命”，人物应该是一个真正“活的有血气的人物”，不同的时代，有不同的人物性格特征，刻画人物一定要反映其时代烙印，带有一定的社会内容和时代精神，并且能够为观众所相信、接受。

洪深是我国电影事业的先驱、杰出的电影艺术家。他一生紧跟时代发展潮流，追求真理，追求人类的自由和幸福，试图为改造社会和人生。在艺术上，勇于改革，敢于创新，力求创造能够影响人类行为的作品。他的艺术实践推动了中国戏剧、电影事业的发展。他的精神鼓舞一代又一代的电影人，为中国电影事业而奋斗。

（耿德良）

航天先驱李达

李 达

李达(1905～1998),字仲珩,湖南平江人,世界著名的数学家、物理学家、航天航空专家。他早年就读于国立东南大学,攻读数学统计专业。1928年,李达留学德国慕尼黑大学,学习数学、物理、天文,并于1933年获数学博士学位,是我国最早发表差分方程稳定性论文的数学家。20世纪三四十年代,李达先后在清华、山东、同济、重庆、复旦、中央等大学及兰田国立师范学院任教授。1946年,由教育部派至美国进修,研究应用数学,曾服务于"阿波罗登月计划"。

1905年7月20日,李达出生于湖南平江县的新平村。李达在家中排行第二,兄弟姐妹中有四人大学毕业,其父李介藩曾担任过小学校长。李达幼时家贫,"以家贫,蒙方校长涣江隽、万国钧二先生资助,1923年考入南京国立东南大学,初习文史,后改数学"。当时东南大学的数学系实力雄厚,在国内属一流地位,系主任是熊庆来,还有何鲁、段子燮等教授,同学有周绍濂、陈传璋、周怀衡、胡坤陞、唐培经、周鸿经,可谓人才济济。东南大学后来改为第四中山大学,当时民生凋敝,学校又加费,很多学生不能缴费,李达于是号召同学,作免费运动。1927年毕业后,留校助教。

李达在东南大学的经历为其奠定了坚实的学业基础。德国学术院(Deutsche Akademie)在中国招收研究生时,给了湖南两个名额,当时的教育厅长黄士衡主张公平竞争,进行公开考试。结果李达名列第一,与另外一位中试者何凤山一起,顺利进入德国慕尼黑大学学习。李达师从庇隆(Oskar Permn)、卡拉西奥多里(Caratheodory,1873～1950,是原希腊籍数学家闵可夫斯基门下博士,擅长实函、复函、偏微、变分法和数值计算)及哈尔托格(Hartogs)研习数学,并跟随索末菲(Sommerfeld,1868～1951,著名原子物理学家)和威尔肯斯(wilkens)学习物理和天文。

留学期间，李达以“变系数差分方程组解的稳定条件”的课题，连续两年争取到了中华教育文化基金会的资助，并在瑞典的《数学学报》上发表了几篇论文。

李达是我国参加国际数学家大会最早的元老之一。1932 年 9 月 4～12 日，第 9 届国际数学家大会在瑞士苏黎世召开。当时，中国数学会还没有成立，只有李达与熊庆来、许国保、和曾炯之四人报名参加，但曾炯之因为迟到未能获得正式参加者的资格。

李达是我国最早发表差分方程稳定性论文的数学家。1939 年，他由巴黎大学教授 M. Frechet 推荐，在德国杂志 *Commentarii Mathematici Helvetici* 上发表了《一般线性微分方程之解法》。同年的《国师季刊》第 4 期“编者按”对这篇论文给予了很高的评价。李达还发表了《数学的本质与应用》，进行了当时数学界极少见的属于科学哲学层次上的思考和议论。他第二次在数学史界引人注目，是发表《三十年来中国的算学》一文。该文载于 1947 年《科学》杂志第 3 期，1 万余字，首开中国数学史界现代史研究，并留下了若干史料。

1934 年，李达辗转回到祖国，应熊庆来的聘请任清华大学数学系教授。同年 8 月，李达辞去清华大学教授之职来到山东大学，任数学系教授、代系主任。他受聘于山东大学时，正是年富力强 30 多岁的青年。作为一名数学系的教授，李达不但学识渊博，数学根基深厚，在教学中既坚持一贯的严谨认真，对学生严格要求，又能够深入浅出，结合实际，以生动的例证，化艰深为浅明，化繁琐为简赅，对学生进行启发诱导，使学生们打破了数学高度抽象、单调枯燥的刻板印象，巩固了专业思想，提高了学习积极性。他还花费大量的精力和时间，翻译美国新出版的柯朗(Couron)《微积分》和英国威则博尔恩(Wetherburn)的《微分几何》作为教材，开阔了学生们的眼界，使其了解国际上数学学科新的进展和新的提高。

李达教授还特别注意培养学生的独立思考能力，鼓励学生勇于思考，不断创新。王熙强是山东大学第二届数学系学生，毕业后又留校任教。他在一篇回忆恩师李达的文章中写道：“我的《贝努力及欧拉(Euler)氏多项式根元分布净》的论文，就是在他指导下，经过缜密思考和推理写成的。这篇论文获得全国数学评选一等奖，在《大公报》发表后，受到数学界的好评。由此，也奠定了我数学科学研究的基础，并和数学科学结下了不解之缘。”

1946 年，李达由教育部派至美国进修。在衣阿华州德拉克大学(Iowa Drake University)任教。1948 年，由贝尔曼(Dr. Richard Bellman，1920～1984，动态规划数学分支创立者，微方和变分法也有重要贡献)介绍至 Chance Vought 公司研究飞机制造。1950 年，李达转入 Geneal Dynamics，Canvair Division 从事火箭及无吸力场物体动态的探讨研究工作。1962 年，李达到 North American(现为 Rockwell International，Space Divison)参加登月艇 Apollo 工作。

在德国留学时，作为数学博士课程的一部分，李达必须在慕尼黑的索末菲教授

(Amold Sommerfeld)指导下完成几个物理学研究科目。他所探讨出的稳定性准则在稳定性控制上有着广泛的应用。他为解决空气动力学问题而研究出的“积分变换”不断受到国内外的纯数学和应用数学研究者的参考利用。

李达在一份简历中把自己的经历与学术成就归结为六个方面:(1)稳定性控制——稳定性判别准则;(2)空气弹性变形——超音速飞机设计的“马赫单元方法”;(3)外壳理论——极轨道地球物理观测卫星频率;(4)流体力学——在零重力下流体的性能;(5)热传导——在绝热故障下的土星II号液体燃料舱的温度预测,(6)流体动力学——奈威尔一斯托克司方程式的积分。

从李达自己的概括可以看出,他不仅是个著名的数学家,在空航及宇航方面也取得了重大成就。他除了是美国数学学会会员,还是美国航空与宇航研究院通讯研究员,在世界著名的科学与工程刊物上发表了大量论文,并被列入《美国科学名人录》。他在空航及宇航方面最重要的贡献在于以下几个方面:超音速飞机翼设计的基本方法;奇异积分变换;在零重力和低重力下航天飞机燃料喷嘴位置的提前。

李达在空航及宇航方面的重要贡献之一就是超音速飞机设计的“马赫单元方法”(Mach Box Method),李达本人把这种方法称为“矩阵法”,是依机飞最高速度计划翼形,以免固受震而折损。这种用于颤振预报的马赫单元方法,从其开始到其数值检验在十个月内就完成了。这一方法被超音速飞机设计者们经常使用。

李达对在零重力下流体的性能也很有研究,他关于最小能量的原理可用来预测在各种重力水平下的燃料位置。这一理论适用于每一艘有流体的宇航器。他的理论在美国和俄罗斯得到了降落塔和自由落体实验的验证,有几篇肯定这一理论的俄文论文还被美国国家航空和宇航局译成了英文。

李达在热传导方面的理论——在绝热故障下的土星II号液体燃料舱的温度预测,第一次解决了封闭状态下的热动力边界层方程式求解问题。他关于当地心吸力抵消时指出液体应如何控制及人体所受之影响的理论也被各国采用。

1974年,李达退休,加州综合技术大学(帕莫纳)为他作出了一份《考核报告》,考核主持人是Emil R. Herzog(爱米·R·赫佐格)。该报告认为:“李先生称得上是我系最有价值的成员。”他不仅是一名极活跃的研究员(这可由他的出版物的数量超过其他所有同仁的出版物总量来证明),还是一位深受学生爱戴的教师。

李达一生十分关心祖国,他在家信中写道:“邓副总理在美备受欢迎,收获颇大……要建社会主义的国家,先是破坏旧社会,再用科技建设新社会。科技是知识,知识在现代国家中,非常要紧。中国得迎头赶上,改善生活。空着肚子,是没法工作的。……大家得努力工作,共求进步。”

(赵岩荣)

核物理学家王淦昌

王淦昌

王淦昌(1907～1998),江苏常熟人,中国实验原子核物理、宇宙射线及基本粒子物理研究的主要奠基人和开拓者,是享誉世界的中国杰出物理学家、中国科学院资深院士、"两弹一星功勋奖章"获得者、首届何梁何利基金优秀奖获得者。

1925年,王淦昌考进清华大学,成为清华大学的第一届本科生。在清华,由于勤奋好学、理解问题清晰、准确,曾得到我国近代物理学家叶企荪、吴有训两位教授的关怀和指教,是他们把王淦昌引上了实验物理研究的道路。1929年6月,王淦昌大学毕业,被吴有训留下来当助教,并在吴先生指导下进行《清华园周围氡气的强度及其变化》的科学研究工作。1930年,王淦昌考取了江苏省的官费留学研究生。同年秋天,王淦昌到德国柏林大学,在杰出的女物理学家迈特内教授的指导下攻读博士学位。1933年12月,他的博士论文通过了以著名物理学家冯·劳厄为主考人的答辩。之后,他离开德国,到英国、法国、意大利等国旅行,访问了剑桥大学的卡文迪许实验室,罗马的费米小组,会见卢瑟福,查德威克和埃利斯,了解了当时世界上最新的物理学理论与实验技巧。1934年4月回国,先后在山东大学、浙江大学任教。1946年,被选派到美国加利福尼亚州的伯克利进行介子的研究。1950年,到中国科学院近代物理所工作。历任第二机械工业部(现中国核工业总公司)九院副院长,二机部副部长兼原子能研究所(现中国原子能科学研究院)所长,中国科学技术协会副主席,中国核学会理事长,"九三"学社中央参议委员会主任,第三届、四届、五届、六届全国人大常委会委员。

1934年7月至1936年10月,王淦昌在山东大学物理系任教授。尽管在山东大学只有两年多的执教生活,但山大给他留下深刻的记忆,他与山大结下了深厚的感情。王淦昌执教山东大学时，正是山大历史的第一个黄金时期。当时山东大学地处青岛，先后由杨振声、赵太侔两位著名学者担任校长。他们非常注意延聘专家学者来校任职任教，加上青岛环境优美，气候宜人，一时山东大学人才济济，学术气氛浓厚。王淦昌在山东大学物理系任教授时才 27 岁，是位年轻的知名教授，又因为他长得一副娃娃脸，有些老教授都戏称他为“娃娃教授”。

王淦昌讲授近代物理学，近代物理实验设备除大部分从德国订购外，不少部件如光电管、计数器都是由王淦昌带领技术员、助教、高年级学生自己动手制造。在王淦昌先生的亲自带领和努力下，两年左右的时间，就建立并充实了近代物理实验室。在教学当中，王淦昌结合实际，注重借鉴他德国老师的经验，强调训练学生从事实验物理学研究的本领，教导学生掌握实验的技巧，把对物理理论的理解建立在实验事实上。曾任中国科学院电子学研究所所长的顾德欢，是当时山东大学物理系的学生，回忆当年的情况时说：“王先生刚从德国留学回来，是学校中最年轻的教授。我们学生都喜欢听王先生的课，觉得王先生对教课的内容、对当代物理学的理论是真正掌握了的，而且对物理学上哪些问题已经解决，哪些问题还未完全解决，他也能向学生讲清楚，引导学生去思索……在山东大学能碰上王淦昌先生这样一位好教授，是很愉快的。”由于王淦昌先生讲课内容丰富，深受学生喜爱，因而除本系学生外，还吸引了大批外系学生找他请教问题。

几十年过去了，王先生对山东大学的感情却与日俱增。1981 年 9 月，74 岁的王淦昌来济南参加一个全国性的会议，住在南郊宾馆。会议一结束，他就赶到山大，住在山大简陋的招待所里。他不顾开会后的疲劳和腿上的伤痛，要求“在山大走走”。在王祖农副校长等人的陪同下，视察了山大晶体所、微生物实验室、物理系和校园，仔细观看了山大的实验设备，尤其对离子束研究所研制的离子注入机和微生物所自制的仪器特感兴趣。当陪同人员劝告他休息时，他不愿停下来。看到山东大学的进步与发展，王老格外高兴。回到寓所，他接受了山大报记者的采访并和陪同他参观的人合影留念。当山大报记者问他对山大和山大的师生还有什么要求时，王老先生主动索要了笔墨纸张，题写了“教学相长，科教并重，发挥特长，精益求精，列于世界先进大学前列，并为祖国和四个现代化做出应有的贡献”！他笑着说：“这就是我要说的。”

王淦昌先生是享誉世界的一流核物理学家，是我国实验原子能物理、宇宙射线及基本粒子物理研究的主要奠基人和卓越开拓者。在七十年科研生涯中，他一直活跃在科学前沿，取得了多项世界瞩目的科学成就。

王淦昌是位科学家，即使在迁移和逃亡的生涯中，也没有停止科学研究工作。他阅读了大量国际上最新近代物理论文，纵横比较、研究，于 1941 年写出了《关于探测中微子的一个建议》。在战时缺乏经费和必要的现代物理实现手段，王淦昌只好将此文寄往美国《物理评论》。论文发表后，美国物理学家阿伦教授按照王淦昌的建议通过实验探测到中微子的存在。这个实验被国际物理界称为1942年最重要的成就之一，并命名为“王淦昌一阿伦实验”。中国人王淦昌的名字，被写入世界原子核理论教科书。1947年，王淦昌因《关于探测中微子建议》获第二届范旭东奖金，他将所得的1000美金分送给经济上更困难或帮助过他的老师、同事和学生。从1953年到1956年，他领导建立了云南落雪山宇宙线实验站，安装了多极云室和磁云室，开展了奇异粒子和高能核作用的研究工作，获得了一大批奇异粒子事例，使我国宇宙线研究进入了当时国际先进行列。1956年9月，他在苏联杜布纳联合原子核研究所领导一个小组发现了世界上第一个荷电负超子——反西格马负超子。他因此工作而荣获1982年国家自然科学一等奖，这是中国物理学家第一次在国内获得的最高奖。

王淦昌先生是我国核武器研制的奠基人之一。正当他潜心于基本粒子的神秘王国时，党中央要他奉命参加核武器的研制工作。当国家利益与自己研究方向发生冲突时，他毅然“以身许国”。从此，他化名王京，隐姓埋名、断绝一切海外联系17年。他不仅参与了我国原子弹、氢弹原理突破及第一代核武器研制的实验研究和组织领导，还在爆轰试验、固体炸药工艺研究和新型炸药、高功率脉冲技术研究及核物理、核爆近区测试等方面作出了奠基性研究，指导解决了一系列关键技术问题。在开展地下核试验过程中，他花费了巨大精力与时间，研究并改进测试方法，使我国仅用很少次数的试验，就掌握了地下核试验中的关键技术。由于他对我国核武器研制做出的巨大贡献，先后获得1项国家自然科学一等奖和1项国家科学技术进步特等奖。1999年9月18日，被中共中央、国务院、中央军委追授“两弹一星功勋奖章”。

王淦昌十分重视核能的开发和利用。他是最早在我国介绍核电站的科学家。他为推动我国的核电建设，为促进与发展国际、国内的学术交流，做了大量工作，为我国自行设计、自行建造核电站倾注了极大的心血。1956年，他主持起草《我国科学技术十二年远景规划(和平利用原子能科学部分)》初稿。上任二机部副部长后，他联名其他科学家上书中央领导，力陈核电统一规划、集中领导的必要。当全国放慢发展核电事业时，他又主动去中南海讲课，还利用发表文章、组织展览的形式，宣传发展核电的必要。在“要不要自行建造原型核电站”争论上，他敢于发表自己的观点。他在《在发展我国核电事业中正确处理引进和自力更生原则的问题》的发言中说：“我们不能用钱从国外买来一个现代化，而必须自己艰苦奋斗，才能创造出来。……我们的头脑必须清醒，设备进口也好，技术引进也好，合作生产也好，这些统统是手段，目的是为了增强自力更生的能力，促进民族经济的发展。”

王淦昌是世界激光惯性约束核聚变研究的奠基人之一。核能分为裂变能和聚变能。现今的核电站是裂变能受控释放的装置。为最终解决人类的能源问题，核物理学家正在进行受控核聚变。聚变能有两个优点：一是其燃料氘存于海水中，取之不尽；二是其反应产物是非放射性的，对环境不构成潜在的污染。早在1964年，王淦昌独立于前苏联的巴索夫院士，提出用激光打靶产生核聚变的科学设想，并在我国组织力量开展了这项有深远意义的研究，使我国在这一领域的研究走在当时世界各国的前列。后来，他又不断地开拓新的研究方法和新的研究领域。“惯性约束核聚变”已成为当今世界最重要的前沿科学之一，其高技术密集型和多学科综合性的特点，将会对其他学科和技术产生巨大的推动作用，对一个国家的科学技术产生深远的影响。1993年，在王老等科学家的努力下，“惯性约束核聚变”作为独立主题列入“863”中国高技术研究计划。

王淦昌不仅在科学研究方面硕果累累，而且他以超群的智慧、敏锐的洞察力和强烈的爱国激情，关心着整个国家科学事业的发展，积极为我国高科技的发展献计献策。1983年，美国的“星球大战计划”震动全世界。随后，西欧、日本、前苏联都提出了相应的对策。面对这样的国际背景，他与王大珩、陈芳允、杨嘉墀四人花了很多精力进行了研究、分析和论证，形成了一些看法，于1986年3月2日联名向党中央提出了《关于跟踪研究外国战略性高技术发展的建议》，在邓小平的亲自批示和积极支持下，国务院在听取专家意见的基础上，于同年11月18日发出了《高技术研究发展计划纲要》通知，即“863”计划。

王淦昌先生，热爱祖国，热爱人民，关心同事，爱护学生，为人坦率真诚。他在科学研究上永不满足，但生活上只满足于“过得去”。抗日战争时期，王淦昌在逃亡中和妻儿忍饥挨饿，却捐出结婚时的金银首饰和多年的积蓄支援抗战。1960年，当祖国遭受自然灾害时，他将自己长期节省的14万卢布，以“祖国儿子”的名义，全部交给中国驻前苏联大使刘晓。当得知他先前的同事束星北教授和他的学生许良英被错划为极右分子处境困难时，王淦昌按月给他们寄生活费。1996年4月，原子能研究院子弟学校成立王淦昌基础教育奖励基金会，王淦昌捐款4万元。1999年4月，中国物理学会设立“王淦昌物理奖”，王淦昌子女遵照父亲遗愿，捐资50万元作为基金，后又在故乡常熟支塘中学捐资10万元设立“王淦昌奖”。

为了纪念这位在核物理、宇宙线、粒子物理以及在核武器研制中有着杰出贡献的科学家，也为后人发扬光大王淦昌以身许国、奋力攀登的精神，在他的家乡常熟支塘镇，于2001年10月将原来的“常熟市支塘中学”正式更名为“王淦昌中学”；2003年9月，国家天文台将1997年发现的小行星正式命名为“王淦昌星”。

王淦昌一生治学严谨，务实求真，勇于探索，开拓创新，为人谦虚质朴，平易近人，奖掖后学，扶持青年，不愧为中国知识分子的杰出代表。他在科学事业中所做出的非凡贡献和他的为人、品德、作风、精神和情操将永远激励我们，为在21世纪实现科学强国梦而奋斗不息。

（张庆美）

童鱼之父童第周

童第周

童第周(1902～1979),浙江鄞县人,著名生物学家、教育家。1927年,毕业于复旦大学哲学系,后到中央大学生物系任教。1930年,到比利时留学,1934年获博士学位,回国任山东大学生物系教授。1938年,后任中央大学医学院教授,同济大学、复旦大学生物系教授。1946年,重返山东大学任动物系主任。1948年,当选中央研究院院士。1951年,任山东大学副校长。1955年,当选中科院学部委员,历任中科院生物地学部副主任、海洋生物所所长、动物研究所所长、中科院副院长,曾任全国人大常委、全国政协副主席。他一生致力于实验胚胎学、细胞生物学和发育生物学等研究,是中国实验胚胎学研究的创始人之一、生物学研究的杰出领导者。

童第周是我国实验胚胎学的奠基人,在近五十年的科学实验中,坚持不懈地从事生物胚胎发育实验,取得了重大成果,首次解决了文昌鱼的实验室饲养、产卵和人工授精等问题。晚年又成功地培育出具有两种鱼性的"童鱼",在遗传学研究上做出了卓越贡献,在国际生物学界产生了重大影响。主要著作有《鱼类的细胞核移植》等。

一、刻苦求学

幼年,童第周只在私塾接受了简单的国文方面的教育,但这远不能满足童第周对知识的渴求。他常在上学的朋友回家时,羡慕地向他们打听学堂的生活。由于家里经济拮据,求学他来说只能是一个梦想。直到17岁那年,在哥哥的帮助下,他才进入了宁波师范预科班。第一次走进学校的童第周十分高兴,他抓住这个得之不易的机会,刻苦学习。由于没有受过新式教育,数理基础差,所以童第周学习起来非常吃力，但他没有不气馁，而是更加努力地学习。同时为自己确立了更高的目标——他要考效实中学。该校是当时宁波第一流的学校，毕业生一般都能考进大学。效实中学对英语要求很高，还十分重视数理基础，这几门课恰恰是童第周的薄弱环节。自从有了这个目标，童第周更加用功了，他开始自学英语，常常学到深夜。哥哥被童第周的决心所感动，答应供他上学。然而，效实中学这一年不招一年级新生，只招到三年级插班的优等生。知道这个消息后，童第周仍没有放弃，他决心一定要进效实中学，去考插班生。靠着“水滴石穿”精神，经过半年的刻苦努力，童第周考取了效实中学三年级插班生，尽管成绩是倒数第一。

因为基础差，同学们很瞧不起他。一天，有个同学神秘地对大伙儿说：“我已经注意童第周好多天了，每天灯一灭，他就不见了，一定是学习跟不上，就玩去了。”“哼，这种人早晚不是留级，就是退学！”

一位教几何的老师听到了，严肃地对同学们说：“昨天晚上 12 点多，我访友回来，看见路灯下有一个人，过去一看，才知道是那个插班生正在看书，他告诉我说：‘我叫童第周，是全班几何成绩最差的那个学生。’我教了几十年书，还从没听到过一个学生这样自我介绍的。我告诉他该休息了，他收起书包走了，可没走几步，又蹲在另一盏路灯下看起书来。他是在刻苦学习呀！你们不要瞎议论了。”

童第周的苦功没有白下，期末考试的时候，他的几何考试得了 100 分，总平均成绩由原来的“倒数第一”，一下子跃居为“正数第一”。毕业后，童第周以优异的成绩考入了复旦大学哲学系，学习心理学。

在复旦，郭任远校长的一次学术报告，改变了童第周的一生，决定了他对终生事业的选择。当时心理学界有一种说法，认为猫捉老鼠，老虎吃人，都是天生的。郭校长怀疑这种说法，就做了个实验。他把猫和老鼠从小关在一起，它们就互不相犯；等它们稍大些了，就在中间安一个小电网，猫要伸爪子碰老鼠，就会触电，不由得把爪子缩了回去；过一段时间，去掉电网，猫就不去捉老鼠了。实验证明捉老鼠，并不是出于动物先天的本能。童第周听了，对通过实验从事科学研究产生了兴趣，后来又去听蔡堡教授的生理学课，改学了生物。

童第周遇事好钻研，总要弄个明白。一次，他问蔡教授：“我们天天在研究生物的生理功能，可生物是怎样繁衍下来的呢？比如，人是怎样变来的？”蔡教授耐心地对童第周讲了生理学发展简史，告诉他还有一门叫“胚胎学”的学问，专讲这类问题，小孩和蝙蝠都是由胚胎发育而来的。

蔡教授的话，使童第周眼界大开。他觉得生物学中有着无穷的乐趣和奥秘，决心在生物研究上做出一番成绩，而且就从“胚胎学”做起。正是蔡堡先生为童第周打开了一扇神奇的大门，使他进入自然科学的殿堂，并踏踏实实地一步一步向前，最终成为中国胚胎学的奠基人。

大学毕业后，童第周于 1928 年进入第四中山大学（后改称“中央大学”）任教。

期间，他看不惯一些留洋教员的行为:这些人工作马虎，消极混日子，更以留洋教授傲慢自居。要强的童第周很是受不了，同时，他也想去国外了解科学发展的动态，学习尖端的技术，最终决定自费出国留学。1930 年 8 月，童第周带着借来的 1000 元钱来到了比利时的首都布鲁塞尔，拜著名的生物学家布拉舍教授为师，开始胚胎学的研究。

布拉舍实验室有七八个人，除童第周外，都是美国和欧洲的学者。由于童第周个头瘦小，而且只是刚来的中国留学生，法语又不好，因此，那些人高马大、趾高气扬的根本看不起他。童第周只有默默无闻地在一旁做实验。布拉舍教授去世后，实验室由达克教授负责。这时，实验室开始用蛙卵做实验，实验需要用镊子夹住大约 1 毫米的蛙卵，把蛙卵的卵膜撕开，又圆又滑的蛙卵不是被夹破，就是从镊子里滑出，几年来，实验无数次的失败，使人们几乎失去了继续做实验的信心。一天达克教授突发奇想，就让从不和他们一起做实验、闷头工作的童第周来试试，童第周欣然答应，站在显微镜旁，只见他巧妙地先在鼓胀的圆球状蛙卵上扎个微孔泄压，再用尖利的镊子夹住扁圆形的蛙卵膜中间，向两边一撕，卵膜就干净利索地脱落下来，困扰大家数年之久的难题，瞬间被解开了。达克教授和同事们都被惊呆了，他们非常佩服中国人的心灵手巧，从此改变了他们对童第周的看法，童第周成了实验室的重要人物。

童第周剥离青蛙卵膜手术成功的消息，一下震动了欧洲的生物界。1934 年，他从自己发表过的文章中，随便选出一篇用棕蛙卵做的有关定位问题的论文，顺利通过了答辩，获得了生物学博士学位。

二、执教山大

1931 年，日本大举侵略中国，国内时局动荡。位于南京的中央大学受到政治风潮的影响，学校政治派系林立，明争暗斗，人事关系复杂，教学科研陷入停顿和混乱。原本回国想到中大任教的童第周在蔡堡先生的极力推荐下接受了国立山东大学的聘书。

国立山东大学筹备时改称“国立青岛大学”，1930 年，由蔡元培推荐，清华大学教务长兼文理学院院长杨振声出任国立青岛大学校长。杨振声到任后效法蔡元培“兼容并包，学术自由”的开放式办学方针，广聘大家来校任教。闻一多、梁实秋、汤腾汉、沈从文等等名师云集，国立青岛大学盛极一时。1932 年，国立青岛大学复称国立山东大学，赵太侔接任校长，并延续了杨振声的办学方针，山大更加繁荣，形成 20 世纪 30 年代的辉煌时期。

正是由于国立山东大学悠久的历史，雄厚的学科基础，优越的地缘环境，再就是青岛地处海滨，有利于海洋生物方面的研究，吸引了童第周。在蔡堡先生的推荐下，1934 年，童第周举家北上来到国立山东大学，任生物系教授。从此，童第周与山东大学结下了不解之缘。

（一）文昌鱼研究

1935年，童第周在青岛海滨意外发现了文昌鱼，成为继美籍教授赖特1923年在厦门发现文昌鱼之后第二个在中国沿海发现文昌鱼的学者。1946年，国立山东大学复校，童第周继续文昌鱼研究。文昌鱼是一个特殊的物种。它是介于脊椎动物和无脊椎动物之间的一个动物门类，生物学上定义为脊索动物，是动物进化史上的活化石，对研究生物进化有着极其重要的意义，被达尔文称为指示脊椎动物起源的钥匙。研究文昌鱼胚胎的发育过程，确定它在生物进化过程的位置和作用就成为生物学家的重要课题。再者，文昌鱼卵子透明，作为研究器官形成物质的实验材料十分适宜。由于文昌鱼卵子不易获得，而且存活时间短，这成为制约文昌鱼实验胚胎学研究的瓶颈。

童第周从解决文昌鱼卵子来源问题入手，通过改善文昌鱼的生活环境条件，成功实现了文昌鱼的饲养和孵化，1952年，又通过人工授精方法获得了文昌鱼的卵子，推翻了国际上康克林等学者认为文昌鱼不能人工授精的结论，童第周成为世界上第一个解决文昌鱼人工饲养和人工授精的人。

童第周研究发现文昌鱼卵子在发育过程中的调节能力比海蛸卵子要大等因素，改正了以往学者认为的卵子发育嵌合类型。他制出了8细胞和32细胞时期器官预定形成的分布图谱，还对文昌鱼鱼卵的动物性半球决定个体的极性和器官形成这一理论，作出了实验性的结论，使中国的文昌鱼研究独树一帜，居世界领先地位。

（二）大学校长

1946年6月2日，青岛解放，青岛市军管会接管国立山东大学，成立校务委员会代行校长职务。1950年4月23日，党的高级干部华岗当选为校务委员会主任。1951年3月，华东大学与山东大学合并，华岗被任命为校长兼党委书记，童第周、陆侃如任副校长。

对于副校长这一职务，童第周起初是坚持不受的。但是华岗坚持邀请童第周辞去海洋生物研究室主任的职务，出任山东大学副校长。而且“一定要他回去”，童第周却无心从政，坚决推辞。华岗甚至发了脾气：“你不干，我也不干，请高教部令派人吧！”最后还是高教部张宗麟出面以带有政治性质的组织任命说服了童第周。其实华岗力邀童第周事出有因：一是二人虽没有私交，但人品、性格有相同之处，都不是为一己之利而谋仕途，完全本着为国家、为事业的责任心而共事；再就是华岗在办学思想方面，主张文理搭配，因为他自己是搞社会科学的，所以要选一个研究自然科学的副校长与他搭档，这样才对山东大学的管理和学科发展有利。童第周的学术地位和在师生中的威望，使他成了华岗心目中最理想的人选。

华岗校长的人格魅力和哲学理论水平深深影响了童第周。华岗注重理论联系实际，主张科学研究应服务于社会。这种办学思想唤起了童第周积极参加社会主义建设的热情，逐渐改变了过去只注重科学实验与基础理论研究强调学术地位而与社会工农业生产脱节的观念。1951 年，童第周在《新山大》发表了《适应国家需要，开展学术研究》一文，提出“学校的研究工作应尽量与生产部门联系，替他们解决各种具体问题”；1952 年在《经过三反运动队的教育，检讨我的思想与工作》一文中，童第周又发自内心地批评了自己学术至上的思想；在《积极学习苏联先进科学技术，迎接 1953 年》一文中，童第周真诚地写道：“在苏联研究科学的方向是为人民谋福利，它的基本任务是在增加生产，减轻人民的劳动……因此科学的利用与发展都达到了惊人的成绩。”童第周以身作则，不断地调整自己的研究方向，注重理论与实践的结合，为当时的社会和生产服务。20 世纪五六十年代，他主持的许多课题，如对虾、海带、紫菜、贻贝、扇贝的人工养殖，船蛆、藤壶等船舶害虫的防治等，都与社会生产密切结合，并为国家创造了巨大的经济价值。

在学科建设方面，由于童第周的胚胎学研究国内领先，而且较早创建了海洋研究所，全国院系调整，又合并入了厦门大学海洋学科，组建了当时全国唯一的海洋学系，使山东大学的优势和办学特色日益明显，逐渐形成了“文史见长，加强理科，发展生物，开拓海洋”的办学思路。

分管科研工作的童第周副校长，在华岗创办《文史哲》之时，提出创办覆盖自然科学和其他社会科学内容的学报的建议，并由其主持创办了《山东大学学报》。在童第周等地努力下，《山东大学学报》成为受到毛泽东主席关注的全国性综合刊物。1955 年 11 月 23 日，中共中央办公厅秘书室函告山东大学：“你校出版的《山东大学学报》，我们准备给毛主席订阅两份。但是其中的一至三期北京的书店没有发行；这三期如果你校出版，还有存余，可否售给我们两份。盼复。”学校接到此函后，迅即寄去学报 1～4 期合订本 2 册及第 5 期 2 册。在童第周的领导下，自 1952 年起学校建立了每年校庆要举行学术报告会的制度，全校掀起了科学研究的高潮。

在教书育人方面，童第周特别注重学生实验能力的培养，他的学生王祖农(后任山东大学生物系主任)回忆说：“有一年的春天，我采集了一些交配的蟾蜍，放在实验室里用玻璃缸分别盛着，昼夜观察其产卵受精的情况，将产山的卵送给童老师做实验，我自己也在童老师的指导下，做半个背唇的诱导第二胚胎的工作。这些都是童老师亲自教给我的，以后毕业论文能够顺利完成，那是老师辛勤教育的结果。”童第周经常教育学生做科学研究要实事求是，老老实实，来不得半点马虎和虚假。他曾告诫自己的学生张天荫：今后一定要注意，不能好高骛远，眼高手低，工作一定要一步一个脚印，踏踏实实，有些要多次重复，科学的结论就能经得起历史的考验，研究的质量才能逐步提高，千万不能弄虚作假。童第周教授始终坚持严谨的科学精神和治学态度，为山东大学、为国家培养了一大批国内外知名的优秀学者专家。

三、克隆之父

童第周在研究文昌鱼的同时，一直在从事金鱼鱼卵的研究，试图证明细胞核与细胞质的关系及其在生物性状遗传上的关系。他认为细胞质在遗传中同样具有重要作用，这是困扰童第周多年的问题。由于当时国际上权威学派摩尔根学派和李森学派普遍认为细胞分化，个体发育，形状的传递，都是细胞核即基因的作用，它控制着细胞质。以童第周的个性，他对任何权威从不轻信、盲从，有疑问就要彻底钻研清楚，一切结论都要靠实验来证明。

山东大学不仅为童第周提供了良好的科研环境，而且他在与华岗校长合作的几年中深受其哲学思想的影响，除系统学习了唯物辩证法的基本观点外，最终成为唯物辩证法的信仰者。他用辩证的观点重新思考各个学派的理论，认为只强调细胞核作为内因在生物遗传方面的作用，忽视细胞质这个外因的作用，其结论不科学的。他断定细胞核、细胞质在细胞内虽各有各的功能，但它们彼此必然是相互联系、相互制约的，这种联系、制约关系一定会在细胞分化、生物性状等遗传学方面表现出来。有了理论的工具，童第周重新着手细胞质与细胞核关系的研究，并且把通过细胞核移植来确定彼此的遗传作用作为研究的突破口。

巧合的是，当时国际上兴起的克隆技术也是把细胞移植作为研究手段。童第周的细胞移植实验本是要证明细胞核与细胞质的关系，特别是细胞质在遗传中的作用，无意间使他成了中国的克隆之父，成为中国最早开展克隆研究的人。

这次试验童第周使用的材料是金鱼和鳑鲏鱼，通过把它们的细胞核进行同体移植和异体杂交移植，结果很快就长出了小鱼，这些小鱼同时具有金鱼和鳑鲏鱼的特性。童第周用实验数据充分说明了细胞质在遗传上不可忽视的重要作用，为遗传学的发展做出了重要贡献，开创了异种细胞核移植的先河，成为中国名副其实的克隆之父，而且其成果在当时国际上居领先地位。

此后，童第周又和著名华裔美籍科学家牛满江合作作了进一步研究，来证明细胞质中的信使核糖核酸是不是具有遗传功能的物质。他们通过把鲫鱼细胞与金鱼细胞结合移植，培育出了双尾金鱼，从而证明了细胞质中信使核糖核酸同样具有遗传功能。这种鱼后来被命名为“童鱼”。

“童鱼”的出现，预示着人类将可以培育出各种体现父母优点的鸡鸭牛羊，并可以控制自身生理衰老的过程，将来甚至掀起一场整个世界的绿色革命。

（耿德良）

淡水虾养殖之父林绍文

林绍文(1907～1990),福建漳州人,著名海洋生物学家,中国水产学奠基人之一。他一生从事海洋生物和水产养殖研究,是世界上第一位成功解决了淡水大虾(罗氏沼虾)人工育苗和养殖技术的科学家,被誉为世界“淡水虾养殖之父”;也是暖水鱼类养殖的世界权威,美国人称他为“养鱼之父”。曾获世界水产养殖学会颁赠的终身名誉会员奖。

林绍文

林绍文1930年毕业于燕京大学研究院,获生物学硕士学位,其后在厦门大学任讲师,不久赴美国康奈尔大学留学,1933年获湖沼学博士学位后,又回厦门大学任教。1935年,林绍文受校长赵太侔的邀请,举家来到青岛,担任国立山东大学生物系教授兼主任。两年多的时间里,他一心扑在工作上,潜心教学,努力开展生物试验。当时,著名生物学家童第周也在国立山东大学生物系任教,他们同心协力,为生物学科的建设和教学工作做出了突出贡献,为国家培养了一批杰出的海洋生物科技人才。1937年7月,抗日战争全面爆发,国立山东大学奉命迁往内地,林绍文一家也随校南迁,一边逃难,一边教学。冒着敌人飞机的袭击,历尽千辛万苦,他们于1938年撤到贵阳。在此,林绍文就任贵阳医学院生物形态学系教授及主任,并兼省立贵阳科学馆馆长。1940年,又应著名生物学家曾呈奎博士的邀请,赴香港任海洋生物研究所技正(技术职称的一种),并在香港大学生物系担任客座讲师。不久,香港被日军侵占,他携全家又辗转回到贵阳,任中国国防医学训练中心生物形态学系教授兼主任。

抗日战争胜利后,林绍文一家返回上海。1946年,国民政府农林部委派他主持筹建中央水产研究所。经过他两年多的苦心经营,1947年秋,中央水产研究所正式组建成立，他担任首届所长。这是中国最早的综合性水产研究机构。研究所成立后，林绍文负责组织了中国历史上第一次海洋渔业资源调查，不仅基本掌握了我国东海一带鱼的种类和数量，了解了鱼类生长的水温、食物等条件，更重要的是为我国今后开展大规模的海上调查积累了丰富的经验，并先后发表了多篇有关昆虫学、水生生物学和鱼类养殖的论文。1949 年，该研究所迁至青岛，并逐步发展为今天的中国水产科学研究院黄海水产研究所。

1949 年后，林绍文迁往中国台湾，历任联合国粮农组织渔业技术专家和亚洲及远东地区渔业养殖专家、台湾农复会渔业组顾问、华盛顿大学渔业学院客座教授、迈阿密大学海洋及大气学院名誉教授。其中，他担任联合国粮农组织(FAO)地区官员和渔业技术顾问长达 23 年，为远东地区，包括缅甸、泰国、锡兰(斯里兰卡)、马来西亚、印尼、印度、巴基斯坦、尼泊尔、柬埔寨、越南、新加坡、菲律宾、韩国、日本等国家和港台地区淡水养殖渔业的发展和人才培训工作做出了重大贡献。罗氏沼虾原产于印度及泰国等东南亚地区，又称“马来西亚大虾”“淡水大虾”，简称“罗虾”，是印度洋太平洋地区的一种热带经济淡水虾类，以其个体大闻名于世。林绍文在世界上首次成功地解决了罗氏沼虾人工育苗、养殖，培育到养成，整个一套工艺的技术，这是人类第一次在人工条件下，大量繁殖天然水产物种用于大规模的养殖实践，是具有划时代意义的创举。他是一个既重视科研又重视科研成果推广的科学家。他认为，自己所研究的水产领域，一切科研活动的目的，都是为了把成果转化成实实在在的在生产产品，都是为了造福民众。罗氏沼虾成功的养殖技术，先后被亚洲各国、美洲各国及非洲南部的一些国家引进推广，大大改善了这些国家的渔民的生活。而他则被誉为“淡水虾养殖之父”。

在林绍文研究淡水大虾的过程中，还发生过一段有趣的故事，并广为流传。这段故事是这样的：当年，他在马来西亚槟城进行淡水虾繁殖试验时，屡屡失败，每一次由河流中捕回的母虾产下的幼苗，在使用各种精致的饲料进行养殖的比较试验中，无一成功生存下来。他使用鱼浆、蒸蛋、牛奶、豆浆等能想得到的可能合幼苗胃口的饲料饲养，结果同样令人失望。碰巧有一天，他的夫人炖了一锅美味牛肉汤，心想这汤十分有营养，不妨拿来喂喂幼苗，谁知结果出人意料，数天后发现喂牛肉汤的这组幼苗竟然存活了。林绍文猛然间醒悟了！原来不是饲料的问题，而是淡水大虾的幼苗无法在纯淡水的饲育环境中正常地发育成长，而夫人炖的牛肉汤适度地提供了幼苗所需的盐分。再到淡水长脚大虾栖息和产卵的水域去观察，更是验证了这个推断，原来抱卵母虾一定要到下游河海水交汇处产卵。从此以后，他所进行的幼苗大量培育与成虾养殖试验，均获得圆满成功。

林绍文除了成功地实现了淡水虾的人工养殖以外，还潜心研究鱼类等其他水产的养殖方法，取得了许多重要突破。他首次将非洲的罗非鱼移植到亚洲养殖；他在马来西亚进行中国白鲢人工诱导产卵中获得成功；在泰国河鲶的人工诱导产卵实验中获得重要突破，使泰国在鱼类养殖业方面迅速发展壮大，并获得很大的经济效益；在锡兰(斯里兰卡)为解决大虾大面积高产、鱼类繁殖、育苗技术、放养技术和渔民培训方面做出了重要贡献；在中国台湾省为开创和快速发展中国主要鲤形鱼类(指草鱼、青鱼、鳙鱼、鲢鱼、鲤鱼等)人工诱导产卵工作提供了成功援助。

从1957～1969年，林绍文还作为主考官先后服务于新加坡南洋大学动物学系、香港大学鱼类养殖系、新加坡大学渔业生物学系。期间，他先后四次被联合国粮农组织(FAO)指派到美国鱼类与野生生物服务局作短期技术指导(美国养鱼研究事务顾问)。这是美国首次求助FAO，派一个中国人做顾问，起初有的美国参议员不以为然，但林绍文杰出的工作能力很快就让他们心服口服，连美国渔业暨野生生物局渔业研究组组长MPT先生也撰文称赞道："我毫不迟疑地要加诸林博士以美国养鱼之父的头衔！"

1973年，林绍文离开了联合国粮农组织(FAO)，退休定居美国，但他始终致力于暖水鱼虾养殖的教学、培训、计划和发展工作，并兼任美国多所大学的客座教授。期间，他孜孜不倦地钻研，勤于著述，先后在国内外的刊物上发表研究论文及调查报告40余篇，出版专著两部，并两次应邀在"海洋食物与药物"研讨会及"FAO水产养殖技术大会"等国际会议上分别撰文介绍亚洲及全世界的淡水虾养殖概况。林绍文是世界公认的极具才华的科学家，他的一生，都奉献在了教学、科研和生产的第一线上。1974年，世界水产养殖学会为表彰他对世界水产养殖事业的杰出贡献，颁赠他终身名誉会员奖。此项奖是首次颁发给亚洲水产学者，也是首次颁发给中国水产学者。同年，美国华盛顿大学授予他沃克-艾姆斯教授衔。1986年，亚洲水产学会在马尼拉举行第一次大会，为表彰他对发展亚洲水产养殖事业做出的特殊贡献，会议一致通过授予他首届亚洲水产学会终身名誉会员奖。

(常　杰)

藻类大师曾呈奎

曾呈奎(1909～2005),福建厦门人,世界著名海洋生物学家,我国海洋科学的主要开拓者之一,我国海藻学研究的奠基人之一和我国海藻化学工业的开拓者之一。美国俄亥俄州立大学荣誉理学博士(1987),中国科学院院士(1980),第三世界科学院院士(1985),世界水产养殖学会终身荣誉会员(1991),国际藻类学会终身荣誉会员(1999)。第三届至第九届全国人大代表。

曾呈奎

曾呈奎1931年毕业于厦门大学植物系获理学学士学位,1934年毕业于广州岭南大学研究生院获理学硕士学位,任厦门大学植物系任讲师,1935年起先后在山东大学和岭南大学任讲师和副教授。这期间,他只身一人开始了对祖国海藻资源的调查研究。1940年,获美国密西根大学研究生院奖学金,1942年毕业于美国密执安大学研究生院获理学博士学位和拉克哈姆博士后工作;1943年在美国加州大学斯格里普斯海洋研究所任副研究员,负责海藻研究工作,特别是琼胶及琼胶海藻的资源及增养殖的研究;1946年底回国在山东大学植物系任教授、系主任和海洋研究所副所长。1958年,山东大学由青岛迁到济南时,曾呈奎留在青岛海洋研究所,后任该所所长。

在1935年8月到1938年3月期间,曾先生在山东大学生物系任教并兼任海洋生物研究室的主任时,为了发展海藻事业,他就经常顶风披月追潮逐流,成年累月地采集标本和研究海藻。他曾撰写的论文《海南岛海产绿藻之研究》,在当时的海藻研究方面就已具有重要的学术地位。他不辞千辛万苦,走遍了北自大连、北戴河,南至广东、东沙群岛,采集了大量的标本。但由于旧中国文化教育事业的封闭落后,致使他的研究工作步履维艰。

1946年，曾呈奎毅然放弃美国优越的工作条件和优厚的生活待遇，决定回国任山东大学植物系主任、教授。1947年，他与童第周一起办起了山东大学海洋研究所并兼海洋研究所副所长。他认真教学，积极为国家培养海洋科技人才，但由于政府腐败，缺人员、无经费，科研工作未能开展。

曾呈奎先生20世纪50年代就是山东大学著名的教授之一。他性格开朗，十分健谈。在教学上精益求精，悉心培育人才；在科学研究上更有一种执著追求、锲而不舍的精神。1950年1月，青岛市召开了首届各界人民代表大会会议，山东大学有十多位教授参加，其中有罗竹风、王统照、冯沅君、童第周、曾呈奎、吴富恒等。曾呈奎先生不论是小组会还是在大会上，他都争先发言，抒发自己对新中国的激奋之情，对海洋科学事业开拓发展的迫切之情，并凭借他多年研究考察的实情，绘出了我国沿海水产事业发展的美好蓝图。他的这些设想和意见，得到了大会代表的一致赞同，有些意见还被采纳而写进大会决议中，为加速恢复与发展青岛的经济建设做出来积极的贡献。

中华人民共和国成立后，1950年曾呈奎和童第周、张玺受国家之托，组建了新中国第一个海洋研究机构——中国科学院水生生物研究所青岛海洋生物研究室，曾呈奎任副主任。从此，海洋生物研究有了更稳固的基础，并且有领导有组织地开展了海洋研究活动。它的成立标志着现代中国海洋科学全面、系统、规模化发展的开端。

1954年，中国科学院水生生物研究所青岛海洋生物研究室改为中国科学院海洋生物研究室，曾呈奎均任副主任、研究员。1957年，该室扩建为中国科学院海洋生物研究所，1959年再度扩建为中国科学院海洋研究所，曾呈奎都是任第一副所长。1978年，曾呈奎任该所所长，1984年起任名誉所长。60年以来，该所取得了900多项科研成果，其中获奖成果403项，包括国家一等奖6项，国家二等奖22项，全国科学大会奖14项，国家其他奖48项，省部委一等奖和省科技最高奖127项，省部委其他奖189项；国际奖12项，为国家做出了重要贡献，在国内外享有盛誉。

曾呈奎有一句诺言："我要给人们饭桌上添几道菜。"他，确实办到了。

中国原本不产海带，主要靠从日本等国进口。这是因为海带是一种喜欢低温的孢子植物，我国海区由于夏天水温高，又加上北方海区是少氮的瘦水区，海带自然无法生存。

曾呈奎教授便组织了海带南移试验，一举成功，不久后便形成了大规模养殖。从1952年冬季开始，曾呈奎教授又带领他的助手和大学生，在青岛、烟台、大连等地近海内，用人工培植的方法，建起了一大片一大片的海带生产田。他们还不断总结栽培技术，进一步研究其生长规律和环境习性，并大胆采用农作物密植方法，大大提高了海带的单位面积产量。50年代初，中国海带产量仅有60吨，每年要进口十数吨，才能满足市场需求。而到1985年，中国年产海带干品已达250万吨，占海带植物世界年产量的80%,成为世界头号海带养殖生产大国,每年都有大量产品销往世界各国。

从1958年起,青岛市掀起了海带养殖的第一次浪潮,改变了渔业生产单一捕捞的历史,使我国海带养殖从零开始,一跃成为世界第一。目前,我国的海带产量占世界的95%。曾呈奎也被誉为“中国海带之父”。

他与吴超之教授一起于1958年主编出版了国际间第一部海带栽培的专著《海带养殖学》。曾呈奎领导的海带养殖学原理研究,1978年荣获全国科学大会奖。

曾呈奎还是我国海藻化学工业的开拓者。1943年,受美国政府之托,曾呈奎负责主持开展了对琼胶原料的生产和加工方法的研究。他除了经常去美国沿海调查海藻资源外,还经常去琼胶工厂考查技术,研究改进措施。同时他对褐藻胶和卡拉胶的资源和加工方法也进行了调查研究,积累了大量的经验和资料,写出了一些研究报告。1946年发表了《美国的海藻产品及其用途》和《藻胶:有用的海藻多糖类》报告,1947年发表了《北美的海藻资源及其利用》报告和《琼胶》,撰写了美国化工大百科全书两词条——“琼胶”“褐藻胶”。

从1950年下半年开始,曾呈奎教授培养并组织了一批藻类分类学家(包括自己所教的学生),有计划地对包括中国沿海在内的北太平洋西部的底栖海藻作了全面调查,开展了中国海藻资源和分类体系的研究。

1952年,他与纪明侯、张峻甫在《中国植物学杂志》上发表《琼胶与琼胶工业》一文,介绍了琼胶的发展历史、原料产地、制造工艺及用途,建议国家尽快调查原料资源,进行人工养殖;呼吁国家组织人员研究海藻化学,迅速建立琼胶工业。

1956年,他在青岛建立了我国第一个生产褐藻胶的车间。在此基础上,他进一步对海藻资源进行综合开发利用,用海藻生产出褐藻胶、琼胶、碘等,并将这些产品用于药品、食品和饲料生产,使我国成为在国际上仅次于美国的褐藻胶生产大国。

20世纪70年代初,他与周百成、郑舜琴合作继续研究这一课题。1974年,他们在《植物学报》上发表了研究论文《几种绿藻、褐藻和红藻的吸收光谱的比较研究》。他们认为,海洋植物在登陆前进化的主要动力是光合作用,而光合生物的进化同光合作用的结构和功能有密切的关系,从而提出了光合生物进化的系统发育理论。

1980年3月,他率队考察西沙群岛,在我国首次发现了原绿藻。他与周百成对原绿藻进行了深入的研究,查明了藻类进化的三条途径,揭示出光合生物的系统发育关系,直接证明了他们于1974年提出的光合生物进化系统的理论。在此基础上,他提出了藻类的分类系统,开拓了海藻比较光合作用和进化的研究领域,丰富和发展了生物进化论。他们的进化理论与国际上流行的内共生学说是不一致的,他们提出的进化系统也不同于一度流行的五界系统,受到国内外学者的广泛重视,公认为我国进化论研究的三项重要成果之一。

70多年来，曾呈奎与张峻甫等合作，对海藻的调查研究工作取得了丰硕成果，在许多方面有突破性进展。他们发现了数十个海藻新种，几个新属，一个新科；发表研究报告和论文几十篇；1962年他主编的《中国经济海洋志》出版；1983年他主编的《中国常见海藻》英文版出版，1986年获中国科学院重大科技成果三等奖。他主持的“西沙群岛海洋生物调查”，1987年获国家自然科学奖三等奖。

曾先生曾先后赴苏联、民主德国、美国、日本、英国等十几个国家进行访问、讲学和参加学术会议，并以组织委员会主席的身份于1983年6月在青岛成功地组织了第十一届国际海藻学术探讨会。曾先生曾是国际海藻类学会理事长、国际海藻协会顾问委员会委员，被许多国外学者誉为“中国的海藻大王”。他领导的海藻栽培原理的研究，于1979年获得全国科技大会奖。

在50年代初，曾呈奎还领导进行紫菜生活史的研究并获得了显著成果。

20世纪50年代以前，紫菜的生长史和孢子来源一直是个谜，所以无法人工采苗和养殖。曾呈奎教授与助手们进行孢种研究，破解了其中的“秘密”，正式了完全可以依靠人工生产壳孢子，用于紫菜的人工养殖，从而结束了养殖紫菜靠大自然恩赐“种子”的历史，开始了科学种植紫菜的新纪元。他们的驯种成果在沿海推广后，人工栽培紫菜业迅速发展起来，使中国紫菜年产量达到了1000多万吨干品，成为世界第三紫菜国。

在此期间，曾先生还与有关人员攻克了紫菜苗种一直没有苗源的难题，阐明了通过培养紫菜丝状体可以获得生产上所需的壳孢子。紫菜生活史的研究获得1956年获国家自然科学三等奖。

除了教学和研究工作，曾呈奎还积极参与国家有关海洋方面的其他工作。1956年，国务院成立科学规划委员会，负责制订我国科学发展规划。曾呈奎被任命为该委员会气象海洋学科组副组长。他参与制订出的《1956～1967年中国海洋的综合调查及其开发方案》，列入《1956～1967年国家科学技术发展远景规划纲要》中的第七项重点任务。此后，曾呈奎又被任命为国家科学技术委员会海洋专业学科组副组长，参与了多次海洋科学规划和重大计划的制订。

通过全国海洋综合调查，曾呈奎与其他领导和专家们都深深感到，国家应有一个专门的部门来管理国家的海洋。1963年，曾呈奎和部分海洋学家提出成立国家海洋局的建议，并委托曾呈奎、赫崇本等7人起草报告，29科学家联名向中央建议。中央接受科学家们的建议，于1964年成立了国家海洋局。国家海洋局成立以来，做了大量卓有成效的工作，为国家做出了突出贡献。

20世纪80年代初，山东省，特别是青岛市，是全国海洋科研、教学和生产单位最为集中的地方。但是，这些单位隶属的系统不同，相互间联系和交流较少，协作不利，致使没能发挥出集中的优势。对此，曾呈奎联合了一批科学家联名向山东省人民政崐府建议成立山东海洋技术开发中心，以协调各海洋单位之间的业务关系。山东省人民政府接受了这一建议，于 1981 年在青岛成立了山东海洋技术开发中心，发挥着愈来愈大的作用。

台湾海峡具有典型的亚热带海洋特点，曾呈奎 1957 年就指出，应该在厦门建立海洋研究机构。1978 年曾呈奎积极支持福建省在厦门建立福建海洋研究所。他亲自推荐所长，并选派中国科学院海洋研究所一批中青年科技人员支援该所。

1981 年，他积极支持青岛医药科学研究所改建成山东省海洋药物科学研究所，使其成为国家唯一的专业海洋药物研究机构。为此，他向全国人大和山东省人大提交了议案，被山东省人民政府接受，并下达文件，付诸实施，推动了全国海洋药物研究的发展。1988 年，他积极支持并亲自批准了中国海洋湖沼学会海洋药物学分会的成立，为海洋药物研究、教学和生产工作者提供了开展学术交流的园地和场所，推动了全国海洋药物科学的发展。

1980 年 1 月 8 日，曾先生光荣地加入了中国共产党，实现了他多年的夙愿。入党之后，他更觉得像是焕发了青春，工作起来经常到深夜，有时甚至通宵达旦。在繁忙的研究工作之外，他担任过《中国大百科全书》海洋科学卷的主编、《海洋和湖沼》和《中国海洋湖沼学报》（英文版）的主编，以及在国外出版的《海洋植物学》和《海洋生态学发展》中国方面的编委。他为祖国的海藻事业培养了一大批硕士研究生、博士研究生和专门技术人才。

曾呈奎院士在 76 年的科研和教学生涯中，独自或与他人合作发表 370 余篇高水平的学术论文，出版 12 部学术专著，并获得国内外一个又一个殊荣。他一生为推动我国海洋科技的自主创新，始终活跃在国际海洋科技前沿。

1989 年被评为首届新时期全国侨界十大新闻人物。1991 年 11 月，被山东省委、省政府授“杰出贡献科学家”荣誉称号。1995 年 6 月在北京举行的第十八届太平洋科学大会上被授予“烟井新喜志奖(Shinkishi Hatai Medal)”。1996 年 8 月荣获香港“求是科技基金会”颁发的杰出科技成就集体奖。1997 年 9 月荣获香港“何梁何利科技基金会”颁发的“科技进步奖”。2009 年，国家海洋局和中央人民广播电台联合开展了“海洋成就奖”评选活动，曾呈奎当选为新中国成立 60 年“十大海洋人物”。2001 年 4 月荣获美国藻类学会“杰出贡献奖”。

2010 年 10 月 8 日，以“曾呈奎”命名设立的“曾呈奎海洋科技奖”在山东青岛举行的中国科学院海洋研究所成立 60 周年大会上揭晓，这是中国首个以海洋科学家命名的科技奖项。

（李彦英）

遗传大师张致一

张致一

张致一(1914～1990),山东泗水人,著名胚胎学家、生殖生物学家、生理学家、发育与生殖内分泌学家。1934 年,他考入国立山东大学生物系。1939 年,转入武汉大学生物系。1947 年,到美国留学,获博士学位。1957 年回国,历任中科院海洋生物所副研究员、动物所研究员、副所长、生殖生物学研究室主任。1980 年,当选为中国科学院学部委员,1982 年任生物学部副主任。长期致力于高等动物的生殖规律及其调控机制研究,开拓了中国哺乳类动物生殖生物学的研究领域,为治疗不育、控制人口、拯救濒危物种和畜产品与鱼类的增产做出了重要贡献。

青少年时代的张致一曾就读于山东省济南市私立育英初级中学及省立高中,于 1934 年考入青岛市山东大学生物系。抗日战争爆发,学校先后迁至安庆和武汉,终因难以维持于 1937 年底宣布解散,安排学生借读于中央大学或武汉大学。当时的张致一由于经济拮据,又遭阑尾手术,只能边找盘缠边向内地转移。1939 年,因中央大学招收学生名额已满,不得已前往嘉定县武汉大学借读一年,1940 年毕业于该校生物系。

张致一在山东大学生物系三年学习时期间,师从于著名实验胚胎学家童第周教授,深受其导师的影响,为以后的研究工作打下了坚实的理论基础。在从事实验胚胎学研究中,由于他扎实的胚胎学基础,精湛的实验技术及敏捷的思维,童第周对其十分赏识,随童第周分别在中央大学医学院解剖系、同济大学生物系任助教,又在中国生理心理研究所任助理研究员,受童第周严格治学精神的熏陶和训练。

1947 年 1 月,他获美国艾奥瓦大学奖学金出国深造,在美国艾奥瓦大学留学期间又从师于威奇(E. Witschi)教授,从事比较内分泌学和发育内分泌方面的研究，后任该系副研究员。为了投身于祖国的社会主义建设，他冲破美国政府的百般阻挠和刁难，毅然率全家绕道回国，到青岛中国科学院海洋生物研究所任副研究员。他在美国以两栖类为材料从事比较内分泌学的理论研究，已获得许多创新的成果，急国家之所急，放弃了个人的兴趣，将研究方向转到更能密切联系实际的哺乳类生殖生物学研究领域，充分表现了他拳拳爱国之心。

早年张致一在从事发育生物学的研究，与童第周合作进行过鱼类胚胎发育能力、外胚层极性决定以及鱼卵器及决定等研究工作。他的两栖类胚胎纤毛运动轴性决定和金鱼胚胎发育能力的研究十分新颖。在美国时期主要从事性别决定与分化的研究，通过性激素在南非获得蟾蜍由雄性完全转变为雌性并能产生单性（雄性22 型）后代的实验，同时又通过生殖腺移植获得了由雌性（ZW 型）转变为雄性的成功结果，说明了在性别分化中性遗传基因与性别分化的关系，首次应用激素、性腺移植和半联体技术成功地诱发了两栖类性反转，提出同配染色体组合与激素反应关系的学说，这在性别决定和性别分化研究领域曾是一项重要的突破，得到学术界的高度评价。

张致一教授在比较内分泌学和生殖内分泌进化的理论研究方面也有不少建树，最早成功地完成了胚胎下丘脑的割除实验，证明了下丘脑与垂体形态和功能分化的依赖关系，还最早提出两栖类垂体中促肾上腺素和促黑色细胞扩张激素并非同一种肽类激素的论点。他认为孕酮是两栖类主要的排卵激素。他首次证实文昌鱼的哈氏窝有分泌促性腺激素的能力，而且文昌鱼的生殖腺对促性腺激素的作用产生明显的反应，由此证明生殖内分泌调节系统的出现可追溯到原始的脊索动物。在泌乳机理的研究中，他证明了肾腺皮质激素既可通过刺激垂体和胎盘的促乳激素作用于乳腺腺泡，也可直接诱导乳腺腺泡发育，而电刺激则可使皮质激素分泌剧增。

张致一教授对人类生育控制尤为重视，他认为研究胚泡着床机理可为人口控制寻找更为有效、简便而安全的途径。十余年来，他亲自主持该项研究，围绕着胚泡与母体相互作用的物质基础进行了大量的工作，包括：鼠类人绒毛膜促性腺激素（hCG）样物质及其受体存在的证明实验，结果表明大鼠子宫内膜存在 hCG 的结合部位，胚泡产生的 hCG 样物质通过其在子宫内膜上的结合部位对着床过程进行调节；鼠类 LH-RH 样物质及其结合部位存在的证明实验，表明 LH-RH-A 阻断妊娠的机制是由于其抑制了子宫内膜 RNA 和蛋白质的合成以及蜕膜组织的代谢所致，并且它的作用不需要通过垂体——卵巢系统，而是直接作用于子宫；兔胚泡特异肽的分离纯化及生理功能的研究实验以及灵长类滋养层组织功能及功能的调控研究。

在应用研究方面，张致一教授也十分重视，他曾多次带队亲临渔场和条件艰苦的牧场进行调查研究，为生产实践提供指导。自从国际上合成的 LH-RH-A 问世后，他就立即考虑改用这种神经肽催情，效果显著，并能克服产生抗性的问题，这一成果得到国际学术界的高度评价，被列为激素对人类的六大贡献之一。20 世纪 70 年代初，他亲临牧场研究防止母马早期流产问题，试验证明利用 LH 可使马的妊娠率提高 30％。

张致一教授还非常注重人才的培养，他为国家培养了一大批从事生殖生物学的科技人才。他对人才的培养可以说是做到了精心雕琢，对每位研究人员的基本情况（工作主动性、钻研精神、实验技巧、分析问题的逻辑性以及知识面等）进行全面考察，然后根据各人的特点、兴趣及工作需要，从不同学科（生理、形态、细胞生物、生化、免疫、分子生物）及其相应的技术给每人定下研究方向，研究室设置了成龙配套的 10 个研究组。20 世纪 80 年代，他培养了 17 位研究生，其中博士生 5 名，博士后 1 名。他的研究室由最初的不满 10 人，发展到 60 多人，而且拥有现代化的实验室装备，被国外同行专家誉为“实力强的实验室（A powerful Lab.）”和“一支军队（An Army）”。该实验室发表论文 200 余篇，荣获 20 多项科研成果奖，于 1989 年又被列为国家重点实验室。

张致一教授光明磊落，作风正派，严于律己，平易近人，坚持原则，工作兢兢业业，一生诲人不倦。他留下的不仅是一个设备先进的实验室以及一大批训练有素的科技人才。他的爱国主义精神，他的勇于开拓创新精神，他的严谨治学和理论联系实际的精神和高尚的科研道德，对后人都是一笔极其宝贵的遗产。

（王玉国）

孙鸿泉的全喉切除术

孙鸿泉

孙鸿泉(1910～1979),山东博兴西王文村人,耳鼻喉科医学专家,毕生从事耳鼻喉科学的教学和科研工作。1938年,毕业于齐鲁大学医学院,同年赴加拿大深造,获多伦多大学医学博士学位。1944年成功实施了喉癌与喉全部截除术。1948年留学美国,1949年中华人民共和国成立后,他抛弃优厚的物质待遇,决心回国。先后任成都空军医院耳鼻喉科主任,齐鲁大学医学院教授,山东医学院耳鼻喉科教研室主任、教授,山东医学院附属医院主任医师。1953年,在山东医学院开办全国第一期耳鼻喉科专业训练班,同时担任硕士研究生导师。1951年,在国内首次施行开窗手术治疗耳硬化症,最先成功地开展了经鼻部取出垂体肿瘤、前脑疝和神经瘤的手术。主要著作有《耳鼻喉科手术学》《内耳开窗术治疗耳硬化》《改良内耳开窗术》《听神经癌的外科治疗》《喉癌及喉全部截除术》等。他是第三届全国人大代表、第五届全国政协委员、中华医学会耳鼻喉科学会理事,曾获得山东省和全国先进工作者称号。

1942年,孙鸿泉协同郎健寰教授在我国成功地开展了第一例喉癌病人的全喉切除手术,并首次训练失去喉头的病人学会食管发音讲话,开国内之先河。

1947年,孙鸿泉在国内率先开展内耳开窗术治疗耳硬化症,病人听力有明显改善。他仍不满意,一直苦心钻研,终于在六年后又创用改良内耳开窗术,疗效很好,吸引国内更多医师前来学习。其后他又首次将内耳开窗术应用于治疗先天性耳畸形,也取得显著效果。

20世纪40年代末,当时的口腔科、眼科、神经外科手术水平不高,人员又缺乏,孙鸿泉教授以其广博的知识、深厚的理论基础和高超的手术技能,突破了耳鼻喉科的范围,对前述科别的许多疑难重症也在国内领先开展并取得成功。例如他开展的经颅中窝行三叉神经感觉根切除术治疗顽固性三叉神经痛、颈淋巴结根治性清扫术、上颌骨及眼内容物摘除术、唇裂及腭裂整复术、面神经减压术、面神经改道缝合术、膜迷路电凝固术治疗美尼尔氏病、大脑侧室乳突窦吻合术治疗脑积水、双侧喉外展麻痹的手术治疗等。

20世纪50年代他在国内率先开展的手术主要有鼻部脑膨出手术、舌癌切除术、下咽部癌咽喉及颈食管切除、一期咽喉颈食管切除、鼻裂层皮瓣整复术、中耳癌的手术治疗、鼓室成形术及其改良术式、面神经移植术、枕骨下入路听神经瘤切除术、喉疤痕性狭窄的手术治疗、鞍鼻整形术、鼻咽部与颅骨内脊索瘤手术、额骨板障肿瘤切除术、颈动脉体瘤切除术、原发于卵圆孔硬脑膜纤维瘤经颞下窝途径摘除术、经鼻中隔及鼻窦垂体瘤切除术、中耳颈静脉体瘤切除术、经鼻窦途经取出蝶鞍异物和颅中窝途经摘除颞骨巨细胞瘤手术等30余项。这些资料均被收入他主编的我国第一部《耳鼻咽喉科手术学》中,由人民卫生出版社于1958年出版发行,并在1982年再版。

1962年,孙鸿泉教授与助手们开始新的探索,在狗身上反复进行喉头移植试验,经艰难探索,终于在1963年取得国内首例狗喉移植成功,登上科学高峰。

孙鸿泉教授不但在本专业耳鼻喉科,而且在口腔科、眼科、神经外科取得一系列创新成果的根源在于他深厚的理论功底、扎实的技术基本功,能瞄准世界学术前沿,借鉴国内外先进科学技术新进展,一贯结合临床搞动物试验和医学科研,敢于创新,善于总结,精益求精,不断提高。他在做某一种新手术前总是先在实验动物身上或尸体上模拟、练习,反复操作直至熟练,有百分之百的把握,才用到病人身上,所以没有不成功的。他对病人高度负责的精神是出了名的。有一次他接诊一位怀疑鼻咽癌的病人,连做四次活体组织检查,病理报告均正常。他以自己丰富的临床经验判断,更相信病人的临床症状表现和自己的检查所见,不能排除癌症的诊断。于是他耐心说服动员病员和家属,再做一次活检。他在可疑病变部位多取了部分组织,结果证实是鼻咽癌,使病人得到早期及时的根治,一直被传为佳话。

他主编的《耳鼻咽喉科手术学》已成为该专业经典学术著作,为耳鼻喉科医师和实习医生重要参考书,影响所致,声名远播,省内外专业医师纷纷前来取经、进修。1951年,国家卫生部指定齐鲁医院耳鼻喉科为全国进修基地,委托孙鸿泉教授举办全国耳鼻喉科高级师资培训班。其后每年1～2期,直到60年代初。1953年,在孙教授积极倡导和大力推动下,山东医学院开设了国内首届《耳鼻喉科学》四年制大学本科专业班,共招生59人。无论是全国高培班还是大本专业班,他总是亲自制订培训和教学计划、编写教材,而且多是亲自讲课、进行技术培训,有的还手把手教手术操作。其严格精细的教学作风和热心耐心的执教态度,造就了大批耳鼻喉科高级专门人才。现在他们遍及全国各地,成为该学科的专家和学术带头人,并经常到国外讲学，在国内外造成良好影响，不但提高了我国在耳鼻喉科领域的国际地位，也促进了耳鼻喉科事业的发展，并推动了口腔科、眼科和神经外科等兄弟专业的发展。党和政府以及医院领导均对孙教授委以重任，并给予很高的荣誉。他历任齐鲁医院耳鼻喉科主任、教研室主任、中华医学会耳鼻喉科学会全国委员会委员、山东省耳鼻喉科学会主任委员，山东医药卫生学会常务理事、中国民主同盟山东省委员会常务委员、山东省及全国人大代表、山东省及全国政协委员，先后获山东省卫生系统先进工作者、山东省特等先进工作者、全国先进工作者（两次）荣誉称号。孙鸿泉是医学界德技双馨、大医精诚的楷模，永远为人们所赞颂。

（田道正）

经济学泰斗薛暮桥

薛暮桥

薛暮桥(1904～2005),原名雨林,江苏无锡人,当代中国杰出经济学家,中国经济学界泰斗,首届中国经济学奖获得者,被誉为“市场经济拓荒者”,是新中国第一代社会主义经济学家和高级经济官员之一。

薛暮桥1918年考入江苏第三师范学校,1927年加入中国共产党,1938年任新四军教导总队训练处副处长。1943年,任中共山东分局政策研究室主任、省工商局局长。1945年,任山东省政府秘书长、实业厅厅长。1946年,兼任临沂山东大学经济系主任,讲授《思想方法和学习方法》。1947年,任中央华北财经办事处副主任兼秘书长,1948年,任中央财经部秘书长。中华人民共和国成立后,历任政务院财政经济委员会秘书长兼私营企业局局长,国家统计局局长,国家计委副主任,中国科学院哲学社会科学学部委员,国务院科学规划委员会副秘书长,国家经委副主任,全国物价委员会主任,国家计委顾问、计委经济研究所所长,国家经济体制改革委员会顾问,国务院经济研究中心总干事、名誉主任,全国工商联高级顾问,中国统计学会、中国计划学会会长,中国价格学会第一、二届名誉会长,中国统计学会第一届会长、第二届名誉会长。

薛暮桥生在一个破落的地主家庭,年仅20岁薛暮桥已经成为当时沪杭铁路车站中最年轻的站长。他亲眼目睹了军阀祸国殃民的暴行,毅然投身于铁路工人运动。1927年,加入了中国共产党。“四·一二”政变后被捕入狱。在狱中,他目睹许多共产党人生死关头仍孜孜不倦读书、追求革命真理,受到强烈震撼。他深刻地领悟到,共产党人在任何时候也不能虚度岁月。当时这个监狱共关押着三百多名政治犯，知识分子占多数。他们利用狱卒管理不严的条件，从狱外弄来很多进步书籍，相互交换传阅。他还结合读书，学习了英文和世界语。先后读了威尔士的《世界史纲》《欧洲近代史》，并利用阶级斗争观点来分析、研究历史，懂得了解决土地问题的几种方式，为以后研究政治经济学、农村经济打下了基础。他还阅读了英文本的法国《人权宣言》、美国的《独立宣言》、美国宪法，懂得了各国的政治制度，如总统制、内阁制、各种选举制度等。薛暮桥读得最多的是政治经济学方面的书，苏联布格达诺夫的《政治经济学》、日本河上肇的《资本主义经济思想史》、日本古典经济学和近代资本主义经济学的著作，互相比较，加深理解。还读了摩尔根的《古代社会》、达尔文的《物种起源》，以及生物学、天文学的一些名著，丰富了他的世界观、宇宙观。在三年监牢生活中，他读的书比正规大学读的书还多。这些为他后来成为“中国经济学界的泰斗”奠定了基础。1979 年 10 月，薛暮桥去美国访问，在费城看到了《独立宣言》的原本，薛暮桥告诉美国教授们：“五十年前我就读了《独立宣言》，那时万万想不到 50 年后会在这里读到它的原本。”教授们听了十分惊奇，问他是什么大学毕业，薛暮桥答：是“牢监大学”毕业的。

1932 年出狱后不久，薛暮桥幸运地遇到了经济学的启蒙老师陈翰笙。在老师的指导下经过一个月的调查，发表了第一篇经济学调查报告：《江南农村衰落的一个缩影》揭示农村封建经济破产的必然性。不久，日本的《改造》杂志翻译转载了这篇文章。他在担任《中国农村》首任主编期间，用巧妙的笔法宣传马列主义和党的民族统一战线，成为我党在国统区对青年开展启蒙教育的进步刊物。

抗战爆发后，他参加了新四军。1943 年，辗转来到山东抗日根据地，先后任省政府秘书长兼工商局长等，从事经济领导工作。同时，一个经济难题也摆在了他的面前：在国民党政府发行的法币、日伪政府发行的伪币的压力下，根据地发行的抗币处于劣势，物价急剧震荡。他研究认为：稳定物价的唯一办法是驱逐法币，使抗币独占市场。这一举措实施后不久，抗币占据了市场，物价大幅回落；为防止物价继续下挫，根据地加大抗币发行量，购进物资，从而稳定了物价。他利用经济规律取得了对敌货币斗争的胜利。为保持山东解放区的物价稳定，他利用山东沿海盐业资源丰富的优势，实行食盐专卖，不仅取得大量的财政收入来支援抗日战争，并且利用食盐输出所得的敌区货币，换回当时解放区急需的各种物资，打破了敌人的经济封锁，并以此压低了敌区货币和根据地货币的比价。在金本位制的时代，薛暮桥提出了自己独特的观点：货币的价值决定于货币发行数量，而不取决于它所包含的黄金价值。三十年后，世界各国废止金本位制，“币值决定于货币发行数量”，已经成为大家公认的原理了。薛暮桥在山东抗日根据地主持经济工作期间，利用自己丰富的经济理论知识，兼任临沂山东大学经济系主任，经常去临沂山东大学讲课，主要是讲思想方法和学习方法问题。1942 年参加整风运动时，他曾认真学习了毛泽东的《改造我们的学习》《实践论》和刘少奇的《人为什么犯错误》等著作，写了许多学习笔记，后来加以整理补充，用作讲课教材。这本教材曾由新华书店出版,书名为《思想方法和学习方法》。后来日本共产党把它译成日文,作为共产党员学习的课本,发行数量比在中国国内大得多。

中华人民共和国成立以后,薛暮桥担任国家计委副主任、国家统计局局长和全国物价委员会主任等职务,在繁忙的工作中,仍不放弃对经济学的理论研究工作。"文革"前的十七年间,共发表过近30篇经济学论文,对于我国国民经济的社会主义改造、计划经济、商品生产和价值规律、按劳分配等重要问题进行了探讨,1979年4月出版的《社会主义经济理论问题》一书,正是其中部分文章的汇编。

"文革"中,作为"经济学界反动学术权威",薛暮桥虽被关进了"牛棚",却表现得非常超然和乐观。在干校"劳动改造"时,分配他在夜间看护粮食,薛暮桥就利用这个时间构思"政治经济学(社会主义部分)"的内容,每当黎明收工时,顾不上休息,连忙把夜晚思考的问题记录下来。就在这样的恶劣环境中,他完成了这本书的初稿、二稿,后来又在病中反复改写多次,这就是著名的《中国社会主义经济问题研究》一书。此书系统总结了1949年以后20多年经济工作的经验教训,批评了违背社会主义经济规律的"左"倾错误,强调按客观经济规律把社会主义建设引上正确轨道,并对经济体制的改革进行初步的探索,一时之间引起巨大反响,并译成多种文字在国外出版。日本《产经新闻》描述了当时的情景:"中国有一本书,跑遍全北京都买不到,这就是薛暮桥所著《中国社会主义经济问题研究》,北京各经济机关、公司和北京各国大使馆都想买,也买不到。""文革"前长期担任中宣部部长的陆定一推荐这本书干部必读材料和高等院校经济系的教科书,全国各省紧急加印,发行达1000万册,创下了专业理论著作空前的纪录。

1980年,薛暮桥任国务院经济体制改革办公室顾问,虽已是耄耋之年,仍以极大的热情关注社会经济现象,关注改革开放进程,并不断发表文章、著述,参与理论和政策的讨论与决策,提出一个老经济学家的真知灼见。如针对社会上保守思想回潮的思想倾向,1991年1月他在《中国社会科学》杂志发表《关于社会主义经济的若干理论问题》一文,对社会主义经济作为一种商品经济从理论上进行探讨。文中对商品、货币、市场、计划、劳动工资、财政税收、银行金融、所有制、企业制度等十个问题,联系实际进行分析,反对把建立社会主义有计划商品经济同建立社会主义市场经济对立起来,把有关我国市场取向改革的理论和政策论述提升到一个新的高度。从1980～1988年,相继出版了《当前我国经济若干问题》《我国国民经济的调整和改革》《按照客观经济规律管理经济》《改革与理论上的突破》等四部反映改革开放以来经济研究成果的论文集。1990年12月,天津人民出版社将其汇集成为《论中国经济体制改革》一书,共收入1977～1990年间的论文、报告54篇。

薛暮桥的前半生,是在中国内忧外患、满目疮痍的苦难岁月里度过的,这激励他在青年时代就立志用所学到的经济学知识去拯救祖国。他一生的绝大部分时间是在政治经济学的各种范畴的推演和运用中度过的,但他不是一个把自己关在书斋中的学者，他总是善于从中国的实际情况出发，研究分析中国的经济问题。他非常重视调查研究，理论密切联系实际，这是他的主要治学特点。他常说："搞政治经济学，一是要理论联系实际，二是不当'风派'。"这也是他自己的座右铭。

（王玉国）

长空雄鹰王海

王海(1926～　),原名王永昌,原籍山东平度,1926年1月19日出生在山东烟台市福音村,1930年,全家迁至威海。原空军司令员,1988年被授予上将军衔。

王　海

曾经流传着这样一个故事:1984年,中国国防部部长张爱萍率领军事代表团访美,在与美军参谋长联席会议主席会见时,有两个曾经是作战对手的人,也见面了,那就是当时的空军副司令员、空军战斗英雄王海,同当时的美国空军参谋长加布里埃尔,他俩的双手握在了一起。加布里埃尔说:"你就是那位朝鲜战场上的王海?我当年就是在朝鲜空战中被你们打下来的。"王海不无深意地笑着说:"你如果再进攻我们,我还要把你们打下来。"周围一片掌声和笑声。张爱萍也风趣地说:"真是不打不相识呀。"

王海少时家里贫穷,但他人穷志不穷,不想落人之后,坚持上学,他不仅学习成绩突出,而且兴趣广泛,体育活动出色。王海自幼素有正义感,积极帮助弱小,由于胶东地区革命基础牢固,党组织健全,革命活动较多,因此王海在青年时代就较早的正式的参加党的进步组织,1944年5月,经中共地下党支部书记李新民介绍,参加了山东威海青年中队,从此走上了革命道路。

1945年9月,在山东威海中学加入中国共产党。1945年年底,中国共产党为了适应革命形势发展的需要,在山东临沂革命老区创办了"抗大"式的军政干部学校——山东临沂人民革命大学,即山东大学的前身。威海地区的招生机构就设在王海所在的威海中学,他带头报了名,积极投身革命需要。离开威海时,为了表示对家乡的热爱、表达自己的革命情怀,他将自己的名字改成了王海。改名的原因是他从小生长在海边,对大海有无限的感情,另外就是他认为作为一个革命者,应该有远大的抱负,有大海一样的胸怀。他对这个名字十分满意。王海他们这次学习之旅充满了艰辛。这是一段复杂而艰险的路程。威海在鲁东北，临沂在鲁南，两地相距1000多里，没有交通工具，全靠两条腿步行。值得一提的是，王海是11名同学中唯一的一名党员，临行前党组织指派他为负责人。经过一个月的艰苦跋涉，在一名八路军的护送下，11名学员终于在开学之前到达目的地。然而当他们怀着强烈的求知欲望，迈进革命大学校门的时候，却充满了失望。这里没有幽静的校园，像样的教室，更没有教学楼、图书馆、实验室，展现在他们面前的是一片荒园，几栋破屋。学生宿舍既没有火炕，也没有木床，地面铺上一层稻草，便是通铺。有的同学认为上当了。但随着学校领导的一席话，同学们后悔上当的念头全打消了。学校领导说："你们通过敌人的封锁线，长途跋涉，顺利到校，很不简单。你们交了一份最好的入学考试卷。我们的学校不是一所普通的大学，而是一所革命大学，是新时期的抗日军政大学。我们要自己动手，白手起家，艰苦奋斗，勤俭办校。我们一定会培养出大批革命人才。你们就是这大批革命人才中的第一批。"

革命大学开学后的第一课是艰苦建校。课程的内容是把临沂城墙上的砖拆下来，运回学校修建校舍。旧校舍修缮一新，新校舍建了起来。随着学校设施的逐步增建，规模亦随之迅速扩展，开始是四个学员班，后来扩展到七个学员班，学员由三百多人扩展到七百多人。王海是第四学员班的班长、党支部委员。这批同学中有后来任中共上海市委书记的芮杏文、电影表演艺术家仲星火等。完成了为期半个月的建校课，紧接着开始为期三个月的预科学习。预科学习不分班次，采取上大课的方式，一人一个小板凳，坐在操场上听讲课。课程的内容主要是党史，以毛泽东的《中国革命和中国共产党》《新民主主义论》《论联合政府》等著作为主要教材。目的是提高大家对中国共产党及其所领导的新民主主义革命的认识，了解当前中国革命的形势和面临的任务。通过系统的教育，使王海开阔了眼界，提高了觉悟，由单纯幼稚的青年学生，逐步变成为有理想、有目标的革命者。

1946年6月，牡丹江航校(是中国共产党领导下的人民军队为建立人民空军，在极其艰苦的情况下创办的第一所航校)创建，王海因表现优异，被选派到该校学习航空技术。王海等人被编入机械班，学习维护和修理飞机。教官指着一件件实物讲解机械构造、工作原理及维护保养的要求。这种直观教学方法看得见，摸得着，易懂易记，印象深刻。为了加深记忆和熟练操作，王海与同学们整天和破旧飞机打交道，拆了装，装了拆，直到熟练为止。然后又到飞行队跟班实习，担任机械员、机械师直接维护飞机，保障飞行训练。经过一年又十个月的学习锻炼，王海以理论和实践双优秀的成绩毕业于机械班第一期，成为一名合格的机械员。

1948年4月，飞行班第二期开始训练，王海等几名机械班第一期毕业学员，通过体检符合飞行条件，被选到飞行班第二期学习飞行，王海被分配学歼击机，想当飞行员的愿望终于实现了，并暗下决心一定要学好飞行技术，掌握好作战本领。说到飞行，困难就更多。按常规，飞行学员学飞行要先飞初级教练机，再飞中级教练机，由于缺少这两种飞机，他们一开始就飞“九九”高级教练机，这好比不会走路就学跑，带有很大的危险性。而那几架用于飞行训练的破旧飞机，有些机件是东拼西凑的，机上的设备残缺不全。王海在条件极其艰苦的情况下，发挥自身能动性，克服条件、基础上的困难，努力完成飞行训练，日本教官曾竖起大拇指说：“王君约西（好），大大的勇敢！”王海因学过机械，懂得机械功能和操纵要领，加上沉着冷静大胆心细，顺利地通过了飞行训练的各个阶段。

经过一年零四个月的艰苦训练，王海先后飞了“九九”高练、“九七”高练、隼式战斗机和“九九”袭击机，飞了起落、航行、编队、特技等课目，飞行时间100多小时。1949年8月，他以优异成绩毕业于东北老航校飞行班第二期，编入航校飞行队。

1949年11月11日，中国人民解放军空军正式成立。为适应组建空军部队的迫切需要，空军领导采取应急措施，将原在东北老航校学习，已有一定技术基础的89名飞行学员、20名空中领航学员，分配到各航校组成速成班，进行为期6个月的掌握苏制作战飞机的速成改装训练。由于王海的突出表现，12月他从东北老航校被分配到第四航校速成班进行苏制作战飞机改装训练，1950年5月按期毕业，成为人民空军的一名歼击机飞行员。

1950年朝鲜战争爆发。期间，美国不断派遣飞机侵犯中国东北领空，肆意进行轰炸扫射。为了援助战火中的朝鲜人民，保卫祖国的安全，中共中央和毛泽东主席毅然作出了“抗美援朝，保家卫国”的决策。

当时，尽管人民空军尚处初创阶段，部队组建不久，训练时间很短，毫无空战经验，空军仍然报请毛泽东主席批准，决定采取“边打边建，边打边练，在战斗中锻炼成长”的方针，以实战练习的方式分批组织部队参战。王海所在航空兵某师开赴前沿机场，进行实战练习。在出征誓师大会上，王海代表本大队全体人员立下了誓言：“为了抗美援朝，保家卫国，我们将英勇战斗，不怕牺牲，去夺取空战的胜利。别看我们都是没有打过空战的新手，我们决不怕美国那些‘老油条’，我们有压倒一切敌人的英雄气概，而决不被敌人所压倒！”

王海所在的师到达前线后，首先研究了美空军活动的特点和规律。根据美空军活动情况，以及本师担负的任务和飞行员的技术状况，决定采取稳扎稳打的办法，由小仗打起，积累经验，再逐步转入打大仗、打硬仗，避免和美空军拼消耗，力求以较小的代价夺取大的胜利。王海在听取了兄弟部队的经验介绍后，心里暗暗鼓劲：兄弟部队的战友们能够旗开得胜打掉美机，我们大队也能够在空战中赢得胜利。

1951年11月18日，王海率领他们大队与友空军（即帮助中国防空作战的苏联空军）88架飞机一起编成大机群，截击北犯的美机，乘其不备突然发起进攻，致使美机无法准确投弹，保证了地面目标的安全。为了摆脱被动挨打的局面，美机采取了一种新战术：8架飞机为一组，首尾相接，连成一个大圆圈。当你攻击其中的任何一架时，后面的美机就会咬住你的尾部，使你处于挨打的地位。面对美机的“罗圈阵”，王海迅速思考着对付的办法，片刻之间拿定了主意：充分发挥本机优越的垂直机动性能，打破美机的“罗圈阵”。几分钟的战斗，他们接连击落美机5架，获得了5比0的战果。美空军在志愿军空军和友空军的沉重打击下，在鸭绿江和清川江之间的所谓“空中优势”，受到了很大的削弱，不得不放弃对宣川、新安州这段铁路线的袭击。从1951年10月21日～1952年1月14日，在86天的参战期间，王海击落击伤美机5架，第九团第一大队被誉为英雄的“王海大队”。1月30日，空军首长将第三师86天作战情况报告了毛泽东主席和中央军委，毛泽东主席在看了这份报告后，亲笔写下了“向空军第三师致祝贺”的批语。

1952年5月1日，王海结束休整，第二次开赴朝鲜战场。一开始，由于部分人员对美空军的变化情况认识不足，对自己估计过高，没有适时采取有效对策，曾一度出现被动失利的面。沉痛的教训引起部队上下高度重视，从师、团领导到每个飞行员都从敌情观念、战术思想、指挥协同、空中动作等方面作了认真检查，吸取了麻痹大意、警戒不严、战术不灵活、没有做到敌变我变的教训，针对美机的活动规律和战术特点，研究了对策。在以后多次战斗起飞中，与兄弟部队一起击退了美空军的进犯，完成了保卫重要目标和交通运输线的任务。

紧张激烈的空战，使王海受到了更多的考验和锻炼，战术技术水平和组织指挥能力都有了一定提高。1952年11月，上级下达了新的任职命令，提升他为团长。当年他26岁，是人民空军中最年轻的飞行团长之一。

1953年1月26日，王海完成了第二轮作战任务，满载着胜利的荣誉返回了沈阳驻地。在两次参战中，王海击落击伤美机9架，荣立特等功、一等功各一次，获一级战斗英雄称号。在革命军事博物馆的南广场，至今还陈列着一架绘有9颗红星的米格-15比斯歼击机，就是王海当年驾驶过的功勋飞机。

1954年、1955年间，王海历任空军歼击航空兵师副师长、师长，他所在的部队于1955参加了解放浙江沿海岛屿的战斗。解放一江山岛的我军首次陆海空三军联合登陆作战中，他的师担负协同陆、海军夺取制空权并掩护陆军登陆作战的任务。在当时我军尚未有任何的三军联合作战经验，一切均需要探索，王海结合抗美援朝战争的空战经验，多次与陆海军指挥员探讨、学习，制定了详细、可行的作战方案，1月18日，华东军区部队发起了进攻一江山岛战役。由于战前空军已经夺得了战区制空权，使台湾国民党军方面的海空军当天未敢出动。在登陆前的火力准备过程中，陆、海、空军的火力有效地进行了协调衔接，在航渡期间更是有效地压制了大陈岛国民党军的火力，从而保证了登陆部队的顺利上岛，经一天激战全歼岛上守军，至18日下午5时30分，除少数敌军投降外，大部守敌被歼，至此战斗结束。它是人民解放军第一次十分成功的陆、海、空三军联合渡海登陆作战。战役的结果表明，人民解放军实行现代化战争的作战能力大为提高，更为重要的是，人民解放军取得了诸兵种联合渡海登陆作战的宝贵经验，意义深远。

1965年王海任空军副军长，“文革”开始后，王海因自己的正直无私，受到了迫害，无法正常开展工作，遭人诬陷，经空军机关派人调查，澄清了事实真相，1969年调任空军司令部军训部第二部长。在空军机关工作期间，王海顶住压力，不与林彪反革命集团勾结，毫无私心，受到党和军队领导人的高度赞赏。

1975年7月11日，经毛泽东主席批准，中央军委任命王海为广州军区空军司令员。广州军区空军是“文革”中受害严重的单位。他到任后抓的第一项工作，就是把训练摆到重要位置上来。他从实践中认识到，战时主要是靠打仗来锻炼部队，平时主要是靠训练来提高部队战斗力。平时多流汗，战时才能少流血。在此期间，部队的战斗力得到了极大地提高，军队的建设和训练逐步入了正轨。

1982年11月17日，王海被任命为空军副司令员，1985年升为空军司令员。他提出了飞行人员所必须具备的“八项素质”，即崇高的理想、高尚的道德、宽广的胸怀、丰富的知识、过硬的本领、严格的纪律、顽强的作风、强健的体魄。这些均成了飞行人员的努力方向和行动准则，并且受到了总部首长的高度评价，决定在全军推广，经过几年的实践，飞行员的素质得到普遍提高，战斗力明显加强。

1988年我军恢复军衔制后，被第一批授予空军上将军衔。先后被选为中共十二、十三、十四大代表，第十五大列席代表；第十二、十三、十四届中央委员会委员。是第三、五届全国人大代表。1992年离休。1998年7月，被授予独立功勋荣誉章。

离休后，王海依然热心革命工作，宣讲爱国主义，进行革命传统教育，保持了一个共产党员的光荣本色。不说大话，做人诚实、不虚伪，就是王海将军的真实写照。

（李凤莲）

水产之父朱树屏

朱树屏(1907～1976),号叔平,字锦庭,山东昌邑人,世界著名海洋生态学家、水产学家,1934年毕业于中央大学,入中央研究院动植物研究所工作。1938年到英国留学,先后在伦敦大学、剑桥大学学习,1941年获哲学博士学位。主要从事海洋浮游生物和淡水生物研究,研制成功“朱氏人工海水培养液”。1946年,受聘国立山东大学教授,创办水产系。1949年,任中国科学院研究员。1951年到青岛,任海洋水产研究所所长,兼山东大学教授。1978年获全国科学大会奖。

朱树屏

一、艰难求学

朱树屏,1907年4月1日生于山东省昌邑县一个贫民家庭。6岁时由外祖父收养,就读于外祖父任教的小学,毕业后考入县立乙种蚕业学校,后又升入山东省立第四师范学校。朱树屏聪敏好学,锲而不舍,奋发上进。得同学资助去济南,以第一名的成绩考入山东省立第一师范附设的数理专科。由于他学习成绩优异,各科成绩均为全级第一,蜚声全校。当时有人劝他在省府谋职,将来可升官发财、光宗耀祖,但他坚定地表示“从教,不从政”。“五卅惨案”爆发后,日寇炮火打进校园。他随校内守军退出城外,后奔抵临时省府泰安。他亲眼目睹了日寇侵略造成的悲惨景象,立志发愤图强,救国救民。他被教育厅派到临清省立第十一中学,后转益都省立第十中学任数理、英语教员,深受学生爱戴。

1933年,他考入南京中央大学物理系三年级。入学后发现设置的课程均已修过,遂又转入生物系二年级。他半工半读,刻苦用功,但常数日不得饱餐,教授们称赞他说“生活最苦,学习最优”。1933年暑期,朱树屏作为优秀学生代表,得到中华海产生物学会资助,赴厦门研究海产生物。这是他一生从事研究工作的开端。

1934 年毕业后,考入中央研究院动植物研究所任助理研究员,主要从事浮游生物研究。抗日战争开始后,他随中央研究院迁至广西阳朔。

1938 年 9 月,朱树屏考取公费留学英国。此次公费留学是清朝庚子赔款的一部分。离开香港时,朱树屏站在船头,远望祖国大陆渐渐远离,愤懑凄怆之情使他不禁潸然泪下,尔后即提笔写道:"食犬吐之食,勿忘其臭。忍辱负重,以庚款锥刺骨。效勾践,学韩信,许身报国。"

二、享誉欧美

留英期间,朱树屏先后就读于伦敦大学、剑桥大学。朱树屏有幸得到英国海产生物学协会主席、英国淡水生物学协会主席、伦敦大学皇后学院水产生物研究室主任 F. E. 弗里奇(Fritsch)教授的指导,开始步入学习研究浮游生物的高级殿堂。1939 年转入剑桥大学,他夜以继日地工作和学习,很快修完了动物、植物两系的课程,又修了生物化学系课程,业余和假日全用于实验和研究工作上,成绩卓著。他曾踏遍英伦三岛海岸及大小湖泊,调查水质及生物生态,并自己设计制作水质分析仪器,后由英国化学仪器公司正式生产。

20 世纪 40 年代初,朱树屏经过钻研,用纯化学试剂配制了同天然水成分近似的培养液,即通称的"朱氏人工淡水""朱氏人工海水"。经世界许多学者的实验,证明这种培养液适合海洋与淡水浮游植物的生长、繁殖,对于化学、物理要素对浮游植物生长影响的实验也非常适用。朱树屏研究了培养液矿质成分对浮游植物生长的影响,阐明了不同类型水体中,不同浮游植物的分布规律,解决了一些有关营养与代谢等生理学及其他生物学、水化学方面的问题。"朱氏 10 号"是至今国际仍广泛应用的经典标准配方;"朱氏人工海水"为国际首创,是世界人工海水研究史上的里程碑,至今在国际 20 多种人工海水中列首位。在世界海洋学领域,他是第一位并且是唯一一位以其姓命名成果的中国海洋科学家。

配制人工淡水及培养浮游植物成功后,该成果即为伦敦自来水公司及英国淡水生物研究所采用,以后又用于英国和欧洲许多实验。1941 年底,朱树屏获剑桥大学哲学博士学位。他应普利茅斯海洋研究所聘请,任雷兰克斯特研究员,继续从事海洋浮游生物研究。到职前他曾先到苏格兰的米尔堡海洋研究室,参加了那里的海产生物养殖等工作,同时研制人工海水成功。1944 年 5 月,他应聘任英国淡水生物协会水产化学研究部和浮游生物部主任,主持两个部的工作。朱树屏的研究工作受到英国淡水、海洋生物学界与科学界的尊重,曾多次获得英国海产生物学协会"雷兰克斯特研究奖位"。他是首位获此殊荣的中国科学家。

虽然,朱树屏在英国成果累累,屡获殊荣,但仍念念不忘报效祖国。只是由于欧战正酣,国内正遭日寇侵凌,使其一时无法实现报国宏愿。他曾捐款支持陶行知先生"教育救国"的行动;和其他留英同学编辑《东方副刊》,寄到国内印刷;通过伦敦电台每月向中国广播，介绍国外学术研究、新技术和工业进展概况等，以尽其拳拳报国之心。

抗战胜利后，他应云南大学聘请回国任教。但由于得不到回国船位，1946 年 1 月暂应聘到美国伍兹霍尔（Woods Hole）海洋研究所任高级研究员，仍从事浮游生物的研究。离英前，他了解到国内各大学设备和经费的困难情况，为归国后开展云南高原大湖调查，他用薪俸余存购置了调查工作所需的文献及用具，先期运回昆明。从美国归国前，他也只留下归国路费，其余全用于购置野外调查和室内研究用具。1946 年 12 月，他谢绝了伍兹霍尔海洋研究所的一再挽留，回到了阔别多年的祖国，到云南大学生物系任教，同时投身于云南各大湖的调查。

三、创建水产

抗日战争胜利后，停办八年之久的国立山东大学于 1946 年初复校。

经教育部和“中英庚款董事会”协商批准，1946 年 3 月，山东大学海洋学院水产系筹备工作开始启动。系主任的首选是时在美国伍兹霍尔海洋研究所任高级研究员、藻类研究室主任的朱树屏先生。

朱树屏系中科院选派的公费留学人员，原则须回原单位。且在此之前，朱树屏已先接到云南大学的邀请，并领取了一年的薪金，故不能立刻来山东大学工作。经与中科院协商，双方同意，1947 年结束云南大学工作之后，由山大借聘一年，帮助山大创建水产系。

1946 年 10 月山东大学复校招生，水产系首届录取 53 名新生。当时，水产系新设，有名无实，学生只有先在动物系学习英语、数学等基础课，系务工作则由校方暂为掌管。1946 年 12 月，朱树屏正式接受山东大学的聘请。赵太侔在征求朱树屏意见后决定在朱树屏到任前，暂由曾呈奎代理水产系主任。

1947 年 7 月，朱树屏出任山东大学水产系主任。此时水产系隶属农学院，由泰山路分校迁回鱼山路本部。朱树屏到任后，将从英国带回有关海洋、水产科研、教学方面的书籍、资料及一些实验设备同时赠送给了水产系。

朱树屏到任之前，应赵太侔校长之托，已编制了水产和海洋系各专业教学大纲和课程安排。到任后，朱树屏结合中国具体情况重新修订了二系教学大纲及各专业课程，他将水产系设置为养殖、渔捞、加工三个专业。与此同时，朱树屏夜以继日编订了浮游生物学、应用湖沼学等多门专业教材。经他多方聘请，戴立生、王以康、王贻观等多位教授和讲师康迪安、辛学毅等先后到水产系任教。朱树屏亲自教授海洋学、浮游生物学、应用湖沼学。由于他渊博的学识和丰富的科学实践，讲课生动、丰富、引人入胜，除本系学生挤满教室，植物系、生物系的同学们也纷纷赶来听课，学生们感到了从未有过的学习乐趣。

在水产系教学走上正轨之后，朱树屏又多方奔走，为水产系的进一步发展筹划。他多次致函教育部朱家骅部长、农业部岳军部长、善后保管委员会负责人张公桥等人，请求调拨物资，支援山大水产系建设，为山大水产系争取了一大批教学、实验物资和设备。

朱树屏到任之初，即着手解决专业师资缺乏的问题。他提出了一个战略性和前瞻性的设想和规划，建立水产研究所，培养水产研究生，充实师资。1948 年 5 月，在朱树屏坚持不懈的努力下，中央政府终于批准在山东大学水产系建立水产研究所，招生水产专业研究生。

为加强学生的基础课及专业课的学习，以弥补初创之不足，朱树屏提议经校务会批准，水产系在暑假开办补习班。经朱树屏多方联系，水产学家陈同白、中央气象研究所所长赵九章、中央研究院任献文等先生以及美国耶鲁大学 O. bomec Hutely 教授与休斯敦大学 G. C. clcy 教授等，应邀到山大水产系讲学。

1948 年 9 月，朱树屏聘期已满，按照协议，朱树屏必须回上海动物研究所任研究员。无奈，朱树屏只好忍痛割爱，离开了他一手创办的、凝聚着他的心血和辛劳的山大水产系。为不使水产系再次停滞，朱树屏推荐沈汉祥先生继任水产系主任。

朱树屏先生虽然离开了山大水产系，但却无时无刻地牵挂着水产系，而山大水产系也同样离不开他，他时时与山大水产系保持着联系。1951 年，朱树屏先生调回青岛工作，山东大学再次聘他为水产系教授，继续为山东大学水产系讲授湖沼学、浮游生物学、水化学等到专业课程。

四、献身海洋、水产事业

1948 年 9 月，朱树屏先生回到上海动植物研究所。不久他便率队出海，进行舟山渔场海洋调查。时值国内解放战争，人心惶惶，物价飞涨。曾有人约他一道再度返美工作，但朱树屏说："祖国生活困窘、科学落后，正是需要我们的时候。"毅然拒绝。1951 年朱树屏回到青岛，在中国科学院水生物研究所海洋生物研究室工作；同年 3 月调农业部水产实验所任所长，兼中国科学院海洋生物研究室研究员、山东大学水产系教授。

当时水产实验所的科学研究工作尚未走上轨道。他到任后，对机构设置、人员配备、设施建设、科研规划等均具体操持、不遗余力，1952 年又设立资源、渔捞、海产养殖、淡水养殖和水产加工五个研究室，使研究所的调查研究工作全面展开。60 年代初，为了海洋生态和初级生产力入手加强资源与渔业研究，又建立了生产力研究室和实验生态组，并相应地增加了实验场、同位素实验室、恒温室等基础研究设施。他亲任海产养殖研究室和生产力研究室主任，领导和指导了多项开创性的重大科研项目和课题，解决了近海渔业资源、渔场综合调查、海带及紫菜人工育苗与养殖、海带南移等生产中急需解决的关键性科学技术问题，分别受到全国科学大会、中国科学院和山东省的奖励。在他直接培养指导下成长起来的科研人员不少成了学科带头人。他为当时国内唯一的全国性的水产科研机构的建设和发展做出了奠基性的贡献,使该所成为中国水产界成果最多、世界知名的骨干科研单位。

朱树屏作为海洋生态学家、中国水产学科带头人,多次参加国际学术会议和合作谈判等科学技术活动。1954年,他参加中国经济代表团,应邀到蒙古人民共和国进行湖泊调查,完成了蒙古曾向其他邻国求援但长期未能解决的调查任务。归国后受到周恩来总理接见,并表扬他为国家争了光。他是太平洋西部渔业研究委员会的中方专家,担任该委员会海洋渔业专业组副组长,在该会历次全体会议上发表论文多篇。1956年,他参加国务院科学规划委员会组织的访苏代表团,作为水产方面的顾问,同苏方商洽中苏水产科技合作草案;1957年参加领导中苏合作黄、东海越冬渔场调查;主持1958~1960年中苏合作的"发展海洋渔业和利用海洋渔业资源的调查研究"项目。他参与了我国1956~1967年和1963~1972年两个科学技术长远规划的制定工作。

朱树屏始终贯彻科学为生产服务的方针,十分关心山东省的水产生产与科学研究,曾兼任山东省水产厅副厅长,山东省科委海洋生物水产组副组长、水产分组组长。他十分重视并热心参与学会工作和学术活动,先后担任海洋湖沼学会第一、第二届常务理事,第三届副理事长兼秘书长;筹建中国水产学会,担任第一届副理事工。担任国家科学技术委员会水产组副组长,海洋组成员,通过科委水产组协调与组织了全国各部门的水产科研工作。朱树屏历任全国政协第三、四届委员会委员,山东省第二届人民代表大会代表,青岛市人民代表大会代表,青岛市政协第二、三、四届副主席,中国民主同盟青岛市委员会副主任委员等职。

"文革"当中受到摧残而患重病,1972年朱树屏因病住进了医院。周总理获悉后立即指示青岛市委:"听说树屏同志病了,请认真治疗。"终因癌变扩散,医治无效,于1976年7月2日与世长辞。按照朱树屏先生遗嘱,将其骨灰撒于大海和江湖。一位世界著名的海洋、水产科学家最终将自己的生命全部奉献给了生他养他的祖国,奉献给了他一生研究的大海。

(耿德良)

稀土矿床之父何作霖

何作霖(1900～1967),河北蠡县人,著名地质学家。1920 年,入北京大学地质系,师从李四光、丁西林。1938 年,到奥地利茵斯布鲁克大学留学,1939 年获博士学位。1946 年,任国立山东大学教授,创建地质矿物学系并任系主任。1951 年,兼任教务长。1952 年,调任中科院地质所研究员,1955 年当选为中科院院士。自 1933 年,他开始研究白云鄂博矿石,发现两种稀土矿物,并预测该矿稀土元素储量丰富。1958 年,率中苏科考队查明白云鄂博矿是世界最大的稀土矿床,储量占世界总量的 80%,其矿物组成超过 150 种,使中国成为世界上绝对的"稀土大国"。

何作霖

何作霖是著名的矿物学和岩石学家、地质教育家、中国稀土矿的发现者、中国岩组学奠基人。何先生无论是在科研还是在教书育人方面均取得了卓越成就。他勤奋努力、精益求精的工作态度,治学严谨、大胆创新的科学精神,诲人不倦、要求以严的育人方法,尊师重教、为人师表的人格魅力,使何先生在地质学领域取得了一系列辉煌的科研成果,成为中国的稀土之父,同时为国家培养了一大批高级科研人才。

一、发现稀土

早在 1927 年,丁道衡先生随中国西北科学考察团自北京到新疆考察,在内蒙古草原发现了白云鄂博铁矿,1930 年返回北京,带回很多标本进行室内研究。对采集回的铁矿石标本在室内观测研究时发现了很多问题,于是请矿物岩石专家何作霖先生作岩石矿物鉴定。丁道衡与何作霖是就读北京大学地质系的同窗,而且深知何作霖是岩石组构研究、矿物光性研究和岩石矿物鉴定的行家里手,由他进行矿物元素的检测是再合适不过的了。何先生通过检测矿石标本，断定除铁矿物、萤石、重晶石外，还发现了两种未知矿物。

1934年，这两种位置矿物引起了何先生的极大关注。他在实验室将标本破碎后分离出微量矿物样品，用钠光灯照射，发现它们颜色不同，因此怀疑其中含有稀土。

随后，何先生用岩石偏光显微镜和费氏旋转台测定了这两种矿物的物理性质、光学性质等等科学数据，并将它们定名为白云矿和鄂博矿。何先生根据多年的经验和已经掌握的科研数据，判断这两种未知矿物的化学成分中应该含有稀土元素，只是需要更先进的仪器设备进行检测加以证明。何先生就向当时北平研究院物理研究所所长严济慈请求援助，严先生把矿物标本送给在上海自然科学研究所的助手钟盛标进行光谱分析，经测定，光谱仪证实了何先生的推断，未知矿物是独居石和氟碳钙铈矿，从此中国也有了稀土资源。后来探明，中国的稀土资源占全世界总储量的80％，也只有稀土使中国在资源领域排名第一。为我国的高科技发展做出了不可磨灭的贡献。

二、科研巨擘

何作霖先生在地质学研究方面最大的特点就是他的创新精神。他能敏锐地捕捉住学术发展的最前沿信息，开拓出新的研究领域，成为某一学科的开创者。岩石组构，即岩石中矿物的排列形式，它反映了岩石形成的时间、形成后的状况等，能给地质学研究提供重要的信息。在20世纪30年代初期，何先生就率先抓住这一研究方向，发现了两种新的石英组构类型，最先研究了硅化木的生长组构，成为我国岩组学的开拓者。

此外，何先生在岩石组构研究过程中，发明了世界上第一台X射线岩组相机。1938年，何先生到奥地利茵斯布鲁克大学留学，期间，他接触到岩组研究最先进的X射线结晶学仪器。因为之前何先生改进的旋转台只能测量较大岩石的组构，对于细微岩石的组构无法测量，根据X射线的原理设计一种相机就可以轻易解决这个问题。经过三年多的努力，何先生终于发明了世界上第一台X射线岩组相机，并用它研究了玛瑙的生长组构和千枚岩的组构。后来又发明了极射赤平投影岩组研究方法，根据航空摄影照片就可以用赤平投影方法计算出岩层状态。这些发明创造极大地推动了我国乃至世界岩石组构的研究。

何作霖先生还是我国矿物光性研究的奠基者，何先生1932年执教北大时就开设了光性矿物学课，并于1935年第一个用中文编著了《光性矿物学》。发明了“用四轴旋转台直接将光学轴与显微镜坐标相合，不用投影网，与五轴相同”的矿物光性研究方法，被认为是当时国际领先的技术方法。

三、创建山大地质矿物系

何作霖先生不仅科学研究硕果累累，而且在教书育人方面，也是桃李满天下。

何先生辗转多所高校，执教数十年，而山东大学则是其教育理念得到充分展现的一站。何先生 1946 年经著名地质学家李四光推荐到国立山东大学筹建地质矿物系，并兼系主任；1951 年经华岗校长推荐，任山东大学教务长，参与创办了《山东大学学报》。1952 调任中科院研究员。六年间，他崇尚学术，注重人才培养，不辞劳苦，言传身教，使地矿系形成良好的系风、学风、学术思想和教育思想，为我国地矿教育事业做出了重大贡献。

何先生筹建地矿系像他做一项研究一样，思路高远，周密细致，敢于创新，自强自立。着手建系之前，就确立了“建立以矿为中心，矿业为归宿的理论联系实际，科学指导生产的思想”。当时国内大学的地质系，都突出地质学而不重视矿物学，为改变这一缺陷，何先生把系名定为地质矿物学系。这也是国内第一个重视矿物学的地质系。

如何把地矿系建好，培养出合格的人才是何先生思考的头等大事。师资队伍建设理所当然就成为建系工作的重中之重，何先生千方百计广罗地质学和矿物学界人才来山东大学任教，很短时间内，地矿系就形成了强大的师资阵容，除何先生外，还有留学德国波恩大学的小型地质构造专家张寿常教授，留学英国剑桥大学的古生物学家王庆昌教授，留美的矿床学家胡伦积教授，留美的古脊椎动物专家周明镇教授，还有毕业于北京大学地质系的青年教师关广岳、王麟祥等。这其中有不少就是因仰慕何先生的人品学品而加盟山大地矿系的。张寿常教授原是中央研究院的研究员，因敬佩何先生是我国岩组学的创始人，经常利用假期来山大学习交流，经何先生挽留就离开原来单位来地矿系任教；又如王庆昌教授，曾留学剑桥大学，与何先生又是大学同班同学，自然也就答应了同学的邀请，来山大执教；等等。

重视学科建设是何先生建设地矿系的又一个重要内容。建系之初，师资不能满足教学要求，许多课程不能开课，何先生一面多方聘请师资，一面充当多面手，凭借丰富的科研实践经验，渊博的专业知识，开设了普通地质学、普通矿物学、光性矿物学、火成岩石学、变质岩石学、构造地质学、费氏台及岩组学、X 射线晶体学等课程，这些课程填补了多个学科设置的空白。其次，何先生大力倡导其他开课老师自己编写教材，他也身体力行，如何先生的《光性矿物学》，张寿常教授的《构造地质学纲要》等就是山大地矿系成长过程中留下的宝贵科研财富，这种优良的办学特色逐渐成为地矿系教学和学科建设的传统，使地矿系创建伊始就充满生机和活力，为其发展、壮大乃至后来海洋大学地学院的成立奠定了基础。何先生从事科研、教学并非关起门来做学问，他尤其重视理论联系实际，注重科研成果为国家建设服务。1951 年，何先生担任山东大学教务长，正值新中国刚刚成立，国家百废待兴，各项建设，工业生产都需要矿业的支持。他急国家所急，把地质和矿业结合起来，同时也实现自己办地矿系的初衷，组建了采矿系。这是个应用性很强的系科，能够为国家直接培养输出大批基本功扎实、业务能力强的矿业应用型人才，服务国家建设。

创办地矿系涉及各面的工作，麻雀虽小，五脏俱全，除师资、学科建设外，图书、标本、仪器、模型、辅助设备设施等都要齐全，实验室、矿物标本、仪器更是地矿系教学、科研必不可少的。何先生充分发挥动手能力强的优势，不断探索，自己动手设计出许多经济实用的新仪器，新技术。1947 年，系里开设光性矿物学课，需要在显微镜下观测矿物，但必须把矿石磨成透明的薄片。没有设备，没有专业人员，何先生亲自动手建起磨片室，从人员培训、岩石切割，到磨成标准厚度的薄片、加载玻璃的全过程都是手把手地教。

何作霖先生在建设地矿系的同时，更关注对学生的全面培养。何先生培养学生还有自己的一套方法。首先，是严。无论室内教学，还是野外实习他都严格要求，重视学生基本功的培养。有一次实验课，他发现有的同学对显微镜操作不规范，就非常着急，让大家停下来讲解显微镜对地质学者的重要性，不能正确使用和爱护显微镜，就不会成为一个优秀的地质学家。然后会细致地讲解显微镜的操作，直到每个同学都能按规范正确、熟练使用显微镜为止。何先生总结多年的教学经验写出培养学生基本功的训练提纲，详细制定了各种培训内容。1952 年，何先生调到中科院，就把这套培训内容推广到对中科院年轻人的训练中。所谓严师出高徒，凡上过何先生课的学生，虽开始不适应，但事后都感到终生受益。他的学生很多都成为地质学界的精英，发现铌钽元素的张培善，俄罗斯自然科学院院士王东坡等就是其中的典型代表。其次，强调学以致用，把学习与生产建设相结合。为提高学生的野外工作能力，何先生会亲自带领学生跑西山八大处，爬虎头山，跑三家店等。1949 年 7 月，华东军政委员会函请山东大学地矿系进行地质勘探，何先生欣然接受任务，亲自率师生对淄博—莱芜—泰安一线实地勘察。经过三个月的辛苦奔波，何先生一行在莱芜发现了九条铁矿脉，一个大型煤矿。1950 年，何先生又带领师生对莱阳盆地进行地质调查，发现了恐龙及恐龙蛋化石，引起古生物学界的轰动。理论与实践相结合的教学法调动了学生的学习积极性，加深了对理论知识的学习，清楚认识到地质与国家建设的关系。第三，何先生的人品、言行也起到表率作用，潜移默化地影响着自己的学生如何做人、做事。何先生是严师，但在学术上提倡民主，他鼓励年轻人敢于提出新观点、不同的观点。研究水平较好的见习员，也同样会得到提拔重用。何先生生活简朴，没有不良嗜好。很少为自己添置衣物，直至去世，仍穿着每天上班所穿的中山装。

（耿德良）

古史专家杨向奎

杨向奎(1910～2000),字拱辰,河北丰润人。我国历史学一代宗师,著名史学家、经学家、教育家。他从事历史教学和研究工作的60余年,先后致力于中国社会史、经济史、思想史、学术史、历史地理的研究,勇于探索,勤奋治学,著述宏富。主要科研成果有:《西汉经学与政治》《中国古代社会与古代思想研究》《中国古代史论》《清儒学案新编》《大一统与儒家思想》《宗周社会与礼乐文明》《墨经数理研究》《自然哲学与道德哲学》《哲学与科学——自然哲学续编》《绎史斋学术文集》《绎史斋学术文集》《缁经室学术文集》等;论文200余篇。

杨向奎

1931年秋,杨向奎进入北京大学历史系,师从著名历史学家顾颉刚教授。1935年于北京大学历史系毕业后曾在学校文学研究所短期工作。抗战时期先后在后方的甘肃师院、西北大学、东北大学等校任教。1946年,到山东大学任教,担任山东大学中文系教授、主任,历史系主任,历史语文研究所所长,文学院院长,科学研究委员会副主任委员,《文史哲》主编,中国史学会青岛市分会副主任。1956年,调任中国科学院历史研究院至今。曾任孔子基金会副会长,墨子研究中心名誉主任,中国人民政治协商会议第五、六届全国委员会委员,国务院学位委员会历史学科第一届评议组成员。2000年7月23日,杨先生因急性心肌梗死辞世。

一、山大情怀　心连青岛

杨向奎1946年到青岛山东大学中文系任教,后兼任系主任。青岛解放后,他成为山东大学校务委员会的24名成员之一。1949年,杨先生与赵纪彬(纪玄冰)先生创建了历史系(今历史文化学院),并担任首任系主任。1952年,兼任文学院院长和历史系主任。在青岛期间，他主持创刊了《文史哲》杂志，这在当时是国内最早的文科学术研究刊物。从此，《文史哲》杂志一改过去学术界沉闷的学术气氛，引领全国学术潮流，成为全国学术界的一面旗帜，引发了古史分期问题和红楼梦研究问题的大讨论。

在山东大学期间，先生是当时山东大学热情支持爱国学生运动的极少数进步教授之一。新中国诞生后，先生又是当时山大唯一的一位最先光荣参加中国共产党的专家学者。尤其在事关发现和培养后备人才、系乎学术生命等战略问题上提出了一个又一个新创意，如创建山大历史系并亲任主任，创办《文史哲》并亲任主编，倡议开发历史档案宝藏，号召历史工作者除文献外必须重视考古和社会调查等，都堪称金声玉振，金玉良言。

二、博学多才　成就斐然

杨向奎认为，研究哲学而不懂宇宙、时空等问题，不可能具有科学的世界观。没有伟大的思想就很难有杰出的科学成就。正是基于这种思想，杨向奎教授治学横跨社会科学和自然科学（晚年是以自然科学、尤其是熵物理学为主）两大学术领域。杨向奎在学术研究上最主要的贡献，是对基础科学的分类及自然科学和社会科学两大学科的交叉运用和相互借鉴。在基础科学中，杨向奎认为最重要的是理论物理和历史科学。他强调说，理论物理是自然科学中的基础科学，是探讨和研究自然发展规律的科学。自然本身是无知的混沌，人类对自然的研究，使自然有了透明度，自然的透明度又增加了人类的知识，这样相互推进，我们才知道，自然是无限而有界的。

在自然科学领域，杨向奎的贡献主要体现在理论物理学的研究上。以探索理论物理学、尤其是熵物理学的奥秘为主，兼及量子力学和数学。他为自然科学、尤其是熵物理学的发展做出了积极而又重要的贡献。具体而言，则体现在时间与空间、引力和熵的研究上。为了解答熵是什么，杨向奎从上世纪60年代中后期开始研究理论物理学，70年代中写出《引力和熵》的长篇论文，其英文名字是 *Entropy and Graviton*，并印出了征求意见本。他还坚定地表示："研究学问，干任何一种事业，不会没有冒险，怕冒险就不可能取得成绩，更不会成功。我坚信我的理论一定是正确的，是经得起时间的检验的。"果然，90年代初，英国的 Howking 教授在他的著作中也谈起了引力和熵。这使杨向奎"很惊奇"，因为"十年后居然有同路人了，真是道不孤必有邻了"。

在社会科学领域，杨向奎以史学为主，兼及哲学、经学、小学、民族文化、历史地理，为我国的社会科学、尤其是历史学的发展做出了积极而又重要的贡献。杨向奎在历史学中的贡献，主要体现在对中国古代社会的研究，尤其是对上古史的重建上。杨向奎贡献最大的"还是对上古史的重建""杨派上古史是有成立的基础的，它的两大支柱即神守、社稷守和炎黄文明”。可以说，正是在这种思想指引下，杨向奎以极大的精力重塑上古史。具体说来：他研究了神守和社稷守的问题，并提出中国封建社会的开端与分期的观点。他认为：“解决西周社会性质的问题，是解决中国古代历史分期的关键；而要解决西周社会性质首先应当解决物质资料生产者的地位变化问题，究竟谁是剥削者，谁是被剥削者的问题。”西周初年社会的主要矛盾表现在统治者和“殷民”的矛盾上，这大批“殷民”是剥削者主要的剥削对象。以“信仰与迷信”为题，分析了宗周的思想信仰。他指出，宗周对于上帝的信仰有所动摇，天不可信而尚德的思潮，成为当时的主流，以“风俗人情”为题，介绍了西周初年由氏族社会过渡到阶级社会不久所保留的许多氏族社会的风俗习惯和人与人之间的关系，对研究宗周社会大有裨益。

杨向奎注重研究中国古代思想史。清儒学术，又是杨向奎用力甚早、甚勤的一个领域。上世纪30年代中叶，杨向奎在北京大学历史系的毕业论文就是《〈明史〉与〈明史稿〉对校》，对清修《明史》和《明史稿》进行了对校。50年代中叶至60年代初，杨向奎又倾其全力撰写《中国古代社会与古代思想研究》一书，全书论述的都是“中国历史和思想史上的重要而复杂的问题”。自然，清代前期的学术演变，亦即清儒的汉学，成为该书论述的一个重点。80年代初，杨向奎有感于徐世昌于30年代主编的《清儒学案》实在太简陋，该书虽然作为一代学术史资料长编功不可没，但由于编写者不是学者，既不懂哲学，也不懂训诂、历史和文化，所以该书未为尽善。有鉴于此，杨向奎很早就打算重新写一部《清儒学案》。1982年，杨向奎写了一篇文章，提出即将编纂的《清儒学案新编》将以清代学术源流为纲而列出子目，其人或减于前，而文或繁于旧，从而避免“庞杂无类”，起到学术思想史及学术思想史料选编的双重作用。

杨向奎在学术思想史上最重要的一个贡献，就是编纂了一部400万字的大书——《清儒学案新编》。正如著名思想史家陈祖武所说，《清儒学案新编》是杨向奎晚年的一部代表著述，也是他留给学术界卷帙最大，内容最多的重要著述。在哲学上的贡献也是不可泯灭的。自上世纪五六十年代以来，杨向奎用了很大的精力潜心研究哲学，写出了许多诸如《哲学与科学》的著作和有关论文，在学术界产生了较大影响。在这些著述中，他对中国哲学史的发展线索、“理”的概念、“中庸”思想、儒学、“宋学”和“汉学”等都提出了自己独到见解。在经学研究上的贡献也是卓著的。众所周知，顾颉刚既是史学大师，也是经学大师。杨向奎师从顾门，也把经学研究作为自己的治学重点之一。杨向奎早年对公羊学的理论进行过认真研究，80年代末期又写出了《大一统与儒家思想》一书，详细而又全面地论述了大一统思想的缘起、公羊学的内容及其发展历程。

（英启琛）

潘氏手术

潘作新

潘作新(1903～1983)，男，山东掖县(今山东莱州)人，我国著名眼科专家，一级教授，“九三”学社成员。曾任山东省人大常委、“九三”学社青岛分社常委、中华医学会理事、中华医学会眼科学会委员、中华眼科杂志编委、中华医学会山东分会常务理事、山东省眼科学会主任委员、中华医学会青岛分会名誉会长、青岛市医学会名誉理事长等职。

潘作新1903年出生于山东掖县的一个知识分子家庭，自幼勤奋好学，聪明过人，同时他的家庭也给予其良好的学习氛围。在此环境下，潘作新获得了良好的教育，学习成绩优异，为他后期的医学学习打下了坚实的基础。

1923年，20岁的潘作新以优异成绩考入济南齐鲁大学医科，1927年转读北京协和医学校(协和医学院前身)。在校期间他学习成绩优秀，得到其导师和学院的高度评价和一致认可。1930年，他于北京协和医学院毕业后因成绩优异被学院选任留院，任眼科医师、主治医师。在此期间他将所学理论知识与医学实践相结合，虚心向导师和前辈学习，使自己的理论和实践经验不断丰富，在眼科领域已渐渐崭露头角，在当时国内眼科领域小有名气。

1936年，潘作新赴奥地利维也纳大学医学院进修，任研究员。在奥地利进修期间，他深感国内医学的落后状况。为改善这一状况，救人民于水火，使国内人民能够享受到较好的医疗服务，他废寝忘食，孜孜不倦地学习医学知识，1937年获得博士学位。

他的学识和人品得到了奥地利同仁的赞誉和欣赏。抗战爆发后，奥地利同仁盛情邀请他在奥工作。面对良好的科研和生活条件的诱惑，潘作新毅然回国，投入到抗日战争的洪流中去。

回国后，潘作新继续在北京协和医院任职，后转任南京军校医务主任。抗战期间，潘作新历任中国红十字会救护总队第十一中队队长、西北医学院教授。战争期间，他不顾危险，主动深入前线，率队进入晋东南根据地，直接为浴血奋战的广大军民服务，并在朱德同志率领的部队中任十三分队分队长，为抗日战争的胜利贡献了自己的一份力量。

1945 年抗战胜利后，潘作新任南京中央医院眼科主任。1946 年山东大学医学院成立，潘作新应聘担任教授兼附属医院眼科主任。1949 年 6 月 2 日青岛解放，山东大学获得了新生。青岛市军管会成立了军管小组进校接管。1949 年后，原校长赵太侔去职，军管会为了加强对学校的领导，采取协商方式，成立了由各方面代表共 21 人参加的校务委员会，校委会代行校长职务，潘作新是其中之一。1951 年华东大学与山东大学合并后，又出任新山东大学医学院副院长，后任青岛医学院附属医院院长、青岛医学院副院长、院长。潘作新通过抗战期间对于共产党的接触和认识，以及抗战胜利后国民党的种种做法，逐渐认识到只有共产党才能实现他心目中的新中国，才能挽救人民于水火之中，实现国家的富强和振兴。因此潘作新拒绝了国民党当局要求其南下台湾的命令，团结广大医护人员，与敌人进行了巧妙的周旋，终于把附属医院完整地交还给党和人民，为新中国的医疗事业做出了突出的贡献，得到了党和人民的一致赞誉。

1956 年，青岛医学院独立建院后，任青岛医学院副院长兼附属医院院长，眼科主任，为新中国的眼科医学发展培养了大批优秀的骨干人员。

“文革”期间，潘作新因历史问题，受到不公正待遇和各种迫害，但他始终坚持自己的信念不动摇，从未放弃为人民服务的理念，在艰苦的环境下，仍然加强学术的研究和医疗服务。粉碎“四人帮”集团后，党和国家为他恢复了名誉，潘作新迎来了生命的第二个春天，出任青岛医学院院长，终于可以毫无干扰地进行研究和医疗。

潘作新是我国最早从事眼科病理研究工作的学者之一。1956 年，在他的主持下，建立了青岛医学院眼科病理研究室，逐年积累眼科病理资料，不断取得新的研究成果，目前已成为国内眼科病理标本最完善，资料最丰富的科研单位之一。

潘作新致力于医疗、教学、科研五十余年，对眼部肿瘤、屈光学等有很深的造诣，在长达半个世纪的医疗、教学和研究工作中，取得了丰硕成果。他主持的“对角膜内皮细胞观察的研究”课题，曾获山东省和青岛市科技成果奖。在国内外学术刊物上发表的论文主要有《增殖性网膜炎玻璃体中新生血管形成》《中国人眼眶的测量》《马凡氏综合征》《眼内恶性黑色素瘤眼外蔓延》《睫状体上皮细胞增生及睫状体良性上皮细胞瘤的组织学观察》等。潘作新 1948 年在国内首创切断睑板矫正内翻术，被称为“潘氏手术”。

1983 年，潘作新不幸去世。他的一生是兢兢业业的一生，是为国为民的一生。

作为一位眼科专家，他经常为一些眼疾患者缺乏移植角膜丧失视力而惋惜，带头倡议死后捐献角膜。遵照他的遗嘱，其眼球被制作成教学科研标本，陈列在其生前工作过的病理研究室以作教学之用，将角膜捐献，移植给了一位青年农民，成为我国第一个捐献自己眼角膜的眼科医生。潘作新堪称我国眼科界的楷模。

（李凤莲）

山东大学水产系的创建

国立山东大学水产系，创建于 1946 年初，是中国第一个有规范专业设置、教学计划的四年制本科水产学系，为我国水产学科的发展、水产人才的培养以及水产事业的发展做出了重要贡献。

山大水产系学薛家岛实习照片

一、特色初萌

水产系的设立可以追溯到国立青岛大学时期。1930 年，国立青岛大学（1932 年更名国立山东大学）正式开办，经蔡元培推荐杨振声为校长。杨振声校长在任期间，积极延聘专家学者来校任教，致力于提高学校的学术地位。他对青岛的地理环境、自然资源进行了分析研究，首次提出渐次增设海边生物学、海洋学、气象学等学系的设想，认为当时在其他大学均未设立，容易形成国立青岛大学的特色。杨振声发展海边生物学等涉海学科的理念，对后来学校的海洋、水产学科独步国内，青岛成为我国著名的海洋科技与教育城，起到了奠基性的作用。

1930 年 5 月，国立青岛大学正式成立后，设立理学院，成立生物学系。由于地处海滨，生物系许多教学、科研活动与海洋水产息息相关。1931～1932 年间，生物学会举办学术演讲会十次，其中“青岛之渔业”“青岛之鲨鱼”“水生植物之形态”“海洋原生动物谱”“青岛水栖昆虫之调查”“八带鱼之调查”等演讲，均带有显著的海洋水产特色。

1932 年 9 月，南京政府任命国立青岛大学教务长赵太侔为国立山东大学校长，赵太侔校长重视涉海学科的建设与发展，建成了生物系教学和科研大楼——科学馆，以及最初的海洋生物标本室。《动植物系及海洋研究所概况》一文记载：尤以海洋生物之标本，种类之繁多，数量之充足，可供十余年之教材及研究之用，实为各大学所未有。

这一时期，生物系的课程已涉及鱼类学、海洋学等，建有鱼类学研究室、海藻学研究室、海洋生物学实验室以及温室、鱼类饲养室、标本陈列室等。学术研究也有很多与海洋水产紧密相关，林绍文教授的《中国十字形水母之研究》，发现了中国钟形十字水母和青岛正十字水母两个新品种，填补了海洋生物领域的一项空白；童第周教授与叶毓芬先生合著的《双头青蛙之研究》，证实了卢克斯及布拉舍氏理论的谬误；曾呈奎先生的《海南岛海产绿藻之研究》，研究海藻计 38 种，全数为我国之新纪录，在海产植物学论文中占重要地位。这一时期生物学科完全确立了自己的学科地位和海洋生物学特色。

二、创建水产系

20 世纪三四十年代，我国水产事业落后，没有从事水产教育的专业机构，人才短缺，丰富的水产资源得不到合理的开发利用，甚至连基础的调查也没有进行过。一些有识之士认识到发展水产事业和培养水产科技人才的重要性，认为必须创办一所培养高级水产科技人才的机构，山东半岛黄、渤海区渔业资源丰富，也宜于水产养殖，是生产基地，也是实习基地，因此积极建议当时的国民政府在山东创办水产系。

1945 年，抗日战争胜利。1946 年春，在停办八年之后，国立山东大学在青岛原址复校，赵太侔再任校长。赵太侔校长在《本校校庆典礼校长补志》中进一步提出山东大学利用海洋水产特色服务社会的发展理念，指出："一个大学与其所在地方，有着密切的联系，大学既受到地方的供养，一方面要协助地方解决各种技术上的问题；同时要供给地方所需要的人才。我们造就的学生，如果不能适应这种需要，那是我们未能尽到责任。"经过紧张筹备，教育部同意在青岛的山东大学设立水产系，隶属国立山东大学农学院，这是我国高等学校中设立的第一个水产学科本科教育学科点，成为国立山东大学重要院系之一。

1946 年 3 月，国立山东大学启动水产系筹备工作，着手聘用系主任及教授。经学校临时校务会和为学校复校工作提供资金的"中英庚款董事会"研究后，认为当时在世界最大的海洋研究机构——美国 Woods Hoole 海洋研究所任高级研究员、藻类研究室主任的朱树屏博士在国际学术界有相当的声望，是水产系主任的最佳人选。1946 年 4 月 1 日，中英庚款董事会向朱树屏教授发出了聘请函，经过不懈努力，朱树屏与中央研究院、云南大学终达成协议：1947 年暑期以借聘形式赴国立山东大学任水产系系主任，聘期一年。在朱树屏到任之前，赵太侔校长安排植物系主任曾呈奎代理水产系主任。1946 年 10 月，山东大学年度招生，水产系首届报考本科生多达 462 名，第一批招收学生 52 人。10 月 25 日举行开学典礼，12 月 23 日正式上课，开创了我国水产高等教育的新纪元。

朱树屏（1907～1976），字锦庭，是著名海洋生态学家、海洋化学家、浮游生物学家和水产学家。朱树屏任水产学系主任期间，重视学科基础建设，成立了渔捞、养殖、加工三个专业组；重视基础课教学，安排水产系学生到理学院各系修基础课；他自编教材，先后担任湖沼学、浮游生物学、水化学等专业课程，经常举办有关海洋、水产方面的讲座，还亲自带领学生出海采集实习，培养学生现场调查能力，深受师生敬仰。他还注意充实教学设备，仔细规划课程，广泛延聘师资，使当时唯一的四年制本科水产系初具规模，培育出了中国首批大学本科水产专业人才。1948 年 7 月，中央研究院向山东大学发函催促朱树屏尽快赴动物研究所任职。1948 年 9 月底，朱树屏离开青岛返回上海，离青时水产系全体同学到码头挥泪送别。1951 年，朱树屏曾回到青岛，任农业部水产实验所（即今黄海水产研究所）所长，再次兼任水产系教授。

三、水产系曲折的发展历程

水产系创立之初，在国立山东大学分校（青岛市泰山路）办学，著名海洋生物学家曾呈奎任代理系主任；1947 年 3 月水产系改属理学院，水产系迁入鱼山路校本部，朱树屏教授任系主任；1948 年 9 月，因借聘期满，改由沈汉祥教授任系主任。当时设渔捞、加工、养殖三个专业组，有学生 103 名，教职工 24 名。1948 年 5 月，为使中国的水产事业更快的发展起来，奠定我国水产研究与教育的基础，南京国民政府批准在山东大学水产系建立水产研究所。1948 年 9 月 15 日，水产研究所首次进行研究生招生考试。此次招生涵盖渔捞学、鱼类、水产生物、养殖学、水产化学、水产生态学和水产生理学等学科领域。

1949 年 6 月 2 日青岛解放，山东大学与华东大学合并，1952 年全国院系调整期间，农学院其他三系迁济与原山东农学院合并，水产学系没有变动，但专业方向有变动。根据农林水利部关于“今后全国渔业中心在华北，华北渔业中心在山东，山东渔业中心在青岛”的指示精神，山大水产系得到重点发展，后将原有的三个专业组改为工业捕鱼、水产加工和水产养殖专业。

院系调整后，学校重视师资队伍建设，水产系尽管是新创立的学科，但青岛宜人的气候吸引学有专长的学者应聘到校任教，师资力量在教学上还是很强的。据《山东大学百年史》记载：系主任沈汉祥曾留学日本，在水产养殖和加工方面既有理论修养，又有实践经验；薛廷耀教授专长水产捕捞和加工；邹源琳教授擅长水产捕捞和养殖；黄文澧副教授对渔捞、渔具方面教学经验丰富；闵菊初副教授精于水产加工学；胡文溶副教授曾任海军副舰长，对航海和船艺学理论和实践都较谙熟。1953 年，高教部要求全国高校开展以学习苏联经验为主要内容的教学改革工作。山东大学提出了“专业教学，培养师资，整顿纪律，提高质量”的目标，根据当时学校师资力量和设备条件，全校设置10个专业，其中水产系设置水产专业，开设普通植物学、水产动物学、达尔文主义、遗传学、普通物理、普通化学、分析化学、海藻学、贝类学、鱼类学、浮游生物学、经济海产学、无脊椎动物学、胚胎学、海洋学等基础课和专业课。为此，相继建立了水产通论教研组（沈汉祥任组长）、水产动物教学小组（邹源琳任组长）、水产加工教学小组（闵菊初和刘纶任组长）、渔捞渔具教学小组（黄文沣任组长）、航海船艺教学小组（胡文溶任组长）。当时，各位教授均在教学第一线亲自授课或带队实习，促进了水产系教学、科研工作的开展。

1953年4月，高教部决定河北水产专科学校停办。9月8日，部分师生并入山大水产系，包括教师8人（教授1人、副教授2人、助教3人），学生60人，其中，捕捞班毕业班学生17名，第二年3月份毕业。同时并入仪器设备100多箱，主要是渔业加工、捕捞专业的仪器，自此，学校的水产力量得到进一步加强，成为学校重点发展的系科之一。

1955年初，教育部曾考虑山东大学水产系并入上海水产学院，并以农便字[55]223号文下达。根据史料记载，在此期间，水产系主任沈汉祥等人，以书面、口头等形式向教育部及商业部反映，认为青岛地理环境和工业情况需要有关海洋和水产研究单位配合，并且我国水产事业亟待发展，现只有一院（上海水产学院）、一系（山东大学水产系）培养水产高等科技人才，因此要求继续在山东大学办好水产系。1956年4月，高教部同意山东大学的意见，在给山大的函称：你校水产系决定不迁上海，为了培养较高质量人才，兹决定水产养殖专业从1956年所招新生起，学制改为五年。至此，再经一系列调整，水产系实力增强，办学条件明显改善，为教学科研全面发展奠定了基础。

1958年10月，山东大学主体迁校济南，水产系和海洋系、地质系、生物系的海洋生物专业、物理系和化学系的部分教研组等留在青岛，暂时形成了济南和青岛两地办学的格局，水产系主任由薛廷耀教授担任。12月，山东大学党委曾提出筹建山东水产学院的报告，提出建四个系八个专业，院址拟选在青岛团岛一带，后未获批准。据《中国海洋大学大事记》记载：1959年7月13日，山东省委批复称，据今年4月省高教会议意见和中央指示精神，不再单独建立以山东大学水产系为基础的山东水产学院，水产系即作为山东海洋学院的一个系，并列入当年招生计划。这样，原定独立建院的山东大学水产系并入海院，1959年山东海洋学院设置海洋水文气象、海洋物理、海洋化学、海洋生物、水产五个系。

1971年1月，根据《山东省高等学校布局和专业调整方案》，山东海洋学院水产系曾并入烟台水产学校，1978年复归山东海洋学院建制。

四、桃李天下、硕果累累

1950年7月，水产系第一届学生毕业。1950～1958年，水产系共毕业学生241

人，其中养殖专业毕业学生 8 届，共 101 人；水产加工专业毕业学生 6 届，共 55 人；捕捞专业毕业学生 7 届，共 85 人。不少学生成为我国水产事业的骨干和国内外有影响的专家学者。1948 年开始，水产系对胶州湾进行了基础性调查。这项调查，一直延续到 20 世纪 50 年代。1957 年 2 月，学校制定出本年度科学研究计划，水产系有 22 项科研项目。1957 年，水产系的研究经费为 91790 元，仅次于海洋系，在全校列第二位。1958 年 5 月，水产，海洋，生物等系部分师生组成沿海水产资源调查队，用四个月的时间对沿海二十六个县市进行了调查，为以后的海水养殖事业的发展提供了基础数据和探索方向。1958 年 8 月，水产系师生合作进行海带工业利用的研究，由海带中提碘和甘露醇获得成功。

1959 年山东海洋学院成立后，学校走上了以海洋水产学科为特色的独立发展的新阶段，水产学科得到快速发展。1984 年，获得养殖学和捕捞学硕士学位授予权；1985 年，获得渔业资源学硕士学位授予权；1987 年，获得水产养殖博士学位授予权；1989 年，水产养殖学科被评为国家重点学科；1998 年，获得渔业资源博士学位授予权和水产一级学科博士点；1999 年，被批准为水产一级学科博士后流动站；2007 年，水产学科（涵盖水产养殖、渔业资源、捕捞学三个二级学科）被评为一级学科国家重点学科，经过两轮国家一级学科评估，稳居全国第一。

（孙厚娟　楼蔚文）

一级教授冯沅君

冯沅君

冯沅君(1900～1974),河南唐河人,原名恭兰、淑兰,字德馥,笔名淦女士、大绮、吴仪、漱峦、易安、沅君等,现代文学史家、戏曲史家、作家,一级教授,曾任山东大学副校长。

冯沅君父亲冯台异,字树侯,清光绪二十四年(1898)中进士,到两湖总督张之洞幕下办事,曾任武昌"方言学堂"会计庶务委员(即外国语学校的总务长),后任湖北省崇阳县知县。冯台异注重对子女的教育,在家设书房请"教读师爷",为其长子友兰、二子景兰及女儿沅君讲授古文、算学、写字、作文。年幼的冯沅君喜爱读古文,尤爱读唐诗,十一二岁时不仅能背诵大量的诗词,而且还能够吟诗填词,故有"才女"之誉。后来,冯沅君的大兄、二兄先后赴京、沪学习。冯沅君在家一方面利用家中父兄念过的书,刻苦攻读,吟诗作赋;另一方面大量阅读大兄、二兄带回来的中国古典名著及新出的报刊,从中接受新的思想。1917年秋,冯沅君说服母亲,随长兄冯友兰到北京,入考国立北京女子高等师范学校。1922年,冯沅君考入北京大学国学研究所。

1925年起,冯沅君先后到南京金陵大学、上海暨南大学、复旦大学等校中文系任教。1929年1月24日,与三峡文学研究家陆侃如在上海结婚。1932年,他们考取巴黎大学文学博士班,专事古典词曲的研究,并获得博士学位。1933年出版论文集《沅君卅前选集》(上海女子书店)。冯沅君1935年回国,先后在河北女子师范学院、武汉大学、东北大学、青岛山东大学等校中文系担任中国古典文学教授。除担任教学工作外,仍继续古典文学、文学史的研究和著述,被誉为中国著名的文学史家。这期间出版了《张玉田年谱》《古优解》《孤本元明杂剧题记》《古剧说汇》等,并与陆侃如合著《中国诗史》《南戏拾遗》等书。

这里应该特别提到的是，冯沅君夫妇在留法期间，曾参加了法国著名作家巴比塞组织的“反战反法西斯同盟”的活动，这个同盟下设中国留学生支部，参加的人中，除冯沅君夫妇，还有著名诗人戴望舒、李健吾等人。他们在巴黎创办了一张油印小报，由冯沅君夫妇负责编辑，为反法西斯的伟大事业尽了绵薄之力。他们还经常聚在一起讨论世界形势和文艺问题，讨论马克思、恩格斯著作法文译本问题。在这里他们结交了很多法国和中国朋友，从而拓宽了他们的思想和文学视野。他们的心胸和眼界，已经逐渐经历了一个由民族扩展到世界，由世界进一步扩展到全人类的过程。此刻，在冯沅君的心底，正酝酿着更为开朗、广阔的发展自己的宏图。

1945 年 8 月 15 日，日本宣布无条件投降。冯沅君夫妇同千百万善良的人们一样，沉浸在无比喜悦和激动之中。不久，他们夫妇就随东北大学复校抵达沈阳，1947 年夏又应聘转到青岛山东大学任教。在忙于教书、理家的间隙之中，她继续进行古剧的研究，从而一鼓作气写出了《元杂剧中的〈东墙记〉》《记侯正卿》《唐传奇作者身份的估价》等文。在此期间，冯沅君还写了一部专著《古剧说汇》，是继王国维先生的《宋元戏曲史》之后，中国戏曲史上又一辉煌巨著，她的研究成果，解决了宋元戏曲的形式、创作和演出中的许多具体问题，对进一步研究中国戏曲史有着重大的参考价值。同时，还译出了《法国歌曲的价值及其发展》《法国的新文学》《人民颂》等数十篇(首)法国文艺作品。在法国歌曲《人民颂》译文的后面，冯沅君特意附加了一段文字：“法国以革命后的崭新姿态出现于十九世纪，所以这首歌曲的风度也极明快、矫健、坚定，纵与《马赛曲》不全同(时代也略晚些)，实可说是一家眷属。读这类作品，我们会看到个前途光明的新兴人群，且不免有后视今犹今之视昔之感。”这里，冯沅君用含蓄的言语表明，她们的心境情怀已经完全倾向中国共产党了。她正是在这样愉快的心情中，迎来了共和国的诞生。

1949 年 6 月 2 日，青岛解放。冯沅君积极地投入到新中国的教育事业之中，她曾先后当选为第一、二、三届全国人民代表大会代表，山东省人民政府委员，山东省妇联副主席，山东省文联副主席；1963 年被国务院任命为山东大学副校长、中文系一级教授。在繁重的学校行政工作之余，她仍兢兢业业、勤勤恳恳地从事教学与学术研究。中华人民共和国成立初期，她受教育部的委托，同游国恩、王起教授等合编《中国文学史教学大纲》(1956)，为全国高等学校文科的中国文学史课，提供了讲授的依据，后又与北京大学木庚教授共同主编了《中国历代诗歌选》，这部在全国影响颇大的书，选注了一千多首历代脍炙人口的诗歌，为全国的大学中文系提供了一部完整的教材。50 年代和 60 年代的前几年，冯沅君心情开朗，文思活跃，写了大量高水平的学术论文。

从 1923 年的秋天开始，她接连写了《隔绝》《旅行》《慈母》《隔绝之后》四篇小说。这四篇小说虽然各自独立成篇，而其内容、思想却彼此息息相通，小说所表现的女主人公一方面是刻骨铭心的自由恋爱大胆而热烈；另一方面是对旧礼教以死抗争的勇气和行动。冯沅君笔下与旧礼教大胆叛逆的知识女性的形象，深深地感染和打动了一代读者，给20年代中国新文坛带来了清新、绮丽的气氛，引起当时广大青年知识分子思想感情上的共鸣，在社会上影响甚大。于是，为爱而写作的"淦女士"(冯沅君笔名)一时成为20年代文坛上引人注目的风云人物。

1926年，四个短篇结集后取名《卷施》，编入鲁迅先生编辑的《乌合丛书》之六，由北新书局出版。1935年鲁迅先生把其中的《旅行》和《慈母》编入《〈新文学大系〉小说二集》，并在前言中作了很高的评价。冯沅君文笔犀利，她向旧社会旧礼教挑战的勇敢精神和争取恋爱自由的大胆行动，深得鲁迅先生的赏识。

1924年冬，冯沅君被聘为《语丝》的特邀撰稿人。由于受《语丝》的社会批判的影响，她的视线从单一的恋爱自由扫向了更广阔的生活，文笔有了变化，署名也由"淦女士"改为"沅君"。她写的杂文，短小精悍，立意鲜明，语言犀利，表现出了一个追求博爱思想的女作家对现实不满的愤世嫉俗的态度，从而一时轰动了北京的新闻界，更轰动了文坛。冯沅君在文学创作上独特的才能和惊人的魅力深受后代读者赞赏。可以说，在20年代中国新文学中占有了一席之地，进入了苏雪林、庐隐、冰心、谢冰莹等的不朽行列。

在《学文》第二卷第六期(总第八期)中有这样一段叙述：冯沅君是北大的第一个女研究生，她最早发表的小说署名"淦女士"，接着又创作了带着自传性质的小说《春痕》。

冯沅君是位事业心很强的人，自然不甘心婚后充当一个有文化的家庭主妇的角色。1930年秋天，她又只身应聘回到了自己的母校北京大学国文系任教。北京大学是全国名牌大学，等级森严，以往没有女教师登过讲坛，而年仅30岁的冯沅君却开此先河，登上北大讲坛给学生授课。她讲得充实而谨严，令人肃然起敬，从而站稳了大学讲坛，成为当时中国屈指可数的大学女教师之一。

她还是登台演戏的第一个女大学生。反帝、反封建的五四运动，唤醒了一代有头脑、有作为的男女青年。冯沅君，这个内心一直向往着自由与解放的青年女性，受到了这个伟大运动的感召，勇敢地拿起了笔，将乐府诗《孔雀东南飞》改编成古装话剧，并亲自粉墨登场，扮演了剧中众矢之的封建专制家长的典型人物焦母。女大学生登台演戏在北京是头一遭，故而轰动了整个北京城，演出获得了意外的成功，连演三天，第一天满座，第二天以后就连窗户外边挤满了人，盛况空前。北大、清华的师生们还开了专车前往观看，李大钊先生偕夫人带着女儿前去助威，鲁迅先生和川岛先生亦都来看过戏。《孔雀东南飞》的演出，使冯沅君成为引人注目的人物，有人写文章说冯沅君此时是"名满京华"。

冯沅君与陆侃如合著的《中国诗史》，直到今天仍然是中国唯一的一部诗歌史专著。

冯沅君与陆侃如合著的《中国古典文学简史》则由外文出版社出版了英、俄、捷克和罗马尼亚文本，成为1949年后唯一本介绍给外国读者的中国文学史著作。

冯沅君与陆侃如合著的《中国文学史简编》修订后由作家出版社重版，被论者称为“解放后用新观点、新方法完成的第一部系统的文学史”。

冯沅君又是新中国第一位女一级教授。

冯沅君一生从事古典文学研究，主要成就在古剧研究方面。《古优解》《古剧说汇》是她的卓越的研究成果。而冯沅君学术成就的另一方面是和陆侃如携手编著的中国文学史。他们联袂合作的第一部著作《中国诗史》，在学术界产生了广泛而深远的影响，被鲁迅先生指定为重要的参考文献。直到今天，这部放射着耀目光彩的《中国诗史》，仍然是中国唯一的一部诗歌史专著。1932年，他们夫妇又合著了《中国文学史简编》，此书是一部全面系统地叙述中国文学发展史的专著、是一部难得的佳作，被毛泽东同志当作经常的案头读物之一。此书多次再版，并译成多种文字向国外发行，在国内外产生广泛的影响。《中国诗史》是继王国维《宋元戏曲史》，鲁迅《中国小说史略》之后问世的又一部具有开拓性的中国文学专史的力作。这部诗史以史为序，着重论述诗体的兴替和评论风格不同的重要诗人，展示出中国诗歌发展的面貌。根据两人的分工，冯沅君撰写了宋元明清诗史。这一部分，此前尚没有人作过研究，特别是第四编《散曲及其他》更是一片处女地，编纂具有拓荒的意义。冯沅君将当时尚不登大雅之堂的元明散曲及清代俗曲，当作中国诗歌的主流，而不论述元明清三代诗词，虽然有失偏颇，但也不失为一家之言。它的积极意义在于将以前不为学者重视的散曲、俗曲编入到了诗史中来，拓宽了文学史研究的视野。冯沅君逝世后，由袁世硕汇编整理的《冯沅君古典文学论文集》由山东人民出版社出版。

（王玉平）

文学史家陆侃如

陆侃如

陆侃如(1903～1978),祖籍江苏太仓,出生于江苏海门一爱国士绅家庭,原名侃,字衍庐,笔名小璧。文学史家,一级教授,曾任山东大学副校长。

陆侃如于1920年入北京高等师范学校,1922年考入北京大学,1924年由北京大学中文系毕业,考入清华大学研究院专攻中国古典文学。陆侃如从研究院毕业后,在上海中国公学任教授,并在复旦大学、暨南大学兼职。1929年,陆侃如在上海与冯沅君结婚,从此二人合作研究中国古典文学。1932年夏,陆冯同时出国,入法国巴黎大学研究院,1935年夫妇均获文学博士学位。1935年回国后,任燕京大学教授兼中文系主任。抗日战争爆发后,于1938年初南下昆明,在迁至云南的中山大学师范学院任教。1942年,到四川三台,任内迁的东北大学文学院院长兼中文系主任。1946年,随校迁回沈阳。

1947年秋,陆侃如和冯沅君应山东大学校长赵太侔的盛情邀请,离开了沈阳东北大学到青岛山东大学文学院中文系任教。1948年底,任山东大学校务委员会副主任兼图书馆馆长。1950年11月15日,山东大学与华东大学合并,两校成立迁并委员会,陆侃如任副主任委员。1951年3月,任山东大学学术委员会副主任委员,规划全校的科学研究工作。1951年5月27日,政务院会议通过任命华岗位山大校长,童第周和陆侃如为副校长。1952年8月,山东大学成立院系调整委员会,陆侃如任副主任。1953年,相继担任全国政协委员、全国文联委员、全国作协理事。1953年,加入“九三”学社,为“九三”学社山东地方组织创始人之一,历任“九三”学社中央常委、青岛分社主任委员、济南分社筹委会主任等职。1957年,被错划为右派,1978年12月1日病逝。1979年,平反昭雪,恢复名誉。

陆侃如先生在山东大学及其他等高等学校任教，几十年来从事教学和科研工作，成绩十分显著，可谓桃李满天下，为国家培养了大批人才。陆先生在教学工作方面，一向勤奋刻苦，既善承前贤，又勇于创新。在培养青年教师方面，倾心关注，严谨不苟，凡是受他教诲的人，无不为之感佩。他通过采用个别辅导、共同合作和举办讨论班的教学方式，为山东大学培养了一批古代文学的研究人才。在科研方面在他的指导下，青年教师和研究生先后写作的《楚辞选译》《文心雕龙选译》《刘勰论创作》《刘勰和文心雕龙》等著作，都具有较高水平，受到全国学术界的注目。

陆先生虽然是一位旧时知识分子，但思想非常活跃，对每一次的政治事件和运动都有自己的鲜明态度，在他的思想里有着很强的时代烙印。他拥护党的领导，响应党的号召，积极投身于一个接一个的政治运动中。1949 年 6 月 2 日，青岛解放。为纪念“六二”，山东大学和青岛市都举行了活动，陆侃如先生写下了《三个“六二”》的充满激情的文章。1950 年元旦，他在山东大学出版的《山大生活》新一号，发表《迎一九五零年》的文章。同年的五四运动纪念日，陆侃如先生在《山大生活》发表了《五四的教训》，回忆了自己对“五四”的认识；这一年的八一建军节，陆侃如先生以校副主任委员之名，在校报复发表了《庆八一建军节嘉庆反侵略斗争》的短文；11 月 13 日，山东大学举行反美大会，陆侃如先生在大会上发表了慷慨激昂的讲话；1954 年 10 月 1 日，陆侃如在《新山大》发表了《为全国人民代表大会的伟大成就而欢呼》的文章，欢呼伟大的中华人民共和国万岁。

陆侃如是典型的才子型学者，当年他在巴黎大学博士论文答辩会上的出色表现，至今还被学术界传为美谈。当时，主考人突然向陆先生发问：“孔雀东南飞，何不言西北？”陆先生应声而答：“西北有高楼。”后来，杨明照先生听说了这一趣闻，谓此答可入“新世说”。非此五字相答，不能成其妙。因为，作为艺术描写，或东南，或西北，本非实指，而“西北有高楼，上与浮云齐”，孔雀就只好东南飞了。其实，在学术界，陆侃如先生的才子气是人所共知的。据陆侃如先生的学生、山东大学著名教授、全国赋学研究会会长龚克昌教授回忆：在山大期间，陆先生给他们讲授古代文论课时，几乎是拿起白版书就读，不需外人注释，自己也不加注。陆先生写一篇论文，往往只需两三天，而且文不加点，一挥而就。仅 1962 年，陆先生共发表论文 12 篇，完成论著两部，而在这一年里，他承担了研究生、青年教师、进修教师、本科学生的两汉辞赋、六朝文学、《文心雕龙》《中国历代文论》四种不同课程的授课任务，同时还要主持文论班，审阅研究生毕业论文等等，足见陆先生的才气过人。其实陆侃如在北大读大学一年级时，年仅 20 岁的他撰写的《屈原》一书，便由上海东亚图书馆出版。在当时被认为是“用新的观点来研究屈原生涯及其作品的一部好书”。大学毕业时，陆侃如先生又出版了《宋玉》一书，这本书对宋玉的考辨和评价，也为时人所称道。这两本书在学术界产生了重要影响，是研究《楚辞》的代表作。这期间，他还陆续发表了《宋玉评传》《宋玉赋考》等 20 多篇论文。并在 1925 年开始了中国诗史的写作。《中国诗史》是陆先生与夫人冯先生合作的第一部重要著作，全书不仅史料丰富，取材审慎，要言不烦，而且在评论一些作家作品时，“常常能打破传统的偏见，提出比较符合事实的新见解来”。学术界认为此书是一部唯一的诗歌史著作。鲁迅先生对《中国诗史》也给予了很高的评价。

陆侃如与冯沅君比翼齐飞。他与冯沅君教授的结合更是世所盛传的人文佳话。俩人同为法国巴黎大学的文学博士，都是新中国的一级教授，又都曾担任过山东大学的副校长。他们合作撰写的《中国诗史》《中国文学史简编》《中国古典文学简史》都在学术界产生了重大影响。《中国诗史》作为中国诗歌史研究的开山之作，在30年代一问世即产生了重大反响，鲁迅先生即曾将《中国诗史》与他的《中国小说史略》、王国维的《宋元戏剧考》、郑振铎的《插图本中国文学史》等一并向人推荐，建国后，又有多家出版社多次刊行。《中国文学史简编》修订后由作家出版社重版，被论者称为“解放后用新观点、新方法完成的第一部系统的文学史”；《中国古典文学简史》则由外文出版社出版了英、俄、捷克和罗马尼亚文本，成为1949年后唯一一本介绍给外国读者的中国文学史著作。他们二人的著作被译成几种外国文字出版，使中国古代优秀文学遗产在世界范围内发扬光大。

陆侃如先生主攻隋唐以前的文学史，尤以《楚辞》研究闻名海内外。陆先生治学，以敏于创新著称，他的许多论著，在学术上都具有开创之功。他才思敏捷，学识渊博，年轻时就在中国古典文学研究中取得成绩。

八年抗战期间，陆先生在极端困难的条件下，独立完成了长达80万字的《中国文学系年》。这是一部资料翔实、富于创见的学术著作，而且从中可以看出陆先生在学术研究上的精辟见解和他努力学习马克思主义和毛泽东思想，并以此指导中国古典文学的研究，从而在学术上取得了崭新的成绩。他先后发表了《我们为什么纪念屈原》《什么是中国文学史的主流》等十多篇论文，并与冯先生合著《中国古典文学简史》，此书随后被译成英文和捷克文出版，是最早介绍给外国读者的中国文学史。1957年与高亨等先生合著《楚辞选》；1970年前后，又与一些中青年同志合写《杜甫诗选》《韩非子选注》《刘禹锡诗文选注》《文心雕龙选译》《刘勰论创作》《刘勰和文心雕龙》《楚辞选译》等著作。仅在1962年，陆侃如就发表了12篇，完成了两部著作，他还要给研究生、大学生、青年教师、进修教师讲授两汉辞赋、六朝文学，以及《文心雕龙》《中国历史文论》。这一年，他已经是59岁的长者了，还如此学思喷涌，思维活跃，笔耕不辍，平均一月一篇文章发表，难能可贵。之前，他与冯先生再度合作，于1933年在上海出版了24万字的《中国文学史简编》一书。此书运用马克思主义的立场、观点和方法来处理文学遗产上的问题，对广大青年学习中国古代文学史起了良好的指导作用，被教育部定为高等院校中文系教材。

陆侃如一生著述甚多，他的著述除前述外，尚有《中国古文学系年》《陆侃如古典文学论文集》《楚辞选》《楚辞选译》《刘勰论创作》《文心雕龙选译》《文心雕龙译注》问世，其对中国古代文学研究杰出贡献为世所公认。

陆侃如的重要作品有：《屈原》《宋玉》《乐府古辞考》《陆侃如古典文学论文集》，与冯沅君合著《中国诗史》《中国文学史简编》《中国古典文学简史》，与高亨合著《楚辞选》，与牟世金合著《文心雕龙选译》《刘勰论创作》《刘勰与文心雕龙》。译著有高本汉的《左传真伪考》、小仲马的《金钱问题》、塞昂里的《法国社会经济史》。

除了学术上的巨大成就，更让我们感到难能可贵的是，作为一个学者，陆老对于学术研究的坚定执著以及不趋炎附势的勇气。在"四人帮"大搞儒法斗争之际，陆先生还写信给刘大杰先生，对他在《中国文学发展史》里把杜甫列入法家提出批评。这篇题为《与刘大杰论杜甫信》的论文用详尽的事实说话，批驳了将杜甫列为法家的谬误，成为学术领域内反"四人帮"大搞儒法斗争的第一篇，引发学术界的思想大震动，至今，令人追忆。从陈四益先生的文字看，刘大杰先生修改《中国文学发展史》迫于政治上的压力，后台很硬，确实不可违之。那么，勇气可嘉的就应该是陆侃如先生。在"文革"刚刚结束不久，"左"的学术思想并未被肃清，"两个凡是"依旧起统治地位的当时，陆侃如先生以一个"摘帽右派"的身份，写这样一篇文章，除了自己扎实的学术功底和学术良心外，更需要极大的勇气和胆识。三十多年之后再读，我们依然能感受到其带给我们的精神的震撼和散发出的学术的涵养。

陆、冯先生遗嘱更体现出他们的高贵品质。1979 年陆侃如先生也逝世了，留下遗嘱说："按冯沅君和她个人的愿望，将全部藏书，数万遗款赠山东大学。"陆侃如临终前，以其全部存款 4 万多元的 2/3 捐献给国家，只以 1/3 留给他的继母、弟弟。陆冯省吃俭用，打算凑足十万元，建立陆、冯奖学金，这个宏愿虽未实现，但山大党委已批准中文系据其陆、冯先生生前愿望，以陆冯二人生前积蓄为基金，设立了"冯沅君文学奖"，鼓励有成就的文学教学研究工作者，努力献身祖国的文化学术事业。

（王玉平）

红色医生魏一斋

魏一斋

魏一斋(1906～1975),曾用名魏兴谦,山东寿光人。中共党员,医学博士,他医学知识渊博,医术精湛,在卫生医学事业中做出了卓越贡献。他从医四十余年,工作极端负责,是继 1939 年毛主席表扬白求恩后,第二次受领袖题词表彰的大夫,堪称是“为革命服务”的医生。

魏一斋生于 1906 年 11 月,其父靠种地为生,养有三子二女,家教甚严。魏一斋是家中幼子,父亲给他起名魏兴谦,意为谦恭做人,到延安后为了保护家人他改名魏一斋。少年魏一斋敦厚诚实,聪敏好学,学业优异,16 岁考入潍县文华中学(现广文中学)读书。在校期间,思想进步,参加了中共地下党组织领导的中华民族解放先锋队,时常阅读《向导》《新青年》《共产党宣言》等革命读物,并与追求进步的同学一起宣传“打倒军阀、帝国主义和土豪劣绅,废除不平等条约,实行耕者有其田”等爱国、进步思想,勇敢地揭露当地军阀反动派的黑暗与腐败,以热血激情迎接北伐军。青年魏一斋在学习和社会活动中,受到革命教育和锻炼。中学毕业后,考入济南齐鲁大学医学院,学习妇科,从此走上学医、从医的道路。1934 年毕业后,留校任妇产科医师。1936 年,入协和医院深造,后留任妇产科医师,与我国著名医学家林巧稚相处共事。抗日战争爆发后,魏一斋到安徽巢县普仁医院工作。1938 年春,他参加了共产党领导的抗日救国团体,积极进行救亡活动,结识共产党员刘砭夫后,随即要求去延安。但钱之光却希望他留在武汉协和医院,以便协助一批新四军伤病员免费住院治疗,他照办了。同年夏,遵照武汉八路军办事处的安排,担任了武汉协和医院妇产科主任。在此期间,利用职务之便使新四军一批伤病员,其中包括予川、李先念等同志得以免费住院治疗。医院迁重庆后,他在西安八路军办事处安排下，于 1938 年 9 月到达延安。毛泽东在所居窑洞里高兴地接见了他。因为魏一斋在国统区曾帮助过李先念等共产党高级将领，因此毛泽东在魏一斋到来之前就知道了他，毛泽东拉着魏一斋的手，风趣而幽默地说："魏大夫，人家是逼上梁山，你却是自投梁山，我们这里正缺一个安道全，欢迎欢迎！"毛泽东在这里将魏一斋比作梁山好汉里的神医安道全，可见他对魏一斋的重视和信任，魏一斋也很感激毛泽东的信任，高兴而谦虚地说："我虽然能力有限，但我愿意为革命事业服务，能到这里来工作我感到很荣幸！"初次见面，魏一斋大夫就给毛泽东留下了很深的印象。自从那次接见之后，毛泽东每一次碰到魏一斋，总是问他是否习惯这里的艰苦生活，并要求有关部门照顾魏一斋的生活，以使他能够全身心地投入工作。后来，毛泽东还专门送给魏一斋一匹马，说："你治病救人，经常要爬山越岭，骑马方便。"那时边区条件很差，边区主席才骑小毛驴，一般中央干部都是步行，可见毛泽东对这位从国统区过来的医务工作者的特殊关怀。魏一斋大夫没有辜负毛泽东的期望，他对技术精益求精，工作也非常勤奋，经常干到深夜。他先后担任中央卫生部直属卫生所医务主任，八路军医院医务主任，中央医院医务主任、院长，兼亚洲学生疗养院院长，西北联防司令部重伤医院院长，西北联防司令部卫生部副部长等职，并一直兼任中央医科大学教师和中央主要领导人的保健大夫。他不但在医务人员中起到了模范带头作用，还为我党我军培养出了大批医护人才，为边区卫生事业的发展做出了重大贡献。为了赞扬魏一斋大夫的光辉业绩和为革命无私奉献精神，表达对魏一斋大夫为革命医疗事业做出贡献的敬意，毛泽东、周恩来、朱德等中央领导人在 1940 年专门为其题词并与他合影留念。他是毛主席在表扬白求恩大夫后，第二次题词表扬的医生。毛主席的题词是："为革命服务。"周恩来的题词是："为边区医院树模范作风。"朱德的题词是："救人、救国、救世。"

魏一斋 1941 年加入中国共产党。1949 年后，党派他到山东大学工作，任山东大学医学院院长，兼任青岛市卫生局局长。当时凡是党派去的干部均改为薪金制，所以把他从供给制改为薪金制，但他却认为自己是因为不满意国民党的腐败统治才投身革命的，而不是为了金钱，他甘愿过供给制的艰苦生活而不愿领取薪金，所以坚持了两个月未领薪金。在党组织的劝说和命令下才领取薪金，表现了一个革命者的襟怀。在他任职卫生部副司长到逝世时，工资未增加，较他同时期的教授同学相差 180 多元，但他无怨言。"文化大革命"中，组织补发了工资，他没拿回家就交了党费。可是，他的生活是较困难的。在任山东大学医学院院长期间，想方设法提高教育质量，他通过各种渠道为医学院聘请优秀的教授和讲师，充实扩大医教队伍，重视医德培养，他聘请了叶衍增、田临泉等有一定名望的学者，新组建微生物和卫生学两个学科的教育，并最早提出教育与实践结合，曾多次组织医疗队到胶东各县农村看病，为老解放区人民解除疾病痛苦。在美帝国主义发动侵略战争，战火烧到我鸭绿江边时，他及时抽调外科最优秀的教授，以冯忱等人为医务骨干力量，组成抗美援朝医疗队前往战地医院工作，医疗队出色的工作为医学院赢得了荣誉。他一方面致力于医学教育事业，一方面领导1949年后青岛市医疗机构的改造和建设工作，埋头苦干，不求名利，其家乡亲朋，都不知他在青岛工作。

魏一斋1951年3月至1954年10月调北京任中央卫生部教育处副处长。1954年10月至去世，任中央卫生部教育司副司长，并兼任中华医学会妇产科学会副主任委员。1975年9月病逝。

魏一斋一生从事医务工作四十余年，对革命事业极端热忱，是战斗的一生，革命的一生，对事业卓有成效的一生，是知识分子中的佼佼者。但他始终认为自己是一个很平凡的医生，即使有点进步和成绩，完全是共产党、毛主席哺育、指引、鼓励的结果，因为有毛泽东思想的哺育，有毛主席、共产党的指引和领导，他才能受到表彰。毛主席的题词“为革命服务”，不仅是他的指路明灯，更是当时全国一切知识分子的指路明灯。正因为有了这盏明灯，中国的浩浩荡荡的知识分子才争先恐后投入革命统一战线，在革命大熔炉里冶炼成长，成为真正的革命者——共产党人。并在各个岗位上，各项事业中成为拔尖人才，创造出惊人的业绩。

（常　杰）

华岗校长与《共产党宣言》

华　岗

华岗(1903～1972),浙江龙游人,又名华少峰、华西园,曾化名潘鸿文、刘少陵、华仲修、林少侯、林石父,笔名石修、晓风、方衡等;著名的革命活动家、理论家、马克思主义学者。

1920年,入衢州浙江省第八师范,1924年改名少峰转入宁波浙江省第四中学。同年,加入中国社会主义青年团,9月任青年团宁波地委宣传部长,参加编辑进步刊物《火曜》。1925年6月,任青年团南京地委书记。同年8月加入中国共产党,中断学业,从事职业革命活动,历任青年团上海沪西区委书记、浙江省委书记、江苏省委书记、顺直省委书记。1928年5月,去莫斯科出席中国共产党第六次全国代表大会和中国共产主义青年团第五次代表大会,同时参加共产国际第六次代表大会和少共国际第五次代表大会。回国后任青年团中央宣传部长、团中央机关刊物《列宁青年》主编、中共湖北省委宣传部长、党中央华北巡视员。1932年9月,任中共满洲特委书记。化名刘少陵,于赴任途中被捕,判刑五年。1937年10月,经组织营救出狱,任中共湖北省委宣传部长,筹办武汉《新华日报》,任总编辑,兼《群众》周刊编辑。

1943年初,任中共中央南方局宣传部长,派赴云南做统战工作,化名林少侯,应聘云南大学社会学教授,参加组织西南文化研究会,团结李公朴、闻一多、费孝通、吴晗等著名人士开展爱国民主运动。1945年8月,任国共谈判中央代表团顾问。1946年5月,任中共上海工作委员会书记。1949年8月,华岗奉命从香港乘船北上,计划途经上海,再赴北平,因病滞留青岛。从1950年1月起,华岗以教授身份为山东大学讲授"社会发展史",还定期为山大师生作关于"学习共同纲领"的报告。1950年11月,华东大学与山东大学准备合并。1951年2月,中央任命华岗为合并后的山东大学校长兼党委书记，创办《文史哲》杂志并任社长。1954 年，当选第一届全国人民代表大会代表。1955 年 8 月，以“胡风反革命集团分子”和“向明反党集团成员”的罪名被逮捕。在狱中完成了《美学论要》和《规律论》。1972 年 5 月 17 日，华岗在济南医院去世。1980 年 3 月 28 日，在华岗离世八年后，经中共中央批准，为他彻底平反，恢复荣誉。

1928 年，华岗开完中共六大回国后，接受了一项新的任务：按照恩格斯校阅的 1888 年英译本，重新翻译《共产党宣言》。我国第一个完整的《共产党宣言》中文译本出版于 1920 年 8 月，译者是陈望道，华岗最早接触到的《共产党宣言》便是由陈望道翻译的，这本书在他的革命生涯中，起过非常重要的作用。华岗作为大革命的直接参加者，深知研究并准确地翻译《共产党宣言》对中国革命是多么重要，于是，在紧张的工作之余，他加紧进行《共产党宣言》的翻译工作。

当时，华岗还领导着团中央的宣传组织工作，并主持《列宁青年》的出版，工作十分繁忙，故只能利用业余时间进行翻译。再加上环境险恶、居无定所，因此，翻译工作是在极其困难的条件下开始的。他经常废寝忘食，以饱满的革命热情和顽强的毅力，夜以继日地工作，一面学习研究《共产党宣言》，一面加紧翻译。他对照原文，逐字逐句进行研究和推敲，反复斟酌与比较，力求作出更准确的诠释。

1930 年，华岗顺利完成了《共产党宣言》的翻译工作，由上海华兴书局秘密出版，署名“华岗译”，时年 27 岁。从 1920 年陈望道译本问世，到 1930 年华岗译本出版，其间相隔十年，这十年中，中国革命经历了巨大的变化，华岗从一名青年学生逐步成长为职业革命者，对《共产党宣言》的理解也在不断提升。

该书初版时采取了伪装本形式，书名删去“共产党”三个字，只保留“宣言”二字，出版社署名为“上海中外社会科学研究社”，封面全部采用中文。

在内容上，该书首次将马克思、恩格斯不同时期的三个德文版序言同时译出，这些序言对《共产党宣言》原文有重要补充，可以使读者了解更加系统和完整的内容，还采用了英汉对照形式，在译文后面附有《共产党宣言》的英译文，这是由恩格斯亲自校阅的，读者对照阅读，可以使《共产党宣言》的思想得到更为准确的传播。此书很快就重版两次，到 1932 年，已有了第三版。

华岗所译《共产党宣言》开创了六个第一：是中国共产党成立之后，出版的第一个《共产党宣言》中文全译本；是中国共产党成立之后，第一个由共产党员翻译的《共产党宣言》译本；是我国第一次根据英文版翻译出版的《共产党宣言》，采用的是由恩格斯亲自校阅的 1888 年英文版本；该书附加的三个德文版序言，是第一次与我国读者见面；是第一次采用英汉对照形式出版的《共产党宣言》；第一次将全文的结尾句译成“全世界无产者，联合起来”这一响亮的口号。

1951 年，山东大学与华东大学合并后，由于学校性质不同，矛盾比较突出，需要一个有知识、有能力、会办学的专家学者担任校长。华岗就是在这种情况下出任校长、执掌山大的。面对合校的复杂情况，华岗校长坚决执行党和国家的政策，全面贯彻“互相学习，取长补短，事理兼顾，舍异求同”的方针，坚持民主办学、科学管理，以发展的眼光提出重点学科建设、发展山大特色，规划出“文史见长，加强理科，发展生物，开拓海洋”的宏伟蓝图，很快把山东大学办成了新型的社会主义大学。全校设有文、理、工、农、医 5 个学院 18 个系，是当时为数不多、学科门类齐全的、国内外知名的全国重点综合大学。不仅学校的人数增加了，规模扩大了，而且办学条件也得到了很大的改善。最重要的是办学思想发生了根本变化，学校的声望越来越高，在全国重大教学科研场所具有一定的发言权，成为文史哲领域学术问题的领军和第一方阵。人们称赞华岗是“懂政策、有能力、会办学的好校长”。

华岗校长特别倚重集体领导。他十分重视党委会的作用，体现党对学校的领导。同时，作为校长，他建立了一个民主高效的行政管理体系。当时山东大学的副校长、教务长和总务长都是知名教授，各学院的院长和系主任也由教授担任，形成了以专家、学者为主的行政领导模式。他还组成了以教授为主体的校务委员会，制定规章条例，充分发挥职能部门的作用，使之有职、有权、有责和有法可依。日常工作中，他精心组织好党委会、校委会、校长办公会的内容，使全校工作有条有理，自己则抓全面，管大事，抓主要问题——教学和学科建设。当时的山东大学呈现出教学秩序良好，工作效率高，奋发向上的局面。

华岗校长特别重视教学工作，注重教学改革，提高教学质量和效果。华岗校长在其治校实践中，始终把教学和教师放在中心地位。山东大学与华东大学两校合并后，华岗认为“大学教育的核心问题是培养目标问题”，并进行了课程设置、教学内容、教学组织和教学方法的改革。他认为，教学改革的关键在于教师，所以当时教学改革措施都是经过教师反复讨论通过的。为了提高教学质量，他提倡名教授承担更多的课程，以使学生受到名师的熏陶，当时山大有名的教授、专家都在教学一线，很多人教授一年级的基础课，深受学生的欢迎。

为了加强教学工作，确立教学在学校工作中的中心地位，他提出科研和后勤都必须围绕教学，为教学服务。他亲自抓教学工作，轮流听取各院系汇报；注重教学的计划性，定期检查、评比；规定教授必须上大课，发挥教授在教学中的主导作用。华岗校长身体力行。他除了给全校讲政治大课外，还给历史系讲“社会发展史”，给中文系讲“鲁迅思想研究”。他还在校刊上开辟“教与学”专栏，让教授和学生公开对话。一些著名的教授如冯沅君、赵太侔、童第周、曾呈奎等都先后在上面检讨教学问题，收到了良好效果。1953 年，华岗校长提出了“专业教学，培养师资，整顿纪律，提高质量”的办学思路。1954 年又发展为“贯彻专业教学，开展科学研究，积极培养师资，加强劳动纪律”的办学理念。

华岗校长特别重视科研工作。他把科研工作作为教学的重要组成部分，列入学校工作的重要议事日程。第一次校委会讨论通过六项重要议案，其中第三项即为加强学术研究案。为此，学校成立了学术审议委员会；每年校庆要举行学术报告会，激励师生开展科研活动。1951 年，先后创办《文史哲》和《山东大学学报》作为登载和反映学术成果的阵地。1953 年，成立山东大学“科学研究委员会”，推举著名的生物学家童第周教授任主任委员，进一步加强对科研工作的组织领导。1954 年校庆日，华岗校长作了《综合大学如何开展科学研究工作》的报告，引领师生开展科学研究。学校举办了“教学与研究工作展览会”，展出了几年来全校教学改革和科学研究的成果。全校上下形成了一种科学研究的氛围和环境。

华岗校长特别重视学科建设和办学特色。1951 年的山东大学，设有文、理、工、农、医五个学院和两个研究院、两个直属系，共 18 个系 2300 多名学生，是当时全国高校中规模较大的大学。1952 年院系调整后，华岗认为山东大学已基本定型，今后应根据形势的发展和需要，结合学校实际，发展优势学科，开拓新学科，做到方向明确、重点突出，建设有自己风格和特色的综合性大学。他为山东大学设计了“文史见长，加强理科，发展生物，开拓海洋”的发展方针。1953 年 6 月，经过充实，最后确定了汉语言文学、历史、海洋生物、动物胚胎、植物、物理海洋六个专业为重点发展学科；物理、化学两个专业师资力量和设备条件都较好，又承担理科各系的基础课程，对教学质量的提高关系重大，也定为重点学科，力求得到发展。山东大学的基础学科和优势学科的基础都是在华岗校长的倡导下奠定的。今天的山东大学，“文史见长”优势仍然保持着，数学、物理、化学等基础学科得到了进一步加强，生物和微生物在全国具有重要地位和影响。

创办了“学报之王”《文史哲》。为了引领和推动学校教学与学术的发展，华岗同历史语文研究所及文学院的同仁们于 1951 年 5 月发起创办了创办了被学界誉为“学报之王”的《文史哲》杂志。华岗为社长，杨向奎为主编，编委由几位著名的教授和教师担任。华岗还把自己的稿费当作《文史哲》的经费，亲自审阅、编辑稿件。华岗指示，《文史哲》每期必须有一篇理论的文章，也必须有一篇现实的文章，在学术文章中既有思辨的又有考据的，既有中国的又有外国的，文史哲皆有，以突出办刊特色。《文史哲》注重培养人才，每期必推出一个青年作者，成为培养学术人才的重要园地。华岗规定《文史哲》每期尽可能推出一个新作者，以此来带动山大学术上的繁荣和造就一批优秀的中青年师生。这一时期，学校里学术研讨激烈纷争，呈现出一派学术繁荣的景象。《文史哲》推出的新人不少后来成了专家、名家，既为社会做出了贡献，也为山大赢得了荣誉。

在华岗的领导下，《文史哲》坚持理论与实际相结合的学风，提倡学术创新和独到见解。《文史哲》一创刊，就在全国引起了轰动。一是由于《文史哲》创办较早，在全国高校中是头一家；一是由于《文史哲》的学术风貌和全新的理念，它代表的是新中国学术发展的方向。《文史哲》主张学术民主，提倡争鸣，开风气之先。它直接介入中国学术界长期争论悬而未决的学术问题，引起学者们的极大兴趣和广泛关注，他们纷纷来稿参加讨论。不仅校内专家多次投稿参加，而且还团结和吸引了校外的大批知名专家学者前来争鸣讨论，如王亚南、顾颉刚、周谷城、罗尔纲、黄药眠、齐思和、杨宽等等，一时以《文史哲》为代表形成了新的学术中心。先后展开的“中国古史分期问题”“亚细亚生产方式”“中国资本主义萌芽问题”“中国农民战争作用问题”等等大讨论，在中国学术史上占有重要地位。由《文史哲》引领的学术大潮，引起了党和毛泽东的重视。李希凡、蓝翎合写的《关于〈红楼梦简论〉及其他》发表后，毛泽东亲自写了一封《关于红楼梦研究问题的信》，对该文予以表扬，引发了一场关于红楼梦问题的大讨论。山东大学和《文史哲》在国内外的名望日益增高。苏联、日本、印度尼西亚、印度等多个国家来函索购《文史哲》杂志。

华岗校长特别重视人才。一个大学能否办好办出特点，关键在于有没有人才。而一所大学有没有高级人才，关键在于校长。华岗校长深知人才的重要，他经常跟人说：“著名的大学关键是靠有一批学识深厚的著名教授。”华岗校长不仅重视人才，爱护人才，培养人才，还千方百计地延揽人才，为学校的发展储备了有生力量。他把知识分子当做朋友、同志，给予充分的尊重。两位副校长童第周和陆侃如都是民主党派，且是国内外知名的专家。为了充分发挥两位副校长的作用，华岗把行政、教学、学习、学术等工作的管理全部交给了他们，实行分管校长负责制。在党委会上，华岗强调，要充分尊重两位副校长的意见，让他们“有职有权”。童第周、陆侃如感到在华岗身边工作非常愉快、舒畅。在华岗担任校长期间，童第周拒绝了去北京工作的调动，而仍留在山东大学工作。对其他教授、学者，包括一般教师，华岗都一视同仁，给予充分的尊重。而一些著名的专家学者也把华岗校长当作兄长、朋友，有事愿跟他谈一谈，听听他的意见。

在频繁的政治运动中，华岗校长牢牢把握政治尺度，最大限度地保护专家、教授和群众。在“三反”运动中，有一名女教授因被诬为特务而自杀，华岗闻讯极为愤慨，责令有关人员检查。他痛心地说：损失几万元也抵不了损失一个专家重要，几万元买不了一个专家。齐鲁大学来函以历史系著名教授张维华涉嫌贪污“美庚款”为由要求将其调回审查，华岗坚决反对，从而使得张维华先生免遭一场厄运。他还以党委书记的身份阻拦公安部门批捕一个所谓有历史问题的外语系教授。面对着日益升级的政治运动和过火的批判、批斗，华岗连续召开三次党委会，纠正“三反”运动的偏差，并且对运动出现的问题主动检讨，主张立即放手，转入思想改造。这些后来都成了华岗的所谓“罪过”。1953 年，改组后的山东大学党委决定重新恢复因“三反”运动和院系调整一度中断的政治大课制度。通过政治大课来解决思想问题，这也是华岗校长的一个创造。

华岗不仅关心师生的政治成长，而且还关心他们的业务进步和生活问题。在业务上，他经常鼓励和帮助有政治顾虑的人放下包袱，大胆进行教学、科研活动。他把由 1949 年前留下来的山大教授称作“旧中国留给我们的财富”，鼓励他们运用马克思主义批判唯心史观，联系自己学术思想，重新研究中国古代文化遗产。正是华岗校长为专家学者提供了宽松和谐的政治、学术环境，才使山东大学的学术研究得以茁壮成长，在中华人民共和国成立初期的国内学术论坛上占有重要地位。

由于华岗校长这样尊重人才、爱护人才、使用人才，使建国前在山东大学工作的老教授全部留了下来，同时也吸引来了一大批新的专家学者，如童书业、郑鹤声、吴大琨、赵俪生、吕荧、孔令仁、陈同燮、许思园、乔裕昌、张维华、高亨、黄云眉、黄嘉德、王祖农、方宗熙、文圣常、束星北、陈机、莫叶、唐世风等。有的是慕名而来，有的则是华岗、童第周、陆侃如等多方招揽而来的。在20世纪50年代，山东大学集中了一大批国内外知名专家学者，从而奠定了山东大学的人才基础和学科基础。

华岗校长重视全校的马克思列宁主义学习。华岗校长把宣传马列主义、毛泽东思想和党的方针政策当作头等大事来抓。当时政治理论课教师十分缺乏，他亲自为师生员工讲授《辩证唯物论》等政治理论课，提高师生员工的思想和理论水平。每次讲课，他都以马克思主义的基本理论，参照毛泽东的《矛盾论》《实践论》中的观点，将理论寓于社会进步、科学发展、研究成败、工作得失等常见的具有实感的事例中，生动具体，说服力强，深受欢迎。每次讲课，青岛市不少科级以上的干部都来参加，能容纳4000多人的“六二”广场挤得坐不下，成为青岛一大盛事。

华岗一生无论在何种环境下都坚持学习写作，主要著作有《太平天国战争史》《五四运动史》《自然科学发展史略》《中国民族解放运动史》《1925～1927年中国大革命史》《社会发展史纲》《苏联外交史》《中国历史翻案》《鲁迅思想的逻辑发展》《辩证唯物论大纲》《辩证唯物论知识和物理学》；狱中遗著《美学论要》《规律论》等专著15部，论文166篇，未发表文稿4部。译著有《共产党宣言》。

（李彦英）

学报之王《文史哲》

1951 年 4 月创刊的《文史哲》是新中国第一家高校文科学报。作为 20 世纪后半期乃至 21 世纪前十年文史哲领域各种学术思潮的领导者和参与者，《文史哲》杂志见证了当代中国学术的风风雨雨和起起落落，更以其卓然不群的学术水准成为当代中国学术界最具影响力的领军刊物。《文史哲》杂志的历程，最能折射出当代中国学术发展的轨迹。

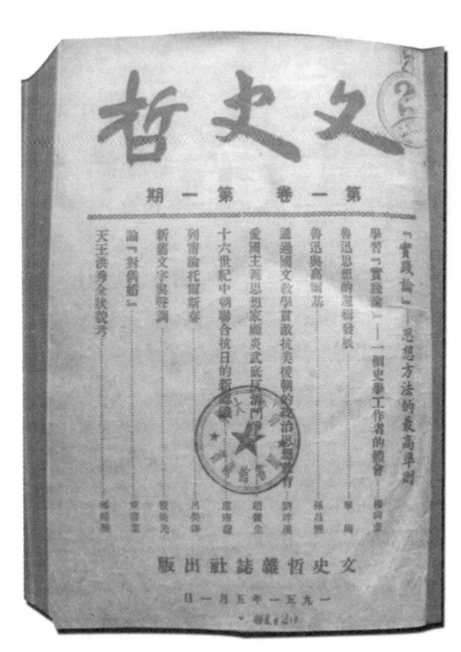

《文史哲》创刊号

1951 年 4 月，在华岗校长支持下，山东大学文学院和历史语文研究所的部分教师，成立了《文史哲》杂志社，共同创办了综合性的学术刊物《文史哲》杂志。大家一致推举华岗校长为社长、副校长陆侃如和文学院院长吴富恒为副社长。编辑部主编是历史语文研究所主任杨向奎，编辑工作主要由文史两个专业的几位教师兼任。5 月，《文史哲》于青岛山东大学正式创刊，是新中国创办最早的高校文科学报和人文社会科学杂志。那时，数以十计的文科骨干教师，都是《文史哲》的热心发起者、组织者、撰稿者。他们写稿不取稿酬，有的甚至拿出自己的薪金，为刊物代付校外作者的稿酬，还无偿地承担刊物的审稿、改稿、校对、发行等一系列工作。靠着文科广大教师热爱刊物的一颗心，《文史哲》才得以顺利地降生和茁壮地生长起来。

1952 年 9 月成立编委会，编辑委员有：华岗、陆侃如、吴富恒、王仲荦、朱作云、孙昌熙、殷焕先、吴大琨、郭根、黄嘉德、童书业、张健、葛懋春、赵俪生、刘泮溪、刘敦愿、卢振华等。

创刊伊始,《文史哲》即坚定不移地恪守“学者办刊”“造就学者”的原则,“扶植小人物”“学者的摇篮”,是学界60年来对《文史哲》的广泛称誉。已过世和仍健在的一大批著名学者或者在这里刊发了处女作,或者在这里刊发了代表作,或者在这里刊发了成名作,从这里走出来的学者可以说数不胜数,新中国成立以来的著名学者几乎都在这里发过文章。《文史哲》为此驰誉学术界,广受称道,在数代读者中留下了深刻印象。恰如著名学者裘锡圭先生所言:“《文史哲》60年来为推进我国人文学科的发展做出了重大贡献。”余英时先生认为:“《文史哲》杂志自问世以来即波澜壮阔,一展卷而数十年人文思潮之起伏尽收眼底。”池田知久先生的感受是:“《文史哲》这份学术杂志在21世纪对海外从事汉学研究的学者和青年学生而言是憧憬的对象,指路的明灯。这部杂志给予我们的鼓舞、激励、抚慰和喜悦是怎么形容都不为过的。”

《文史哲》是一份在海内外人文学界享有巨大声望的老牌学术期刊,是一份反映中国大陆大学文科学术水准的老牌学报,在相当长一段时间内,它曾几度左右过中国大陆的主流学术方向,引领了人文学术的潮流,至今仍被学坛看作学术风向标之一,在海内外深受尊重和推崇。

“知出乎争。”《文史哲》60年来所享有的盛名是和它发起的一场又一场著名论战与重大讨论分不开的。20世纪50年代,我国史学界有“五朵金花”之说(即“五场重大论战”),其中至少有三朵即“中国古史分期论战”“中国农民战争史论战”和“资本主义萌芽问题论战”是盛开在《文史哲》的,即由《文史哲》所发起和推动展开的。著名的“《红楼梦》讨论”仅是20世纪50年代《文史哲》所引发众多论战中的有代表性的一次。“文革”结束之后,中国思想文化界关于传统文化的大讨论即所谓的“文化热”,其起点即始于《文史哲》1984年第一期的一组“文化史”笔谈。世纪之交前后,《文史哲》发动了两场引人瞩目的大讨论,即“儒学是否宗教”的讨论和“疑古与释古”的讨论。前一场讨论余波犹在,后一场大讨论至今尚未结束。从2010年开始,《文史哲》辟出专栏,再度推动“中国社会形态问题”的大讨论。这些讨论广受关注,《光明日报》《文汇读书周报》《中华读书报》、日本著名汉学刊物《东方》等著名报刊均跟踪进行了详尽的报道。

自创刊以来,《文史哲》杂志就致力于中国古典学术研究,古典性和高端性是《文史哲》所着力打造的特色。“昌明传统学术,锻铸人文新知,植根汉语世界,融入全球文明”是《文史哲》的办刊宗旨。力争在全球文明的滋养下,传承本土人文研究的学统,进一步深入世界汉学学术圈,跻身世界汉学名刊之林,是《文史哲》的最终追求。由于其厚重的古典汉学风格,《文史哲》杂志早已迈出国门,走向国际汉学界。1955年12月,高教部就要求山东大学代表国家向英国、日本、苏联和越南等国的国家图书馆赠送《文史哲》杂志。此时的《文史哲》杂志已成为整个中国学术的重要窗口。如今,《文史哲》已经发行至30多个国家和地区,海外期发行量达545

份。世界著名大学图书馆大都有对《文史哲》的收藏，哈佛大学更将《文史哲》杂志与《历史研究》《考古》《文物》列为她所认可的四家中国大陆学术期刊。

《文史哲》着力打造国际汉学名刊的努力，也受到二次文献的广泛关注。2004年，《文史哲》在《新华文摘》《中国社会科学文摘》《高校文科学报文摘》三大文摘期刊的转载率，在全国高校学报列第2位，在全国综合性社会科学期刊中居第4位。2005年度，《文史哲》在三大文摘期刊的文摘率为41.3%，位居高校文科学报之首。2007年为37%，2008年为37%，也均位居前列。影响因子近年来也一直名列综合性社会科学期刊和高校学报前列。

正是基于上述因素，改革开放以来，《文史哲》几乎囊括了所有相关奖项。1998年、2000年，《文史哲》连续获得"全国百种重点社科期刊"称号；1999年，获得首届"国家期刊奖"和"全国双十佳社科学报"称号。2002年，同时获得三项荣誉："国家期刊方阵双奖期刊"，第二届"国家期刊奖"提名奖（银奖），第二届"全国双十佳社科学报"。2003年，成为"教育部高校哲学社会科学名刊工程"首批11家入选的学术期刊之一。2005年，获第二届"国家期刊奖"提名奖（银奖）。2009年，荣获"新中国60年最有影响力期刊"称号。2011年，"第二届中国出版政府奖"增设"期刊奖"奖项，作为全国高校人文社会科学学报界的唯一代表，《文史哲》喜获"第二届中国出版政府奖期刊奖"殊荣。

（刘京希）

高校第一家文理综合性学报《山东大学学报》

中华人民共和国成立后高校创办的第一家文理综合性学报——《山东大学学报》

《山东大学学报》创刊于1951年8月，是新中国最早的高校学报之一。当时的山东大学是一所设有5院18系的文、理、工、农、医多学科综合大学，华岗校长在创办《文史哲》之际，为了及时发表理、工、医、农和文史哲以外的学术论文，根据童第周、陆侃如两位教授倡议，决定创办综合性的学术期刊《山东大学学报》。

1951年4月，成立了第一届《山东大学学报》编辑委员会，校长华岗，副校长童第周、陆侃如签署决议：童第周、何作霖、吴富恒、郭贻诚、丁履德、陈瑞泰、徐佐夏、杨向奎、赫崇本先生为山东大学学报编辑委员；童第周任编辑委员会主任、主编，吴富恒、杨向奎任副主编。

时任山东大学党委书记、校长的华岗专门为《山东大学学报》创刊撰写了《发刊辞》，发表于创刊号。明确创办《山东大学学报》的目的宗旨和方针任务，指出中国人民革命的伟大胜利，中华人民共和国的成立，使中国社会的上层建筑之一的教育，由于失去了原有经济政治力量的支持，而不得不跟着社会基础的变动而变动，走上了人民教育的道路。大学教育是整个国家教育的一部分，负有为国家培植高级建设人才的使命。一个国家的大学教育，是那个国家文化水准的重要尺度之一。新的社会制度和教育体制的建立召唤全校师生员工满怀信心地向着新型正规人民大学的前途迈进。他认为经过两年来的学习、改革和建设，虽有进步，但在推行课程改革及贯彻理论与实际结合方面，还不能满足客观的需要；在学术研究方面，风气还不够浓厚，这就多少限制了教学内容的充实。为了弥补上述缺陷，本校历史语文研究所与文学院同仁曾经发刊了《文史哲》杂志，唯内容仅限于文学、史学和哲学方面，现又出版这个综合性的《山东大学学报》，借以推进课程改革和学术研究，范围则包括所有自然科学、社会科学和文学艺术在内。指出本学报以促进教学与研究相结合，理论与实践相结合为基本方针，为此就要认真学习马列主义及其中国化的毛泽东思想，认真学习共同纲领文化教育政策，总结和交流教学经验，积极推动课程改革；有系统地批评旧教育思想，以剔除其封建性买办性的糟粕，吸取其民主性科学性的精华；提倡用科学的历史观点，研究各种学术与现实问题，借以充实和改进教学内容，以便我们能够更好地为人民和国家建设服务。我们大胆地发刊这个学报，一方面希望本校师生群策群力来培植耕耘，同时也希望各地教育界先进给我们以指导和支持，使我们这个学报由幼稚到成长，对新中国文化教育事业略尽一部分责任。

1951年8月～1954年11月，《山东大学学报》为文理综合版，每年出版一期，实为年刊。自1955年开始，《山东大学学报》由文理综合版改为人文社会科学与自然科学分版编辑，本年各出版一期并未加标示，为半年刊。1956年至1958年，《山东大学学报》正式标明人文科学版和自然科学版。其间《山东大学学报》(人文科学版)出版两期。1959年5月分别出版的《山东大学学报》(中国语言文学版)和(历史版)各在第一期封三刊登《征求预订》：自本年度起，我校出版的综合性学报(自然科学版和人文科学版)改为按中文、历史、数学、物理、化学、生物六个学科分别编辑，由山东人民出版社出版。本学报为季刊，文科各学科(中文、历史)全年各出版四期。本学报内容：科学研究论文，关于科学方面的调查报告、资产阶级学术思想批判、科学技术资料等。即年，《山东大学学报》(中国语言文学版)和《山东大学学报》(历史版)各出版四期，已按季刊出版。1960年至1963年《山东大学学报》(中国语言文学版)曾使用(中文版)及(语言文学版)称谓，均为季刊。1964年，《山东大学学报》(语言文学版)和(历史版)以《山东大学学报》(社会科学版)编辑出版两期至9月，因文科师生下乡参加“四清运动”曾暂时休刊。《山东大学学报》(社会科学版)1966年第1季度复刊出版第1期后，因爆发“文化大革命运动”，《山东大学学报》(社会科学版)停刊。1979～1984年由山东大学文史哲研究所出版《山东大学文科论文集刊》。

1987年，经学校领导多方努力，由国家新闻出版署和教育部批准，《山东大学学报》(哲社版)正式复刊。1987～1999年为季刊，2000年起，改为双月刊。1997年定为全国中文核心期刊，1998年评为山东优秀期刊，1999年评为首届全国百强学报，自复刊至2002年，周祚绍任编辑部主任。

2003年开始，原山东大学、原山东医科大学、原山东工业大学文科学报编辑部的编辑成员合并组成新的山东大学学报编辑部。从2003年开始编辑出版合校后的《山东大学学报》(哲学社会科学版),傅永军教授任主编、编辑部主任。2008 年 2 月臧旭恒教授任主编、编辑部主任。

华岗创办的代表山东大学整体综合学术水平的《山东大学学报》旨意,即全面推进学术研究和课程改革,让学术研究的风气浓厚起来,以大学、大师及新人成长和培养,对新中国文化教育事业担当责任。华岗拨冗在各期学报发文四篇以马首是瞻。至 1964 年上半年的不完全统计,人文社科教师基本均有研究成果在学报发表且已形成一定的学科优势和学术带头人。童书业、华山发表论文各 13 篇;高亨为 11 篇;徐文斗为 9 篇;殷孟伦为 8 篇;陆侃如、袁世硕、孙昌熙、刘敦愿各为 7 篇;张维华、吴松龄(路遥)、卢南乔、周迟明、韩长经各为 6 篇;冯沅君、葛懋春、郑鹤声、殷焕先、周来祥、黄冕堂、徐绪典、陆景琪、韩连琪、李永采各为 5 篇;萧涤非、牟世金、张伯海、陈月清、朱玉湘、于维璋、孟广来、郑佩鑫各为 4 篇;庞朴、刘泮溪、王仲荦、孔令仁、陈之安、赵华富、颜学孔、刘明翰、董治安各为 3 篇。《山东大学学报》自创刊以来,由学校和学者的学术影响力相互作用,"山大牌"学报受到社会各界和读者的广泛关注。1955 年,毛泽东主席曾由中共中央办公厅订阅《山东大学学报》。学报(哲社版)是中国权威核心期刊和中文社会科学引文索引(CSSCI)来源期刊。以 2005、2006 年为例,在中国人民大学书报资料中心公布的全文转载量排名榜中,《山东大学学报》列"高等院校学报排名"第 17 位、第 15 位。

《山东大学学报》1987 年复刊后的办刊历程,与我国的社会主义改革相同步,所发表的大量科研成果对繁荣学术研究,弘扬民族文化精神和推动改革开放发挥了重要作用;同时促进了我校与国内外社会科学领域的合作和交流。山东大学学报在不断推出新人新作的同时,也成为培养人文社会科学学术带头人的学术论域和当代马克思主义理论的重要阵地。在各级党委和国家新闻出版部门的关怀指导下,经过近 20 年的办刊实践,山东大学学报坚持实事求是、严谨朴实的治学风格,提倡学术自由,鼓励理论创新,尊重学术规范,为人文社会科学的发展贡献了一份力量。

《山东大学学报》(哲学社会科学版)是教育部主管,山东大学主办的哲学社会科学学术理论期刊,主要发表校内外人文社会科学领域最新的学术理论研究成果。刊登中外语言文学、历史学、哲学、新闻传播学、编辑学、法律学、社会学、政治学、经济学、管理学、图书馆学、情报学、教育学等学科的学术论文。本刊始终坚持以马克思主义为指导,坚持正确的政治方向,坚持理论联系实际,关注重大现实问题,坚持刊物的学术性和理论性,致力于学术研究的历史积累和理论创新。

(牟　进)

山东大学海洋系的诞生

在山东大学百余年的发展历程中，曾有近30年在青岛办学(1929～1958)的历史。其中蔡元培先生的力荐选址青岛与杨振声的办学理念直接促成了海洋学科的孕育，促进了中国第一个设置物理海洋专业的海洋系的诞生。

一、杨振声首提涉海学科的设置理念

1928年，由于山东省的两所高等学府——省立山东大学和私立青岛大学相继停办，国民政府教育部开始着手国立山东大学筹建工作。1929年6月3日，我国著名教育家蔡元培先生携眷来青，在原私立青岛大学小住。经过考察，蔡元培力主将在济南筹办的国立山东大学迁至青岛筹办，理由是“青岛之地势及气候，将来必为文化中心点，此大学之关系甚大”。国民政府教育部接受了他的意见，指令将国立山东大学筹备委员会改为国立青岛大学筹备委员会。1930年4月，国立青岛大学成立，蔡元培先生推荐时任清华大学教务长兼文学院院长的杨振声出任校长并亲自题写校名。

对于国立青岛大学的办学特色，杨振声校长见解独到而富有远见。他对青岛的地理环境、自然资源以及山东的古物文献等作了细致的分析，主张文理渗透，提出渐次增设海边生物学、海洋学、气象学等与海洋有关的学科。据《中国海洋大学大事记》记载：1931年5月4日，校长杨振声在对全校师生作报告时说：“文理两院，一方面为其他学院造根基，另一方面亦必求能有树立于学术界，而后其自身始具独立之价值，始足以自园其生存。”对于办出本校的特色，他说：“青岛附近海边生物之种类，繁盛不亚于

1958年，参加全国海洋调查时学生合影留念

厦门，而天气凉热适中，研究上较厦门为便。若能利用此便，创设海边生物学，不但中国研究海边生物者，皆须于此求之，则外国学者，欲知中国海边生物学之情形，亦须于青大求之。如此则青大将为海边生物学研究之中心矣……再者，理学院中，如海洋学、气象学，亦皆为其他大学所未办，我们因地理上或参考上便利，皆可渐次设立，此理学院自求树立之道也。”杨振声的这番真知灼见，对后来学校的海洋、水产学科独步国内，青岛成为我国著名的海洋科技与教育城起到了奠基性的作用。

杨振声20世纪30年代颇具战略眼光的设想，后渐次变为现实。1932年，生物学系聘请张玺教授开始讲授海洋知识课程；1934年夏，发起组建了青岛海产生物研究所，附设在生物系内，国内很多专家来青参加研究，同时开办暑期讲习班六星期，一时盛况空前；1936年11月，海滨生物研究所成立，山大生物系联合青岛观象台开展青岛近海渔业和海洋生物的采集和调查。这一系列的活动，为后来海洋类专业的设置和学校海洋特色的形成拉开了序幕。

二、海洋研究所的建立

国立山东大学因抗战而停办。抗战胜利后，1946年春，国立山东大学在青岛原址复校，赵太侔再任校长。赵太侔校长利用青岛的地理、气候优势进行涉海学科建设和研究的理念与杨振声的思想一脉相承。据国立山东大学校刊记载，1946年赵太侔校长在《本校校庆典礼校长补志》中强调：一个大学，固然有一般的完整性，同时也要注意它的特殊性。山大实在有它可以特殊发展的地方。在环境方面，直接受山东半岛特殊物产及青岛工业特别发展的影响，有值得进行特殊研究工作之处。所以在我们工学院方面，计划设立造船工程及矿冶工程两系；在农学院方面，我们已设立水产学系。其次便是青岛天然环境，与海洋有密切关系，所以我们计划设立海洋研究所。关于海洋的物理、气象、生物、地质都是我们研究的对象。这些都是地域上特殊条件，足以供我们研究的地方。由此，海洋研究所建立，并借此拉开山东大学海洋学科建设的序幕。

复校后，国立山东大学重视海洋学科建设。12月8日，国立山东大学校刊中《动植物系及海洋研究所概况》一文，记载了动植物系对本单位学术研究的计划，其中对海洋研究所的发展有较为详尽的规划：根据当前形势和青岛地理和气候的特点，拟于湛山附近海滨，建一所较有规模的海洋研究所。所内组织，拟分理化、生物二部。前者研究海洋方面，有关理化之特性，后者研究海产之动植物，理论与实际并重，同时拟设一大规模养殖场，以供培养海藻及其他动植物之用，并兼作研究及实验之场所，故将来可与农学院生理学之水产系，密切合作。希望建成后，不仅可供全国生物系及理化学者之研究，凡有兴趣于太平洋东岸之海洋学者，均可以以为工作中心。

1947年2月5日，国民政府教育部正式批准我校规划设置海洋学系并附设海洋研究所。电文如下:校理学院规划设置海洋学系,同时注重物理与生物两方面之教学,附设海洋研究所,以系主任兼所长。此项计划分四年间完成,本年度可由教育部酌拨筹备费用。遗憾的是,由于当时因各种原因,海洋系未能建立,但海洋研究所得以设置。校长赵太侔亲自拟写了国立山东大学海洋研究所大纲,对该所的研究领域及其方向作出较为详细的阐述。山大海洋研究所成为青岛乃至全国海洋研究机构的先驱之一。4 月 24 日,动物系主任童第周被聘为海洋研究所所长,植物系主任曾呈奎为副所长。

海洋研究所建立后,在海洋研究与教学方面起到了重要作用。据 1951 年 6 月《山东大学介绍》记载:海洋研究所由物理系、动物系、植物系及水产系的教师参与组成,并与中国科学院青岛海洋生物研究室合作研究,研究领域涉及海洋动物、海洋植物、浮游生物、海洋环境、海洋化学、海洋物理、海洋地质七个方面,在辅助教学方面,海洋研究所与植物系合作开出了海洋学实验。当时主持海洋研究所工作的是代理所长、物理系教授赫崇本先生。

三、海洋系成立,设置物理海洋专业

抗战胜利后,厦门大学于 1946 年成立海洋学系及海洋研究所,唐世凤教授为首任系主任和所长。1952 年,全国高校进行院系调整,遵照华东高校院系调整委员会的决定,1952 年 9 月 20 日,厦门大学海洋系理化组唐世凤教授等 3 名教师和 18 名学生调入青岛与山东大学海洋研究所合并,成立了山东大学海洋学系,设置物理海洋学本科专业,赫崇本任主任。这是我国创办的第一个以开展海洋调查为目标的物理海洋专业,为培养我国向海洋科学进军的科技人才奠定了基础。

赫崇本,辽宁风城人,满族,著名的物理海洋学家、海洋科学教育家、新中国海洋事业的开拓者、中国物理海洋科学主要奠基人,中国海洋科学事业决策的主要咨询人和主要推动者之一。赫崇本 1932 年 7 月毕业于清华大学物理系,后留学美国研习物理海洋和气象,1948 年获加州理工学院博士学位,1949 年回国任国立山东大学教授,从事海洋教育 36 年。作为首任海洋系主任,他积极倡导和推动了海洋系学科建设,1952 年设立物理海洋学专业,1957 年设立海洋气象学专业,并致力于两门学科的相互渗透,相得益彰。他曾兼任物理海洋学与动力气象学的教授,亲自开讲“海流”“潮汐”“海浪”等课程。为了加强师资力量,他一方面注意培养本校毕业的中青年教师,一方面设法在全国范围内遴选精英,商调聘请哈尔滨军事工程学院的文圣常先生、厦门大学海洋系主任唐世凤先生、青岛观象台台长王彬华先生和四川大学牛振义先生来校工作,聘请中国科学院海洋研究所毛汉礼研究员授课,从而使教学质量大大提高,海洋系很快就成为了中国培养海洋科技高级专门人才的摇篮。赫崇本先生为推动山大乃至中国的海洋学科发展做出了重大贡献,现在中国海洋大学鱼山和崂山校区立有赫崇本教授的雕像,2009 年赫崇本先生入选新中

国成立60周年十大海洋人物。

完成1952年院系调整后的山东大学，已成为以文、理为主的综合性大学。具有战略眼光的华岗校长，这时已开始考虑学校的学科设置和布局。1952年11月，他会同童第周、陆侃如两位副校长提出：要把山大办成有自己重点、有自己个性的学校，要打造自己的特色。海洋系尽管是初建院系，但有数学、物理、化学三系的支持，又有青岛海洋生物研究所和气象台的密切配合，发展前途广阔，应该成为学校的发展重点。1953年5月，高教部指示各直属高校，研究并确定本校的重点学科与发展方向。山东大学遂将物理海洋和汉语言文学、历史、海洋生物、动物胚胎、植物共六个专业作为重点发展学科上报。由此山东大学形成了“文史见长，加强理科，发展生物，开拓海洋”的鲜明办学特色。

四、海洋气象学专业的建立

海洋气象学科在山东大学的发展，源远流长。1935年，蒋丙然在国立山东大学物理系创立了天文气象组。王彬华是国立山东大学物理系气象组的学生。1949年，国立山东大学物理系恢复气象组，刚从美国回国的赫崇本曾讲授“理论气象”和“气象仪器与观测”；时任青岛观象台台长的王华文（上世纪50年代初改称王彬华），也兼任物理系气象组教授，讲授“天气学”和“普通气象学”。1953年，山东大学物理系气象组并入刚成立的海洋学系，其人员、设备、资料一并归入海洋系，为海洋气象学科的建立打下基础，王彬华正式调入海洋学系。

实际上，海洋气象专业创办，与赫崇本先生的办学理念是密不可分的。他认为，要真正学懂海洋，还必须要有海洋之外的许多学科来配合，气象学是极为重要的姐妹学科，这两门学科应相互渗透，相得益彰。正是赫崇本先生力邀王彬华以及四川大学牛振义教授加盟，才为海洋气象学专业的建立准备了充足的师资力量。

1957年9月，经高教部同意，物理海洋学专业改名为海洋水文学专业，原有的海洋气象教研组扩充为海洋气象学专业，海洋气象学专业正式成立。海洋学系更名为海洋水文气象学系，赫崇本任系主任，王彬华为系副主任。

五、海洋系的蓬勃发展

得益于学校“开拓海洋”的办学理念，海洋系自建立之日起，发展迅猛。据记载，1957年海洋系的研究经费为人民币22946元、卢布15386元、美金1000元，占当年全校科研经费总数的40%，由此可见当年学校对海洋学科的重视与海洋系发展的良好势头。50年代，海洋系科学研究硕果累累。1954年，海洋系陆续开展海上调查实习；1957年秋和1958年春、夏，参加了我国首次大规模的渤海同步观测，拉开了全国海洋普查的序幕；1958年9月，原海洋系的近百名师生参加了历时两年的全国海洋综合调查，为我国海洋事业的发展做出了贡献。

同期，海洋系在教学组织和师资队伍建设方面也突飞猛进。据1954年海洋学系上报学校的材料中称，教学组织已设有海洋学、气象学、海洋化学三个教研组和动力海洋学、波浪学、潮汐学三个非正式组织，每组2人；专任教师17人，有我国著名的物理海洋学家赫崇本教授、文圣常教授和海洋学方面的专家唐世风教授，气象学方面的专家王彬华教授、牛振义副教授，有景振华等3名讲师以及9名助教。

到1958年初山东大学迁往济南，海洋系在六年的时间里，历经奠定基础、巩固发展和教学整改三个阶段，得到了长足的发展。据史料记载，1958年海洋系有教师29人，其中具有讲师以上职称的12人；图书增加到4000册，中外期刊增加到208种；组建了海洋调查、海洋学、动力海洋学、气象学、天气学和海洋化学等教研室；成立了仪器室，建立了水文气象仪器厂，扩建了海洋化学实验室和气象观测站，新建了沉积分析室和高空气象实验室等；编出了如普通海洋学、动力海洋学、波浪学、潮汐学、气象学和天气学等具有一定水平的教材。六年时间里，海洋系培养了五届毕业生(1954年第一届学生毕业)，共121人。不少学生成为我国海洋事业的骨干和国内外有影响的海洋学家，为学校赢得了荣誉。

六、以海洋系等为基础组建山东海洋学院

1958年10月，山东大学主体迁往济南，老山大留在青岛的海洋系、水产系、地质系、生物系的海洋生物专业等成为“山东大学留青部分”。1959年3月30日，中共中央批准了山东省委上报的《关于成立山东海洋学院的请示报告》，同意以原山东大学海洋系为基础成立山东海洋学院，并由山东省领导同意，先设海洋水文气象、海洋物理、海洋化学、海洋生物、海洋地质地貌五个系，学制四年。1959年，山东海洋学院成立，这是我国第一所以培养海洋科技人才、研究开发利用海洋为发展方向的重点大学，以此为开端，结束了与山东大学长达30年的共同期，走上了独立发展之路。1960年，山东海洋学院被列为全国13所重点综合性大学之一；1981年，拥有了我国第一批获准的硕士点和博士点——物理海洋学位点；1983年，博士生导师文圣常教授培养了我国第一个海洋学科博士生孙孚；1987年，物理海洋学被批准为全国重点学科；2007年，海洋学科成为一级学科国家重点学科，经过两轮国家一级学科评估，海洋科学稳居全国第一。

（孙厚娟　楼蔚文）

成仿吾校长

成仿吾

成仿吾(1897～1984),原名成灏,曾用名石厚生,湖南新化人。我国无产阶级革命家,忠诚的共产主义战士,新文化运动的重要代表,党内著名的教育家和社会科学家、文学家、翻译家。1958 年 8 月至 1966 年 8 月,成仿吾任山东大学校长兼党委书记。

1910 年,成仿吾赴日本留学。在日本读了中学、高等学校预科,1917 年考入东京帝国大学造兵科,攻读枪炮专业。成仿吾因喜好文学,与郭沫若、郁达夫结成好友,一起建立了著名的革命文学团体“创造社”。1921 年 4 月,他与郭沫若在上海出版了十多种文学刊物。1925 年,成仿吾任广东大学(后改名中山大学)任教授,兼黄埔军校教官。1928 年,为深入学习马克思主义理论,成仿吾远赴欧洲。在法国巴黎成仿吾加入中国共产党,从事革命活动,主编中共柏林、巴黎支部的机关刊物《赤光》。1931 年回国后,任中共鄂豫皖省委常委、宣传部长及省苏维埃文化委员会主席、教育委员会主任,后又兼红安中心县委书记。1934 年 10 月,参加著名的两万五千里长征,是长征路上的唯一教授,途中任干部团政治教员。1935 年 10 月到陕北后,任中央党校教务主任、教师及红军大学(后改为抗日军政大学)教师。1937 年,党中央委托成仿吾担任陕北公学校长。1939 年,陕北公学与鲁迅艺术学院等学校合并成立华北联合大学,成仿吾继续担任校长。1948 年 8 月,华北联合大学与北方大学合并组建华北大学,成仿吾担任副校长。1949 年 12 月,在华北大学的基础上建立中国人民大学,成仿吾任中国人民大学副校长。1952 年 10 月,成仿吾任东北师范大学校长兼党委书记。1958 年 8 月,任山东大学校长兼党委书记。1974 年,中央调成仿吾去中央党校工作。1978 年春,成仿吾受命主持恢复中国人民大学的工作,任党委书记、校长。

成仿吾是党的七大、八大、十二大的代表，是第一至第五届全国人民代表大会的代表，是第一届全国政协委员和第五届全国政协常委。1984 年 5 月 17 日，成仿吾病逝于北京，终年 87 岁。

成仿吾作为创造社的主将之一，他创作和翻译了许多论文、小说、诗歌，并倡导无产阶级革命文学，对推动我国革命的新文化运动起了重要作用。就文艺思想和文学作品，他先后与鲁迅、胡适、茅盾、周作人、郑振铎等有过论争。他出版过文艺评论集《使命》，小说《守岁》，小说、诗、剧、杂记集《流浪》，论文集《仿吾文存》《从文学革命到革命文学》（与郭沫若合集）、《文艺论评》（与郁达夫合集）、《新兴文艺论集》，诗集《成仿吾诗选》《长征回忆录》《战火中的大学》《成仿吾教育文选》等著作。

成仿吾知识广博，精通德、英、日、法、俄五种语言，长期致力于宣传和捍卫马列主义、毛泽东思想。他曾三次翻译德文版《共产党宣言》。1929 年初，中国革命正处在低潮时期，为了使马克思主义在中国更广泛地传播和提高中国共产党的马列主义理论水平，积聚革命力量，迎接中国革命高潮的再次到来，蔡和森从莫斯科给在柏林的成仿吾写信，让他把《共产党宣言》译成中文。译文由一位将去莫斯科的德国共产党党员带给蔡和森。后因蔡和森的回国、牺牲，译稿“随之石沉大海”。1938 年，成仿吾和徐冰偶然在延安拾到一本德文版《共产党宣言》。为了革命的需要，为了完成蔡和森的遗托，他和徐冰合译了《共产党宣言》，由延安解放社出版发行。出版后，他发现有人根据俄文作了大量的修改，很不满意，但已无法补救。“文化大革命”中，成仿吾受到冲击，被停止了正常的工作，他在十分困难的情况下撰写《长征回忆录》。作为一名老共产党员，他看到建国以后编译出版的马恩列斯经典著作都是从俄文版转译为中文的，其中不乏不够准确，甚至谬误之处，中文版中的某些观点和史实偏离了作者的原文原义，立志在有生之年，把马克思、恩格斯的几部最重要的经典著作由德文直接译成中文。经毛泽东批示，1974 年中央党校成立了“成仿吾小组”，专门从事马恩著作的校译工作。晚年，他重新翻译了《共产党宣言》，校译了《哥达纲领批判》《社会主义从空想到科学的发展》《反杜林论》《德国古典哲学与费尔巴哈的终结》等经典著作，为准确地宣传马克思主义做出了贡献。

成仿吾为中国的教育事业做出了卓越贡献。他认为，培养人才是国家最重要的建设事业，培育人才是百年大计、千秋大业，它关系到一个国家的现在和将来。当毛泽东于 1945 年 8 月征询他“仿吾同志，全国解放后，你打算搞政权还是搞教育”时，他毫不犹豫地回答：“我还是搞教育。”成仿吾是中国共产党内从事教育工作时间最长的老同志之一，为党和国家培养了一批又一批政治坚定、作风扎实、具有真才实学的革命和建设人才。他在各个时期就教育发表的文章、作过的报告有 300 多篇，约 80 万字。

1952 年，为加强对地方高等学校的领导，推动教育事业的改革，年过半百的成仿吾被派往东北师范大学担任校长兼党委书记。他主持师大校政六年，被师生誉为师大建校以来的黄金时代。成仿吾从1958年8月到1966年8月，主持山东大学的工作长达八年。这八年是“左”倾思潮急剧膨胀的不寻常时期，他以政治家的胆识，教育家的才能，科学家的态度，实践家的经验，为山东大学作出了累累建树，留下了宝贵的精神财富。他任校长时作词的《山东大学校歌》依然鼓舞着师生们勤奋学习、努力工作，发挥着激励全校师生爱国爱校的重要作用。

刚赴任山东大学校长，就奉命将山东大学由青岛迁校济南。在搬迁一所老大学比办一所新大学还麻烦的情况下，成仿吾以较强的组织能力，带领全校师生仅用一个月的时间出色地完成了迁校任务。当时，“左”倾思潮泛滥，反右斗争扩大化，学校政治运动不断，且大炼钢铁，生产劳动成了压倒一切的中心，致使学校秩序紊乱，教学工作受到严重冲击。成仿吾以无产阶级教育家的革命胆识，采取得当的措施，稳妥的步骤，尽力排除干扰，坚持学校工作以教学为主，把学校秩序稳定了下来。他强调指出：“要培养出合格的社会主义建设人才，并不是单靠搞政治运动可以达到的。”“高等学校以培养德、智、体全面发展的人才，提高国家的科学文化水平为己任，从长远观点上看，教学工作是学校的中心工作，必须做到以教学为主，学生也要以学习为主，否则将贻误未来。”针对有的同志提出教育工作方针是培养“劳动者”，成仿吾指出：“‘劳动者’还有一个有社会主义觉悟、有文化的前提，丢掉这个前提，高等学校的工作也就失去了内容。”成仿吾校长这种以国家前途为重，力挽狂澜的果敢决断精神，不但要上顶压力，下排阻力，而且还担当着某些政治风险。由于他领导得力，使迁校后人心浮动的山大端正了工作方向，少走了一段弯路。

成仿吾校长特别重视教学质量。他强调学校工作成绩的大小，必须以教学质量为标准，忽视质量就是领导的失职。他要求各系制订好教学计划，选派水平高、经验丰富的教师，担任课堂教学工作，并认真抓好各个教学环节。他更能身体力行地深入实际，深入群众，进行检查性听课，解决教学中存在的问题，了解学生的学习兴趣和能力，给予帮助指导。为了加强教学工作的领导力量，他提请学校研究，并报上级批准，任命冯沅君教授为副校长，萧涤非教授为副教务长，以发挥他们在教学工作中的主导作用。这些做法，在当时无疑是需要一定魄力的。

成仿吾校长把科学研究当成学校的又一项中心任务，摆在和教学同等重要的位置上，要求两者有机结合，相互促进，共同提高。他指出高等学校具备着科学研究的优越条件，只有加强科学研究工作，不断提高科学水平，学校才有广阔前途，也才能为国家建设做出贡献。在科学研究中，他提出“五定，三结合，两照顾”的方针，即制订计划要定方向、定课题、定人员、定措施、定时间；研究内容要结合教学，结合社会主义建设，结合科学的发展；研究选题要照顾国家需要，照顾个人专长。在这个方针指导下，文科各系结合实际，对社会科学和人文科学，进行深入的探索。理科各系根据需要与可能，在基础理论和技术应用方面，确立了重点。每年校庆的科学讨论会,都对科研工作进行全面检查评论,从而推动了全校科学研究工作扎扎实实地前进,学术水平也得到不断的提高。同时,学校还十分重视对学生科研能力的培养。成仿吾校长反复强调,新中国的大学生“科学研究一定要搞,一年级也可以搞一点,要成立科研小组,好好开展这方面的工作”。他还说,“高等学校的任务之一就是发展学生独立工作的熟练技巧和在实践中应用所学知识的技能。这个任务要由多方面的工作来完成,但其中的一个重要方面,就是要开展学生的科学研究活动”。由于校领导对科学研究的重视,从1958年到1966年,山东大学在科学研究方面,成绩显著,其中化学系研制的活性白土,达到国际上最好的联邦德国水平,晶体研究室培养的10公斤酒石酸钾大晶体被国家授予科学研究奖。

成仿吾校长非常关注教师队伍的建设。他将学术水平高、经验丰富的教授、副教授等,分别安排在校、系的领导岗位上,使其充分发挥才能。对于学术上有成就的青年教师,打破常规,越级提拔,鼓舞大家前进。他专门召开校务会议,讨论师资的培养和提高问题。会议要求各系把师资培养工作列入计划,全面安排,使这项工作三年初见成绩,五年大见成绩,十年培养出水平较高、学科齐全的师资队伍。他极力反对那种把教师当作批判对象的做法,提出要养成尊师的风气。他鼓励和支持教师在业务上努力钻研,同时要学习马克思主义理论和毛泽东著作,领会精神,学习立场、观点、方法,学会运用,学以致用。在许多人认为学校的主要矛盾是无产阶级和资产阶级的斗争时,成仿吾坚持认为社会主义建设事业的要求,和我们培养人才的数量、质量都存在着差距,这是学校的主要矛盾。承认这是主要矛盾,就必然要从各个方面加强工作,就一定会重视知识分子在学校工作中的地位和作用。

成仿吾校长在工作中很注意发扬民主。学校的校务委员会是立法机构,也是最高的权力机构。其组成人员,除校级领导外,各系主任、研究室主任、教研室主任等都参加,教师占80%以上。校委会每月开会一次,每学期开学前,印发每次会议的内容,无特殊情况,一般不再变动,使校务委员及早了解本学期内校委会的要求,做到心中有数,先行考虑。凡学校的教学、科研、师资培养、学校建设、人事变动、重大兴革等,都要经过校务委员会通过,作出决议,由校长组织执行。这样,广大教师感到自己有权、有职、有责,更加关心学校的工作,发挥积极性和主动性。此外,学校的全面计划,对某项重点工作的检查,学年工作总结等,也都经校务委员酝酿后,再行充分讨论,使计划更符合实际,使检查更为深入,总结更具水平。这项好的传统,在今天仍具有现实意义。

成仿吾到任山东大学校长不久,曾表示一定以战争年代的战斗精神,把山东大学办成第一流的大学。成仿吾专心致志要把山东大学办成有自己的特色、自己的方向、自己的风格的大学。他常讲,综合大学代表着国家科学文化发展的水平,山东人口多于英、法,土地接近日本,发扬自己的特点,形成自己的风格,才能高于英、法,好于日本。他要求发扬文史见长的优势,在中国文学、中国历史方面深入探索,取得更新更好的成果，并以文史为基础，创设政治系，向社会科学领域开拓，形成新的特色。他要求理科各系结合实际，在计算数学、磁学、晶体材料、微生物等方面，有所突破，有所创造，大步前进，后来居上，形成新的重点。成仿吾校长高瞻远瞩的规划，奠定了山东大学良好的发展基础。那时一个政治系，现在已发展为哲学、经济学、科学社会主义、法律、社会学等多门学科，并分别组建成学院；晶体材料和微生物分别发展成为晶体材料国家重点实验室和微生物技术国家重点室，成为国家人才培养和科学研究的基地。

成仿吾校长博学多才，领导有方，善于依据客观规律办事，又有管理水平。他对学校的全面工作，主要抓住三条：一是制订计划，建立工作法规；二是督促检查，保证计划的实施；三是总结经验，提高领导工作水平。对于计划总结，他要求各单位领导亲自动手，他也亲自审查，有的并提到校务委员会讨论通过。对于工作检查，他每年多次深入到教研室、教室、实验室、阅览室、宿舍、食堂、操场等处了解情况，每个时期学校检查的重点也不尽相同。因此，他对教学科研工作的进展情况，对生活和工作条件的改善状况，对学生学习的情绪、学习效果，对学校的秩序和卫生面貌等等，都了如指掌，甚至可以举出某位教师在课堂上抽烟，某课堂教学效果不理想，某一科研项目因资料相互保密，进度迟缓，某系学生不参加课外活动，学习负担太重，某图书阅览室照明不足，影响视力等等。他到宿舍总要看看同学的床铺，问寒问暖，到食堂总要尝尝饭菜，品评伙食质量。同学们说："成校长对我们生活上的关怀如同慈母，对我们学习上的要求又是严师。"

成仿吾从事教育事业五十多年，了解教育工作的规律。他强调要结合各个历史时期的需要，办适合中国国情有中国特色的教育，重视学生德智体全面发展。《战火中的大学——从陕北公学到人民大学的回顾》《成仿吾教育文选》记载了他的办学过程和他的教育思想、教育理论和实践，为我们留下了宝贵的思想财富，为我们树立了一位伟大教师的崇高风范和优秀校长的光辉形象。正如袁宝华在纪念成仿吾诞辰100周年时盛赞的那样："千秋师表，一代伟人。"

（张庆美）

荣誉院士黄绍湘

黄绍湘

黄绍湘（1915～　），女，著名美国史专家、中国美国史研究的主要奠基人，中国社会科学院世界历史所研究员兼学术委员、博士生导师。

黄绍湘祖籍湖南临澧，1915年出生在一个世代书香之家。曾祖父黄道让饱读诗书，留世有《雪竹楼诗稿》等著述。黄绍湘的父亲黄右昌诗书俱佳，在北京大学法律系做过教授、系主任，所以她自幼就得到了来自家庭的良好熏陶。

1930年夏，父亲黄右昌出任国民党政府立法委员、大法官，举家迁往南京。15岁的黄绍湘坚决不去南京，遂与大姐留在北平读书。此时的黄绍湘已显示出了其革命者的一面，崇尚自由、民主的她因不满就读学校强迫学生进行祷告、谢主等宗教活动，决定另行择校，后遵照母亲意愿就读于国立盐务专科学校。

"九一八"事变爆发后，黄绍湘参加了支援南下代表的卧轨请愿活动。那以后，她开始大量阅读左翼进步书籍，接受"五四"以来的进步思想。1934年春，她被同学推选为代表，向校方提出改进教学的要求，却遭记大过处分。黄绍湘愤而离校，后以各科优异的成绩考入清华大学外语系二年级。在校期间她积极参与抗日救亡运动，并反复思考旧中国长期积弱的原因，未找到答案，她于当年秋天转入历史系学习，希望从历史的比较中找到救国救民的正确道路。

1935年，日本侵略者步步进逼，华北岌岌可危。黄绍湘积极投身"一二·九"救亡运动，成为清华大学"一二·九"运动骨干。1936年，她参加学生南下扩大宣传团第二团，遭国民党军警镇压。回北平后，她成为民族解放先锋队的最早成员之一，并被选为清华大学救国会委员、代表，参加北平学生救国会。她积极的进步活动遭到校方两次记大过处分，但同时也深受中共地下党组织负责人蒋南翔、牛荫冠的器重。1936 年 6 月，黄绍湘在救亡运动中加入了中国共产党，成为封建官僚家庭的叛逆者。

1941 年底，太平洋战争爆发，反法西斯战线逐步形成。中共南方局认为，战后美国的国际地位和作用必然大大提升，应安排人赴美进行学习研究。1943 年，国民党政府教育部举办第一届自费留学考试，当时的考试十分严格，因黄绍湘在地下工作期间一直教英语，所以较顺利地通过了各项考试。

1944 年 8 月，抗日战争还在激烈进行。黄绍湘由重庆搭机飞到印度加尔各答，换火车至孟买，再乘美国运输舰，在几艘驱逐舰的护航下，经历了 40 多天的难忘航行，才到达旧金山，后又横穿北美大陆，来到纽约的哥伦比亚大学研究院主修美国史。哥大是美国进步史学派比尔德、康马杰等大师云集的阵地。进步学派采用经济解释方法，分析美国史重大事件。教师上课采取研讨方式，讲课时只作简短的提纲式发言，师生在评价美国史重要历史事件和人物时各抒己见。这种教学对从没有系统学过美国史的黄绍湘来说，最初有些摸不着头绪，不知如何应对。黄绍湘想起了在清华复习西洋文学史用过的蚂蚁啃骨头的办法，由浅入深，由似懂非懂到融会贯通，逐步弄通美国历史发展的轨迹。她锲而不舍地认真钻研了大量进步学派的专著，运用历史唯物主义的观点、方法，加以分析筛选，再结合教授讲的具体内容，作了充分准备，她的发言总能赢得师生们的赞扬。这种学习、发言、辩论，使她英语口语水平、思辨能力大大提高。

为了扩大视野，她还到纽约杰斐逊社会科学学院进修美国工人运动史、黑人运动史。她从历史角度，了解美国资产阶级民主的发展过程，认识到美国人民长期艰苦斗争，甚至流血牺牲取得的成就来之不易。学习之余，黄绍湘还结识了不少美国进步同学，和他们讨论中国国内形势，并通过他们参加一些美国群众集会。这些实践都大大丰富了黄绍湘对美国的认识。她与史沫特莱结识后，帮助史沫特莱翻译中文资料，包括为其撰写《朱德传》搜集一些根据地的原始资料。黄绍湘还经常用笔名在《华侨日报》上发表批评国内时政的短文。董必武在联合国成立大会时访问纽约，在对华侨作公开演讲时，突遭少数反动分子围攻、诘难。黄绍湘等进步学生挺身而出，维护会场秩序，保护董老安全。1946 年初，中国内战全面展开，黄绍湘联系进步同学发动广泛地签名运动，反对杜鲁门政府援蒋打内战。1946 年夏，黄绍湘完成了《威廉·麦克莱的政治哲学思想》的硕士论文，她的导师、进步派学者约翰·克劳特亲笔给黄绍湘写了贺信，对她的论文给予了极高的评价。1946 年 6 月，获美国哥伦比亚大学研究生院历史学硕士学位。黄绍湘的勤奋好学和取得的优异成绩，使她的导师一再勉励她继续攻读博士学位，并替她在耶鲁大学找到了教授中文的工作，以解决她的生活费用问题。黄绍湘一心思念祖国，谢绝了导师的美意。她将全部结余购买了大量有价值的美国史书籍，又万里迢迢赶回祖国。

黄绍湘1947年回国后，先后任台湾台南工学院英文教授、青岛高级商业专科学校英文教师，1950年任山东大学文史系教授。这一时期，是黄绍湘运用马克思主义基本观点撰写和发表有关美国历史的文章的开端。这主要源于时任山东大学校长的华岗先生对外国历史的重视。华岗先生是卓越的马克思主义历史学家，他是1949年后山东大学的第一任校长。这期间他主张把历史系从文史系独立出来，并发展成为当时全国综合性大学同类系中实力最强影响最大的系科之一。杨向奎、陈同燮、张维华、王仲荦、童书业、郑鹤声、赵俪生、黄云眉等当时赫赫有名的历史学教授齐聚山大，史称“八马同槽”。华岗认为，要明了中国近代史的发展规律，一方面固需研究中国社会过去历史的行程及其阻滞原因，同时又需研究欧美与日本等国的发展道路，才能明了它们一定要打开中国门户的历史背景。所以我们研究中国近代史，必须对于世界各国——特别和中国关系密切的国家，有相当的研究和了解，才能适当地处理各种问题。所以他又聘请了留美归国的黄绍湘开美国课，这是中国综合性大学第一次设置美国史这门课程，特别是在当时中美关系紧张及“一边倒”(倒向苏联)的情况下更为难能可贵。于是黄绍湘充分展示所学，精心授课，为山大历史学专业被列为山东大学的第一重点学科做出了贡献。1953年，她推出中国人自己撰写的第一本美国史专著《美国简明史》，继而又于1957年推出她另一美国史专著《美国早期发展史》。这不仅在我国美国史研究领域是最早的，在我国世界国别史研究领域也是最早的。

1956年，她调中央政治研究室从事美国史研究工作。在此期间黄绍湘出版了《美国通史简编》《美国史纲》等专著，对我国美国史研究做出了开拓性的贡献。

2006年8月3日，她荣获首届中国社会科学院荣誉学部委员终身荣誉证书。

黄绍湘离休后，仍然“笔耕不辍，与时俱进”，一直坚持科研工作，直到90岁高龄，还在参与有关学术的论战，最近，她还在撰写有关罗斯福新政问题及有关美国史的重要问题的学术论文。2001年，作为“社会科学院学者文选”之一的“黄绍湘集”出版，是对黄绍湘半个多世纪以来治学研究的肯定与鼓励。

(李凤莲)

农民战争史专家赵俪生

赵俪生

赵俪生(1917～2007),原名赵甡,字俪生,曾用笔名冯夷,山东安丘人。他是我国著名的史学家,早年从事苏联文学翻译和革命文学创作,后专于历史研究,是中国土地制度史和农民战争史研究的奠基人;晚年致力于先秦文化研究。在山东大学期间,他除了讲授"社会发展史""辩证唯物论与历史唯物论""马列主义名著选读""中国通史"外,还开创了"中国农民战争史""中国土地制度史"等课程,出版了《中国农民战争史论文集》《文史学的新探索》《山东历史上的农民起义》《顾炎武传略》等学术专著,培养了一批研究农民战争史的学者。他与夫人高昭一合著的《中国农民战争史论文集》是研究农民战争史的代表作,也是新中国第一部研究农民战争史的专著。他为山东大学的教学和学术繁荣做出了贡献,与老一代山大人一起创造了20世纪50年代山东大学的辉煌。

赵俪生1917年6月14日(农历四月二十五日)出生于山东安丘县景芝镇东村,他的祖父和外祖父都是举人。1934年,他从青岛胶济铁路中学毕业后,考取了北京大学外语系,上了一星期以后,又转到清华大学外语系。"一二·九"运动爆发后,他站在运动的最前列,掌过门旗,进行过演讲,参加了"左翼作家联盟"和"民族解放先锋队"。他还当过清华文学会的主席,编过《清华周刊》和《副刊》。卢沟桥事件爆发后,他先到山西第二战区总动员委员会工作,后到离石县动员实施委员会,跟着游击队打游击,曾写过一篇《在王老婆山上》,以"冯夷"为笔名登在胡风主编的《七月》杂志上。后又辗转到晋南,在夏县人民武装自卫队和后来改编的第二战区政治保卫队当指导员。后因患恶性疟疾到西安治疗。以后就一直在陕西乾州中学、西安高中、扶轮中学、雍兴工业职业学校等校讲授英语、国语、历史等课程，课余研究中国历史。赵俪生试写了一篇《清初山、陕学者交游事迹考》，1946 年在《大公报·文史周刊》上刊出，博得胡适的赞誉，这是赵俪生的第一篇发表的论文。1946 年底，赵先生作为西北地区代表应邀出席在上海召开的“全国文艺界抗敌协会”复员大会。1947 年夏，被傅斯年推荐到河南大学任教，受聘为文学院文史系副教授，讲授《明清思想史》。嵇文甫先生在这一方面给了赵俪生很大很多的鼓励。赵俪生深有体会地说，嵇文甫先生是我一生受益最深的两位老师（另一位是山东王献唐先生）之一，如果把学问的长进比作没水的深浅的话，在他的指导下，“一年前我是泡在漫到脚脖的水里，那么，一年后，我已经泡到齐腰的水里了”。1948 年 6 月，开封第一次解放后，赵先生重返解放区，到当时设在正定的华北大学第四部（研究部）任研究员，开始学习和运用马克思主义理论研究中国历史。

1949 年济南解放后，赵俪生被派到济南市军管会工作，后调到北京中国科学院编译局。1950 年秋到长春，任东北师范大学教授。同年冬到青岛山东大学任教。在清华读书时，华岗的《1925～1927 中国大革命史》就给赵先生以深刻的影响。华岗担任山东大学校长后，赵先生应邀来山大工作，深得华岗校长的厚爱，华岗给赵先生以思想理论上的指导，使赵先生在学术界扶摇直上。在山东大学工作时期是赵先生学术生涯中极为重要的时期。他是当时历史系有名的“八大金刚”（杨向奎、童书业、黄云眉、张维华、陈同燮、郑鹤声、王仲荦、赵俪生）之一。他担任《文史哲》的编委并先后在《文史哲》上发表文章 22 篇，甚至有时一年就在该刊物上发表文章达 4 篇。中华人民共和国成立后，山东大学历史系以健全“基础课”为工作重点。1952 年课程改革时，大家商议要开设专业课。为了配合当时政治形势，与刚盛开的“五朵金花”（即古史分期、农民战争、土地制度、民族关系与民族融合、资本主义萌芽这五大问题）研究相匹配，山大历史系确定新开三门专业课“中国土地制度史”“中国手工业商业发展史”和“中国农民战争史”，分别由张维华、童书业、赵俪生先生担任。于是，赵先生就与“中国农民战争史”结缘。三五年之内，他发表了十余篇研究农民战争史的学术论文，并与夫人高昭一先生合著《中国农民战争史论文集》，由上海知识出版社出版。以后又发表了一系列论文，形成了自己的理论体系，是农民战争史研究的开拓者。

1957 年夏，赵先生奉调到兰州大学任教。1958 年被补划为右派，剥夺了政治权利和教课、写作的权利，工资由高教三级降到七级。不久，兰大的文科下马，赵先生被并入西北师范学院历史系，之后在河西走廊山丹县的农场接受“改造”。在那一片戈壁荒野，他经常挨骂、挨打、罚跪，甚至有时三天不准吃饭。就是在这样的情况下，工暇时他也总是一个人读书，做了大量读书笔记。1961 年兰大文科恢复，赵先生又回到了兰大历史系。1963 年，学校给赵先生摘掉了右派帽子。1970 年兰大革委会动员正当盛年的赵先生办理了退职手续。1972年10月,经周恩来总理过问,赵先生得以复职。十一届三中全会后,赵先生所谓“右派”问题获得彻底改正,他重新回到阔别已久的讲堂和学术园地,焕发出了第二次学术青春。1991年离休。2007年11月27日10时20分在兰州逝世,享年91岁。

中国农民战争史研究、中国土地制度史研究、思想文化史研究构成了赵先生学术大厦的主体框架,成为赵先生一生学术研究的三个重点。

赵先生是1949年后中国古代农民战争史研究的开创者之一,最早开设了农民战争史课程,他与夫人高昭一合著的《中国农民战争史论文集》是研究农民战争史的代表作,也是新中国第一部研究农民战争史的专著。赵先生还培养了一批出类拔萃的研究农民战争史的学生,其中以孙祚民、孙达人最为知名。他们两人后来分别成为农民战争史研究中两个学派的代表,使农民战争史从无到有,风靡一时,成为一门显学。赵先生研究农民战争史的许多研究成果都具有拓荒、奠基的作用,一些研究成果产生了重大影响。他“最早判定农民政权依然是封建政权”,高举历史主义这面大旗对农民政权的性质作了科学的界定。赵先生研究农民战争史的第一个专题是农民的身份;第二个专题是起义和国家机器之间的关系;第三个专题是农民起义与多民族关系间的关系;第四个专题是宗教在起义中所起的作用。先生所提炼概括并率先指出的这几个专题,成为此后该领域研究向纵深发展的一种“学术范式”。

他的《中国土地制度史论要》,是该研究领域最有代表性的著作之一。在这方面,赵先生的贡献之一,就是站在历史主义的立场用简单、流畅的语言将土地制度私有由浅化到深化缓慢的演进过程勾勒出来。在对土地制度史的分析论述中,他特别注重对马克思主义的再认识。他认为对马克思主义的观点不能生搬硬套,否则会削足适履,要灵活运用才行。赵先生认为,马克思主义的亚细亚生产方式是解剖中国井田制的一把钥匙。他指出,“亚细亚”的全部特征在井田制的历史上并不完备,即有一些特征是没有的,如水利。这是赵先生对马克思关于亚细亚生产方式理论的独创,也是符合中国历史实际的。赵先生正是从经典著作中得到启示,对史料悉心料理,对中国经济史的每一个关节精心检查,对周代半公社所有制的井田制度、魏晋南北朝的半国家所有制的均田制度、宋代和宋代以后的地主(相对)土地所有制找到了准确的解释。

赵先生在思想文化史这一研究领域也有显著成绩。早年自明清思想史入手,并理宋明理学,晚年从《周易》入手探讨中华文化的起源问题。他在陕西乾州中学教书时,写了《清初山陕学者交游事迹考》,继之,他又写了《王山史年谱》和《张蒿庵年谱》等。十一届三中全会以后,赵先生发表《朱熹与王守仁之比较的探索》《王阳明和他的学派》等论文,对这两位以往被一骂到底的思想文化人物予以一定的肯定。关于中国文化思想的源头,赵先生认为,把《诗》《书》《易》串联,就可以找到,而这三者又是不平衡的。《尚书》只是条令;《诗》中有生动而丰富的民俗;《易》虽还不是哲学本身,但已经是哲学的胞胎了。而任何一种文化都要以哲学为其轴心,所以《易》最重要。因为,"儒家精研人道,精研人的内在的自我完善,但在宇宙问题和辩证思维方面,相对不足;道家提倡天人之道,频繁地阐发对立的观念,但在人际关系和现实社会方面,采消极态度,办法不足。这两者通过什么来体现融合呢?是《周易》"。他说:"向'内'和向'外'综合,是一种互补;儒家和道家的综合、天人之间的综合,又是一种互补。补来补去,中华文化不就日益壮大了吗?"

20 世纪 50 年代以后,赵先生坚持对明清之际一代宗师顾炎武的研究,出版了《顾炎武传略》《顾亭林新传》《日知录导读》,刊出了《顾炎武经世济用的史学理沦和社会实践》等论文,在国内外产生了广泛影响,他也因此成为名副其实的顾炎武研究权威。

赵先生不是穷一经治一史的专家,而是对西北之学、地方史、边疆史、蒲松龄研究等皆有涉猎。他对西北之学的研究内容涉及五凉史、西辽史、蒙古在西域诸汗王史、帖木儿汗国史等。他除与夫人高昭一先生合作出版了《历史上山东农民起义》一书外,还先后研究过齐鲁名士管仲、辛弃疾、王渔洋、孔尚任等。在蒲松龄的研究方面,更是别具一格。他以人性异化的观点,剖析蒲松龄笔下为到社会所扭曲了的妇女的反常心态,既新颖又透辟。

(常　杰)

微生物学家王祖农

王祖农

王祖农(1916～2008),江苏南京人。微生物学家,教育家,长期从事自生固氮菌、纤维素降解微生物和自养细菌等方面的研究,取得了丰硕的成果,是这些研究领域的主要创始人,中国综合性大学微生物专业教育的开拓者。

王祖农出生于一个私塾家庭,1937年考入浙江大学生物系。当时,浙大生物系的名教授很多,如贝时璋、谈家桢、罗宗洛等。王祖农就是在贝时璋教授指导下做的毕业论文。1941年,王祖农从浙江大学毕业。应原浙江大学生物系主任、中国蚕桑研究所所长蔡堡先生之召,到该所任助理研究员,从事蚕病研究工作,从此与微生物学结下了不解之缘。1946年,王祖农留学法国,进入现代微生物学的主要发源地巴斯德研究所,跟随土壤微生物学系主任博勋(Pochon,J.)教授攻读博士学位。期间,还被博勋教授推荐到法国科学研究中心兼任见习研究员。1949年12月,王祖农获得巴黎大学理学博士学位。1950年6月,王祖农毅然放弃国外良好的工作和生活条件,回到祖国。受时任山东大学副校长童第周教授的邀请,于当年7月到山东大学植物学系任教。从此,王祖农就根植在山东大学,从事微生物学方面的教学和科研工作。

山东大学对微生物学科的发展和王祖农的到来非常重视。他到校后即被任命为副教授,成立了微生物学小组,为他配备了一名助教、一名实验员和三间教学用房。1951年9月升任教授。在他的组织和带领下,山东大学的微生物学科在教育部直属高校中,创造了一个又一个领先或唯一。

1950年,王祖农在山东大学创建了全国综合性大学中第一个微生物学小组,开设微生物学和植物技术学两门课程,同时指导四名应届毕业生,写作微生物学方面的毕业论文。这批同学毕业从山东大学走上社会，成为我国第一批自己培养出的微生物学专业人才。1952年，山东大学动、植物两系合并为生物系，王祖农首先在国内设置了第一个微生物学专门化。1958年，微生物学专门化扩建为微生物学专业，成为国内首批微生物学专业之一。1981年，山东大学微生物学专业成为国家首批微生物学博士点，也是委属高校中唯一的微生物学博士点。1984年，山东大学成立了国内高校中的第一个微生物学系，除原微生物学专业外，又新设了微生物工程学专业。这是我国综合性大学生物学科方面开创的理工结合的试点。山东大学微生物学科1987年被评为国家重点学科。早在1963年建立的微生物研究室于1981年扩建为“山东大学微生物研究所”，现为“微生物技术国家重点实验室”，成为国家生物科学与技术人才培养的基地。目前山东大学已成为微生物学教学和科研实力最强的高校之一。近60年来，出自王祖农门下的几代人才，达到3000人之多。王祖农为我国微生物学的教育普及和学科发展做出了突出的贡献。

王祖农非常重视学生能力的培养，亲自带领几名研究生编译出版了我国第一部《微生物学词典》，既为学科发展做出了贡献，也培养了学生们的编写能力。王祖农不仅注意本校微生物专业的成长壮大，还十分关心这门学科在全国的发展。先后为北京师范大学、华东师范大学、厦门大学等十几所兄弟院校代培师资，合作编写全国高校微生物学通用教材。他长期担任教育部教材编委会生物学编委兼微生物学组长、生物学科评议组成员，为全国微生物学教材建设、研究生教育、学科发展规划等付出了大量心血。

王祖农早期致力于土壤微生物学方面的研究，在研究单生需氧固氮菌方面显露才华。他于1949年撰写的博士论文《单生需氧固氮菌与土壤腐殖质的形成》，先后刊登在法国科学院院报和法国农业学报上。论文从物理、化学和生物学等几个方面，用实验证明了单生需氧固氧菌及其代谢产物在土壤腐殖质形成中所起的重要作用，为土壤腐殖质的生物学形成理论提供了重要依据。20世纪50年代以后，该成果在论述该菌生理学的论文中常被引用。1948～1950年，在巴斯德研究所学报上，他先后发表了多篇单生需氧固氮菌等菌细胞学方面的研究论文。他采用当时新的细胞核染色方法，观察到了细菌生长过程中细胞核有规律的变化过程，丰富了固氮菌等菌细胞学的内容。1951年刊登于荷兰《植物与土壤》杂志上的论文《利用单生需氧固氮菌测定土壤中有效元素的新方法》，简述了一个利用微生物测定土壤中有效元素的方法，简便易行，在当时被广泛应用。回国以后，他在简陋条件下继续从事这方面的研究。《单生需氧固氮菌的耐酸性》一文，首次证明了我国酸性土壤中也有单生需氧固氮菌的存在，为我国酸性土壤改良提供了一种很有价值的方法。他还证明了该菌色素的产生与碳源有密切关系，为固氮菌分类方法提出了新指标。

王祖农开创了中国的自养细菌研究。自养细菌研究过去一直是我国的一个空白点。1955 年，基于对自养细菌在理论和应用上重要意义的深刻认识，他编著了我国第一部关于自养微生物的专著——《硫黄细菌》，由科学出版社出版。随后又翻译出版了俄文的《铁细菌》一书。为我国自养细菌研究的开展奠定了理论基础。在自己的实验室里，他先后开展了自养细菌的保藏、扩大培养和生理分析等研究。20 世纪 70 年代初，他主持了“利用氧化硫硫杆菌提高磷矿粉的速效性”的研究，开发出了利用氧化硫黄杆菌制成高质量磷肥的新技术。使用这种技术可大大提高低品位磷矿粉中可溶性磷的含量，在北方缺磷地区（如山西省）施用这种磷肥，增产效果明显。这一成果获得了 1978 年全国科学大会奖。此后，他又多次在全国性学术讨论会作这方面的专题报告，并组织了全国首届化能自养菌专题讨论会（1987，济南），推动了全国自养菌研究的开展。进入 90 年代，在他指导下的一个研究小组已将自养菌研究工作深入到分子生物学水平。对极端嗜酸性硫杆菌的基因载体构建和转移做了系统研究，首次在专性自养极端嗜酸性硫杆菌中建立了一个基因转移系统。

在开展自养细菌研究的同时，王祖农敏感地注意到了另一个理论意义和应用前景都很重大的研究课题——纤维素的微生物降解研究。植物秸秆的主要成分是纤维素，含有大量能量，但不能食用，有效利用率低，甚至有时还造成污染。通过微生物的降解作用，可将其转化为饲料、燃料和化工原料，缓解人类面临的食物不足、环境污染和开辟新能源等急迫问题。20 世纪 50 年代中期，王祖农率先提出了一种纤维素分解细菌的分离方法，发掘了一批纤维素分解菌种资源，打下了深入开展研究工作的基础。这种方法至今仍为国内外研究者沿用。1963 年，他又提出了系统进行纤维素酶研究的计划。“文革”中，这一研究工作受到影响。1979 年后，他便着手全面规划纤维素微生物学研究工作。在他的直接领导下，经过 30 多年的努力，山东大学微生物所的纤维素微生物学研究，发展到可以在酶生物化学、生长动力学、生物工程学、基因组学、蛋白质组学等现代生命科学领域内开展，已在国内和国际产生较大影响。其中“青霉纤维素酶系研究”和“纤维素酶作用机制和活力测定方法研究”两项理论成果，分别获得国家教委（1986）和山东省（1991）科技进步二等奖。他亲自主持的国家“七五”重点科技攻关项目“农副产品加工用酶及其应用技术研究”，组织全国多家研究单位合作攻关，其中的纤维素酶研究取得了丰硕成果：选育到了多株产酶能力达到国际先进水平的高产菌株；开发出了用造纸废液渣生产纤维素酶，用蒸气爆碎半纤维素水解液生产饲料酵母，直接发酵纤维废物生产蛋白质增富饲料等多项新技术、新工艺。此外，在纤维素酶用于提高烟草品质，复合酶用作饲料添加剂，碱性纤维素酶用于洗涤剂等技术开发中，也取得了可喜的成果；部分成果已开始向外技术转让，取得了可观的经济效益。

王祖农一生在自生固氮菌、纤维素降解微生物和自养细菌等研究领域共发表论文近 100 篇，出版专（译）著 6 部。由于在微生物学领域的突出贡献，他在微生物学界有很高的声望。先后担任过中国微生物学会第三届理事，第四届、第五届常务理事兼普通微生物学专业委员会主任委员，教育部高等学校《自然科学学报》(生物学版)编委，《微生物学报》编委，大百科全书生物学卷编委，山东微生物学会理事长等。

在繁忙的教学科研工作中，他先后担任山东大学生物系主任、科研处处长、副校长等职，还多次出国访问和作学术交流。他两次奉国家教委的委派，作为团长组团访问法国和意大利，加强我国同这些国家的文化教育交流、安排派遣留学生和开展合作研究。他还热心参加各种政治和社会活动。1953 年在青岛加入“九三”学社，曾担任“九三”学社第六至第八届中央委员，第九届中央参议委员会常委，第一届、第二届“九三”学社山东省委员会主任委员。1959 年在济南加入中国共产党。他还曾任第七届、第八届全国政协委员，山东省政协第四届、第五届常务委员，第六届、第七届副主席等职。

(张庆美)

哈佛荣誉博士吴富恒

吴富恒

吴富恒(1911～2001),河北滦县人,美国文学研究专家、教育家、学者、杰出的政治活动家,山东大学原校长,中国民主同盟山东省委名誉主委。中国美国文学研究会会长、《美国文学研究》主编。民盟第四、五届中央常委,山东省第六届、第七届政协副主席,中国外国文学学会、中国翻译工作者协会第一届副会长,全国美国文学研究会、山东省高等教育学会第一届会长。1982 年,获哈佛大学名誉法学博士学位,是我国第一位获得哈佛大学荣誉法学博士称号的学者。

吴富恒出生于知识分子家庭,其父和祖父都以教书为业。1927 年,毕业于天津市扶轮中学。1929 年,考入北平高等师范学院(北师大前身)预科,1931 年升入北平师范大学外文系。1935 年 6 月毕业后,在北平师大附中任英语教师。其间,参加由英国著名学者瑞恰慈教授创办、旨在推广英语教学的"正字学会"。1937 年 7 月北平沦陷后,出走天津,在工商学院附中任教。1938 年,又辗转至云南昆明,在瑞云中学任英语教师。后与清华大学教授吴可读等人创办云南省立英语专科学校,任教务长。1940 年获"洛克菲勒基金会奖学金",赴美国哈佛大学跟瑞恰慈教授进修语义学和文艺评论,同时在哈佛大学教育学院攻读教育心理学。1941 年 12 月,获硕士学位。1942 年初返回祖国。初仍在昆明英语专科学校任教,翌年应聘至云南大学,担任英语教授。1944 年,该校设立英语系,他任系主任,同时担任英国文学和文艺批评等课程的教学。1945 年,"一二·一"惨案爆发,迫于白色恐怖,吴富恒离开了昆明,于 1947 年 1 月到达上海,会见了中共代表团负责人华岗,经他介绍去烟台解放区，在胶东行署特派员姚仲明领导下的英文报纸《芝罘新闻》担任副主编。1948年9月，吴富恒随军进入济南，参加接管山东师范学院的工作。接着，山东师范学院并入华东大学，吴富恒随之进入华东大学任教。

吴富恒到华东大学后，先任文学院教授，后又任文艺系和文学系主任，并兼学校文工团团长。他不但亲自讲授文艺理论课，而且常常带领文工团到山东各地演出。在文艺的宣传实践中，他把自己投入到了时代革命洪流中。虽然这一段工作只有短短两年多时间，但是令吴富恒引为自豪的是，今天的上海戏剧学院、南京艺术学院和山东艺术学院的一些教学骨干，上海、山东及至北京等地文艺界的一些知名文艺评论家、导演、演员、歌唱家、画家，不少就是当年华东大学文艺系培养出来的。

1950年，华东大学迁青岛，1951年3月与山东大学合并，成为新的山东大学。吴富恒任文学院院长兼外语系主任。1952年撤掉院的建制，吴富恒改任教务长。1959年，吴富恒任副校长。分管科研和师资培养工作，为健全学校科研规划和科研体制，扶持建立晶体材料、美国文学的学科做出重要贡献。其间于1963年起兼任所创设的美国文学研究室主任。“文化大革命”开始后被污为“反动学术权威”，受到冲击。“十年动乱”结束后，于1977年8月和1978年3月，相继出席中共“十一大”和全国科学大会。1978年6月，出任山东大学校长、校党委副书记，为学校的拨乱反正、教学科研秩序的恢复建立、学校在新时期的发展，做了大量卓有成效的工作。1984年退居二线。1990年享受政府特殊津贴。

吴富恒是我国第一位获得哈佛大学荣誉法学博士称号的学者。久负盛名的哈佛大学，每年遵例要向若干国际名流、政界要人颁授荣誉博士学位，这是令世人羡慕的一种殊荣。1982年6月10日，一位中国人获得了这一荣衔。他就是当时任山东大学校长、71岁的吴富恒教授。

1982年是哈佛大学建校346周年校庆。一辆一辆豪华型林肯大轿车，一个一个地把获得荣誉博士学位的九男二女，从波士顿最考究的旅馆海尔登旅馆，接到会场上来。11个人中的10人都按照惯例戴上了博士帽，穿上了博士服，这些人的名字灿若星斗，在美国几乎家喻户晓。他们坐在年轻的哈佛毕业生前排，与黑压压的会场融为一片。在乌压压的背景上，11人中的一位学者就显得格外引人注目：山东大学校长吴富恒教授、荣誉法学博士的获得者，没有戴博士帽，穿了一身藏青色的中山装，发如银丝，目似朗星，温文儒雅，不卑不亢，极有气派却又谦恭有礼。他的夫人、美国文学专家陆凡教授应邀陪同在座。授奖仪式前，讲究礼仪的吴富恒教授特地询问过董事会：“我要不要穿规定的服装？”“你不穿！”哈佛大学董事会的人忙说，“就您一个中国人，也是一个特色呢！”在这儿中国那句俗语也是适用的：物以稀为贵。建校300多年，哈佛还是第一次授予一个在中国大陆工作的学者以荣誉法学博士，而这位学者还是中国共产党党员，哈佛当局不仅认为这是一件稀奇的事,有意思的是甚至认为是值得骄傲的事:我们哈佛的毕业生在别的国家做大学校长!尤其是,在有五千年文明史的中国做重点大学的校长!穿着中山装在美国最负盛名的大学领取荣誉博士证书,是一件多么让人不可思议的事情,哈佛大学德莱克·博克校长对来自太平洋彼岸的校友吴富恒作了很高的评价:“1978 年以来,中国山东大学校长吴富恒为复兴‘文革’后的大学发挥了主要作用。吴一直促进和国外的教育交流,特别是和美国文学文化界学者的交流……”哈佛大学授予吴富恒的荣誉法学博士证书上也写着:“在危险的年代里,这位爱国的教育家坚持标榜教育和学术,把它作为建设一个强大的、富有生命力的社会的基础。”

整整 40 年!1942 年吴富恒获得哈佛教育硕士回国,从硕士到博士,从哈佛到哈佛,走了 40 年!

山东大学享誉国内外,首先是因为它在学术领域里一贯保持着浓厚的活跃学术气氛。吴富恒长期分管科研,他认为科研不但可以促教育、出成果,而且是多出人才、快出人才的有效途径。今天,山东大学的一批学科带头人、博士生导师,大多是 50 年代、60 年代学校确定的重点培养对象,他们都是吴富恒培植的科研大树上结出的累累硕果。

山东大学 1951 年 5 月创办了全国最早的学术刊物《文史哲》。《文史哲》最早由华岗校长任社长,陆侃如、吴富恒任副社长。这个刊物是 50 年代国内学术界一个活跃的学术园地。山东大学具有很高的知名度,在一定程度上来源于这个刊物。“文革”后,为恢复《文史哲》,吴富恒奔走各方,筹集经费,寻求支援,自任编委会主任,亲自策划,亲自审稿,使它以崭新的面貌再度问世。直至今天,《文史哲》仍是全国最有影响的文科学术刊物之一。

1963 年,吴富恒倡导在山东大学建立了由他兼任主任的美国文学研究室。这是全国高校最早成立的研究美国文学的学术机构。这不但表现了他的远见卓识,而且显示了他的勇气和胆略。当时,通过这个渠道,研究室获得了关于美国文学界及文化界的大量信息,有些信息还及时反映给中央有关部门,作为决策的重要参考。“文革”之后,吴富恒又主持将研究室扩建为研究所。1978 年,在吴富恒的提倡下,在济南召开了美国文学讨论会。一年后,又在烟台开会,成立了全国美国文学研究会,吴富恒被推举为会长,在中国开了研究美国文学和文化的先河。美国文学研究会和山东大学美国文学研究所一起创办了《现代美国文学研究》和《美国文学丛刊》。

在理科科研方面,吴富恒同样倾注了大量心血。蒋民华院士曾深有感触地说:“山东大学的晶体研究,所以会取得今天这样令人瞩目的成就,首先要归功于成仿吾、吴富恒这两位富有远见的领导。如果没有他们全心全意长期不懈地大力支持,它恐怕早就夭折了。”

1958 年,海军研制声呐装置,急需一种人造晶体材料。研制人造晶体,当时在世界上还处在起步阶段。有这种晶体材料的国家当然要卡我们的脖子，而国内又不能制造。海军部门向山东大学发出了呼救信号。

刚刚从山东大学化学系毕业的助教蒋民华等几位青年教师，勇敢地接受了这项试验任务。但是，要在实验室试制出这种晶体材料谈何容易？这时，作为校长的成仿吾和作为分管科研的副校长吴富恒，把这看作是造就一个新学科、培养一批好人才的良好机遇，于是给予大力支持和扶植，帮助他们解决种种困难，鼓励他们不断克服畏难情绪，并常常深入到实验室去看望他们，慰问他们。

蒋民华他们不负人民重托，很快就研制出所急需的晶体材料。

为了给晶体研究创造更好的条件，成仿吾、吴富恒又决定把晶体实验小组扩建为研究室，从化学系的建制中独立出来。

吴富恒任校长后，为发展晶体研究采取了两大决策：第一是走出去，让蒋民华及其他人员出国进修、讲学、参加国际会议，扩大眼界，增长见识，瞄准国际先进目标，使晶体研究向国际一流水平看齐。第二是请进来，第一位被邀请的是国际晶体学界的权威、国际晶体生长组织主席美国劳迪斯博士。有趣的是，劳迪斯博士来访，他惊讶地发现，山东大学晶体研究室不用复杂的低温操作即用亚稳相方法培养出了高质量的DKDP晶体，从而否定了劳迪斯在其权威著作《单晶生长》一书中所陈述的观点：用亚稳相方法难以生长出这种高质量的晶体材料。为此，劳迪斯表示要整个修改他的著作。后来，经过劳迪斯的广泛介绍，“中国山东大学晶体研究室”(随后改为“所”)的名字走向了世界，广为同行所知。蒋民华也成了引人注目的晶体专家。来晶体研究所访问的名流学者则更是络绎不绝。

吴富恒治校有个明确目标，就是要把山东大学办成一流大学。他上任伊始，就由山东大学发起，召开了一次关于真理标准的大型学术讨论会。许多学者名流，应邀赴会，慷慨陈词，从而打破忌谈两个“凡是”的理论禁区，确立了实践是检验真理的唯一标准这一马克思主义的真理。这次讨论会为学校的拨乱反正打开了通道，在高校中产生了广泛的影响。

吴富恒非常重视国际间的学术交流与合作。在他任职内，山东大学和哈佛等许多名牌大学建立了广泛经常的校际联系，请来了上百位外国专家执教，派出了二百余名教师进修，如今他们都成了教学科研骨干。

吴富恒非常重视人才。吴富恒出任校长后，想到了1957年被错误地打成“右派分子”的学生会主席乔幼梅，并得悉了另一个被打成“右派”的沈为霞的下落，她曾任过山东大学团委书记，调到省团委后不久被打成“右派”“文革”中丈夫被整自杀，自己带着两个孩子滞留海南岛。吴富恒过去和她们并没有直接的师生关系，但对她们的出色才能留下了很深的印象。于是“利用职权”先后把她们调进了山东大学。当时乔幼梅不愿回来，吴校长派人去“三顾茅庐”，甚至捎话说：“乔幼梅再不同意来，我就要登门面请了。”后来乔幼梅、沈为霞分别任山东大学副校长、监委副书记，为山东大学的发展做出了积极的贡献。

作为教育家的吴富恒，以他对现实的深切关注和对社会的卓越贡献，同时成为一位杰出的社会活动家。从1950年始，他就一直在人大、政协、民盟等担任着重要领导职务。他曾在解放初担任过民盟济南市支部临时工委主任委员、山东省各界人民代表会议协商委员会委员，也先后担任过第一、二、三届山东省政协常务委员，第六、七届山东省政协副主席(1988年1月～1997年9月)，中共十一大代表，第三、四、五、六、七届全国政协委员，第一届山东省人大代表，第一、五届山东省人大常委会委员，民盟中央第四、五、六、七届常委、民盟山东省委员会第一、二、三届副主委(在三届三次全会上当选为主委)、民盟山东省委员会第四、五届主委，1997年后任民盟山东省委员会名誉主委。

他以他既平易又非凡的人格、品行、才能、功绩、风度，得到了来自国内外的一致赞誉和褒奖。1985年，英国皇家出版公司将他列入《当代国际功绩卓著名人录》。1987年，英国剑桥国际传记中心将他列入《国际有卓越成就的领导名人录》。1990年，美国传记中心将他列入《国际光荣录》。1991年，他被列入山东教育出版社出版的《山东现代著名社会科学家传》。1991年，他被列入中国中外名人研究中心编写的《中国当代名人录》。1992年，他接受了国家特殊贡献奖。

吴富恒不但是位教育家、英美文学专家，而且还是一位诗论家。他对诗歌写作特别是诗歌翻译颇有研究，为此还出版了《译诗琐言》和《诗与真实》两本书。

(李彦英)

近代史学家郑鹤声

郑鹤声

郑鹤声（1901～1989），原名松表，字萼荪，号鹤皋（取《诗经》“鹤鸣于九皋，声闻于天”之义），后改号萼荪。浙江诸暨人，著名史学家、文献学家。1951 年，到青岛山东大学，1958 年随山东大学迁往济南，是 20 世纪 50 年代全国赫赫有名的山东大学历史系八大教授之一。其研究领域广泛，涉及清史、中华民国史、中国近代史、中国史学史、中国文献学、海外关系与中西交通史、中国文化问题、中国民族问题、中国边疆问题等方面，尤以中国近代史、中西交通史、中国史学史研究成就突出，是我国中国近代史和中外关系史研究的开拓者之一。

郑鹤声 1901 年 5 月 19 日出生于浙江省诸暨县北乡泰南村一个农民家庭。1920 年考入国立南京高等师范学校（1923 年该校并入东南大学，即现在的南京大学）文史地部，受学于著名历史学家柳诒徵、地理学家竺可桢。在校期间，他参加了由柳诒徵指导的“史地研究会”，担任《史地学报》第 6 届的编辑和第 7、8 两届的编辑部副主任，与张其昀、向达负责编辑了《史地学报》第 2 卷和第 3 卷。1925 年毕业，获文学学士学位。先后在云南高等师范学校、东陆大学（今云南大学）、中央政治学校、中央大学任讲师、教官和教授。1929 年，任南京教育部编审处常任编审，兼第三组主任，同时兼任中央政治学校、中央大学特约讲师、教授。1949 年后一直在山东大学历史系任教，历任历史系教授、中国近代史教研室主任、中西交通史研究室名誉主任、校学术委员会委员、《文史哲》编委会委员等职，曾任政协山东省第二至五届委员会委员，山东省地方史志编纂委员会委员。1989 年 4 月 20 日在济南病逝。

他的学术贡献主要表现在以下三个方面：

一是中国史学史和文献学研究。1926 年,他在云南讲授《中国史学史》,1928 年上海商务印书馆打算出版这套讲义(26 册)。为年仅 27 岁的青年学者出丛书,并命名为"郑氏史学丛书",这是空前的学术盛事。1929 年,他在商务出版了《班固年谱》,同年商务又排印了他著的《荀悦年谱》《刘知几年谱》《司马光年谱》《徐光启年谱》,可惜均毁于上海战火。从 1930 年至 1936 年,商务陆续出版了他著的《袁枢年谱》《史汉研究》《中国史部目录学》《中国文献学概要》(合著)、《司马迁年谱》《杜佑年谱》《四库全书简说》等。

在郑鹤声先生的心目中,历史文献学在历史研究中占据十分重要的地位,他明确告诫学生,不要怕当"史料派"。对于学术界某些从概念出发演绎历史的不良倾向,他很不以为然,向学生指出:搜集资料,贵在于勤,贵在于恒。《中国文献学概要》是郑鹤声针对 20 世纪初学术界出现的蔑视民族文化的思潮,以期改变当时"号为学人,而叩以本国文献之要略,瞠目而不知所对者"的情况而出版的。这是一部中国文献学的开山之作,这部名著是"在中国现代第一次使用'文献学'的名称来概括一门学问";第一次总结了古典文献学的研究对象、范围、内容,初步奠定了研究体系;在中西文化冲撞的时代背景下,重新审订、申明中国文献学的世界地位与价值;对古典文献学的研究方法、历史作用作了系统总结。此书出版后,受到广泛欢迎,一些大学的相关专业将其列为教材,并多次重印。

而他著的《中国史部目录学》,到 20 世纪 90 年代仍是这方面唯一的专著。

二是中西交通史和中外关系史。他是我国中西交通史和中外关系史研究的开拓者之一。他对郑和下西洋研究有特殊贡献。如 1935 年他在查阅明嘉靖年间钱谷所编《吴都文粹续集》时,发现了郑和自述《娄东刘家港天妃宫石刻通番事迹碑》一文,其所记郑和出使年岁、次数与《明史》成祖本纪、郑和本传所记大有歧异。他认为郑和自述当为第一手史料,据此纠正了诸书所记郑和下西洋往返年岁、次数的脱漏与谬误,一时被史学界视为重大收获。从此他开始广泛搜集郑和研究史料,多次实地考察,1936 年春,又在南京静海寺发现郑和下西洋残碑。经过十余年在江苏、福建、云南实地查考与史料搜集,在 1945 年出版了《郑和》,1947 年出版了《郑和遗事汇编》,被史学界评为超越前人的重要成果。而 20 世纪 80 年代与儿子郑一钧合编的《郑和下西洋资料汇编》三卷,更是这方面的巨著。

三是中国近代史研究。郑鹤声是我国近代史研究的开拓者之一,他在 1931 年就出版了一百多万字的《中国近世史》,此书明确提出新航路发现以后,明朝正德年间欧洲人东来为近代史开端,近代史主要研究帝国主义对中华民族的侵略,西洋文化对中国社会的影响,这是开创性史著,被顾颉刚评价为当时中国近代史研究两大流派之一。他也是中华民国史的最早的系统研究者之一,1943 年他所著《中华民国建国史》出版,书中明确提出以孙中山的资产阶级革命为线索研究中华民国,他这种匠心独运、自我机杼的观点为当时学术界所瞩目。1949 年后,他通过学习马克思主义，根据唯物史观重新认识中国近代史，发表了《太平天国妇女解放运动及其评价》《试论义和团运动的性质及其历史意义》《辛亥革命前夕资产阶级革命派对待帝国主义的态度》《试论孙中山思想发展道路》等一系列文章，试图运用马克思主义理论分析中国近代历史，并修正了自己过去的一些见解。他还参加《中国近代史资料丛刊》的编辑工作，以及教育部中国近代史教学大纲编定委员会工作，为近代史资料学及近代史教学做出了积极贡献。此外，他对中国政治思想史和文化史也多有研究。

郑鹤声先生一生勤奋治学，学识渊博，熟谙古今，治史 60 余年，著述宏富，出版的专著有《史汉研究》《中国史部目录学》《中国文献史》《中国史学史》《中国近世史》《中华民国建国史》《郑和遗事汇编》等 20 余部，发表论文 100 余篇，计 2000 余万字。

（常　杰）

著名书法家蒋维崧

蒋维崧(1915～2006),别署畯,亦作骏,字峻斋,亦作畯斋,室名费白日宧、归网室,江苏常州人。当代著名语言文字学家、书法篆刻家。

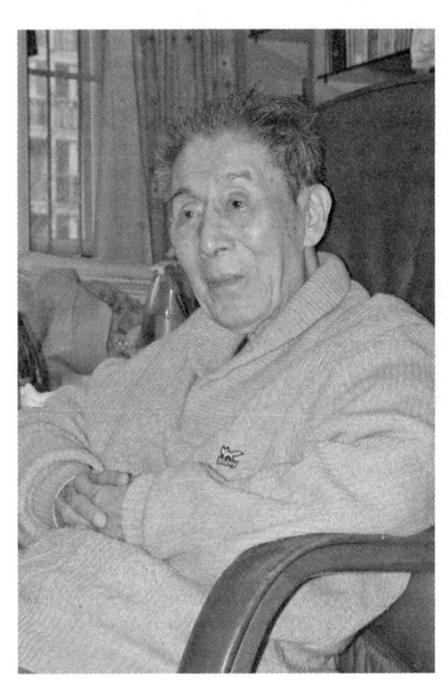
蒋维崧

蒋维崧出生于江苏省常州一个书香门第。曾祖父蒋日豫,为当地有名的学者,兼擅书法篆刻。家藏多旧籍、字画,这使幼年的蒋维崧受到了良好的熏陶,产生了对文学、历史、金石、书画的浓厚兴趣。稍长,随父辗转迁徙于南昌、北京、苏州、南京等地,读完了中小学。1934年,被保送入中央大学中国文学系。当时,黄侃、吴梅、汪东、汪辟疆、胡小石诸先生皆执教于此,他们都是各学术领域中的专家和大师。其时学风所被,大都重视语言文字,因此蒋维崧对《说文》《尔雅》,《广韵》诸书下了很大工夫,在语言文字方面打下了坚实的基础。胡小石讲的《甲骨文》《书法史》《文学史》,更加激发了蒋维菘对书法、篆刻的兴趣。大学三年级时,他选修了艺术系乔大壮先生的《篆刻》《书法》两门课,师从乔大壮先生学习书法篆刻。蒋维菘因早有书法、篆刻的基础,一经乔先生指点,技艺就突飞猛进,不久便成了乔先生最得意的弟子。在当年艺术系学业展览上,蒋维菘的篆刻作品引起全校师生的注目,艺术系主任徐悲鸿先生也赞叹不已,并请蒋先生替他刻印。1938年的全国美术展览上,蒋维菘的印作是唯一入展的篆刻作品。1939年,潘伯鹰先生介绍为章士钊先生刻印,章士钊曾以“作者篆刻擅巴蜀”的诗句给予赞扬。后来蒋先生印艺益进,文化名流求治印者不期而至,声名由此远播。此后,蒋维崧先生便走上了以学养艺、以艺显学、执著于书法篆刻艺术的探索和创作道路。蒋维崧的篆刻师承乔大壮先生，并广泛吸收珍贵的古金石文字资料融入方寸之中，在当今印坛上占有十分重要的地位。

在大学四年级的时候，乔先生介绍蒋维崧向沈尹默学书法。沈尹默是蒋维崧书法发展和风格形成的关键时刻出现的关键性人物。蒋维崧写的行楷书“深入沈尹翁的堂奥”，从此“书法方面进入了一个新的阶段”。在以后的五六十年里，蒋维崧在实践中取舍扬弃，逐步形成自己的风格。他的书法，成功地处理了一些辩证关系，巧妙地将刚与柔、润与燥、深沉与轻盈有机地统一起来，字形简约而有法度、挺劲中露秀雅，结构平正中见流动、峻峭中透骨力，率真自然，典雅清正，以浓郁的书卷气，给人以朴实畅美的艺术享受。

1938 年，蒋维崧在中央大学毕业。这时，徐悲鸿先生对他的书法篆刻极为赏识，希望他能作专业的篆刻家，而乔先生却希望他治学。他曾题蒋维崧印集诗，有句曰：“要从此事叩皇坟。”承乔先生之命，毕业后蒋维崧先后在重庆高等工业职业学校、中央大学、广西大学任助教、讲师。时值全面抗战期间，百业凋敝、谋生维艰，为照顾沦陷区上海的家庭生计，蒋先生到昆明中央银行任职。中华人民共和国建立之后，转入中国人民银行华东区行工作。1953 年调入中央高教部任秘书。1955 年复调至山东大学，历任中文系副教授、教授，直到去世。

蒋维崧是书法家，但首先是学者。早年，他迫于生计从高校转到银行工作，期间仍坚持研究古文字学、中国古典文学，搜集中国美术史的资料，并一直希望回到高校工作。到山东大学工作后，蒋先生很长时间坚持在教学第一线上，从来都是把教学、科研放在第一位，书法始终只是茶余饭后、工作之余的一种爱好，是修身养性、追求乐趣的一种手段。蒋先生曾给中文系学生讲授《现代汉语》《文学学与文字改革问题》《古代汉语专书导读》等课程。蒋先生以其深厚的文字学造诣赢得学生的钦佩和崇敬，也使学生受到鼓舞和激励。黄炽在《和蔼亲切的蒋维崧先生》一文写道：“他胸中早已装有一部中国古老文字发展的活的历史：从仓颉造字的传说故事，到甲骨、钟鼎乃至各体的演变，他都烂熟于心，往往是脱口而出，信笔写来，仿佛他已经完全沉浸在那独有的文化天地之中，岂仅是引人入胜，简直让我们为之神往。……无论是象形字、会意字、指事字、形声字，大篆、小篆、隶书、草书，从古到今，怎样在不同历史时代发展变化以及为什么会发生这样的变化，他一边娓娓道来，一边在黑板上板书演示，同学们全神贯注地听着，唯恐漏掉任何一句话一个字。”1979 年，蒋先生开始招收文字学硕士生。

1975 年，蒋先生以《汉语大词典》副主编之一的身份主持山东编写组工作。蒋先生将精密的分析与合理的归纳科学地结合起来，从而发掘出了很多词的精确含义，补充和更换了大量旧辞书的例证，汰除了旧辞书误收的破词，纠正了很多词辗转因袭的错误。钱曾怡教授曾说，蒋先生实际上还充当了由山东省教育厅组织编写的《学习字典》的把关人。1974 年由山东教育出版社出版的《学习字典》，得到当时中国社科院的学部委员、一级研究员丁声树先生的肯定。和蒋先生一起参加编写工作的很多老师无不赞叹他那科学、严谨的治学态度。

在山东大学,蒋先生立定学问的根基,同时又潜心于与此学问关系密切的艺术,从此,学问、专长和一贯兴趣促使先生越来越向书法和书法研究方面倾力。他与魏启后、陈左黄、高小岩、宗惟成一起被称为“山东五老”。山东大学书法学科的发展,在蒋维菘、童书业等诸先生的影响和带动下,逐渐形成了以文史研究为基础的书法创作和理论研究的风气。1980 年,蒋先生和孙坚奋教授发起成立了山东大学书画研究会,组织、联络全校爱好书画的师生,长期坚持群众性的书法创作、书法研究活动。书法是我国的国粹,是民族艺术百花园中不可或缺的一隅。如何进行书法学科建设,培养和成就高层次的书法人才;如何进行书法创新,正确导引时代书法创作风气,蒋先生有自己的看法。1986 年,中文系在汉语言文字学专业设置了文字学(含书法)这一研究方面,蒋先生担任首任导师,于当年招收了一名硕士研究生,这在当时的中国绝无仅有,实属创举。在山东大学招收文字学(含书法)研究方向的博士生时,蒋维崧坚持将书法专业放在文学院,并语重心长地指出:“书法人才在汉语言文字学专业培养比较合适。一开始写字还看不出来,以后越来越觉得不读书,没有传统国学修养,就上不去了,这是经过历史证明了的。现实中的例子很多很多。”这几句深入浅出且意味深长的话,表明了他不凡的学术观点和艺术见地。关于书法的继承和创新,他曾说:“艺术的出新,并不是要把一切旧的东西推倒重来,而是要我们根据现在的眼光,找出可以改善前人和超越前人的地方为突破口进行探索,以此推动艺术的进步。”他七十年如一日艰苦探索,与时俱进,走出了一条正确的、科学的创新道路。

蒋先生一生致力于古代文献和汉语言文字学等领域的研究,尤以辞书编撰见重学林,兼擅书法、篆刻,一生以人格、学问滋养艺术,是中华传统文化的优秀传承者。

(张庆美)

烟草专家陈瑞泰

陈瑞泰

陈瑞泰(1911～2001),字晓光,山东潍坊人,我国著名农学家、农业教育家、植物病理学家、烟草科技事业的奠基人。曾当选为第三届全国人大代表,中国共产党第十二届代表大会代表。

陈瑞泰幼时家境拮紧,11 岁方入私塾。1934 年 9 月,考入南京金陵大学农学院。1937 年七七事变后,学校延期开学,陈瑞泰去临淄山东省实业厅烟草改良场任技佐,首次接触烟草业。1938 年 2 月,该场西迁四川成都,此时,金陵大学也迁到成都,陈瑞泰随即办理复学手续,并于 1939 年 1 月毕业,获农学学士学位。毕业后,陈瑞泰先后在四川省农业改进所、金陵大学、国民政府四川郫县烟叶示范场工作。1945 年,陈瑞泰考取国民政府农林部公费赴美实习进修,历时一年。在美期间,他先后到康涅狄格州温沙烟草试验分站、北卡罗莱纳州的牛津烟草研究室、肯塔基大学烟草研究室、康奈尔大学及普林斯顿洛氏基金研究所等学习有关烟草栽培、调制方法以及病害防治技术,学习烟草病毒病的病理、抗病育种方法以及高级植物病理学、植物病害防治方法、遗传学、昆虫学等有关知识。1946 年 7 月,陈瑞泰回国,应聘青岛山东大学农艺系主任、教授,自此走上了教学和植物病理研究工作的生涯。同年 8 月,学校聘任陈瑞泰为农学院院长,聘书发出并公布以后,他为人谦虚,向学校提出只能当副职,学校只好同意他的意见改聘为副院长。1951 年 3 月,陈瑞泰受聘山东大学农学院院长。1952 年,全国院系调整后,陈瑞泰随山东大学农学院合并至山东农学院,1953 年 8 月至 1969 年 12 月任山东农学院院长;1975 年 12 月任山东农学院革委会副主任;1978 年 6 月再任山东农学院院长;1983 年 9 月山东农学院改名为山东农业大学,任校长至 1984 年 3 月。后任山东农业大学顾问,1988 年退休。

一、研究烟草病害

陈瑞泰在烟草病害的病理及其防治技术研究方面，成就斐然，把中国烟草植物病理学研究推向了一个新的水平，是这一学科的领路人。

（一）烟草黑胫病研究

烟草黑胫病是世界烟草种植区主要病害之一，我国黄淮烟区在历史上是比较严重的发病区。1950 年，山东烟草产区黑胫病为害严重，影响了烟叶的生产和农民的经济收入。陈瑞泰与山东省烟草试验场合作，从国外引进 7 个烟草抗病品种，历经三年时间，通过对黑胫病抗病性筛选测定，选出了“牛津 1 号”和“牛津 4 号”两个高抗黑胫病品种，在重病区推广，对减轻病害、保护烟草生产，保障农民的经济收益起到了明显的效果。1954 年，山东省人民政府给予了嘉奖。20 世纪 70 年代，由于扩种了感病品种，烟草黑胫病发病率再次增高。1981 年，为了及时指导烟草抗病育种工作，陈瑞泰主持了山东及全国主要烟区烟草黑胫病生理小种鉴定。在 8 个烟区 30 个地县采集典型病茎，获得 57 个分离物，历时 5 年，进行了 4000 多项次的试验，获得了对抗病育种和品种布局很有指导价值的小种分布及其变异的资料。

（二）烟草低头黑病害研究

首次在国际上揭示了烟草低头黑病害（Colletotrichum sp.）机理。1963 年，陈瑞泰发表论文《烟草低头黑研究－I 诊断与接种方法》。在文中，他详细介绍了自 1947 年起进行调查、研究的结果，揭示了烟草低头黑病害的致病菌种类，研究了受害烟株的病状及其与烟草条纹病毒病、细菌性青枯病、镰刀菌枯萎病、炭疽病及黑胫病症状异同对比，还指明了田间诊断的特征等。

（三）全国烟草病毒调查

1978～1979 年，陈瑞泰主持调查了山东、四川、辽宁、吉林和黑龙江五省烟区烟草病毒类型 354 个病毒病样本以及 120 个蔬菜、杂草病毒样本的鉴定工作。调查表明，黄瓜花叶病（CMV）在山东、四川、辽宁省发生普遍，发病率达 30％～50％，重者达 90％以上；烟草花叶病毒（TMV）分布普遍，但以吉林、黑龙江省发病严重，发病率一般达 25％～40％，重者达 70％以上；东北烟区还有烟草曲叶病毒（TLCV）发生。TLCV 是一种双联病毒，在国内属于第一次发现，该成果获中国科学院科技成果二等奖。

（四）烟草黄瓜花叶病抗病新品选育

1982 年，陈瑞泰主持烟草黄瓜花叶病抗病新品种选育工作。他带领山东农业大学烟草研究室科研人员，通过引入了高抗烟草普通花叶病（TMV）和耐黄瓜花叶病较强的两个新品系“GAT-2”“GAT-4”，运用回交育种方法将耐病基因导入推广品种之中，经过七年的努力，选获了三个耐病力高于“GAT-2”的株系。1984 年，陈瑞泰根据黄瓜花叶病由蚜虫传播并同时传播马铃薯 Y 病毒引起复合传染的特征，开展了应用银灰色地膜防治烟草黄瓜花叶病病毒的研究，获得成功，提高了烟草病毒病防治技术水平。

（五）烟草"菊花顶"病害研究

1979～1983年，陈瑞泰与他人合作，对烟草上发生的"菊花顶"病害开展研究工作。该病害早在20世纪50年代初开始即有零星发生，至20世纪80年代，病害逐渐扩展蔓延，病情与年俱增。陈瑞泰通过对田间和温室病株症状观察以及嫁接传毒试验，初步诊断烟草"菊花顶"病害，病因源于甜菜曲顶病毒。

（六）主持全国烟草种植区划工作

作为烟草病害研究方面的著名专家，陈瑞泰主持中国烟草种植区划工作。1979年，通过对全国各主要烟区考察、鉴定和研究，他提出了烤烟适宜生长的生态类型标准，并归纳为最适宜类型、适宜类型、次适宜类型和不适宜类型，分别确定其划分指标。1980年，他以《给烟草安排一个适宜天地》为题在《中国烟草》上发表论文，指导烟草种植区划工作。在陈瑞泰指导下，全国主要产烟省（自治区）都相继完成了各省的烟草种植区划。陈瑞泰还针对我国烟草生产现状和存在问题，提出了调整布局、烟草类型配套、提高烟叶质量、稳定产量等建议，被主管部门采纳，成为指导全国烟草生产的重要依据。这一工作先后获得山东省科技进步三等奖和农业部科技进步三等奖

（七）学术著述，硕果累累

陈瑞泰学术著述颇丰，主要科学论文和著作有《介绍不怕腰烂病的两个烤烟品种》《消灭烟草黑胫病和低头黑病》《中国烟草栽培》《烟草黑胫病流行规律的初步探讨》《我国烟草生产和科研中主要问题的商榷》等30余篇（部），为丰富我国烟草科学文库做出了重要贡献。

二、创建烟草所

陈瑞泰一手创建了中科院烟草所，并为其发展呕心沥血。1958年4月，农业部组建中国农业科学院烟草研究所，陈瑞泰任筹备小组组长，后兼任所长。从确定所址、征集土地、基本建设规划、科技人员的筹调，直到实验室建设、仪器购置，陈瑞泰事无巨细，事必躬亲。几十年来，烟草所从无到有，不断开拓、发展，现在已经建设成为我国烟草科学研究和技术交流的中心。

陈瑞泰经常强调，"我们科学工作者的天职就是探索，只要锲而不舍，终可成功"。为了搞好研究所的科研工作，他重视技术队伍的人才建设。他通过组织技术人员到基层蹲点，建立优质烟样板田，推广先进的栽培技术等，大大提高了科技人员解决实际问题的能力；通过选派科技人员赴美国、津巴布韦、日本、土耳其考察访问、选拔优秀的科技人员到高等院校、外语学院进修，适应科学研究发展的需要；他还多次派出科技人员赴索马里和坦桑尼亚指导烤烟种植工作，使他们受到了全面

锻炼。目前,烟草所已形成一个有骨干力量做支撑,层次合理、水平较高的科技队伍。

陈瑞泰要求科研选题必须经过充分论证,研究项目和课题设计他都仔细过目、审查。早在建所初期他就指出,烟草的生命力在于不断加深应用基础研究。党的十一届三中全会以后,他再次重申,只有加强应用基础研究才有技术储备,烟草所工作才能有后劲。该所最早进行烟草花药培养,获得了成功;后又开了展原生质体培养、体细胞杂交育种等新技术研究,现已解决了细胞去壁、酶制剂用量、渗透浓度、恢复细胞分裂功能及培养基调配等关键技术,并在我国首次成功地将普通烟草和黄花烟草种的叶片原生质体进行了细胞融合,经过形态学和细胞学鉴定,确认是杂种植株。这项工作为克服远缘杂交的不亲和性和创造新物种打下了基础。

陈瑞泰认为中国作为烟草大国,必须有足够数量的高、中、初级技术人员,必须广泛普及烟草生产技术,烟草研究所除了完成科研和技术开发任务外,还应肩负为全国培养人才的任务。近几年,烟草研究所筹建了教学基地,多次举办烟草生产技术培训班,已成为为全国各大烟区培养基层技术人才和技术咨询的中心。

三、开展国际交流

陈瑞泰密切注意世界烟草科学的发展动向,积极捕捉有价值的信息,结合本国情况设置课题开展研究工作。他曾邀请美国 E. C. 梅恩(Main)来中国介绍霜霉病的病理、防治与预测预报工作,使我国烟草界了解该病的研究动态,为万一发生此病做好技术储备。为了综合利用烟草产品,他邀请美国肯塔基大学宣树基教授来华做烟草提取蛋白质的学术报告,开拓科研人员的眼界。他在考虑到国内有些烟区因燃料紧缺和运输不便的实际情况,于 1980 年邀请美国北卡罗莱纳州立大学黄国产教授来华讲授利用太阳能烤制烟叶的技术。

陈瑞泰还以极大的热忱参加有关的国际会议,进行烟草植物病理、烟草生产技术交流。1965 年,他应邀赴保加利亚,出席有 26 个国家参加的烟草科学讨论会,并考察了该国香料烟的生产情况,写了《参加保加利亚烟草科学讨论会及调查报告》。1976 年,应邀前往希腊进行烟草霜霉病危害和香料烟生产情况的考察,并写出了《赴希腊考察香料烟生产的报告》,其中部分内容刊于《中国烟草》杂志上。1983 年,应邀赴美考察农业教育与烟草科学研究。1980 年和 1984 年,分别出席了马尼拉和维也纳召开的第七、八届国际烟草科学大会。1988 年,陈瑞泰参加了中国烟草总公司组织的科学家代表团考察日本烟草生产和科研情况,为今后与日本烟草科技界加强合作交流打下了基础。

1963 年 1 月,陈瑞泰作为中国专家,依据双边协议,赴索马里进行烤烟开发考察。在一个多月的时间里,他往返赤道南北,跑遍了谢贝利河和朱巴河两岸的农业区,研究了当地种植烤烟的气候、土壤条件、农业经济特征以及卷烟市场情况,向索马里政府提出了试种烤烟的建议，受到索马里副总统的称赞。回国后不久，中国农业部即派出专家组赴索马里指导种植烤烟。

四、献身教育事业

陈瑞泰自 1946 年 9 月任山东大学农艺系主任以来，直到 1984 年初，一直担任学校的行政领导职务，为学校的建设与发展付出了辛勤的劳动。他勇于开拓，从严治校，注意提高教师素质，改进教学方法，加强科学研究。他历来重视教研室的建设，选拔优秀教师和学术造诣较深的教师担任室主任。在 20 世纪 50 年代，他就强调以教研室为核心进行集体备课，青年教师初次上课必须事先预讲。他明确提出，实验课是理论联系实际的环节，实验室是学生获得实际操作能力的场所。他要求各实验室都按其性质制定出规范，包括仪器设备的种类、规格及数量等，以满足实验课的要求。他认为，实习农场是农业院校学生取得生产知识和实际技能的练兵场所。他在任职期间，对山东农学院的泰安农场、白马河农场的建设都作出了重大努力。他深知温室在生物科学研究工作中的重要地位，一直很重视温室的建设。为开展烟草病毒、真菌、细菌、线虫病害的研究工作，在陈瑞泰的指导下，烟草研究室筹建了 400 平方米的温室，30 多年来取得了 67 项科研成果。为了全面提高办学及科学研究水平，陈瑞泰积极推进国际间的校际交流。1983 年，他出访美国，促成了山东农学院与美国肯塔基大学农学院建立了姊妹院校关系，互派访问学者，互派留学生，活跃了学术交流，提高了教师理论水平。

陈瑞泰虽有许多行政工作缠身，但仍然坚持教学工作。曾讲授植物病理学、农业植物病理学、烟作学、植物病毒学等课程。他严于律己，治学严谨，讲课时认真负责，内容充实，信息量大，从不讲与题无关的话，受到学生欢迎。半个世纪以来，他为培养合格的农业科技人才做出了可贵的贡献。

（李　燕　楼蔚文）

药理专家徐佐夏

徐佐夏

徐佐夏(1893～1971),字益甫,山东广饶徐楼村人,是我国著名的药理学家、医学教育家、一级教授。

1913 年 9 月,徐佐夏考入国立北京医学专门学校,1917 年 7 月毕业后到国立北京农业专门学校担任校医。1918 年 2 月,徐佐夏由北京到济南,在山东省立医学专门学校担任教师。1919 年,徐佐夏参加山东省赴欧留学生考试被录取后,于 1920 年春赴德国留学,先后在柏林大学、提兵根大学和格莱夫司瓦尔多大学学习,毕业后在柏林药理研究所任教研员,因在药理学研究上有独到的创建,获得博士学位。1924 年,徐佐夏由柏林回到祖国,任北平大学医学院药理学教授。

20 世纪 30 年代,徐佐夏被聘为国立北平大学农学院农业生物学系教授,主讲"动物生理学"。1937 年 3 月,徐佐夏再次赴德国柏林大学进修。"卢沟桥事变"爆发后,他谢绝同事们的挽留,毅然返回祖国,决心将所学医术贡献给抗日战争。时北平已被日军占领,在全国人民日益高涨的抗战情绪鼓舞下,徐佐夏拒绝了在北平创办医学院的同学、朋友的邀请,冒着生命危险越过日伪封锁线,奔赴抗日战争的大后方——陕西西安,任教于西安临时大学。期间,徐佐夏怀着满腔的爱国主义热情,率领数十名学生组成抗日救亡宣传队,到汉中进行抗日宣传。1939 年,随着形势的急剧变化,学校搬迁调整,徐佐夏又相继担任西北联合大学医学院、国立西北医学院教授兼院长。

1945 年 2 月,徐佐夏到江苏医学院执教,兼任该院教务委员会主任委员、副院长。1949 年后,徐佐夏精神焕发,工作热情愈加高涨,当他得知山东大学医学院师资不足时,恳切请求去山东工作。1951 年 4 月,徐佐夏与童第周、何作霖、吴富恒、郭贻诚、丁履德、陈瑞泰、杨向奎、赫崇本九人组成《山东大学学报》编辑委员会，创办了新中国高等学校最早的一份学报。

1951年8月，徐佐夏调至山东大学医学院任教授、院长兼药理教研室主任。在他积极不懈的努力下，学院的师资力量不断增强。

1956年8月，山东大学医学院独立建院，称青岛医学院，徐佐夏任青岛医学院教授、院长。面对设备简陋、人员不足的现状，他一面主持处理学院日常的行政管理事务，一面潜心药理学的教学科研、教材的编写及著书立说工作。在徐佐夏与同事的一齐努力下，青岛医学院稳固发展。1956～1966年间，青岛医学院基础和临床教研室达30多个，教学设备总额达110万元。临床教学实习医院，除附属医院和青岛市的6所市级综合、专科医院外，还扩大到昌潍、烟台两地区的4所地区级医院。

1953年后，徐佐夏连续当选为第一、二、三届全国人民代表大会代表，曾任“九三”学社中央委员兼青岛分社副主任委员，历任中国人民政治协商会议青岛市第一、二、三届委员会副主席山东分会副理事长，中国药典编委会委员，山东省科协常委，山东省药学会理事长，青岛市科协副主席等职。1962年，徐佐夏加入中国共产党。因成绩突出，先后被评为青岛市、山东省先进工作者，1963年出席了全国文教卫生战线群英会。

徐佐夏为祖国的医学事业辛勤工作50余载，培养了大批的医学人才和医务工作者，是一位德高望重的学者。他创建了药理学科，并终生致力于药学研究工作，专长药理学、药用植物学、毒理学，主要译著有：《简明药理学实习》《处方学》(1936年由北平大学出版社印刷为教学用书)、《药理学》(编译，1952年由上海交通书局出版)、《毒理学》(编译，1954年由上海医学出版社出版)、《植物疗法》(编译，1958年由上海卫生出版社出版)等，另有多篇论文在国外期刊发表。他曾负责评阅高等医药院校药学专业试用教材，为我国高校药学教育事业的发展做出了卓著的贡献。1958年后，他领导创办了青岛医学院制药厂，主持研制成功了“血压立定片”“抗哮喘片”等12种新药。纵使被关押在“牛棚”里，但仍念念不忘所担负的“口服避孕药”这一国家科研课题的研究，让家人搀扶到实验室进行具体指导。他还十分重视对祖国医学遗产的发掘和整理，主持了“甘草促肾上腺皮质激素、松节油对破伤风毒素的解毒作用”“苏木对人体各系统的作用”等实验研究，在《甘草、促肾上腺皮质激素、松节油对破伤风毒素的解毒作用》一文中，用现代医学的实验方法验证了祖国医药典籍中记载的甘草的解毒作用，发现单用甘草即可使破伤风毒素中毒的死亡时间延迟或复苏，若甘草与松节油合用，则解毒效力更佳，大大促进了中药在医学临床上的应用。直到晚年，尽管体弱多病，仍坚持带领药理科研人员对中药进行研究。

“文化大革命”开始后，徐佐夏遭受迫害，被无端剥夺了工作权利，身心受到严重摧残，于 1971 年 11 月 1 日含冤去世。1979 年中共山东省委为其平反昭雪，恢复名誉。

徐佐夏教授渊博的学识、严谨的学风、高尚的师德以及为科研献身的精神，将永远留在后人的心田。

（秦丽媛）

劳模部长郝建秀

郝建秀

郝建秀(1935～　),女,汉族,1935年11月出生于山东青岛崂山大翁村,全国纺织工业全国劳动模范,团中央委员,全国妇联执行委员会委员,全国总工会执行委员会委员。历任青岛市委副书记,市革委会副主任,山东省总工会副主任,省妇联主任,纺织工业部部长,全国妇联副主席,国家计委副主任,中共十一、十二、十三、十四、十五届中央委员,十二届中央书记处候补书记、书记,全国政协九届常务委员。

1935年11月,郝建秀出生于青岛的一个贫苦家庭。抗日战争胜利后,国民党接管青岛,郝建秀想到纺织厂当工人,可到工厂去了好多次,都被拒之门外。1949年6月青岛解放后,为了尽快恢复生产,各纺织厂都要招收一批工人。年仅13岁的郝建秀抱着试试看的心理去报了名,当时就被录用。同年9月,郝建秀来到青岛国棉六厂细纱车间上班,成为新中国第一代纺织工人中的一员。

郝建秀在工作中掌握细纱操作规律,摸索出一套高效、快捷、节约的工作法。郝建秀摸索出的细纱工作法,创造了七个月细纱皮辊花率平均仅0.25%的新纪录。这个记录为当时全国棉纺织工业平均皮辊花率的六分之一。郝建秀接线好、浪费少、清洁棒的好技术最终引起原纺织工业部和全国纺织工会领导人的重视。1951年,中国纺织工业部和全国纺织工会总结了她的操作方法,并命名为“郝建秀工作法”,成为中国工人阶级在社会主义经济建设中运用科学原理进行创造性劳动的典范。郝建秀工作法不是加强劳动紧张程度,而是合理地安排操作,提高操作水平。她的工作法很快在全国纺织厂推广,对全国纺织工业增加生产、节约原料、降低成本和提高劳动生产率起了重大的作用,不但直接创造了大量财富,而且促进了纺织科学技术的发展,产生了巨大的经济效益。1951年郝建秀当上了全国劳动模范。这年的10月1日，郝建秀应邀到北京参加国庆观礼。这是她第一次到首都并登上国庆观礼台，真是兴奋极了。郝建秀激动地对记者说："像我这样一个赶大车人的女儿，能够有今天，而且能够站在观礼台上，感到无比幸福。我从内心里感激党对我的教育培养。"1951年10月3日，毛泽东主席嘱托中央办公厅复信表扬了郝建秀："由于积极工作和学习，创造了新的工作方法，这个成绩是值得表扬的。"10月5日，青岛团市委发出通报，号召"全市青年团员向郝建秀同志学习、看齐"。10月13日，团中央授予郝建秀"优秀共青团员"称号。随后，毛泽东、周恩来等中央领导亲切地接见了她。第二年(1952年)的"五一"节，郝建秀又以新中国的工人阶级优秀代表的身份出现在莫斯科红场观礼台上。国际友人称她为"新中国的花朵"，并在她的胸前挂上了光荣花。

1952年，根据形势的需要，中央决定在全国重点大学成立工农速成中学(以后改为工农预科)，让一些工厂企业中的劳动模范、先进生产者和优秀的工农干部，通过这个阶段的学习完成高中学业，然后再进入大学深造。在这一历史背景下，郝建秀和来自全国各地的一批劳模和先进人物，于1952年9月进入山大工农速成中学学习。

郝建秀等这批学员进入山大工农速中学以后，学校给予多方面的关心与照顾，但在学习期间郝建秀始终把自己当成一名普通的学员，严格要求自己，同时，还拒绝了学校领导安排的单身宿舍，坚持自己吃、住、学都和同学们在一起，不搞特殊化，率先垂范，起到了模范带头、的作用。

华岗校长亲自主持校务委员会，研究决定速中的办学问题，并配备较强的速中领导班子，同时抽调部分优秀教师任教。罗竹风、张惠等军代表靠上去做工作，其中包括学员的思想政治工作与生活安排，并经常深入班级找学员谈话，帮助解决问题。为搞好这批特殊学员的学习，学校特地从文学院、理工学院选拔一些优秀学生来速中担任班主任、辅导员的工作，在帮助速中学员的思想文化进步上起了重要的作用。郝建秀原先文化底子很薄，但她有一股顽强的学习毅力。每天下班后不管多么劳累，也一定要学习政治与文化。根据陈少敏大姐的提议，全总和团中央特地派来教员帮助郝建秀学习，厂里也派优秀技术人员，帮助她学习知识和提高技术。所以郝建秀进步很快，在两年多的时间内，就修完初中的全部课程。在进入山大速中后已是完全脱产学习，她就把全部时间用在自己的学业上。在这期间，台旭多次在校园内采访她，并向全国报道她和其他优秀学员如何克服困难，取得优异成绩的事迹。郝建秀所在的宿舍有一位来自陕西的全国劳模张秀英，她们两个结成对子，相互帮助，共同提高，并且一起取得突出的学习成绩。为此，台旭还写了一篇她们共同学习成长的长篇通讯向全国介绍。

郝建秀成名后，往往要参加全国的一些活动。为了方便起见，经陈大姐提议，1953年底郝建秀转入北京中国人民大学工农速中学习。在人大修业期满后，组织上即保送郝建秀进入上海华东纺织工学院深造。1959年秋，郝建秀这名新中国自己培养的工人出身的新型大学生在华东纺院毕业，进入中央国家机关工作，开始了她的新的人生旅程。如今，几十年已过去已进入耄耋之年的她，仍是中共中央候补委员、国家计委副主任，仍不懈地为国家的改革开放、繁荣富强而努力工作着。

（王玉国）

夏道行函数与夏不等式

夏道行，1930 年 10 月 20 日生于江苏泰州。1950 年毕业于山东大学数学系。1952 年浙江大学数学系研究生毕业，分配至复旦大学数学系任教。1980 年当选为中国科学院学部委员（院士）。现居美国，为美国范德堡大学教授。

夏道行

夏道行在函数论方面证明了苏联数学家戈鲁辛在复变函数几何理论中的两个猜测，解决了从属数优越半径问题，提出了拟不变测度的抽象调和分析的研究成果，建立了“拟共形映照的参数表示法”，得到一些有用的不等式和被称为“夏道行函数”的一些性质。在单叶函数论的面积原理与偏差定理等方面曾作出系统的有较深影响的成果。在泛函分析方面建立了带对合的赋半范环论和局部有界拓扑代数理论；首先建立非正常算子的奇异积分算子模型；对条件正定广义函数和在无限维系统的实现理论研究中取得重要成果。在现代数学物理方面，对带不定尺度的散射问题等获创见性成果。

夏道行的专著《无限维空间上测度和积分》于 1965 年出版，这是世界上第一部此方向上的著作。1972 年，美国的科学出版社将它全部译成英文出版，这是当时被译成英文出版的极少数中国数学著作之一，在国外有较大的影响。在算子理论研究方面，他的《关于非正常算子》一文是国际上这个研究方向的开创性论文之一，多年来经常被国外学者的论文所引用，他的这个研究结果已被收入美国数学家普特拉姆的《希尔伯特空间算子交换性质》一文，其专著《线性算子谱理论》已由科学出版社出版。在线性拓扑数理论研究方面，他系统地建立了半赋范代数和局部有界代数的理论，其研究成果被收入苏联数学家奈玛依克著的《赋荡理论》一书中。

在广义函数论研究方面，他的关于正定广义函数的研究成果已被苏联科学院院士盖尔范德(Gelfand)收入他和别人合作的《广义函数论》第四卷中。

1952年，夏道行曾提出一个不等式，遗憾的是，未能引起国内外同行的注意。有趣的是，1972年菲兹格拉德提出一个不等式，称为“菲氏不等式”。其实它是夏道行20年前提出不等式的一个特例。因此，国际上后来将其改称为“夏不等式”。

他的“泛函积分与算子谱分析”和“单叶函数与拟似映照”等理论分别获得了1982年国家自然科学三等奖和四等奖。他利用泛函分析工具，研究了规范场的场强和势，为规范场的量子化奠定了数学基础，获1978年全国科学大会奖。

夏道行在函数论、泛函分析、数学物理等方面造诣特深，皆有建树，国际数学界称夏道行为中国数学家在“泛函分析”方面有代表性的专家。

夏道行对解析函数的研究成果，称为“夏道行函数”，他在泛函积分和不变测度论方面的研究成果被国际数学界称为“夏不等式”。这两项成果一直为国际上的数学专家所采用，合称“夏道行函数与夏不等式”。

（张晓燕）

中国雷达之父束星北

束星北在授课

束星北(1907～1983),江苏南通人。著名理论物理学家。“中国雷达之父。”中国海洋学会常务副理事长、国家海洋局第一海洋研究学术委员会顾问。毕生致力于我国教育事业与科学研究,有深厚的数学物理基础,讲课富有思想性和启发性,培养了一批优秀的物理人才。我国早期从事量子力学和相对论研究的物理学家之一,后转向气象科学研究。晚年,为开创我国海洋物理研究做出了贡献。他一位被业内人士称为“中国的爱因斯坦”的国际级科学大师;一位曾经培养启蒙过像李政道、吴健雄等著名科学家的天才物理学家。

束星北 1919 年考入泰州明德中学。1924 年,以优异成绩考入杭州之江大学。翌年转济南齐鲁大学。1926 年 4 月自费赴美留学,入堪萨斯州拜克大学物理系三年级。1927 年 2 月转到美国加州大学学习。1927 年 7 月,在爱因斯坦任所长的柏林大学威廉大帝物理研究所做研究助手。1929 年 10 月,入英国爱丁堡大学深造,师从理论物理学家 E. T. 惠特克(Whittaker)和 C. G. 达尔文(Darwine r)。1930 年 1 月获硕士学位,随后到剑桥大学读研究生。1930 年 9 月返美进麻省理工学院,师从 D. J. 思特罗克教授(Struik),任研究助教,并继续研究生学习。1931 年 5 月再获理学硕士学位。1931 年 9 月回国探亲。

时值“九一八”事变,国难当头,他投笔从戎,于 1932 年 1 月受聘于南京中央军官学校,任物理教官。因触犯蒋介石于 1932 年 7 月离去。1932 年 9 月受聘于浙江大学物理系任副教授。1935 年 7 月，物理系全体师生因反对校长独断专行，离校。束星北到上海任暨南大学教授兼数学系主任，并兼交通大学物理系教授。1936 年 4 月，竺可桢出任浙江大学校长后，聘请原物理系全体教师、技工回校。束星北也于 1936 年 8 月回浙江大学，翌年升为教授。抗战期间，他随校到贵州遵义、湄潭，其间曾被借聘到重庆军令部技术室任技术顾问一年。1945 年，他研究成功了我国第一部雷达，为抗击日寇的侵略做出了重要贡献。1946 年，随浙江大学回杭州，此后曾兼任齐鲁大学和之江大学教授。1952 年，因院系调整，到青岛山东大学物理系任教授，并转向大气动力学研究。当年，山东大学成立海洋系，物理系气象组转入海洋系，束星北任海洋系气象研究室主任。

50 年代末到 70 年代初，束星北被划为极右派分子和历史反革命分子，管制劳动。这期间，他于 1965 年完成了《狭义相对论》手稿。

1974 年 9 月 11 日，束星北被摘掉“极右派”和“反革命分子”帽子。1978 年，被调到国家海洋局第一海洋研究所任教授，从事海洋动力学的研究。

1979 年，中国海洋学会海洋物理分会在广州成立，束星北为名誉理事长。

1979 年 12 月，束星北得到彻底平反，恢复名誉。

1981 年 8 月，在山东物理学会的第三届代表大会上，束星北当选荣誉理事长。1981 年起，束星北还当选为青岛市物理学会名誉理事长，国家海洋局学术委员会委员。1983 年 1 月，任山东省政协第五届委员会委员。

1927 年 7 月，束星北因慕名爱因斯坦，经日本、朝鲜、莫斯科、华沙，到达了向往已久的德国首都柏林。这时的爱因斯坦已因其广义相对论而名噪世界，又是诺贝尔物理奖得主、英国皇家学会会员。一个 20 岁出头名不见经传的异国青年，单枪匹马的求见这位世界名人，确需有极大的勇气。束星北“求师若渴”，大着胆子推开爱因斯坦办公室的大门，径直拜见了他一直崇拜的相对论创始人。眼前的这伟大科学家，个子矮小，穿着随便，领结打得也不工整，有些不修边幅，完全是一个普普通通的人。交谈不久，束星北原有的那种神秘感、拘束感就消除了。他把自己带来的两篇论文递交给爱因斯坦，接着就滔滔不绝地谈起自己在“四维时空”研究中遇到的一些问题和见解。爱因斯坦对这一“幼稚”的举动并不介意，一直静静地仔细听着，等他差不多讲完了，爱因斯坦开始说话了。他坦直地说，目前的成果仅仅是个开端，要真正解绝不是很容易的事，还需要作出很大的努力。在两人用英语夹着德语入神的交谈中，束星北试探着提出了留这里学习的请求，也许是他的执著探索的精神感动了“上帝”，束星北如愿以偿，被留在了爱因斯坦担任所长的威廉大帝物理研究所工作。

在爱因斯坦身边，束星北如鱼得水。他经常就自己感兴趣的问题如“四维时空”等与爱因斯坦谈论和请教，有时还引起小小的争论。每次他都能得到这位年龄比他大一倍多的老师的耐心解释。

作为助手，他协助爱因斯坦查找资料、进行计算，还帮助批改学生的卷子，师生关系纯真无间。有时候，老师还请学生到家里做客，夫人爱尔莎给他们做上可口的饭菜。一向不善言辞的爱因斯坦，在这里却能向学生袒露肺腑。

然而，好景不长。爱因斯坦虽然是一位世界闻名的科学家，但作为一个犹太人，一直受到种族的歧视，工作受到排挤和孤立，困难重重。1929 年上半年的一天，爱因斯坦终于向束星北诉说了经费的困窘，表示对他下半年的薪水已无力支付了。束星北遗憾地告别老师，离开柏林继续他的求学生涯。

束星北与爱因斯坦结缘，与“相对论”结缘，直到晚年，每当回想起这段经历都十分激动。他说：“当年老师那些教诲对我以后的思想发展起了很大作用，我在以后写的一些论文，实际上也是受之于爱因斯坦的这些教诲。我永远难以忘怀。”

1931 年束星北回国后，毕生献给教育事业，即使身处逆境，也为培养人才尽心尽力。

他在浙江大学任教 19 年，教过理论力学、理论物理、量子力学、热力学、电磁学、无线电、狭义相对论、广义相对论、物理讨论乙(与王淦昌合开)等课程。他讲课时条理概念清晰，富于思想性和启发性，引人深思。他着重讲透物理学的基本概念和基本原理，凡领受过他的理论启蒙的学生，都会经历到理解了一个基本原理的真谛时那种豁然顿悟的乐趣，欣赏到理论思维的威力和自然界奇妙的统一性。例如，在讲狭义相对论时，他使学生对力学的理解进入了一个新的天地，把难懂的相对论讲得深入浅出，一清二楚。在浙江大学，他培养了许多学生，有些后来取得了很大的成绩，如李政道、程开甲、胡济民、周志成等。

1952 年，束星北到山东大学物理系，除讲授物理课程外，还主动要求参加普通物理教研组，亲自辅导提高该组教师水平，对物理系教学质量的提高起了很好的作用。

他讲课从不照本宣读，不作面面俱到的讲解。但对根本性原理却不厌其烦地从日常所见的自然现象出发，以各种生动的实例，从不同侧面深入浅出地反复论证，使学生一通百通地理解、掌握、运用基本原理概念。例如，他讲热力学时，用大量实例证明第一类和第二类永动机是不可能的，进而阐明热力学第一和第二定律，阐明热力学熵的原理，并把熵的概念描述成可捉摸的物理量，使学生对难以理解的物理概念变得清楚、明了。

他特别着重引导学生抓住物理学的一些本质问题。在讲量子力学时，他强调统计性和测不准关系，用大量事例着重阐明测不准关系原理。在讲狭义相对论时，他特别强调相对论的核心问题是同时性问题，在狭义相对论中，同时性只有相对的意义，只有时空的点才是绝对的。在讨论经典统计物理时，他强调指出统计物理的核心问题是玻耳兹曼的 H 定理。

束星北注重培养学生的独立思考能力。他要求学生对学过的东西一定要消化，不赞成死记硬背。他经常讲应该吸收那些对的部分，摈弃那些错的部分，反对盲目引述文献和专家权威的话，认为如果不变成自己的东西，即使说对了也无用。他所出试题相当部分要求灵活运用讲授内容，靠死记硬背是答不出来的。如讲力学轨道运动时，他向学生提出“月球与太阳之间引力大于月球与地球之间引力，为什么月球绕着地球转”。为使学生接触物理学最新进展，他与王淦昌合开了课程，介绍物理学的前沿领域，当时出现的一些重要进展他们都讲过。例如，王淦昌讲过中微子和β衰变实验，束星北讲过费米的β衰变理论和达尔文的狄喇克方程严格解。他也让四年级学生作文献研究报告，培养他们阅读文献和独立思考能力。为祖国培养了大批优秀人才，分布在全国和世界各地。

束星北除了搞好教学外，还利用一切时间进行科学研究，他的研究涉猎面很广，主要集中在理论物理研究、大气动力学研究和动力海洋学研究。

1952年前，束星北在物理方面的研究工作，涉及相对论、量子力学、电动力学、统计力学等多个领域，其主要工作在广义相对论与量子力学方面。

束星北是我国早期从事相对论研究的理论物理学家之一。爱因斯坦广义相对论的引力定律，开始时只得到球对称静力场的近似解，随后K·史瓦西(Schwarzschild)得到球对称静力场的精确解。20世纪30年代初，束星北曾试图推广到球对称的动力场，得到有质量辐射的近似解。

统一场论是爱因斯坦终身追求的广义相对论的基本问题。爱因斯坦引力场几何化的成功，立即导致用类似的纯几何概念来描述电磁场的愿望。H·韦尔(Weyl)、爱丁顿和爱因斯坦本人都曾经想通过对B.黎曼(Riemann)几何的修正，把用于引力场的广义相对论推广于电磁场，但都没有成功。1930年前后，束星北也试图探索引力场与电磁场的统一理论，考虑了引力场与电磁场的根本异同，他提出用质量密度r和虚数电荷密度s之和r+is代替广义相对论中的能量－动量－张量中的质量密度r，从而导出一级近似的复数黎曼线元，实数部分正好代表引力场，虚数部分正好代表电磁场，并由之进一步推导出麦克斯韦方程组和洛仑兹作用力方程。这样得到的理论特别简单，而且使电荷、电流密度和电磁势之间的关系立即变得清楚明了。

1942年，浙江大学迁到湄潭后，他又开始探索任意参考系之间的相对性问题，试图放弃爱因斯坦的统一场论，由等效原理中的时空变化率，进入相对论，只承认洛仑兹变换，将普遍时空变成相对于运动质点的时空，而不是一个唯一的统一的时空。他曾用瞬时微分洛仑兹变换方法，得到任意相对运动的参考系之间的变换，电磁场张量在具有相对加速运动的参考系之间具有相对性：无论是电荷加速运动、观察者静止，还是电荷静止、观察者加速运动，所观察到的电磁场完全一样。

束星北所研究的都是相对论的基本问题。但由于这是一个尚未成熟的课题，更由于战争和其他因素影响，他的研究探索多次中断，未能继续深入下去。在他受到政治打击之后，他还于1965年写成了《狭义相对论》书稿，很有特色。该书于30年后的1995年12月由青岛出版社正式出版，中科院院士、核物理学家王淦昌先生，为此书写下了序言。

1952年院系调整，束星北到山东大学物理系时，正值第一个五年计划即将开始。面对国民经济发展的需要，束星北毅然放弃相对论研究，决心献身气象科学。中央气象局在山东大学设立了气象研究室，请束星北负责该室的研究工作。在他主持下的气象研究室，从开始只有几个人，迅速发展成为20多人的研究室。他全力以赴孜孜不倦地工作，加之雄厚的数理基础，研究工作很快上手。短短两年(1953～1954)，写出气象研究论著近10篇，从物理学角度对大气动力学作了理论探讨。

正当束星北对我国气象研究开始有贡献时，1955年"肃反"开始。从此，他被迫停止了刚刚有了一个良好开端的事业。

束星北晚年为开创我国动力海洋学研究鞠躬尽瘁。国家海洋局第一海洋研究所所长曾容三次请束星北到海洋研究所工作。束星北为这位所长的诚心所动，于1978年盛夏正式到海洋研究所工作。在他古稀之年，又抱病投身于我国海洋科学事业。

1980年春，在动力海洋学习班上，他与中国科学院声学研究所汪德昭所长共同倡导，在我国近海开展海洋内波的观察研究，在海洋研究所组建了由他领导的海洋内波研究组进行内波理论的探索研究和现场观察。为此，展开了测温链的研制。1981年，完成了由12个铂电阻探头构成以单板机控制、取样、记录的测温链，并在黄海进行了内波测量试验。接着又开始研究16个热敏电阻探头构成的微机控制、取样、记录的测温链。正当他满腔热情为我国海洋科学事业不遗余力地刻苦工作的时候，不幸于1983年10月病逝。1984年他所创建的内波研究组研制成了第二代热敏电阻测温链，并用于海洋内波的正式现场测量。1985年，发表了由他的学生执笔，以他为第一作者的两篇有关海洋内波的论文。这些虽是初步的工作，然而是我国海洋学界公开发表的有关海洋内波的最早的研究论文。

束星北先生是我国早期的一位杰出理论物理学家和教育家。他的一生是孜孜追求真理、辛勤耕耘播种的一生，也是坎坷不屈、自强执著的一生，他是一位有真才实学的爱国科学家。国家海洋局局长孙志辉先生高度盛赞束星北先生道："中国曾有过这样一位科学家，是中华民族的自豪。"

（李彦英）

黄嘉德教授与萧伯纳研究

黄嘉德

黄嘉德教授是山东大学资深学者，我国著名的萧伯纳研究专家。他的《萧伯纳研究》是我国第一部比较完整的研究萧伯纳的学术著作，以其背景的宏阔，材料的扎实，评论的精到著称于世。

黄嘉德（1908～1992），福建晋江人，1931年上海圣约翰大学毕业留校任教；1936年开始，与林语堂先生创办"西风社"任主编，出版《西风月刊》《西风精华》等杂志；1947年留学美国哥伦比亚大学，1948年获文学硕士学位，同年年底回国，仍执教于母校，历任助教，副教授，教授，兼文理学院副院长。1949年5月上海解放后，在圣约翰大学任文理学院院长。1951年去华东革命大学学习，1952年9月去青岛山东大学外文系任教，1958年随校迁来济南。在山东大学40年间，讲授翻译、英语精读、英国文学史等多种课程，曾任欧美文学教研室主任，外文系代主任，山东大学学术委员会委员，《文史哲》编委。1954年，加入中国民主同盟，1956年当选为青岛市人大代表，1979年参加中国作家协会，是一位品格高尚的长期与党合作共事的民主党派人士。黄先生一生执教57年，成绩卓著，桃李满天下。他长期从事外国文学的研究，成为著名的外国文学评论家，萧伯纳研究专家。

他对萧伯纳的研究起步早，时间长，成果丰硕，意义重大，影响深远。20世纪30年代初，黄先生就开始研究萧伯纳，几部译著相继出版：《萧伯纳传》（1934，商务印书馆），萧伯纳独幕剧《乡村求爱》（1935），萧伯纳与当时著名女演员爱兰·黛丽的私人通信集《萧伯纳情书》（1936）。这些译作清楚地表明了黄先生的翻译风格，他奉行"信，达，雅"翻译原则，主张"神似""形似"并重，形与神合。这些译品是他系统研究萧伯纳的开始，为深入研究打下坚实的基础。

随后几十年间，黄先生广泛搜集资料，潜心阅读和研究萧伯纳的各类作品，选择萧伯纳的优秀剧作进行细致分析研究，先后发表论文数十篇，主要有："问题剧《华伦夫人的职业》""评情节剧《魔鬼的门徒》""军火商与救世军——评《巴巴拉少校》""评萧伯纳的代表作《伤心之家》""评政治狂想剧《苹果车》"，等等。这些论文特点突出，效果显著。每篇文章通常采用"五段法"论述，即背景（时代、社会、思想、文化），剧情梗概，思想主题，艺术手法，作品局限性。欣赏这些评论，读者会感到，它们结构层次井然，达意充分而清晰，让你懂得什么是戏剧，理解作家在写什么，让你认识萧伯纳。

《萧伯纳研究》集中体现着黄教授萧伯纳研究的成果，是他长期研究的结晶，是他学术思想和研究风格的集成，是我国第一部比较完整的研究萧伯纳的学术著作。该著作特点有三：

其一，论述全面、系统、完整而又重点突出。详尽考查萧伯纳的生平与创作，以分析萧的代表作为基础，广泛讨论其生活经历，思想发展，戏剧理论，剧本，散文作品，并附有大事年谱及多项附录。

关于萧伯纳的戏剧理论，黄先生用五章的篇幅展开论述，最后结论为三大要点：(1)提倡并创作现实主义新戏剧；(2)认为没有冲突就没有戏剧，同时强调人物对话的重要；(3)坚持戏剧是宣传的工具，反对"为艺术而艺术"。萧伯纳写了六部悲喜剧，且别具一格。对于如何从理论上认识这种戏剧，黄先生将其定格为欧洲第三种悲喜剧，是改造社会和政治的思想加以戏剧化的"寓言"。

其二，评论萧伯纳，纵横欧洲剧坛。首先纵穿英国戏剧史，引进从莎士比亚到奥斯本几乎所有英国戏剧名家，让读者看到萧伯纳在戏剧艺术上继承、发展、创造和影响的全过程，看到萧如何把英国戏剧革新推进到一个新阶段。接着，黄先生带我们纵览欧洲剧坛，从古希腊三大悲剧家到契诃夫、莫里哀、易卜生等谈及20余位戏剧家，让我们找到萧伯纳在这广阔的艺术天地中的客观位置，认识萧伯纳是欧洲现代最伟大的戏剧大师之一。萧伯纳学习易卜生，卓有成效，易卜生的《玩偶之家》征服了欧洲，而萧伯纳的《伤心之家》则成为"舞台上最卓越的人生寓言"之一。

对读者十分关心的"莎萧之战"，黄先生作了客观明确的评说，用"萧伯纳论莎士比亚"一章专门评论英国这两位戏剧巨将的关系，结论是：萧伯纳对莎士比亚的戏剧有褒有贬，但为了斗争的需要，有时贬多于褒；萧伯纳在肯定莎士比亚戏剧的巨大艺术成就的同时，尖锐地指出莎翁的缺点。为了帮助读者更客观地理解莎萧之战，黄先生在书中还特地附有弗·邓宁豪斯的评论《萧伯纳与莎士比亚》。该论文指出莎萧戏剧观与哲学思想之不同，并结论道：萧伯纳与莎士比亚对人类命运的描绘都由人类生活的事实证明是正确的，从哲学观点上看来，他们在不同的角度观察事物时，都可以说是相对真实的。

其三，作者观点明确，论述清晰有力。黄先生表达思想，用的是自成一家的朴素的语言和平铺直叙的方式，把观点讲得清楚明了；以马克思主义文艺理论为指南，将问题分析得客观辩证。论述萧伯纳的哲学思想，赞扬他的"社会决定论"是马克思主义历史唯物论在戏剧上的具体表现，批评他的"生命力"理论是企图在生物学中寻找解决社会问题的方法，是唯心主义的。

全书渗透着一种观点，那就是对萧伯纳批判现实主义的认识，认为萧伯纳揭露和批判资本主义的弊端和罪恶，同情苦难的劳动群众，但看不到解决社会问题的出路，因为他受了费边主义的影响；尽管他是"一个陷入费边社圈子里的好人"，但他毕竟卷入了这种代表资产阶级改良主义的思潮，这正是萧伯纳的阶级局限性。

黄先生曾说：介绍西方文化，取其长处，洋为中用，萧伯纳很值得研究。萧伯纳(1856～1950)是西欧批判现实主义文学最杰出的代表之一，是现代英国最伟大的戏剧家，讽刺家和批评家，是 18 世纪以来英国最重要的散文作家，现代最优秀的戏剧评论家，政治、经济、社会学等方面的卓越演说家和论文作家。这位现代世界文坛上极有影响的作家在 60 多年的著作生涯中，除了写出 5 部长篇小说和大量评论文章与书信之外，共创作了 52 个剧本，于 1952 年获诺贝尔文学奖。他的一系列优秀戏剧提出了重大的社会问题，一直到今天还具有深刻的现实意义。萧伯纳的特质是能极敏锐地观察现实，诚实直率地表现人生与社会，在思想上和艺术上都有非凡的成就，值得研究，有东西可研究。黄教授研究萧伯纳，选得准，选得好。萧伯纳还是中国人民诚挚的朋友，1933 年他 77 岁环球旅行来到中国，鲁迅、宋庆龄接见了他，他在香港发表的一篇《告中国人民书》中讲道："中国人民如能一心一德，敢问世界孰能与之抗衡？"

许多学者和后生经常来山大听黄老关于萧伯纳的学术报告，不少高校如山师大、杭州大学、厦门大学等常邀请他去讲学，考研的学生和寻工作的毕业生往往慕他之名而来山大。萧伯纳爱好者们虚心向黄老请教，有的与之保持常年的通信联系。黄教授的研究态度、方法和成就深刻感染了他的学生或学生的学生，他们中有不少人已成为小有名气的外国文学研究者、教授或博士生导师。黄先生研究萧伯纳还紧密结合教学，使其相辅相成。他的研究精神和成果一直激励和影响着山大外语学院外国文学的教学与研究。

（李乃坤）

工程力学家刘先志

刘先志

刘先志(1906～1990),山东高密人。中国力学界的著名专家和学者,国家一级教授。他一生从事力学教学和科学研究,其研究成果是多学科的理论性研究和创新,涉及一般力学、流体力学、热弹性力学、机械振动学、应用数学、机械工程等学科,既为这些学科的学术宝库增添了新的理论,又为解决有关工程中的实际问题提供了理论依据和计算方法。

他学术造诣精深,卓有建树,其研究成果在国内外享有很高声誉,堪称一代力学大师。

他先后担任上海同济大学教授、教务长,原山东工学院教授、教务长、副院长,并兼任山东机械工业厅副厅长、山东省人民委员会委员、全国人大代表,曾任山东省副省长和省政协副主席,中国力学学会常务理事、《力学学报》常务编辑、《应用数学和力学》编委、国家力学教材编委会编委、山东省力学学会名誉理事长。

一、为实现科学救国心愿　立志成才

刘先志出生于一个农民家庭,其父刘蓬山早年毕业于蓬莱文会馆,是受过近代科学教育的知识分子,思想开明,勉励子女刻苦学习,以知识报国,在他教导下,四个子女都学有专长,在家乡传为佳话。1926 年,他考入北京燕京大学数学系,1930 年毕业,获理学学士学位。当时的旧中国工业落后,备受帝国主义列强欺凌,他不满足已有的数学专业知识,决定攻读工程科学,以实现科学救国的心愿。1933 年 8 月到当时的国立山东大学机械系当了一年的旁听生,第二年又以优异成绩考取了公费留学德国生,赴柏林工业大学学习机械工程。1939 年毕业时获特许工程师,并留校任教,担任理论力学讲座及理论力学研究所主任助教、研究员。

1941 年 9 月至 1945 年 6 月，他又到德国哥廷根大学数理系学习力学，在近代流体力学奠基人普朗特(L. Prandtl)教授指导下获得自然科学博士学位，并熟练掌握了德、英、法、俄四门外语，为以后在各学科领域开展科学研究奠定了坚实的基础，成就为理论与实践兼备的高级学者，其学术思想与德国哥廷根学派一脉相承。二战结束后，他毅然放弃了国外优厚待遇和优越的工作条件，怀着一颗报效祖国的赤子之心，于 1946 年回国，先后任上海市工务局正工程司、同济大学教授，后又到无锡开源机器厂任设计部主任。

二、为培养力学人才　呕心沥血

山东工学院院长张协和慧眼识才，力邀刘先志来校任教。1952 年春，他放弃了大城市、重点大学和大企业的优越条件，欣然接受邀请，并在此度过了他的后半生。刘先志来此不仅是为了家乡工业和教育的建设和发展，也是为实现自己“学校与工厂相结合，培养既有理论又有实践经验的建设人才”的夙愿。他主张办工科院校，学校旁边就应是工厂，学校设计的就是工厂生产的产品，工厂就是学生实习和生产的基地，因为他深知工科院校的宗旨所在。

当时学校初创未久，是一所 1949 年后新建的专门培养高级工业人才的院校，各方面的资源都比较匮乏，百废待兴，他为了提高教学水平，建立良好的教风学风，为了加强师资队伍和力学学科的建设，把一腔热血倾注到为国家培养力学人才上，孜孜不倦地贡献着自己的知识才干。他一面给本科生讲授理论力学，一面给青年教师讲授高等刚体力学。他经常说：教授就应该给大学生讲基础课，否则怎么能称教授。他讲课条理清晰、简明生动，强调定义、概念时非常严谨，把深奥的理论讲得生动形象、通俗易懂。如讲振动系统的自由振动频率，他以肩挑的担子、树枝的摆动、人走路时的晃动等做实例，用拉小提琴来说明自激振动产生的条件，还用旋转轴的临界转速来说明共振的概念及其重要性，既使人容易理解所讲的内容，又留下思考的余地。凡听过他讲课的人都赞不绝口，认为是一种享受，每次上完课同学们都有“绕梁三日”之感。

他为青年教师讲课时，教材都由他编写、校对，连讲义中的插图都是他亲手精心绘制的，工作量之大，可想而知。他特别强调：“基础不坚实是上不去的，力学工作者一定要打好数学力学基础。”并引导和介绍他们阅读一些国外的期刊图书，以获取更先进的知识。在他的培养下，青年教师的思路开阔了，基础牢固了，分析问题的能力提高了，力学知识水平上了一个大的台阶，为以后提高教学质量和开展科学研究打下坚实的基础，这些教师后来都成为教学和科研骨干。这种一丝不苟的精神感人至深，令同事们敬佩不已，不愧为“严谨治学，尽善尽美”。

在他担任教学管理工作的同时，每周还要去机械工业厅接待厂矿代表，解答他们提出的各种生产问题，为学报审稿，还从不间断自己的科研工作，在如此繁忙的情况下，他始终把为国家培养建设人才放在重要位置，由于过度劳累他曾晕倒在课堂上。

1957年，党中央向全国发出向科学进军的号召，刘先志备受鼓舞，经过他积极酝酿筹备，于1958年4月首次在国内举办了机械振动学讲习班。国内许多高校、科研单位、厂矿企业纷纷派出讲师、工程师以上人员参加。刘先志亲自编写讲义和授课。在历时一年零两个月的时间里，他辛勤忘我地工作，讲课内容广泛深入，讲课技巧高超精湛，公式推导和论证严密，问题分析透彻，并注重创造思维能力的培养，倡导理论联系实际。他严谨的治学理念和执著追求的科研精神深深地教育和感染着大家，让学员们真正领略了大师的风采，眼界大开，受益匪浅，为他们今后的学术思想和科研工作指明了方向。这次讲习班为中国振动力学的发展培养了人才奠定了基础，做出了开创性贡献。当年的许多人都成为振动力学方面的专家，有的还成为工程院院士。之后，他又将机械振动学讲义进行修改，于1962年出版专著《机械振动学导论》，这是第一本国人自编的机械振动学教材。

三、涉及多学科领域研究　成果卓著

在中国老一辈科学家中，刘先志从事的科学研究以涉及领域宽而著称，他对流体力学、一般力学、机械振动、热弹性力学、非线性振动以及力学中的数学问题等方面的研究均做出了贡献，同时又解决了机械工程中出现的大量力学问题。他倾其毕生精力去思考和探索一些世界大师提出的科学难题，并且自主创新，成果卓著，体现了勇于探求真理挑战大师的精神。

刘先志在连通管内理想液体振动方面的研究长达四十年，系统地研究了理想液体在各种不等径连通管内的振动规律。早在17世纪，牛顿(Isaac. Newton)、贝努利(G. Bernoulli)等大师就尝试过求解这一问题，但仅获取了类似于物理摆微振动的线性振动周期。刘先志在德国柏林工业大学理论力学研究所期间，就开始研究这一难题。1953年，他在瑞士的《应用数学和物理》(ZAMP)上发表《关于连通管内理想液体自振的部分理解》，引起了国际学术界的关注，他的德国老师著名力学家舒勒(M. Schuler)在给他的来信中评价："这篇论文是有价值的，它比牛顿当年推出的一类似公式更为一般。"舒勒还将该论文分发给德国的30个研究中心，后来日本学术界又将刘先志有关这方面研究的三篇论文收入《非线性振动的新成就》文集中。这一研究大大推进了牛顿等大师的结果。

在有自由表面的水动力学方面，他研究的液下不同类型周期泉涌在液面上激起的波阵问题，比著名数学家和力学家柯西(A. L. Cauchy)和泊松(S. D Poisson)研究的这一问题，更加普遍和深入，其中《液下球形周期泉涌系统在液面所激起的波阵》是刘先志当年的博士论文，1952年在德国的《应用数学和力学》(ZAMM)上发表后，1953年苏联的《力学》(*Mexahuka*)便全文转载了。在国家科委组织制定的《1963～1972 科学技术发展规划(草案)》船舶力学部分的说明书中,对刘先志这方面的研究成果用了较大的篇幅作了较高的评价,他是中国这一学术领域的先驱和带头人。

1959～1965 年期间,刘先志把大量精力投入到由热传导和固体力学综合起来的热弹性力学方面的研究,这期间国内尚无人开展此方面的研究,他先后撰写了 16 篇论文,其成果不仅填补了国内该学术领域的空白,且居世界先进行列。这些论著,进一步充实了热弹性力学的知识宝库。而且对近代发展的复合材料结构内热应力的分析也有重要的实用价值。1965 年发表在《中国科学》上的《弹性平板内的定常点型热源在该板里所引起的应力和变形》一文,大胆地纠正了国际著名力学家、波兰科学院院长诺瓦斯基(W. Nowaski)在这一领域研究中的贻误。

1958 年,他在《力学学报》上发表了《上端固定缠绕在轮盘上的缆索的质量对于轮盘的铅垂下降运动及缆索张力的影响》论文。该问题在历史上曾被 H·洛伦兹(Lorenz)提出过,但长期以来没有完整的解析解。刘先志通过研究求得解析解,最终突破了前人长期以来没有解决的理论问题,具有重要理论意义。

刘先志在上世纪 70 年代细致研究了变截面弹性直杆的纵向固有振动和扭转固有振动问题。早在 19 世纪,基尔霍夫(G. R. Kirchhoff)等学术大师就研究过这类问题。由于数学推导有相当难度,他人一般都会绕道而行,仅取近似解。他在该项研究中先后撰写了四篇论文,其中《推算楔形直杆纵振与扭振自主频率的一个方法》一文,1977 年在《中国科学》第 6 期发表后,由于文中采用的方法简便、精度可靠,获得了比前辈学术大师们更高水平的研究成果,解决了他们无法彻底解决的问题,引起国际同行重视,美国、联邦德国的生物研究中心相继来函,索取文稿。

他在开展科研的同时,还十分注重理论联系实际,坚持科研为生产建设服务,其许多论著直接来源于生产,体现了知行统一和勇于破解生产技术难题的学术风范。20 世纪 50～60 年代,他曾先后就我国麻纺工业、冶金工业、机械工业等领域中影响生产的关键课题进行研究并加以解决。

中华人民共和国成立初期,中国麻纺业技术落后,设备陈旧,麻纺机出现严重振动。为改变这种局面,他到无锡麻纺厂蹲点,从理论分析入手,设计、试制,样样亲自动手,因陋就简,克服重重困难,最后终于找到了高速旋转子动平衡的规律,从而攻克了麻纺机的振动问题,并从这一生产问题中提炼出相关课题,撰写了关于高速旋转子动平衡方面的四篇论文,分别发表于《机械制造》,后又写入其专著《机械振动学导论》。

1955 年,随着国家建设的发展,冶金工业面临提高产量和质量的问题,当时的山东张店铝厂急需提高球磨的绝对最高粉碎产量,刘先志亲临生产现场了解情况,那时国内外均缺乏相关研究资料,他应用刚体力学原理找到了提高生产效率的途径,并从中提炼相关课题,发表了《球磨绝对最高粉碎产量装载因素的推求及球磨在运用中力的关系》一文，发表在1959年的《力学学报》，该论文不仅具有重要的理论意义，给出了详尽的计算结果和图表，而且有重要的实用价值，提供了工程师感兴趣的公式和结论。在1957年第一次全国力学学术报告会上，钱学森对该论文给予高度评价。

20世纪60年代末，刘先志身处逆境，被打成反动学术权威挂牌劳动改造，身心受到极大摧残，还患有心脏病，但他不顾个人安危，为解决大型柴油机的振动问题，多次深入到济南柴油机厂开展调研，结合这一生产课题，他先后发表了《平面曲轴八缸V型内燃机二阶往复惯性力分析平衡法》等四篇论文，提出了三种二阶往复惯性力的平衡方案。他在振动与平衡方法方面的研究，备受国内外关注，不但解决了过去无人问津的难题，而且其研究成果被大量运用到生产领域。这些成果对生产、教学和深入的理论研究都具有极大的指导意义。《中国科学家辞典》评论说："这些成果创立了三种平衡方案，各有千秋，堪称三项重要的发明。"

他一生在科学研究的崎岖山路上，不畏艰辛，只争朝夕，探索不止。他在国内外著名学术杂志上发表科学论文50余篇，并出版专著《机械振动学导论》，这是当时中国振动工程领域中最具权威性的著作。他的业绩被收入《中国科学家辞典》，编入《齐鲁科技精英》。1978年第一次全国科学大会颁发给他个人奖，同年，山东省科学大会颁发给他个人奖。1986年为表彰他在机械振动和热应力研究中做出的贡献，国家教委授予他全国科技进步二等奖。2009年他入选《中国20世纪著名科学家概览》。

（殷丛薇）

物理海洋学家文圣常

文圣常

文圣常(1921～　),河南光山人,是国内外著名的物理海洋学家、教育家,中国科学院院士。

文圣常出生于清寒的小职员家庭,自幼受孔孟文化的启蒙教育,曾先后在河南潢川初级中学、湖北宜昌中学高中部和湖北联合中学恩施高中分校学习。1940年,文圣常考进乐山中央技艺专科学校。同年秋,考入在四川乐山的武汉大学机械系。1944年毕业后相继在成都航空委员会第八飞机修理厂任试用员、第十一飞机修理厂考工股员、国民党空军空运一〇三中队(北平—上海)机务员。1946年,由国民政府航空委员会选派,赴美国航空机械学校短期进修,1947年回国。

1947年,文圣常回国在重庆中央工业学校任副教授。1949年后,历任重庆西南工业专科学校副教授、湖南大学副教授、广西大学教授。1952年,恰逢全国高等学校院系调整,30岁的文圣常服从组织调遣,到哈尔滨军事工程学院任教授。1953年,应物理海洋学家赫崇本的邀请,前往青岛山东大学海洋系任教授,从此与海洋结下不解之缘。1959年以后,相继任山东海洋学院教授、动力海洋教研室主任、物理海洋与海洋气象系主任、副院长。1984～1987年,任院长。1984年,创建物理海洋研究所并任所长。1988年,任青岛海洋大学教授、物理海洋研究所名誉所长。曾兼任国际海洋研究委员会(SCOR)中国委员会主席,国务院学位委员会学科组成员,国家自然科学基金会学科组组长,现为中国海洋大学教授、博士研究生导师、物理海洋研究所名誉所长,国务院海洋资源开发研究保护领导组专家组组长,中国海洋研究委员会副主席,中国海洋湖沼学会副理事长,中国海洋学会副理事长,山东海洋湖沼学会理事长,《海洋湖沼学报》《海洋学报》副主编,《中国科学》《科学通报》编辑。兼任世界大洋环流实验(WOCE)委员会中国委员会副主席。曾荣获“全国教育系统劳动模范”、国家“七五”科技攻关突出贡献者等光荣称号。1988年,被评为山东省专业技术拔尖人才,1990 年起享受国务院颁发的政府特殊津贴。1993 年,当选为中国科学院院士。

文圣常教授主要从事海浪理论及应用研究,被国内外海洋界公认为著名的物理海洋学家、中国海浪科学的开拓者和学术带头人。五十多年来,在普遍风浪谱、涌浪谱、海浪预报方法、理论风浪谱、新型海浪数值预报模式的研究上取得了卓著的科研成就,并撰写了《海浪原理》《海浪理论与计算原理》等专著。他在海洋世界里以自己创造性的劳动,不断为物理海洋学增添新的内容,推动着中国海洋事业去占领世界物理海洋学最先进的前沿阵地。

20 世纪 50 年代初,文圣常主要从事海浪谱的研究工作。50 年代末,提出了“普遍风浪谱”和“涌浪谱”,开辟了研究的新途径。海浪谱是海洋学基础理论及工程、运输、国防等诸多应用中的核心问题,是近五十年来国际上一直极为活跃的研究领域。当时,国内尚未开展海浪研究,国际上虽然有两种盛行的方法研究海浪,但往往只限于海浪在充分成长的状态下的海浪频谱的内容,没有考虑海浪在成长过程中的谱型形式。在这种国际背景下,文圣常通过研究写成《普遍风浪谱及其应用》的论文,从能量平衡的观点出发,导出了可用以描述风浪成长全过程的普遍风浪谱。在涌浪的研究中,文圣常写成《涌浪谱》的论文。考虑到国际上盛行的斯韦尔德鲁普和蒙克的能量平衡或 P-N-J 的概念都是以半经验的方法来求得涌浪的波高和周期,且斯韦尔德鲁普—蒙克方法中以空气阻力来解释能量消耗的概念尚欠妥当,此外未虑及涡动的影响,该论文则基于涡动和绕射作用,提出涌浪谱的计算方法,同时还考虑到台风区是圆形的特点,提出了相应的计算方法。由于这两篇论文具有很高的学术价值,不仅刊发在《中国科学》杂志英文版,而且被译成俄文,在上世纪 60 年代初期著名海洋学家克雷洛夫编著的《海浪》论文集专著中全文刊出,并当即被国外权威人士编入“海浪研究国际进展总结”,促进了海洋研究发展。

20 世纪 60 年代中期,文圣常主要从事海浪预报方法研究工作。如果说文圣常的前期工作是偏重于海浪的基础理论研究,那么在 1965～1966 年期间,则主要侧重于考虑海浪理论的社会与经济效益。他将海浪中能量和谱结合起来付诸于实际应用,主持和领导了国家科委海洋组海浪预报方法研究组的技术工作。由于充分考虑我国海域的特点,该研究组提出的海浪计算方法在国内得到广泛的应用。70 年代后期,该组的研究成果被列入中华人民共和国交通部《港口工程技术规范》第二篇(水文)的第一册《海港水文》中。该规范于 1978 年出版,从而结束了长期以来我国在有关规范中依赖于苏联和美国方法的状况。1985 年,该成果获国家科技进步奖二等奖。

20 世纪 80 年代末,文圣常继续从事理论风浪谱的研究,使风浪谱的理论更臻完善。尽管文圣常在 50 年代末已提出了有相当特色的风浪谱理论,但直到 80 年代,国际上所采用的谱依然是通过观测和经验得到的。文圣常在谱形中引入了另一个参量，即尖度因子，推导出了理论形式的风浪频谱。这种谱既适用于深海，也可应用于浅水。鉴于所得出的谱与中国各海区的观测结果符合良好，且又与国外广泛引用的谱相当接近，而后者得自十分系统的北海观测结果和经验拟合，这样也就间接地支持了文圣常提出的理论风浪谱的可靠性。与国际上已提出的各种谱相比，文圣常所提出的风浪谱能够对风浪随风速、风时、风区、水域的变化进行较系统的描述，还可以利用有效的参量描述谱形，便于应用。这 创造性的理论研究业已在海洋水文环境和海浪预报方法中得到应用。这一理论风浪频谱是国际海浪谱形研究上的一个重大突破，引起了国际同行的高度重视和极大兴趣，被国际上称之为“文氏谱”。该项成果获 1990 年国家教委科技进步一等奖，1991 年国家自然科学四等奖。

20 世纪 80 年代末、90 年代初，花甲之年的文圣常又承担了国家“七五”“八五”等重点科技攻关项目，为第 76 项中核心课题的负责人，并承担其中“海浪数值预报方法”专题的技术工作。该专题针对国际海洋界盛行的所谓第三代模型中源函数和突出的经验性，以及波一波非线性作用计算费时太多的缺点，探索出一种更有效、更实用的混合型海浪数值预报模式。该模式不仅能使数值预报的精度得到基本保证，而且简便了计算，克服了在计算上费时过多的弱点。由于适合中国国情，该预报模式不仅被国家有关预报部门使用，而且与前苏联有关的海洋研究所合作，在远东海域推广应用，被日本著名海洋学家鸟羽称作“东方思想体系”。这一成果也获得了国家“七五”科技攻关重大成果奖、国家“八五”科技攻关重大成果奖、国家教委科技进步一等奖、国家科技进步三等奖，他本人也两次荣获“有突出贡献先进个人奖”，代表部分成果的有关论文已以英文发表于《海洋学报》。经国务院批准，文圣常自 1990 年 7 月起终生享受政府特殊津贴。1993 年当选中国科学院院士，成为中国海洋大学历史上首位院士。

20 世纪最后十年，联合国教科文组织提出了“国际减灾十年”的号召，正契合了他一直以来从中国海洋事业的实情出发，研究海洋灾害、造福人类的想法。尽管年逾古稀，他又义不容辞地承担起相关研究的重要课题，并亲自主持“灾害性海浪客观分析、四维同化和数值预报产品的研制”专题的研究工作。其成果现已在国家海洋环境预报中心应用于台风浪预报，并进入中央电视台灾害海浪预报，在防灾减灾中取得了重大的社会效益和经济效益。20 世纪 90 年代中后期，他又承担起“近岸带灾害性动力环境的数值模拟和优化评估技术研究”专题并亲自参与其相关子课题，提出了新的谱方法研究，该谱结构的可靠性、模式性能覆盖范围、改进的可行性、所需计算时间等方面都优于当前世界上盛行的第三代海浪模式。

除了课题的研究，文圣常还撰写了大量的论文和专著。其中 1962 年出版的《海浪原理》，是国内外出版的第一部海浪理论专著，被列入国际五大海浪巨著之一，而美国唯一的一本同类型专著则发表于 1964 年。1984 年出版的《海浪理论与计算原理》，也在促进我国海浪研究、培养海洋科学人才和在国民经济建设中的应用方面起了相当重要的作用。如果说,《海浪原理》一书的出版,是中国物理海洋学诞生的一个重要标志和中国海浪研究趋于成熟的里程碑的话,1984 年出版的《海浪理论与计算原理》就是中国物理海洋学走向世界,具有中国特色的物理海洋学已进入到一个崭新时期的又一个里程碑。该书系统地介绍了国际上截止到 80 年代初的海浪研究成果。在 500 余篇文献中,近 400 篇是 70 年代以后发表的。该书的出版是我国物理海洋学界的大事,它成为广为引用的一本专著,对促进我国海浪研究的发展、培养海洋科技人才和满足有关应用的需要等方面起了相当重要的作用,英、美、日、苏等国一些著名物理海洋学家均对该书给予了高度评价。1986 年,该成果获国家教委科技进步二等奖。

除海浪理论和应用研究之外,文圣常在海洋教育事业上也做出了卓越贡献。他以坚实的数力学基础和优秀的外语水平,在我国最早开设了高水平的海浪理论课程,填补了我国海洋学高等教育中一门主要课程的空白。自 50 年代初任教山东大学海洋系时,就讲授过波浪学、海浪工程等课程。他还编著了《海浪学》《液体波动原理》《图解与近似计算》《海洋近岸工程》等一系列具有我国特色的物理海洋学教材。在四十多年的教学生涯中,他注意言传身教,谆谆教诲学生时刻以实事求是的态度对待科学,为我国海洋科学界培养出了第一名博士。他所主持的物理海洋学科被列为全国重点学科,还被批准为博士后流动站。由他领导并长期工作过的物理海洋与海洋气象系、物理海洋研究所业已获得重大发展,除海浪外,在物理海洋学科的其他方面,诸如浅海动力学、风暴潮、水团和水温预报、海洋环境动力学、潮汐和海平面、中小尺度海气相互作用等学科研究上都处于国内先进地位。文圣常任山东海洋学院院长期间,在国际合作研究上取得了重要的成就。1987 年,美国海洋科学界相关的工作总结中指出,在与中国的国际合作中,与山东海洋学院的合作是最富成效的。

文圣常教授于 90 年代初从事难度更大的方向谱研究,在此项研究中,他以解析方法导出方向谱。现在他正继续致力于改进风浪频谱和方向谱的研究,并且已着手研制基于新的海浪方向谱的海浪预报全谱模型。该模式理论上可克服第三代模式的部分困难,而且能保证有较高预报精度。

文圣常教授虽已年过花甲,但每天仍勤奋地工作十多个小时。他的这种探索海洋的执著精神已然形成一种传统,一种力量,并且正在一代代地延续下去,成为年轻人学习的榜样。正如中国海洋大学校长管华诗院士曾说:“文先生是集科学精神与人文精神于一身的完美结合者。”

(秦丽媛)

海水鱼类养殖专家雷霁霖

雷霁霖（1935～　）1935 年 5 月出生于福建宁化，畲族。畲族，福建宁化人，著名海水鱼类养殖学家。1954 年考入山东大学生物系，师从著名生物学家童第周等学习胚胎学，1958 年毕业后到中国水产科学院黄海水产研究所工作至今。

雷霁霖

50 多年来，他坚持在科研生产第一线，系统研究了 22 种海水鱼类的增养殖理论与技术，是我国海水鱼类增养殖学科带头人、工厂化育苗和养殖产业化的主要奠基人。1992 年，首先从英国引进冷温型良种大菱鲆，育苗技术达国际先进水平，创建了“温室大棚＋深井海水”工厂化养殖模式，掀起了中国海水养殖业的第四次产业浪潮，产生了巨大的经济和社会效益。1997 年“渤海渔业增殖技术研究”获国家科技进步二等奖，2001 年“大菱鲆的引种和育苗生产技术研究”获国家科技进步二等奖。2002 年，获杜邦科技创新奖。

青少年时期雷霁霖，19 岁以前没见过火车，没见过轮船。对于世界的认知除了连绵的大山、郁郁葱葱的绿树，还有各种各样的小动物，还是这些。这就让他对大自然充满了好奇和兴趣。在高二暑假那年，是雷霁霖生平第一次看电影，也就是这次电影改变了他的命运，这是一部反映社会主义国家的少年儿童在青岛举行夏令营的新闻纪录片。片中不同肤色的小朋友在信号山公园尽情玩耍，德国总督府的建筑外观就像童话里的城堡。第一次从屏幕上看到大海的雷霁霖，就被青岛那美丽的海滨风光深深吸引。那时候他开始下定决心，一定要到海边去，到青岛去，青岛在他的心中已经成了海的代名词。高考填报志愿时，当时位于青岛的山东大学就成为他报考的首选。

1954 年，19 岁的畲族少年雷霁霖收到了遥远的山东大学寄来的录取通知书，通知他已被山大生物系动物胚胎学专业录取，这个消息让雷霁霖既兴奋又发愁——兴奋的是自己追求已久的目标终于实现了；愁的是，从小生长在山村的他根本不知道如何才能到达遥远的山东。最终，他挑着自己的衣服铺盖，光着脚板走了三天三夜，才见到一个城市，然后不知所措地坐上火车，经过全程七天七夜的长途跋涉来到山东大学。回忆起年少北上求学的经历，雷霁霖至今还保留着当年心潮澎湃的感觉。“海的吸引力太大了，简直让我无法抗拒。山里住惯的孩子，突然发觉，海让世界变大了。”

带着对海的痴迷，雷霁霖师从著名生物学家童第周教授，在动物胚胎学领域里度过了四年大学生活。老师严谨的科学态度深深影响了年轻的雷霁霖，也唤起他对海洋动物的浓厚兴趣。大三那年，山东大学与苏联专家合作，在中国水产科学研究院黄海水产研究所搞鱼的胚胎发育研究，雷霁霖被选中参与这个课题实验。1958年毕业后，他就顺理成章地留在研究所工作，从此一头扎进五彩缤纷的鱼的世界里，这一扎就是48年。

近半个世纪，雷霁霖一直以工业化理念为指导，引领海水鱼类养殖产业发展新潮流。主持完成30多项国家重大科研项目，系统研究了22种海水鱼类增养殖理论与技术，其中8种已实现产业化。20世纪60～80年代，首先突破梭鱼等十多种鱼类的育苗工艺，相继构建起工厂化育苗的技术体系；90年代初，担任首席专家，主持“中日合作”和“八五攻关”项目，创建了达国际先进水平的真鲷工厂化育苗新体系和新工艺，率先在国内开辟海水鱼类人工苗种大规模放流增殖技术。1997年“渤海渔业增养殖技术研究”项目获国家科技进步二等奖。1992年，首先从英国引进冷温性鱼类良种—大菱鲆，自力更生、自主创新突破工厂化育苗关键技术，构建起“温室大棚＋深井海水”工厂化养殖模式，开创了大菱鲆工厂化养殖大产业，年产量达5万多吨，年总产值逾40亿元，产生了巨大的经济和社会效益，为我国第四次海水养殖产业化浪潮的兴起和“三农”经济的发展做出了重要贡献，而被誉为“中国大菱鲆之父”。

2005年当选为中国工程院院士。

雷霁霖院士治学严谨、学风正派，勇于创新、事业心和责任感强，对我国的水产科技和产业发展做出了重大贡献，是享受国务院特殊津贴的生物学家。2010年6月8日，雷霁霖院士担任大连海洋大学双聘院士和农业部海洋水产增养殖学重点开放实验室学术委员会主任。

（王玉国）

陪毛泽东横渡长江的谢朝仁

谢朝仁(1936年～　),广西壮族自治区横县人,1957年毕业于武汉体育学院游泳专业,任教于山东工学院(山东工业大学前身)体育教研室,从事体育教学、科研工作,历任讲师、副教授、教授,竞技游泳国家级裁判。谢先生爱岗敬业、教书育人,安贫乐道于“游泳池水净化技术研究应用”。近40年,与山东大学化工学院施来顺教授成功研制出“二氧化氯混合高效杀菌消毒剂生产工艺及应用技术研究”等十多项科研成果,取得五项发明专利,填补国内游泳池水净化科技空白,多项达国际先进水平。在六七十年代教学与训练中,他坚持理论先导、实践检验模式,长期担任竞技游泳裁判工作,兼任中国泳协裁委会委员、山东省泳协常委兼裁委会主任;中国大学生游泳协会第一届常委、科技委员会主任;山东省体育理论学会常务理事、高等院校体育专家组成员;发表科研论文与文章30余篇;被评为山东大学“七五”“八五”科技先进工作者。

一、水乡里走出的“旱鸭子”

1936年,谢朝仁出生于广西横县附近的一个小村子。1950年,他考上了横县中学,正是外出读书的机会,让谢朝仁有了接触游泳的机会,这也为他将来的游泳生涯打下了坚实的基础。虽然没有接触过专业的训练,也没有跟别人学过,但是谢朝仁却对游泳有着特殊的天赋。“没人教我,我自己在水里扑腾着玩,时间长了就学会了,可以毫不客气地说,我学游泳是无师自通。”

据谢朝仁回忆,当时自己对于游泳非常地痴迷,几乎一天不下水就觉得不舒服。“广西那边冬天也比较暖和,所以我冬天也去游泳,一年四季都会去游,跟同学一起比赛,潜水,捉鱼。”谢朝仁的学习成绩不错,加上喜欢游泳,因此在他毕业时,考上了武汉体育学院,而这也改变了他的一生。

二、为毛主席横渡长江当导游

1955年,18岁的谢朝仁进入了武汉体院学习,从没有进行过任何体育训练的他,从入学伊始就决定将游泳定为自己的科目。“那时候的大学很特别,没有什么专业区分，只要你喜欢就可以去参加。”谢朝仁很快在专业教练的指导下学会了各种游泳技术，并且在武汉体院的游泳圈子里有了点“小名气”。

1956年5月前后，谢朝仁忽然接到了学院领导的通知，要求他和其他九位擅长游泳的同学一起，去接受一个“光荣的任务”。谢朝仁回忆说：“去之前也没说干什么，只是要我们过去，等我们到了之后发现，接待我们的是一批解放军战士。”

“我们当时的任务就是游泳，游过长江，每个人之间都不会做什么交流，各自按照指定的路线来游，每个人后面都会跟着一艘皮艇，一旦出现意外就可以向他们求助。”“我们一边游，一边跟皮艇上的解放军同志说，哪里有暗流，哪里有漩涡。”

据谢朝仁回忆，他在游完长江后，又跟其他的同学被送到汉口八一饭店封闭休息后才知道，他们是在给毛主席做“导游”，毕竟当时毛主席横渡长江是件大事，他们要提前为他选定一条安全的横渡路线。在得知自己做了毛主席的“导游”后，谢朝仁和同学们都很激动，“我们都觉得很光荣，能够为主席探路”。毛主席畅游长江后发出了“支援解放台湾横渡长江竞赛”的号召，谢朝仁当时积极响应，并获得了“支援解放台湾横渡长江竞赛奖章”。也是在这一年，谢朝仁开始尝试着用冷水洗澡，“毛主席曾经说过，‘欲文明其精神，先自野蛮其体魄’，洗冷水浴就是对身体的一种很好的锻炼”。

三、陪陈毅元帅畅游卧虎山

在谢朝仁的家里，珍藏着一张珍贵的照片，照片拍摄于1964年的济南市卧虎山水库，里面记录的是谢朝仁年轻时陪陈毅元帅畅游卧虎山水库的故事。

“那是1964年陈毅元帅来济南视察的时候，要去卧虎山水库游泳，当时我就被选中去陪陈毅元帅一起游泳。”谢朝仁说，自己当时特别紧张，因为在他的印象里，陈毅元帅应该是一位征战沙场的大将军，很可能“不太好说话”，但是没想到的是，现实中的陈老总却是一个平易近人的老者。“一口地道的四川话，跟我们开玩笑，是一个没有架子的领导。”谢朝仁至今还记得陈毅元帅跟自己开的玩笑，“当时陈老总一听我说话，就说：‘你是老广吧？你们都来自五湖四海吧？我就喜欢五湖四海的朋友。’”这句玩笑也让谢朝仁的紧张心情得到了放松。

在谢朝仁的印象里，下了水的陈老总就像个孩子一样，“当时陈老总还问我说‘你知不知道在水库里游泳，哪里最危险？’我说不知道。陈老总说，‘泄洪道最危险，你可别过去’。”在游泳期间，陈老总还不断地对身边的人说：“你们要是累了，就去小艇上休息一下。”“说真的，当时我们来陪老总游泳的人都很激动，一点也不觉得累，陪着陈老总游了一个多小时。”谢朝仁说，在陈老总游兴正浓的时候，还和他开了个小玩笑。

“当时陈老总问我，能不能在水里把他举起来，我说试试看。其实那根本不可能，于是陈老总就笑着跟我说，你还得继续努力啊！”也是在这个时候，摄影师拍下了谢朝仁和陈老总的照片。“现在我年纪也大了，看看照片，还觉得陈老总的话仿佛是昨天说的。”

四、泉城冬泳第一人

1957年秋，在武汉体院毕业的谢朝仁，被分配到了济南的山东工学院(原山东工业大学)。“那时候济南还没有正式的游泳场馆呢，所以我没事儿就去黑虎泉游泳，当时黑虎泉的琵琶桥下就成了我游泳的固定场所，只要我有空，就一定要去那里游泳。”

随着天气的逐渐转冷，游泳的人也渐渐少了，但是谢朝仁却依然每天早上起来就往黑虎泉跑，“去那里游泳特别舒服，而且我已经养成了习惯，不游泳就不舒服”。但是在大冬天里跑到黑虎泉游泳的谢朝仁，却成了路人议论的疯子。

“那时候济南还真没有人冬泳，我每次去游泳，岸上就一帮人在看着，议论着，有的甚至觉得我精神有问题。”谢朝仁说，自己的“冬泳”习惯不但被路人看成是“疯子”，连自己的家人也反对。“我的岳母是最反对我冬泳的，她甚至跟我说过，早知道我有这个‘爱好’，绝对不会让女儿嫁给我。”而谢朝仁岳母反对冬泳的原因是，担心女婿因此患上关节炎或者是风湿病，“其实这都是误解，冬泳对于人的精神和身体都是一种很好的锻炼，只要你做足了准备活动，是不会出现什么问题的”。就这样，谢朝仁开始坚持冬泳，几乎从没有间断过。谢朝仁的冬泳习惯渐渐地吸引了一批同样的游泳爱好者。“最初是我跟我同事一起，后来冬泳的人渐渐多了，人们开始重新认识冬泳这个活动。”于是，谢朝仁的冬泳圈子开始不断地扩大，从最初的一两个人，变成了三四个人，五六个人。

“人越来越多，后来到了80年代初，我们干脆就成立了一个冬泳协会，组织人们一起冬泳。”谢朝仁说，“当时来冬泳的人很多，有的是从山大老校(现洪家楼附近)跑过来的，有从泺口过来的，几乎每个冬天的清晨，这些人都会早早的赶到我们冬泳的地方，大家一起说说笑笑的做做准备活动，然后下水游泳。”

“我一直觉得，冬泳就是一种双重的锻炼，既锻炼你的意志，又磨砺你的肉体。”谢朝仁说，每到冬天都要从暖暖的被窝里爬出来，再进入寒冷的水中游泳，这是最考验毅力的时候：“那时候也没什么暖气，大家都想睡在被窝里，但是你必须起来，如果你战胜不了你自己，又怎么可能带着别人去冬泳呢?”

五、泳池里的水处理专家

在济南卧虎山水库陪陈毅元帅畅游后，谢朝仁倡导全校师生员工游泳，学校适时发动学生勤工俭学建游泳池，1966年落成。因为泳池几天不换水，水体就变质污染，但天天换水，成本高得无法维持。如何保持池水清洁——他简直到了昼思夜想的程度。他出于一种原始的解决池水去污、还原清洁的设想，结合教学、科研选课题，查阅资料，久“泡”图书馆，钻研生物化学零零碎碎的知识理论、求教行家实验。“十年动乱”最难过的日子仍痴心不改——哪怕再艰难，他横下心发誓“这条水之路走它一辈子”！

1979年的春天是谢朝仁走“水路”创业里程碑的日子。他十几年的漫漫研发，最终搞成了非循环过滤游泳池水处理技术，成功应用在游泳池，水不必更换，水质却不坏。这一科技成果获山东省“优秀科技成果奖”。淡泊名利是他的心性，几十年中他有多项科研成果转化为生产力，可以生财，但他不索不求！他和山东大学化工学院教授施来顺研制的“负压暴气二氧化氯生产应用技术”，在工业水处理中显示极佳的消毒杀菌、抑制藻类的环卫效果，填补了国际空白，1994年被批准为国家专利。

谢朝仁有自己的价值观：“从给领袖陪泳结下了水缘，我永远是教师、游泳教练、裁判，绝不让钱财玷污了自己的水缘。”谢朝仁的人生格言最先传给子女，政治上不搞投机，经济上不贪便宜，生活上不搞攀比，工作上不惜气力。面对市场物欲大潮，手握多项科研成果的游泳高手谢朝仁说：“我只浇好水就行，从不数树上的果子。”

（袁淑娟）

妇产科专家江森

江 森

江森(1921～2011),江苏南通人,字治林,著名妇产科学家、医学教育家,山东大学医学院教授、博士生导师,《现代妇产科进展》杂志主编,山东大学齐鲁医院原妇产科主任。

1948年,江森毕业于东南医学院(安徽医科大学前身),获医学学士学位,毕业后在江阴吴兴福音医院工作。1949年10月,响应中共华东局"面向农村、迁往内地支援山东医疗卫生建设"的号召,赴山东济南的华东白求恩医学院国际和平医院(山东省立医院前身)任妇产科医师。1952年9月院系调整,调往山东医学院附属医院妇产科工作。1958年始,历任妇产科代副主任、副主任、主任,山东大学(原山东医学院和山东医科大学)副教授、教授。

江森教授执掌山东大学齐鲁医院妇产科半个多世纪,在妇产科学领域诸多方向卓有建树,是我国妇产科学界的一代宗师大医,享誉全国。江森教授治学严谨,学术造诣颇深,20世纪50年代初提出妊娠中毒症疾病命名和分类商榷,80年代提出妊娠高血压综合征命名和分类以及剖宫产命名,为国家医学名词审定做了大量工作。江森教授手术精湛,风格大气,一生开创了多种妇产科手术术式,在尿瘘修补、生殖道畸形矫正手术、外阴癌根治术和剖宫产术式方面独具风格,腹膜外淋巴结清扫和髂内动脉结扎的子宫颈癌根治术术式更具特色。七八十年代受国家卫生部委托,主持举办多次子宫颈癌根治术全国学习班,并在大江南北全国各地手术示范表演,将山东经验推向全国,在妇产科学界产生重大影响。江森教授临床经验丰富,一生笔耕不辍,著作等身,发表述评、论著200余篇,先后主编或参编《妇科手术学》《实用妇科学》《实用产科学》《新编实用妇科学》《常见妇产科疾病》《子宫脱垂与尿瘘》《女性节育手术学》《实用妇产科学》《妇科肿瘤学》《妇产科感染性疾病》等著作，其中《实用妇科学》《实用产科学》是"文革"结束后我国最早期的妇产科学权威专著，是七八十年代全国妇产科医生的必读专业书，深受广大妇产科医生的欢迎，获得 1978 年全国科学大会一等奖。20 世纪 80 年代中期，江森教授创立了我国首批妇产科学博士学位授权点，引领本学科成为全国著名妇产科临床医疗、教学和科研中心。

江森教授热爱祖国，热爱人民，一生经历坎坷，是经历新旧两个时代爱国知识分子的杰出代表。解放初期，一个江南才俊放弃南方生活，响应党的号召，毅然来到山东，为初期的山东妇产科发展发挥了重要作用。"文革"中信念坚定，苦练医术，积累了丰富临床经验，为日后大展才华奠定了坚实基础。"文革"结束后江森教授焕发了青春，事业如日中天，活跃在全国妇产科学界，先后当选山东医学会妇产科分会副主任委员、主任委员，中国抗癌协会子宫颈癌手术治疗学组组长，中华医学会妇产科学会副主任委员，任《中华妇产科杂志》副总编，《现代妇产科进展》主编，《国外医学妇产科分册》副主编，《实用妇产科杂志》副主编，《中国实用妇科与产科杂志》副主编，国家医学名词妇产科学名词审定组长等学术要职，成为全国妇产科学术团体和学术期刊主要学术领导人，为妇产科疾病特别是妇科肿瘤的规范化诊治推广做了卓越贡献。

江森教授学术思想活跃，善于把握学科前沿，紧密追踪妇产科学术发展动态，在妇产科领域开展了多个方向的科学研究。20 世纪 70 年代，开展子宫颈癌髂内动脉灌注化疗研究和计划生育适用技术研究；80 年代中期，率领开展脐带血穿刺产前诊断研究和外阴癌治疗技术研究；80 年代末期，开展卵巢癌的早期诊断和综合治疗技术研究。先后获得卫生部科技进步奖 2 项，中国高校科技进步奖 2 项，山东省科技进步奖 7 项，并受到卫生部、国家计划生育委员会、教育部等多项工作表彰。获得"春华秋实"冶金牌奖、中国妇科肿瘤特殊贡献奖。

江森教授知识渊博，学贯中西，通晓四国语言。他在高考恢复后为全国高等医药院校规划教材《妇产科学》第一到四版的编写倾注了大量心血。他热爱临床教学，注重人才培养，始终坚持为医学生授课，教书育人，循循善诱，诲人不倦，桃李满天下。江森教授培养毕业博士和硕士研究生 60 多人，指导来自全国各地的进修医师数千人。他注重"传、帮、带"，不仅为本学科培养造就了实力雄厚的学科梯队，也为我国卫生事业培养输送了大批妇产科专业人才，其中许多人已成为全国各地妇产科的领军人物。

江森教授注重学术交流，倡导学术争鸣。年近 70 岁创办和主编《现代妇产科进展》杂志，晚年办好一本杂志成了他的最大心愿。他按照"广求教，慎审校，不骄傲"的办刊方针，发扬学术民主，尊重评委意见，严把学术质量关，对于每篇稿件字斟句酌，终审终校。在他的卓越领导下，本杂志先后被评为山东省优秀期刊、山东省十佳期刊和华东地区优秀期刊，被收录于中国科技论文统计源期刊（中国科技核心期刊）、中国医学核心期刊（中国医学科学院医学情报信息研究所）、中文核心期刊·妇产科学类《中文核心期刊要目总览》，成为我国妇产科学界具有重要影响力的学术期刊。江森教授领导本杂志编委会和编辑部举办了十余次现代妇产科进展学术会议，推动了全国妇产科的学术交流与进步。

江森教授德高望重，大师风范，他与苏应宽教授的合作堪称学界楷模，共同铸就了山东妇产科的辉煌历史，被誉为全国妇产科学界在山东的两面旗帜。江森教授谦虚治学，以诚待人，宽厚为怀，具有独特的人格魅力和大侠之气，与全国妇产科学界许多大师名医友谊甚笃。对待同事，他宽以待人，甘为人梯，将医术毫不保留地传承他人。对待学生，既是严师，又如慈父，为国家培育了大量人才。对待患者，关爱是他开出的第一张处方，他用精湛的医术挽救了无数妇产科患者的生命，治愈的患者遍布祖国各地，赢得了广大群众的衷心爱戴。

江森教授的杰出业绩和重大成就受到了党和政府的充分肯定，1977 年和 1980 年他先后当选第四、五届山东省政协委员，1983 年被评为首届山东省卫生系统劳动模范并获山东省专业技术拔尖人才称号、享受国务院颁发的政府特殊津贴，1986 年再次当选山东省卫生系统劳动模范，并被授予全国卫生系统先进工作者光荣称号，在人民大会堂受到党和国家主要领导人的亲切接见。1988 年被评为卫生部有突出贡献的专家、国家级有突出贡献的专家，2000 年被授予山东大学齐鲁医院著名专家称号。“创齐鲁妇产大业，拓道、奠基、著书、办刊、育桃李，视学如子，谆谆不厌倦，倾六秩碧血，杏林颂千秋风范；谋母婴健康宏图，革故、鼎新、救死、扶伤、惠含灵，待患似亲，兢兢无悔怨，剖一片丹心，人间称无量功德”是江森教授一生的真实写照。从医执教六十余载，勤奋执著，刻苦敬业，殚精竭虑，鞠躬尽瘁，奋斗到生命的最后一息。他把毕生的精力献给了他所热爱的妇产科专业，为祖国的医疗卫生和医学教育事业做出了不可磨灭的贡献。他的医术、他的学识、他的人格精神，在中国妇产科界树起了一座永远的丰碑。

（《现代妇产科进展》编辑部）

邓从豪与配位场理论

邓从豪(1920～1998),江西临川人。著名理论化学家、教育家。1993年当选中国科学院学部委员(院士)。1982年获国家自然科学一等奖,1998年获国家自然科学三等奖。曾任山东大学校长,山东省人大常委会常务委员,山东省激光学会理事长,中国化学学会理事等职。荣获山东省劳动模范,全国高等学校先进科技工作者及全国先进工作者称号。

邓从豪

邓从豪出生在一个贫苦农民家庭。1929年邓从豪入本村小学读书。小学毕业后,邓从豪以全校第一名的成绩考取了南昌一中,并且是这所中学的尖子生。

1941年,从南昌一中毕业,受化学老师邹时琪先生的影响,邓从豪报考了厦门大学化学系和南昌中正大学化工系。

在厦门大学期间,很多老师的为人处世和治学精神给了邓从豪以重要影响,最突出的是傅鹰教授。傅先生在他的《普通化学》讲义中列出了一些公式,并写道:“这些公式可由量子力学理论推导出来。”这令邓从豪感受到了量子理论的奥妙和神奇,并由此萌生了学习和研究理论化学(尽管当时还没有理论化学这一名词)的念头。傅先生还教授物理化学,并且说,“要学好物理化学,必须要打好数学和物理学的基础”。傅先生的话给了邓从豪重要启发,他除了以各门功课全优的成绩修完了化学系外,还选修了数理系的几乎全部课程,令老师和同学们无不称奇。

1945年夏天,邓从豪从厦门大学毕业,先是受聘于爱国华侨陈嘉庚先生创办的集美学校,教授高中部的数学与化学。在集美学校工作了一年半之后,受郭庆棻教授之邀,邓从豪应聘来到南昌中正大学化工系,担任了郭教授的助教。

1948年冬天,受著名化学家刘椽教授的邀请,邓从豪来到了位于美丽海滨城市青岛的山东大学化学系,并在孔孟之乡——齐鲁大地奉献了他的一生。

在邓从豪的人生旅途上,遇到唐敖庆教授是一个重大转折,可以说,是唐敖庆教授把邓从豪引进了理论化学的研究领域。邓从豪回忆说:"1952 年,我在《化学学报》上读到了唐老师的两篇论文'分子内旋转'和'橡胶的弹性',很感兴趣,就试着给唐老师写信求教,并请他寄这两篇论文的油印本以仔细研读。很快就收到了唐老师寄的油印本,他还在附信中给予了热情的鼓励,使我内心充满了感激。"这年夏天的暑假,高等教育部在青岛举办"物质结构教师进修班",唐敖庆教授在进修班上系统地讲授了一门课,邓从豪作为山东大学重点培养的青年教师,参加了进修班。1953 年 11 月到 1954 年 5 月,邓从豪到吉林大学跟随唐敖庆教授进修了半年,不仅进一步学习了唐先生的治学经验,而且选择了自己的研究课题——"化学键的量子理论"。为了培养中国的高端理论化学教学和科研队伍,高等教育部委托唐敖庆教授在吉林大学举办"物质结构学术研讨班",时间是从 1963 年 10 月～1966 年 1 月,讨论班成员从全国高等学校中选拔,共计八人,这就是理论化学学术界常称的"唐敖庆研究集体八大员",邓从豪成了"八大员"之一。在这个讨论班上,唐敖庆教授主讲了"量子化学"和"群论"两门重要基础理论课程,并选择了"配位场理论计算"作为集体研究课题。邓从豪在这项研究中做出了开创性的贡献。此后,邓从豪在量子化学基础理论和分子反应动力学两个领域都取得了卓越的成就,成为蜚声中外的著名理论化学家。

邓从豪从 1950 年代初开始进行量子化学基础理论及分子反应动力学研究。1957 年发表的《一个双原子分子势函数》被称为"邓势",并被选入徐光宪先生编著的《物质结构》教科书;1978 年发表了论文《化学反应速率的量子理论》,该论文放弃了艾林过渡态理论中关于化学平衡的假设,用严格的量子场论方法导出了新的反应速率常数计算公式,并用"过渡态与产物态相互作用的矩阵元"成功地证明了伍德沃德－霍夫曼轨道对称性守恒原理;1994 年,发表了《反应散射的 LCAC-SW 方法》,通过分析量子化学的 LCAO-MO 与反应散射波函数的异同,提出了用代数方程组来求解反应几率的新方法。1963 年 10 月～1966 年 1 月,作为唐敖庆研究集体的主要成员,邓从豪执笔写出了《配位势场的理论研究(I)——正八面体场的 dn 组态的理论分析》。该文的核心内容即邓从豪提出的"三维旋转群－点群耦合系数",用以沟通了点群和连续群,为配位场理论建立完整的不可约张量方法铺平了道路。1966 年 8 月,在北京召开暑期国际理论物理学学术会议,唐敖庆研究集体的《配位场理论研究》论文在会上进行交流,并被评为"大会十项优秀学术成果"之一。大会给予该项成果以高度评价说,中国科学家的《配位场理论研究》"丰富和发展了配位场理论,为发展化学工业催化剂和受激发射等科学技术提供了新的理论依据"。经过唐敖庆研究集体其他成员的进一步发展,这项成果于 1982 年获国家自然科学一等奖,以这项成果为主要内容的专著《配位场理论方法》(科学出版社

1980 年版)同年获得中国自然科学书籍一等奖。值得指出的是,在配位场理论中,应用群链不可约表示将能谱分类,并用耦合系数进行不可约张量计算,中国科学家比国外早了近十年。1970 年代末,开始探索电子相关问题,并在 1992 年取得了突破性进展,即在超球坐标下实现了多电子体系薛定谔方程的直接求解,为深刻理解与电子相关的化学物理学问题奠定了基础。徐光宪院士在为《邓从豪科学论文选集》写的“序”中对此作出了高度评价,说“邓从豪的电子相关研究开辟了严格求解多体体系的新途径,为深入分析与电子相关有联系的化学、物理等问题提供了可能性”。此项成果获得了国家教委科学技术进步一等奖(1997 年)和国家自然科学三等奖(1998 年)。

邓从豪能够在理论化学领域取得饮誉四海的成就,有两个重要原因:其一是天才加勤奋,如古人云“勤览经典,以自新益”;其二是师从名家,奋斗不息,求学终身。他的聪慧天资自不用说,一个化学系的学生能够同时把数理系的课程消而化之绝非常人所能为,而他的勤奋却更值得我们每一个人学习。邓从豪从不消闲享受寒暑假及节日,是真正实践了“用别人喝咖啡的时间来读书学习”的人。山东大学的老同志都清晰地记得,不论寒冬还是炎夏,在深夜之际都能看到邓从豪书房的灯光。即使是在“文化大革命”中全国淹没在“红色革命”的狂潮中时,他都不曾中断读书、学习和研究。山大化学系上了年纪的老师都知道这样一个真实的故事:邓从豪在图书馆里查阅资料,由于太过专注,下班时间到了却浑然不觉,也未曾听到管理员询问的声音,以至被反锁到了里面,只好忍受饥饿等到家人来找,然后再去找图书管理员来开门。有时为了寻求清静的学习环境,他请图书管理员把自己反锁在资料室里。新年春节也仍孜孜不倦地工作,从不休闲。更让人感动乃至终生难忘的是,年近八旬的邓先生在病重住院期间,仍在病榻上推演公式,试图更好地用超球坐标直接解出分子的本征解问题。1998 年 1 月 16 日,也就是在邓从豪生命的最后一天,理论化学所的负责人去给他汇报年终工作总结时,发现他正在床上查阅一本英文版的《群论》。

邓从豪能够取得杰出的学术成就,还在于他高瞻远瞩,勇攀高峰,不惧寂寞,不怕坐冷板凳。他说,科学研究要抓关键且影响大局乃至全局的问题,可能很难,但要能够耐得住寂寞,敢啃硬骨头,“咬定青山不放松”。他进而说,不能逮住木板子薄的地方钻窟窿,要敢于钻厚木板甚至是铁板。他是这样说的也是这样做的,他晚年取得卓越成果的电子相关理论、量子散射理论等课题都是很难但是能影响全局的问题。联想到时下社会风气浮躁,学风不严谨,急功近利甚至弄虚作假等不正之风,真令人痛心疾首。

邓从豪一生清正廉洁,有口皆碑。自 1956 年起他曾先后担任化学系主任、光学系主任,山东大学副校长、校长。他一身正气,两袖清风,同事们都一致评价他责任心强,出以公心,从不贪公家一墨一纸。

邓从豪是一位宽厚仁慈，平易近人的长辈。1996 年夏，邓先生的病情已经相当严重。但当他的学生葛广路赴美留学，前来家中辞行之时，邓先生热情接待且坚持将他送出门外，小葛是含着眼泪离去的，邓先生却在楼门口注视着小葛直到他走远才返身家中。邓先生逝世后，小葛谈及此事之时泣不成声。1981 年，学生武鹏光因家贫无盘缠，无法赴北京参加留美学生选拔考试，邓先生得知此事后，将 50 元钱托带队的奚正楷老师转交小武，让小武万不可误了这次机会，并嘱咐莫要声张。直至 1999 年 1 月，在邓老师逝世一周年纪念会上，时任济南大学校长的奚正楷教授才公开此事。如此类之事，邓老师毕生所做很多。

邓从豪任教山大的数十年中，邀请了许多国外学者前来讲学。受邀之人，不唯名气，却重水平。例如，1992 年，纽约大学助理教授张增辉尚未成名，但当邓从豪注意到了他在 S—矩阵变分法方面的出色研究后，不仅在《化学物理学报》撰文推介他的工作，而且诚邀其来山大访问讲学。后来，获得了美国总统科学奖的张增辉教授深情地回忆了当年的情形。他说道：邓先生是我尊敬的长辈，他成就非凡，享誉中外，学识渊博，明德惟馨。我比邓先生小 40 多岁，但他平等待我，还邀我去他家中促膝长谈。邓先生平易近人，宽厚仁和，确有长者之风。

邓从豪从 1963 年开始招收研究生，“文革”结束恢复研究生招生制度后，他是中国首批博士生导师之一，30 多名研究生在他的指导下获得硕士或博士学位，他们大都成为中国理论化学基础研究的生力军。邓从豪教书育人循循善诱，诲人不倦，先后开设了 20 余门大学生和研究生课程，讲课特点是侧重推理，逻辑严密，内容新颖先进。他记忆力惊人，授课不用讲稿，总是适时而恰当地介绍国内外同行及他本人的最新研究成果，使听者得以较快地进入本学科的前沿。他每周都组织学术讨论会，自由讨论，发扬民主，开阔视野，增长识见，及时发现问题，找出解决问题的方法。他鼓励属下出国进修或参加国际学术会议，还经常邀请国内外科学家来山大讲学，及时了解理论化学前沿及发展动向。他的治学理念和授课风格影响了一代人。

（蔡政亭　冯大诚　刘成卜）

潘承洞与哥德巴赫猜想研究

一、哥德巴赫猜想

右起潘承洞、陈景润、王元

数学王子高斯(C. F. Gauss)有一句名言:“数学是科学的女王”;他又讲“数论是数学的王冠”。正如他所说,数论在数学中一直处于醒目的地位。俄国数学家辛钦(A. Ya. Shinchin)曾经评论说,哥德巴赫猜想是数学王冠上的一颗明珠。

哥德巴赫(C. Goldbach)并不是职业数学家,而是一个喜欢研究数学的富家子弟。他于1690年生于德国哥尼斯堡,受过很好的教育。哥德巴赫喜欢到处旅游,结交数学家,然后跟他们通讯。1742年,他在给好友欧拉的一封信里陈述了他著名的猜想——哥德巴赫猜想。欧拉在回信中说,他相信这个猜想是正确的,虽然他不能给出证明。

用当代语言来叙述,哥德巴赫猜想有两个内容,第一部分叫做奇数的猜想,第二部分叫做偶数的猜想。奇数的猜想指出,任何一个大于等于7的奇数都是三个素数的和。偶数的猜想是说,大于等于4的偶数一定是两个素数的和。

二、奇数的哥德巴赫猜想

相对来讲,奇数的猜想比较容易,因为它是偶数的猜想的推论。如果每个大偶数都能写成两个素数之和,那么我们就能够证明任何大奇数都是三个素数之和,因为任何奇数减去3都是一个偶数。

关于哥德巴赫猜想的研究，历史上第一个重要文献是哈代(G. H. Hardy)和李特伍德(J. E. Littlewood)1921年的伟大论文，在这篇长达70页的文章里，他们提出了圆法。哈代在英国皇家学会演讲时说："我和李特伍德的工作是历史上第一次严肃地研究哥德巴赫猜想。"虽然此前很多有名的数学家都研究过这个猜想，甚至有人宣布证明了猜想。然而，哈代和李特伍德对奇数猜想的证明依赖于一个条件——广义黎曼(B. Riemann)猜想——这个猜想到现在也未被证明。在英国人看来，哈代重振了牛顿(I. Newton)以后的英国分析。

1937年，俄国数学家维诺格拉多夫(I. M. Vinogradov)无条件地基本证明了奇数的哥德巴赫猜想。维诺格拉多夫定理指出，任何充分大的奇数都能写成三个素数之和。也就是说，在数轴上取一个大数，从这个数往后看，哥德巴赫猜想都对；在这个数前面的奇数，需要用手或计算机来验证。然而，至今计算机还未能触及那个大数。

维诺格拉多夫的证明发表之后，又出现了几个新证明。这些证明既简洁，又提供了完全不同的方法。在这些新证明中，有三个特别应该强调的：一个是俄国数学家林尼克(Yu. V. Linnik)的，再一个是潘承彪先生的；还有英国数学家沃恩(R. C. Vaughan)的。在相当长的一个阶段内，人们认为林尼克是离哥德巴赫猜想很近的人，他对哥德巴赫猜想进行了深入的研究。与此同时，他还是一个很好的数理统计学家。

三、偶数哥德巴赫猜想

很遗憾，偶数的哥德巴赫猜想到现在都没有得到证明。但是，数学家们从各个方向逼近这个猜想，并且取得了辉煌的成就。研究偶数的哥德巴赫猜想主要有四个途径，其中几乎每个途径都有潘承洞的工作。这四个途径分别是：殆素数，例外集合，小变量的三素数定理，以及几乎哥德巴赫问题。

途径一：殆素数

殆素数就是素因子个数不多的正整数。现设N是偶数，虽然现在不能证明N是两个素数之和，但是可以证明它能够写成两个殆素数的和，即N=A+B，其中A和B的素因子个数都不太多，譬如说素因子个数不超过10。现在用"a+b"来表示如下命题：每个大偶数N都可表为A+B，其中A和B的素因子个数分别不超过a和b。显然，哥德巴赫猜想就可以写成"1+1"。在这一方向上的进展都是用所谓的筛法得到的。

1920年，布朗(V. Brun)首先取得突破性的进展，证明了命题"9+9"。后续进展如下：哈德马赫(H. Rademacher)，1924，"7+7"；艾斯特曼(T. Estermann)，1932，"6+6"；里奇(G. Ricci)，1937，"5+7"；布赫施塔伯(A. A. Buchstab)，1938，"5+5"；布赫施塔伯，1940，"4+4"；库恩(P. Kuhn)，1941，a+b小于或等于6。

1950 年,菲尔兹奖得主塞尔伯格(A. Selberg)改进了筛法。王元先生 1956 年证明了“3+4”。另一个俄国数学家阿·依·维诺格拉多夫(A. I. V inogradov)1957 年证明了“3+3”,王元先生 1957 年进一步证明了“2+3”。

上述结果有一个共同的特点,就是 a 和 b 中没有一个是 1,即 A 和 B 没有一个是素数。所以,要是能证明 a=1,再改进 b,那就是一件更了不起的工作。林尼克 1941 年提出来的大筛法使得这项工作成为可能。后来,林尼克的学生、匈牙利数学家兰易(A. Rényi)深入地研究了大筛法,并在 1948 年证明了命题“1+b”。用王元先生的话说,这个 b 是个天文数字。当时,没有人知道 b 究竟有多大。这个 b 的数值依赖于素数在算术级数中平均分布的水平,即另外一个重要常数 θ 的值。

此后便是潘承洞先生的伟大工作。1962 年,28 岁的潘承洞定出 θ 可以取 1/3,从而推出命题“1+5”,一下子把 b 从天文数字降到了 5。这是一个决定性的突破。王元先生改进筛法之后,证明了“1+4”。同一年,潘老师又得到了一个更大的 θ=3/8。从 3/8 出发,潘老师也证明了“1+4”。然后,布赫施塔伯证明了 3/8 蕴涵命题“1+3”,即从潘老师的 θ=3/8 可以推出命题“1+3”来。以上结果表明,θ 做得越大,b 就越小。但 θ 不能太大,其可能的最大值是 1/2;比 1/2 再大,均值定理的形式就会发生变化,所以可以认为 1/2 是最佳。1965 年,θ 的最佳值 1/2 被取到,这个定理就叫做庞比埃里一维诺格拉多夫(E. Bombieri—A. I. Vinogradov)定理,是庞比埃里和阿·依·维诺格拉多夫独立证明的。庞比埃里是意大利数学家,因为这项工作获得了菲尔兹奖。虽然庞比埃里证明了 θ 能取到 1/2,但是他未能证明“1+2”。

命题“1+2”的证明是陈景润先生完成的。1966 年,陈景润先生在《科学通报》上登了命题“1+2”证明的简报,此后“文化大革命”开始,《科学通报》与《中国科学》随即停刊。直到 1973 年《中国科学》复刊之后,陈先生“1+2”证明的全文才得以发表。

以上是沿着殆素数方向研究哥德巴赫猜想的进展。直到现在,“1+2”还是最好的结果。虽然突破“1+2”就会得到“1+1”,但是大家公认再用筛法去证明“1+1”几乎是不可能的,只有发展革命性的新方法,才有可能证明“1+1”。所以,哈伯斯坦(H. Halberstam)与里切特(H. E. Richert)在他们的名著《筛法》(Sieve Methods)的最后一章指出:“陈氏定理是所有筛法理论的光辉顶点。”

途径二:例外集合

在数轴上取定大整数 x,再从 x 往前看,寻找使得哥德巴赫猜想不成立的那些偶数,即例外偶数。x 之前所有例外偶数的个数记为 E(x)。我们希望,无论 x 多大,x 之前只有一个例外偶数,那就是 2,即只有 2 使得猜想是错的。这样一来,哥德巴赫猜想就等价于 E(x)永远等于 1。当然,直到现在还不能证明 E(x)=1;但是能够证明 E(x)远比 x 小。在 x 前面的偶数个数大概是 x/2;如果当 x 趋于无穷大时，E(x)与 x 的比值趋于零，那就说明这些例外偶数密度是零，即哥德巴赫猜想对于几乎所有的偶数成立。这就是例外集合的思路。

维诺格拉多夫的三素数定理发表于 1937 年。第二年，在例外集合这一途径上，就同时出现了四个证明，其中包括华罗庚先生的著名定理。

我们的目标是证明 E(x)的上界是 x 的零次方，然而 1938 年 E(x)上界的世界纪录基本上是 x 的 1 次方，二者相差很远。因此降低该上界中 x 的方次将是一件很重要的事。1975 年，蒙哥马利(H. L. Montgomery)与沃恩证明存在一个小于 1 的正数 δ，使得 E(x)的上界是 x 的 δ 次方。1979 年，潘承洞与陈景润合作，证明了这个 δ 可以取 0.99。按照潘承洞与陈景润的思路，后来有很多人都改进了 δ 的值。

途径三：小变量的三素数定理

上文曾经提到，如果偶数的哥德巴赫猜想正确，那么奇数的猜想也正确。我们可以把这个问题反过来思考。已知奇数 N 可以表成三个素数之和，假如又能证明这三个素数中有一个非常小，譬如说第一个素数可以总取 3，那么我们也就证明了偶数的哥德巴赫猜想。这个思想就促使潘承洞在 1959 年，即他 25 岁时，研究有一个小素变数的三素数定理。这个小素变数不超过 N 的 θ 次方。我们的目标是要证明 θ 可以取 0，即这个小素变数有界，从而推出偶数的哥德巴赫猜想。潘承洞首先证明 θ 可取 1/4。后来的很长一段时间内，这方面的工作一直没有进展，直到 1995 年展涛把潘承洞的定理推进到 7/120。

途径四：几乎哥德巴赫问题

1953 年，林尼克发表了一篇长达 70 页的论文。在文中，他率先研究了几乎哥德巴赫问题，证明了，存在一个固定的非负整数 k，使得任何大偶数都能写成两个素数与 k 个 2 的方幂之和。这个定理，看起来好像丑化了哥德巴赫猜想，实际上它是非常深刻的。我们注意，能写成 k 个 2 的方幂之和的整数构成一个非常稀疏的集合；事实上，对任意取定的 x，x 前面这种整数的个数不会超过 log x 的 k 次方。因此，林尼克定理指出，虽然我们还不能证明哥德巴赫猜想，但是我们能在整数集合中找到一个非常稀疏的子集，每次从这个稀疏子集里面拿一个元素贴到这两个素数的表达式中去，这个表达式就成立。这里的 k 用来衡量几乎哥德巴赫问题向哥德巴赫猜想逼近的程度，数值较小的 k 表示更好的逼近度。显然，如果 k 等于 0，几乎哥德巴赫问题中 2 的方幂就不再出现，从而，林尼克的定理就是哥德巴赫猜想。

林尼克 1953 年的论文并没有具体定出 k 的可容许数值，此后四十多年间，人们还是不知道一个多大的 k 才能使林尼克定理成立。但是按照林尼克的论证，这个 k 应该很大。1999 年，刘建亚与廖明哲及王天泽合作，首次定出 k 的可容许值 54000。这第一个可容许值后来被不断改进。其中有两个结果必须提到，即李红泽、王天泽独立地得到 k=2000。目前最好的结果 k=13 是英国数学家希思-布朗(D. R. Heath-Brown)和德国数学家普赫塔(Puchta)合作取得的，这是一个很大的突破。

1982 年,潘承洞以在“哥德巴赫猜想研究”中取得的卓越成就,与陈景润、王元一起,获得了国家自然科学一等奖。此后,潘承洞致力于哥德巴赫猜想的最终解决。

（吕广世）

美学大师周来祥

周来祥

周来祥(1929～2011),山东青城人,著名美学家,山东大学终身教授,博士生导师,美学研究所所长,教育部人文社会科学重点研究基地文艺美学研究中心名誉主任,曾兼任北京师范大学博士生导师,国际美学学会十二、十三届执行委员会委员,五次应邀参加国际美学大会。

周来祥家中兄妹八人,家庭境况不是很好,靠父母的勤劳仅能勉强度日。周来祥在学生时代备尝了求学的艰辛和失学的痛苦,但也培养了他坚忍不拔、勤奋好学的性格。1949 年他考入华东大学,1951 年又转入山东大学中文系学习,1953 年中文系毕业后留校任教,开始其教学和科研工作。先后任讲师、副教授、教授,1986 年被国务院学位评定委员会评为博士生导师。

1961～1963 年,周来祥在北京参加了高教部组织的高等学校美学教材《美学概论》的编写工作,在此期间经常求教于中国美学界赫赫有名的朱光潜、宗白华等前辈,又朝夕相处地和当时的青年学人叶秀山、李泽厚、刘纲纪等相互交流切磋。1963 年,周来祥回到山东大学开设了“美学原理”课程,把自己的思想成果融入到教学之中。作为教学依据,周来祥编写了《美学三讲》和《美学论纲》,这成为后来和谐理论的构建基础。

20 世纪 80 年代到 90 年代初,周来祥以厚积薄发的激情连续出版了《美学问题论稿》《论美是和谐》《文学艺术的审美特征与美学规律》《论中国古典美学》等论著,并发表了 150 多篇论文,共计 450 多万字,形成了在中国当代美学界独树一帜的和谐美学思想和理论体系,在当代美学界有了自己的重要位置。这一阶段就是和谐美学体系的形成和发展时期,或者称为和谐理论的体系阶段。

1984 年,应国际美学大会主席的邀请,周来祥参加了在加拿大蒙特利尔举行的第十届国际美学大会，这是中国美学家第一次出席这一四年一次的最高水平的世界美学会议。1995 年，他又参加了在芬兰赫尔辛基赫举行的第十三届国际美学大会，并连续被选为国际美学学会执委会委员。他向大会分别提交的《东西方古典美学理论的比较》和《东西方古代和谐美理想的比较研究》论文，向世界阐释了中国美学独特的概念、范畴和观念体系，以及中国美学的历史风貌和世界贡献，引起了世界同行的极大兴趣和高度重视，为中国美学走向了世界做出了贡献。

从 20 世纪 80 年代末开始，周来祥的研究重心由和谐范畴转向崇高范畴，90 年代中期又对"丑"和"荒诞"作了重要的规定和阐释，完成从体系时代到后体系时代的自我超越。1987 年，周来祥在《中国社会科学》发表了《美和崇高纵横谈》一文。文章详细论述了美与崇高的逻辑与历史关系，给予了崇高和美(狭义的)同等的地位，并将对崇高的研究与美学和艺术发展真正结合起来，使其由范畴转变成时代的审美理想，显出更加重要的理论价值。对于"丑"，周来祥认为它作为美的对立面，在本质上参与一切美，作为一种"活跃的要素"和"辩证的否定"创造、丰富着美，是近代美学发展的最主要因素，同样，荒诞和后现代主义艺术的理论观点也就可以得到解释了。1987 年周来祥创立了山东大学美学研究所并兼任所长，同时还当选为山东省美学学会会长，积极地研究美学，弘扬审美教育。1995 年，周来祥还创办了《东方审美文化研究》丛刊，大力提倡中国和东方审美文化研究。

1998 年和 2001 年，周来祥又分别参加了在斯洛文尼亚首都卢布尔雅那举行的第十四届和在日本东京举行的第十五届世界美学大会，提交论文并作了大会发言，向世界积极宣传中国美学和东方美学，并提出只有东西方这两种文化、两种美学的共同发展，才能有完整意义上的世界美学，才能有真正的全人类的美学。周来祥认为，我们既要反对欧洲中心主义，也要反对狭隘的民族主义。全球化绝不是西方化，民族化也不是古代化，不能让过时的东西绊住我们前进的脚，而应是东西方文化、美学在碰撞交融中竞放异彩，共同创造的硕果。他的这些看法引起与会者的一致赞同，并给予高度评价。

2005 年以后，周来祥连续发表一系列关于二元对立思维的文章，在超越主客二元对立思维的基础上提出了"和谐思维"的概念，为社会主义和谐社会建设和和谐文化建设提供了理论基础和方法论，开创了辩证和谐大发展的时代。

2010 年，山东大学为表彰周来祥在学术研究和教学培养上所取得的杰出成就，授予其山东大学终身教授荣誉称号。

2011 年 6 月 30 日周来祥因病在北京逝世，享年 83 岁。

和谐美学理论是一个大的思想体系，它包含哲学美学(一般美学)、文艺美学、中西比较美学、中西美学史、审美文化史、学科系统以及和谐美学与和谐社会、和谐文化关系研究等子体系。和谐美学思想和理论体系的发展，表现在六十多年来周来祥不断将其向纵深和宽广推进，一直致力于理论性的创新发展和体系建构，这种建构一方面体现在“美是和谐”思想观念的丰富与发展之中，另一方面体现在和谐美学理论大体系的构建之中，在和谐美学思想体系自身发展完善的同时，又表现出对当代中国美学思想的推进和学科建设起到了积极而重要的作用。

和谐美学在理论上的贡献，首先是提出了美是和谐的命题。和谐美学以和谐为美，以和谐理念为美的理想，以和谐作为核心价值取向，以“主体与对象、人与自然、个体与社会、人与自身、感性与理性、实践活动的合目的性与客观世界的规律性的和谐统一”，作为美学追求的最高目标和人生最高的审美境界。当然，和谐美学在上世纪 60 年代初提出时，主要是从哲学、美学角度思考问题的，1986 年又进一步扩大到文化领域，提出《中国的传统文化思想是中和主义的》（《文史哲》1987 年第 2 期），到 2000 年新千年开始，周来祥又期待着“和谐美的理想将成为 21 世纪的时代主潮”（《新千年和谐美畅想曲》，载 2000 年 1 月 13 日《光明日报》），可以说近六十年来，周来祥一直在向往着和谐，期盼着和谐，也将和谐理想作为毕生的追求。

和谐美学以和谐为核心，展开美学范畴的辩证运动和逻辑构架，这是它的根本特点。从范畴的纵向发展看，是从古典素朴的和谐美，经近代的崇高（以及现代和后现代的丑与荒诞），发展到社会主义新型的辩证的和谐美，这通常被称为“三大美学”。从更加严格的逻辑结构看，美的对立面，不是崇高，而是丑。“美是和谐，丑是不和谐，反和谐。”崇高与荒诞都是过渡性范畴，崇高是由和谐向丑的反和谐的过渡，荒诞则由反和谐的丑趋向于新的和谐。在这里，无论是美的动态发展，还是静态的逻辑结构，都是以和谐为轴心而展开的。这是和谐美学的基本内容，也是和谐美学的主要创造，更是它与实践美学、生存美学、生命美学等的不同之处。因此，北京大学闫国忠教授认为和谐美学是 20 世纪中国创造的六种“美学模式”之一（《中国需要美学》，载 1999 年 10 月 13 日《中华读书报》）。学术泰斗季羡林先生称赞周来祥“独树和谐美的大旗”“独辟蹊径，不落窠臼，巍然挺立于美学之林，为中国美学界增光添彩”（载 1999 年 3 月 12 日《光明日报》）。学术泰斗张岱年先生也给予高度评价：“周来祥同志提出‘美是和谐’，这是中西两千年美学思想的深刻总结，非常精湛，非常正确”“是对当代美学的一项重要贡献”（载 1999 年 8 月 13 日《光明日报》、1999 年 8 月 28 日《人民日报》）。

美是和谐的本质论与“三大美学”说为文艺美学的体系展开提供了前提。从一开始，和谐美学就把艺术问题作为自己的基本问题之一，把和谐美学原理运用于艺术问题的研究，便形成了文艺美学的理论体系，所以在和谐美学形成时，文艺美学的体系也就同时诞生了。早在 1984 年，周来祥就出版了《文学艺术的审美特征与美学规律》，成为学界最早研究文艺美学的学者之一。2003 年，《文艺美学》出版，被誉为是“我国第一部系统的文艺美学学术论著”（陆贵山评语），“对文艺美学的发展有奠基作用”（邢煦寰评语），是“该领域具有奠基性意义的优秀成果”（傅谨评语）。

周来祥是中国当代比较美学研究的开拓者之一，他很早就开始关注中西方美学的不同特色，《中西古典美学理论比较研究》(《江汉论坛》1981 年第 2 期)一文是国内第一篇宏观、系统的中西比较美学文章，《中西比较美学大纲》(与陈炎合著)则被国际美学学会副主席马齐雅诺教授誉为“中国第一部较为系统的比较美学专著”，具有开拓意义。经过近二十余年的研究，周来祥已经建立了一个在国内较为领先，在国外有重大影响的中西方比较美学体系。

在对审美和艺术形态的发展进行充分的考察之后，周来祥主编了《中国美学主潮》和《西方美学主潮》这两部极具和谐论思想特征的美学史论著，运用逻辑与历史相统一的方法，把中、西美学发展的历史面貌描绘出来。90 年代后，美学界对美学的发展进行了重新思考、定位，对它的研究对象、范围、范式、方法等问题都进行了调整，周来祥主编《中华审美文化通史》也是基于这个原因，历时 16 年，终于在 2007 年完成出版了目前学界第一部既有核心观念和理论体系，又是讲述时间最长的审美文化通史，《人民日报》文章认为是“是我国现当代第一部全面系统探索和弘扬中华文化和谐传统的鸿篇巨制”(载 2009 年 3 月 16 日《人民日报》)。

和谐美学思想理论大体系不但体现于美学理论本身，而且在学科建设、教学培养，乃至社会实践之中，都具有重大的理论贡献和历史价值，这种价值体现在理论发展中的建构意义、学术追求中的启示意义以及思想传播中的实践意义之中。

周来祥先生是美学界为数不多的一个贯穿中国美学六十多年发展史的美学家，像他这样从 20 世纪五六十年代的美学大讨论开始，一直站在美学研究的学术前沿，从未中断过美学的思考、科研和教学，更难能可贵的是他创立的和谐美学思想，从提出到完善，从抽象到丰富，再到一次次的超越，为中国当代美学贡献了极具理论价值和学术特色的一个美学思想体系。和谐美学思想理论既是抽象的又是具体的，既是深奥的哲学美学思想，又是与现实相联系的、可以行之有效的观念和方法，周来祥就曾说和谐美学的最大特点，就在于既是具有中国特色的又是符合马克思主义的，既能领起美学研究潮流的又能解决美学实际问题的。从这个意义上讲，和谐美学思想的价值和意义已经超出了美学学科本身，周来祥所提出的“美是和谐”的观念，“和谐思维”的方法论，以及他所倡导的“和谐”精神，必将产生更加深远和广阔的影响，这也是周来祥先生作为一位思想家所具有的更大意义的贡献。

(周纪文)

蒋民华与晶体研究

蒋民华

蒋民华(1935～2011),浙江临海人,中国科学院院士,著名材料科学家、教育家。第九届全国政协委员、第十与十一届全国人大代表。

蒋民华1956年毕业于山东大学化学系;1964～1978任山东大学晶体生长研究室主任,1979年赴联邦德国科隆大学做访问学者,历任山东大学助教、讲师、副教授、教授、博士生导师;1978～1993年任山东大学晶体材料研究所所长;1987～1998年,任晶体材料国家重点实验室主任;1989～1996年任山东大学副校长;1991年当选为中国科学院院士;1991～1996年,任国家高技术研究发展计划“863”新材料领域第三届专家委员会专家组组长、首席科学家;2000～2004年,任山东大学材料科学与工程学院院长。

在大学学习期间,蒋民华最感兴趣的两门课是无机化学和物理化学。金刚石、石墨元素相同而性能迥异的事实引发了他对晶体的兴趣,原来晶体的性能和结构的关系那么重要,从而激发了他对知识的渴求。四年的大学生活他惜时如金,求知若渴,一个个不眠之夜、一张张圆满考卷使他成为学校为数不多的全优生之一,因而备受老师和同学的关爱。

在毕业留校后不久,校系领导选派他到厦门大学师从著名的晶体学家卢嘉锡先生进修晶体学。卢先生渊博的学识和风趣生动的讲课开始将他带入奇妙的晶体世界。如果说公式和群论还比较抽象,则制作大量晶体的宏观和微观模型以及接触晶体测量和测定晶体结构的实验,使他对晶体的微观特征——周期性和宏观特征——对称性及各向异性等有了较本质的认识。到了学习晶体的物理性质时，则有了渐入佳境的感觉。记得卢先生讲了一个他印象很深的例子，利用晶体的压电效应来校表，几秒钟即可完成，而无须24小时才见分晓。原来晶体在科学技术上是那么有用。血管里流淌着山海血脉的他，无法抑制住青春的萌动，青春热血激起他无限的创造欲望——制造这类技术晶体，开辟属于自己的一片天地。

从此，蒋民华心中萌发了制造这些技术晶体的强烈愿望，但那时他还从未与真实的晶体打过交道。说来也巧，1958年热火朝天的勤工俭学活动提供了难得的实践活动，学成归来的蒋民华回到了山东大学后立即投入了压电晶体的生长工作。从此，开始了他与人工晶体的不解之缘。

蒋民华至今还清楚地记得培养第一块KNT单晶的情景：当时的条件极其简陋，用金鱼缸当恒温槽，以标本瓶作育晶器，原料则由张裕葡萄酒厂发酵酿酒时析出的酒石转化而成。把晶芽粘在玻璃棒上作籽晶。恒温槽里的籽晶在旋转，他的心也随着晶体的生长在跳动，唯恐有一点闪失。看着转动中晶体一点点长大，他心里有说不出的高兴。但当美丽而娇嫩的晶体在取出后，因温差而在手中炸裂时，他的心也像碎了一样。此后，他对"结晶"的含义才有了切身的体会，也开始懂得了"细节决定成败""碎裂是单晶的软肋"的真理。经过数年的努力，蒋民华和他的同事们终于突破了培养大晶体的关键技术，终于成功地捧出了第一块重达10公斤的KNT大单晶。

20世纪60年代，蒋民华又把主攻方向转向综合压电性能更为优良的磷酸二氢铵(ADP)晶体，终于找到最佳的生长条件，长出了高质量的ADP大单晶，满足了声呐试验的需要。

20世纪80年代以前，我们所研制的都是国外已有的晶体，主要是如何努力长得更大、更好。发展自己的新材料，攀登晶体材料的"处女峰"是蒋民华追求的另一个目标。1979年，他第一次有机会跨出国门，来到德国科隆大学结晶研究所进行短期访问和交流。老所长豪休教授对探索新晶体的理论和实践造诣颇深，他生长并测量过数百种新晶体，蒋民华在与他交谈中受到很多启发，他把探索新材料比作在大森林中采蘑菇，不要期望一下就能发现一个大蘑菇，要悠然自得地在林中漫步，这样常常会有意外的收获。在豪休教授研究过众多的新晶体中确实也有"大蘑菇"，碘酸锂晶体就是其中一个。豪休并不指望蒋民华在三个月内能干成什么事，要他自己安排到各个实验室转转。但蒋民华这个探索新材料的"有心人"，却充分利用那里的条件终日在实验室里工作，在不到三个月的时间内，从寻找新材料到合成和生长出晶体，搞出一种新的有机晶体——樟脑酸丙酮，测量了它的压电和电光性能并写出了论文。这样的结果和速度不能不令豪休教授刮目相看，从而为此后十年彼此之间的良好合作和人员交流打下基础。蒋民华的最大收获是第一次到"森林"中采了一回"蘑菇"，虽然只采到了一个小小的蘑菇，但可贵之处在于他打破了探索新材料的神秘感，找到了探索新晶体材料的感觉，开始形成了探索新的有机非线性光学晶体材料的思路。萌生了在有机和半有机（有机一无机复合）方向上探索新晶体材料的设想，回国以后，他立即指导研究生开始了探索新晶体材料的工作，终于在手性天然氨基酸及其衍生物中，发现了一种新的有机非线性光学材料——精氨酸磷酸盐（LAP）晶体。这一成果后来获得了国家发明奖一等奖。

LAP的成功，开辟了到材料森林中采“蘑菇”的林中小径，自此后，以一届届研究生为主力，新材料探索工作得到迅速发展。从有机一无机盐到有机金属络合物，BTCC，TSCCC，ATCC，CMTC等新晶体材料如雨后春笋般涌现出来，形成了有特色的半有机非线性光学材料的新领域。

蒋民华具有敏锐的科学洞察力和高屋建瓴的领导能力，而这种洞察力是建立在重视信息、虚心学习和善于综合分析基础上的。20世纪80年代初，国际上出现了一种新的高效激光倍频晶体——磷酸钛氧钾（KTP），美国只有少数实验室在极保密的情况下，在高温高压条件下研制，对设备和工艺条件要求很苛刻。通过国内外调研和综合分析，蒋民华敏锐感觉到这是一种非常有前途的新材料。于是当机立断，立即组织精兵强将，结合我国实际另辟蹊径。他选定助熔剂法为主攻方向，从基础研究入手，系统地研究了KTP在磷酸盐助剂中生长的物理化学过程和不同的助熔剂和工艺条件对KTP晶体生长的影响，使助熔剂生长KTP晶体的工艺首次实现了突破。1985年全世界除美国之外的第一块KTP晶体在山东大学晶体材料研究所诞生了，经日本权威机构全面测试，主要指标超过美国同类晶体，并且实现了稳定批量地生长出高质量的KTP晶体，在国际上开创了将助熔剂法用于批量生长非线性光学晶体的先河。

这个发生在80年代中期的故事一度产生了不小的震动。教授参与外贸，不仅冲破了几千年来“君子重义，小人重利”的传统观念，而且还打破了我国“高技术只进不出的沉闷局面”，是商品经济发展的产物，也是新技术革命时代的必然趋势。1986年11月2日《人民日报》为此还以“教授言商”为题作了专门的报道和评论。

高质量KTP晶体不但打破了国外的技术封锁，而且被誉为我国高技术产品出口“零的突破”。KTP晶体出口是当时这届广交会数额最大的高技术出口贸易项目，全国各大报纸纷纷争先报道，KTP名传四方。

如今，KTP晶体和光波导材料已经广泛地应用为激光打标机、激光焊接机、激光美容、建筑、舞台装饰、激光笔等诸多领域，历经二十余年而不衰。

蒋民华高度重视研究的应用前景，探索出了一套研究、开发、产业化的路子。从建所初期他就确定了以应用为导向的研究方向，始终注重研究成果的开发、利用。他一贯主张，材料研究所一定要拿出货真价实的材料，研究材料为了用，还要产学研相结合。在信息时代，半导体材料是功能材料的主体。由于历史的原因，中国功能晶体研究和半导体材料的研究长期以来有一定的分离。蒋民华深深认识到，半导体和人工晶体之间不应该存在鸿沟，因此，他在国家重点实验室的研究方向上加上了“低维材料的制备及研究”这一和半导体前沿密切相关的方向并争取列入国家科研计划。在国家计委和山东省的支持下，1998年他们还承担了国家产业化前期关键技术开发重大项目“半导体发光器件外延工艺和管芯技术”，以此为契机，开展了一个全新模式的研发工作。

在山东省的支持下，山东大学和华光集团联合建立了山东华光光电子公司，山东大学以科研成果作为技术入股，开始了新的尝试和奋斗。在这个项目中，蒋民华担任了总的技术负责人，这是迄今为止，山东省信息产业规模最大、国家和省拨款最多的产学研结合项目。经过三年多的努力，“半导体发光器件外延工艺和管芯技术”课题于2004年4月正式通过验收。《科学时报》等纷纷以我国半导体发光器件拥有“中国心”作大标题报道了这一重要进展。这一成果，打破了半导体外延材料与管芯技术被发达国家垄断的局面，对发展山东省拥有自主知识产权的高新技术，促进产业结构的调整具有重大意义。

20世纪初，在发展第二代半导体薄膜材料，初步实现LED产业的基础上，蒋民华又看准时机，决定切入宽禁带半导体单晶新领域。SiC、GaN等宽禁带半导体被称为第三代半导体，是制作高温、高频、高迁移率、大功率半导体器件的关键材料，也是功率型固体照明的理想衬底。以SiC为基础的大功率半导体器件的发展瓶颈在于高质量的SiC单晶生长及其产业化。该项技术国内长期没有过关。在美国被视为战略物资并对我国实施禁运的情况下，只有靠自己力量发展，而生长SiC过去没有工作基础，起步又晚，难度确实很大。

要后来居上，就得跨越式发展。为此，蒋民华采取了以下重大决策：(1)从产业化着眼，高起点地进行研发。为此他抓住211工程二期的大好机遇，重点投入，从国外同时购进两台先进的生长设备，以加快研发速度。(2)生长和加工并举。SiC是硬度仅次于金刚石的晶体，极难加工，因此在生长和完善SiC晶体的同时，千方百计解决SiC切磨抛技术，从单片发展到成批加工。(3)直接和器件研发单位挂钩，把材料直接置于应用器件研发的链条中，使器件的性能需求变成优化晶体材料质量的动力，从生长到加工真正实现“开盒即用”的指标，从而极大地加速了SiC的质量的提高。(4)在充分熟悉生长工艺和消化吸收的基础上，仿制并改进进口设备，实现再创新，为PVT生长设备国产化和SiC单晶的产业化打下基础。

SiC课题组出色地实施了蒋民华的决策和部署，不断解决生长和加工的科学问题和技术难关，从2吋到3吋，从6H到4H，终于掌握了n型和半绝缘SiC体块单晶的生长和加工技术，为实现微波大功率器件从材料到器件整套工艺的国产化奠定了基础，对打破禁运、满足国家重大需求，跨出了极为重要的一步。在此基础上再接再厉，又成功地研制出碳化硅单晶炉，并生长出质量不逊于进口设备生长的SiC单晶。碳化硅单晶产业化最后一个难关被成功攻破，实现了从单晶生长炉制造、单晶生长、衬底加工和应用的全部国产化试验。

蒋民华院士始终思考着中国人工晶体可持续发展的战略，鼓励和支持每一项人工晶体的开发和研究。在他事业和人格魅力的感召下，一批从事晶体研究的精英人士从海外归来，一批有创新能力的青年骨干投身晶体事业，一支有创新能力的学术队伍正在成长，晶体事业兴旺发达。

蒋民华院士一直强调晶体生长基础理论研究和应用同样重要，强调晶体生长是科学和技艺的结合，不能厚此薄彼，两方面都要抓。KDP是目前唯一可以用于惯性约束聚变(ICF)“神光”工程的关键材料，国际上对此实施禁运，成为制约“神光”工程顺利进行的最大阻碍，负责“神光”工程的领导曾用“卡脖子”评述这一困难。在蒋民华的领导、支持下，山东大学晶体所经过几代人的努力，几十年的坚持，使山东大学的大尺寸晶体在新时期国防基石的建设中起到了基础性作用。就是这样一个应用目标非常明确的课题，他也经常督促大KDP课题组人员要重视基础研究，要充分利用计算机模拟方法研究不同条件对晶体生长的影响。

因其高尚的科学道德、开拓创新的科学精神、严谨端正的工作作风，蒋民华当之无愧地被公认为我国人工晶体界学术带头人之一，为我国人工晶体事业走向世界做出了突出贡献。蒋民华生前担任国际晶体生长组织(IOCG)理事和执委会委员，亚洲晶体生长和晶体技术协会主席。他积极组织和参加国内外学术交流活动。蒋先生一直强调，中国的晶体一定要走向世界。为此，他和被称为“晶体界三驾马车”的闵乃本院士、陈创天院士等自20世纪80年代起就制定了中国晶体材料走向世界的蓝图。正是由于他们的努力，中国的晶体生长组织早已成为国际晶体生长组织的一员。2010年8月，被誉为晶体生长奥林匹克大会的第16届国际晶体生长会议在北京成功召开，实现了先生的夙愿——中国晶体材料研究真正走向了世界并处于世界领先水平。

面对成绩，蒋民华从不居功自傲。一次次，他把荣誉归于集体，把利益让给他人，而他更为关心的是青年人的培养和功能晶体事业的兴旺发达。

蒋民华院士将毕生精力奉献给中国的教育事业，为山东大学学科建设和发展做出了不可磨灭的贡献。蒋民华院士创立的晶体材料研究所和晶体材料国家重点实验室，为全国高校培养了一批从事晶体生长与晶体理论教学和研究的骨干。他常说：“人才成长和晶体生长十分相似，要像培养晶体那样来培养人，出成果出人才要相辅相成。”蒋民华一直关心青年，提携后进，甘愿做铺路石，为骨干人才的成长提供一切条件和机会，为中国晶体材料的可持续发展培养了大批人才。早在上世纪50年代，刚刚走出校门的蒋民华，作为骨干教师就带领着更年轻的学生，在晶体事业的处女地耕耘，同时培养了一批晶体界的骨干和精英。蒋民华培养出来的硕士生、博士生现在遍布全球，许多已经成为国际功能晶体领域的佼佼者和新星。他经常叮嘱在海外的学生要爱国，要以各种方式帮助国家的科技进步，尤其要回报母校，帮助山大。在国外的学生中，很多人都曾多次抽出时间回山大进行学术交流。在他五十五年的教学生涯中，蒋民华院士培养了大批晶体生长和晶体物理的优秀人才，这些人才活跃在国内和国际晶体生长和功能材料行业，为世界材料科学的发展做出了重要的贡献。

蒋民华的名字和中国功能晶体事业密不可分，和山东大学晶体材料国家重点实验室密不可分。蒋民华院士在“晶体材料发展构想”报告中指出，山东大学的办学理念：山大特色、中国一流、世界水平，晶体材料研究所的办所理念要与之相辅相成，应该是“中国特色，世界一流”，山大特色是中国特色的基础，中国特色是山大特色充分和必要条件。晶体材料国家重点实验室的特色就是：跨学科，强强联合，理工结合。结合大型国家实验平台的建设打造聚集海内外高水平领军人物的人才高地，造就优秀后备人才（尖子）的培养基地。

正是按照他的宏伟构想，现在山东大学的功能晶体材料研究所已经成为山东大学在国际上响当当的金字招牌。我国自 1984 年起在一批能够代表我国基础研究和管理水平的研究机构建立了国家重点实验室。晶体材料国家重点实验室就是我国首批建设的五个国家重点实验室之一。自 1990 年第一次接受评估获得优秀以来，在 1997、2003、2008 年的评估中均获优秀，获得了科技部的多次表彰。

蒋民华院士在晶体材料研究方面做出了多方面的贡献，具有重要的国际地位，获得了许多荣誉和奖励，包括：“全国优秀科技工作者称号”和“五一”劳动奖章（1987）、全国先进工作者称号（1989），1988 年获得国家发明一等奖，1996 年获得何梁何利科学技术进步奖，2003 年获得首届山东省科学技术最高奖，2007 年获求是科技成就集体奖，2008 年获亚洲州晶体生长与晶体技术奖（CGCT Award），等等。

（蒋宛莉）

杨仁中与中国人工喉

杨仁中，1933年生，山东济宁人，语音康复专家，中国人工喉创造者，我国著名的语音康复医学开拓者之一。1957年毕业于山东医学院。他发明的人工喉等系列语音康复设施，使失去发音能力的3000余例国内外“半路哑人”重新开口讲话，先后接待100多个国家、地区的访问学者，至今仍被赞誉为“历史久、方法多、效果好、形成系列、技术先进”。1959年被选为全国劳动模范，1965年加入中国共产党。1978年被选为全国和山东省医药卫生先进工作者，多次受到毛泽东、周恩来等党和国家领导人接见。1986年晋升为研究员，历任第四、五届全国人大代表，第五届省人大代表，享受国务院特殊津贴和全国劳模津贴。

杨仁中教授在指导安装中国人工喉的病员练习讲话

1958年，杨仁中、王有祥等研制成功国内第一个语音康复器械——中国人工喉（第一型烟斗式）。第一批病员、喉癌全喉切除的王德胜装用后恢复了讲话能力，激动地高呼“毛主席万岁”。同年，中国第一个语音康复基地——山东医学院附属医院“中国人工喉”科研组成立。

第一型中国人工喉的特点是单页发音器，其前身是自造的符合生理功能、具有特殊进路的“耳语音器”。

1959年，他们研制出第二型中国人工喉，改进为双页固定发音器，降低发音频率，说话清晰度增强。当年7月6日新华通讯社向国内外作了报道。

1963年，在张店山东新华医疗器材厂和青岛橡胶厂的大力支持下研制出第三型中国人工喉，其创新与发展是改进为双页可调式发音器、特殊发音膜，工艺水平提高，批量生产。

1964 年 4 月，山东省卫生厅组织专家对中国人工喉进行了鉴定，结论为国内首创。杨仁中、王有祥研制的中国人工喉（第三型）荣获国家新产品三等奖。同年经改进结构研制成第四型中国人工喉，后又经改进气流进路研制成第五型中国人工喉。

1965 年，在双页可调发音器基础上改进为卧式结构，更便于应用，研制成第六型中国人工喉。经国家卫生部组织全国专家鉴定为一项“新的耳鼻喉科创造发明”。

1966 年，采用白银和软塑料制造，改进为微型，使发音器得以进入口内，并初步调动鼻部功能，发音更为清晰，此谓第七型。

1971 年，在济南塑料一厂、济南橡胶厂、山东化工厂等兄弟单位大力支持配合下进一步创新：以高分子材料为主体，装配便于呼吸的系统，解决了调动鼻部功能问题，可闻到香味，称为 8-5 型，已发展到 5 个类型，供不同病人选用适合者，批量生产 2000 余套，在国内外推广应用。

1972 年 2 月，改进新型发音器，研制成第九型中国人工喉；1980 年 2 月改进新型发音膜，研制成第十型；1981 年 4 月，改用新材料并进一步微型化，研制出第十一型中国人工喉。

除了中国人工喉以外，杨仁中等还有五项成果为全国第一：食管发音训练法；喉——气管狭窄自调扩张器；胃代食管发音法；中国新型电子人工喉；电子助讲器。

杨仁中和他创立的全国第一个语音康复基地，在 2000 年以前用前述六种方法为国内外 3000 多名无喉患者恢复了说话能力。

1990 年，该语音康复基地的 6 项系列医学工程参加了全国医药卫生科技成果展览会，被标明具有“历史久，方法多，效果好，填补空白，形成系列，科技领先”等特点，先后两次为中央首长专门展示，李鹏总理及国家教委李铁映等中央首长亲自听讲解、看录像、检视展品，予以充分肯定和热情鼓励。

1994 年 2 月至 3 月，中央电视台一、二、三、四频道多次播放了《东方时空》专题报道“东方之子——杨仁中教授专访”。1999 年 5 月，中国科学技术馆派专人到该语音康复基地实地考察，取回了样品和资料，决定《中国人工喉》及其康复系列为常设展品，是国家对杨仁中研究员带领的科研团队取得一系列成果的肯定。

1999～2000 年，中国共产党山东省委在省城济南党史陈列馆举办《辉煌 50 年——社会主义时期中共山东地方史大型图片展》上展出了杨仁中及其语音康复系列成果。2005 年，该成果的资料入选联合国第 59 届世界卫生大会，并入选国家卫生部编纂的《中国特色医疗大典》，被国家视听博物馆永久收藏。

（田道正）

计划生育门诊创始人丁声玲

丁声玲，1924 年生，湖北沔阳人，1951 年毕业于齐鲁大学医学院，同年留在齐鲁大学附属医院妇产科工作。1956 年，晋升为主治医师，1987 年晋升为教授。由于在计划生育工作中成绩卓著，1984 年她被评为山东省计划生育工作先进个人；1986 年、1991 年，她两次被评为全国计划生育先进个人。丁声玲教授曾兼任山东省计划生育委员会、山东省计划生育研究所业务顾问，还是山东省第六届政协委员。

1989 年，丁声玲教授在山东医科大学图书馆查阅资料

作为实行计划生育的重要措施，女性绝育手术在我国实施的人数日益增多。有的孩子虽然尚在幼小，母亲也进行了绝育手术。这样可以减少因采取其他各种避孕措施而带来的麻烦，效果可靠，是应当值得提倡的。但如果在绝育手术后遇到孩子意外夭折、离婚后再婚等特殊情况需要再生育时，到医院请求医生施行复孕手术，这也是合乎情理的。这部分人的比例为千分之一左右，粗略估算我国要求复孕的人数大约 4 万人。所以对年轻夫妇做绝育手术时，一定要把将来要求复孕的可能性也应该考虑进去，因此提倡探讨如何做可逆性女性绝育手术。它的特点是在不损伤，或者极少损伤输卵管的条件下，阻止卵子进入输卵管，精子也不能从输卵管进入腹腔。从卵巢正常排出的卵子留在盆腔中就自行溶解吸收了。需要再怀孕时，可以经过简单的手术恢复卵子进入输卵管的渠道，自然能达到复孕的目的。面对临床的需求，丁声玲教授经过缜密的理论论证，迅速动手，投入到动物试验中去。早在她开展计划生育不久，受 V 字形脑血管银夹的启发，开展动物试验，试图将此

应用于女性节育手术，达到了预期的效果，并在妇产科学会上作了大会发言，受到了同行的好评与鼓励。她用家兔进行单纯输卵管银夹阻断性实验，惊喜地发现其有效率高达96%以上，银夹阻断处的输卵管经过动物实体解剖证明也没有发现与周围组织发生粘连。后来她又进行家兔的输卵管银夹阻断术的可逆性实验，完全成功。她进而试用了输卵管内埋线加银夹阻断，即用尼龙线埋藏在输卵管管腔内作为支架，以此保护输卵管黏膜。如果需要复通，取下银夹抽出埋线，管腔即可复通，动物实验结果证实了可以复通。这种方法阻断效果可靠，对组织损伤极小。她自行设计的新型可逆性女性绝育手术“输卵管埋线加银夹术”逐渐成熟完善，在保证万无一失的前提下，她于1979年在国内率先应用于临床，完全成功。推广应用遍及全国，沿用至今。

丁声玲教授在国内首创的可逆性女性绝育术“输卵管埋线加银夹术”产生了良好的技术效益和巨大的社会效益，在计划生育专业领域取得一项突破性进展，不但具有学术上的重大价值，而且在执行计划生育这一基本国策方面具有里程碑式的历史意义，填补了该领域一项空白，进一步巩固了基本国策的地位，充实、完善了其内容，功莫大焉。

计划生育学是在当前世界人口迅速增长的严峻形势下形成的一门新兴学科，担负着研究人类生育规律和计划调节生育的任务。妇产科计划生育专业自丁声玲教授创立至今已有43年的历史，几十年来一直担负着山东省全省计划生育手术的规范化和指导性操作，担负着各种计划生育手术并发症的诊断、治疗和抢救，担负着与计划生育、生殖健康有关的疾病的会诊和鉴定工作。近年来开展了可视人工流产和无负压人工流产以及宫内节育器的安全性研究；改良了输卵管妊娠的手术方法，引入显微外科手术技术，输卵管得以保留，为病人保存了生育能力。近年来又将生殖健康、异位妊娠和部分病理产科病种归入这个专业。

丁声玲教授在科研工作上可以说是硕果累累，主持完成了多项科研课题，发表了论文30余篇。

为了表彰丁声玲教授的突出贡献，她的“输卵管埋线加银夹阻断术”及其器械于1986年同时获国家计划生育委员会三等奖，另有国家计生委二、三等奖各2项，省计生委奖2项、省卫生厅奖2项、省教委奖1项。委任她为山东省计划生育委员会委员兼省计划生育研究所顾问。她连年被评为历下区、济南市、山东省计划生育先进工作者，两次获全国计划生育工作先进个人荣誉称号，并被选为省政协委员。

（田道正）

王天铎与耳鼻喉科手术

王天铎(1921～2009),山东东平人,著名耳鼻喉学专家。我国进行喉部分切除术,治疗喉癌的第一人。1943年考入齐鲁大学医学院医学专业,1950年毕业留校任教。历任讲师、副教授、教授。

王天铎

1975年,王天铎教授等在国内率先开展“全喉切除气管咽吻合喉功能重建术”和“喉次全切除及扩大一期颈部皮瓣整复术”。喉功能重建系手术切除喉头后,又用手术方法恢复了喉的呼吸、吞咽及发音三大功能。1978年,他又开展了“广泛喉咽癌切除一期喉咽功能重建术”,这一创造性成果于1981年获国家卫生部甲级成果奖。1980年,他开展喉显微手术“游离空肠移植整复喉咽颈段食道缺损喉功能重建术”,在国内为首创,经专家鉴定为达到国际先进水平。同年,他又开展“次全喉切除及其扩大用肌筋膜及下移会厌一期整复术”,又是在国内首先成功。

1981年,在国内率先开展了“保留喉功能的梨状窝内侧壁癌切除术”及“声门下癌、T4声门癌切除喉功能重建术”,最大限度地减少了严重并发症的发生,提高了患者的生活质量。

1982年,与胸外科合作开展“结肠上徙喉咽全食道成形术”,经专家鉴定为国际领先水平。

1988年,该科对喉、下咽大部分切除者,在国内率先联合使用裂层皮片、胸大肌肌皮瓣重建下咽部取得成功,并在国内率先进行了胸锁乳突肌锁骨衣修复喉气管、食管的手术。

1990年,对于颈部大块组织缺损,在国内率先联合使用胸大肌肌皮瓣、胸三角皮瓣和裂层皮片进行整复,使许多放疗或癌症复发后无法手术的患者重新得到了治疗的机会。

1991 年，对双侧颈内静脉受累的头颈肿瘤患者在国内率先实施了“保留颈外静脉、颈前静脉的双侧颈内静脉一期结扎术”，有效减轻了双侧颈内静脉结扎后会发生的颅内压升高和头面部组织水肿。

1992 年，在国内率先开展了“喉造口喉乳头状瘤激光切除术”。

1995 年，在国内率先开展“上颌骨外旋系列颅底肿瘤切除术”，并系统总结了该术式的手术方法、适应证，为颅底手术开辟了一条新路径。

1997 年，在国内率先利用舌根瓣下拉同时修复下咽部、重建咽功能，并将其发展为声门上肿瘤切除后的常规修复方法，被证明是一种新的有效可行的修复方法。

1998 年，在国内率先开展了“面中部掀翻术治疗累及颞下窝的鼻咽纤维血管瘤及上颌骨截除术”。

50 多年来，王天铎教授以精湛的技术、高尚的医德、严谨的学术作风，努力工作，勤奋耕耘，把全部心血致力于耳鼻喉科事业的发展，取得了极其丰硕的创新成果，为我国的耳鼻喉科学做出了巨大贡献。特别是他在咽喉肿瘤的手术治疗方面有独特的建树，“切除喉头又手术重建喉功能”开创了喉部手术新的历史，因而王天铎教授不但在国内，而且在国际耳鼻喉科界也有很高声誉。他治学严谨，勇于创新，改进了意大利学者 Aslan 的手术方法，使此术式的拔管率显著提高；他将喉癌的手术范围扩大到了舌根和梨状窝，并自行设计了多种保留喉功能的喉咽癌手术，使喉癌、喉咽癌治疗后病人的生存率和喉功能的保留率都达到了国际领先水平。他在国内首先提出了喉癌治疗的手术分型及其术后评价，对术后喉功能的评估进行了系统的研究；他系统总结了喉咽癌手术中保留喉功能的方法，使许多晚期喉咽癌患者仍然保留了喉功能，并对喉咽癌的病理学影像学及分子生物学进行了综合研究。1991 年和 1995 年他分别开展了下颌骨外旋和上颌骨外旋系列颅底手术。他创造性地将这两种手术改进扩展，为国内的颅底外科提供了两种新的手术入路，大大简化了进入咽旁间隙、斜坡区、颞下窝、鼻咽部的手术操作，使高风险、高难度的颅底手术能在国内较多医院开展，造福广大患者。

他的科研成果多项获国家和省级奖。他编译《耳鼻咽喉头颈外科手术学》《耳鼻咽喉手术学》《耳鼻咽喉科学》《急症科疾病最新诊治进展》《头颈肿瘤学》《现代喉外科学》《喉癌治疗与康复》及合译《耳鼻咽喉科新进展》等 17 部学术专著。这些成果都是直接来源于临床，并指导医疗实践，具有极大的参考、实用价值。他多次应邀到全国各地讲学和手术演示，帮助兄弟医院开展新手术、新技术，全面提高国内耳鼻喉科手术水平。他是山东省耳鼻喉科界第一位博士研究生导师，已亲自培养了硕士 4 名、博士 11 名，他们都已成为专业骨干、学科带头人。他亲手带出科室新秀，为耳鼻喉科创新发展也都作出了不凡的业绩，使科室在国内一直保持领先地位。

为表彰王天铎教授的突出贡献，他先后被山东省委、省府授予山东省专业技术拔尖人才(两次)、山东省优秀科技工作者、山东省高校科技兴鲁先进工作者等荣誉称号，受到国家教委表彰，山东省荣记三等功奖励，享受国务院颁发的政府特殊津贴。他历任中国抗癌协会头颈肿瘤外科学会常务委员、《耳鼻咽喉学报》副总编、《临床耳鼻咽喉科杂志》顾问、中华耳鼻喉科学会常务理事、《中华耳鼻喉科杂志》编委、山东省耳鼻喉科分会副主任委员等，并被选为第六、七、八届全国政协委员。

(田道正)

孙涌泉的“腭咽环扎术”

孙涌泉

孙涌泉(1918～1993),山东博兴人,1948 年毕业于华西协和大学口腔学院,同年获美国纽约州立大学口腔医学博士学位。此后曾在成都呈修医院、东北抚顺矿务局医院、北京医学院任口腔科医师。1951 年回到济南,先后在齐鲁大学医学院、山东医学院任主治医师、副教授、教授、口腔颌面外科教研室主任、口腔系副主任和附院口腔科副主任,兼任中华医学会口腔科学会全国委员会委员、中华医学会山东分会口腔学会主任委员、山东医科大学学报编委等职。

早在 20 世纪 50 年代初,孙涌泉即协助张光溥主任筹建了附属医院口腔科。他在口腔科医疗、教学、科研第一线工作了四十多年,在口腔颌面外科专业有颇深造诣,积累了丰富的临床经验,是我省口腔颌面外科专业的奠基人之一。他于 1957 年加入中国民主同盟,曾任支部委员。由于热心盟务,积极参政议政,被选为山东省第六届人大代表,他的人品和贡献为后人所称颂。

1979 年,齐鲁医院口腔颌面外科孙涌泉开展了腭裂整复改良手术——腭咽环扎术,属国内首创。

腭咽环扎法对减少腭裂术后的复发、恢复正常的腭咽闭合功能具有重要的学术意义和实用价值,因而连获山东省医学科技成果一等奖(1982 年)及省科技进步三等奖(1985)。这一发明在全国反响很大,孙涌泉教授还在美国国际口腔学术会议作了交流和推广。他曾应邀赴日本讲学,介绍了包括“腭咽环扎术”在内的丰富颌面外科经验和技术,受到高度赞扬。他还主持完成了“腭咽环扎术”电化教学影片一部,于 1982 年获全国高等医药院校教学片二等奖。该手术方法直到现在仍在国内外医院应用着,其电化教学影片一直是口腔学课堂上的示范版本,并指导着一代代口腔颌面医生的临床实践，推动着口腔科学事业的不断发展。他历任山东医科大学口腔颌面外科教研室主任、教授，口腔系副主任和附院口腔科副主任，兼任中华医学会口腔学会全国委员会委员、中华医学会山东分会口腔学会主任委员、山东医科大学学报编委等职，被选为山东省第六届人大代表。

孙涌泉教授治学严谨，平易近人，诲人不倦，备课仔细，讲解清楚，深受学生好评。他亲手培养的15名口腔医学硕士现今已成为我省口腔颌面外科界的学术带头人和骨干力量。他在国家级杂志发表学术论文20余篇，并参与编著《中国现代医学》《手术解剖学》《口腔颌面外科学》(第一版)、《简明医学词汇》《外科肿瘤学》《临床实习医师手册》等高校教材和专著。1988年11月，古稀之年的孙教授应邀赴日本讲学，交流了丰富的口腔颌面外科经验和技术。

(田道正)

袁世硕与《蒲松龄事迹著述新考》

袁世硕

袁世硕，山东兖州人。山东大学文学与新闻传播学院教授、博士生导师。1953年毕业于山东大学中文系，师从冯沅君先生，继承和发扬了冯沅君先生的治学方法和严谨态度，注重从基本的训释古义、稽考史实做起，力求掌握最充分、最翔实的文献资料，通过审慎的分析，搞清与所要解释、评论的文学作品有关的历史事实。由他组织编写的《中国古代文学作品选》获国家级优秀教学成果二等奖；参与主编的面向21世纪高校重点教材《中国文学史》，获北京市哲学社科优秀成果特等奖、教育部高校优秀教材一等奖；古籍整理的标志性成果《王士禛全集》，获教育部高校人文社会科学优秀成奖二等奖；古代文学研究的标志性成果《蒲松龄事迹著述新考》，获山东省哲学社会科学优秀成果一等奖、教育部首届人文社会科学优秀成果一等奖。袁世硕教授的文学史研究融合国学训诂考证和现代美学理论批评为一体，以马克思主义唯物史观为指南，独辟蹊径，对《聊斋志异》《西游记》等几部古典文学名著，作出了独到而深切的诠释，并从中提升出文学发展的若干规律，使文学史研究中的一些有争议的问题得到了科学的解释，初步建构了文学史学的体系，获得学术界的认同，被推定为马克思主义理论研究和建设工程教育部高等学校重点编写教材《中国古代文学史》编写组的第一位首席专家。2008年获山东省哲学社会科学突出贡献奖，2009年获山东大学育才功勋奖，2010年被评为山东大学终身教授。兼任国家古籍整理出版规划小组成员、山东省古典文学学会会长。

1988年，袁世硕教授的《蒲松龄事迹著述新考》由齐鲁书社会出版。该书分为上、下两编，上编以蒲松龄交游为纲，对蒲松龄的生平事迹作了具体细致的考察；下编对蒲松龄的诗词、杂著和几种《聊斋志异》的版本做了详略不同的考察。

关于蒲松龄一生的事迹，尽管我们已经可以勾画出其崖略，知其大半生在舌耕笔耘中度过，古稀之年方才撤帐回家。然而这对于把握一位文学家的性格、情趣、人品、气质来说，还是远远不够的。《蒲松龄事迹著述新考》上编将蒲松龄一生交游尤其是与《聊斋志异》创作有关的细节内情一一揭示出来，于是，一位有血有肉、有声有色的作家形象站在了我们面前。人们可以对蒲松龄有一种更亲切、更直接、更具体的认识和了解，而与文学创作关系最为密切的正是作家的这种个性，由此对《聊斋志异》的创作研究便有可能进入到一种细致入微的切身体验之中。这正是当前蒲松龄研究中所最急需的，这也是《蒲松龄事迹著述新考》所具有的重要学术价值之一。

《聊斋志异·娇娜》篇，细致入微地描写了异性之间的友情，蒲松龄还发出了"色授魂予，尤胜于颠倒衣裳"的感叹。当我们知道蒲松龄与孙蕙之妾顾青霞曾有数年交往之后，对此也就不难理解了。蒲松龄同情顾青霞的寂寞境遇，爱怜其能吟诵古诗，颇有风雅情致，心中自然而然地萌生了爱悦之情，进而丰富了蒲松龄对男女情感的体验：男女之爱并非仅有"颠倒衣裳"的一面，《娇娜》中孔生对于娇娜非同一般的情感内涵，也就不难理解了。一篇考证性的文字，却解决了如此重要的文学创作难题，足以说明了其价值所在。

对尚不明确的蒲松龄生平事迹进一步予以确认，是《蒲松龄事迹著述新考》的又一重要学术价值。如从其挚友张笃庆的诗作，可知他年方及冠便已开始《聊斋志异》的创作；从他在西铺毕家坐馆三十年的生活状况，可知其何以能够坚持《聊斋志异》的创作直至年逾花甲方才辍笔；从他与诗坛领袖、朝廷显宦王士禛的交往始末，可知两位文学家之间的真实情况等等。从而极大地丰富了对蒲松龄的了解，也基本上搞清了他创作《聊斋志异》的过程。

蒲松龄曾作《陈淑卿小像题辞》一文，有的研究者据此认定陈淑卿为蒲松龄患难中遇合之如夫人，并勾画出二人从相恋到死别的一段情史。这一问题引起了许多研究者的注意，不少人撰文指出陈淑卿并非蒲松龄之妾。《蒲松龄事迹著述新考·蒲松龄与丰泉乡王氏》一文从笺释《陈淑卿小像题辞》入手，广征博引，确凿无疑地证明了《陈淑卿小像题辞》所写不是蒲松龄本人之事。这段笺释根据《陈淑卿小像题辞》中"游龙之人，宛同洛水；射雀之客，旧本琅琊"四句，参之以曹植《洛神赋》《旧唐书·高祖窦皇后传》，得出陈淑卿夫婿乃王姓之说。又根据"伯鸾将婚，兵方兴于白水；文姬未嫁，乱始起于黄巾"四句，进而论定陈淑卿"因乱成婚"，至迟不应晚于顺治四年(1647)，而此时蒲松龄年方八岁。这样一来，蒲松龄与陈淑卿的所谓"恋爱悲剧"，便成了子虚乌有之事，人们也就不必再借此发挥，去牵强附会地分析《聊斋志异》中的某些作品了。但这并不是说《陈淑卿小像题辞》与《聊斋志异》没有丝毫联系。《蒲松龄事迹著述新考》进而指出，从《陈淑卿小像题辞》可以发现，蒲松龄的爱情婚姻观念比较解放，不严格拘泥于传统的伦理道德规范，而是抱有一种现实的态度和人道主义的心胸。这就与《聊斋志异》中那些优美动人的爱情故事挂上了钩。

对蒲松龄卷帙浩繁的诗文、杂著以及《聊斋志异》的版本进行全面而系统的考察,从而使人们能够更全面地认识其人及其著作情况,使《聊斋志异》的原貌尽可能得以恢复,是《蒲松龄事迹著述新考》第三个方面的重要学术价值。关于蒲松龄的诗词,考述的主要目的在于借以了解蒲松龄的生平事迹、为人处世的表现、诸种思想观念,以及《聊斋志异》的创作情况。例如,蒲松龄晚年所作《老翁行》诗,同其俚曲《墙头记》情节基本一致;《侠女行》诗与《聊斋志异·侠女》篇虽然题目相近,但意义却全然不同。袁世硕教授由此论道,之所以诗词与小说创作相互联系的事例较少,是因为在蒲松龄的观念中,诗歌和小说的体裁、功用均有所不同,取材、做法也不一样。但从其诗作中,我们却可以寻找到蒲松龄创作《聊斋志异》时的苦恼和欣慰。这些考述,对窥知《聊斋志异》的创作过程自然具有十分重要的意义。蒲松龄的杂著虽非文学作品,但《蒲松龄事迹著述新考》将其按照编著的时序排列起来,发现了蒲松龄一生思想和著述旨趣的变迁:在他年逾花甲之后,著作之旨意、内容性质和读者对象,都发生了显著变化。这一发现的意义,远远超出了对其杂著本身的研究。

对《聊斋志异》的几种早期抄本和传世不广的早期刊本,袁世硕教授作了较为具体的考察,基本上搞清楚了它们各自的年代、篇章存佚、抄主情况,以及与作者原稿(仅存半部)相比较在内容文字上的差异。这既有助于探明作者原稿全部的情况,也为重新整理出一部《聊斋志异》的定本打下了基础。袁世硕教授在进行了严密而全面的考察后认为,应当重视康熙抄本和24卷抄本在校勘方面的价值,克服特别倚重铸雪斋抄本的偏向,并提出了具体可行的做法。这对于整理出一部最接近手稿本、无文字上之讹误的《聊斋志异》定本,无疑是一个带有指导性、建设性的意见。

《蒲松龄事迹著述新考》在国内外同行专家中获得了极大赞誉,国内的《文学遗产》《文史哲》、上海《社会科学》等几家刊物,日本的《中国古代小说研究动态》和《东方》书评杂志以及美国的《亚洲学会学报》均发表了长篇书评,称他的研究是"填补了以往研究的很多空白或者不够翔实的地方……""是蒲松龄研究的一个里程碑"。

(王　平)

美国现代文学研究所

1963年，经教育部批准，山东大学美国现代文学研究室正式成立，这是国内高等院校中最早成立的美国文学研究机构，由时任山东大学副校长的吴富恒教授兼任主任，陆凡教授和张健教授任副主任，主要成员有黄嘉德、张健、王文彬、欧阳基等。1978年，经教育部批准，研究室更名为美国现代文学研究所（简称"美研所"），成为专门从事当代美国文学研究的处级科研单位，由陆凡教授任所长，陆先生离休后由王誉公和郭继德任副所长，1994年起由王誉公教授任所长。2002年，美国现代文学研究所并入山东大学外国语学院，由郭继德教授担任所长至今。

研究所自成立之初就非常重视研究成果的出版交流，积极出版学术交流刊物，对我国的美国文学研究发挥了极大的推动作用。1964年，研究室创办了《现代美国文学研究》内刊，由吴富恒教授任主编，对当代有影响的美国作家、作品进行研究和评论，成为国内美国文学研究学术交流的重要平台。当时研究所每年得到教育部1万美元的外汇资助，以便直接从国外购买图书资料，山东大学大力支持购书，国外友人也不断赠送了大量图书，这使美国文学研究资料室成为当时国内美国文学研究资料最为齐全的资料室之一。1979年9月，吴富恒教授发起，创建了全国美国文学研究会。吴富恒教授被推举为首届会长，秘书处设在美研所，陆凡教授担任秘书长。研究会编辑出版了会刊《美国文学丛刊》，编辑部设在美研所，吴富恒任主编，郭继德任编辑部主任，具体负责联络国内著名学者和编务工作。《丛刊》由山东人民出版社出版，一共出版了十二期（1981～1984年）。1985年，《现代美国文学研究》，更名为《美国文学》。1986年9月4日，山东省出版管理处正式下文批准其为半年刊，并颁发了"报刊印发特许证"（1986）第018号，同意公开发行。所刊一共印发了三十余期，每期出版后都赠送给国内各高校外文资料室、外国文学研究机构资料室，以及国内外事外交机构资料室等。研究所还跟美国国会图书馆建立了交流关系，所内所编辑的各期刊物都寄了过去，各期《美国文学丛刊》也一起寄了过去，对方也回赠了不少美国文学书籍。美研所编印刊物能较顺利进行，是山东大学校方不断给予经济支持的结果。后来因为种种原因，不得不停刊了。21世纪初，山东大学外国语学院支持全国美国文学研究会的工作，从学科建设经费中支付出版费，着郭继德负责编辑年会论文集，即《美国文学研究》丛书，每届年会出一辑，已出到第五辑，还将继续编辑出版下去。实际上，现在的《美国文学研究》是当年《现代美国文学研究》的延续和发展，继续为推动美国文学研究学术成果的交流发挥作用，受到国内学者，特别是中青年学者的青睐和支持。

山东大学的美国文学研究起步较早、基础深厚。早在20世纪30年代，时任国立山东大学外文系主任的梁实秋和洪深先生等都是文学大家，洪深那时已开始关注奥尼尔等剧作家的戏剧研究，这些都为以后的美国文学研究打下了坚实的基础。吴富恒教授早年在哈佛大学读书时，师从著名学者瑞恰兹(I. A. Richards，1893～1979)教授，奠定了他后来从事西方文学理论研究的扎实基础。黄嘉德教授从40年代就开始从事惠特曼研究，其萧伯纳研究也在国内学术界具有了相当的影响。研究所成立后，山东大学外国文学研究学者充分利用这个平台，在美国文学研究方面做出了重要的贡献。

美研所一贯重视对外文化学术交流。吴富恒校长跟哈佛大学、印第安纳大学、里加纳大学等多所大学建立了交流关系，进行了密切的学术交流活动，不仅扩大了山东大学在美国和加拿大的影响，而且使美国教育界更加了解了吴富恒先生在中美文化交流中做出的重大贡献，使他1982年荣获哈佛大学"荣誉法学博士"学位称号。陆凡跟文学理论家伊哈布·哈桑等多位知名学者的学术交往，推动了文学理论和犹太小说研究。郭继德跟阿瑟·密勒、爱德华·阿尔比、黄哲伦等多位戏剧家的交往，推动了美国戏剧研究等。多位美国富布赖特学者来所执教，所内多位老师以富布赖特学者身份赴美做研究，推动了美国文学研究的深入发展。

美研所重点研究美国作家、作品和西方文论。所长陆凡教授的西方文论研究和犹太文学研究当时在国内学术界处于前沿地位，她对一系列美国文学理论研究专著的翻译介绍都具有开拓性的意义，如伊哈布·哈桑的《当代美国文学》(山东人民出版社，1980)、苏珊·桑塔格著的《反对释义》(《美国文学丛刊》1981年第1期)、瑞内·威列克著的《文学理论、文学批评和文学史》(《美国文学丛刊》1982年第1期)、伊哈布·哈桑著的《意识技术：语言、神话、文化、技巧》(《现代美国文学研究》1981年第2期)等以及她翻译的库尔特·冯纳古特的《猫的摇篮》(1987)等。此外，陆凡教授从50年代开始从事美国文学研究，70年代就开始发表研究论文，如《美国当代作家索尔·贝娄》(《文史哲》1979年第2期)、《评诺曼·梅勒的〈白色黑人〉》(《现代美国文学研究》1979年第2期)、《美国犹太文学》(《文史哲》1979年第5期)、《索尔·贝娄小说中的妇女形象》(《文史哲》1980年第4期)等等，对索尔·贝娄、诺曼·梅勒和菲利浦·罗斯等美国当代名家及作品都有所论及，属于此领域较早的研究。

黄嘉德教授1931年毕业于上海圣约翰大学英文系，1948年获美国哥伦比亚大学研究院文学硕士学位，曾任圣约翰大学教授、文理学院副院长，建国后历任山东大学教授、图书馆馆长，长期从事英美文学，特别是戏剧教学与研究和翻译。他从 30 年代就研究萧伯纳，翻译了佛兰克·赫理斯所著《萧伯纳传》等名作，80 年代出版的《萧伯纳研究》是国内第一部萧伯纳研究学术专著。他重点研究 19 世纪美国文学，对惠特曼的诗歌研究造诣很深，发表过多篇高水平论文。

王文彬教授以黑色幽默小说研究见长，积极参与当时国内学术界对黑色幽默小说的"论争"，主要学术文章有：《黑色幽默试评》（《现代美国文学研究》1978 年第 1 期）、《漫谈黑色幽默和〈第二十二条军规〉》（《现代美国文学研究》1979 年第 2 期）、《战后美国的现代主义文学和美国社会》（《现代美国文学研究》1982 年第 1 期）、《存在主义和当代美国小说创作》（《编译参考》1979 年第 9 期）、《略评伊哈布·哈桑的〈当代美国文学〉》（《外国文学季刊》1981 年第 1 期）以及《从"群体社会"看战后美国现代主义的时代特征》（《社会科学战线》1982 年第 4 期）等。

张健教授是以经典翻译《格列佛游记》出名的学者，也加入了美国文学研究队伍，他对海明威等小说家的研究等在当时国内学术界颇有影响。欧阳基教授的研究重点是犹太小说和奥尼尔戏剧研究。他对美国犹太作家伯纳德·马拉默德的小说研究在当时处于领先地位，发表了多篇高质量的学术论文，还跟郭继德合作编译出版了马拉默德短篇小说集《银冠》（1986）。他在奥尼尔戏剧研究方面很有独到之处，不仅发表了多篇高水平论文，解读奥尼尔的戏剧作品，探讨中国哲学思想对奥尼尔的影响，例如他在《外国文学研究》上发表了《美国剧作家尤金·奥尼尔和老子的哲学思想》（1986）就是一个例子；他翻译了奥尼尔的《进入黑夜的漫长旅程》《安娜·克里斯蒂》等剧作；多年给研究生开设"奥尼尔戏剧课"，这在当时国内高校里是第一个开设奥尼尔戏剧研究课的单位；他还协助中央戏剧学院的廖可兑先生启动了全国的奥尼尔学术研讨会，他是当时国内奥尼尔戏剧研究开拓者之一。他在奥尼尔戏剧研究界颇有影响，被中央戏剧学院奥尼尔戏剧研究中心聘为顾问。

王誉公教授在美国小说（特别是犹太小说）研究方面颇有成绩，发表过多篇学术文章，编著了《美国小说述评》等著作，还翻译出版了索尔·贝娄的中篇小说《勿失良辰》等。他在美国诗歌研究上的主要贡献体现在埃米丽·狄金森（Emily Dickinson）诗歌研究上，研究起步较早，颇有深度，曾经获得国家社科项目的立项，撰写了《埃米莉·狄金森诗歌的分类和声韵研究》（2000）一书，是国内第一部狄金森诗歌研究学术专著，在学术界颇有影响。他还给研究生开过美国诗歌课等。

郭继德教授是起步较早的美国文学研究者之一。以他为首合作编撰了国内第一部美国文学工具书《当代美国文学词典》（1987）。他出版了《英语文学散论》（2000）、《20 世纪美国文学：梦想与现实》（2004）等学术研究著作。他重点研究美国戏剧，曾四次拜访过当代美国戏剧泰斗阿瑟·密勒先生，主编了《阿瑟·密勒论戏剧》（文化艺术出版社，1988），阿瑟·密勒亲自为该书撰写了出版前言。他的《美国戏剧史》（1993）一书，是国内第一部中文版美国戏剧通史，获全国高等学校首届人文社会科学研究优秀成果二等奖。《美国戏剧选读》(1994)是第一部中文版美国戏剧选读教材,2006 年出了英文版。他的奥尼尔戏剧研究独树一帜,发表了多篇论文,翻译了奥尼尔的多个剧本,主编的六卷本《奥尼尔文集》(人民文学出版社,2006)是国内目前内容最丰富的奥尼尔文集,是奥尼尔研究学者必不可少的参考书。近作《当代美国戏剧发展趋势》(2009)不仅对当代美国戏剧进行了系统的梳理,而且对当今学术界研究较少的土著戏剧和西语裔戏剧等多元文化戏剧进行了探讨。此外,郭继德曾担任过加拿大研究会会长,开辟了国内加拿大文学研究和中加文学交流的重要阵地。他著的《加拿大文学简史》(1992)是第一部中文版加拿大文学史;《加拿大英语戏剧史》(1999)是第一部中文版加拿大戏剧史;还计划编写《加拿大小说史》。

孙筱珍教授对美国犹太小说情有独钟,发表过多篇学术论文,翻译出版了索尔·贝娄的短篇小说集。她还热爱美国戏剧研究,出版了《美国戏剧》教材,给研究生开过美国戏剧课。

目前,所里有十余位中青年教师边教学边从事西方文论和美国作家和作品研究。他们学历高,文学理论基础扎实,研究领域不断拓宽,在多个方向上不断有新成果问世,正在挑起学术研究的大梁,逐步担当起振兴山东大学美国文学研究的重任。

（李保杰）

美国文学研究会

全国美国文学研究会是20世纪70年代末期在山东大学创立的，它的创始人是时任山东大学校长的吴富恒教授。他是一位国内外著名的英美文学研究专家和教育家，于1982年荣膺哈佛大学荣誉法学博士学位。正是在这个时期，吴富恒创议并团结国内一批资深学者创建了全国美国文学研究会。

1980年，吴富恒、陆凡等在美国文学研究所

“四人帮”倒台后，在十一届三中全会召开前后，正是吴富恒教授恢复学校领导职务、晋升正校长、开始带领山东大学学术走上正轨的时候，是吴校长积极复兴美国文学研究、筹办全国美国文学研究会的时期。他和陆凡先后赴北京联络，得到人民文学出版社的孙绳武先生、北京大学的杨周翰教授、北外的王佐良教授等一批著名学者的支持。全国美国文学研究座谈会于1978年1月初在山东大学招待所召开。有北大、外文所、北外、山大、南大、人民文学出版社等17个单位的38名代表参加。会议开得很热烈，吴富恒在会上大声疾呼：要把学术工作启动起来，我们还要做研究。这次会议重新组织起了美国文学研究骨干队伍，正是这批学者带领中青年学者启动了中国新时期的美国文学研究。会议制定了新时期的研究规划，即制定了全国的“现代美国文学研究工作五年远景和两年协作规划”，协调了各研究单位美国文学研究的重点课题，绘制了新时期全国美国文学研究发展蓝图，还决定在山东大学和南京大学建立两个美国文学研究资料中心等，还酝酿了成立全国美国文学研究会的事宜。

1978年11月，中国社科院在广州召开了外国文学规划会议，并成立了中国外国文学学会。吴富恒校长在会上提出了成立全国美国文学研究会的建议，得到了热烈的响应和支持，商定由山东大学、北京大学、南京大学、复旦大学、暨南大学、中国社科院外文所、人民文学出版社、上海译文出版社、文化部文学艺术研究院外国文艺研究所等九个单位作为发起单位，开始了全国美国文学研究会的筹备工作。

全国美国文学研究会成立大会暨学术研讨会于 1979 年 8 月 22 日～9 月 2 日在山东烟台举行，由山东大学承办。吴富恒校长率校办主任吴关生同志和美国现代文学研究所的全体工作人员到烟台操办会议，有北大、北外、山大、南大、复旦、厦大、南开、人大、外文所、人民文学出版社等 41 个单位的 60 多位代表出席。周扬、夏衍等北京的领导同志以及山东省文联副主席燕遇明等有关领导以不同的方式对会议的召开表达了祝贺。大会推选了领导小组成员：吴富恒、陈嘉、杨周翰、孙绳武、陈慧、葛林、汤永宽、李霁野、王佐良、郑效洵、林疑今、翁显良、冯亦代、龙文佩、陆凡、张健、陈冠商、李文俊、谢榕津、张禹九等共 20 人组成领导小组。

会议分两段进行，首先进行学术讨论，有大会发言，也有分组讨论，学术气氛浓厚，讨论题目多种多样，例如：1914～1945 年期间美国文学的发展趋势，西方欧美现代派文学的创作与理论，文学评论中的新问题，美国黑人文学的崛起和影响，美国戏剧的崛起，还有当代哲学流派对文学创作的影响等方面的文章。大会还邀请了在山东大学执教的密歇根大学人类学系戴孟德教授作了“第二次世界大战后美国家庭制度的变迁和连续性”的专题报告，活跃了学术气氛。

9 月 1 日至 9 月 2 日进入全国美国文学研究会成立程序。首先在 9 月 1 日的全体代表大会上通过了“全国美国文学研究会(CASAL)章程”(草案)，同一天，代表通过酝酿讨论，选举出了学会理事 35 名：(按姓氏笔画为序)

万培德、王佐良、左宜、龙文佩、冯亦代、汤永宽、孙绳武、毕朔望、陆凡、杨周翰、杨岂深、李文俊、李霁野、吴富恒、张健、张禹九、陈嘉、陈冠商、林疑今、郑效洵、周珏良、赵澧、赵萝蕤、赵家璧、施咸荣、翁显良、倪受喜、梅绍武、黄嘉德、葛林、董衡巽、戴镏龄、濮阳翔、陈慧、谢榕津。

9 月 2 日上午在第一届理事会议上又选举了常务理事 17 名：吴富恒、陈嘉、杨周翰、杨岂深、李霁野、戴镏龄、孙绳武、赵萝蕤、王佐良、葛林、冯亦代、陆凡、汤永宽、施咸荣、左宜、梅绍武、龙文佩。大家一致推举吴富恒为会长，陈嘉、杨周翰、杨岂深为副会长，陆凡为秘书长，汤永宽、施咸荣、左宜为副秘书长，下设秘书组(陆凡为组长，郭继德、吴关生为副组长)、编辑出版组、情报资料组等，负责“研究会”的上述工作，秘书处设在山东大学美国现代文学研究所。9 月 2 日下午闭幕，吴富恒会长宣布大会胜利闭幕，并“根据理事会的建议，宣布初步决定下次大会于 1981 年在上海召开”。

山东大学承办的这次会议既是全国美国文学研究会成立大会，同时也是一次有很高学术水平的美国文学学术研讨会。以吴富恒为首，山大的陆凡、黄嘉德、张健等英美文学专家都进入了全国美国文学研究会的理事会和常务理事会，在美国文学研究上发挥了重要重要作用，还带起了山大的一批中青年学术骨干。

吴富恒教授一生致力于中美文化交流事业。1940年夏天，吴富恒先生受著名学者瑞恰慈(I. A. Richards，1893～1978)推荐到哈佛读书，在瑞恰慈指导下获硕士学位，于1942年回国参加抗战，投身革命，后又到大学任职，到1982年再次回到哈佛大学，接收荣誉法学博士学位，整整40年(也可以说在他2001年6月25日逝世时是近五十年间)不遗余力为推动中美文化交流奔波，他是中国美国现代文学研究的开拓者和组织者之一。

全国美国文学研究会成立后，吴富恒会长带领美研所的同志为了它的发展不懈地努力，做了大量的工作。

首先解决学会办公经费问题。美文会的办公经费主要是用山大美研所的经费来维持。学会挂靠山大期间，从来没有收取过单位会员费，全靠山大自力更生。艰苦奋斗、勤俭办会是学会的一贯作风。

其次吴富恒为学会的合法地位经常跑中共山东省委宣传部交汇报，听取指示，防止产生误解，使学会的各项活动能够顺利开展。

学会坚持学术研究方向，顶住各种社会压力。1983年清查“精神污染”，以及“六四”期间，社会舆论偏见认为美国文化文学交流是美国进行渗透的渠道之一，美文会受到了种种外界压力，所里同志作了多次“检查”，但始终认为我们美文会只做学术研究，大方向没有错。

学会积极组织学术活动，有年会，有专题讨论会。1979年9月学会成立大会闭幕时，吴会长就宣布“下次会议于1981年在上海召开”。1981年按计划在上海召开了第二次全国代表大会。1982年秋天在济南召开了常务理事扩大会议，计划1983年在南京召开第三届年会，但是由于外界原因，第三届年会被推迟了。到了1984年秋天，吴会长派郭继德和吴关生去南大拜见陈嘉先生和李景端同志，才确定了下来，1985年春天在南京召开了第三届年会。1986年在厦门大学召开的“海明威学术讨论会”符合学会秘书处把学术活动分为“年会”和“专题讨论会”的说法，可视为美文会举办的第一例“专题讨论会”，把后来的专题讨论会续上去就顺理成章了。学会还组织了第四(1989年在哈尔滨由黑龙江大学承办)、第五届年会(1991年在天津由南开大学承办)。

学会适时进行学会组织调整和补充，增强新生力量。在1992年济南常务理事会上增补了陶洁、钱青、钱满素、郭继德、张子清、杨仁敬等理事；后来又进行了较大调整和补充，汤永宽晋升为副会长，李景端为副秘书长，李霁野推荐常耀信接替了自己的常务理事，还增补了朱虹、王逢振、董乐山、杨小石、朱通伯等一批学者进入了理事会。

编辑出版《美国文学丛刊》(1981－1984)和《美国文学研究》。《美国文学丛刊》编辑部设在山东大学美国现代文学研究所，主编是吴富恒会长，郭继德为编辑部主任，负责编辑部的具体事务。每一期的“责任编辑”是由有关单位的学者轮流担任；经费由山东人民出版社（后改为山东文艺出版社）负责，稿费由山大美研所向山东大学文科处打报告申请，只是象征性的稿费，很少。编辑部的日常所需经费、差旅费等是从山大美研所经费中支付的。从1981年到1984年共编印了《美国文学丛刊》12期。许多知名学者，包括陈嘉、赵萝蕤、王佐良、周珏良、冯亦代、杨岂深、戴镏龄、梅绍武、吴富恒、董乐山、董鼎山、张健、陆凡、黄嘉德、王文彬、欧阳基、林疑今、陈冠商、张禹九、黄宏煦、施咸荣、董衡巽、李文俊、吴冰、张子清、郭继德等人都在《丛刊》里相继发表了研究文章或译作。当时每期《丛刊》都向有关高校资料室和美国大使馆文化处赠送。郭继德于1983年作为美国新闻署国际学者交流委员会邀请的“国际访问者”参观美国国会图书馆时，通过中文部主任王冀先生跟交流部主任彼得·布里奇（Peter H. Bridge）先生建立了交流关系，后来陆续把全部《美国文学丛刊》12期和山大自己编的《现代美国文学研究》寄给了他，即美国国会图书馆。《丛刊》在美国的影响日益扩大，当时一家华文报纸称《丛刊》是“中美文化交流的使者”。

1983年，社会上清查“精神污染”的活动影响了人们对外国文学，特别是美国文学研究支持的积极性。山东出版总社计划1984年停止支持出版《美国文学丛刊》。《美国文学丛刊》在经历了四个年头的艰难历程之后，不得不暂时停止了“前进”的步伐。

1991年5月，全国美国文学研究会济南常务理事会决定，学会挂靠南京大学，秘书处迁往南京大学。吴富恒会长已是80岁高龄，是一位德高望重的国内外知名学者，继续任会长，但毫不犹豫地把全国美国文学研究会交给一位40几岁的年轻学者刘海平教授主持工作，请其做“常务副会长”，从中也看出他老人家的胆量和远见卓识，看出他有多么宽阔的胸怀。他不把美国文学研究会看作是自己私有的，而是把它看作是全中国的美国文学研究者所共有的。但可惜的是，山东大学创立的全国美国文学研究会就这样“走”了，“离开”了山大。

2000年在洛阳召开第十届年会期间，吴富恒先生年近90岁，被“晋升”为名誉会长，刘海平晋升会长，郭继德等人被选为副会长。在讨论下一步工作时，议论到要出年会论文集，因为南京大学已有正式出版刊物，刘海平会长建议由山大负责。郭继德当时便答应了办这件事，计划一次年会出一辑，经费由山大外院解决，即从学科建设经费中挤出一点来，向山东大学出版社支付出版印刷费，每期3万元左右，由郭继德主编，已出版了5辑《美国文学研究》。我们打算继续下去，还是每届年会出一集，为美国文学研究界同仁学术交流提供方便，尽点微薄之力。实际上，《美国文学研究》是美研所早期就开始编印的《现代美国文学研究》刊物的延伸和继续，也是唯一的国别文学研究刊物，有益于美国文学研究成果的交流，特别是为国内中青年学者提供了一个学术交流平台，受到了他们青睐和支持。

全国美国文学研究会虽然“南迁”了，但山东大学继续为学会做工作。山大为学会出年会论文集是既定的方针，《美国文学研究》要长期出下去。山大一直在积极组织多种美国文学研究学术活动。2001年12月13～16日在山大召开了“中国第十届奥尼尔戏剧研讨会”，会议期间由山东大学倡议成立了“全国美国戏剧研究会”，作为全国美国文学研究会下的一个戏剧委员会，郭继德被推选为会长。美国戏剧研究是美国文学研究的一个重要方面。山大的美国戏剧研究在国内处前列位置，是对美国文学研究的一个重要贡献。2004年10月14～18日，由山东大学承办了“全国美国文学研究会第十二届年会暨学术研讨会”，还同时举办了“中国第十一届奥尼尔戏剧研讨会”，外地、外校与会人员达200余人，这是美国文学年会与会人数首次超过二百人。会上还有一个“议题”是纪念“全国美国文学研究会成立25周年(1979～2004)”。2009年10月底，由山东大学和南京大学合作举办了美国文学专题讨论会，纪念全国美国文学研究会成立30周年。

山东大学将继续积极开展美国文学学术研究活动，全力支持全国美国文学研究会的工作，与全国的美国文学研究者一起把我国的美国文学研究推向一个新高度。

（郭继德）

硫细菌的研究

王祖农教授领导的科研小组，第一个在我国开展了自养微生物学的研究。早在1955年王教授出版了《硫黄细菌》一书，这本专著为我国自养微生物研究的开展打下了基础。在化能自养细菌研究方面，有两项突破性进展的成果："利用氧化硫硫杆菌提高磷矿粉的速效性研究"成果获得了1978年全国科学大会奖；"专性自养极端嗜酸性硫杆菌基因转移系统的建立"的研究成功解决了这一研究领域的重大难题，在国际上首次在专性自养极端嗜酸性硫杆菌和大肠杆菌之间建立了一个基因转移系统，并成功地将外源抗砷基因从 E. coli 导入专性自养极端嗜酸性 T. ferroxidans 中并获得表达，构建成 T. ferroxidans 抗砷工程菌。

一、利用氧化硫硫杆菌提高磷矿粉的速效性研究

1969年后，在王祖农教授的指导下，颜望明教授开始氧化硫硫杆菌的研究。山东省处长江以北，土壤缺磷，而一般的磷矿品位很低，如何利用微生物提高磷矿粉的速效性具有重要的实践意义。虽然，将磷矿粉、硫黄和土壤混合作为肥料，国外较早已有报道，并在农业生产上有所采用及积累了一些经验。但仍缺乏一整套适用于不同磷矿粉、土类和作物等行之有效的技术。

土壤中的溶磷细菌，以产酸细菌为主，pH 值降低越显著，溶磷能力越强。通过一年反复试验，选定了氧化硫硫杆菌为试验重点。氧化硫硫杆菌（*Thiobacillus thiooxidans*）是一类极端嗜酸性的专性自养细菌，它的产酸能力极大，它可氧化元素硫并产生5%～10%（0.5～1mol/L）的硫酸。杂菌无法与之竞争，并能进行自养性生活，只需供以少量硫黄即可大量生长，适于农村推广。

通过对氧化硫硫杆菌的产酸、解磷能力及田间试验等研究，利用氧化硫硫杆菌在不灭菌的条件下，和少量硫黄及磷矿粉混合后，培养制成的高质量磷肥，可大大提高可溶性磷的含量，对低品位磷矿粉的应用，提出了区域性的有效办法，施用这种磷肥，使北方缺磷地区的小麦、玉米等作物产生了明显的增产效果。由于在利用氧化硫硫杆菌提高磷矿粉的速效性研究方面取得的重大进展，该项科技成果获得了1978年全国科学大会奖。

二、专性自养极端嗜酸性硫杆菌基因转移系统的建立

颜望明教授领导的研究团队，自20世纪70年代初开展专性自养嗜酸性硫杆菌的研究，分离保藏了大量的实验菌株。硫杆菌是在极端酸性条件下生长，生长缓慢，周期长，细胞得率低，在固体培养基上难以形成菌落获得纯培养，给菌株的筛选带来了极大的困难，又缺乏可供选择的遗传标记，遗传背景不清楚，因此开展这类细菌的分子遗传学研究难度很大，国内外起步都很晚。

从1986年以来，该研究团队连续承担了八项自然科学基金和博士点基金项目的研究，在自养细菌分子遗传学方面取得了令人瞩目的成就。对自养细菌特别是专性自养极端嗜酸性硫杆菌的遗传操作培养基、启动子、质粒的分离、载体的构建、载体的转移以及羧化酶基因的克隆表达，羧化酶基因缺失突变株的构建等进行了比较系统的研究，已经形成了自己的研究体系和特色，填补了我国在该领域的空白，取得了突破性的进展；以专性自养极端嗜酸性的氧化硫硫杆菌和氧化亚铁硫杆菌的质粒和染色体DNA为材料与大肠杆菌质粒进行重组，构建成具有遗传标记、多个单一酶切位点的硫杆菌（自养细菌）和大肠杆菌（异养细菌）都能复制和表达的载体。在广泛寄主P类群质粒的带动下，通过接合途径，将重组质粒从大肠杆菌直接转移到了硫杆菌中去，并得到了表达，从而在国际上首次在专性自养极端嗜酸性硫杆菌和大肠杆菌之间建立了一个基因转移系统。

通过该转移系统又首次成功地将外源抗砷基因从E. coli导入专性自养极端嗜酸性T. ferroxidans中并获得表达，构建成T. ferroxidans抗砷工程菌。抗砷质粒的构建是以广泛寄主范围的IncQ类群质粒pJRD215作为抗砷基因的载体，该质粒具有在革兰氏阴性细菌中都能被识别的复制区（ori）和带动转移的功能区（mob），并且具有两个遗传标记Kmr（卡那抗性）和Smr（链霉素抗性）。多年研究证明，该质粒及两个遗传标记在硫杆菌中是稳定的。而大肠杆菌质粒puM3是pBR322的一个衍生质粒，它是由大肠杆菌R773质粒的抗砷基因片段，通过HindⅢ位点，克隆到pBR322相应位点而构成。PUM3为8.6Kb，带有一个4.3Kb的抗砷基因。直接用pRD215作为抗砷的载体，构建两个抗砷质粒pSDRA1和pSDRA2，两者的区别在于抗砷基因的启动子不同，在pSDRA1中，抗砷基因的启动子为大肠杆菌pBR322的P1启动子，而在pSDRA2中抗砷基因启动子为tac强启动子。

所构建的抗砷基因工程菌，已用于含砷难选金精矿的脱砷，提高了黄金的提取率，具有重要的应用价值，填补了我国在该领域的空白。该项研究成果1994年被国家自然科学基金委入选为1986年以来自然科学基金资助优秀成果。

将外源基因导入极端嗜酸性的氧化亚铁硫杆菌中，并在该菌中建立一个基因转移系统，是该领域的前沿和难点，在国外尚未取得进展。该项研究的成功解决了

这一研究领域的重大难题，也是该领域的一个重大突破。它不仅为全面、系统研究这类特殊细菌的基因表达机理和调节方式奠定了基础，在理论上具有重要意义，而且为用基因工程手段改造这类浸矿细菌提供了科学依据和实验方法，具有重要的经济意义。

（颜望明）

微波微带环行器

一、环行器研究概括

微波技术已经有了长久的发展历史。20世纪50年代出现了微波通信。由于微波通信具有频带宽、容量大、传播方向性好、讯息密集度高、可进行远距离传送等诸多优点，从而迅速成为人们最重要的通信手段之一。它也普遍适用于各种专用通信网，可以用于各种电信业务传送，如电话、电报、数据、传真以及彩色电视等均可通过微波电路传输。在军事上，微波通信一直都是最重要的军事通信手段。例如，雷达通信、导航等。出现卫星通信以后，微波通信更显示了它的重要性。在当今世界的通信革命中，微波通信仍是最有发展前景的通信手段之一。冷战时期国际上的军备竞赛大大促进了微波通信的迅速发展，世界各国在军事微波通信领域都投入了大量的人力和物力，成为微波技术研究的重要时期。20世纪70年代初，为了减小微波通信设备的体积，微波集成电路得到迅速发展和应用，它使微波技术更加适用于电子对抗、军用通信和卫星导航等系统，成为当时各国竞相研究的课题。

1970年前后，山东大学磁学教研室开始了微波材料和器件的研究工作，这是当时国际上磁学领域的热点研究课题。材料方面以钇铁石榴石多晶和单晶为主，器件方面包括微带环行器、隔离器和单晶微波滤波器。不久，济南军区国防工办向山东大学下达了研制小型军用微波通信机的任务。微波微带环行器是其中的一个最重要部件之一，由磁学教研室承担。后来，经过努力，与七机部七院建立了联系，并得到了他们的经费资助，将微波微带环行器和微波滤波器列为军用配备合作项目。按照使用单位的要求，对研究项目也作了适当调整。

微波环行器是微波通信设备中最重要的部件之一，属于多端口结型非可逆单向器件，它的基本结构是单结三端口，其功能是引导微波信号在其中环行，用于隔离负载变动对信号源的影响，特别是防止微波发射干扰和破坏信号接收，防止设备损坏，并可以用同一个天线系统，同时实现发射和接收，这不但省去了一套庞大的天线系统，更提高了设备的运行速度和工作可靠性。对环行器的要求是频带宽、插入损耗小、反向隔离大、温度稳定性好。

当微波信号从端口 1 传入环行器时，信号只能从端口 2 输出。从端口 2 传入的微波信号只能从端口 3 输出，以此类推。根据环行器的功用，它有以下几个技术指标：

(1)正向损耗：$\alpha_{+}=10\times\log\frac{\text{输入端功率 P1}}{\text{输出端功率 P2}}$　单位分贝(db)

(2)反向隔离：$\alpha_{-}=10\times\log\frac{\text{输入端功率 P1}}{\text{输出端功率 P2}}$　单位分贝(db)

(3)驻波系数：$P_m=\frac{1+|\Gamma|}{1-|\Gamma|}$，(Γ 为第二端的反射系数)

(4)频带宽度：环行器的工作频带范围

(5)工作温度范围

环行器按其结构形式分为三种：波导型结构环行器，板带型结构环行器和微带型 Y 结环行器。其中，波导型结构环行器以波导和外界连接，板带型 Y 结环行器以同轴线和外界连接，微带型 Y 结环行器以集成电路的形式和外界连接。由于新型微波集成技术的需求，微带环行器成为国际上广泛应用的新型环行器，同前两种形式相比，微带环行器可以同其他微波元件组成集成系统，因而可以使整机的体积小、重量轻、可靠性好，并具有较宽的频带宽度，成为新一代微波技术的重要器件。

二、微波微带环行器的研究内容

山东大学磁学教研室在微波微带环行器的研制中开展了以下几方面的研究工作：

1. 铁氧体衬底材料的研制和加工

为了减小微带环行器的体积，要求衬底材料有较高的有效介电常数和有效磁导率，以减小介质波长，从而达到减小环行器尺寸的目的。为了减小能量损耗，要求材料的介电损耗小，电阻率高。同时，由于磁性介质工作于低场范围，为了避免低场能量损耗，要求磁性衬底的饱和磁化强度 $4\pi M_s$ 满足以下要求

$$\frac{\gamma 4\pi M_S}{\omega}<1$$

上式中 γ 为旋磁比，ω 为工作圆频率。

研究工作从 X 波段(三公分)微带环行器开始，其中心频率为 f=9.3GHz。按此要求，衬底材料选择钇铁石榴石铁氧体(YIG)。材料达到的最好性能如下：

介电常数：$\varepsilon=16.0$

介电损耗：$\tan e\delta_e\approx 2\times 10^{-4}$

电阻率：$\rho>10^{10}\,\Omega\cdot\text{cm}$

饱和磁化强度：$4\pi Ms=1760G$

将衬底磨平并抛光，以减少微波讯号在微带传输过程中的能量损耗。

2. 衬底表面金属化的研制

在衬底上下两表面要固着一层导电金属，用做刻制环行器的微带线，这一过程称为金属化。所用的导电金属材料应具有以下特点：

(1)导电性能好，以减少微波信号的能量损耗；

(2)对衬底有较强的附着力，不容易脱落；

(3)电阻的温度系数小；

(4)抗腐蚀性能好。

根据以上要求，采用的工艺如下：

将抛光好的介质基片在真空镀膜系统中蒸镀一层 10～20nm 厚的铬，再蒸镀一层 20nm 左右的铜。然后用照相光刻的方法在基片的一面光刻出所需要的图形。最后电镀一层 5～10μm 厚的金。铬与铁氧体基片有非常强的固着力，铜的导电性能好，金的抗腐蚀性强，能起到很好的保护作用，从而满足了表面金属化衬底的要求。

3. 器件设计

在微带中传输的电磁波是准 TEM 型波。环行器园结的衬底导体之间形成了微波谐振腔，微波在谐振腔内形成驻波，加一适当大小的偏磁场，使驻波图形旋转 30°。在原理上，便可成为一个三端环行器，因此，需要作如下的计算和设计：

(1)设计铁氧体介质圆片的直径和厚度以及导体圆结的直径以形成理想的谐振驻波；

(2) 设计环行器圆结对外传输线的宽度、长度和厚度，以便与外接器件的阻抗相匹配；

(3)设计外加磁场的场形和强度，以保证电磁波的驻波图形旋转。

以上设计保证了设计的合理性。

4. 环行器的总装和调试

这一部分工作包括环行器与外接头的匹配连接调试、外加偏磁场强度与场形的调试，以取得最佳性能。

三、成果及水平

经以上研制工作，所获得的 X 波段微波微带环行器性能如下：

正向损耗：$\alpha_+ < 0.5db$

反向隔离：$\alpha_- < 20db$

驻波系数：$p_m < 1.2$

频带宽度：＞8％

经南京 14 所和上海无线电 26 厂测试和技术鉴定，均认为所研制的微波微带环行器技术性能为当时国内最好指标，达到了国际先进水平。

器件研制成功后，在七机部七院的海军航空兵的实际演习中进行了试用，取得了满意的结果，性能满足使用单位的要求，圆满完成了所下达的研究任务。为此，使用单位曾发来贺信，称赞所研制的微波微带环行器的性能优异，工作稳定可靠。

在单结三公分微波微带环行器研制的基础上，为了提高环行器的反向隔离，还研制了四端双结微波微带环行器，它是把两个单结环行器串联在一起，组成一个高隔离度的四端环行器。四川灌县某科研单位对X波段四端环行器进行了性能的全面测试，其达到的最好性能是：在9GHz－10GHz区间内，正向损耗小于0.5db，反向隔离大于40db，这在当时属国内先进水平。应石家庄某研究所的要求，磁学教研室又开展了其他波段的微波微带环行器的研究，包括5公分（C波段）、10公分（S波段）和15公分（L波段）微波微带环行器的研制，同时也包括为适应这些新波段的要求，开展了新型材料的研究。对这些系列的环行器均获得了优异的性能。

1978年，第一届全国科技大会在北京召开，磁学专业研制的“微波微带环行器”获得了“全国科技大会奖”。

（姜寿亭　刘宣华　毕耜云）

DJL-1 集成电路数字通用中型计算机研制

DJL-1 集成电路数字通用中型计算机属于第三代计算机，第三代计算机的发展是建立在集成电路技术基础上的，其硬件的各个组成部分，从微处理器、存储器到输入、输出设备，都是集成电路技术的结晶。与第二代计算机（晶体管计算机）相比，它体积更小、价格更低、可靠性更高、计算速度更快。

DJL-1 集成电路数字通用中型计算机是山东省第一台集成电路数字通用计算机，其研制水平当时居国内领先地位。

本项目为山东省科委下达的省级创新型重大科研项目，先后拨款达 115 万元，投入人工超过 150 人年，标志着山东省计算机生产技术当时在全国名列前茅。整个项目分为一、二期工程，一期工程从 1971 年 10 月～1973 年 5 月；二期工程从 1973 年 6 月～1974 年 6 月。

山东大学 1971 年 10 月接到该项目任务书后，校党委决定由数学系具体组织实施，科研处组织物理系、电子系、电子设备厂等有关单位协同攻关。数学系立即从全系选调教师，同时，从全国引入人才和招募制造人员，不到半年，在数学系组成了一支近 50 人的能进行自主设计、生产试验、调试的研发团队，建立了相应的基础设施和人员培训体系。研究团队由数学系计算机技术专门化小组（计算机系的前身）汪嘉业、马绍汉、董继润、郑玉林等，物理系王德元、王华文等组成。整个研制组下设运控组、内存组和电路组。在吸收、消化国内第二代主流计算机 DJS-6 的基础上，经过两年的昼夜奋战，于 1972 年春完成了第一期工程，完成了 DJL-1 机的总体设计和逻辑设计。这是山东省第一台由小规模集成电路组成的数字计算机，每秒钟 10 万次，定名为 DJL-1 机。接着又开始了第二期工程，其主要任务是对 DJL-1 机进行内存扩容，研制外围设备及其接口，研制 ARGOL-60 和 FORTRAN 程序设计语言的编译系统和各种应用子程序。又经过近两年的努力工作，于 1974 年 DJL-1 机正式全部交付使用。

DJL-1 主要指标：平均运算速度约 10 万次/秒；字长 42 位；内存采用磁芯存储技术，存储容量 16384 字，存储周期 2μs；并配有光电输入机和磁鼓、磁带、宽行打印机，X—Y 绘图仪等外部设备；配有 DJL-1 机标准子程序，ALGOL-60、FORTRAN

编译程序等;全部采用国产电子元器件。

DJL-1 机正常运行以来,为山东省计算了一批急需的应用工程项目,为山东省培养了首批计算机应用人才,为山东大学计算机科学技术专业奠定了基础。1978 年 DJL-1 机荣获全国科学大会奖。

目前保留的 DJL-1 计算机磁芯存储器板属于早期计算机的贮存元件,由 32×64×2 个磁芯颗粒组成,共 512 字节,完全由手工制成。该磁芯存储器是 DJL-1 计算机唯一保留的器件,在世界上也已十分少见,非常珍贵。

DJL-1 集成电路数字通用中型计算机填补了山东省计算机领域的空白,使山东的计算机科学技术在 70 年代初率先跨入国内先进行列,对推动山东省的计算机和电子工业发展有其重大战略意义,是创建山东省计算机学科和计算机产业的标志性里程碑。

满负荷运行的十年间,为校内、外提供了 68000 个机时,大大促进了省内外军事工程、制造业、石油、建筑、气象、水利、电力等领域的发展建设;解决了我校数学、光学、化学、晶体、电子诸学科的计算机应用问题,为教师开展创新研究提供了新的平台,为数千学生提供了大量上机实习机时;培养了一支优秀师资队伍和一批计算机学科带头人。

该机的研发制造成为山东大学计算机设计制造一体化的成功典范,成为山东大学多学科交叉合作的典范。整个研发过程蕴含团结奉献、拼搏创造的团队精神,成为山东大学创新历史文化的重要组成部分。

(杨晓燕)

超高速开关隧道二极管

20 世纪 50 年代以来，快脉冲和超快脉冲技术有了极大的发展。脉冲的产生，使显示、分析水平约提高了两个数量级。随着显示装备和新型的脉冲发生器的产生，脉冲分析技术有了很大的发展。

窄 p—n 结的隧道负阻现象可由量子力学的粒子隧穿来加以阐明。在重掺杂窄 p—n 结隧道二极管中，电子隧道穿透的势垒是由 p—n 结处的空间电荷偶极层所产生的。隧道电流的大小取决于碰撞势垒的荷电粒子流密度，荷电粒子穿透隧道的几率以及可供荷电粒子透入的能态密度。三角形势垒能更接近隧道二极管的实际物理状况，考虑到电子能量的几率分布并作有关假设后，数字计算得到具有负阻的伏安特性并和实验有极好的符合。

制备隧道二极管的材料有锑化镓、锗、硅、砷化镓、锑化铟、砷化铟等。锑化铟和砷化铟因禁带宽度过窄只适于在低温下工作。硅因其能带结构、有效质量和迁移率的影响，只能制备成峰谷比小的二极管。砷化镓隧道二极管因具有不可逆的不稳定性和内阻较高也很难应用于脉冲讯号源。鉴于上述因素，我们选择了重掺镓锗单晶。由开关时间 20 微微秒所决定的二极管的优值应大于 20，可以推算出折合掺杂浓度 n^* 约为 $1\times10^{20}/cm^3$，为此，所需要求的重掺镓锗单晶的空穴浓度应在 $2\times10^{20}/cm^3$ 左右。

锗隧道二极管可用扩散、外延和合金方法制备，为获得较高的优值一般采用合金法。所有可能采用的工艺都必不可免地带来热扩散，而热扩散又必然的带来势垒的展宽，这就会在很大程度上影响隧道效应。

可用短电脉冲造成的局部高温制备隧道二极管，目前国际上上升时间最短的商品脉冲源 HP1106B 所采用的锗隧道二极管就是应用该方法制备的。但由于升降温时，温度梯度过大，晶格内应力大，对峰谷比和可靠性都较不利。为避免较大的晶格内应力，宜采用较低的合金温度和合适的合金时间。

为获得较高的可靠性可采用平面技术，在锗表面淀积二氧化硅，然后光刻出合适尺寸的窗口，再在窗口中制备重接杂 p—n 结。

由于砷在锗中有较小的扩散系数，平面工艺中可用重掺镓锗单晶为基片，以锡作合金载体，以砷作形成 N+层的掺杂剂。烧结形成 p—n 结的合金材料可选用掺有少量砷的砷锡合金。为了避免表面层的影响，合金时要保持一定的熔入深度，即有一定量的锗熔入砷锡合金，为此要有一定的砷锡量和不太高的砷锡比例。

考虑合金时的熔入深度在 100Å 的量级，所需砷锡膜的厚度应在 8000Å 左右。考虑到扩散的影响应选择熔点低的砷锡合金，含砷百分比的合适的选取范围约在 1%到 3%之间。烧结温度可选择在 400℃左右。

形成 p—n 结后，上电极的引出可采用蒸发钛金膜技术，钛对金和二氧化硅都有极好的黏附，有较高的可靠性。

为了降低寄生参数带来的影响，封装宜采用小型的同轴管壳。当采用部标的外径为 1.6 毫米的陶瓷管壳并采用银网作内引线时，典型的引线电感值小于 100 微微享，管壳的寄生电容不大于 0.15 微微法。

平面工艺的实施和封装概要：

1. 基片准备

选用空穴浓度 $1.8-2.2\times10^{20}/cm^3$ 的重掺镓锗单晶，其位错密度应低于 $1000/cm^2$。沿(111)面将单晶切片(以获得较高的优值)。磨抛平面成镜面，划道和斑点应分别小于每平方毫米二道和 6～8 点。

2. 二氧化硅淀积

将磨抛好的基片清洁处理后置于真空系统中，加温至 650℃并通以微量的正硅酸乙酯蒸汽，使其在基片上热分解以形成 1～1.2 微米均匀、平整的二氧化硅层。

3. 光刻窗口

此次光刻窗口的目的是大体上确定合金结的位置和面积。按照脉冲发生器的要求，所需隧道二极管的优值应大于 20，峰流要大于 30 毫安小于 60 毫安。为此，等效掺杂浓度，峰电流密度和结面积应大致确定。所需二氧化硅窗口的直径约为 6 微米。图形的重复周期约为 500×500 微米，每组图形数选为 3。

4. 蒸发并保留所需的砷锡合金

将光刻后并经清处的锗片置于高真空系统中，将适最的砷锡合金置于铂舟中，待真空度高至 2×10^{-5} 毛时快速背蒸砷锡，取片后去除二氧化硅膜上的砷锡合金膜，使在窗口中保留砷锡合金膜，蒸发合金膜的厚度略低于二氧化硅膜，约为 0.8～1 微米。砷锡合金中砷的含量直接影响烧结温度和结特性，砷盘过高，烧结温度就得跟着提高，优值则下降。按合金相图和实验结果分析，表明较合适的砷浓度约为 1%～3%。

5. 烧结

将基片置于通氮系统中迅速加温和降温，最高温度约为 400℃，加热和冷却的总时间约为 20 秒，以获得极浅的折合掺杂浓度高的 p—n 结。

6. 蒸钛金膜

烧结完的基片经清处后置于高真空系统中，在高真空状态下蒸发一薄层钛膜作介质，随之即在同一系统中蒸上金膜。光刻的电极面积约为 40×60 微米^2，覆盖在 p—n 结之上，以作上电极引线用。

7. 封装

经分划和初测挑选的管芯，用锡或锡合金烧结丁 EM 管壳的底部，上部以 20×20 微米 2 网格的银网作引线压焊于钛金膜上，最后盖帽封装成成品二极管。

按照上述工艺方案试制成一批超高速开关锗隧道二极管。用 HP140A 取样示波器测定了开关时间(示波器本身的上升时间为 28ps)测得相当一部分样管已达或略小于 20 微微秒。上冲度小于 5%。和当前最快速的成品脉冲讯号源 HP1106B 中使用的隧道二极管相比，主要电气指标分列如下：

	试制样管	HP1106B 用管
(1)峰流	Ip30mA—60mA	同左
(2)峰压	Vp≤200	同左
(3)峰谷比 Ip/Iv	≥3(一般为 5)	2～3
(4)优值 S	≥20mA/P5	同左
(5)上升时间 tr	≤20ps	同左
(6)上冲量	≤5%	同左

所制备样管已通过部标(SJ908—74)所规定的环境试验，并在有关工厂和单位的整机中使用，所制备的讯号源其上升时间和上冲度均符合整机的要求。

20ps(廿微微秒)超高速隧道二极管为上世纪七八十年代最为快速的电子开关器件，是为现代国防和现代科技所迫切需要的时域反射仪上最为关键的器件。受电子工业部委托，山大物理系半导体教研室承担了该项目的研究，经克服重重困难后，终于在 1979 年成功应用了合理的超细微加工技术，研制出填补我国电子科技领域空白的自行研制的超高速隧道二极管。该技术指标达当时国际最高水平，可靠性指标优于国际水平。此项研究成果不仅满足了相关部门的急需，同时每年还为国家节省了数十万美金的外汇。该成果荣获山东省科学技术研究成果一等奖(1981.3)(该奖为科技进步奖前身，与科技进步奖等同)。

(陆大荣　余亦舜　程兴奎　李淑英)

郭继德与英语语言文学研究

郭继德教授1941年出生，山东单县人，1960年考入山东大学外文系，本意学习俄语，但因报考英语专业的人数少，故而转入英语专业学习，1965年毕业后留校执教至今。他长期从事英语语言文学教学和研究，先后任讲师、副教授和教授。

郭继德

一、学科建设

郭继德教授为山东大学外语学院的学科建设和发展做出了杰出贡献。1998年，他被学校任命为“211工程”项目英语语言文学学科第一带头人，主持学科建设，组织申报英语语言文学博士点工作，2000年9月申报成功；2001年被评为博士生导师，共招收了22名博士生，18名已毕业，还培养了90余名全日制硕士生和近40名同等学力硕士生。他是外院山东省省级重点学科英语语言文学第一学术带头人；2007年，他作为第一学术带头人申报“外国语言文学博士后流动站”成功，现已招收7人(次)入站，其中一人已出站，现仍招收博士后；他还积极支持外院一级学科博士授权点的申报工作，获得成功。

由于其杰出的学术贡献和突出的学术造诣，郭继德教授1996年被批准享受国务院政府特殊津贴待遇，被聘为教育部高校人文社会学科研究优秀成果奖评审专家、教育部社科项目通讯评审专家、国家社科项目通讯评审专家、国家留学基金委员会评审专家，同时还是山东省社会科学人才库成员、山东省社会科学优秀成果奖评审专家等。

郭继德教授长期担任领导职务，积累了丰厚的学科建设和行政管理经验。他曾任山东大学外国语学院副院长(并兼任英语二系主任)和院长、外语学院学术(学位)委员会主任等职务，是山东大学文科学术委员会成员、山东大学人文学部成员、山东大学校学术(位)委员会委员、山东大学教学指导委员会委员等。现任山东大学美国现代文学研究所所长、山东大学加拿大研究中心主任等职。

二、国际交流

郭继德教授受惠于中、美、加等三国政府文化交流项目,曾十余次赴美国、加拿大等国和地区的大学进行学术考察、交流和从事学术研究,在美国文学研究方面为我国的国际学术交流做出了突出贡献:

1. 1978 年,郭继德教授参加教育部组织的全国统考,于 1979 年 9 月赴加拿大皇后大学做访问学者,从事英美加文学研究;1981 年初,转入美国纽约哥伦比亚大学戏剧系,从事戏剧研究,先后会见了琼·克劳德·范伊塔列、阿瑟·密勒、爱德华·阿尔比、黄哲伦等剧作家。

2. 受美国新闻署(US Information Agency)国际学者交流委员会邀请,郭继德教授于 1983 年 3 月底至 4 月底期间访问美国华盛顿、纽约、波士顿、底特律、孟菲斯、奥斯汀、洛杉矶、旧金山等地十余所学校,与学者和作家进行交流、搜集美国文学研究资料、特别是美国戏剧资料。

3. 1988 年 8～9 月份,郭继德教授受惠于中加政府文化交流项目,对加拿大不列颠哥伦比亚大学、里加纳大学、多伦多大学、皇后大学等高校进行学术考察和交流;受美国普林斯顿大学英语系主任、著名美国文学专家埃默利·艾略特(Emory Elliott)邀请,于同年 9 月下旬至 10 月中上旬访问普林斯顿大学等学校,进行学术交流;还到纽约市访问了阿瑟·密勒,把密勒先生写了前言的中文版《阿瑟·密勒论戏剧》送给他,还跟他商讨了出版中文版《阿瑟·密勒剧作选》的事宜。

4. 1990 年 8 月～1991 年 9 月,郭继德教授以富布赖特学者身份在纽约市立大学(CUNY)研究生院撰写"美国戏剧史",并访问了剧作家阿瑟·密勒和不少学者。

5. 1996 年 9 月～1997 年 6 月,郭继德教授根据中加文学交流协议,在多伦多大学戏剧研究中心研究英语戏剧,开始撰写《加拿大英语戏剧史》,并完成初稿。

6. 2008 年 5 月下旬至 6 月初,郭继德教授赴加拿大首都渥太华,出席国际加拿大研究会理事会议。

7. 2007 年春天,郭继德教授赴香港出席亚太地区加拿大研究联谊会成立会及学术研讨会;2007 年秋天赴印度尼赫鲁大学;2008 年春天赴韩国首尔樊花女子大学;2008 年 7 月赴澳大利亚布里斯班等地的大学出席亚太地区加拿大研究学术会议。

三、学术著作

郭继德教授主要从事英语文学(主要是英美加文学)和西方戏剧研究,已发表

100余篇学术论文，出版工具书、译著、编著和学术专著20几种，在国内外产生了很大影响。其研究领域大致可分为三个方面：

1. 美国戏剧研究是郭继德教授的强项，在国内外处于领先地位，被推举为中国美国戏剧研究会会长。他曾多次访问多位美国剧作家(阿瑟·密勒、爱德华·阿尔比等)，拓展了戏剧研究视野。他出版了多部戏剧著作，其中《美国戏剧史》(1993)是国内第一部美国戏剧通史并获多项奖励；《美国戏剧选读》(中文版1994年，英文版2006年)是国内第一部美国戏剧教材；《奥尼尔文集》(2006)是国内第一部综合性奥尼尔文集，收入了奥尼尔的主要戏剧作品译文，还收入了奥尼尔的诗歌和戏剧理论译文等。另外，他多次组织和协助组织奥尼尔学术研究会，编辑出版了《尤金·奥尼尔戏剧研究论文集》(2004)；撰写了《当代美国戏剧发展趋势》(2009)一书，为推动我国的美国戏剧研究做出了巨大贡献。

2. 郭继德教授在当代美国文学综合研究方面也颇有建树：1988年出版国内第一部美国文学工具书《当代美国文学词典》，随后还出版了《英语文学散论》《20世纪美国文学：梦想与现实》(2004)等论文集，汇聚了他这方面的研究成果。他还多年协助编辑《现代美国研究》《美国文学》和《美国文学丛刊》，近十余年来主持《美国文学研究》的编辑工作，已出版了五辑，目前第六辑正在编辑中。

3. 郭继德教授对加拿大文学的研究起步较早，颇有特色。他计划编辑、撰写、出版三部加拿大文学研究作品，现已出版两部：《加拿大文学简史》(1992)是国内第一部加拿大文学史，已荣获多项奖励；《加拿大英语戏剧史》是国内第一部加拿大戏剧史。目前他正在编写《加拿大小说史》。

总之，郭继德教授是全国美国文学研究方面的领军人物之一，在美国戏剧和加拿大文学史研究方面可以称得上是起到开拓作用的一流学者，在推动和引领美国戏剧研究，特别是奥尼尔戏剧研究方面可谓是功勋卓著，并为我国的美国文学和加拿大文学研究在国际层面的交流做出了巨大贡献，在国内外学术界影响很大。另外，他为山东大学外语学院的学科建设和学术发展做出了积极的贡献，就山东省乃至全国英美文学研究方面的人才培养而言也功不可没。

(申富英)

李莱田与“全息诊疗仪”

1987 年,李莱田的全息诊疗仪获得国际金奖

李莱田,1937 年出生,山东济南人。毕业于山东师范大学,现任山东大学齐鲁医院中医科主任医师,中国全息医学会(筹)主任委员,中国时间生物学会理事,中国中医药学会男科分会理事。

1984 年以来,中医科李莱田教授在临床上试用张颖清教授发明的第二掌骨侧全息诊疗法,确实收到一定疗效,但也感到该法诊断全靠患者痛觉感觉,治疗全凭医生主观掌握,缺乏客观数量标准,为使全息诊疗客观化、定量化而自选了“全息诊疗仪”的研制发明课题。“全息诊疗仪”是根据全息生物学、生物全息律、第二掌骨侧诊疗法、中医理论、电生理学及电子技术设计研制的。全息生物学是研究生物体部分与整体,或部分与部分之间在生物学特性上全息相关的规律,以及这些规律应用的科学。生物全息律是全息生物学的基本规律,属核心理论。人体的第二掌骨侧穴位群上面有人体全身的缩影,不同穴点代表人体不同部位。“全息诊疗仪”是以此为基础,结合中医理论诊断、治疗疾病的。1985 年,李莱田在病房和门诊用按上述原理自制成的“全息诊疗仪”对正常人和内科杂病患者进行多种指标的检测,找出了第二掌骨侧各穴区间电位差异的相对稳定差距。1987 年,用液晶显示器和自动按摩探头制成了“全息诊疗仪”Ⅰ型,参加了第十五届萨格勒布国际发明博览会,获金牌奖,参加中国第三届发明展览会获银牌奖。1989 年转让给山东省人才开发中心医药丌发部,生产出“全息诊疗仪”Ⅱ型,批量生产和推广应用于国内 20 个省市自治区。临床上应用各型“全息诊疗仪”共检测诊断6290人次，经西医各种现代手段检验证实，诊断符合率达85.47%；共治疗3459人，总有效率为81.9%。其适应证按中医理论分类为各种头痛、牙痛、肩背痛、颈项痛、胸胁痛、胃脘痛、腰痛、腹痛、痛经、四肢关节痺痛、中风后遗症等多种功能性、疼痛病症，其中许多病例可收到奇效。1986年，李莱田在自制“全息诊疗仪”获得确切电生理数据及临床疗效后申请了中国实用新型发明专利，获准并将专利转让给厂家生产。

“全息诊疗仪”是第一个用客观定量标准将第二掌骨侧全息穴区的生理及病理变化反映出来的医疗仪器。它不仅能客观定位诊断，而且能定量地自动按摩治疗。既使全息诊断客观化、定量化，也解除了施治医生的疲劳。同时“全息诊疗仪”还是第一个以“全息”为正名走向世界，受到世界医学家们公认，获得第十五届萨格勒布国际博览会最高奖——金牌奖的仪器，比“生物全息电图诊断仪”获巴黎市府大奖早一年多。

1991年，李莱田主编出版的《全息医学》，是国内外第一部全息医学领域的学术专著。他主持的课题“全息诊疗仪的研制与临床应用”于同年获省科委科技进步三等奖；《全息医学》于1993年获省教委著作三等奖。1994年，他联络国内外全息医学专家，发起创建中国全息医学研究会，并召开两届全国全息医学学术研究交流会。他并主编《全息医学大全》，于1997年出版发行，成了国内外举办全息医学学习班的必用教材。他经常出国参加国际全息学术会议及培训班，将全息医学诊疗方法推广到全世界，造福人类，为医学事业的发展做出了突出贡献。

（田道正）

新中国首批博士于秀源

1983年，首批博士合影(左一内于秀源)

于秀源博士1942年2月生于山东章丘。1964年毕业于山东大学数学系，同年考取杭州大学数学系研究生，师从我国数学界前辈陈建功先生。1967年起，先后在杭州市人民中学，杭州市第四中学任教。1978年，考取山东大学数学系研究生，在著名数论专家潘承洞院士的指导下攻读解析数论。1980年，因成绩优异，提前毕业，任教于山东大学数学系。1981年，去英国剑桥大学，在国际著名超越数论权威A. Baker教授的指导下进行超越数论的研究。1983年5月，获山东大学理学博士学位。1984年起，历任山东大学数学系副主任、副教授、山东省青年联合会副主席、山东省数学会常务理事等职。1987年起任教授，在杭州师范学院工作，曾任杭州师范学院数学系主任、副院长、副院级巡视员；2002年起，任衢州职业技术学院院长；曾任中国优选法统筹法与经济数学研究会理事、浙江省应用数学研究会副理事长、杭州市数学会理事长等职。1990年与1995年，两次应邀赴美国南伊利诺大学、内华达州立大学(拉斯维加斯)、加利福尼亚州立大学等学校访问、讲学。1986年起担任 *Mathematical Reviews* 杂志评论员，是第五、六、七、八届全国密码学会议程序委员会委员，2002年国际数学家大会数学教育分会程序委员会委员，1997年与2000年两届国际数学教育学术研讨会(杭州)学术委员会主席。

1981年1月，《中华人民共和国学位条例》开始实行，学位分学士、硕士、博士三级。1981年11月26日，国务院批准了首批博士和硕士的学位授予单位和学科、专业的名单。

1983年5月27日，首批18名博士从几千名学子中脱颖而出，登上人民大会堂主席台领取博士学位证书，当时的国家领导人接见了与会的博士。他们是：于秀源、马中琪、王建磐、白志东、冯玉琳、苏淳、李尚志、李绍宽、张荫南、范洪义、单墫、赵林城、洪家兴、徐文耀、徐功巧、黄朝商、童裕孙、谢慧民。这18名博士的诞生树起了新中国教育发展的一块里程碑，中国人可以依靠自己的力量培养博士了。

我国首次建立了博士生制度，从根本上改变了一百多年来我国培养博士主要靠外国——1949年前主要靠英美等西方国家，1949年后主要靠苏联——的不合理局面，实现了博士生培养基本立足国内这一重大战略目标。

于秀源是1978年报考山东大学研究生的，那时他经过20多个小时的旅途颠簸，从杭州到达济南黄台车站已是凌晨2点多，他在灯光昏暗、苍蝇飞来飞去的候车室里踱步，想起距离他从山东大学数学系毕业已过14载，此去经年，岁月蹉跎，命运波折，感慨不尽。当时已36岁的他，是杭州四中校办工厂的工人。

于秀源所在的厂子不太想放他走，但幸好当时中央对工作人员报考研究生的政策很宽松，虽然费了不少周折，厂里最终还是让他报名了。既要工作，又要准备考试，于秀源经历了今天的年轻人难以想象的艰辛。当时他最大的孩子不过两岁，小的才半岁。直到现在，当时的邻居还记得，他在工作之余，坐个小板凳，旁边放着竹板子的童车。他的脚来回蹬着童车，“催眠”躺在里面的小儿子，一只手捧着书，另一只手在一个小方凳上演算题目。就是在这种艰苦的条件下，于秀源考上了山东大学数学系的研究生，师从潘承洞教授。

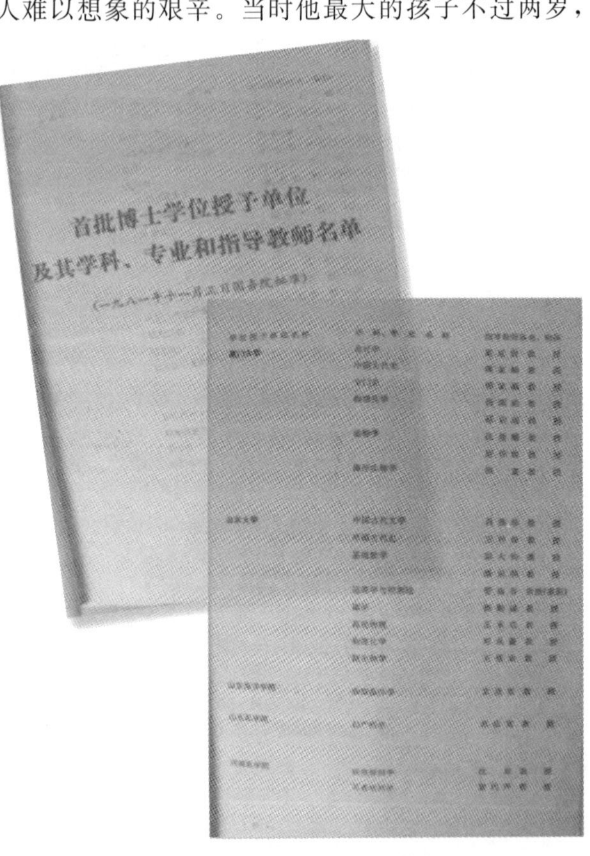

首批博士学位授予单位及其学科、专业和指导教师名单

（一九八一年十一月三日国务院批准）

全国首批博士和硕士授予权单位

于秀源因为成绩优秀，早在1980年研究生就提前毕业了。著名数学家王元在其毕业论文后写有“此人论文水平达到博士研究生水平”的批语。山东大学据此向教育部请示，希望于秀源能作为首批博士参加学位授予大会。于秀源记得，他曾被学校研究生处处长带到北京，处长告诉

他，为了证明他的实力，学校建议有关部门专家随机检验他的水平。最后，考试并没有进行，但学校的坚持起了作用。他最终获得了新中国首批博士学位。

于秀源教授主要从事解析数论、超越数论和密码学的研究，1994 年以来，也从事数学教育的研究。已在《中国科学》等国内外重要学术期刊上发表论文 120 余篇，出版专著及教材 8 部。已五次主持国家自然科学基金会资助的研究项目，五次主持浙江省自然科学基金会资助的研究项目，并多次主持教育部、浙江省教育厅科研和教改项目，取得了很好的成果。

于秀源博士一直在教学第一线工作，培养了一批优秀的数学和密码学人才，许多已成为博士生导师，学术带头人，其中有享誉国内外的密码学专家王小云等。

1990 年，于秀源获“浙江省优秀教师”荣誉称号。1991 年，获国家教委、国务院学位办公室授予的“做出突出贡献的中国博士学位获得者”荣誉称号。1993 年获“国家高师院校教师奖”（曾宪梓奖）二等奖。四次获浙江省教育厅科技进步奖；二次获浙江省优秀教学成果奖，以及其他奖项。2002 年，获中共中央办公厅“党政密码科技进步奖”一等奖。1992 年起享受政府特殊津贴。

（姜　楠）

历史学科首批博、硕士点

1981年1月1日,《中华人民共和国学位条例》正式施行,这标志着我国的学位制度正式建立。同年,山东大学历史系中国古代史学科成为国务院评审通过的第一批博士点,中国古代史学科和专门史学科成为国务院评审通过的第一批硕士点。

山东大学历史系早在1952年就已成为全国首批培养历史系研究生的院系之一,但未设立相应的博士、硕士学位。1956年,山东大学首批四个专业面向全国招收副博士研究生各一名(此为学习当时苏联的做法,相当于硕士),其中历史系招收中国上古中世纪史和中国土地制度史两个专业,由王仲荦、张维华先生为导师。本着择优录取、宁缺毋滥的原则,历史系最终只招收了报考中国土地制度史专业的张靖海一人。

随着我国学位制度的建立,1981年3月30日,山东大学历史系中国古代史第一、第二教研室向国务院提交了《申请授予硕士、博士学位学科、专业简况表》。同年11月,国务院审批通过山东大学中国古代史博士点,中国古代史和专门史硕士点。博士生导师为王仲荦教授,硕士生导师包括:王仲荦教授、郑鹤声教授、张维华教授、韩连琪教授、徐绪典教授、黄冕堂副教授以及郑佩欣副教授。在同年山东大学硕士研究生招生计划中,历史系拥有8个名额,占全校招生计划的1/10。具体招生方向为:魏晋南北朝隋唐史,导师为王仲荦教授(时年68岁)与郑佩欣副教授(时年48岁),招生2人;春秋战国秦汉史,导师为韩连琪教授(时年72岁),招生2人;明清中西交通史,导师为张维华教授(时年79岁),招生1人;近代中国对外关系史,导师为徐绪典教授(时年67岁),招生1人;史部目录学,导师为郑鹤声教授(时年80岁),招生1人;宋元明清史,导师为黄冕堂副教授(时年57岁),招生1人。

作为当时山东大学历史系唯一博士生导师的王仲荦先生非常爱护学生,对于学生的困难,他总是热心地给以解决,将学生的事看作自己的事情,并经常拿出自己的微薄工资接济学生。他视学生如己出,倘若学生犯了错误,他首先做的是自责,然后才去教育学生。

在研究生培养工作中,王仲荦先生一向坚持高标准、高质量,力求尽善尽美。王仲荦教授的学生刘统(历史系78级研究生,现为中国人民解放军军事科学院研究员)回忆说:“先生博览群书,对一些重要史籍,他是反复精读的。……他对我们这些考生说:‘要好好读《资治通鉴》,我已经读了十八遍,现在有问题还要查它。’当时我们都惊叹不已,后来先生著《隋唐五代史》,案头上一直摆着《资治通鉴》,读了总不下二十多遍吧。”1986 年,王仲荦先生在书房内赫然长逝。先生的弟子兼同事,山东大学历史系郑佩欣教授有挽联云:“有遗著四百万字,育齐鲁三千英才。”精练地概括了王仲荦先生治学育才的一生。

郑鹤声先生精研中国近代史、中西交通史、文献学、目录学和明清史等,卓有建树,一生著述近 2000 万言。1949 年后,郑先生一直担任山东大学历史系教授直至 1989 年逝世,在此期间先生培养了一批批史学人才,他们或成为学界支柱,或成为各界栋梁。

在 1981 年山东大学迎来建校 80 周年之际,郑鹤生先生在《山东大学校报》上发表了他的《校庆感言》,其间凝结了他对山大深厚的感情,对教学深深的热爱:“……重新整理、研究、继承和发扬我国的学术、抢救文化遗产,对发展我国的文化科学和教育事业,对建设社会主义精神文明,是刻不容缓的。我们老一辈的学者,在经过‘十年浩劫’之后,幸存至今的已不多了。伏生在‘焚书坑儒’和战乱之后,在封建社会的条件下,孤身一人,百岁高龄,尚且能用其特长,为抢救祖国的学术和文化遗产做出贡献。我们今天更应有伏生那样的精神,把自己的一生所学,毫无保留的传授下来,既要系统整理以往研究成果,又要切实挑起培养青年一代的重担。……我感到我们的学校确实是大有希望的,前途无限美好的。古代济南伏生博士在百岁之际尚且为国家服务,而我今年过八十,但身体健康,我觉得自己不是像八十,而是像十八那样,还可以大干一场,在有生之年,为山大,为国家的四化建设贡献自己的一份微薄的力量。”

张维华先生一向很重视教学,80 年代初他给研究生和中青年教师讲中西交通史时,已经患有哮喘病,他就讲一段,向口中喷一下平喘药,即使这样,他仍是提前写好讲授提纲,抖擞精神,坚持讲完。他说:“不要小看教学,你在台上讲,台下有许多学生看着你,一举一动都会给他们留下印象。每节课都要认真地讲,这是当教师的本分。”山东大学历史系张知寒教授曾清楚地记得:“张老讲课,一直是那样从容不迫,娓娓而道,引人入胜。先生讲话,极富有感情,如氤氲和气,如清泉流水,洋溢贯彻于讲授的内容里面,从而产生了一种引力,听讲者,犹如沐浴于春风化雨之中。”

据张维华先生门下首批硕士生,现任山东大学历史系教授的晁中辰教授回忆,随张维华先生受业的这段经历,印象最突出的是他经常说的一句话:第一是人品,第二是学问。张先生对学生要求严格,特别强调人品的重要。他常说:“一个品行不端的人,是搞不好学问的。”张维华先生始终以自己的言传身教和高风亮节影响学生,正如先生逝世后他的学生们写的一副挽联所评价:“百万言鸿篇巨制,上溯秦汉，下建明清，学贯中西，一代士林共仰泰斗；六十载春风化雨，前绍孔孟，后宗马列，门盈桃李，五世传人痛悼良师。”充分表达了受他熏陶的后辈人对他的深切怀念和景仰。2005年底，山东大学历史文化学院根据张维华教授基金委员会提议，设立了“张维华教授奖学金”，奖学金旨在激励广大历史学科研究生、本科生发愤读书，刻苦钻研，勇于创新。每年奖励研究生5人、本科生5人，每人奖励2000元。

韩连琪先生为人低调，但却善于发现和开掘别人的优点，善于从正面鼓励而从不疾言厉色，每当看到学生有点滴进步，他的欣喜之情总是溢于言表。韩先生渊博的学识、严谨的学风、正直的品德和慈祥亲切的长者风范，使学生深受教益和感染。

20世纪70年代末，韩连琪先生在指导一位女青年教师治秦汉史时要求其通读《史记》《汉书》，每天读一卷或两卷，不能一目十行，更不能跳跃式地读，还要边读边做笔记，并定期接受检查、考问。后来，这位女教师写过一篇《评汉书李贤注》的文章送到省史学会评奖，许多老学者都深为她如此谙熟《汉书》而感到惊异。此外，韩连琪先生还积极承担教学任务，全身心备课，且能循循善诱、严格督导而不知疲倦，形成了自己教书育人的显著特点和优点。韩先生跨进山大校门时，其职称仅是个讲师，但他接受教学任务，却是与王仲荦、张维华等名教授采用接力方式开设《中国通史》课程，且打头炮讲授先秦史。先秦史是最难研究和讲授的，无论对谁，都是个很大的挑战。韩先生不仅勇于迎接挑战，积极承担了这项艰巨任务，而且付出了极大心血，赶在开课前写出了山大历史系第一套关于先秦史的高水平讲义，篇幅达30万字。系内所有名教授都对韩先生的学问给予好评，《先秦史讲义》则是重要根据之一。无论从教学态度、内容、效果等各方面看，韩先生的课学生都十分满意。后来，韩先生指导研究生或进修生，也总是一如既往，满腔热情，全力以赴，认真负责到底。

徐绪典先生在山东大学历史系辛勤工作了近30年，培养了数以千计的青年学生。他教学态度严谨，对学生要求严格，采取启发式教学法。每讲完一段史实，都要启发学生发表自己的见解，以进行讨论。他总是告诫学生：“我们不采取先生讲、学生听、死记硬背的学习方法。我们要通过历史课的学习，了解历史发展过程和规律，并从中分析原因，总结经验，吸取教训，以达到古为今用的目的，这才是我们学习历史的唯一目的。”上课之余徐绪典先生还花费不少精力，热情指导研究生。他的许多研究生毕业后留在大学任教，其中一些人作出了突出成绩，每念及此，他们都不忘自己这位可敬恩师的教诲。

徐绪典先生还以极大的热情指导外国进修教师，美国尤金大学(Ugen University)历史学教授Ashrik来华进修中国历史，先生对其进行精心指导，不厌其烦地答疑解难，使Ashrik感到一年的学习时间虽然短暂，但收获很大。1987年，徐绪典先生应美国文化交流委员会邀请，赴美国加利福尼亚大学讲学和到哈佛大学参加学术讨论会时，Ashrik还特意将他接到尤金大学讲课，受到该校师生的热烈欢迎。

黄冕堂先生功底深厚、学风笃实，在广博基础上求精求新，鄙薄浮华和猎奇。他为人谦和，奖掖后进，埋头苦干，为人师表，一直坚守在教学第一线，长期讲授本科生的基础课。黄冕堂先生从 1978 年起开始招收研究生，特别是从 1983 年至 1988 年的连续 6 年间，他每学期同时指导的研究生至少有 4 名，最多时达到 8 名。由于黄冕堂先生教学勤勤恳恳，呕心沥血，数十年如一日，多次被评为山东大学优秀教师，1983 年被评为省优秀教师。

送人玫瑰，手有余香。给学生编书、送书，是黄冕堂先生教学生涯的一个独特的亮点。在众多的藏书中，他最珍视一本 192 页的《宋元明清史自学辅导书》，这是他为了方便历史系学生课余学习精心编制的。因为有很强的实用性和指导性，很受学生们的欢迎。学生们反映说："这本书对于我们的课堂学习有很大的帮助，我们迫切希望教授、老师给我们多写些像黄老师那样的辅导书。"给学生送书，黄冕堂先生是十分慷慨大方的。当自己的专著出版后，都要买下一些，不管他的学生是在天南地北还是近在咫尺，都要寄送他们，如果在书店看到对他的哪个学生非常有用的书，不管这个学生是在校内或校外工作，也不管部头多大，价格多高，也都买下分送给他们。先生一生酷爱藏书，不仅满足了自己的学术研究，而且慷慨允诺老师、学生借读查阅。一位学生曾回忆说："以前我经常麻烦老师，特别有两次我向老师借书，我本来要自己去拿，可每次都是老师给我送过来。"先生对后学的奖掖，传为美谈。

郑佩欣先生在高校执教 30 余年，先后讲授过"中国古代史""魏晋南北朝经济史""历史文选""写作实习"等课程。近几年，重点从事培养指导研究生和进修教师的工作，陆续培养出 20 余人，其中一些人已在史学界崭露头角。先生儒雅大度，待人宽厚，师德高尚，乐为人梯，工作任劳任怨，不计个人得失，教书育人，一丝不苟，对后学严格要求，循循善诱，是青年学子的良师益友，受到人们的敬重。

郑佩欣先生诲人不倦，乐于给学生以指导，看到学生的成果亦为之高兴。他对学生要求十分严格，经常告诫学生要甘于寂寞，潜心学术，不要为世风所污染。他言传身教，无私奉献，门下弟子或为学术名家，或为政界精英，或为商界巨子，可谓桃李遍天下。郑佩欣先生退休后仍然十分关心后辈的学习和成长。就在其去世前八个月，他还接受了山大学生社会实践的采访。患病中的郑佩欣先生，侃侃而谈，向学生介绍山大历史系的过去，鼓励新一代的学生们努力学习。

1981 年，山东大学历史系招收学位制度建立后的首批硕士研究生，录取了王育济（现为山东大学历史文化学院院长、教授、博士生导师，国家级教学名师。山东省史学会会长，山东省文化产业研究基地首席专家）、李肇翔（现为中华书局编审，国务院政府特殊津贴获得者，古籍整理专家）、陈尚胜（现为山东大学历史文化学院教授、博士生导师）、袁刚（现为北京大学政府管理学院教授，博士生导帅）、傅克辉（现为山东鲁信置业有限公司总经理）、胡新生（现为山东大学历史文化学院教授，博士生导师，中国古代史研究所所长)、于化民(现为任中国社会科学院近代史研究所研究员、博士生导师)等七人。而直到 1984 年才招收了首批博士生，包括傅克辉(现为山东鲁信置业有限公司总经理)、胡新生(现为山东大学历史文化学院教授、博士生导师，中国古代史研究所所长)、谭世保(即谭世宝，现为山东大学历史文化学院特聘教授、澳门理工学院历史研究所客座教授)、齐勇锋(现为中国传媒大学文化产业研究院教授、博士生导师、学术委员会主任)、袁刚(现为北京大学政府管理学院教授、博士生导师)等五人。王仲荦先生为这批博士研究生的导师。1987 年 12 月，五人顺利通过答辩，成为山东大学首批历史学博士。

1996 年 7 月，山东大学历史系组建成为历史文化学院，2000 年考古专业被审批为博士点；2003 年学院连续取得了专门史博士点、一级学科博士点和一级学科博士后流动站，博士点覆盖了当时历史学所有 8 个二级学科，即中国古代史、中国近现代史、世界史、考古与博物馆学、专门史、史学理论与史学史、历史地理学、历史文献学。2007 年，专门史中的中外关系史由国务院学位办单独审批为博士点。与此同时，历史文化学院的硕士点建设也取得了长足的进展，共建立了中国古代史、中国近现代史、世界史、考古与博物馆学、专门史、史学理论与史学史、历史地理学、历史文献学、中外关系史、档案管理学和文化产业管理学等二级学科硕士点，其中档案管理学、文化产业管理学授管理学的硕士学位。值得一提的是 2006 年经国务院学位委员会审批通过的文化产业管理学硕士点是全国第一个本专业的硕士点。2011 年，经国务院学位委员会审核批准，山东大学新增 7 个一级学科博士学位授权点和 12 个一级学科硕士学位授权点。其中，山东大学历史文化学院考古学、中国史、世界史三个学科获一级学科博士学位授权点与一级学科硕士学位授权点。

(付晓青　章军杰)

微生物学博士点

山东大学微生物学科历史悠久，基础良好。早在1950年王祖农先生来山东大学植物学系任教后，即在植物专业中创建了微生物学组。这是国内微生物专业的前身。当时与山东大学医学院、水产系合作，先后开设了普通微生物学、土壤微生物学、医学微生物学、水生微生物学等专业课。1951年，第一届微生物学组学生毕业，是我国第一批微生物学专业人才（共毕业三名学生：杨颐康——华东师范大学、孙怀玉——中科院海洋研究所、李良庆——中科院微生物研究所）。

全国人大常委会严隽琪副委员长（左二）视察微生物技术国家重点实验室

1952年，我国高等院校院系调整时，山东大学植物学系和动物学系合并为生物学系。下设的植物学专业中，设置了微生物学专门化，直至1959年扩建为微生物学专业。在课程设置方面，增设了微生物生理学、微生物技术学、抗菌素学（后扩展为工业微生物学）等课程，基本形成了较完整的教学体系。1962年，受教育部委托，由武汉大学、山东大学和复旦大学三校共同编写了我国综合性大学的第一部“微生物学”教科书。“文革”期间开设有工业微生物学专业、农业微生物学专业，先后招生三届，近300余名学员毕业。

山东大学为了进一步发挥微生物学科的优势，于1984年专门成立了微生物学系，除原有的微生物学专业外，经国家教委批准增设微生物工程专业。这是我国综合性大学生物学科方面开创的理工结合的试点。微生物学专业陆续增设了微生物分类学、微生物生态学和微生物遗传学等专业课程，以及与近代生物学课程相应的分子遗传学，生物信息学等实验课程，并分别出版了教科书。

半个多世纪以来，山东大学微生物学科的发展与时俱进，目前，本学科的教学和教学实验课的主要内容已与国外主流院校相近。

在研究生培养方面，山东大学微生物学专业于1956年和1961年，已分别招收有研究生。1981年恢复学位制后，又被国务院学位办批准为我国第一批、也是委属高校中唯一的微生物学博士点，开始招收硕士、博士研究生，并于1985年培养出了我国高校中第一位微生物学博士(曲音波)。自1981年招收微生物学博士以来，为国家和社会培养了大批优秀人才，为我国微生物学科的发展做出了应有的贡献。

在科学研究方面，早在20世纪50年代初，开始了纤维素降解和自养微生物学、固氮菌的研究工作。首次在盐碱地分离出嗜盐纤维分解菌、在江西红壤土分离出耐酸固氮菌，1990年首次报道可利用纤维素固氮的放线菌，为以微生物学方法改良土壤提供了基础微生物学方面的有力支持。1959年，在中科院有机研究所的协助下，得到我国第一个结构阐明的新抗菌素——棒曲霉素。半个多世纪以来，在王祖农教授的领导下，持续开展了纤维素生物降解机制的研究，经过几代人坚持不懈的努力，已经从微生物学、生物化学，拓展到生物工程学、分子生物学、生物信息学等学科和农业、环保等应用领域。

为了加强山东大学微生物学科的科研力量，早在1964年被高教部批准成立了“山东大学微生物研究室”，专职从事微生物学的研究，并于1981年扩建为“山东大学微生物研究所”。微生物学科1987年被评为国家重点学科，2001年和2007年又两次以优异成绩继续被评为国家重点学科。同年，经国家计委和国家教委批准，依托于“山东大学微生物研究所”筹建“发酵工程国家重点实验室”(后改名为“微生物技术国家重点实验室”)。1995年10月通过国家验收，并正式对外开放。

近五年来，山东大学微生物学科进一步明确以与人类社会可持续发展直接相关的微生物技术为主要研究对象。主要研究方向有：(1)生物质资源微生物技术研究；(2)资源和环境微生物以及海洋微生物研究；(3)发酵新产品、新工艺的研究，以及精细化工产品的生物转化技术；(4)分子生物技术研究；(5)生化工程技术研究。在上述领域的研究中发展迅速，取得了一批重要成果，有的居国内领先，有的达到国际先进水平。如以高培基、曲音波教授为代表的山东大学研究团队在纤维素酶等相关研究中，发表的论文数和它引数均为国内第一，获国内外同行的广泛认可，多篇论文获得高频次引用。基于山东大学在纤维素的研究方面有深厚的基础与实力，以山东大学曲音波教授为“973”项目首席科学家的“木质纤维素资源高效生物降解转化中的关键科学问题研究”获批准立项。相关研究已获得国家级和省、部级(一等奖)5项奖励，对学科发展发挥了推动作用。

(高培基　钱新民)

发育生物学博士点

发育生物学是应用现代生物学的技术研究生物发育机制的科学。发育生物学不同于传统的胚胎学，而是20世纪50年代以后，由于分子生物学、细胞生物学、遗传学、生物化学等其他生命学科的发展和与胚胎学的相互渗透，才逐渐发展和形成的一门新兴的生命科学。人们对于生物发育机制的研究，从原来采用胚胎学、细胞学和实验胚胎学的方法为主的状况，逐渐进入分子生物学研究的时期。20世纪90年代以来发育生物学的研究取得了突飞猛进的发展，发育生物学已成为当代最活跃的生命科学研究领域之一。

苗俊英教授(左一)指导学生操作共聚焦显微镜

山东大学发育生物学学科有着悠久的历史。由于著名的实验胚胎学之父童第周教授及其弟子的多年奋斗，在20世纪40～60年代，山东大学动物胚胎学专业曾是我国动物胚胎学高级人才的主要培养基地。随着生命科学的发展和各学科间的相互渗透，1981年在动物胚胎学学科的基础上，由黄浙教授领导建立了我国高校发育生物学科和硕士点。1985年，开始在本科生和研究生中开设发育生物学和发育生物学大实验课程。1986年，获得国务院学位办发育生物学专业博士学位授予权。山东大学是我国高校中第一个被国务院学位办授予发育生物学博士点的单位，也是全国最早获得博士学位授予权的仅有两个发育生物学学科点之一(另一个在中国科学院细胞生物学研究所)，同时也是20世纪在我国高校中唯一具有能够开设发育生物学本科生课程和培养硕士、博士生的学科点。

山东大学发育生物学博士点在黄浙教授领导下，开展发育与比较免疫学研究。

对鸡胚法氏囊的发生和法氏囊淋巴细胞分化和哺乳动物法氏囊等同器官进行了系统的研究。90年代后主要以文昌鱼和斑马鱼为材料进行发育分子进化和发育分子机制的研究。同时,开展了 Hedgehog 信号通路在胚胎发育和肿瘤发生中作用的研究。

为利于该学科的发展,1987年成立发育生物学研究室,1996年在此基础上成立发育生物学研究所。同年,经省教委批准建立"山东省发育机制与基因调控"重点实验室。2006年,经省教委批准设立发育生物学泰山岗位,2009年经山东省科技厅、财政厅批准建立"山东省分子细胞与发育生物学"重点实验室。本学科属山东大学"211工程"重点建设学科之一。山东大学在微生物博士点和发育生物学博士点的基础上,于2000年经国务院学位办批准设立生物学一级学科博士点。

为适应发育生物学迅速发展的需要,山东大学发育生物学博士点坚持"引进来""走出去"的方式,先后聘请多名国内外著名发育生物学教授为兼职教授和兼职博士生导师,如左嘉客研究员(1993～2003年,中国科学院上海细胞研究所,上海计划生育研究所),石德利研究员(2006年至今,法国国家科学研究中心),谢经武教授(2003～2010年,美国 Indiana University)等。该学科点从20世纪80年代开始先后派遣了数十名研究生到国内外其他同行的实验室去进行阶段性学习和研究。山东大学发育生物学博士点已培养了一批中青年发育生物学学科带头人和一大批中、青年学术骨干、硕士生、博士生和博士后。目前,他们中许多人已是国内、外的教授或学术带头人(如丛英姿、于士广、高建刚、安利国、毛炳宇、赵晖、范廷俊等)。山东大学发育生物学学科在国内有一定影响,在2005年全国大学38个参评的发育生物学二级学科排名中名列第一。

目前,该学科点已引进泰山岗位教授和多名年轻的学科带头人和学术骨干。经过几代人坚持不懈的努力和25年的建设,已建立了开展动物发育分子机制、发育分子进化、发育与比较免疫学、胚胎干细胞培养等多种科学研究平台和多种模式动物的实验体系。在国家及省部级项目的支持下,已获得一系列具有明显创新性和特色,并为国内外同行广泛认可的研究成果。

早在1987年,山东大学黄浙教授和张天荫教授就分别参与主编和参编了我国第一本发育生物学高等学校试用教材,2001年和2006年由张红卫教授主编高教出版社发育生物学教材第一、二版,并分别入选"面向21世纪课程教材"和"十一五规划教材"。

山东大学发育生物学博士点为我国高校发育生物学的教学和生命科学的发展做出了贡献。

(张红卫)

高能物理博士点

高能物理又称“粒子物理”，它是研究比原子核更深层次的微观世界中物质的基本组元和它们之间相互作用规律的一门科学。

高能是指研究粒子物理需要由高能加速器(或宇宙线)提供高能粒子源作为实验手段，能量大于 1GeV(10^9 电子伏)。

高能物理是分子物理、原子物理、原子核物理的自然发展与深化。两千多年来，人们有物质是由原子构成的思想，一直到 1897 年，汤姆逊在实验中发现了电子，1911 年卢瑟福由 α 粒子大角度弹性散射实验，证实了带正电的原子核的存在。这样，就从实验上证明了原子的存在，以及原子是由电子和原子核构成的理论。

1932 年，查德威克在用 α 粒子轰击核的实验中发现了中子。随即人们认识到原子核是由质子和中子构成的，从而得到了一个所有的物质都是由基本的机构单元(质子、中子和电子)构成的统一的世界图像。

此后，在宇宙线中发现了 μ、π 以及其他粒子(如 K 介子等)。特别是从 50 年代初开始建造能量越来越高、流强越来越大的粒子加速器。实验上也相继出现了新的强有力的探测手段，如大型气泡室、火花室、多丝正比室等，开始了新粒子的大发现时期。

基本粒子大量发现，使人们怀疑这些基本粒子的基本性。基本粒子的概念，面临一个突变。经过数十年的实验和理论的深入研究，到上世纪 70 年代取得的最大的成就是建立了描述物质相互作用基本规律的理论——标准模型。

迄今为止，所有实验测量的结果都与标准模型的预言一致，而且达到很高的精度。虽然标准模型对实验结果的解释很成功，但它也有很多缺陷。它所预言的希格斯粒子至今尚未找到，实验上也出现一些超出标准模型的现象。自从标准模型建立之后，物理学家们就一直在努力完善它并尝试超越它。坐落在瑞士日内瓦附近的欧洲核子研究中心(CERN)内的大型强子对撞机(Large Hadron Collider, LHC)，其建造的目的就是要对标准模型进一步检验和探索超出标准模型的新物理。人们预期可以取得重要突破。另外从发展趋势来看，粒子物理学的进展肯定会在宇宙演化的研究中起推进作用。

高能物理研究的内容涉及最基本的物质结构以及相互作用规律进而到宇宙演化，在人们认识世界和改造世界过程中起到重要作用。

山东大学高能物理的研究方面有很长的历史，是国内最早开展这方面研究的单位之一。1956年著名物理学家王普先生由美回国，来山东大学任教。王普先生在我国核物理学界的先驱者中占有重要的地位，他是最早参加中子物理与核裂变物理研究并对缓发中子发现做出了重要贡献的中国物理学家。缓发中子发现的学术价值，不仅在于发现了一种新的发射中子的放射性，更重要的是，缓发中子在链式反应的控制中极为重要，给核能的利用开辟了无限广阔的前景。王先生来校后建立了原子物理教研室。他开辟了两个研究课题，一个是利用原子核乳胶研究不稳定粒子；一个是利用闪烁谱仪研究X光的光谱和各种材料对它的吸收。这两项研究不仅有重要科学意义，而且当时在国内高等学校也是切实可行的。

1958年夏，山东大学和中国科学院在青岛联合主办了粒子物理与理论物理讲习班。这在我国粒子物理与核物理的发展上是一个具有里程碑意义的事件，是我国首次集聚了高等院校与科学院所从事该领域研究的有关人员，进行了动员和培训。讲习班邀请国内著名的专家中科院朱洪元研究员与北京师范大学张宗燧教授进行了专题讲授。参加这次讲习班的人员中大多成为此后该领域研究和组织工作的骨干力量，其中更有许多人已成为我国粒子物理与核物理研究领域的领军人物。

在王普先生的领导下，山东大学在宇宙线高能核相互作用中产生超裂片的研究方面取得了很好的成绩。当时这项研究工作国际上也刚起步不久，可以说是一项与国际前沿齐头并进的工作。在当时国内的条件下非常难得，深受国内同行的称赞与重视。后来这项研究工作得到了进一步的深入和发展。1962年，山东大学利用苏联杜布纳联合原子核研究所高能加速器9GeV质子束曝光的乳胶迭，对高能质子与乳胶中重核相互作用中裂片化机制进行了系统的研究。通过了几年的努力，取得了一批成果，在国内学术刊物上发表了多篇文章，产生了很受关注的影响。1966年开始的“文化大革命”动乱使该项研究工作被中断。

“文化大革命”结束后，迎来了科学的春天。1977年，山东大学与高能所及其他有关单位赴西藏海拔5500米的甘巴拉山建立了高山乳胶室宇宙线观测站，是世界上最高的高山乳胶室。1980年，该实验发展成为与日本的合作项目。西藏甘巴拉山乳胶室规模逐年扩大，发展成为了国际上著名的四大高山乳胶室实验之一。用大面积乳胶室研究宇宙线超高能核作用，是探索$10^{14}\sim10^{17}$eV. 能域的高能核作用的规律和寻找新现象的一个主要手段。乳胶室探测的能量非常高，其上限比目前能量最高的强子对撞机还高1～2个数量级，并且它可以研究对撞机难以观测的高能核作用的碎裂区信息，因此是粒子物理最前沿课题之一。甘巴拉高山乳胶室实验许多方面在该研究领域都处于国际先进水平，取得了一系列属于这个领域前沿的重要物理结果。山东大学王承瑞教授是我国在这一领域的主要学术带头人之一。他多次率我国代表团参加国际宇宙线会议，甘巴拉高山乳胶室实验合作组中方对外发表的论文大多由他定稿，并由他代表在历次国际宇宙线会议上宣读。王承瑞教授于1981年当选为国际宇宙线委员会乳胶室专业委员会委员。1985年被国务院学位委员会聘为理科学位评议组成员。

1981年我国建立了研究生学位体制。山东大学被国务院学位委员会批准为我国首批高能物理(粒子物理)专业博士学位授权点。当时国内只有山东大学和高能所有高能物理专业博士学位授予权。直到1997年国家学科目录调整之前，山东大学是全国高校中唯一的高能物理博士点(1997年国家将高能物理与核物理合并为一个学科："粒子物理与核物理")。1984年，王承瑞教授作为导师培养出了全国第一位高能物理学博士。

上世纪80年代以后，国内外高能物理事业的蓬勃发展以及我国的改革开放政策不断深入，山东大学加强了国内外合作研究，与国际上最主要的高能物理实验中心都有着密切合作的关系。山东大学最早参加了我国正负电子对撞机/北京谱仪并在软件建设方面有显著贡献；在参加欧洲大型强子对撞机 ATLAS 合作实验中在探测器的建设方面也做出了重要贡献，提高了我国科技工作者在国际合作中的地位，为国家争得荣誉；在与美国费米国家实验室的长期密切合作中，取得科研成果的同时为学校培养了一批人才。

山东大学粒子物理与核物理学科近几年得到了迅速发展：1994年被批准为山东省重点学科，高能物理实验室被批准为山东省重点实验室。2007年列为国家重点学科。2011年，批准为教育部重点实验室。学科点的力量和研究内容得到了加强和拓展。目前有四个主要研究方向：加速器高能物理、粒子物理理论、非加速器高能物理和低能加速器物理。

(何　瑁)

山东大学威海分校

一、山东大学威海分校

山东大学威海分校(以下简称“山大威海分校”)是我国高等教育发展史上第一所也是目前唯一一所经教育部批准建立的分校。学校创建于1984年,是由山东大学和威海市政府联合共建的一所综合性大学,它的建立为我国高等教育在新时期的快速发展探索出了一条新的道路。

1984年,山东大学提出了要在山东沿海选择一个经济比较发达,改革开放环境比较优越的城市建一所分校的办学思路。而威海市委也决定找一所名牌大学联合共建一所高等学校,形势和需要使双方为着相同的目标走到了一起。同年11月1日,山东大学校长邓从豪与威海市市长李同轩分别代表山东大学和威海市签订了《关于建立山东大学威海分校的协议书》。11月16日,教育部下发了《关于建立山东大学威海分校的批复》([84]教基字333号文件),同意山东大学与威海市人民政府联合在威海西郊玛珈山下建立山东大学威海分校。次年年底,威海分校第一批基建工程开始破土动工。1987年9月15日,中文系、计算机系第一批150名新生入学。9月28日,山东大学威海分校在新落成的文学楼前举行了第一届开学典礼,中共山东省委副书记、代省长姜春云,山东大学校长潘承洞,威海市委书记李太启为文学楼落成暨开学典礼剪彩,并为山东大学威海分校揭牌。

山东大学与威海市签订《关于建立山东大学威海分校的协议书》仪式

山大威海分校在发展过程中曾受到国家大环境导致的办学规模的限制和管理体制的影响,发展比较缓慢。但是，威海分校的领导和教职工克服诸多困难，到1998年底完成了建校用地的征地任务，使校园面积达到1540亩，引进和培养了一批优秀的教学和管理人才，建立和完善了教学和科研等方面的管理制度，为分校的快速发展打下了良好的基础。直至1999年10月，教育部异地合作办学座谈会在分校召开，这次会议充分肯定了山东大学威海分校这种高校与地方政府异地合作联合办学的模式，认为这是我国高等教育扩大规模、加快发展的有效途径，并提出了要分校扩大招生规模的要求，解决了困扰分校发展的规模问题。2000年7月，新山东大学成立后明确了威海分校的定位："威海分校是山东大学不可分割的重要组成部分，是统一的整体。山东大学的发展包括威海分校的发展，威海分校的发展就是山东大学的发展。"威海分校在这一年扩大了招生规模。至2004年学校的工作重心由以规模发展为主转到以提高教育、教学质量，提升整体办学水平和综合实力上来，学校实现了由校系建制到校院建制的转变，在校生总数突破万人，已基本完成了扩大办学规模的任务。山东大学和威海市还先后于2001年、2006年和2011年签订了"十五""十一五"和"十二五"期间共建山东大学威海分校协议，校地共建也获得了长足的发展。

山大威海分校从建校以来在探索中发展，在发展中升华，一步一个脚印，至今成为一所既有百年山大传统大学特点，又有沿海开放自身特色的新型综合性大学。作为国家"211工程"和"985工程"重点建设的高水平大学——山东大学在威海设立的一个校区，威海分校与济南校本部、青岛校区共同构成以"统分结合，优势互补，各具特色，一体发展"为建设方针的"山东大学系统"发展架构。现学校占地面积达到1600余亩，建筑面积40余万平方米。有全日制本科生13900余人，博、硕士研究生960余人，留学生420余人。在职教职工1200余人，其中专任教师710余人，教授、副教授440余人，博、硕士生导师220余人。学校设有12个学院、3个教学部，42个本科专业、49个硕士专业、16个博士专业，涵盖文学、理学、工学、经济学、法学和管理学等六大学科门类，形成了培养博士生、硕士生、本科生、留学生等多层次的教育体系。学校基础教学设施完备，主体建筑12层、面积2万多平方米的全开放图书馆拥有中外文藏书110余万册，电子图书250万册。有教学、科研实验室63个，教学、科研仪器设备1万余台，多媒体教室和语音室座位数1.1万多个。

在稳步发展过程中，学校坚持以教学为中心，以科研为支撑，按照"加强基础，发展内涵，提高质量，建设特色"的工作思路，坚持全方位开放式发展战略、教育创新战略和人才强校战略，实现学校学术竞争力、社会影响力和国际化水平的三大提升，切实抓好学科建设、科学研究、人才队伍建设三项重点，着力打造"空间科学""海洋科学"和"韩国教育与研究"三大特色，法律方法、比较文学与世界文学、劳动经济等学科点已显现出强劲的发展势头，学校的整体办学水平和综合实力逐步提升。注重加强质量工程建设，已有国家级和省级精品课程10门；国家级特色专业1

个，省级品牌专业及特色专业6个，省级双语教学示范课程2门；国家级规划教材4部，省级优秀教材2部；省级实验教学示范中心2个，省级优秀教学团队2个；拥有光学天文与日地空间环境省级重点实验室、法律方法省级重点研究基地。获评国家级教学名师1名，省级教学名师2名，获省级优秀教学成果奖5项。积极融入山东大学国家“基础学科拔尖学生培养试验计划”和“应用学科卓越人才教育培养计划”，开设具有分校特色的“数理经济学实验班”“空间科学特色班”以及“国贸(法学、新闻学、美术学等)专业＋韩国语”等特色班，并在多个学科专业开办双学位教育，教学水平全面提高。不断优化科研环境，提升科研实力。自2005年至2010年先后承担国家“973”项目、国家社科重点研究项目、国家自然科学基金项目、科技部重大项目、山东省重点科技攻关项目及其他各级科研项目800余项，获国家、省部级以上科研成果奖数十项，申请国家专利获批60余项。

学校深化教育教学改革，实行三学期制，进一步完善学分制。实施“三跨四经历”培养新模式，即鼓励学生进行“跨学科(院)、跨学校、跨国境”交流学习以及“第二校园学习经历”“海外学习经历”和“社会实践经历”，这是学校对教育创新和人才培养模式改革进行的有益探索和实践，第二校园学习经历涉及国内12所高校、21个专业，在校生可通过校际交流到国内著名高校体验第二校园文化。“海外学习经历”项目内容目前包括“短期访学项目”“一年访学项目”“双学位访学项目”“公派自费项目”等多种形式，涉及美国、英国、法国、瑞典、日本、韩国等共计6个国家及中国台湾地区等近40所高校，满足了越来越多的学生赴海外高校学习的需要。另外，学校要求所有学生参与形式多样的社会实践活动。

为拓宽学生自主学习、自我发展的空间，鼓励和支持学生积极开展科技创新活动，学校设立了科技创新基金，配备了老师和高年级学生两支指导队伍，使学生在校期间就能体验到科研立项的全过程，科技创新蔚然成风，已获国家大学生科技创新项目17项。近三年在参加大学生数学建模竞赛、电子设计竞赛、智能汽车竞赛、机电产品创新设计竞赛、“挑战杯”等课外学术科技竞赛中，获得国家奖20余项，省级一等奖、二等奖各50余项，在校生的创新实践能力得到充分锻炼，综合素质与适应社会能力进一步增强，学校人才培养质量稳步提高。

学校充分利用国内外各种教育资源，提升国际化办学水平。目前，学校的国际化合作办学网络已初具规模：学生外派留学项目不断丰富，在校生从本科生到研究生、本科阶段从二年级到四年级都有海外经历项目可选，涉及美国、加拿大、英国等9个国家和中国香港、台湾等地区共40多所高校，每年外派学生200余人。外国留学生教育教学质量稳步提高，学校声誉和品牌吸引力日益增强，每年有7个国家的400余名留学生到校交流访学和攻读学位。校园国际化氛围日益浓厚，除承办中教国际《1＋2＋1中美人才培养计划》2009年年会、中俄大学生艺术联欢节等多个国际会议和文化交流活动外，学校还以“中华文化传播”为主题，定期举办“国际课堂""海岸线讲坛"、英语文化节、UNK教授团等高层次交流活动。

校园文化彰显大学氛围，学校各类文体娱乐活动实现全年不间断、无缝隙覆盖，学生参与人数达到两万多人次。"大使讲坛"、林海文化论坛、研究生论坛、"成才杯"科技学术节等活动由于文化气息浓厚、内容丰富多彩、形式喜闻乐见而受到广大学生的热烈欢迎，已成为学校的"品牌"文化活动。

二、山东大学韩国学院的成立

山东大学韩国学院是国内第一所专门从事韩国语言教学及对韩综合研究的专业学院。于2003年7月在山大威海分校成立，下设韩国语系及韩国研究院，韩国研究院下设韩国政治研究所、韩国经济研究所、韩国文化研究所。在韩国语专业及韩国语(国际贸易方向)上招收本科生，韩国文学专业可授予硕士学位。现有在校本科生530人，研究生60余人。

山东大学韩国学揭牌

韩国学院的成立是根据山东大学提出的建设"对东北亚尤其是对韩国教育、研究与交流的基地"的号召，依托山东与韩国地缘相近的特殊优势以及山东大学门类齐全的学科优势而成立的"特色学院"。山东大学的韩国语教育与韩国问题研究始于1989年，是国内在该学科领域起步较早的高等院校之一。韩国学院建立初期经过对我国韩国语教育与韩国问题研究现状的深入分析，确立了建设"一个基地，两个平台"的发展战略，即国内韩国语教育的基地、国内韩国问题研究的平台、中韩教育交流的平台，这一发展战略在教育部教学评估中获得了评估专家们的高度评价。

山东大学在韩国语教育与韩国问题研究领域的教学研究机构主要有：山东大学韩国学院、外国语学院韩语系、山东大学威海韩国研究院、山东大学韩国研究中心、山东大学亚太研究所、山东大学东北亚研究中心等。此外，在山东大学的政治学与公共管理学院、经济学院、历史文化学院、法学院、文史哲研究院和威海分校的商学院、新闻传播学院、马列部等单位，还有许多从事韩国研究的教师，他们以山大的威海韩国研究院、亚太研究所、韩国研究中心、东北亚研究中心等科研机构作为纽带，形成了一支专职人员为主的研究队伍，致力于开展对韩国的政治、外交、经济、中韩关系、语言文学和文化等全方位、综合性的研究。韩国学院现有专任教师20人,其中教授、副教授12人,90%的教师具有博士学位,有外籍教师15人,另外,山东大学外国语学院韩语系有教师8人,其中6人具有博士学位。山东大学的韩国语专业师资力量位居全国第一位,也是目前国内韩国问题研究力量最强大的团队之一。韩国学院还拥有较完备的图书资料和情报信息网络,学校图书馆现有韩文图书3万余册。建有语音室、多媒体教室、计算机教室等现代化教学设施。由韩国学院主持建成国内首个综合性的"中国朝鲜半岛研究网"(http://www.kryj.wh.sdu.edu.cn)也已经建成运营。

经过短短的八年时间,韩国学院在学科建设上硕果累累,更有了长足的发展。2008年初,山东大学韩国语专业被教育部确定为国家级特色专业。"十一五"期间,由韩国学院发起并组织的"21世纪韩国语系列教材"被列入普通高等教育"十一五"国家级规划教材。这两项成果是山东大学"韩国语教育基地"建设的标志性成果。2007年以来,韩国学院组织撰写的年度《韩国发展报告》(蓝皮书)由社会科学文献出版社出版发行,引起了国内外的广泛关注,标志着山东大学的韩国问题研究已步入国内的前沿领域。

山东大学在韩国语教育与韩国问题研究领域的中期战略目标为:至"十二五"末,使山东大学在韩国语教育与韩国问题研究领域达到国内一流水平,极大地促进韩国问题研究学科建设。同时,培养一批本领域的高层次人才,形成韩国问题研究的核心梯队力量,对有关韩国的重大理论与现实问题提出自己独特的见解,并产生一系列具有国际影响的研究成果,把山东大学建设成为我国韩国问题的重点研究基地,真正凸显山东大学的"韩国特色"。

三、山东大学威海天文台的建立

山东大学威海天文台(暨威海市天文台)是由山东大学、国家天文台和威海市三家共建的国内首座高校天文台,于2007年6月在山大威海分校落成。

山东大学威海天文台暨威海市天文台落成典礼

天文台坐落于山大威海分校玛珈山上,分东西两座。其中,西天文台的为德国制造的口径一米的赤道式反射望远镜,是国内高校口径最大、技术水平先进的科研用光学天文望远镜,可用于小行星搜索,超新星搜索,空间碎片监测,观测太阳黑子活动,变源监测。东天文台的为口径30公分的折射望远镜，并附有观测太阳黑子的Ha望远镜，除教学外，还承担着对外科普教育等服务地方工作。玛珈山海拔约一百米，北邻黄海，水面空气温度变化相对稳定，大气湍流较小，适于天文观测。

在2003年10月15日，韩圣浩校长与国家天文台副台长赵刚教授代表双方签署了共建“空间科学与应用物理系”意向书，国家天文台决定与山大威海分校合作招收空间科学方向学生，并计划在玛珈山上建设天文台及青少年天文科普活动中心。同年12月28日，山东大学校长展涛教授与中国科学院国家天文台台长艾国祥正式签署合作协议，决定在山大威海分校成立山东大学空间科学研究院，并在已有的应用物理系的基础上建立空间科学与应用物理系(2008年由系改为学院)，双方共同制订空间科学学科建设和发展的规划，在科学研究和人才培养方面进行全方位合作。协议还商定，在山大威海分校建设天文台及青少年天文科普活动中心，在满足科研教学的同时，为社会开展科普教育。2004年11月，在国家天文台将新发现的小行星命名为“山东大学星”之后，山东大学与中国科学院国家天文台之间的合作也获实质性进展，山东大学威海天文台建设项目正式启动，其中，国家天文台主要承担天文台建设的技术力量。

天文台落成并正式运转以后，小行星搜寻是天文台的重点观测项目之一，天文台研究人员一直在利用天文台的1米望远镜进行小行星搜寻观测工作，并向国际小行星中心上报了大量小行星观测数据，为小行星的精确定轨和认证提供了有重要价值的观测数据。2009年2月10日，国际小行星中心正式将天文台于2008年12月24日发现的临时编号为2008 YM9的小行星永久编号为207931。这是该天文台发现的首颗获得国际小行星中心永久编号的小行星，也是我国内地高校望远镜发现的第一颗小行星，实现了我国内地高校望远镜小行星发现零的突破，成为国内除国家天文台、南京紫金山天文台之后第三家拥有小行星命名权的单位。为了表达对分校驻地热情好客的威海人民的崇敬之情以及威海市对校地共建大力支持的感激之情，山东大学决定将这颗小行星命名为“威海星”。经向国际小行星中心申请，并经国际天文学联合会所属的小天体命名委员会讨论通过，国际小行星中心于2009年8月13日发布第66625号公报通知国际社会，第207931号小行星正式命名为“威海星”，这是山东省首颗以城市命名的小行星。为褒扬山东省科协在促进全省经济社会发展中做出的突出贡献，山东大学向国际小行星中心发出申请，经国际天文联合会小天体命名委员会批准，于2011年6月15日由国际小行星中心发布第75107号公报通知国际社会，将永久编号241442的小行星正式命名为“山东科协星”，这是我国第一颗以科技群团名字命名的小行星。

天文台的建立集中体现了高校科学研究、人才培养和服务社会三大功能。其中，科研是天文台自身水平提升的主要保证，教学是向国家输送空天战略后备人才的必由之路，而科普是天文台不断吸引优秀青少年向科学靠拢，增强学校社会影响力的重要途径。在科普教育方面，天文台确立了“知识服务大众，科学引导人生”的工作宗旨，以向大众展示天文现象，答疑解惑和培养青少年科学兴趣，引导他们树立献身科学的人生理想为工作思路。天文台启用开放以来，每年组织科普活动80次左右、接待参观和科普观测逾万人次。2010年，天文台获评山东省首批三星级科普教育基地。

天文台的日常运行和管理由空间科学与物理学院负责，作为该学院的科研教学实验室，天文台得到了国家自然科学基金委天文联合基金的重点支持。空间科学与物理学院也在硬件建设和人才引进方面加大投入，完成了高规格的硬件设备建设，建立了一批高水平的科研团队。从2006年开始，学院先后从中国科技大学、北京大学、中科院国家天文台等单位引进了年青学者，使专职教师中有博士学位人员比例升至90％以上。学院与多个著名科研机构实施科研协作，与华盛顿大学地球与行星科学系共建行星数据系统（PDS）实验室，可与美国PDS数据相兼容，共享月球和行星探测数据和分析软件。学院科研人员与北京大学、中科院多个研究所以及来自德、加、英、法等国著名大学和科研机构的科学家合作，参与了“夸父”日地空间探测计划预研项目，推动制定中俄“萤火一号”火星探测的数据规范，参与“嫦娥计划”数据分析。近三年来，共获得国家自然科学基金项目15项。学院还与国内外相关教育研究机构合作办学，先后主办和承办了高规格国际空间学术会议。经过几年的发展，空间科学与物理学院在学术科研、人才培养、交流合作等方面均取得了显著成绩。2008年，空间科学与物理实验教学中心获评山东省级实验教学示范中心。山大威海分校的空间科学在学科建设中起到重要的支撑作用，在科技快速发展的今天更显现出特有的“问天”优势。

四、法律方法论的研究

山东大学的法律方法论是全国法学界最具影响力的专业研究。2001年由山大威海分校陈金钊教授发起，并成立全国第一个法律方法论研究机构，即“山东省人文社会科学重点研究基地——山东大学法律方法论研究中心”。经过十年的发展，研究中心也成为全国法律方法论研究最重要的基地，成果最多，平台最好，研究水平在全国居于领先，受到了全国法学界的普遍关注。

法律方法论是近些年理论法学发展最为迅猛的学科之一，很多学校已经把法律方法论当成了一门基础性课程，正是在这一形势之下，学校的法律方法论基地抓住机遇，在近年的研究中实现了跨越式发展。法律方法论研究中心拥有结构完整的法律方法论研究团队，借助专门的研究基地，法律方法论研究团队中的一批年轻学者近年来迅速崛起，成长为我国法学研究与教学的一支重要力量。威海分校法学院的多数骨干教师都加入到法律方法论研究团队，同时还吸引了新闻传播学院、马列教学部的部分教师参与研究。研究团队现有教授8人，博士生导师3人，硕士生导师12人，在职称、学历、年龄等方面层次完整，梯队组成结构合理，富有较强的活力和创造力。团队平均年龄不足40岁，30多岁乃至20多岁的年轻学者居多，而且知识结构比较合理，英语水平较高、各有专攻研究方向。近年来，法律方法论研究团队在本学科的建设上也取得较大进展，形成了以各学科带头人主研的法律解释学、立法方法论研究、法律修辞学(法律论证)、部门法方法论研究、法律逻辑学研究等较为完整的法律方法论研究梯队。

山东大学法律方法论研究中心在科研及教学等方面，已形成了在学界具有标志性影响和意义的成就。平台建设全国瞩目：(1)为适应社会主义法治建设的技术化要求以及分校特色发展的需要，在2001年成立了全国第一个法律方法论研究机构——山东大学威海分校法律方法论研究中心。(2)经过五年的努力，2006年经山东省教育厅批准，该法律方法论研究中心成为山东省人文社会科学重点研究基地“山东大学法律方法论研究中心”。到目前为止，这是国内唯一一家省级法律方法论研究基地。(3)主办了国内第一家法律方法专业刊物——《法律方法》，自2002年创办以来，至今已经连续推出了11卷。这是一本专业性很强的以书代刊的杂志。在法学研究领域，《法律方法》已经被国内很多学校认定为是法学类核心刊物。特别是在2007年，《法律方法》成功入选CSSCI来源集刊就是对该团队努力和付出的肯定。入选CSSCI之后，《法律方法》已经有近10篇论文被人大复印资料全文转载。(4)成立了全国第一个省级法律方法论研究会。2009年4月，山东省法学会法律方法研究会在威海成立，该研究会是中国目前唯一一个法律方法研究的专业性学会，是联络山东省乃至于全国司法实务界与方法论理论研究的纽带。

所获科研教学成果：(1)近十年来，法律方法论研究团队成员已经申请到教育部、司法部、国家社会科学基金和山东省社科规划项目等30余项，获得纵横向项目资金和学科发展基金300多万元；在《中国社会科学》《法学研究》《中国法学》等杂志上发表法律方法论方面的论文600余篇(包括博士生的部分文章)，出版专著、译著50余部，已成为我国法学界受到广泛关注的一支学术力量。陈金钊教授主持的国家社科规划办“法律方法论研究”项目(2004～2008)，是全国首个法律方法论方面的国家社科基金项目。焦宝乾教授2010年度国家社会科学基金一般项目“法律修辞学的理论与应用研究”，是全国首个法律修辞学研究的国家社科基金项目。另外，在2011年5月14～15日，在山大威海分校举办了第一届全国法律修辞学研讨会；汪全胜教授入选2010年度新世纪优秀人才支持计划；焦宝乾教授2009年入选中国法学新秀100、被评为2011年山东省学科新秀。《法律论证导论》(作者：焦宝乾，山东人民出版社2006年版)，系国内第一部法律论证专著；《法律论证原理》译著(翻译：张其山、焦宝乾、夏贞鹏，商务印书馆2005年版)，是国内第一部法律论证译作。(2)国内首先招收法律方法论方向博士研究生。2002年即在国内开始招收法律方法论方向博士生，迄今已经培养博士30多名。陈金钊教授是我国法律解释学研究方面最具代表性的学者之一，在法律方法论高层次人才培养方面亦成就卓著。在这里培养的博士，有多位已经被评为教授，有的已经成为博士生导师，另获2011年山东省优秀博士论文奖1人。(3)拥有国内首个法律方法专业论坛。为了提升了法律方法论研究团队的整体素质，营造浓厚的科研文化氛围，学校在2006年创立了“玛珈山法律方法论坛”。参加人员主要是研究基地的骨干教师成员、硕士生、博士生。迄今已经开展了一百三十多次，持续时间久，连续性强。该论坛寓“教、学、研”为一体的平台，在学界产生了重大反响。(4)在全国率先在本科生中开设法律方法课程，编写法律方法论教材。研究基地在全国最早招收法律方法论、法律解释学方面的硕士、博士生。法律方法论研究团队不仅注重法学研究，同时重视将研究成果应用于研究生、本科生多层次的教学。

（裴　水）

双心活动

“双心活动”是指 1985 年春，中国人民解放军 35276 部队在老山前线开展的“祖国在我心中”活动和山东大学首先发起并影响全国的“战士在我心中”活动。“双心活动”，前后方遥相呼应，在全国范围内形成掀起一股爱国、爱军的热潮。

双心活动——绣锦旗

1979 年起，由于越南不断挑衅，中越之间爆发十年战争。十年间，越军不断骚扰我边境地区，向中国境内农场、村寨、学校开枪开炮，打死打伤我边境军民，严重干扰我边境居民的生产、生活。越南的暴行激起全体中国人民的愤怒，我军奋起英勇反击，许多可歌可泣的英雄事迹广泛流传。1985 年前后，驻山东的济南军区将士开赴云南前线。感慨于同龄人在前线浴血奋战，学校许多院系发起活动，向前线作战官兵表达崇敬之情。临近春节的 2 月，在校团委的大力支持下，物理系八一级郭振喜同学发起“向西南边防前线战士献礼品”活动。这一活动在全校引起广泛响应，从 2 月 3～8 日，短短 5 天时间就收到全校 1000 多名同学送来的 400 多件礼品及 400 多条赠言。3 月，科社系八一级团支部开展“我向战士说句话”活动，55 名团员将自己的心声录在一盘磁带上，寄给前线战士。

其中，影响最大的是生物系八位女大学绣锦旗活动。八位女生同属一个宿舍，老校十号宿舍楼 131 室，分别是团支部书记郭琳、舍长刘红和孙杰、吴平英、蔡雪梅、舒东、何才姑、许梅。八位女生虽然来自祖国四面八方，但她们对人民解放军却都有着深厚的崇敬之情。许梅来自云南南疆，目睹自己的同学朋友流血牺牲；郭琳的哥哥郭健正随军参战，全家人牵肠挂肚；孙杰从小在空军学院和军人一块长大，从小就体会着军人的无私奉献；刘红一直梦想着扛枪参军……对军人的理解和崇敬促使她们一直想做点什么，表达自己的深厚感情。经过几天的商议，2月3日晚上，她们决定做一面锦旗，送给西南边防前线的将士们。锦旗长一尺四，宽一尺，粉红色底子，上面绢绣了图案：中间是一颗红五星，八颗红心环绕着红星，在旗的上方绣着“胜利”两字。锦旗的图案有着深刻的寓意，红星象征着人民军队和革命战士；红心代表着八位女大学生对战士的崇高敬意；“胜利”二字寄托着她们对战士的希望，盼望着勇士们捷报频传。云南姑娘许梅学过刺绣，首先绣下中间的红星，其他同学在许梅的指导下，一针一针分别绣上了代表自己的一颗红心。锦旗绣制完成，已是凌晨2点多钟，但她们仍然觉得不能充分表达她们情感。第二天，大家又商定每人再写一句最能表达自己感情的肺腑之言。郭琳写道：“为了祖国和人民的和平安全，你们奔赴前线，用鲜血和生命捍卫祖国的尊严，我作为一名普通的学生，衷心祝愿你们捷报频传，战功赫赫！”刘红写道：“祖国的哨兵，时代的骄子，南疆的勇士，为了祖国——母亲，让我们在各自的天地里贡献自己的一切。”锦旗和赠言寄给了郭健所在部队。朴实的话语，真切的情感，在前线部队引起强烈反响，许多战士被感动地流下热泪，纷纷表示要杀敌立功。郭健所在云南老山前线某部率先开展了“祖国在我心中”演讲及征文活动。作为某部高机连班长郭健说：“大学生对我们样敬重和爱戴，我们只有用鲜血和生命捍卫祖国的安全，才能对得起他们，对得起祖国人民。”某部团支部副书记侯献国更为激动地说：“八颗红心向红星，情真意切，寓意深长。回答这八颗红心的将是八十枚乃至八百枚闪光的军功章！”到5月初，前线部队已召开演讲会23场次，收到征文892篇。

1985年4月29日，中共山东大学党委抓住这一典型事例，下发《关于积极开展“战士在我心中”活动的通知》，号召全校师生学习边防战士的拼搏献身精神，树立正确的人生价值观、苦乐观，争做有理想、有道德、有文化、有纪律的符合社会主义现代化建设需要的优秀人才。全校师生热烈响应，纷纷向前线战士写信，寄慰问品，表示“向老山英雄们学习，以实际行动报答党和人民对我们大学生的关怀和希望”。许多毕业班的同学，积极主动要求到边疆去，到基层去，到祖国最需要的地方去。教职员工也纷纷表示，要把教学、科研和各项工作搞好，以实际行动答谢新一代最可爱的人。

后方的活动，进一步激励着前方将士。5月中旬，前线某部党委正式作出《关于广泛开展“祖国在我心中”活动的决定》，他们把8名同学的锦旗复制250面，发到每个战斗小组，并逐渐推广到整个参战部队。号召每个指战员“时时想着祖国，事事为人民，宁可自己鲜血流，不让祖国寸土丢”。同期，中共山东省委宣传部、共青团山东省委、山东省教育厅共同发文《关于在全省青少年中围绕加强理想、纪律教育广泛开展“战士在我心中”“祖国在我心中”活动的通知》(鲁宣发[1985]50号)。“双心”活动得到全省青少年的热烈响应，很快波及全省、全国各地。由此，把分别开展的两个活动连成了一体，前方和后方、军地双方遥相呼应，在参战部队、全校、全省，乃至全国形成了爱国、爱军、爱人民，相互学习、相互鼓励的强大氛围。

“双心”活动正式开展以后，军地双方互动进一步加强。山东大学及山东省委、团省委等单位多次邀请前线英模来校作报告，驻济高校、中小学广泛参与。英模们报告真诚朴实、生动感人，使与会者受到深刻的共产主义理想教育和爱国主义、革命纪律教育。1986年春节前夕，带着全校师生的深情厚谊，山东大学慰问团及山东省大学生艺术团赴老山慰问浴血奋战的前线官兵。慰问团由校党委副书记乔幼梅带队，成员包括生物系八位女大学生及校学生会代表阎钢军、研究生会代表展涛等十五人。慰问团和艺术团1月25日由济南出发，29日到达老山前线。30日开始慰问活动，2月11日离开老山前线。历时12天的慰问，受到前线指战员的热烈欢迎。慰问团成员登上了血与火洗礼的老山主峰，多次穿越“百米生死线”，钻进了低矮潮湿的猫耳洞，在野战病房，在炮兵阵地，几乎走遍整个老山战区，把后方师生的慰问和礼物直接送到前线战士的手中，为他们张贴春联，将山东大学纪念章别在战士们胸前，很多战士都以能戴上一枚我校的纪念章而感到自豪。我校还向参战部队赠送了绣着“钢铁长城”四个字的锦旗。活动极大激励了前方将士，他们纷纷表示：我们绝不辜负山大师生和山东人民的希望，决心严守阵地，痛歼来犯之敌！为表达前方将士和山大师生的亲密关系，部队首长代表全体将士把一方镌刻有“心心相连”四个金色大字的大理石匾赠给我校。2月15日，山东大学慰问团和山东省大学生艺术团受到国家教委副主任杨海波、团中央书记处书记冯军、中宣部教育局局长陆钦仪等领导同志的接见，他们肯定并称赞了我校与前线部队发起的“双心活动”，希望继续深入开展下去，并向全国进行宣传。

12天的慰问，慰问团成员目睹了前线将士的浴血奋战，目睹了前线将士的艰苦卓绝，目睹了前线将士的流血牺牲。慰问团全体成员为将士们“亏了我一个，幸福十亿人”豪言壮举强烈震动，深深体会着和平与幸福的来之不易。3月7日，学校举行了“赴老山前线慰问团汇报大会”，全校一万两千名师生云集老校大操场听取慰问团同志的汇报。我校赴老山前线慰问团团长、党委副书记乔幼梅在会上发表重要讲话，她要求，我们一定把“双心”活动扎扎实实地开展下去，让不怕吃苦，不怕牺牲、勇于奉献的“老山精神”在山大校园深深扎根，不辜负前线将士对我们的殷切期望，对得起前线将士为我们所作出的牺牲。

1986年5月，驻守老山的35276部队胜利凯旋，山东大学全体师生与济南数十万市民走上街头，用震耳欲聋的鞭炮和鲜花的海洋，热烈欢迎载誉归来的英雄战士。在以后的二十几年里，山东大学与35276部队的军民友谊一直在延续着，并不断巩固和升华，某集团军每年都选派优秀教官指导我校军训，我校也积极为培养军地两用人才做出贡献，双方在各自领域，为祖国建设不断荣立新功。

山东大学有着悠久的爱国主义传统，“双心”活动是山大师生在80年代奏响的又一曲响彻神州大地的爱国主义交响曲。山东省委、省政府、济南军区、山东省军区，以及党中央、国务院均对这一活动进行了肯定和称赞，认为这一活动是“进行思想纪律教育的好形式，在高校思想教育工作中走出了一条新路子”，在 1985 年 8 月 10～15 日团中央召开的思想政治工作会议上，山东大学团委被命名为“青年思想政治工作先进集体”。

（楼蔚文）

晶体材料国家重点实验室

晶体材料国家重点实验室

山东大学晶体材料国家重点实验室于1984年由国家计委批准筹建，1987年建成通过国家验收并正式对外开放运行，是我国最早建设的国家重点实验室之一。

晶体材料国家重点实验室属于应用基础研究类国家重点实验室。实验室秉承“团结，拼搏，求实，创新”的传统，扎扎实实做好各项工作。实验室先后于1990年12月、1997年4月、2003年3月、2008年3月四次参加了由原国家计委、科技部委托自然科学基金委组织的材料领域国家重点实验室现场评估，成绩均为优秀。

目前，晶体材料国家重点实验室已发展成为我国一个由材料学、凝聚态物理两个国家级重点学科和材料科学与工程、物理学、化学三个一级学科博士点支撑的高层次人才培养基地以及上、中、下游紧密衔接的科技成果辐射基地。

晶体材料国家重点实验室晶体生长方法齐全，结构、性能表征与器件制作设备先进；科研工作已由以前单纯地跟踪、模仿逐步发展到今天在材料设计、制备及相关技术等方面颇具创新能力，整体研究实力处于国际先进水平，同时逐步形成优秀的研究群体；研究领域由块体晶体向低维化方向拓展，研究层次由宏观向介观、微观扩展。国家重点实验室建立以来，先后有LAP、KTP、双掺杂TGS、KNSBN、KTN、NdPP、NYAB、LT、DKDP、KDP、MHBA、BN等晶体材料的创新性研究工作受到了国际同行的广泛关注，获得了包括国家发明奖一等奖1项、国家发明奖三等奖 3 项、国家发明奖四等奖 2 项、国家科技进步奖二等奖 1 项、国家科技进步奖三等奖 1 项在内的多项奖励。

重点实验室目前已建成一支由国际知名专家为学术领导人，以中青年学术骨干为主的、老中青结合的学术队伍，其中有中科院院士 2 名，教育部“长江学者奖励计划”特聘教授 3 名，国家自然科学杰出青年基金获得者 5 名。重点实验室具有重要的国际影响，特别是体块功能晶体材料的制备技术居于国际前沿水平。长期以来，实验室美国、德国、俄罗斯、澳大利亚、日本、韩国、新加坡、马来西亚及我国台湾、香港等多个国家和地区形成了交流合作关系，与其中不少学校和研究机构建立了实质性的科研合作，培养的研究生 5 人获得全国优秀博士学位论文。

山东大学，是国内最早开展 ADP(海军声呐用)及 KDP(DKDP)系列晶体的单位，1964 年磷酸二氢胺(ADP)单晶获得国家计委、经委、科委授予的“工业新产品二等奖”，是山东大学获得的第一个国家级奖励。

KDP 类(磷酸二氢钾/磷酸二氢铵)晶体研究始于 20 世纪 60 年代，从“七五”开始，大尺寸 KDP 晶体生长研究一直受国家高技术“863”计划、国防科工委配套等的重点资助，是国内首次提供大尺寸 KDP 应用于国家“神光”系列工程的单位，为国家独立自主开展相关领域研究做出了突出贡献。大口径 KDP 晶体成功研制打破了西方国家的垄断，现为国家 ICF 工程晶体供应的主要(核心)单位之一。

山东大学首次探索并生长出新的非线性光学晶体 LAP，并在此基础上形成了有特色的半有机非线性光学材料的新方向。1988 年，一种新型的非线型光学材料一L 精氨酸磷酸盐(LAP)晶体获得国家发明一等奖。

山东大学在 KTP 晶体的助熔剂生长方面取得重大突破，在国际上首次用助熔剂法实现了 KTP 稳定的批量生长，晶体生长的研究和开发获国家科技进步奖二等奖和发明专利，并出口日、美等国，被誉为我国高技术产品出口“零的突破”。

20 世纪 80 年代，山东大学在国际上首次提出和论证了四方 DKDP 晶体的亚稳相生长机理，并探索出全新的亚稳相生长工艺，突破了长期以来认为亚稳相难以生长好晶体的局限，大大丰富和拓展了亚稳相晶体生长理论。

通过 DKDP 晶体的亚稳相生长进行了全面细致的研究，发现在单斜相 DKDP 的稳定区中存在相当宽的亚稳四方相的生长区这一客观事实，在国际上首次提出和论证了四方 DKDP 晶体的亚稳相生长机理，并探索出全新的亚稳相生长工艺，突破了长期以来认为亚稳相难以生长好晶体的局限，大大丰富和拓展了亚稳相晶体生长理论。“亚稳相生长磷酸二氘钾(DKDP)晶体”获全国科学大会奖、山东省科技成果奖一等奖。

2002 年 4 月，山东大学晶体材料国家重点实验室承担的国家计委重大科技项目“半导体发光器件外延工艺及管芯技术”通过验收。这标志着我国半导体发光器件拥有了自己的“中国芯”，打破了半导体外延材料与管芯技术被欧美发达国家垄断的局面，对发展我国拥有自主知识产权的高新技术、促进产业结构的调整具有重要意义。

2004年，晶体材料国家重点实验室获得科技部授予的“国家重点实验室计划先进集体奖”，蒋民华院士同时获得“国家重点实验室先进个人奖”。

2007年，中科院理化所陈创天院士、山东大学晶体所蒋民华院士、中科院物理所许祖彦院士共同荣获求是科技基金会颁布的“求是杰出科技成就集体奖”，以表彰他们组成的科研团队为深紫外非线性光学晶体KBBF的发现、生长及其应用研究做出的杰出贡献。

以陶绪堂教授为学术带头人的“具有重大应用前景的功能晶体材料”团队，贯彻“为国民经济服务，为国防建设服务”的“双为”方针，在激光、非线性光学和宽禁带半导体晶体材料和器件方面开展了长期的研究。该团队2007年度获国家自然科学基金创新研究群体科学基金资助，是山东大学第一个获得国家自然科学基金创新研究群体资助的团队。

2008年5月，在日本仙台举行的第四届亚洲晶体生长与晶体技术会议(CGCT-4)上，晶体材料国家重点实验室蒋民华院士获得亚洲晶体生长与技术协会所颁发的最高奖励——亚洲晶体生长与晶体技术奖(CGCT Award)，以表彰蒋民华院士的突出成就和杰出贡献以及他为亚洲晶体生长和晶体技术走向世界，为提高亚洲晶体界在国际的地位做出的巨大贡献。

山东大学晶体材料研究所研究人员在国际上首次在具有旋光效应的硅酸镓镧晶体中实现电光调Q，并制成电光调Q器件。

硅酸镓镧晶体是一种压电晶体，具有旋光性。山东大学突破了具有旋光性的电光晶体难以制作电光器件的传统思路，在国际上首次研究和利用具有旋光性的电光晶体制作电光调Q开光并获得实际应用，开拓了晶体旋光－电光交互作用的及其应用的新研究领域，硅酸镓镧晶体制作电光Q开关是一种新型电光器件，为国际首创，获得了中国、美国、日本和欧洲发明专利授权，是一项具有自主知识产权的创新成果。

（蒋宛莉）

《山东医科大学学报》(社会科学版)

高等医学院校创刊公开发行的社会科学版学报肇始于山东医科大学。

《山东医科大学学报》(社会科学版)

《山东医科大学学报》(社会科学版版)是全国医科大学综合性社会科学版学报的嚆矢。1987 年 9 月 15 日《山东医科大学学报》(社会科学版版)率先创刊。三届中华人民共和国卫生部部长同时为一家医科大学学报致词勉励、一届卫生部部长任期内三次为一所医科大学创办的社会科学版学报致词勖勉,唯《山东医科大学学报》(社会科学版)。

医学卫生学并非纯粹的自然科学。医学作为研究人类生命过程、防疫治病、健康心身的科学体系,从医学研究对象的生理病理人和社会人与环境生态、心理行为的关联,到医学研究者的思维与方法都需要哲学社会科学,也属于人文哲社的一部分。医学与人文哲社的交融、生物－社会－心理－生态医学模式的转变、科学的人文哲社观对医学工作者的指导,使社会科学版学报在教学科研重镇、创新理念渊薮、高端人才培养基地的医科大学应运而生。

在《山东医科大学学报》(社会科学版版)1987 年第 1 期第 1 卷(季刊,96 页码,山东省期刊登记证第 002 号,翌年第 1 期始为国内统一刊号:CN37-1041)创刊号上,时任国家卫生部部长陈敏章致辞社科版学报创刊:“医学教育和医疗卫生事业的发展需要社会科学的相应发展和渗透。”时任中共山东省委书记梁步庭致辞:“开展医学社会科学——这一边缘学科的研究,进一步推动医学教育事业的发展。祝贺山东医科大学学报社会科学版创刊。”时任中共山东省委副书记、代省长姜春云致辞："潜心研讨，教学相长。"时任中纪委委员王众音致辞："历史唯物主义和唯物辩证法是指导社会科学、自然科学研究的总的原则，为了建设有中国特色的社会主义必须要坚持四项基本原则，反对资产阶级自由化，就医学的研究和发展来说，应注意坚持历史的、客观的、实事求是的、理论联系实际的科学态度，把祖国医学推向前进，更好地为四个现代化服务。祝山东医科大学学报社会科学版创刊。"全国政协委员、校友胡絜青致辞："细研中外医学宝库，保障人民身体健康。"原齐鲁大学校址为山东医科大学；山东医科大学前身之一是齐鲁大学医学院。臧克家对"北燕(京)南齐(鲁)"的齐鲁大学有着极深的印象。他在 1937 年 11 月著《济南三日記》中曾写道："这号称华北第一的大学校舍，那旷阔，那景色，真称得起是'世外桃源'。"臧克家欣然致辞："山东医科大学前身是齐鲁大学，驰名中外，现在成为重点大学之一，受到重视。收创办医学社会科学刊物，研讨医学理论，交流经验，对于医学的发展一定会起到推动的作用。请接受我的祝贺！"科学家钱学森也就山东医科大学社科版学报创刊亲笔复信编辑部。时任中共山东省委常委、宣传部部长苗枫林撰写了《搞自然科学的也要重视社会科学的研究》作为发刊辞。

《山东医科大学学报》(社会科学版版)创刊之初，即将马克思主义哲学指导、社会科学与医学科学的结合、人文科学对医学科学的关怀作为办刊主旨、学科定位和编辑特色，受到相关读者的赞许和专家学者的首肯。

开辟的栏目有：医学哲学、医学伦理学、医学思想史、医学美学与科学美学、社会医学与医学社会学、医学心理学与行为医学、环境医学、医学卫生法学、卫生经济学与卫生管理、高等医学教育学、哲学、中国革命史、山东时期老舍研究等。

在 1997 年第 3 期上开辟了"总结与期望——纪念山东大学学报(社科版)创刊十周年"专栏，发表了吴祥廉《十年历程 任重道远》和中国医学科学院前院长，中国协和医科大学前校长顾方舟《一股清新的薰风》等一组专题纪念文章。

《山东医科大学学报》(社会科学版)首开创办全国医科大学综合性社会科学版学报先河，对推动医学与哲学社会科学的结合及高等医学院校人文社会科学与医学协调发展产生了积极影响和作用；对医界社会科学学术繁荣、学科建设、人才培养尽到了责任、做出了贡献，受到学界赞誉。学报还凭借学者和学科的优势主办全国性学术研讨会。如 1994 年 7 月 30 日至 8 月 4 日，编辑部会同有关单位和专家在烟台市举办了"首届全息医学学术研讨会"和"社会、心理、行为因素与建康学术研讨会"，与会者 108 人，来自国内 24 个省市自治区及马来西亚。

(牟　进)

李延福与英语语言学研究

李延福教授，1938 年 12 月 18 日出生于山东省临清县孙家井村。李延福教授曾任山东大学外国语学院院长、山东大学学术委员会委员、山东大学学科建设委员会委员、山东大学校务委员会委员、中国语言与符号学研究会副会长、山东省高等学校外语教学研究会副理事长，现任山东省国外语言学学会会长。

李延福教授治学严谨而勤奋，其研究领域涉及普通语言学、符号学、生成语法学、语用学以及应用语言学。回国后，李延福教授在语言学研究中曾先后得到许国璋先生和桂诗春先生的帮助、支持和嘉许，他的英语语言学研究“在中外学术界均享有盛誉”。

1983 年 12 月，李延福教授在出席高等学校英语专业高年级教学座谈会上提出，应把“语言学基础课”列入部颁教学大纲的建议，同时呼吁组织人力编写供英语专业高年级使用的语言学基础教材。这一建议，受到了会议主持人许国璋先生、王佐良先生、李赋宁先生的重视与鼓励，也得到了其他与会同仁的赞同与支持。座谈会采纳了李延福教授的应把“语言学基础课”列入部颁教学大纲的建议，并将这一建议写入了《高等学校英语专业高年级教学座谈会纪要》。

应《外语教学与研究》编辑部之约，李延福教授撰写了《二十所高校英语专业高年级设课分析》，载于该刊 1984 年第 1 期。该文指出了我国多数高校英语专业本科教学中存在的重文学、轻语言的现状，特别强调应该把语言学基础定为英语专业高年级必修课。该文在 1984 年 10 月于西安召开的英语专业高年级教学讨论会上，受到大会主持人、外语教材编委会英语组组长许国璋先生的褒扬。许先生认为该文严密、翔实，对当时正在召开的英语专业高年级教学讨论会有重要的参考价值。该文同时也得到了与会的原教育部外语处负责人蒋妙瑞同志的肯定与赞许。他认为该文写得实事求是，对英语专业教学大纲的制定具有重要的参考价值。

李延福教授编写的《英语语言学基础读本》(英文版)，1985 年 9 月由山东大学出版社出版。该书是我国高校英语专业高年级使用的第一本由出版社正式出版的英语语言学教材。该书出版后曾在山东大学、厦门大学、山东师范大学等高校试用，效果良好，受到专家和同行的好评。1986 年 10 月，全国高校外语专业教材编委会主审桂诗春先生作序，序中嘉许“山东大学外文系李延福同志是推广语言学知识的热心人”。许国璋先生在 1986 年 3 月 12 日写给吴富恒校长的信中说，《英语语言学基础读本》“选材精当，是极好的语言学入门书”，是“儒林乐见之新作”。该书于 1989 年 7 月荣获“山东省高等学校外语教学研究会十年(1979～1989)科研成果”最佳奖，同年 11 月基于该书的《英语语言学基础课的课程开设与教材编写》荣获首届“山东省高等学校优秀教学成果”二等奖。该书于 2001 年 11 月入选山东大学百年校庆“百部优秀参展教材”。

在许国璋先生、王宗炎先生、伍铁平先生、赵世开先生的支持下，李延福教授与北京大学的胡壮麟教授和北京外国语大学的刘润清教授“广泛取材，多方征求意见，反复修改，扎扎实实”主编出版了另一部全国统编教材《语言学教程》(英文版，北京大学出版社，1988 年 9 月)。该书的出版标志着中国外语教育界对语言学这一学科的重视，更重要的是，该书是我国的英语语言学研究从“引进”到“自创”的里程碑。该书于 1992 年荣获“国家教育委员会高等学校优秀教材”一等奖。

1996 年李延福教授又主编了 88 万字的《国外语言学通观》。该书的宗旨是引介国外语言学理论、方法与成果，为国内语言学专业或研究方向的教师、研究生或本科生以及语言学爱好者提供一部融文献、教材、词典于一体，兼研究、教学及查考多种功能的综合参考书。该书分上下两卷。上卷包括第一部分与第二部分。下卷包括第三部分及附录。第一部分是国外语言学专题，共 18 个专题，按许国璋先生的“金身分相说”，其中 8 个专题可并成 5 个相：语音相——语音学、音系学；语法相——形态学、形式语法、功能语法；语义相——语义学；语篇相——话语；语形相——文字与书面语。在语言的分相研究之外，还有语言的综合研究和跨面研究。综合研究可指历史语言学，应用语言学、语言哲学和语言史四个专题，跨面研究本当包括人类语言学，社会语言学、心理语言学、神经语言学，计算语言学以及文学与语言学六个专题。该部分的表达形式有综述，相关课题简介，这是王佐良先生在笔谈中提到的，“介绍还可做得更系统些”，认为写综述不仅可向读者提供系统知识，同时“也可以提高撰写者本人的水平，他不仅要系统地看书，而且势必要有所评论”。李赋宁先生认为这类综述“对高等院校英语专业的教师、研究生和高年级学生予以极大的帮助”。第二部分是国外语言学家传。王宗炎先生在笔谈中指出：“既然办《国外语言学》，就应当介绍国外的主要学派和目前动向。”傅懋勣先生更直接提出：“当然，国外语言学书刊、机构、人物的简介和重要的学术活动等内容，也是需要刊登的。”该部分汇集国外语言学家共计 222 名，根据可查阅到的材料多少分成国外语言学家评传(79 名)、国外语言学家传记(37 名)，国外语言学家小传(106 名)三组。评传包括生平阅历，学术观点，著作评析；传记简介生平及主要著作；小传大部分是简历和著作名称。三组均以生年排序。同年者，以卒年或月别分先后。第三部分术语释义。该部分以 1992 年由牛津大学出版社出版的威廉姆·布莱特

(William Bright)主编的《国际语言学百科词典》中戴维·克里斯特尔(David Crystal)写的术语部分为蓝本,参考有关词典编译而成,与目前国内外出版和使用的同类词典比较,特点之一就是新词条较多。附录由五个方面组成:(1)世界语言谱系,附有世界诸语系分布地图及最新使用人口数字;(2)国外语言研究机构及其活动,重点介绍国际语言学家常设委员会,并附有第10~15届国际语言学家大会报道或评述;(3)国外院校语言学系(专业)介绍,以美英为主,兼及澳大利亚、加拿大以及德国;(4)国外语言学杂志汇编,以欧美国家为主,详略以原资料为基础,略有删节;(5)语言学年谱,原资料截止于1978年,该书又作了补续。上述附录涉及内容一方面与前面笔谈录中提到的要有"书刊""机构""重要学术活动""当前动向"的精神相吻合,同时也与"通观"的含义构成默契。《国外语言学通观》涵盖了语言学研究的各个领域,充分反映国外语言学研究的最高水平,为我国语言学工作者引进了国外新成果,对我国语言学研究及相关学科的研究与发展有重大意义。该书的出版填补了国内语言学研究界的空白。该书于1997年7月荣获"山东大学优秀社会科学成果"一等奖,于1997年10月荣获"华东地区1996年度优秀教育图书"三等奖,于1997年12月荣获"山东省教育委员会哲学社会科学优秀成果"一等奖,于1998年12月荣获"山东省第十三次社会科学优秀成果"一等奖。该书于1999年应山东教育出版社之约再版。

李延福教授还在《外语教学与研究》《山东大学学报》《山东外语教学》等学术刊物上发表了多篇高质量、卓有影响的语言教学与研究的学术论文。其研究成果多次被同行在国内核心期刊上予以评介或被《人大报刊复印资料》全文转载。

李延福教授治学的一大特点是科研与教学紧密结合。自80年代初与美国麻省理工学院语言学系系主任奥尼尔合作培养语言学方向研究生以来,他一直为研究生系统开设生成语法学方面的课程。他授课条理清晰、生动活泼,注重培养学生独立分析问题、解决问题的能力。他培养的学生有的赴美继续深造后成为北美知名的句法学家,有的则在国内一级学术刊物发表了多篇重要论文。李延福教授的教学成果"英语语言学基础课的课程开设与教材编写"荣获首届"山东省高等学校优秀教学成果"二等奖。李延福教授本人于1996年10月荣获山东大学首届"柯利德奖教金"。

(王湘云 朱 磊)

沈柏均的脐血造血细胞体

沈柏均，1937 年生，浙江绍兴人，1961 年毕业于山东医学院医疗系，在山东医科大学附属医院（现山东大学齐鲁医院）儿科工作至今。现任山东大学齐鲁医院教授、主任医师、博士生导师，山东省脐带血造血干细胞库主任。沈柏均是世界上第一个建成脐血库和世界首例无血缘关系脐带血造血干细胞移植成功的人。1976～1978 年，参加坦桑尼亚医疗队，1978 年获外经部援外先进工作者称号；1981～1986 年，在澳大利亚墨尔本皇家儿童医院任访问学者，并任墨尔本留学生联合会主席。1986 年回国开展造血干细胞基础研究与临床工作；1992 年享受国务院特殊津贴，1996 年被评为山东省科技拔尖人才博士生导师、山东省优秀教师，曾任中华医学会全国儿科学会委员、中国抗癌协会儿科委员会委员、山东儿科学会副主任委员、中国制冷学会山东低温医学会主任委员、中国免疫学会山东分会副理事长等职。

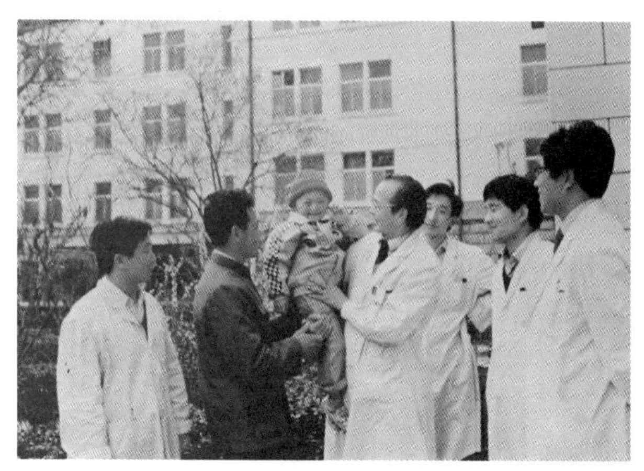

世界首例脐带血移植病例

从 20 世纪 70 年代起，沈教授主攻小儿血液——肿瘤学，1970 年在省内首先开展换血术。70 年代末，率先开展胎儿骨髓象研究。1986 年，负责筹建齐鲁医院低温医学研究室，配合临床进行造血干细胞移植术、人工授精、心脏瓣膜置换术等。1987 年，在省内首先开展自体骨髓移植术。1991 年，国内首先报告输血相关性 GVHD。同年完成了世界首例无血缘关系脐血移植术，这一成果被评为 1993 年国内医药科技十大新闻之一，并应邀赴美国、加拿大及日本学术交流，在首届国际脐血会议上宣读论文。他首次提出脐血移植 HLA 配型不如骨髓移植严格，多份脐血可混合移植，弥补单份脐血干细胞数量的不足。1993 年始建山东省脐血库。近十余年来承担国家自然科学基金项目3项，省部级项目4项，获省部级奖5项。发明实用新型的“针灸取穴尺”获国家专利。编著《最新儿科手册》《人类脐血：基础与临床》，参编出版《脑内移植》《小儿血液病基础与临床》《儿科治疗学》，2008年最新主编《小儿血液病系列丛书——小儿红细胞疾病》等著作10部。指导硕士研究生22名，博士研究生及博士后12名，发表省级以上医学论文200余篇，SCI 8篇。

鉴于骨髓移植术因受HLA配型限制而举步维艰的情况下，沈柏均教授等设想用脐血代替骨髓，进行造血细胞移植，解决供源问题，使更多的白血病、癌症、再生障碍性贫血等绝症病人得以新生。

1991年初，他成功地进行了世界上首例无血缘关系混合脐血移植术，至1993年已进行了10例，包括恶性实体瘤4例、白血病5例、纯红再障1例。造血均获重建。50%病人有脐血造血细胞植入证据，近期疗效十分满意。

该研究涉及细胞培养、同位素、单克隆抗体、动物实验和冷冻保存等多项高新技术及临床造血细胞移植术，难度大，总体研究水平高。特别是脐血库的建立，脐血混合造血细胞培养，无血缘关系脐血移植等方面处于国际领先地位。

1998年，齐鲁医院与鲁能集团投资合作建成全国最大的脐血库“山东省脐带血造血干细胞库”，成为一个集采集处理和保存脐血干细胞于一体的专业机构。已库存脐血15000余份，提供给全国医院临床移植150余人，成功挽救许多危重病人生命。

课题组经过近五年的研究，发现并确定脐血中含有丰富造血祖细胞（CFU－C），揭示脐血混合培养的协同作用，淋巴细胞功能的不成熟及脐血单个核细胞（MNC）抗原性弱。创立了半封闭式脐血采集法，首先建成脐血造血细胞库。在此基础上，首创无血缘关系混合脐血移植术，并成功地用于临床。本研究在以下几方面处于国际领先水平：①于1991年建成了世界上第一个脐血造血细胞库；②脐血混合培养CFU－C均高于单个脐血之和；③脐血经深低温冻存后进行移植，无明显移植后移植物抗宿主病（GVHD），使无血缘的脐血移植首获成功等。

本研究结合社会需要，立意创新，资料完整，逻辑性强，通过连续数年的大量工作取得可靠数据和满意结果。用无血缘关系混合脐血移植属世界首创，更适合我国国情，其近期疗效提示长期存活的潜在前景，为白血病、恶性肿瘤、再生障碍性贫血等病人的治疗提供了新方法和良好展望。

该成果的社会效益、技术效益和经济效益相当巨大。脐血库的建立及无血缘关系混合脐血移植的成功，被评为全国医药科技十大新闻之一，引起国内外医学界人士的极大反响。由于多家报纸、电（视）台新闻媒体报道，国内外患者前来求医者达几千人次。为推广这一高新技术，他们先后主办了二期全国脐血移植学习班，20余个省市10余家医疗单位的150余名学员参加了学习，并成立以齐鲁医院为组长单位的全国脐血研究协作组。全国已有多家单位在沈柏均教授指导、咨询下开展了有关研究工作。国际上一些著名学者也纷纷来函、来电或亲自前来就有关脐血混合移植问题进行学术交流。沈教授也应邀赴美国参加第一届国际脐血研讨会，并做首席发言，促进了学术交流向纵深发展。

脐血本为废弃之物，本研究显示其富含造血细胞，是一种取之不尽、用之不竭的新的造血细胞来源，而无血缘关系多个脐血混合移植的成功则为因缺少骨髓而得不到移植治疗机会的众多不治之症患者提供了新方法，因而有了治愈希望。相信随着这一疗法的不断成熟和完善，将给更多的癌症患者带来福音。此外，脐血不同于骨髓造血的许多鲜明特点，对研究胚胎期造血及移植免疫，在学术上具有重要意义。脐血可谓“物美价廉”，来源丰富，而由于免疫学的特点，移植后并发症少、脐血移植费用低，仅为异体骨髓移植的 1/3～1/4，故在为更多病人提供新的治疗方法的同时，也节约大量医疗费用，颇具经济效益。

（田道正）

彭实戈院士与一小时报告

彭实戈院士在世界数学家大会上作报告

2010年8月19～27日，四年一次的第26届国际数学家大会在印度南部城市海得拉巴城举行。当地时间8月24日上午，受国际数学家大会组委会主席M. S. Raghunathan教授的正式邀请，中科院院士、山东大学数学学院彭实戈教授，在大会上作了题为Backward Stochastic Differential Equations，Nonlinear Expectation and Their Applications的大会报告。在该大会的历史上，彭实戈院士是第一位被邀请作一小时报告的中国大陆数学家，这份邀请历来被全球数学家视为殊荣。

报告从当地时间上午11点30分正式开始，由国际著名数学家、阿贝尔奖获得者、美国纽约大学数学系S. R. S. Varadhan教授主持。Varadhan教授首先介绍了彭实戈院士的学习及工作经历、研究领域和学术贡献。随后彭实戈院士开始报告。彭实戈院士首先向大家介绍了非线性数学期望的背景，从一个公众著名的疑惑——为什么正态分布会被大家所广泛使用——出发，引入了非线性中心极限定理、非线性大数定律、G-正态分布、G-布朗运动以及G-数学期望下理论，构建了概率和统计模型不确定情况下的随机计算和分析的理论基础。然后彭实戈院士向大家介绍了由他与合作者一起所创立的“倒向随机微分方程理论”以及这一理论在不同研究领域的最新进展。最后，彭实戈院士耐心地解答了现场专家提出的关于“非线性Feynman-Kac公式与著名的Black-Scholes公式之间关系”等学术问题。一小时的报告圆满成功。彭实戈院士在国际数学家大会一小时报告充分显示了我国数学家在非线性数学期望理论及倒向随机微分方程领域已取得国际领先水平的研究成果，而彭实戈院士无疑已成为相关研究领域的国际领袖数学家。

国际数学家大会ICM由国际数学联盟(IMU)主办，每四年举行一次，至今已有112年的历史。首届大会1897年在瑞士苏黎世举行，1900年巴黎大会之后，除两次世界大战期间外，未曾中断过，它已成为最高水平的全球性数学科学学术会议。2002年第24届国际数学家大会在中国北京举行。第26届国际数学家大会正式开幕后，与会的印度总统帕蒂尔向越南出生的吴宝珠等四名数学家颁发了“数学界诺贝尔奖”——菲尔兹奖。

彭实戈院士出生于山东省滨州市，山东大学数学学院教授，博士生导师，中国科学院院士，教育部“长江学者奖励计划”首批特聘教授。现任山东大学经济学院院长，山东大学齐鲁证券金融研究院院长，山东大学泰山学堂院长。国务院学位委员会学科评议组成员，1996年获“求是”科技基金会杰出青年学者奖，1997年获全国优秀留学回国人员奖，1998年获教育部、人事部全国教育系统劳动模范称号，2003年获山东省科学技术最高奖，2008年荣获陈嘉庚数理科学奖，2009年在第11届全运会中作为第二棒火炬手参与火炬传递。2010年“五一”前夕，彭实戈院士被国务院授予“全国先进工作者”荣誉称号。

彭实戈院士主要研究领域为概率论、控制论与金融数学。他建立了一般随机最大值原理，解决了随机控制理论中长期未解决的公开问题；创立倒向随机微分方程理论，提出并证明了非线性Feynman-Kac公式，建立动态非线性数学g期望(又称作Peng期望)理论，促进了概率论的发展；创立了非线性期望下的G-正态分布和G-布朗运动的随机分析理论基础，是对1933年科尔莫哥罗夫建立的概率论公理体系的基础性的重要推广；将上述成果应用于研究动态金融产品定价和风险度量。以彭实戈院士为第一负责人的国家自然科学基金委“九五”重大项目《金融数学、金融工程和金融管理》有力地推动了“金融数学”这门新兴学科在中国的发展。彭实戈院士现为国家“973计划”“金融风险控制中的定量分析与计算”重大项目首席科学家。

(吴　臻)

张运与心内科

张　运

张运，1952年9月出生，1976年毕业于山东医学院医疗系，1985年获挪威奥斯陆大学医学博士学位，2001年12月当选为中国工程院院士，2008年当选美国心脏病学院院士（FACC），2010年当选为山东大学终身教授。现任山东大学副校长、医学院院长、教育部和卫生部重点实验室主任和齐鲁医院心内科主任，兼任国务院学位委员会学科评议组召集人、中华医学会超声医学分会主任委员、中华医学会心血管病学分会副主任委员、美欧等五种SCI杂志的国际编委以及国内20多个杂志的总编辑或编委。主要研究方向是动脉粥样硬化，承担国家"863"重大项目课题、国家"973"项目课题、国家自然科学基金重点项目等30余项国家和省部级科研课题，迄今在国内外杂志发表论文900余篇，SCI收录200余篇，被国内外文献引用3229次，其中被SCI期刊引用474次，被国际心脏病学名著引用49次。主编专著10部，参编专著31部。获国家级科技进步二等奖1项、三等奖3项，何梁何利基金科学与技术进步奖1项，山东省科学技术最高奖1项，省部级科技进步一等奖5项，山东省十大成果奖1项，省部级科技进步二等奖21项、三等奖14项。获得国家级有突出贡献的中青年专家、国家"百千万人才工程"首批第一、二层次入选者，全国卫生系统先进工作者，首届中国医师奖等荣誉奖励20余项。

齐鲁医院心血管内科由全国著名心血管病专家高德恩教授等创立于1959年，一直是医院的重点科室。1978年，该科获硕士学位授予权，1979年由国家卫生部批准建立山东医学院心血管病研究所，1993 年获博士学位授予权，1997 年被评为山东省重点学科和山东省医药卫生重点学科，1998 年被评为卫生部临床药理基地和博士后流动站。

现任心内科主任、学术带头人、中国工程院张运院士是高德恩教授指导的首批硕士研究生。他从 1978 年开始研究心肌缺血时机械运动异常与心电异常之间的关系，1983～1986 年师从“世界多普勒女皇”Liv Hatle 教授，对瓣膜性心脏病的血流动力学进行了深入的研究，在国际上首先提出了应用多普勒超声技术定量诊断瓣膜性心脏病的一系列新概念、新方法和新公式，在 *Circulation*、*British Heart Journal*、*European Heart Journal* 等国外学术刊物发表系列论文，在国际心脏病学界产生了较大的影响，成为获得挪威奥斯陆大学医学博士的第一个中国人。

1984 年，张运首先在国内提出使用多普勒超声心动图技术定量诊断瓣膜心脏病四个全新方法和计算公式；1985 年 12 月回国后，他举办了多期全国性多普勒超声诊断技术学习班，奔走于国内各大医院讲学普及推广。经过培训的这批骨干人才，很快把这一高新技术带向全国，使我国心脏病诊断技术迎来了一场根本性的变革。1986 年，他在国内首先建立了多普勒——心导管同步血流动力学测量的研究方法，将多普勒定量诊断扩展应用到诊断多种心脏病，使大多数心脏手术患者避免了创伤性的心导管检查，产生了重大的技术效益和社会效益。同年在齐鲁医院全面开展彩色多普勒超声心动图检查。据 1987～2000 年统计共检查 10 万余例，居全国领先地位。

1988 年，张运主编的 67 万字《多普勒超声心动图学》出版发行，这是国内第一部超声心动图学专著，是指导多普勒超声心动图检查医师诊断工作和医学生学习的经典著作，对在全国推广应用此项新技术有重要价值。同年张运率领的团队开展超声引导心导管检查术、多普勒测压差与心导管的同步性对比研究，克服了以往单纯进行多普勒超声测量可能发生的各种误差，使该科的多普勒超声定量化研究稳居全国领先地位。

1989 年，该科还在国内率先进行心室晚电位频域分析的定量研究。

1992 年，张运团队与国际同步并在国内首先开展了多平面经食管超声心动图研究，并应用于临床诊断，至 2000 年已开展检查 7000 余例，居全国领先地位。1992 年还开展多巴酚丁胺超声图负荷研究，填补了该领域的国内空白。同年他们还将单项动作电位技术应用于临床心律失常研究，经临床应用 30 例，效果满意，也填补了该领域一项国内空白。

1993 年，他们开展动态和实时三维超声心动图研究，填补该领域国内空白。

1994 年，该科开展室性心动过速电生理和血流动力学研究，填补了该领域国内空白。

1995 年，他们开展三维彩色室壁动态技术的研究，处于国际领先地位。

1996 年，他们开展经食管超声引导心肌激光血管成形术、经食管超声测量冠状动脉血流储备及高频心电图对射频消融心肌损伤检测技术，均填补了该领域国内空白。

1999 年，他们在国内率先开展经静脉心肌声学造影术，建立了超声技术测量心脏功能和心肌灌注的一系列新方法，使该团队继续保持了在超声影像学领域中的国内领先地位。

1999 年 2 月 6 日，第十四届国际超声心动图卫星转播会议在美国杜克大学举行。齐鲁医院心内科张运主任作为亚洲地区的唯一主席团成员，应邀主持了会议，在医学超声界成为进入美国主会场的第一位中国专家。

2000 年，张运又主编出版了 128 万字的学术专著《介入性超声心动图学》，是多年来对临床实际经验的总结。

上世纪 80 年代和 90 年代是彩色多普勒超声心动图学最辉煌的黄金时段。由有创伤性的心导管检查发展到无创性无痛苦的多普勒超声心动图学诊断，由超声的定性诊断进而跃升到定量诊断，把现时心脏病的诊断准确率提高到近乎完美的理想境界，这其中张运院士起到带头和推动作用，在国内及国际上都功不可没。他以两部我国最先出版的《多普勒超声心动图学》和《介入性超声心动图学》专著内容培训了大批全国业务骨干，亲身到全国各地普及推广此高新诊断技术，使齐鲁医院的多普勒超声心动图诊断水平稳居全国之首，并使我国在应用此技术方法无论在广度，还是深度上均走在国际前沿；张运院士走向世界，多次主持国际学术会议，带领该专业的国际学术迅速提升，为国家赢得极大荣誉。

20 世纪 90 年代以后，我国心脏病的病种逐渐转变为以冠状动脉粥样硬化性心脏病和高血压病为主，而且学者们进一步认识到，导致心血管病变的原因并不只是血流动力学异常，而是基因、分子、细胞和间质发生异常变化形成的血管重构。单纯依靠血流动力学的手段，已不能揭示这些疾病的本质。因此，从 90 年代中期开始，张运团队开始转向动脉粥样硬化和心力衰竭的分子机制研究。在这些研究中，他们充分利用了自身熟练掌握的超声影像学的极大优势，将血流动力学与分子生物学技术紧密地结合在一起，在器官和分子的不同层次探讨心脏科疾病的发生机制，提出了一系列密切结合临床的检测方法和干预靶点，再次引领国内心血管专业研究进入更高、更深，也是更新的领域，为人类健康事业做出了新贡献。

（田道正）

徐显明与《生存权论》

徐显明，1957 年 4 月生，山东莱西人。法学博士，教授，博士生导师。1975 年参加工作，1985 年执教于山东大学。2001 年 9 月任中国政法大学校长。2008 年 11 月任山东大学校长。现任十一届全国人大常委会委员、全国人大法律委员会委员、中国法理学会会长、世界法哲学与社会哲学大会中国分会主席。

徐显明

徐显明曾荣获过众多荣誉，其中较为重要的是："团中央跨世纪群英代表""全国跨世纪百千万人才工程首批入选专家""教育部跨世纪人才工程入选专家""国务院政府特殊津贴""山东省专业技术拔尖人才""山东省十佳理论工作者"等；迄今已出版专著十余部，发表学术文章百余篇，在人权研究领域被美、日、法等国著名学者评价为"中国有代表性的人物"，在法学原理研究领域是国内公认的学科带头人。

徐显明是中国最早将"生存权"理论化的法学学者。1992 年，在整个法学界甚至对人权尚未有系统研究的年代，徐显明就在《中国社会科学》第 5 期发表了《生存权论》，文章一经刊登，便在国内外产生了巨大影响，该文在 1994 年获得了全国首届青年优秀社会科学成果一等奖，文章获得了巨大的肯定，其在理论上的意义，被评价为：开辟了法学研究的新领域；在实践上的作用，被评价为：是中国人权外交和人权白皮书的理论根据，为中国社会保障制度的重构作了理论准备；而在学术史上的价值，被评价为：在三项一等奖中，法学能列其中，这标志着中国法学从幼稚开始走向成熟。因论文的获奖，徐显明被邀为社会科学界的三个代表之一，出席了团中央组织的"全国跨世纪群英大会"。之后，该文又陆续被译为英文、日文等多国文字被其他国家的权威期刊转载。

《生存权论》一文直到今天都仍具有相当重要的学术地位，举凡国内研究“生存权”问题者，不可能不引用这篇文章。在今天的社会背景下，回顾当年这篇文章，更感此文在当时所具有的前瞻性、学术性和体系性。中国在经历了巨浪滔天的三十年改革之后，社会各方面均经历了剧变，改革初期以自由主义为基础的市场经济已经开始显现出负面效应，发展所带来的贫富差距和环境破坏等社会问题也浮出水面，成为我们不得不面对的现实问题，而这恰恰凸显了《生存权论》一文的意义，在90年代初期，中国经济发展的诸多问题尚未显现之时，徐显明便前瞻性地对其潜存的负面效应有了清醒认识，提出了“人权观念上的自由权本位向生存权本位的换代”这一在当时社会背景下极难认清的观念，并明确将“生存权”与“社会保障”、人的“发展权”以及“环境、健康、和平”等对于今天来说尤其具有意义的权利内容联系到一起。可以说，在当时，徐显明便敏锐地意识到经济发展必然要过渡到以生存权为价值核心的“和谐社会”。《生存权论》一文对生存权发展的历史梳理几乎完全与中国自改革开放以来至今的发展历程相吻合，都经历了由过度重视经济发展和自由权而忽略人的生存、尊严与社会保障的阶段转向在自由权之外强调人的社会权、强调财产权的社会义务以及强调作为生存权核心内容的劳动权和救济权的阶段，并进一步确立了“近代人权向以生存权为核心的现代人权转换”的必要性。

强调人的生存权并非否定人的自由权，而是对过去以自由权为核心的人权的进一步发展，更加强调人的生命、尊严和“体面生存的权利”；强调生存权也并非否定作为第一代人权观念核心的财产权，而是对财产权的绝对性加以一定程度的限制，强调财产权所必须承担的社会义务；同时，强调生存权在中国作为社会主义国家的背景下尤其具有意义，这特别体现在对劳动者的救济和保护方面，在当时，劳动者的社会保障问题以及劳资双方的对立尚未像今天一样严峻，徐显明便特别强调了以“劳动就业权、职业选择权、报酬权、劳动保护权、休息权、交涉权、争议权、管理决定权、劳动保险权”为核心内容的劳动权保障的重要性，这不能不说是一个创举；强调生存权亦是对弱者之社会保障权的强调，并看到了社会发展中的弱者通过“物质请求—国家帮助—维持生存”这一定式而实现的救济渠道，这在今天亦具有相当重要的意义；此外，《生存权论》一文也看到了个人发展与国家职能转换在生存权中的重要意义，可以说，社会愈发展、技术愈先进，对公民素质的要求也就越高，因此国家保障公民以受教育权为核心的发展权便显得益发重要。在近年来，徐显明更是将这一理念与他所倡导的“大学教育之道”紧密联系在一起，同时，强调公民个人的发展绝离不开国家的帮助，这也同时看到了国家在现代社会中的职能转变，即从过去的消极不干涉转向积极保障公民个体基本权利的实现，也是近代德国所谓的基本权利的“国家保护义务”理论，在上世纪90年代初期，能有中国学者提出类似的这种理念，并明确将之作为生存权的保障原理，尚属凤毛麟角；尤其可贵的是，早在90年代，《生存权论》一文便能看到环境保护和健康保护在生存权中的重要性，在今天，当环境保护和健康保护问题开始显现时，强调环境保护和健康保护的重要性不足为奇，但在1992就能洞察到此种保护在今后中国经济发展中的重要性，便具有了划时代的意义。

毫不夸张地说，《生存权论》一文具有跨越所处历史时代的预见性，而是否具有"洞察力"和"预见性"恰是评价一篇文章是否具有生命力最重要的标准之一。就此而言，《生存权论》一文不愧为上世纪90年代中国法学界在人权研究方面最重要的一篇文章。

《生存权论》一文奠定了徐显明在人权理论界的地位，在这之后，他又相继在《中国社会科学》《法学研究》和《中国法学》等刊物发表了《人权的体系与分类》等重要文章，最终形成了他以人权为核心的学术立场以及社会价值观，并将之与他的教育理念紧密联系到了一起。

时光如"隙中驹，石中火，梦中身"，一晃20年即过，但"沧海横流，方显英雄本色"，时间才是最好的检验标准，《生存权论》一文历经20年而影响不坠，这已经充分表明了该文在法学界、乃至整个人文社科领域的地位与意义。

（李忠夏）

傅有德教授与犹太教研究

作为西方“两希文明”源头之一，犹太文明博大璀璨，历久弥新；犹太学也一直是西方学术界古典文明研究的重要领域。中国真正意义上的犹太研究起步较晚。1992年中以建交前后，一批“少壮派”学者以赓续文明的担当意识和筚路蓝缕的拓新精神，开辟了中国学术界的犹太研究，推进了同样古老的犹太文明与中华文明之间的对话与交流。傅有德教授就是这批开创者中的杰出代表。他带领的教育部人文社会科学重点研究基地山东大学犹太教与跨宗教研究中心，作为国内重要的宗教学研究平台，以其国内一流的学术成果和鲜明的学科特色，成为中国犹太研究的重镇，在国际上也产生了较大的影响。

傅有德

一

山东大学的犹太研究是与傅有德教授密不可分的。傅有德于1977年考入山东大学，属于山大哲学系的第一批本科生、西方哲学专业的第一批研究生。早在1987～1988年，他曾留学巴克莱的母校爱尔兰三一学院，回国后不久即出版了他的第一部学术专著《巴克莱哲学研究》。著名西方哲学史家陈修斋先生盛赞该书是“敢于和西方一流学者相抗衡的优秀力作”(见该书《序言》)。1992年，由于特别的机缘，傅有德有机会赴英国牛津大学希伯来研究中心学习，其学术兴趣也由西方哲学转为犹太宗教与哲学。之后，他曾多次负笈海外，在英国、以色列、美国等世界一流的大学或犹太研究机构深造，接受了犹太宗教、伦理、历史、政治、古典希伯来语等课程的训练，并依凭其深厚的哲学素养积淀，历经近二十年的探索与努力，相继在犹太哲学、犹太宗教、犹太教与儒学比较研究等领域取得了一系列国内领先的重要成果。

傅有德开创了国内犹太哲学研究的新方向，拓展了犹太研究的学科领域。1998年，傅有德作为负责人承担的国家社会科学基金项目“现代西方犹太人本哲学”顺利结题，从而诞生了我国第一部系统阐述犹太哲学的专著《现代犹太哲学》（人民出版社1999年）。中国社会科学院哲学研究所研究员叶秀山等专家在鉴定报告中说，它“填补了国内的一项空白，具有开拓性意义”。香港浸会大学关启文教授指出：“《现代犹太哲学》以及其他论著的发表，表明山东大学的犹太哲学与宗教研究已经在全国处于领导地位。”（《世界宗教研究》书评）数年后，他主持的国家社科基金“犹太哲学研究”以“优秀”结项，《犹太哲学史》（上下卷）随后出版发行（傅有德等著，人民大学出版社2008年）。这部近70万字的专著是中国第一部全面系统阐述犹太哲学的通史性著作，它不仅以19章的篇幅阐述了犹太哲学发生发展的历史，而且在理论上做了大胆的创新：明确定义了犹太哲学，总结出犹太哲学之区别于其他哲学的主要特征：信仰与理性的结合，横向继承多于纵向关联，发展过程中的间断性；归纳出犹太人独特的思维方式；阐述了犹太哲学对于中国哲学建设的重大意义。以上几点不仅在中国是全新的，在国际犹太研究领域也是第一次。该课题的结项书认为它有“四大特征”和“六大贡献”“出色完成了立项的课题设计”，是一项填补空白，既有重大理论意义也有重要现实意义的优秀成果（见专家鉴定意见）。

南京大学犹太研究所所长徐新教授曾在几次会议上提到中国犹太研究的三项标志性成果，其中有两项与山东大学有关，一项是前面介绍的《犹太哲学史》，另一项是“汉译犹太文化名著丛书”。自1995年开始，傅有德作为主编和主要译者就和他的团队启动了“汉译犹太文化名著丛书”项目。迄今已经译出的犹太文化名著包括《迷途指津》《大众塔木德》《犹太教审判》《近现代犹太宗教运动》《犹太教：一种文明》《简明犹太民族史》《觅人的上帝》《犹太教的本质》《论犹太教》《耶路撒冷》《犹太战争》《密西纳》（第一卷）、《救赎之星》《犹太教之为理性的宗教》《以色列这个民族》等15部。该丛书受到国内学术界的高度重视与好评，被公认为了解犹太文化的权威性著作，也是国内影响最广的犹太文化读本。这套翻译丛书是傅有德及其犹太研究机构的扛鼎之作，也是山东大学对中国犹太文明研究的突出贡献之一。

2002年，傅有德教授创办了《犹太研究》辑刊，这是国内第一种、也是目前国内唯一的犹太研究专刊，截至2011年已经连续出版10期。该刊物在2007年底入选了CSSCI期刊（集刊类），成为国内犹太研究学者科研成果的发布平台，在哲学、宗教学、政治学、历史学等诸多学科领域产生了重大影响，这成为傅有德和山东大学犹太教与跨宗教研究中心对中国犹太研究做出的又一贡献。

除犹太哲学研究之外，傅有德教授还在犹太宗教、犹太教与儒学比较领域作了深入的研究和探索。他在《宗教研究指要》（北京大学出版社2005年版）中发表的《犹太教》部分以及《近现代犹太宗教运动》的序言，准确地介绍了犹太教的要旨，颇受学界推重。他在《中国社会科学》《哲学研究》《世界宗教研究》《文史哲》等国内权威刊物以及以色列、美国、英国、中国香港等国际期刊上发表了多篇学术论文，就犹太教的“选民”“弥赛亚”等概念做了清晰的梳理和分析。其中，《东方与西方之间：犹太哲学及其对现代中国哲学的意义》（《文史哲》）和《传统与现代之间：犹太教改革及其对当代中国文化重建的借鉴意义》（《孔子研究》），以及在 Ching Feng（香港中文大学）和 Academic Forum（美国新泽西城市大学）等英文期刊上发表的论文则代表了他对中国文化建设的现实关切和犹太文明与儒家文化的深度思考，而发表于《中国社会科学》的《希伯来先知与儒家圣人比较研究》等专题研究论文，更是开创了国内犹太研究领域中犹太教与儒学比较研究的新方向。

伴随着一批犹太研究著作和论文的发表，傅有德教授在国内犹太研究领域中的领先地位得到了进一步确立和巩固，在国外的影响也日益扩大。英国、以色列、美国、加拿大、澳大利亚、塞浦路斯等国的电台、电视台、报刊多次经录制节目或发表文章，介绍他的犹太研究经历和成就。早在 1996 年，英国伦敦的报纸《犹太周报》就发表了马克比博士的《中国特色》一文，详细介绍了傅有德和山东大学犹太文化研究所的工作，赞扬“山东大学在从古至今的犹太思想和哲学研究上是独一无二的。”2006 年 7 月 16 日，美国很有影响的《高等教育周报》发表长篇报道，介绍了山东大学的犹太研究状况和傅有德教授的学术观点。

傅有德的犹太研究在以色列颇受关注，以色列国历任大使都访问过山东大学的犹太教与跨宗教研究中心。2008 年 5 月，傅有德教授还作为学者代表应以色列总统佩雷斯的邀请参加了在耶路撒冷举行的以“面向未来”为主题的“总统大会”。这次大会是以色列为庆祝建国 60 周年而举办的，参加者多为著名政治家、科学家和知识精英，其中包括一批现任和前任的国家元首、诺贝尔奖得主和学界泰斗。

从 1997 年至今，已有美国的凯斯大学、波士顿大学、哈佛大学、布蓝戴斯大学，加拿大的英属哥伦比亚大学、澳大利亚的悉尼大学、以色列的海法大学、意大利的萨伦托大学、德国的爱尔兰根大学等许多高校邀请傅有德讲学或作学术报告。2008 年 9 月，傅有德教授应邀到波士顿的布蓝戴斯大学做系列讲座。该校校长 Jehudah Reinharz 教授亲自出席了首场报告会并致欢迎词。傅教授的系列讲座在这所名校好评如潮。该校报纸 Justice 连续发表了 2 篇报道和 1 个长篇专访，题目分别是：《中国学者启蒙布蓝戴斯》（*Global News：Chinese Scholar of Judaism Enlightens Brandeis*）；《傅有德的历程》（*Global News：Fu Youde's Journey*）；《振兴宗教：傅有德探求犹太教与儒教之微妙关联》（*Revitalizing Religion：Professor Fu Youde studies the subtle links between Judaism and Confucianism*）。

傅有德教授在犹太研究领域取得的一系列开创性的重要成果，以及在国内外的广泛影响，表明他是国内犹太研究领域当之无愧的领军人物。

二

为了更深入地在中国推介犹太文化，强化山东大学犹太研究的学科特色，加快中国犹太研究的国际化进程，傅有德在个人不断取得犹太学术研究成果的同时，深刻地意识到构建研究平台、组建科研团队、培养后备人才的重要性，在科研和教学两个方面进行了有益的探索并取得良好成效，使得山东大学的犹太研究成长为特色鲜明的优势学科。

1994 年，傅有德回国之初便主持创建了山东大学犹太文化研究所，这是国内第一个以犹太宗教和哲学为研究方向的研究机构，也是国内最早建立的犹太研究机构之一。2004 年，以犹太研究所为主的山东大学校内宗教研究机构整合为山东大学犹太教与跨宗教研究中心通过了教育部的层层评审而成为“中国高校人文社会科学重点研究基地”，成为国内宗教学研究的“国家队”，它标志着山东大学的犹太研究学科得到了学术界的认可。

伴随着科研项目的顺利进展，以及研究机构的不断发展壮大，一个团结高效、协作共进的国际化犹太研究科研团队以傅有德为核心逐渐成形。《现代犹太哲学》《犹太哲学史》等研究专著，正是在傅有德的带领下，团队成员通力合作取得的成果。2004 年，在傅有德主持下，来自澳大利亚的著名犹太学者爱立克教授加盟团队，不久便推出力作 *Encyclopedia of Jewish Diaspora*（《散居犹太人百科全书》）。该书分为上中下三卷，约 150 万字，在时间上跨越了从公元 135 年罗马占领犹地亚直到现代以色列建国的漫长过程，在空间上涵盖了世界各地犹太人的散居区域，在内容上囊括了犹太人散居生活的方方面面，涉及宗教、哲学、科学、历史、音乐和商业等等，是迄今国际上最完备的研究犹太人散居生活的参考书，成为犹太教与跨宗教研究中心的标志性成果之一；引进以色列特拉维夫大学的张平教授作为兼职研究人员，正在进行犹太教经典《密西纳》的译注工作，都将有力地推进中国的犹太研究进程。另外，在傅有德教授的主持下，《犹太教史》（多卷本）等其他课题的研究也正在进行中。

人才培养是一个学科持续发展的不竭动力。傅有德在发展山东大学犹太研究学科的同时，尤为重视后续研究人才的发现与培养，并逐渐探索出一条“土洋结合”的人才培养模式，取得了良好的效果。先后延聘犹太专家爱立克教授、张平教授，年轻犹太学者诺安、大卫·韦伯等前来任教，开设“希伯来语”“希伯来圣经”“塔木德研究”等犹太研究核心课程，并与以色列希伯来大学、特拉维夫大学、巴以兰大学，美国的波士顿大学、布兰戴斯大学，澳大利亚的悉尼大学、中国香港中文大学、中国香港汉语基督教研究所、中国台湾辅仁大学等高校的院系或研究机构建立了稳固的合作关系，定期选派教师和研究生到对方学习深造，对方定期派教师来讲学。近年来，先后邀请到牛津大学、哈佛大学、波士顿大学、布兰戴斯大学、以色列希伯来大学等国际一流犹太研究学者50余人次前来长期或短期讲学，使本科生和研究生足不出户即可接受国际最高水平的犹太研究学科教育。

在将国外学者“请进来”的同时，傅有德教授还竭力创造机会，将学生“送出去”，犹太研究方向的全部博士生和部分硕士生都有机会走出国门，分别赴美国、以色列等国家的各知名犹太研究机构访学交流、联合培养或攻读博士学位，一批年轻的犹太研究人才受益于这种培养模式已经或者正在成长起来，成为中国犹太研究的后备力量。

为不断推进国内犹太研究的国际化进程，以使山东大学的犹太研究跻身世界一流水平，山东大学犹太教与跨宗教研究中心尤为注重与国际犹太研究同行的学术交流与切磋，先后举办“儒学与犹太—基督文化比较与对话”等国际学术研讨会多次，对扩大中国犹太研究的世界影响起到了良好的促进作用。

在沉潜于专精的犹太学术研究的同时，山东大学的犹太研究学科还致力于犹太文化在中国的推介与普及。傅有德和唐茂琴翻译了《死海古卷概说》，与牛建科教授主编了《犹太智慧丛书》等普及型读物。从2005年起，以山东大学犹太教与跨宗教研究中心为平台，傅有德教授先后主持举办了四期“国际犹太文化暑期学校”，延请美国、以色列、英国等地的世界一流犹太学专家来山东大学授课，吸引了包括北京大学、中国社会科学院、中山大学、澳门大学、南京大学、复旦大学、四川大学等高校与科研机构的300多名师生前来参加。正如傅有德教授所说，坚持国际化、开放性、持续性，以及授课内容的普及性与学术性并举，是国际犹太文化暑期学校一以贯之的办学宗旨，而让国人更广泛、深入地认识犹太文明，推进中国学界的犹太研究，则是山东大学犹太教与跨宗教研究中心始终不渝的文化使命。

在傅有德教授的艰辛努力与领导下，山东大学的犹太研究学科以犹太教与跨宗教研究中心为平台，依靠科研团队的通力合作，业已取得了显著的成就，正朝向世界一流的建设目标奋力前行。

（齐晓东）

《中国审美文化史》与人文素质教育

《中国审美文化史》是教育部人文社会科学重点研究基地“山东大学文艺美学研究中心”与教育部国家基础学科人才培养和科学研究基地“山东大学文学与新闻传播学院”的部分教师首创的一门新型的大学生素质教育课程，主要宗旨是要在“艺术也是一种生产力”“审美也是一种终极关怀”“文化也是一种资源”的新的历史条件下，充分开发中国审美文化丰富的历史资源，利用多媒体网络教学等图文并茂的新的形式，最大限度地提高大学生的人文素养和审美情操，在形而上的层面上丰富其精神生活，在形而下的层面上提高其感受和判断能力。课程内容包括自上古至清末中国古代审美文化的发展脉络、主要成就、经典作品、风格流变及社会成因。以时间为序，大致包括先秦、汉魏晋南北朝、唐宋、元明清四个知识板块。该课程普遍适用于高等院校文理科大学生，尤其适用于人文学科的本科大学生。

一、该成果的开发与运用

在教学实验方面，自 2002 年度起，由陈炎、廖群、仪平策、王小舒四位教授、博导联袂在山东大学开设全校通选课。四位主讲教师均是在中国审美文化研究领域成果卓著的专家学者，教学能手和骨干；课程内容不但广泛涉及音乐、美术、文学、建筑、园林、器物、服饰、审美取向、风俗等审美文化现象的各个方面，还对它们给以宏观把握，从中发掘共同的审美取向、文化精神等等；授课采用多媒体形式，既有实物图片展示，又有诗文、音乐、朗诵配合，更有主讲分析论述和课堂答疑，还有课下阅读教材、上网浏览网络版教材、用电子信箱与教师交流等。该课程因教师阵容整齐、教学内容充实、教学手段新颖而受到同学们的广泛欢迎，每次选课都大大超出限选人数，修课合计已达千余人。

在纸制教材的开发方面，由于此前四位教授合作出版的四卷本学术专著《中国审美文化史》曾获得“第三届全国高等校人文社会科学优秀成果一等奖”，有着很好的科研基础。为了适应教学需要，课题组在原有的四卷本学术专著的基础上，编写了一卷本的教材《中国审美文化简史》，将科研成果转化为教学成果，于 2007 年由高等教育出版社正式出版。该教材被列为“普通高等教育‘十一五’国家级规划教材”，编写者和编辑对其内容和形式进行了精心设计和打造，除正文陈述内容外，配有插图、图解、名词解释，每节后面列有思考题，版式新颖，内容丰富，适合教学，在高校界和社会上产生了广泛影响。

在光盘版教材的开发方面，为了适应该课程对音像教学的特殊需求，课题组开发了《中国审美文化史》光盘版教材。该教材利用超链接检索技术，除正文融文字、图片于一体外，还设置了课程简介、教学大纲、课程目录、教授简介、教学视频、全文检索、图片资料、名词解释、作品朗诵、思考题等栏目，大大丰富了教学资源，提高了学生自主学习的兴趣。

就网络版教材的开发而言，为了进一步推广本课程的教学，实现远程教学的目的，课题组在光盘版教材的基础上开发了网络版教材，在原有栏目基础上，又充分利用网络媒介，增加了相关链接、课程评价、网上交流等窗口，其网址见山东大学网站（www. sdu. edu. cn）“人才培养”中的“精品课程”栏目。

在国内推广方面，该成果中的《中国审美文化史》课程于2007年被评为国家级精品课程后，除山东大学之外，已陆续在山东经济学院、安徽大学、浙江师范大学、烟台大学、西北大学、山东师范大学、中华女子学院山东分院等国内高校开设。

在海外推广方面，该成果也成效显著。2003年下半年，课程负责人在台湾东吴大学作客座教授期间首次在海外开设了这门课程，使台湾的同学对祖国的文化有了更多的理解和认识，收到了很好的效果。2007年11月，课题负责人应日本大学媒体教育中心的邀请赴东京进行交流，向日本学者展示了本教材的网络版课件的内容及使用方式，受到日方学者的重视。2007年9月，韩国成均馆大学出版社主动向中国高等教育出版社联系购买本教材的版权，决定出版韩语版教材并推广（这是中国高等教育出版社文科分社自建社以来第一次真正意义上向国外出售版权。此前只有袁行霈先生的一本教材被台湾一家出版社购买了版权）。

二、该成果的独创性贡献

首先，由该课题组负责人主编、课题组成员撰写的四卷本《中国审美文化史》是国内第一部系统研究中国审美文化发展史的著作，在研究领域方面有开拓之功。审美文化，介于“审美思想史”和“审美器物史”之间。“审美思想史”，比如《中国美学史》，讲的是关于美和审美，孔子如何说、庄子如何说等，属于纯观念形态的东西；审美器物史，比如《中国陶瓷》《中国青铜器》等等，偏重在物质形态和技术层面。审美文化史则既包含这两种，又超越这两种，重在通过分析和把握这些器物、这些说法，另外还有其他各种审美文化现象，描述一个时代、一个时期的审美理想、审美趣味、审美风尚。此前审美思想史、审美器物史都有撰述，具体研究某种审美文化现象的成果也已出现，但综合、系统展示几千年中国审美文化发展历程的著作，这还属于首创。以此为基础开设的《中国审美文化史》课程，在全国高校是第一门，属于课程创新；以此为基础编写的《中国审美文化简史》教材，在全国属于第一部进行审美文化教育的教材。“中国审美文化史课程设置及软件开发”这个教学课题本身，具有极其重大的开创意义。

其次，在教育类型方面，本成果是“素质教育”的真正实践者。素质教育是近年提出并越来越得到强调的人才培养内容。由于审美文化是中国古代文化的精华所在，因而本课程的开设有助于提高大学生的民族自尊心和文化认同感。同时，该课程还可以通过对具体审美文化现象的解读，对美的作品的欣赏，对宏观发展脉络的把握，开阔学生的视野、培养其审美鉴赏能力、提高文化素质和品味、训练认知思辨水平，陶冶情操。由于本课程旨在开发大学生“智商”之外的“情商”，因而是补充德育、智育之外的审美教育的典型的素质教育课程。

再次，在教学形式方面，本成果是“多媒体教学”的真正实践者。随着科学技术、网络传媒等现代化手段的不断发展和更新，多媒体教学成为新型的教学模式。该成果是率先在审美文化教育方面采用多媒体教学的创新课程。“软件开发”本身就是为适应多媒体教学而展开的研究和实践课题。该成果中的“中国审美文化史”课程的全部文字、图片、音响、习题、参考文献、思考题均已完成了数字化处理，并实现了超链接检索，完成了单机版光盘制作和网络版远程传输，从而彻底改变了以往“书本＋黑板”的教学模式，最大限度地提高了学生学习的自主性和创造性。

三、该成果完成人的学术素养

该成果主要由一位教授负责、三位教授参与完成。四位教授均是学有专长、学养丰厚、学术成果卓著的专家学者、博士生导师和教学能手。

该成果负责人、第一完成人陈炎教授，主要从事文艺学专业美学方向和审美文化的教学、科研工作，兼及中国传统文化的理论探讨；曾于海内外学术刊物发表论文逾百篇，出版《多维视野中的儒家文化》《反理性思潮的反思》等学术专著多部，主编四卷本《中国审美文化史》并撰写《中国审美文化史唐宋卷》；曾获“中国高校人文社会科学优秀成果一等奖”“山东省社会科学优秀成果一等奖”等多项学术奖励和“教育部第四届全国高校青年教师奖”“山东省专业技术拔尖人才”“山东省有突出贡献的专家”“泰山学者”等荣誉称号。为教育部社会科学委员会委员、国务院学位委员会学科评议组成员、中国文艺理论学会副会长、中国墨子学会常务副会长，曾任台湾东吴大学客座教授，并多次赴日本、韩国、美国、新加坡、中国香港、中国澳门等地讲学、出席国际会议。

该成果第二完成人廖群教授，从事中国古代文学和中国审美文化的教学与研究工作，主攻先秦两汉方向，为山东省古典文学学会副会长、中国诗经学会常务理事。已出版的著作有专著《先秦两汉文学考古研究》《诗经与中国文化》《神话寻踪》《中国审美文化史·先秦卷》《诗骚考古研究》《韩非子趣读》《先秦文学史》等，编撰

《孔子文化大典·生平卷》等,合著《中国文学精神先秦卷》等,并在《文艺研究》《文学遗产》《文史哲》等刊物发表论文 70 余篇,多篇被《新华文摘》《中国社会科学文摘》、人大复印资料《中国古代近代文学》及《中国哲学》摘要和全文复印。其中《先秦两汉文学考古研究》作为国家社科基金项目结题的优秀成果入选《国家社科基金成果文库》,并获得山东省社会科学优秀成果重大成果奖。此外,学术成果还获得中国高校人文社会科学优秀成果一等奖 1 项,国家级教学成果二等奖 1 项,省社科二等奖 4 项。参与主讲的课程被评为国家精品课程。近年独立承担了国家社科基金、全国高校古委会等国家级研究项目。在教学方面成果突出,曾获得山东大学首届青年教师讲课比赛一等奖、山东大学教学能手称号等荣誉。

该成果第三完成人王小舒教授,主要从事中国古代文学和中国审美文化的教学研究工作,主攻元明清方向。已出版的著作有《中国文学精神的轨迹》《神韵诗史研究》《中国审美文化史元明清卷》《中国现当代传统诗词研究》(合著)、《王士禛诗选译》(合著)、《神韵诗学论稿》《王渔洋与神韵诗》《审美艺术教育论》(合著)等,主编《新编中华传统文学精要》等。在《文学评论》《文学遗产》《文艺研究》《文献》等刊物发表论文四十余篇。获得中国高校人文社会科学优秀成果一等奖 1 项,国家级教学成果二等奖 2 项,作为第一负责人的课程《中华传统文学修养》2006 年被评为国家级精品课程。教学成果突出,2008 年被评为山东大学教学名师。

该成果第四完成人仪平策教授,主要从事文艺学专业美学方向和中国审美文化专业的教学与科研工作。已出版《中国审美文化史秦汉魏晋南北朝卷》《中国美学文化阐释》《中古审美文化通论》《美学与两性文化》等学术著作 10 余部,在《文学评论》《文艺研究》《文学遗产》《学术月刊》《中国比较文学》等期刊发表论文 100 余篇,其中 1 篇被《新华文摘》全文转载,19 篇被中国人民大学报刊复印资料全文复印,多篇(次)被《高等学校文科学报文摘》《新华文摘》《光明日报》《文摘报》等转摘、介绍、引述、评介。获中国高校人文社会科学优秀成果一等奖一项,获山东省社科优秀成果二、三等奖 4 项。独立承担国家社会科学基金项目 1 项,负责教育部人文社科重大项目 2 项。

四、该成果的社会反响

该成果课题在其建设、实施的过程中,不断获得学界、教育界的充分肯定,有着比较强烈的社会反响。

其一,该成果的基础性学术研究成果四卷本《中国审美文化史》2002 年获得中国高校人文社会科学优秀成果一等奖。

其二,该成果中的"中国审美文化史"课程 2005 年被评为山东省精品课程;2007 年被评为国家精品课程。

其三,该成果中的"中国审美文化史"教材建设《中国审美文化简史》入选"普通高等教育‘十一五’国家级规划教材”。

其四，该成果2008年被评为山东省教学成果一等奖。

其五，该成果已被推广到海内外学界和教育界。其课程和教材在国内已被山东经济学院、安徽大学、浙江师范大学、烟台大学、西北大学、山东师范大学、中华女子学院山东分院等高校采用，在国外已被推广介绍到日本、韩国、美国、新加坡、中国台湾、中国香港和澳门等国家和地区。韩国成均馆大学出版社主动向中国高等教育出版社联系购买本教材的版权，决定出版韩语版教材并推广。

其六，该成果得到了专家学者和学生们的广泛好评。有学者对《中国审美文化简史》教材评论称："该教材主编和作者均为长期从事审美文化研究和学有专长的教授学者，学术功底深厚，对中国古代各个阶段审美文化的把握均有颇具启发性的剖析和见解。教材内容充实，材料可靠，学风严谨。同时，作者又注意到本科教学特点，能够做到深入浅出，行文生动活泼，颇具文采，读来使人兴味盎然。多媒体形式的配套，教学形式的多样化、开放式，更使这部教材具有了广泛的适用性。"上过《中国审美文化史》通选课的同学，有的说"上这种课是一种享受"，有的说"这门课不仅给了我们知识，而且丰富了我们的情感"，还有的说"这才是真正意义上的素质教育课"。还有的学生以"《中国审美文化史》课让我受益无穷""这样的选修课我喜欢"为题在网上发表了对课程的评论文章。

（王小舒）

杨端志教授的汉语言文字学研究

杨端志教授是个擅长创造性研究的学者，他的汉语言文字学研究，尤其是训诂学研究，词汇学研究，音韵学研究，古文字学研究，或者在体系方面，或者在理论方面，都有创新性突破，在国内外有重要影响。早在上个世纪80年代，学术界还一片荒芜的时候，杨端志30多岁就出版了颇负盛名的《训诂学》上下册，50余万言，学术领导部门称第一次"构成了完整的训诂学体系"中国训诂学会名誉会长称"山东大学有专家曰杨君端志"，多位大师级语言学家在多种场合给以赞扬，轰动一时。

杨端志

杨端志的《训诂学》，是1986年由山东文艺出版社出版的。《训诂学》的研究与撰写是与杨端志的教学分不开的。1977年，"文革"后第一届本科生入校，教研室指定杨端志讲授训诂学。杨端志时年28岁，于是开始了历时几年的学习、研究、撰写、讲授《训诂学》的历程。当时关于《训诂学》的书，只能查到两本。一本是写于40年代的《训诂学概论》，一本是写于60年代只有3万多字的《训诂浅谈》，根本无法用来教学。要撰写一部统领一门学科的学术著作，白手起家，谈何容易！杨端志绞尽脑汁，竭尽全力地从两千多年的文献中理解着、发掘着传统训诂学应有的性质、研究对象、研究范围、研究内容、研究方法、所用术语和表述方式。于是想到在北京大学上学时老师们常谈到的王力先生的研究方法"架子功"，王力先生自己也多次谈到"架子功"的重要性，就先搭了个上述内容的章节的架子。但是具体的内容写什么，怎么写，要到两千多年的训诂实践中去找。几年中，北京图书馆（现国家图书馆）、北大图书馆、中科院图书馆、首都图书馆、上海图书馆、南京图书馆、重庆图书馆等，当时有所谓"十大图书馆"之说，差不多都跑遍了，少则几天，多则个把月，寻找、阅读、抄写与训诂学有关的各种典籍，也不知道读了几千种古籍和有关文献。有记者到山大图书馆翻阅后说，图书馆的书凡是别人不看的，杨老师都看了，因为借阅卡上只有杨老师一个人的签名。还有一个重要因素，杨端志先后参加了教育部委托南京大学办的全国重点高校训诂学师资研究班和北京师范大学办的高级训诂学研究班。当时上课的老师，都是大师级老一辈语言学家，最年轻的是许嘉璐先生和王宁先生。讲授的内容主要是戴震、段玉裁、王念孙、王引之、章太炎、黄侃、刘师培、杨树达的书，两次学习给了杨端志重大启发。本科生的课程年年讲，《训诂学》年年修改，至1984年，接收山东文艺出版社要求出版交稿的时候，各种手稿加起来重达37斤。功夫不负苦心人！1986年，上下两巨册《训诂学》出版了。此时高校训诂课程仍处于极缺教材的时代，所以一出版，便得到各级教育领导机构、语言学界前辈专家、古文献整理领域、出版领域、文化领域等高度关注，给了很多赞誉。一个会议上教育部一位领导同志举着两册《训诂学》说："××（国名）人看不起我们，要给我们输入教材，现在我们有了，出自山东大学一位青年教师之手，这是我们国家的骄傲！"山东省教育厅长在授奖大会讲话中说："山东大学青年教师杨端志撰写了《训诂学》一书，系统阐述了训诂的内容、法则、义例，构成了完整的训诂学体系，是内容丰富、功力深厚的学术专著，该书出版后，受到有关部门的重视，学术界的好评。"时任中国训诂学会名誉会长的殷孟伦先生为之"题词"称，继承了"清代乾嘉而后，段王之学风""严栗整饬，赡雅不苟""咸得新理，颇饶剩义""杨君苦心冥索，卓然不群，宜广九有之被声教"。语言学界十几位大师级老辈专家都给过赞扬。该书很快就被北京大学、复旦大学、北京师范大学、山东大学等兄弟学校用为本科生或研究生的教材或参考教材。台湾五南出版社每两年印一次，销往世界很多国家。台湾大学、台湾师范大学、政治大学、佛光大学等至今一直作为教材。《训诂学》出版25年来，其中的概念、论断，甚至例证，一直被同行引用不衰。不少青年学者称"是读着杨先生的《训诂学》成长的"。

杨端志的学术背景兼跨中国传统语言学即章黄学派和中国现代语言学的两个学派。不存门户之见，谁有优点就向谁学习，是他成功的途径之一。正如北京大学何九盈先生给杨端志的信中所说："我看，你在这个问题上头脑很清醒，所以作出了这么好的成绩。"此后杨端志语言研究的发展，也在于他头脑中有两个汉语语言文字学的系统，两套汉语语言文字学研究的理论和方法，从不同的角度对汉语的性质、汉语言文字学的性质有较准确、深刻地把握。同时也形成了杨端志自己的治学特色：第一，重视充分占有语料，凡封闭材料最好穷尽；第二，重视能透彻描写、解释语料的理论，中国传统的，西方的，凡是有用的都要；第三，选题站在学科建设高度，选择影响学科建设的前沿、重点、难点问题，最好有统率学科的价值；第四，文献考据法与历史语言学方法，归纳法与演义法并用；第五，不写前人写过的题目、内容，不写"短、平、快"书、文。这就保证了研究成果的创新性、可靠性和实用性。1987年杨端志以正常晋升三倍的成果第一批唯一一个破格为副教授，1992年第一批破格晋升为教授。

杨端志教授的《中国古文字学》研究也是1978年给77级同学上古文字学选修课开始的，还曾在韩国成均馆大学博士班讲授过一年，至今已讲授30余年。讲到80级的时候，已经有了完整的书稿。

杨端志教授的《周易古经韵考韵读》第一次考察了《周易》古经的协韵系统，发现古经韵部系为二十六部，并且与甲骨文、《诗经》韵系相对比，发现它晚于甲骨文，早于《诗经》韵系，当是商末周初的口语语音，从而解决了众说纷纭的古经产生时代、古经标点问题。

杨端志在研究训诂、文字、音韵的时候，就把注意力推向了词汇。因为词汇是现代语言学概念，概括了汉语最基础的单位。而要研究汉语词汇中关键、重点、疑难的问题，必须具备训诂、文字、音韵学修养。杨端志的专著《汉语的词义探析》，就是针对词汇研究的疑难问题词与字的关系的和复合词与短语的关系的。

《周易》是一部最具哲理的著作，也是注释最多的一部著作，古今注本有3000多种，也是最难研究的一部著作，差不多每句，甚至每一个词语都有多种异说。杨端志教授主要进行了《周易》语言研究，共有8篇学术论文。其《竹书〈易〉、帛书〈易〉、传世本〈易〉语言研究中的问题》针对发现出土本以后出现的新问题，指出了版本方面的误解、语言文字性质特点方面的误解、研究理论方法方面的误解，为出土文献语言研究提示了方向。这一篇文章和另外大多数文章都被认为是经典论文，收入多种集子，挂在多种"经典论文网"上。

杨端志的《"误读"与新义》《中国古代诠释学理论视野下的汉语语言单位论、结构体系论、语义解释方法论及语义系统论》是两篇汉语语言哲学的文章，前者探讨了战国以来对古籍"误读"的语言学成果、哲学成果与价值，后者探讨了汉代以来古人对汉语本质、单位、结构、结构关系、语义解释方法论及语义系统论。论者以为具有开辟学科领域的价值。

杨端志的《中国文献中公元前2世纪至公元2世纪朝鲜语词汇词义研究》《漫谈中韩语言文字交流中的问题》《韩国广告语言中的问题》《韩国语文要不要保留一定数量的汉字》《中韩文化交流中的第二语言教学问题》是外国语言与文化交流方面的论文。《公元2世纪前朝鲜半岛语言类型与性质研究》第一次从中国《史记》《汉书》《后汉书》《三国志》和《方言》《说文解字》中发现早在公元前2世纪至公元2世纪的朝鲜半岛的语言，有古夫余语、高句骊语、沃沮语、马韩语、辰韩语、弁韩语，也使用汉语。几经分裂融合，自汉武帝建四郡始，以古夫余语、高句骊语、沃沮语、马韩语、辰韩语、弁韩语为基础方言，以汉语为借助语，终于形成朝鲜半岛的统一语言——朝鲜语。

目前，杨端志教授正全力以赴完成国家社科重点项目"汉语词汇通史研究"和教育部基地重大项目"《周易》语言学研究"。

黄万华的“20 世纪汉语文学史研究”

黄万华

黄万华，浙江上虞人。现为山东大学教授、文学与新闻传播学院博士生导师。1982年以来多次评为省、市、校优秀教师、劳动模范，获国务院政府特殊津贴。曾获高校优秀教学成果省一、二等奖，主持国家精品课程建设，评为山东大学首届教学名师。教学之余，主持承担三项国家社科基金课题、七项省部级课题，在国内外学术刊物发表论文300余篇，其中120余篇发表于国内《文学评论》《文艺研究》《文史哲》《中国比较文学》《文艺理论研究》《中国现代文学研究丛刊》等53种中文核心期刊、31种CSSCI刊物，30余篇转载于《中国社会科学文摘》《新华文摘》《中国现当代文学研究》《中国高校文科学报文摘》等。出版有《中国抗战时期沦陷区文学史》《新马百年华文小说史》《文化转换中的世界华文文学》《中国和海外：20世纪汉语文学史论》《史述与史论：战时中国文学研究》《传统在海外：海外华人文学与中华文化传统》《中国现当代文学（五四—1960年代）》《在旅行中拒绝旅行》等专著九种，主编《美国华文文学论》等五种，参与主编《中国文艺社团流派辞典》等四种，参与撰写《20世纪中国文学史》《中华文学通史》等十一种，著述560余万字。所著获省社科一等奖两项、二等奖五项。曾赴美国、新加坡、韩国、马来西亚、中国香港、中国台湾等地短期讲学。兼任中国现代文学学会理事、山东省现代文学学会副会长、中国世界华文文学学会教学委员会主任委员等职。

2004年9月，黄万华的《中国和海外：20世纪汉语文学史论》由百花文艺出版社出版，这是作者 2001 年 11 月在上海大学举办的一次关于全球化语境中中国现代文学研究的国际学术研讨会上提出“将中国现代文学史扩展到 20 世纪汉语文学史”的学术观念后进行研究的一个成果，这本 37 万字的专著是国内外第一本将 20 世纪的中国大陆、台湾、港澳地区、海外华人社会等不同空间的汉语文学进行历史整合的著作，分“五四前后”“战时 8 年”“战后 20 年”“20 世纪后 30 年”等四编，描述了近百年中华民族文学的历史流变，整合了世界范围内华文文学的资源。全书从文学的生命整体意识出发，以“天、地、人”的文学史思路，接纳 20 世纪发生在中国大陆、台湾、港澳地区、海外华人社会的中华民族新文学的丰富性；以“本土与境外”互为参照的文学史观念，探讨传统与现代、民族与世界、雅与俗等重要问题。全书开掘了相当多的新资料，展开了对“五四”新文学开启的多源多流、多种传统及其播传、离散的深入考察，充分关注了“中国”和“海外”的互动，从创作思潮、文学建制、典律构建、文体类型、作家身份等多方面研究了上世纪初以来中华民族文学的现代转型，揭示了其历史一体性和丰富差异性。

《中国和海外：20 世纪汉语文学史论》一书是黄万华长期从事中国现当代文学与海外华文文学教学和研究的成果。早在 1982 年，他就讲授台湾文学研究的课程，是全国高校中最早开设台湾文学课程者之一。从那时起，他开始思考中国大陆、台湾、港澳地区、海外华人社会文学“打通”研究的问题。1999 年，他的《文化转换中的世界华文文学》(27 万字)由中国社会科学出版社出版，这是国内第一本系统阐述 20 世纪世界华文文学整体观并描述中国台湾、中国香港、中国澳门和欧美澳洲东南亚各国华文文学历史和现状的著作，从文学史的基本线索、典律构建、“对举”文学关系(如雅俗关系)的处理、外来性影响和本土化进程等方面阐述了包括中国大陆、台湾、港澳和海外在内的世界华文文学的整体观，由此出发分别考察了世界范围内不同板块的华文文学的历史和现状，并展开了东西方华文文学的比较研究。同年，又出版了国内外第一本海外国别华文文学史《新马百年华文小说史》(29 万字)，以“写中国文学中没有的，想中国文学中应有的”表明了作者身在中国大陆，关注海外文学的学术目的，以翔实的史料生动描述了海外华文文学最重要的国度新加坡、马来西亚的华文小说百年历史进程，并在文学史的分期依据、内在线索、观照角度、容纳视野等方面均有新的探索。2000 年，又主编出版了国内第一本海外国别华文文学论《美国华文文学论》(35 万字)，对 20 世纪美国华文文学的历史流变、不同文体的创作和重要作家群体展开深入研究。之后，在集体编写的《海外华文文学教程》中撰写了《欧洲华文文学》一章。对东亚、澳洲等地华文文学，也都有论文发表，成为国内研究中华民族新文学涉及领域最广的研究者。而这些努力被学界称为“一向习惯于在流行性文学史视野之外作扩展式开拓，并以其原生性的对象发现和原创性的观念建构回过头来影响和改变现有的文学史认识”。通过这些“点”，全面把握了世界范围内中华民族文学历史流变的情况，并对整合包括中国大陆、台湾、港澳和海外在内的中华民族文学资源有了深入思考,才有了《中国和海外:20 世纪汉语文学史论》一书。

《中国和海外:20 世纪汉语文学史论》体现的多重而流动的文学史观,民族文学的生命整体意识,“本土与境外”“边缘”和“中心”的对话方式,多种解码的“经典”阅读等,在随后的研究中,从纵、横方向上得以展开。2005 年的《史述与史论:战时中国文学研究》(山东大学出版社,60 万字)是国内唯一将抗战时期国统区、敌后抗日根据地、沦陷区、日据台湾、英殖香港和东南亚华侨社会的文学“打通”展开全面研究的著述,在“战争与人”、抗战时期文学在中国现代文学和世界文学中的地位和价值等重要问题上有了多方面突破性进展,被《中国现代文学研究丛刊》的“研究述评”称为“在整体上体现了迄今对 40 年代文学研究最有分量的成果”的成果。2008 年的《战后 20 年中国文学研究》(人民文学出版社,36 万字)也是在将 1945 年抗战胜利后至 1960 年代的中国大陆、台湾、香港的文学一并置于二次大战后东亚现代性曲折展开的背景上予以考察,不仅提出了被“研究述评”评价为“突破既往文学史局限”文学史新观念,而且在战后中国文学的转型研究上有重要进展。例如五四文学传统的“流散”、左翼文学的多种形态及其运行机制、在“传统”中展开的现代转型、文学体制与文学转型、政治高压下的文学突围等。这些历史纵向上研究的展开,都逐步推进了 20 世纪汉语文学史的研究。而在横向上,作者围绕“传统与现代”“本土与外来”“世界与民族”“雅与俗”等重要问题,在乡土文学、城市文学、女性文学、新生代作家、语言原乡、大众传媒与文学、中国形象、典律构建等重要文学现象上,都突破以往只关注中国大陆文学的研究。既以中国大陆作为 20 世纪中华民族文学最重要最有作为的空间,也以“边缘”挑战于“中心”以及互为参照的研究视角考察同一文学课题上台湾、港澳、海外华文文学的创作。《传统在海外——中华文化传统和海外华人文学》(山东文艺出版社,29 万字)一书考察中华文化传统在海外华人文学中的创造性转换,思考文学中传统(民族)和现代(西方)的关系,并提出、处理了中华民族文学内部跨文化交流的重要问题。《在“旅行”中“拒绝旅行”—华人新生代和新华侨华人作家的比较研究》(中国社会科学出版社,24 万字)一书在 1990 年代前后,中国大陆、台湾香港、海外都有新生代作家崛起的背景下,通过对华人新生代和大陆新移民作家在文化取向、原型群落、形象内质、审美情趣等方面的比较研究,思考传统与现代、中心与边缘、国家认同与文化认同、族群性与人类性、多元化与跨文化等重要创作话题,揭示东西方华文文学跟中华文化承接的不同层面。纵、横方向上研究的展开,使 20 世纪汉语文学史的建构获得越来越坚实的基础。

黄万华的“20 世纪汉语文学史研究”有很自觉的学科建设意识,那就是推动中国现当代文学和世界华文文学两个学科之间富有建设性的对话,也沟通与比较文学、文艺学等学科的联系。世界华文文学本来是中国现当代文学在海外的丰富延伸和重要影响，中国现当代文学的历史进程就是同时发生于中国大陆、台湾、港澳地区和海外华人社会的某些历史空间，但由于种种原因，各自阻隔，缺乏“沟通”“整合”的情况始终存在。“20世纪汉语文学史研究”就是力图在汉语新文学、中华民族新文学的整体背景上加强“世界华文文学”和“中国现当代文学”的对话。就世界华文文学对于中国现当代文学学科建设的作用和价值而言，“20世纪汉语文学史研究”体现了以下努力：一是世界华文文学强调的互为参照的学术视野和多重的、流动的文学史观照有利于对于中国现当代文学转型的深层次机制的把握，最终会超越单一地区“文学运动史”“文学思想史”等层面而指向文本自身，从而凸显史的“文学”性；二是由生活于中国大陆、台湾、港澳、海外等不同“历史时空”的中国人、华人提供的“历史逻辑修正”所揭示的无法同化的原创性，在不同的文学价值观的冲突、递变中的代表性，在历史传承中对后来者有巨大引导力的影响性等，都反映出文本的经典性累积倾向，从而使文学史得以完成文学的传承；三是世界华文文学的存在更以民族语言的根提醒着中国现当代文学教学、研究走出国族意识的局限，使其学术期待、努力更好回归文学自身。而就中国现当代文学对于世界华文文学学科建设的作用和价值而言，“20世纪汉语文学史研究”则坚持以中国现当代文学研究的学术积累严格世界华文文学的文学批评尺度，中国现当代文学研究近一个世纪的历史已进入文学史的再度“筛选”，其日益深化的文学批评价值尺度对于历史较短的世界华文文学研究颇有借鉴价值，对中国大陆、台湾、港澳、海外的创作，坚持相对统一的“汉语文学经典化”的价值尺度，严格“入史”的文学标准。同时，由于世界华文文学的“跨文化性”和“世界性”，也被比较文学学科关注；而它本身包含的“离散性”“本土异质性”以及“中心与边缘”“国家认同和文化认同”“民族与世界”“东方与西方”等课题则是文艺学等关注的重要内容。“20世纪汉语文学史研究”在这些问题上作出了较深入的研究。《“边缘”：文学史活力所在》《民族性和公民性之间的复杂纠结》《生命整体意识和“天、地、人”观念》《海外中国：传统的创造性转换》《在传统展开中完成的文学转型》《中华文学中的跨文化因素》等文都以中国现当代文学和海外华文文学的丰富存在为上述课题的解决提供建设性材料和结论。所有这些都参与和推动了多个学科的建设和发展。

张成的细孔钻颅器

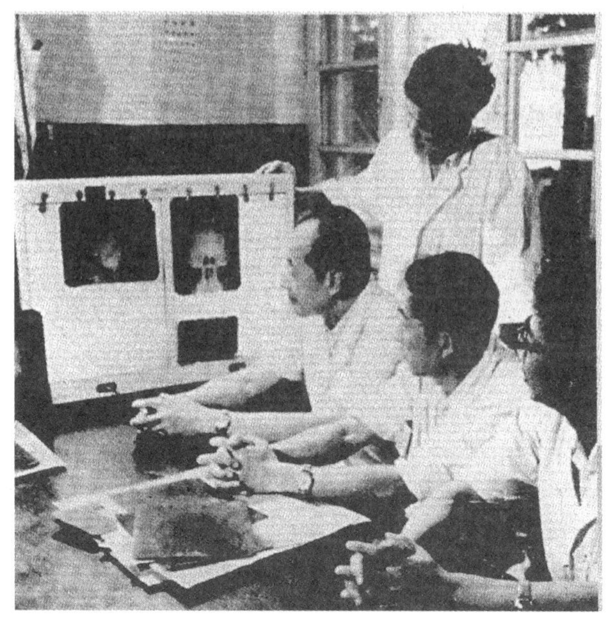

张成(左一)在指导阅颅片

1965 年,神经外科的张成、何守俭等在国内首先研制成功“细孔钻颅器”并应用于临床。这是国内神经外科领域首创、第一例成功者。实践证明完全可以代替传统的国外 Dandy 氏钻颅器,且有诸多优点。同年他们在国内开展“半月节神经纤维瘤切除术”首例成功。1972 年,张成等在国内首先成功实施“腰穿加压注液还纳急性枕大孔疝”。1979 年,张成、何守俭在国内开展首例“持续性体外引流治疗重型蛛网膜下腔出血并发脑疝”获得成功。1988 年,李新钢、张成等主持研制的“CT 导向——极坐标旋转式脑立体定向仪”研制成功,在国内首行“CT——立体定向囊性颅咽管瘤排空引流术”及“颅内蛛网膜囊肿引流术”成功,获得国家发明专利。张成等在 1980 年开展的“游离大网膜颅内移植治疗脑缺血性疾病”研究项目,历经九年,于 1989 年以课题“大网膜颅内移植大脑中动脉梗死区血管重建的实验研究”,由省科委组织国内专家鉴定为国内外首创。1989 年,张成等在国内领先开展了“大网膜胎脑颅内移植治疗脑性瘫痪”“硬脑膜翻转胎脑颅内移植治疗脑发育不全”“胎脑混悬液肌内注射治疗外伤性植物生存”等。

他们 1966 年国内首先实施“细孔钻颅引流治疗慢性硬脑膜下血肿”。1967 年,成功进行国内首例“椎板减压术治疗急性横贯性脊髓炎”和“侧脑室颈静脉分流术”。1969年,在国内首创耳垂前面神经干封闭治疗面肌痉挛。1972年,在国内首先“应用煮沸灭毒骨瓣整复技术治疗颅骨肿瘤病”。1982年,在国内首先开展“颞肌颅内脑表面贴敷术治疗脑缺血性疾病”。1983年,在国内首先开展“脑室体外引流治疗脑室内出血”和“自体颅骨碎片移植治疗颅骨缺损”。1986年,在国内率先开展“股动脉插管颈外动脉及肿瘤动脉栓塞术”。1987年,在国内首先开展“胚胎小脑组织移植治疗小脑萎缩、扭转痉挛、尿崩症及脑发育不全”。1988年,在国内首先开展“脑室内及腰蛛网膜下腔胎脑、肾上腺髓质移植治疗震颤麻痹”。1993年,国内首例“难治性外伤性癫痫的外科治疗”取得成功。1995年,开展国内首例“巨大脑膜中动脉瘤全切除”成功。1997年,在国内领先开展的“CT/X线引导下经额蝶穿刺垂体瘤激光间质内热疗术”经专家鉴定为国内外首创。

神经外科是齐鲁医院重点科室之一,是山东省卫生系统重点科室,医疗科研水平很高,实力很强。自1959年由张成等人率先在省内设立神经外科专业组、1985年神经外科独立建科以来,取得大量成果,有良好的技术效益和社会效益。该科曾拥有卫生部有突出贡献专家1人、山东省专业技术拔尖人才2人、山东省优秀青年知识分子2人、新长征突击手1人、医院青年专业技术拔尖人才4人,享受国务院颁发的政府特殊津贴者5人。先后在全国学会任职8人次,在省级学会任主任委员,副主任委员分别是4人和7人,省级学会委员5人,国家及省级学术杂志编委8人次;出版学术专著20余部,编写教材、讲义11部,在国内外学术杂志发表论文500余篇;获国家、省级科研成果奖近50项次,并有9项发明技术项目获国家专利,在国内首创诊治技术和领先开展许多新的手术,有的经专家鉴定达到国内外先进水平,可以说是硕果累累、业绩辉煌。该科全体成员继承发扬创新精神,开拓进取,与时俱进,使该科总体医疗水平继续保持在国内领先或先进位置,并朝国际前沿迈进。他们为我国神经外科事业的发展做出了突出贡献,影响深远。

（田道正）

寿楠海、牛军发明“纤维胆道镜碎石清洗器”

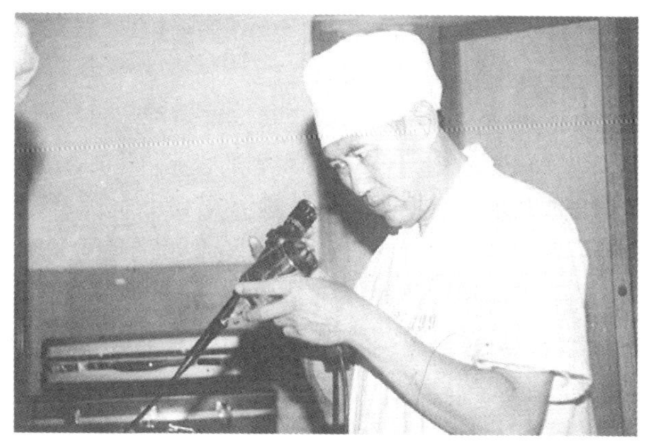

寿楠海教授在做纤维胆道镜检查

原发性胆管、肝胆管结石是我国及亚洲太平洋地区常见病，发病率高（占胆石症30%～80%），危害性人，治疗困难，手术也无法取净结石，术后残石率可达10%～90%，常需再次或多次手术，最终可造成严重肝损害和全身情况恶化。如何取尽残石是国内外一直没有解决的难题。使用纤维胆道镜可发现肝内胆管结石，应用取石钳、取石网均不能完全取出。世界上最先进的激光碎石器、电气碎石器械不仅价格昂贵，也不能取尽结石。

齐鲁医院普外科寿楠海教授、牛军教授等于1986年9月发明的“纤维胆道镜碎石清洗器”优于上述器械。该器械利用纤维胆道镜主体插入微钻，用微泵注入冲洗液，在直视下对准结石，不损伤胆管而磨碎结石。同时由水泵注水，冲击碎石，快速方便。整个器械为一套完整的控制器：它包括双功能电源，交直流电机、滤波器、微钻功率控制器、流量控制器、电压表、电流表以及各种数字显示器、指示灯、可消毒的微泵，适用于不同情况下的多种可消毒的超细径蛇形管和微钻、微刷。

自1985年12月起在齐鲁医院及三所兄弟医院对20余例用其他方法无法取尽的胆管、肝胆管结石病人进行20余次纤维胆道镜碎石清洗治疗，绝大部分得到满意的效果。用此种治疗方法对病人和医师均无伤害，非常安全，易于掌握。

本项目的创造点在于提供了一种新的治疗胆结石特别是肝内胆管结石的方法，快速无创伤地清除其他方決无法取出的复杂肝内胆管结石，大大缩短了治疗时间和提高了疗效，使得一部分过去无法治疗的病例得到根治。关键技术是有许多特殊形状的专用钻头，根据不同的胆管形状、口径和结石的铸型、手术操作步骤的需要而设计。如微钻刷型钻头，用于刷除结石碎末及分泌物。其他另有多种形状，如蛇头型、长矛型、刀型、螺旋型、双矛型、三矛型、四爪型等。专用钻头系用具有一定强度和柔性的金属制作，使其在工作时能在一定范围内变换周径。专用钻头在使用时与一条细长柄固定为一体，装在弹性蛇管内转动，此钻与一般钻头完全不同。控制器内装交直流电机、滤波器、微型泵、数字显示装置、流量控制器、电压表、电流表以及各种指示灯、开关等。用于控制手术过程中每一个步骤，如钻头的转速、注入清洗液的压力等。

纤维胆道镜碎石清洗器适用于胆管内其他方法难以取出的泥沙样结石，特别对淤塞胶着在Ⅱ、Ⅲ级胆管内的铸型结石效果最佳。可应用于术中，经胆总管切口插入纤胆镜引入微钻，或经放置的“T”型管瘘道插入纤胆镜，引入微钻。把微钻对准结石，调节不同的速度，并略做拉插动作，注入一定压力的清洗液，把结石钻孔磨碎，碎石粒可由胆总管切口处被排出的水冲出，用吸引器吸净，再用微刷刷洗残石和胆管内的纤维素样物及脓性分泌物。由于特殊的钻头无锐刃，使用时不会损伤胆道镜，不会钻透胆管。有胆道镜使用经验者，使用1～2次即可掌握使用。碎石清洗成功后，可见原结石嵌顿处的胆管黏膜呈现不同程度的炎症反应。有的病例可见到与胆管壁粘贴着的小片结石末、胆砂及絮状纤维素分泌物，均可再用微刷刷洗。

临床应用的结果表明，凡纤胆镜视野内可见到的结石、胆砂和附壁纤维素，均可被粉碎、刷除冲出胆管。治疗效果明显优于现有的其他取石方法，大大缩短了治疗时间。

由国内专家组成的鉴定委员会鉴定意见是：肝内结石症是外科常见病，在治疗上迄今尚无满意的方法，特别在我国，多属所谓“东方型”结石，临床处理上特别棘手。为此山东医科大学附院普外科寿楠海、牛军、李兆亭等教授创制了“纤胆镜碎石清洗器”，并于1985年12月开始应用于临床，获得成功。与会10位专家通过听取技术报告，观看录像及器械表演，审阅资料及深入、充分地讨论，一致认为此项科研选题适时、正确，切中胆道外科的关键性难点，难能可贵，具有创新性，科学性强；器械设计合理、构思巧妙、性能优良，安全可靠，使用方便，易于推广。经临床应用观察优于目前国内、外已有的方法，在国内外实属首创。此科研成果的有关论文，在1986年全国胆道镜会议上报告，获得与会国内、外专家的广泛好评。“纤胆镜碎石清洗器”已申请国家发明专利，并获受理，具有较大的社会效益。此项成果属国际领先水平，1986年9月获全国第二届发明展览会金质奖。

（田道正）

刘凤君与骨刻文

刘凤君，字龙朋，号神通居士，1953年出生于山东蒙阴。1978 年毕业于北京大学，毕业后分配山东大学任教。主要从事考古学、美术史和古文字教学研究与书法创作研究。

刘凤君教授现任山东大学美术考古研究所所长、山东大学历史文化学院书法文化研究所所长、骨刻文研究所所长，教授，博士生导师。

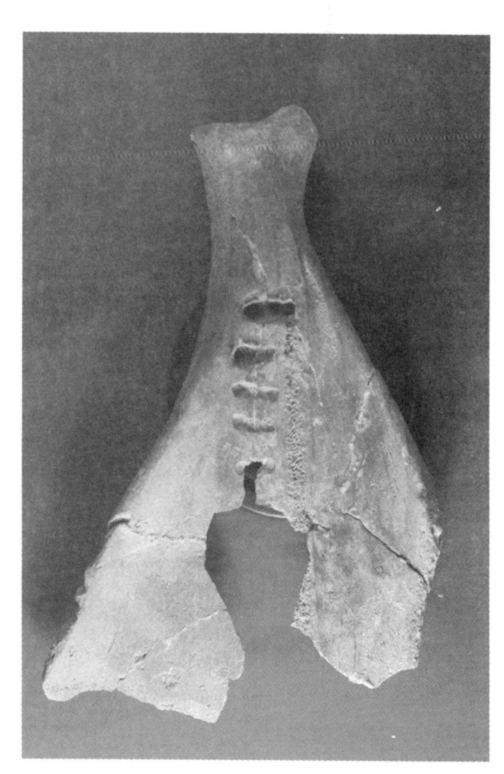

骨刻文

刘凤君教授是学界公认的美术考古学理论体系创建第一人，骨刻文的发现者和骨刻文学理论框架的奠基者，崇山石祖林的发现者和研究者，济南四门塔佛头像回归的文化使者，“青州风格”佛像提出者。2002 年被中国文物报社评为中国文博考古百位名家之一。2004 年被国务院机关事务管理局西山服务局聘为中国当代书画名家。他发现的骨刻文，被认为是继 100 多年前王懿荣发现甲骨文以来，对中国文字发展的又一次重大发现，是中国文字研究史上的一个重要里程碑，是对我国历史文化研究的重大贡献。

他已独立出版《中国古代陶瓷艺术》《考古学与雕塑艺术史研究》《美术考古学导论》《山东佛像艺术》《骨刻文发现与研究丛书・昌乐骨刻文》《考古中的雕塑艺术》和《骨刻文发现与研究丛书・寿光骨刻文》，与人合著《黄河三角洲佛教造像研究》，主编《四门塔阿閦佛与山东佛像艺术研究》和《美术考古学 100 问》等学术专著。发表学术论文近百篇，部分学术论文已被翻译成英、日、韩等文字发表。

一、刘凤君教授发现骨刻文

自20世纪80年代开始，山东省境内潍坊至济南一带和关中地区以及内蒙古赤峰地区古文化遗址经常出土刻划文字的骨头和刻字的石器、玉器、陶器和陶片等。以骨头为多，占百分之九十五以上。大多数是当地农民翻土时挖出的。自上世纪末开始，一些文物爱好者开始收藏这些文物。考古工作者在田野考古发掘和调查时也有所遇，但都没引起学术界重视。

2002年济南四门塔佛头像回归后，刘凤君教授开始启动“中国早期文字与书法艺术”的专题研究，开始搜集考古发现和民间收藏的零星资料。他发现甲骨文至仰韶文化和大汶口文化陶器符号之间相隔1000多年的时间还是一个空白期，这个时期应该是陶器符号后新产生的一种符号或文字，并且它应该还是甲骨文的主要源头。寻找这个时期的符号或文字就成了刘教授专题研究的主要内容。

2005年春天刘凤君教授在济南看到一块上面刻着花纹的小骨头，当时他肯定说：“这是史前的一块骨头，上面刻划的应该是字，这是一件很重要的文物，是中国早期的文字。”刘教授的发现和认识在社会上产生了一些影响。2007年他又发现和鉴定了昌乐县收藏的一批骨刻文，当时他进一步确认并公开宣布这是“山东龙山文化时期的遗物，距今约4000～4500年，属东夷文字，是中国早期的图画象形文字。它和安阳殷墟占卜甲骨文不同，没有占卜痕迹，是一批记事文字”。许多媒体公开报道了刘教授的发现和鉴定结论。

刘凤君教授之所以肯定骨刻文是中国早期的一种文字，他的主要根据是：(1)这批刻划的字符很多，应该是一种文字记事现象；(2)这些刻划多数象人物、动物和植物的图象形符号，“书画同源”在这里得到了很好解释；(3)这些刻划符号的布局和结构有规律可循，有些偏旁多次出现；(4)有许多骨刻文成行刻字，有的几个字，有的十几个字，也有的甚至达到几十个字，词章已经出现；(5)近些年在山东省的邹平、桓台等县市，以及江苏高邮龙虬庄和西安花楼子等地都已发现过龙山文化和岳石文化时期的文字，只是没有引起应有的重视。

刘凤君教授经过进一步野外调查和综合深入研究，又相继发现了关中地区和赤峰地区的骨刻文。他逐渐认为这种早期文字直接称“骨刻文”更科学。今后出版《骨刻文发现与研究丛书》，丛书中的每本书名“骨刻文”前冠以出土地名或更醒目的文字标志，如《昌乐骨刻文》《寿光骨刻文》等。这样可以使读者知道出土地点，进行分区研究，探讨各地区之间早期文字产生和发展的相互关系。许多专家同意刘教授的意见，有的专家说：“这样与已成惯例的商周甲骨文、金文所对应，以便顺利地被纳入国内古文字研究体系。”2009年下半年刘教授将其定名为“骨刻文”。

2008年7月30日山东大学美术考古研究所邀请五位专家举办“骨刻文座谈

会”,2010年2月25日山东大学历史文化学院邀请五位专家举办“骨刻文座谈会”,两次座谈会的专家都充分肯定刘凤君教授发现的骨刻文是一种早期的文字。

二、刘凤君教授关于骨刻文研究的主要成果

2008年12月,刘凤君教授编著出版《骨刻文发现与研究丛书·昌乐骨刻文》,学术界评价该书是一部融文字学、考古学和艺术学于一体的力作,是一部昌乐骨刻文学的奠基之作,也是第一部研究中国文字产生和早期文字的开启之作。2010年5月刘教授又编著出版《骨刻文发现与研究丛书·寿光骨刻文》。学界给予很高评价:认为刘教授的两部骨刻文专著,已初步奠定了骨刻文学的理论框架基础。今年9月他又编著出版《骨刻文发现与研究丛书·龙山骨刻文》。另外他分别在《中国文物报》《中国美术研究》《东南文化》和韩国的学术杂志上发表数篇有关学术论文。

数年来,他除了大部分时间在黄河流域和辽河流域古文化遗址调查外,一方面抓紧时间编著出版各地的骨刻文书,把更多的实物资料公诸学界和社会;另一方面集中精力研究论证为什么说骨刻文是中国早期的文字,它的造字规律是怎样的,以及与甲骨文的关系和如何解读骨刻文等有关骨刻文学的一系列理论问题。刘凤君教授的有关研究成果主要可归纳为以下五个方面:

1. 对骨刻文造字规律和字体造型分类的探讨

早在2008年刘凤君教授在出版的《骨刻文发现与研究丛书·昌乐骨刻文》一书中,就明确指出:经过对骨刻文的长期观察和研究,“物象的审美再创作性、指事的组合象征性、龙凤文化与凤字多样性,应是骨刻文的三个基本造字规律。我们只有认识这些规律,才能很好解读它”。

目前,刘教授已详细分析和掌握了1000多块骨刻文和属于骨刻文时期的8件刻字玉石器、7件刻字陶片,粗略约计共3000多个字符。他说:“其字体造型大体可分为写实物象型、主干分枝型和中心圆型或近似圆型三大类。”刘凤君教授对骨刻文造型的分类和造字规律的探讨对今后骨刻文的研究有着理论上的指导意义。

2. 对骨刻文布局和词章出现的考察分析

刘凤君教授认为:骨刻文多数一块骨头上仅刻1～5字,刻6～10字的也占一定数量,10字以上至几十个字的骨头也有一部分。其章法布局应是一种顺其自然又有初步开始达成共识的自由舒适型。大约有三种布局:

一种是有的在一块骨头上只刻一个较大的字,或有的虽在一块骨头上发现数个字,但其中有的字单独刻在一个空位上,与周围其他字缺少密切联系,这是一字一局。

另一种是在一定空位上,中间刻一至几个字符,周围再刻划一些字符,这是一种组合字群的布局,可称为散落组合型。

再一种就是自上而下或横向成行的布局。目前笔者所见已有几十件骨刻文是

这种布局，这种布局发展成今后书法艺术的主要布局形式。刘凤君教授特别强调：成行的布局，更能说明骨刻文已经是具有词章意义的文字。

3. 发现石祖林，佐证骨刻文，否定自然说

近几十年考古工作者在田野工作时经常遇到骨刻文，当地群众深翻土时也挖出很多。不但没有引起重视，而且多被误认为是草根腐蚀或虫蛀的，还有人认为是自然形成的骨花。

刘凤君教授为了说明骨刻文与虫蛀和草根腐蚀以及骨花等骨头的根本差别，近些年他在田野调查时寻找各种实物标本。经过几年的田野调查和对许多骨头的观察，进一步搞清楚了它们之间的区别：骨刻文很明显是人工刻划的，造型讲究而完美，多数都是弧线构成，刻划有深有浅，刻划底部不在一个水平线上，线条流畅均匀，凹线底部都有明显的硬划痕。并对虫蛀和草根腐蚀等自然现象作过详细说明，澄清了许多人的模糊认识。

机缘有时就是天道酬勤。2008 年 7 月 22 日刘凤君教授发现了昌乐县龙山文化时期的石祖林，距今已有 4000 多年的历史，和骨刻文的年代大体接近。在距今 4000 年前没有金属工具的前提下，能精雕细琢这样大的石祖造型，技术之高超，令今天观赏者叹绝，相比之下在骨头上刻字就是件容易事。同年 12 月 20 日刘教授又在昌乐县鉴定和研究了首阳山岩书，进一步印证了他对骨刻文的研究结论是科学的。任何一种时代奇迹和伟大发明都不是孤独出现的，骨刻文与石祖林和岩书互为佐证，它们都是远古高度发展文明社会的产物。

4. 对骨刻文年代的不断深入认识

2008 年，刘教授根据考古类型学的器物类比法和出土骨刻文遗址的具体情况，提出了推断骨刻文年代的七个根据。后来刘教授在重点调查济南至潍坊一带古文化遗址时发现三种情况值得重视：一是调查大汶口文化、龙山文化和岳石文化及商代遗址时才会发现这种骨刻文；二是一般小遗址不见，多发现在几十万平方米以上的大遗址中；三是发现骨刻文的遗址并不是全部遗址上都发现骨刻文，而是只在其中边长一百米或二百米的范围内才发现。这说明骨刻文的年代虽说主要流行在龙山文化时期，可能大汶口文化晚期已经开始产生并开始使用，并延续到岳石文化和商代；也可以看出，当时骨刻文的创作主要在生活区的某一部位，流通和使用范围也有一定的规范。

2010 年 1 月 7 日，刘凤君教授将在寿光市城东北角圣城古文化遗址龙山文化晚期灰坑出土的“寿骨 60”骨刻文送交中科院考古研究所碳十四实验室进行年代测定，检测结果经树轮校正年代为 1690BC(68.2%)1625BC。根据田野考古调查和器物类型排队以及科学测试结果综合分析，刘凤君教授认为：骨刻文年代距今约 3300～4600 年。

5. 提出骨刻文是甲骨文的主要源头

刘凤君教授早在2008年出版的《骨刻文发现与研究丛书·昌乐骨刻文》，他就指出：骨刻文是甲骨文的主要源头。最近刘凤君教授以“寿骨60”测试的年代距今3700年为界线，将骨刻文存在1000多年的时间初步分为前后两个发展时期：

前期大约距今3700～4600年。对山东远古文化而言，这时期的骨刻文处在大汶口文化晚期和龙山文化时期。前期骨刻文的特点是：骨片上的字数少，难有超过10个字的骨片，字的造型图画性很强，有的字很复杂接近绘画。如果按照文字六书划分，应该是指事字和象形字，处于文字产生的初始阶段。

后期骨刻文大约距今3300～3700年，处在岳石文化时期和商代早中期。后期骨刻文逐渐增多，一片骨上10几个字常见，多的有50～60个字，形成一篇篇文章。这时期可能出现了会意字，字体的图画性逐渐减弱，符号性增强，有的与甲骨文造型相似。刘教授还强调：后期骨刻文已经初步发展成较成熟的文字。后期的骨刻文在济南地区和淄博地区见到较多。刘凤君教授还说：“后期用于宗教祭祀的可能逐渐增多，也出现了占卜现象。这种做法和目的直接为甲骨文所继承。”

2003年发掘大辛庄遗址，在商代晚期地层中还出土过甲骨文。刘教授认为：“一个遗址的商代中晚期地层同时出土骨刻文和甲骨文，而且风格特点的源流传承关系较为明显，更说明了骨刻文是甲骨文的主要源头。甲骨文可能产生在商代的中期，山东中部特别是济南地区可能是甲骨文产生的主要地区之一。”

6. 重视骨刻文释读法的研究

刘凤君教授非常重视骨刻文的解读工作。他说：“发现一种古文字很重要，把它释读出来同样重要。因为只有释读出来，才能得知古人传达给我们的信息。”近几年他对“龙”“凤”“人”“鸟”“鹿”“尧”“舜”以及“豕”和“犬”等字的解读，已得到许多专家学者关注和赞同，对目前许多人解读骨刻文的工作起着指导作用。刘凤君教授总结前人的解读经验，“认为释读骨刻文的方法主要有以下五种，即考古类比直读图像解型法、历史考据法、指事组合破译法、与甲骨文金文比较顺读法和彝文比较解读法”。刘教授还进一步指出：“以上五种方法在运用的时候，很少单独运用，经常是以某一种方法为主，配合其他一种或几种共同解释一个字或一个词组，这是科学的解读法。”

三、学术界对发现骨刻文的评价和发现骨刻文的意义

刘凤君教授发现的骨刻文被称为是“本世纪初的重大发现”。许多媒体和国内外的许多著名专家都给予多方报道和高度评价：

2008年12月12日《光明日报》发表《昌乐骨刻文破译出哪些信息》，文中说：“骨刻文比殷墟甲骨文要早1000年左右。这意味着中国古文字出现时间将大大向前推进，甚至已知的中国文字发展史也有可能发生改变。”

山东大学在2010年2月25日举办了一次“骨刻文座谈会”，教育部人文社会

科学研究基地山东师范大学齐鲁文化研究中心首席专家王志民教授、山东省考古研究所原所长张学海研究员等入会专家认为:“骨刻文的发现与研究具有非常重要的意义,这是具有国际意义的发现与研究。”

2011 年 2 月 22 日《大众日报》“守望东夷——记东夷文化研究者丁再献”一文中说:“骨刻文是刘凤君教授继 100 多年前王懿荣发现甲骨文以来,对中国文字发展的又一次重大发现,是中国文字研究史上的一个重要里程碑,是对我国历史文化研究的重大贡献。”

2011 年 5 月 31 日《大众网》发表丁再献《东夷骨刻文——中国文字的主要源头》。文中说:“关于甲骨文的发现,一般认为是 100 多年前的王懿荣老先生,但也有一些争议,因为在王懿荣发现之前就已经有了一些关于甲骨文的记载了。笔者认为,几百年前就有农民在殷墟遗址上挖出甲骨到药铺卖钱的,也有拿到京城去卖钱的,但是他们都没有发现甲骨文的真正价值,因而他们都不是甲骨文的真正发现者。就如同人人都知道苹果熟了就要落地,而万有引力定律的发现者却只能归功于牛顿一样。骨刻文也有类似的经历,其发现者是刘凤君教授,这是继 100 多年前王懿荣发现甲骨文以来,中国文字发展史上的又一次重大发现,是中国文字研究史上的一个重要的里程碑,是对我国历史文化研究的重大贡献。”

2011 年 8 月 6 日,中国社会科学院考古研究所学术委员会主任、原所长刘庆柱教授见到刘凤君教授并得知山东大学 110 周年校庆期间已将“骨刻文的发现与研究”列为“百年山大第一”之一,他高兴地说:“你发现和正在研究的骨刻文何止山大第一,应是人类从野蛮走向文明的第一。”

刘凤君教授分别在 2010 年 7 月 15 日和 2011 年 8 月 18 日连续两次应韩国国学院邀请,前往韩国首尔国立博物馆参加东北亚国际文明研讨会,两次皆做重点发言。去年演讲“骨刻文是中国早期的一种文字”,今年演讲“骨刻文是甲骨文的主要源头”。入会专家都给予极大关注和高度评价。韩国国学院院长蒋永柱教授说:“刘凤君教授发现和正在研究的骨刻文意义重大,是东北亚的重大文化事件,是东亚地区早期文明的标志。欢迎你明年再来演讲!”

《城市建设》2011 年第 8 期发表赵焕祥《改写中国文字史——解码骨刻文与骨刻文发现者刘凤君教授》,文中说:骨刻文“这一文字的发现意味着中国古文字的出现时间将大大前推千年,甚至已知的中国文字发展史也将发生改变。它与古埃及象形文字有同样的重要性”。

刘凤君教授发现的骨刻文其意义主要有以下三个方面:

1. 上世纪初,安阳甲骨文的发现和研究,把人们对中国文字的认识提前到了商代,振奋了中华民族的自尊心。但大家同时疾呼:我们是四大文明古国之一,为什么我们文字产生的历史比古埃及晚那么多年?骨刻文的发现,为这一历史问题找到了答案。它就是甲骨文的主要源头,用事实证明了我们中国是世界上最早的文明古国之一。中华文明五千年不容置疑。

2. 骨刻文产生和流行使用的时间距今约 3300～4600 年，文献记载中的黄帝、炎帝、蚩尤和他们的继承人尧、舜、禹等都大体活动在这一时期。他们分属于华夏和东夷两大文化集团，骨刻文的发现，把长期以来关于东夷华夏高度发展文明的研究和争论引向了深入，也把长期以来关于中国文明起源和产生问题的争论，从文明起源的时间和产生文明的主要内容作了实实在在的诠释。把这段远古的传说历史，实证为有文字记载的历史。

3. 骨刻文和两河流域的楔形文字、古埃及象形文字同为世界上最古老的三大文字体系。但前两种文字早在公元 3 世纪前就消失了。而中国文字自骨刻文起，甲骨文、金文……楷书，一脉相承，是研究人类思想文化发展的唯一的一份历史最长、发展序列最完善的文字。

（姚榕华　赵　鹏）

胡三元与普外科手术

1. 2003年7月17日，普外科胡三元教授和小儿外科张文同教授等联合对一例29岁病人实施成人巨结肠腹腔镜辅助经肛门脱出术获得成功。此病人自幼大便困难，长期腹胀、便秘且反复发作。经二十多年的保守治疗效果不佳，严重时常十几天不排大便，致使病人经常连续几天不敢进食。这不仅给病人身体造成极大伤害，也在精神上带来巨大痛苦。最近病人慕名前来求治，经过普外科组织专家进行病情分析，加之请小儿外科会诊，初步诊断为先天性巨结肠症，两科决定协作开展微创手术——腹腔镜辅助经肛门切除直肠黏膜和乙状结肠术。经过3个多小时的手术，成功地经肛门切除了长约60cm的病变肠管。术后第6天病人痊愈出院。

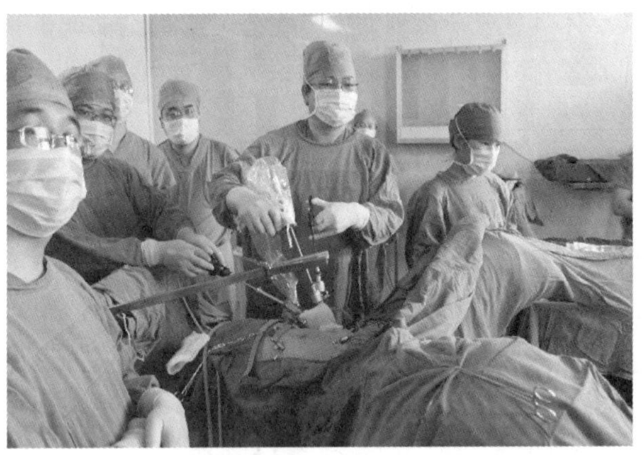

胡三元为患者实施手术

先天性巨结肠症是小儿外科常见多发病，患者一般在学龄前就诊、接受手术治疗，延误至成人期实属罕见。以往成人巨结肠症行腹腔镜手术也有先例，但最终还需做腹部切口提出结肠进行切除、吻合，而腹腔镜联合经肛门脱出术则不需要另作腹部切口，直接在肛门外吻合，创面小、恢复快。齐鲁医院小儿外科近几年开展的这一微创手术已在国内走在了前列。

该手术方法开创于该院小儿外科张文同教授等专家，应用于成人还是首次，经文献检索查新国内外尚未见报道，又是国内首例成功，将会进一步推动国内微创手术的发展。同时也有望将这一新手术方法扩大应用于需要做直肠、乙状结肠切除等其他病理情况的成人病例，有很大的社会效益与经济效益，有很高的学术价值。

2. 2004年3月4日，普外科胡三元教授、刘军副教授等成功独立完成普外科第一例、也是国内首例同种异体肝移植手术。病人为自体免疫性肝硬化。3月29

日，由胡教授指导，刘军副教授执刀，又成功切除罕见巨大肝肿瘤。患者33岁，1.5年前国患再生障碍性贫血住院治疗，在治疗期间又发现肝脏肿瘤，由济宁转至国内著名的上海长海医院、东方肝胆医院，均告之合并疾病复杂，手术风险大，把握性低，未收入院。偶然机会，患者得知齐鲁医院普外科胡三元教授、刘军副教授为自身免疫性肝炎后肝硬化患者成功施行肝移植后，立即慕名到山东大学齐鲁医院普外科就诊。胡三元主任等认真分析病情演变情况，仔细研究强化CT片，认为尚有切除肿瘤的可能，但也充分认识到手术的高度风险。反复讨论后，制定了周密的手术方案，做好了各项应急措施准备工作。肿瘤被顺利切除后发现：瘤体约30×30×10cm，重达1800克，如此巨大的肿瘤十分罕见。术后患者恢复良好，无并发症，顺利出院。这一手术标志着该院普外科肝胆手术技能已达到国内先进水平。

3. 普外科主任胡三元教授自2008年11月中旬以来开展了国内首例新型经脐入路单孔腹腔镜胆囊切除术，一个月内已完成三例。他在评估当今世界微创外科发展趋势基础上，充分利用现有的技术条件开展此种新型手术。手术过程中，对脐部手术装置尝试了三种不同方法，其手术技术经查阅相关数据库均未见文献报道。手术时间也已由第一例的3个小时缩短为第三例的60分钟。术后病人清醒后即进流质饮食，下床活动，不但达到了保护腹壁美观的目的，同NOTES相比手术难度大大降低，住院时间进一步缩短，同经典的腹腔镜胆囊切除术相比更加微创，术后疼痛更轻，患者也容易接受，极具推广价值。

4. 普外科主任胡三元教授领导的团队在2008年9月成功开展NOTES动物实验研究基础上，按照美国自然腔道手术评估研究协会(NOSCAR协会)制定的标准，并经山东大学齐鲁医院伦理委员会审核批准，于2009年4月2日成功为一例患者实施NOTES手术。这是国内临床第一例应用NOTES手术成功。

该患者8个月前出现饭后返酸不适，电子胃镜检查示胃间质瘤，位于胃体大弯侧。两年前曾查体有胆囊息肉，此后多次复查发现息肉不断增大，结合病情及各项检查，同时为减少患者创伤，决定施行NOTES手术。手术非常顺利，术后第7天即恢复普通饮食，第8天痊愈出院。

NOTES手术在世界范围内尚处于实验和临床研究阶段，国外只有少数手术应用于临床，国内当前处于动物实验阶段，此前尚无临床应用研究的报道。此项手术适用于胃部肿瘤局部切除并伴有胆囊良性病变者，本病例正好为适应症。腹腔镜加胃镜双镜结合切除病变组织，标本经自然腔道(胃→食道→口)取出，从而减少手术切口，消除手术疤痕，并具有痛苦小、恢复快等优点。

5. 2009年6月18日，普外科主任胡三元教授领导的团队成功为一患者实施悬吊式经脐单孔腹腔镜胆囊切除术，为世界首例。

患者为中年女性，右上腹反复发作疼痛三年，腹部B超检查示：胆囊息肉，约$0.5\times0.5cm^2$，息肉较半年前增大。普外科结合病情及各项检查，同时考虑到患者美容效果及减少创伤，决定行悬吊式经脐单孔腹腔镜胆囊切除术。首先于脐下缘做一弧形切口，长约1.5cm，置入单孔穿刺装置；于上腹部置悬吊装置，建立操作空间。使用5mm腹腔镜及操作器械，解剖胆囊三角，游离胆囊管及胆囊动脉，分别上Hemlok夹夹闭后并切断，将胆囊自胆囊床完整剥离。患者术后恢复顺利，术后第一天进流质饮食，第三天出院。

悬吊式手术和经脐单孔手术在国内外已开展，但悬吊式经脐单孔手术此前尚无临床应用研究的报道。经国内外文献检索查新，证实本例手术为世界上首例悬吊式经脐单孔腹腔镜胆囊切除术。

6. 挑战肝癌切除术的极限。普外科姜旭生教授、戴勇教授等与放射科见文成博士协作下，于2010年3月11日和4月9日先后在全国率先成功实施两例序贯肝动脉、门静脉栓塞技术用于极限肝切除术。术后患者恢复良好。

两位病人中，一位是肝脏右前叶巨大肝癌累及右肝静脉和中肝静脉；另一位是肝脏Ⅴ、Ⅵ、Ⅶ、Ⅷ段之间紧靠右侧第一肝门小肝癌。为了达到无瘤切缘根治性肝切除术的目的，两位病人前者需要行肝脏右三叶切除术(超过全肝体积的60%)。由于病人均合并慢性乙型肝炎、肝硬化，肝大部切除术后极有可能发生肝功能衰竭、死亡，特别是肝脏右三叶切除术为手术切除的禁忌。姜旭生教授的手术团队，在多年工作的基础上，先后为两位病人实施了经肝动脉栓塞化疗术(TACE)，TACE术后1周，在B超引导下的门静脉左支穿刺，选择性插管，经导管应用明胶海绵颗粒栓塞门静脉右支的终末分支，钢圈栓塞门静脉右支主干或右前叶、右后叶主分支，同时辅助与门静脉右支化疗的门静脉栓塞术(PVE)，分别在PVE术后4周、5周，于3月11日和4月9日为两位病人实施了肝脏右三叶切除术和右半肝切除术，术后病人恢复良好，未发生肝功能衰竭，均康复出院。

经文献检索，序贯性TACE＋PVE技术用于肝癌二期切除手术为国内首次报告，为目前国际上最先进的技术方法。在国内只有一篇门静脉栓塞术用于肝癌二期切除手术，但其所采用的技术方法陈旧、效果差。

早在2004年9月16日，普外科在为一例乙状结肠癌并左右肝脏多发肝转移患者在一期乙状结肠癌切除加肝左外叶切除成功的基础上，在国内率先开展了在B超引导下的门静脉左支穿刺、选择性插管、门静脉栓塞化疗(PVCE)技术。2004年10月21日，为病人成功进行了右半肝切除术，术后病人恢复良好。该病例在2006～2009年全国多次结直肠肿瘤治疗高峰会议和论坛上作为国内唯一的代表性示范病例向大会作报告，赢得了国内外专家的一致好评。

该院普外科姜旭生教授的手术团队在国内率先开展了术前序贯性TACE、PVE用于肝癌极限切除手术，已经开展了肝右三叶切除术1例、扩大的右半肝切除术2例、右半肝切除术8例，无一例发生肝功能衰竭。序贯性TACE、PVE可使许多无法常规手术切除的肝癌病人得以根治性切除，提高了生活质量，极大地改善了病人的预后，具有极高的实用性和临床应用前景，同时提高了我国肝脏外科治疗水平，这也标志着齐鲁医院普外科肝癌的临床治疗跨入国内领先地位。

7. 国内首例成功实施经脐单孔悬吊肾上腺囊肿切除术。

患者为女性，25 岁，因查体发现有肝囊肿，20 余天后入院，腹部 CT 检查示：肝肾见巨大囊性占位，约 13×14cm。普外科主任胡三元教授领导的团队综合病情及各项检查所见，认为术前不能排除囊肿来源于肾脏或肾上腺的可能。同时考虑到患者年轻，对腹部美容效果要求较高，要最大程度减小手术创伤，决定行经脐单孔悬吊肾上腺囊肿切除术。2011 年 1 月 6 日，胡三元教授等为患者实施手术。首先于脐上缘做一长约 1.5cm 的弧形切口，依次切开入腹，再于上腹部置悬吊装置，建立操作空间，后使用 5mm 腹腔镜及操作器械，分离肿物周围粘连，探查见肿物位于腹膜后位，来源于右侧肾上腺上极，约 13×14cm 大小，包膜完整，遂行切除。先切开囊肿前壁，用吸引器吸净囊液后，沿囊肿壁与后腹膜及后腹壁之间的间隙将囊肿完整剥离，至肾上腺上极处，用超声刀将囊肿连同周围部分肾上腺上级组织一并切除。患者恢复顺利，术后第一天进流质饮食，第三天出院。术后病理报告为(右侧肾上腺)单纯性囊肿。

通过经脐单孔悬吊技术的应用，患者脐部切口经皮内缝合重建，腹部难以查见明显手术疤痕，美容效果良好；同时，可以避免高碳酸血症、皮下气肿等气腹相关并发症，从而减轻患者术后不适并缩短住院时间。

经国内外文献检索，经脐单孔悬吊肾上腺手术尚无文献报道，达到国际先进、国内领先水平。

2003 年 4 月，胡三元教授作为齐鲁医院引进人才到院，接替孙靖中教授任外科主任兼普外科主任，负责科室全面工作。几年来，他带领临床科研团队，在临床治疗和科研方面取得了一个又一个从国内领先到国际领先、世界首例成功的创举，推动了普外科、腹腔镜技术、肝癌外科治疗、肝移植等方面的学术发展，为医学事业做出了突出的贡献。

胡三元教授自 1991 年开始从事腹腔镜手术的动物实验和临床应用研究到 2008 年 3 月统计，已完成各种腹腔镜手术 62 种、6000 余例，并推广到妇产科、泌尿外科、神经外科、胸外科、小儿外科等科室应用，引发了手术史上的重大变革。在腹腔镜方面，处于国内领先地位。他创建了“全国腹腔镜医师培训中心”，对来自 22 个省(市)自治区 103 家医院 270 余名医生进行了培训，组织了 10 次全国、10 次全省腹腔镜技术学习班及研讨会，60 余次被全国腹腔镜学术会议邀请做手术演示和专题讲座。他于 1996 年创办的全国唯一的腹腔镜外科专业刊物《腹腔镜外科杂志》一直是国内外腹腔镜学术交流的平台，对腹腔镜医学事业的发展做出了巨大贡献，连续两届荣获恩德思奖(Endscopics Award)。

自 2003 年他对该科肝脏移植工作进行了重点支持，完全依靠科室自身力量组织成立了“普外科肝脏移植中心”，至2006年2月成功完成50余例原位及改良背驮式肝移植手术，取得了良好疗效，已成了该院常规手术之一。肝移植手术开展的数量、质量均在山东地区居于领先地位，由他开展的手术有2项为国内首例，5项为山东省第一例。

为表彰胡三元教授的突出业绩，除两次获“恩德思医学科学技术个人杰出成就奖”外，还获“人文医学荣誉奖”“山东大学优秀研究生指导教师”称号和2009年“中国内镜杰出领袖奖”等。2011年4月出任齐鲁医院副院长。

（田道正）

陈丽与糖尿病治疗

陈　丽

糖尿病是严重危害人类健康的慢性病、多发病，且并发症多而重。目前治疗多以补充疗法和对症治疗为主。长期以来，人们一直在寻找它的根治方法，其根治性治疗意味着替换已被损伤的胰岛细胞。胰腺移植和胰岛移植曾给人们带来希望，但其固有的目前较难克服的两大问题，即供体不足和免疫排斥，使其效果和广泛应用受到极大影响。近年来，对于细胞研究的进展及认识的深入，为我们提供了极富希望的新的治疗途径。干细胞是一类无限或永生的自我更新能力的细胞，大量研究已证实，骨髓内存在具有多向分化潜能的成体干细胞，临床上应用骨髓干细胞根治血液疾病已有多年历史。自体骨髓干细胞移植也已成功应用于治疗心肌梗死、老年痴呆等疾病。在糖尿病研究领域也用自体骨髓干细胞移植来治疗则是一项全新的治疗理念和技术的突破与创新。它突破了糖尿病传统治疗思路的禁锢，有望从根本上治愈糖尿病这一人类顽疾。

齐鲁医院内分泌科早在20世纪80年代中期就开始胚胎胰岛细胞移植治疗糖尿病的研究工作，经过长期努力，曾成功进行了胚胎胰岛组织、胰岛细胞、微囊化的胰岛细胞等向肾包囊、脑组织等部位的移植手术，取得了可喜的成果，积累了丰富的经验。在自体骨髓干细胞移植研究领域，他们一直在探索、追求着。在国际学术交流和合作的基础上，内分泌科主任、博士研究生导师、陈丽教授为首组成糖尿病干细胞治疗专家组，通过与美国贝勒医学院和佛罗里达大学医学院组成了国际合作组织——内分泌干细胞治疗研究室，经过多年的潜心研究，于2005年1月首次将自体骨髓干细胞移植治疗糖尿病应用于临床。经过一年多的时间，积累了百余例病人资料，总有效率达84%，无任何不良反应，为进一步的临床应用奠定了基础。

内分泌科依托山东大学及齐鲁医院雄厚的技术力量、优良的设备及国际标准的百级层流实验室，采用独创的取髓技术，特异的干细胞分离及体外纯化制备技术，尖端的干细胞定向植入技术，创新性的利用来源于自身骨髓的多能干细胞，绕过了同种异体胰岛移植供体不足和免疫排斥两大障碍，大多数无骨髓造血疾病的1型和2型糖尿病患者都可适用。没有了免疫排斥，安全性也大大提高。自2006年3月8～30日，陈丽教授、侯为开教授等又成功完成了12例自体骨髓干细胞移植治疗糖尿病，其中8例已顺利出院，血糖控制好转，同时所用口服降糖药物和胰岛素剂量均有明显减少，其中3例患者已完全停用治疗药物。

齐鲁医院内分泌科开展的自体骨髓干细胞移植治疗糖尿病，是国内糖尿病治疗领域的又一个创新，填补了该领域国内技术空白，是糖尿病治疗的一个历史性的飞跃，开创了我国糖尿病治疗新途径，具有重大的学术价值。这一创举开启了广大糖尿病患者康复的希望之门，为他们带来福音，也具有重大的社会效益和经济效益。

（田道正）

牛军与肝胆外科

2009 年 5 月 24 日，齐鲁医院肝胆外科副主任牛军教授带领的手术团队在寿楠海老教授的指导下，成功实施了国内首例经阴道内镜胆囊切除术。

该患者两年前查体发现息肉，到兖矿集团总医院就诊，现息肉增大，直径超过1cm，偶感右上腹不适，要求手术治疗。兖矿集团总医院即邀请牛军教授会诊，由牛军教授为其成功实施了经阴道内镜胆囊切除术。手术过程非常顺利，患者术后当天即可进食并下床活动，恢复良好。

世界上 NOTES 手术尚处于动物实验及临床探索阶段。2007 年 4 月，法国完成了世界上首例经阴道内镜胆囊切除术，一经发表即引起全球轰动，被认定是微创外科发展史上的又一座里程碑。当前仅有法国、德国及美国少数国家掌握该项技术。与传统腹腔镜手术相比，NOTES 手术在腹壁不留下手术疤痕，具有理想的美容效果，并可有效避免切口感染、切口疝的发生，术后痛苦小、恢复快，肠粘连、肠梗阻等并发症的发生率更低。

牛军教授是山东省第一位普通外科医学博士，早在上世纪 80 年代即在国际上率先开展腹腔镜胆总管切开取石 T 管引流术，多年来一直在国内外从事腹腔镜临床工作。自 2007 年开始研究 NOTES 手术，经两年多的手术设计、动物实验及手术训练，并多次和国内腹腔镜生产厂家讨论，开发研制了多个具有自主知识产权的专用器械，熟练掌握了 NOTES 手术技术。

2009 年 12 月，肝胆外科牛军教授所率领的团队成功完成了一组经气管、内镜下甲状腺切除术的动物实验，这在世界范围内是首例。

2007 年 8 月，在中国工程院院士、我国肝胆外科创始人之一的黄志强教授建议下，在山东省委、省府和山东大学领导的关心支持下，齐鲁医院决定从普外科分出部分骨干人员，成立独立的肝胆外科，隶属于大外科管理，目的是进一步促进该院和山东省肝胆外科学科的发展。特聘北京 301 医院肝胆外科主任董家鸿教授为肝胆外科主任，徐克森、牛军两位教授为副主任。虽然建科时间短，但起点高，人员综合素质高，设备一流，又有多年临床科研的雄厚基础，因而很快实施 NOTES 手术的临床应用，取得国内首创和世界首例的多项技术突破，取得 14 项国际发明专利，在国内外肝胆外科以至普外科学术界引起强大反响。由于牛军教授的杰出贡献，国务院特授予“有突出贡献的中国博士学位获得者”荣誉称号，另获“山东省优秀青年知识分子标兵”和“山东省新长征突击手标兵”称号，被山东省卫生厅评为“山东省普通外科杰出学科带头人”。2008 年 7 月，牛军被选为第 29 届北京奥运会火炬手，2009 年 12 月，他被山东省医师协会授予“山东省十佳医师”称号。

（田道正）

张茂宏与血液病科

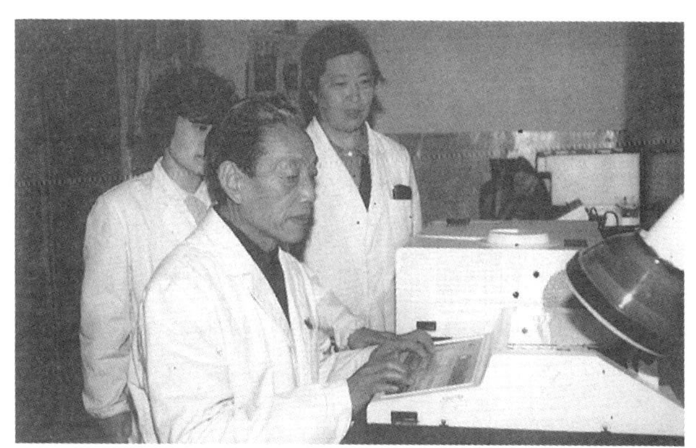
张茂宏教授在血液学研究室

张茂宏教授等带领的血液病科(含血液学实验室)团队历年来扎根临床搞科学研究,成绩斐然。早在1961~1963年,他们就应用荧光显微镜研究血细胞的荧光改变,填补了国内空白;1978年,他们又在国内最早开展扫描电子显微镜对血细胞和骨髓细胞表面微结构的观察研究。结合组织学、免疫学、细胞和分子遗传学以及核素显像技术等对白血病、再生障碍性贫血等难治性血液病进行发病机制和诊疗研究,取得很大成绩,享誉血液学界。1988年,他们组织华东区27所医院根据再生障碍性贫血发病机理设计了SSL(康力龙、一叶萩碱、左旋咪唑)方案,成为全国认同的治疗该病的一线方案,处于全国领先水平。该科室被国内血液学界推选为全国贫血专业组组长单位。同年,屠振华教授等在国内率先通过全省范围协作调查,提出治疗银屑病所使用的国产乙双吗啉所致的相关性白血病,并建议该药停止了生产,防止了该药导致的白血病继续发生。经专家鉴定,该成果为国内首创,达国内领先以上的水平。张明琪教授等主持的“抗人T细胞单克隆抗体系列产品的研制及临床应用”“再生障碍性贫血基础和临床研究”和她自主研制开发的抗T细胞单克隆抗体SMU3和SMU8用于治疗再生障碍性贫血取得了显著疗效,该成果被专家鉴定时认为是为抗人类白细胞分化抗原单克隆抗体库增添了新成员,成果最终转让。张茂宏、徐从高教授等的“血小板活化机理和抗血小板药物的开发”也取得突出成绩,研发产品AP-921被鉴定为国际领先,获得国家发明专利,并成功转让。

1990年,他们多年研究的课题“高凝状态的研究”通过山东省科委组织国内专家鉴定，意见为“在国内居领先地位，达国际水平”。

张茂宏教授等创建的血液学专科是齐鲁医院重点科室，也是山东大学和山东省重点学科，为国内较早批准的博士点和博士后流动站。下属血液学研究室为山东省高校重点实验室，在疑难血液病的诊治、止血和血栓以及血液免疫学研究方面居国内领先水平。本专科拥有正规床位 76 张，科室规模居国内前列。设有国内一流的造血干细胞移植层流病房。在白血病的诊断方面保证了国内一流的诊断水平。治疗方面先后开展了诱导分化治疗、中剂量/大剂量联合化疗、同基因及异基因骨髓移植、免疫治疗和生物治疗，使白血病的治疗缓解率及长期生存率居国内领先水平。在淋巴瘤及多发性骨髓瘤等恶性血液病的诊治方面也有丰富经验，淋巴瘤的缓解率达 90%以上，相当部分病人最终获得治愈。对于再生障碍性贫血的诊治和研究，该科一直处于国内领先地位。出血性疾病多年来一直是本学科的重点研究方向并取得多项成果，在特发性血小板减少性紫癜诊治方面达到国际先进水平。科研成果获部省级科技进步奖 13 项。在对外合作方面，先后与瑞典哥德堡大学血液中心、南澳大利亚皇家医院骨髓移植中心建立了长期协作关系，成功地引进了非清髓干细胞移植、流式细胞术、肿瘤细胞染色体分析技术、单克隆抗体特异性俘获血小板抗原技术(MAIPA)，为临床和科研的进一步发展打下了良好的基础。

为表彰张茂宏教授为血液学专业发展做出的突出贡献，党和政府委以重任并授予多种荣誉以资鼓励。他曾任山东医科大学研究生部主任，血液学研究室主任，附属医院内科、肿瘤中心及血液科主任，山东省血液病重点实验室主任。现任内科血液病学教授及博士生导师、国家药品监督管理局临床试验基地主任。在学术团体兼职中先后任国务院学位委员会学科评审及国家自然科学基金复评成员、山东省学位委员会委员、中华医学会血液学学会常委及其贫血学组组长、山东医学会血液学专业委员会主任委员、山东省抗癌协会副理事长、《中华血液学杂志》副主编，以及《中华医学杂志》等 8 种学术专业期刊编委或常务编委，为第一批山东省专业技术拔尖人才，被山东省及济南军区保健委员会聘为医疗专家。享受国务院颁发的政府特殊津贴。

为表彰张明琪教授为血液学专业发展做出的突出贡献，其 8 项科研成果获部省级科技进步奖，1993 年获山东省卫生系统“八五”巾帼建功奖，1994 年享受国务院颁发的政府特殊津贴，同年获山东省工会工作先进个人荣誉称号，遴选为血液学硕士研究生导师。

（田道正）

王占民等的“人体胆囊癌细胞系 GBC-SD 的建立及特性研究”

普外科王占民教授等主持的该课题受山东省科委资助，属于临床医学领域。建立肿瘤细胞系是研究肿瘤癌变机制、肿瘤分子生物学、侵袭与转移机制及肿瘤基因生物治疗的理想模型。该课题在进行五年肝、胆肿瘤组织培养的基础上，利用胆囊癌组织直接体外培养的方法，建立了国内首例胆囊癌细胞系 GBC-SD。通过细胞形态学、增殖动力学、细胞遗传学、细胞功能检测、裸鼠种植等对其生物学特性进行了研究。

王占民

人体胆囊癌细胞系 GBC-SD 自 1999 年 7 月建立至 2000 年 12 月生长迅速稳定，每 3 天传一代，已传 100 余代。观察发现 GBC-SD 细胞形态以梭形、多角形和方形为主，细胞群体倍增时间 21.4 小时，染色体分布范围广，众数 81 条，属超三倍体，细胞在体外培养 1 年，传 100 代以上，持续分泌 CEA、CA19-9，裸鼠种植肿瘤生长迅速，保持原患者肿瘤形态特征。课题研究证实，胆囊癌细胞系 GBC-SD 的细胞形态多样性可以说明胆囊癌发生上的“多中心或多克隆”，染色体众数 81 条，发现多个染色体臂异常。

经查新检索，国内无胆囊癌细胞系，国外主要有日本等国建立 5 例胆囊癌细胞系，但他们多是取自患者腹水、转移淋巴结或经过裸鼠种植传代建立，而王占民教授等建立的 GBC-SD 细胞系是直接由原发胆囊癌组织取材，直接利用组织块法进行体外培养，可能更准确反映胆囊癌的生物学特性。检索证实，GBC-SD 细胞系为国内外首例直接应用组织块法建立的胆囊癌细胞系。将 GBC SD 细胞送中国科学院上海细胞所国家细胞库，经支原体检测，形态学观察，确认培养合格，给予收藏。

山东省科技厅组织的国内专家鉴定委员会一致认为,该课题设计合理,方法可靠,资料完整,结果真实可信,科学性强。研究结果填补了国内无胆囊癌细胞系的空白,经文献检索国内外尚无直接利用组织块法建立的胆囊癌细胞系。GBC-SD细胞系的建立,丰富了胆囊癌基础研究的内容,为胆囊癌的发生、转移机制及基因调控等研究提供了有用的研究工具,为诊断和治疗应用性研究提供了理想的模型。

(田道正)

姜生与中国道教科学技术史研究

姜　生

姜生，1964年生，河北昌黎人，1987年毕业于山东大学历史系，获学士学位；1990年毕业于复旦大学，获硕士学位；1992年考入四川大学宗教研究所攻读博士学位，1995年毕业并留该所工作，因科研成果突出当年破格晋升副教授，第二年破格晋升教授，1999年6月任博士生导师，2002年调入山东大学。山东大学"宗教、科学与社会问题研究所"创办人（2002年）、所长（正处级），教授、博士生导师，山东大学历史学科带头人。2000年8月～2001年9月美国哈佛大学哈佛—燕京学社（Harvard－Yenching Institute）高级访问学者；2008年11月～2009年5月美国维基尼亚大学（University of Virginia）天文系研究教授。

山东省首届"泰山学者"特聘教授，山东大学首批文科免评审二级教授。国家社科基金学科评议组评审专家（2009），复旦大学"复旦特聘"教授（2007），教育部历史学科教学指导委员会委员（2006），首批"新世纪百千万人才工程国家级人选"（2004），山东省社科重点基地"东方文化研究基地"首席专家（2003），国务院政府特殊津贴（2002），教育部首届高校青年教师奖（2000），教育部人文社科第二批跨世纪优秀人才（1999），山东省第九、十届政协委员。

姜生主要从事历史学、宗教学、科学史与文化战略的交叉学科研究，精通英文。他的学术研究的主要贡献有：

1. 道教与科学史研究

承担的国家重点项目《中国道教科学技术史》，已由科学出版社出版两卷。通过对道教史、科学思想、炼丹术和化学、医学、养生学、天学与地学、物理学与技术以及生物学等进行交叉研究。以中国自身传统与科学发展模式，分析道教中的科学技术内容，展现道教中的科学精神与思想智慧，提示中国古代科学创造和发展的文化基础。其研究目的是从深处揭示历史上中国之为科学原创国的文化根源，在传播中华灿烂科技文明的同时，为中国再成为科学原创国而探讨基于本土传统的可能战略。这是一个纵跨“九五”“十五”“十一五”的重大学术工程，连续获得国家社科基金重点立项资助。该项目以原创性和国际化为标尺，由中、美、英、法、德、俄、比、日和中国港、台等海内外知名学者组成国际学术团队，被中外学界特别关注。中科院席泽宗院士誉其为与李约瑟《中国科学技术史》、卢嘉锡《中国科学技术史》相媲美的“三箭齐发，成果辉煌”之作。在国家社科规划办发布的成果验收报告中，《中国道教科学技术史》被列为优秀成果，并指出该成果的问世“不仅扩大了我国哲学社会科学在世界上的影响，而且对于弘扬中华民族优秀传统文化也发挥了积极作用”。

2. 提出“文化攫能论”重要理论

在2002年出版的《中国道教科学技术史·汉魏两晋卷》“导论”中，首次提出了“文化攫能论”原创理论，作为研究人类文化气质的一个重要指标，并主张通过发展“文化生物学”(culturobiology)的研究以深化其认识。在国外，2004年出版的澳大利亚学者 Stephen Boyden 著 *The Biology of Civilization*：*Understanding Human Culture as a Force in Nature* 一书中，出现“文明的生物学”概念并提出将人类文化作为施加于自然界的一种力量来探讨。“文化攫能论”理论受到学界有识之士的关注并引起了进一步的探讨。

3. 原始道教史研究

汉晋原始道教是国际道教研究界的热点和难点之一。姜生教授运用历史学与宗教学的交叉方法，取得了汉晋道教史研究的一系列新成果，理论和方法上获得新突破，解决了一些长期困扰学界的重大问题。尤其是连载于日本《东方宗教》第92-93号的《原始道经终末论考》(漢代道教經典の終末論について)，否证日本一些著名学者提出的东晋以前原始道教没有终末论思想的论点，特别受到国际同行关注。这些新成果对于两汉中国思想和社会史研究，对于黄巾起义和张鲁政权之思想根源研究，以及汉魏中国政治变迁之宗教根源的研究，提供了全新的观察视角和理论依据。

4. 传统孝道在当代的不适应性及其转换研究

姜生教授在学界最早提出，必须认识到传统孝道在现代经济社会环境中的不适应性，谋求其在现代经济结构下的可能转换。其核心论点最初发表在《山东大学报》和《中国青年报》。2008年3月17日《中国青年报》“两会报道”专刊，再次对姜生教授关于“孝道的经济学解释”进行了回顾式报道。2008年7月6日，上海市人口福利基金会、市文化广播影视集团联合主办的“提高人口道德素质峰会”，姜生教授作为权威专家应邀在上海广电大厦演播厅演讲。

5. 宗教与考古研究

姜生教授从宗教学的视野观察三星堆遗址研究,发表的《三星堆为商灭蜀仪式说》(刊《东岳论丛》2008 年第 6 期)一文提出,20 世纪 80 年代在四川广汉三星堆发现的两个方形遗址坑,反映的应是异族征服所致国家祭祀系统毁灭事件,是蜀亡国的象征。根据遗址所见与商代祭祀的近似性质,判断三星堆应是古蜀国被商朝征灭时,商朝巫师为所灭蜀国诸神举行的大规模遣送神祇回归神界的仪式遗存。这些方形坑所见仪式的性质,是商朝人按照严格的宗教仪式规范进行的、以废毁蜀国“天地百神宗庙之祀”为目的的大规模灭绝行为,其意义乃是通过消灭其国家祭祀系统而灭蜀国。该文发表后,很快在学界产生重要反响,主要见于:《新华文摘》2009 年第 3 期“论点摘编”;《中国社会科学文摘》2009 年第 3 期“历史学”栏目首篇,第 82~83 页。《光明日报》2009 年 2 月 12 日第 12 版“理论周刊 · 史学”摘录。

同年发表的《蜀字源于瞽矇考》(刊《山东大学学报 · 哲学社会科学版》2008 年第 6 期)通过对广汉三星堆和成都金沙遗址考古资料与相关文献的宗教学研究,提出“蜀”字的起源,确实非如许慎《说文解字》所说的来自对“葵中蚕”的观察描述,而是植根于古蜀祭祀系统,产生于商朝人对古蜀祭祀系统中的盲巫觋和大目神像之瞽矇睅目与跽坐体姿等突出特征的观察,“蜀”字是对这些最突出特征的简约集中的象形表达。而这一结论本身又可以进一步对三星堆遗址坑的古蜀文化定性认识构成支持。

在原始道教与考古的结合研究方面,发表《长沙金盆岭晋墓与太阴炼形——以及墓葬器物群的分布逻辑》(刊《宗教学研究》2011 年第 1 期)一文指出,1958 年发掘的湖南长沙金盆岭西晋永宁二年墓墓室四角距墓底 1.54 米处各有一块平砌的砖伸出壁面一段,表明该墓形制乃模拟北斗,象征着整个墓室乃是死者卧斗修炼成仙的“炼形之宫”。墓中出土的陶俑等四十件精美器物分区摆放,其中“对书俑”应为“司命司录俑”,其三笔象征司命神所注写墓主人“三命”,另可识别有“诵经真官俑”“鬼官北斗俑”等。不同的器物群构成不同的功能区域,代表着墓主人地下修炼成仙过程的不同阶段。墓内器物有其内在符号逻辑,表达着墓主人所追求的“太阴炼形”、飞升成仙的终极理想。文中首次提出墓葬器物分布逻辑分析法,力图还原墓葬及器物背后那个支配着整个仪式结构的思想图景。

作为原始道教与考古研究的另一重要成果,《汉画孔子见老子与汉代道教仪式》(刊《文史哲》2011 年第 2 期)一文指出,汉墓画像中多见的孔子见老子图,学界的解释往往执著于历史上关于孔子见老子的故事文本,忽略了汉代道教经典和仪式文本的存在及其直接解释意义。汉代道教文献直称“老子者,道也”,而“道甚大,教孔丘为知”。所教者何?当时老子已是道教中极崇高的“太上老君”,其神格仅次于西王母;孔子率众弟子拜见老君,乃“得道受书”,证明其命“上属九天君”,不经北酆鬼官之考谪,成为仙界地位较高的真人。孔、老之间常见的稚童项橐也有相当高的神格。汉墓中孔子见老子画像，须于宗教视野获得合理解释。其所表达的是，在地下的世界，死者将和孔子及其弟子们一样，往拜老君得道受书，将免鬼官之考谪；而“凡得道受书者，皆朝王母于昆仑之阙”，乃成仙。这就是汉代道教关于死者在冥界转变成仙的仪式逻辑。孔子见老子图乃是汉代道教墓葬仪式的重要组成部分。

6. 基于宗教学的痘疹应对史、种痘史研究

历史上痘疹是对人类威胁最大的烈性传染病。种痘术就产生于中国的道教。在此领域，姜生教授先后发表了《道教与种痘术》（“宗教与医疗学术研讨会”，台北中央研究院，2004 年 11 月 16～19 日）、《痘禀胎毒：一项基于宗教学视角的观念史考察》（《张海鹏先生七秩初度纪念文集》，社会科学文献出版社，2008 年 5 月）、《痘疹与民间信仰——关于痘医相术之宗教学考察》（《第三届中国俗文化国际学术研讨会暨项楚教授七十华诞学术讨论会论文集》，2009）、《道门拜痘神仪式》（《开拓者的足迹：卿希泰先生八十寿辰纪念文集》，巴蜀书社，2010 年）等论文，从宗教学角度展开有关痘疹应对史及种痘术发生及流变史的开拓性原创研究。《1522 年中国种痘的最早记载及传说考论》（刊《自然科学史研究》2008 年第 1 期）一文，通过若干新见史料，揭示中国古代文献关于人痘接种实践的最早记载不是诸多学者所论的隆庆年间或李约瑟所说的 1549 年，而应是 1522 年。通过对《广布天花说》等若干文献中新见资料的比较研究，对种痘始传人物传说的逻辑构成要素加以检讨，并探讨《痘疹定论·种痘说》中宋真宗时宰相王旦被误认为仁宗朝的文化根源，提出了一些值得进一步研究的问题。中国科学院院士席泽宗先生生前对该文的学术贡献给予高度评价。

7. 宗教学理论的研究

原创性成果《论宗教源于人类自我意识》（刊《世界宗教研究》2011 年第 3 期）一文，从人类“自我意识”及其应对形态的“荒谬逻辑”这两个紧密关联的维度，探讨宗教的根源与本质。人类自我意识的最初浮现，即理性之最初萌生，导致人与自然混沌圆融状态的破裂（即“第一断裂”），使人类陷入回归自然与走向文明（走出自然）两种截然相反的诱惑造成的矛盾挣扎中；自我意识产生带来的人类有死意识进一步加剧了这种深层痛苦。宗教以特有的荒谬逻辑与终极关怀指向，试图消弭“第一断裂”所致彼我分别之痛苦处境，超越理性所造构的人性缺陷。只要自我意识这个根源存在，人类就需要超越它的方法，宗教就将存在。该成果对于人类宗教起源的探讨取得实质性的突破，具有重大理论意义。

（葛焕礼）

MD5 与 SHA-1 系列国际通用 Hash 函数算法

王小云

王小云(1966～　),女,山东诸城人,山东大学教授,中国密码学家。1983～1993年就读于山东大学数学系,先后获得理学学士、硕士和博士学位,师从潘承洞教授。1993年毕业后,留校任山东大学数学系老师,2001年晋升为教授。1999～2001年先后两次至香港大学计算机系做访问学者。2005年被聘为清华大学"长江学者特聘教授"。现任山东大学密码技术与信息安全教育部重点实验室主任,清华大学高等研究院杨振宁讲座教授,清华大学密码理论与技术研究中心主任。在杂凑函数的安全性分析领域,有4篇论文获最佳论文,包括2005年度国际密码年会欧密会与美密会的最佳论文,MD5破解的论文获得2008年汤姆森路透卓越研究奖(中国)。

在2004年8月之前,国际密码学界对王小云这个名字并不熟悉。2004年8月,在美国加州大学圣芭芭拉分校(UCSB)召开的国际密码大会Crypto 2004上,并没有被安排发言的王小云拿着自己的研究成果,充满信心地找到大会主席、国际著名密码学专家Adi Shamir教授。听了王小云的陈述,Adi Shamir非常兴奋、非常激动,与她聊了很长时间。通常的大会发言人只被给予两三分钟,而在8月17日晚上的会议上,Adi Shamir却破例给了王小云15分钟。在这个世界讲坛上,王小云首次宣布了她和冯登国、来学嘉、于红波四人共同完成的文章——对MD5、HAVAL 128、MD4和RIPEMD四个著名Hash(杂凑)算法的破解结果。

人们知道，世界上没有两个完全相同的指纹，因此指纹成为人们身份的唯一标志。而在网络安全协议中，通常使用杂凑函数来处理电子签名，将冗长的签名文件压缩为一段独特的数字信息，像指纹鉴别身份一样保证原来数字签名文件的合法性和安全性。经过这些算法的处理，原始信息即使只更动一个字母，对应的压缩信息也会变为截然不同的“指纹”，这就保证了处理信息的完整性，为电子商务等提供了数字认证的可能性。安全的杂凑函数在设计时必须满足：寻找两个不同的输入信息得到相同的输出值，在计算上是不可行的，这就是我们通常所说的抗碰撞的。现在使用的重要计算机安全协议，如SSL，PGP都用杂凑函数来进行签名。一旦找到两个文件可以产生“碰撞”，即两个文件可以产生相同的“指纹”。当你在网络上使用电子签名签署一份合同后，还可能找到另外一份具有相同签名但内容迥异的合同，这样两份合同的真伪性便无从辨别，就可以伪造签名，给网络安全领域带来巨大隐患。一直以来，Hash函数研究成为不少密码学家心目中最无望攻克的领域，电脑保安专家都认为要任意制造出碰撞需时太长，在实际情况上不可能发生。

而王小云等的研究成果却表明，能够迅速找到这些相同的“指纹”，远少于一直以为所需的漫长时间，必须及时添加限制条件，或重新选用更为安全的密码标准，否则难保电子商务的安全。固若金汤的大厦轰然倒塌！当公布到他们的第三个惊人成果的时候，会场上热烈的掌声已经将她的声音淹没，报告不得不一度中断。由于版本问题，作者在提交会议论文时使用的一组常数和先行标准不同，在发现这一问题之后，王小云立即改变了那个常数，在很短的时间内就完成了新的数据分析，这段有惊无险的小插曲更证明了他们论文的信服力，攻击方法的有效性，验证了研究工作的成功。报告结束后，所有与会专家再次对他们的突出工作报以长时间的掌声，有些学者甚至起立鼓掌以示他们的祝贺和敬佩。有一位学者一只手受伤被包扎无法鼓掌，竟用另一只手拍着大腿久久不停。会议结束时，专家们纷纷聚拢到王小云身边，很多世界顶级的密码学专家也上前表示他们的欣喜和祝贺，褒誉之词不绝。

MD5是由图灵奖获得者、国际著名密码学家Ronald Rivest教授于1992年设计的杂凑函数算法，它当时解决了MD4算法的安全性缺陷，在国内外有着广泛的应用。作为Hash函数的一个应用实例，MD5本身也存在漏洞，但在十多年的研究及应用过程中，人们一直没有找到能够在可接受的时间及计算能力范围内迅速破解该算法的技术，因而这种理论上的瑕疵并没有影响MD5的应用。事实上，以MD5为应用代表的Hash函数的研究在国际密码学界早已不是热门，因而，王小云在“Crypto’2004”上发布的报告令整个密码学界醍醐灌顶，严重威胁信息系统安全，使目前电子签名的法律效力和技术体系受到挑战。因此，业界专家普林斯顿计算机教授Edward Felten等强烈呼吁信息系统的设计者尽快更换签名算法，而且他们强调这是一个需要立即解决的问题。国际同行们开始研究王小云的理论，希望能沿着这条新路找到更多宝藏。

令世界顶尖密码学家想象不到的是，破解 MD5 之后不久，王小云与其同事又公布了 SHA-1 的碰撞结果，破解了另一更难的国际密码标准。

SHA-1 杂凑算法，由美国专门制定密码算法标准的机构——美国国家标准技术研究院(NIST)与美国国家安全局(NSA)设计，早在 1995 年就被推荐给美国政府和金融系统采用，是美国政府目前应用最广泛的密码算法。事实上，在 MD5 被王小云为代表的中国专家破译之后，世界密码学界仍然认为 SHA-1 是安全的。SHA-1 的应用范围比 MD5 更加广泛，其安全性较 MD5 要高出很多。所以密码被破的消息一出，在国际社会的反响可谓石破天惊，甚至超出半年前 MD5 被破时的情景。

MD5、SHA-1 等国际通用密码被破译，在国际密码学界引发强烈“地震”。美国国家标准与技术研究院宣布，美国政府在 2010 年年底必须停止 SHA-1 在电子签名、数字时间戳和其他一切需要 Hash 函数抗碰撞的密码算法中的应用，取而代之的是更为先进的算法标准 SHA-2 系列，并未雨绸缪，计划从 2007 年开始，经过五年的世界范围的征集筛选工作，在 2012 年制定新的杂凑函数标准 SHA-3。图灵奖获得者、国际顶级密码学家 Shamir 评论道：“这是近几年密码学领域最美妙的结果，我相信这将会引起轩然大波，设计新 Hash 函数算法极其重要。”图灵奖获得者、MD5 的设计者 Rivest 评论道，“SHA－1 的破译令人吃惊”“数字签名的安全性在降低，这再一次提醒需要替换算法”。几大知名公司也作出积极反应。希捷科技(Seagate Technology)的一位安全问题研究总监 Mark Willet 表示：“现在美国国家标准技术研究院可能需要将更新密码的日程提前。”此外，微软、SUN 和 Atmel 等几家知名公司的专家也发表了他们的应对之策。一位美国律师协会顾问说：“中国的这几位研究人员太疯狂了。”《崩溃！密码学的危机》，美国《新科学家》杂志用这样富有惊悚的标题概括王小云里程碑式的成就。

更让世界震惊的是，绝大多数密码专家认为固若金汤的两大密码算法，最终被一位中国女子带领的女子团队无情地击倒，而且这个过程看起来似乎并不是太难，SHA-1 的破解只用了两个多月的时间，很多密码学界的专家认为“这听起来简直有些不可思议”。王小云破解密码的方法与众不同。虽然现在是信息时代，密码分析离不开电脑，但对王小云来说，电脑只是自己破解密码的辅助手段。更多的时候，她是用手算，手工设计破解途径。图灵奖获得者姚期智评价她说：“她具有一种直觉，能从成千上万的可能性中挑出最好的路径。”参与破译密码 SHA-1 的研究小组是以王小云为首的一支三人女子团队，其中包括王小云的一名博士生于红波，另一位合作者是来自清华大学的一位女研究人员。王小云说：“我的八名博士生里面有六个是女性，她们在密码学领域表现出不凡的才能。很多人觉得密码学是很玄妙的学问，而我们觉得它非常有趣。因为我们习惯于用数学方式思维，而一旦养成了这种思维方式，数字在我们眼中就变成了美妙的音符，我们的研究就像音乐创作一样有趣。”

鉴于其卓越的学术成就，王小云2010年获苏步青应用数学奖，国家密码科技进步一等奖(省部级)；2008年获国家自然科学二等奖；2006年获教育部高等学校科学技术奖——自然科学一等奖、陈嘉庚科学家奖、求是杰出科学家奖、中国女青年科学家奖和中国青年科学家提名奖；2002年获科技进步一等奖(省部级)。承担并完成了国家自然基金重点项目、杰出青年基金项目、国家“863”项目等，研究成果全部鉴定为优。

(李彦英)

李亚洲与《俄共理论与政策主张研究》

李亚洲与《俄共理论与政策主张研究》

李亚洲，1969 年 12 月生，山东东阿人。山东大学外国语学院俄语系副教授，政治学博士后。1991 年毕业于山东师范大学外语系俄语专业，获文学学士学位；2000 年毕业于山东大学外国语学院俄语系，获文学硕士学位；2005 年毕业于山东大学政治学与公共管理学院科社与国际共运专业，获法学博士学位。曾先后在济南市政府经济协作办公室驻俄办事处、济南市饮食服务总公司驻俄办事处工作。2000 年开始在山东大学外国语学院从事俄语专业教学工作至今，其间曾于 2006～2007 学年国家公派在俄罗斯莫斯科大学进行为期一年的访学，2007～2009 两学年在职在华中师范大学政治学研究院博士后流动站从事科研工作，优秀博士后出站。

多年来，结合俄语专业教学工作和攻读博士学位专业，主要从事俄罗斯国情、俄罗斯社会政治问题领域的教学与研究。2004 年因科研成绩突出荣获山东大学年度科研成果奖学金；2006、2008、2009 年分别获得中国当代世界社会主义专业委员会年会优秀论文一、三、二等奖；2010 年获山东高校优秀科研成果二等奖。先后主持国家社科基金项目 1 项、教育部人文社科研究规划基金项目 1 项、教育部留学回国基金项目 1 项、山东省社科规划项目 1 项、博士后科研项目 1 项、山东大学科研和教研项目 2 项，作为主要参加人参与其他老师主持的国家级、省部级科研、教研项目多项。独立完成专著 1 部(28.4 万字)，参编著作 3 部(独立完成约 25 万字)。在内参和国家级核心期刊上发表学术论文近 30 篇，其中独立完成的 16 篇被 CSSCI 收录，4 篇送中央党政主要领导参阅，6 篇分别被《新华文摘》《人大复印资料》以及国内外多家权威媒体全文转载，获得了良好的社会影响和评价。

目前主要学术兼职有：山东大学外国语学院俄罗斯学研究中心研究员；山东省政党理论研究基地——山东大学政党研究所研究员；教育部人文社科重点研究基地——山东大学当代社会主义研究所研究员；山东省国际政治和国际共运学会理事；中国当代世界社会主义专业委员会理事；中国社科院世界社会主义研究中心特邀研究员。

李亚洲教授的学术著作《俄共理论与政策主张研究》是我国科社与国际共运领域第一部也是唯一一部对苏共继承党——俄罗斯联邦共产党进行全面研究的学术著作。

本书以马克思主义为指导，针对到目前为止国内外理论界尚没有一部全面、系统地评介俄罗斯联邦共产党的专著面世的状况，依据最新的第一手材料，运用以实证为主的多种方法，按照三个有利于的标准，即"是否有利于世界社会主义力量的壮大、是否有利于俄罗斯社会的稳定发展、是否有利于人类文明的进步"这一标准，对俄共的基本理论和政策主张问题进行了多角度的分析和跟踪研究，力图形成对俄共全面、系统的认识，并揭示其兴衰成败和经验教训对中国共产党的借鉴意义。

李亚洲研究俄罗斯联邦共产党，始于2003年初。作为山东大学外国语学院俄语专业的一名青年教师，自然对俄罗斯社会政治问题研究很感兴趣。2002年，他考入山东大学政治学与公共管理学院攻读博士学位，师从于王韶兴教授。在导师的指导下，结合攻读博士学位专业（科社与国际共运）和所从事的工作（俄语专业教学），确立了读博期间的科研方向，即俄罗斯联邦共产党研究。

此后，他开始关注国内外俄罗斯联邦共产党的研究状况，通过多种方式搜集有关俄共的资料，首先检索了清华同方资料数据库和人大复印资料数据库，同时，在山东大学图书馆、北京国家图书馆、中央编译局等单位搜集相关文献，并向有关的专家、学者进行了多方面请教。先后在中央党政主要领导内参和国家级核心期刊上发表相关研究论文9篇，其中8篇被CSSCI收录，1篇送中央党政主要领导参阅，3篇分别被《新华文摘》《人大复印资料》以及国内外多家权威媒体全文转载（与CSSCI收录论文有重叠）。2004年因成果前期研究成绩突出，荣获山东大学年度科研成果奖学金。

2005年10月，约为15万字的博士毕业论文《俄共理论与政策主张研究》获得答辩评委的好评，并一致给予优秀评级。这为本成果的深入研究打下了坚实的基础。

攻读博士学位期间各位老师的鼓励以及答辩评委对毕业论文的肯定，进一步激发了李亚洲继续研究俄罗斯联邦共产党的积极性。2005年博士毕业不久，他主持申报的2005年山东省社会科学规划研究项目《俄罗斯联邦共产党的理论调整和实践变化》获批。在此基础之上，又经过充分论证，以《俄共理论与政策主张研究》为题申报了2006年度国家社会科学基金项目，并有幸获得批准立项。与此同时，就在申报该课题前夕，国家留学基金委批准了他赴俄罗斯莫斯科大学为期一年的学术交流计划，这为该成果研究获取充足、准确的第一手资料提供了良好的条件。

2006～2007学年，李亚洲作为访问学者赴俄罗斯莫斯科大学进行为期一年的学术交流。留俄期间，他在俄罗斯国家图书馆、莫斯科大学图书馆等搜集到大量有关俄共的第一手原文资料，并深入俄罗斯社会，多次亲临现场观摩了俄共举行的一系列活动，与俄罗斯民众和俄共成员进行了交流，还访问了俄罗斯科学院东方学研究所、俄罗斯和平基金会等机构，与一些俄罗斯知名学者和专家就俄共研究问题进行了深入探讨。

2007年从俄罗斯访学回国后，他顺利进入华中师范大学政治学研究院博士后流动站从事科研工作，合作导师为俞思念教授。俞老师根据他的科研基础和课题研究要求，鼓励他继续深化对俄罗斯联邦共产党的研究，并把该项研究作为在站期间的主攻方向。

李亚洲和项目组主要成员先后在内参和国家级核心期刊上发表相关研究论文16篇，其中他本人独立完成的7篇被CSSCI收录，2篇送中央党政领导机关参阅，2篇被《人大复印资料》全文转载(与CSSCI收录论文有重叠)，3篇分别获得2006、2008、2009年中国当代世界社会主义专业委员会年会优秀论文一、三、二等奖。

2009年10月，根据全国哲学社会科学规划办公室网站公布的“国家社科基金项目2009年10月结项名单”和“成果鉴定等级公告”，李亚洲主持的课题《俄共理论与政策主张研究》顺利结项并获得良好等级鉴定，其同名最终成果基本定形，并获得评审专家认可。

国家社科基金项目《俄共理论与政策主张研究》结项后，根据评审专家的意见和建议，李亚洲对课题最终成果进行了修改。与此同时，他继续对俄共进行动态跟踪研究，并在中央党政主要领导内参和CSSCI来源期刊上发表相关研究论文2篇，其中1篇送中央党政领导机关参阅，1篇被《人大复印资料》全文转载。

2010年10月，在外国语学院领导的关心支持下，由外国语学院出版基金资助，最终字数为28.4万的专著《俄共理论与政策主张研究》由中国社会科学出版社出版。

《俄共理论与政策主张研究》的出版产生了广泛的社会影响，具有很高的学术价值。

近20年来，俄罗斯联邦共产党作为苏共的继承党，是一个始终保持共产党名称、坚持社会主义目标、纲领完备、组织机构健全的党，是一个取得成就非常显著的党，是一个处在俄罗斯这个举足轻重的大国，因而特别引人关注、国际影响非常大的党。所以，俄共成为我国科社与国际共运学科的重点研究对象之一。山东大学的科学社会主义与国际共运学科作为国家重点学科，更是将其列为基本研究方向。本成果针对到目前为止国内外理论界尚没有一部全面、系统地评介俄共的专著面世的状况，依据最新的第一手资料，对俄共进行了多方位、系统的跟踪研究，在一定程度上填补了此项空白。本成果的出版改变了长期以来国内学术界没有一部全面、系统地评介俄共专著面世的状况，奠定了山东大学在该研究领域的学术地位，对于山东大学的学科建设具有重要意义。

其次，俄共作为前苏东地区党员人数最多、影响最大的共产党组织，它的理论探索是马克思主义政党理论发展的重要组成部分，它的活动是国际共产主义运动的重要组成部分。要把握世界社会主义运动发展的最新动态，就不能忽略对俄共的研究。同时，俄共作为一个组织体系健全的党，在俄罗斯政治生活中起着举足轻重的作用。要把握俄罗斯这个在世界上举足轻重的大国的政治局势，没有对俄共的深入研究是不行的。本成果的出版，对于发展和完善马克思主义政党理论具有参考价值，对于把握世界社会主义运动发展的最新动态和俄罗斯政治局势有重要帮助，对于思考世界社会主义发展处于困难时期共产党的理论与策略问题有重要启示。

再次，俄共是一支健康的社会力量，它维护的是广大中下层平民的利益，它的健康发展有利于人类文明的进步。俄共作为坚持社会主义的政党，它的兴衰成败和经验教训对中国共产党巩固执政地位、加强党的自身建设等方面，具有重大的借鉴、警示意义。本成果的多篇阶段性研究论文发表在中央党政机构内参上，并被送中央党政主要领导和中央领导机关参阅。鉴于在该领域的研究成就，李亚洲被国家权威研究机构——中国社会科学院世界社会主义研究中心聘为特邀研究员。

最后，本成果作为同名国家社科基金项目的最终成果，目前是我国科社与国际共运学科第一部也是唯一一部对苏共继承党——俄罗斯联邦共产党进行全面研究的学术著作，也是李亚洲在该领域研究成就的集中体现。本成果的大多数阶段性研究论文公开发表在国家级核心期刊上，其中有的被 CSSCI 收录，有的获得中国当代世界社会主义专业委员会年会优秀论文奖，有的分别被《新华文摘》《人大复印资料》以及国内外多家权威媒体全文转载，获得了国内学术界同行的认可，受到学术界同行的高度评价和赞扬，产生了良好的社会影响。

韩梅与《巫女图》

韩　梅

韩梅，山东大学外国语学院朝鲜语系教师。山东济南人，早年由教育部公派到朝鲜金日成综合大学朝鲜语文学部留学，后赴韩国成均馆大学国语国文系留学，专业为韩国古典文学，获得博士学位。1994年起在山东大学外国语学院朝鲜语系担任教学及科研工作。

在教学中，她主要担任韩国古典文学史、韩国古典文学作品选读及中韩翻译课程的教学工作；在科研工作方面，主要从事以汉文学为中心的中韩古典文学比较研究和以韩国古代文人的访华见闻录——《燕行录》为中心的中韩古代文化交流研究，为主参与、主持多项国家级、省部级科研项目，撰写出版了专著《金圣叹与韩国古典文学》（民族出版社，2006）、《东亚汉文学关系研究》（第2位，国家社科规划项目结项成果，中国社会科学出版社，2010）等学术专著，在国内核心期刊和韩国登载志（KCI学术期刊）上发表多篇有关中韩比较文学、中韩文化交流的学术论文，并主编了国家“十一五”规划教材《韩国现代文学作品选读》（北京大学出版社，2010）、《韩国文学选读》（对外经贸大学出版社，2009）、《韩国语会话教程》（外语教学与研究出版社，2010）等多部教材。

在教学、科研工作之余，她还积极从事翻译工作，注重发挥外语特长为社会服务，先后在国内著名出版社和韩国、中国台湾等地出版社出版文学名著和经典学术专著译著十余部。她凭借扎实的语言功底和深厚的专业素养，在翻译中力求忠实表达原文原意，精准地表述作者的深层意图，体现原文的风格，并力争译文自然流畅，具有较高的可读性，因而获得了专家和读者的好评。其代表译作为韩国现当代文学宗师金东里的代表作——《巫女图》（上海译文出版社，2002）、《乙火》（上海译文出版社，2004）、当代韩国最具影响力的作家李文烈的代表作——《诗人》（人民文学出版社，2005）、《为了皇帝》（人民文学出版社，2011）及韩国儒学、文字学、风水地理学名家的经典著作《丁若镛——韩国实学之集大成者》(作者:琴章泰,延边大学出版社,2007)、《训民正音》(作者:姜信沆,世界图书出版公司,2008)、《地之理与人之道》(作者:崔昌祚,台湾大块文化有限公司,2005)、《东亚叙事学的传统与近代》(编者:林荧泽、陈在教,韩国成均馆大学出版社,2005),等等。在这些译作中,她作为第一译者与韩国学者崔胤京合译的金东里短篇小说集《巫女图》2003 年获得第六届韩国文学翻译奖,成为国内首位获此殊荣者。她为主翻译的韩文学术专著《东亚叙事学传统与近代》2007 年被评为韩国优秀学术图书,这些国家级奖项意味着她在韩中、中韩翻译方面取得了较大成就。2007 年,她应邀赴韩参加了第一届翻译家韩国体验项目,在此期间,韩国阿里郎电视台专门拍摄了专题纪录片,介绍其在韩国文学译介方面的重要成就。2011 年,她被评为韩国文学翻译院首席翻译家。她还多次代表中国翻译家参加国际翻译家会议并在会上发言,在国际韩国语翻译界具有一定的声誉。

《巫女图》是韩国现代文学的领军人物金东里的代表性短篇小说集。金东里(1913～1995),出生于韩国庆尚北道庆州。1934 年,金东里在《朝鲜日报》上发表诗作《白鹭》,登上文坛,1935 年在《中央日报》上发表短篇小说《花郎的后裔》,从此积极开始了文学创作,在群星璀璨的韩国文坛上占据了一席之地。而从 20 世纪 50 年代直到他去世的近半个世纪里,作为韩国当代文坛的一代宗匠,金东里的文学创作和文学思想影响了韩国现当代文学的发展方向。

大概而言,金东里的文学创作可以分为三个阶段:20 世纪 30 年代,他的作品多从韩国的传统风俗、萨满教以及东方的神秘世界中选取素材,侧重描写人类虚无而神秘的命运,短篇小说《巫女图》《黄土记》是其中的代表;20 世纪 50 年代,他开始关注社会现实,作品多以朝鲜战争为素材,表达对历史和现实的关注和强烈的社会参与意识,短篇小说《实存舞》《蜜茶园时代》《壮丁还乡》即属于这一类作品;20 世纪后半期,他开始更加深入地探讨人类救赎的问题,通过文学作品表达对现代文明的批判,主要作品有短篇小说《等身佛》、长篇小说《萨班的十字架》等作品,他还把初期的作品《巫女图》改写为长篇小说《乙火》,其生前最后一篇作品《曼字铜镜》也是取材于巫女的生活。在众多作品之中,金东里最具代表性的作品是基于人本主义思想、探索人类救赎问题的小说,其中最为著名的作品《等身佛》《巫女图》《黄土记》被公认为韩国当代文学的经典之作,有的被收入中学语文教科书,有的被列为中学生必读书目,根据《巫女图》改写的长篇小说《乙火》还曾入围诺贝尔文学奖候选作品。金东里不仅是一位作家,也是一位重要的文学评论家,他撰写了《文学与人》《文学概论》等大量评论著作,旗帜鲜明地提倡“纯粹文学”,强调对人性的探索和对艺术性的追求,并将其贯穿于自身的创作实践之中。他的作品表现出强烈的唯美主义倾向,素材多含有传统的萨满教、佛教及民俗因素,具有强烈的民族特色,主题则多为对人性的揭示和对生命根本意义的探求,因而被称为最具民族性、同时也最具世界性的韩国代表作家。

《巫女图》中收录了金东里的12篇短篇小说，创作年代自早期的20世纪30年代到70年代末，作品风格各异，各个阶段最具代表性的作品《巫女图》《等身佛》《黄土记》《驿马》《曼字铜镜》《石》《花郎的后裔》《实存舞》《密茶园时代》《归还壮丁》等都收录其中，比较全面地展示出金东里文学的特点。这些作品语言优美，结构精巧，描写细腻，在哀伤、神秘的气氛中讲述一个个曲折感人的故事，流露出悲天悯人的人道主义情怀，以巨大的艺术感染力给读者带来心灵的震撼。

荣获韩国文学翻译奖的《巫女图》首次将韩国名家的经典作品介绍到我国，让读者能够直接接触到韩国高水平的文学作品，促进了中韩文化交流。出版后不久，《中华读书报》《文汇读书周报》等数家有影响力的报纸就刊登多篇评论文章，对作品和译文给予一致好评，引起了较大的社会反响。韩国文学翻译奖两年一届，是韩国政府所设的唯一国家级文学翻译奖，由韩国文化观光部下属的副部级官方机构——韩国文学翻译院负责组织国内外专家从世界各国翻译出版的韩国文学作品中进行评选，旨在奖励优秀的韩国文学翻译作品，促进韩国文学在海外的传播，推动韩语文学走向世界，促进世界文化的交流与合作。《巫女图》的获奖标志着我国的韩国文学翻译达到了世界一流水平。

创建"细胞生物学"教学体系

细胞生物学是生物学、医学、农学等学科教学领域的主干基础课。上世纪70年代后期"文化大革命"结束后，国家教委根据当时科技发展水平，要求高校开设细胞生物学课程。山大在抗战胜利复校后，还没有开设过细胞学课。由于各种因素的干扰，教师的业务水平相对滞后，开设细胞生物学课的基础相当薄弱。1978年，山东大学生物系组织胚胎教研室的韩贻仁、高舜德、刘玉章等教师接受了开设此课程的任务，具体由韩贻仁和高舜德主讲理论课，刘玉章负责实验课。

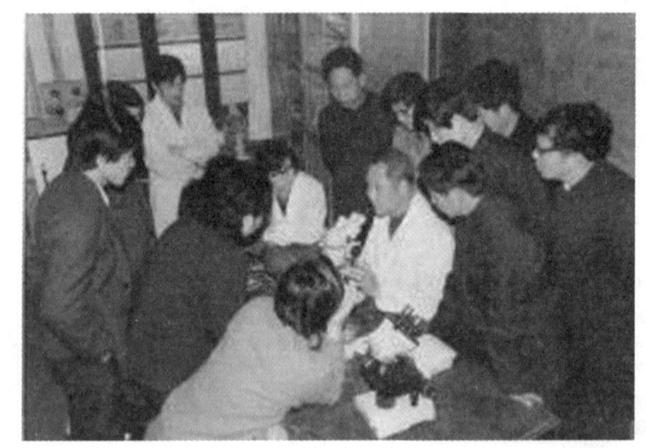

细胞生物学团队

当时，全国开设细胞生物学课的高校为数不多，可供参考的资料也较稀少。经过一年多的准备，生物系于1979年第一次为1977级和1978级本科生开设了"细胞生物学"一课，当时这一课程的创设在国内是处于前列的。

最初开设细胞生物学一课是面临着许多困难的，其中最主要的是教材和参考资料稀少，实验课更是受设备条件掣肘。在国内只有兰州大学郑国锠院士编著的《细胞生物学》和国外几本细胞生物学教材供参考。因此课程开设之初，迫使我们不得不在借鉴外来资料的基础上，狠抓了教材编写和实验课建设。最初我们供学生阅读的教材是自行编写的细胞生物学讲义的油印本。通过近十余年的教学实践，对此教材进行了反复的修改和补充，才逐步形成了较完整的细胞生物学教材。由韩贻仁所编著的《分子细胞生物学》教材于1989年由高等教育出版社正式出版。该教材出版发行后，获得了较好的反应，被国内高校较广泛采用，为国内细胞生物学课教学做出了积极贡献。该教材于1992年被国家教委评选为全国优秀教材一等奖。

在细胞生物学实验课的建设方面，首先依据过去在科研中曾使用过的某些技术方法并加以改进，使之适应于教学实验，从而开设了一些具有山大生物系特色的实验，如细胞融合、细胞电泳、染色体组型、哺乳动物早期胚胎细胞观察等。后来经过几年的补充，形成了一套较完整的细胞生物学教学实验。在实验课的建设中，刘玉章老师自己动手，在简陋有限的物资条件下，设计组装了“细胞电泳仪”和“细胞点融和仪”。在当时，由于这一设备成本低廉，在教育经费紧缺的情况下简易实用，在高校中颇受好评，曾被一些高校所采用。

山东大学在细胞生物学教学方面的这些建设受到了国家教育委员会的重视，为了在全国推广，加强全国细胞生物学的课程建设，曾责成山东大学于 1983 年和 1984 年两度举办“全国细胞生物学实验课教师研究班”，为推动国内一些高校开设细胞生物学实验课教学尽了一臂之力。

经过大家十余年的努力，终于建立了较为成熟的细胞生物学教学体系，曾得到国内同行们的好评和国家教育委员会的肯定。相应的教学成果于 1989 年获得了“国家级优秀教学成果奖”。

在创建细胞生物学教学体系过程中，教师们始终本着“教书育人”的精神，恪守教师的职责，重视教学，以学生为本，全心全意投身于教育事业，为培养国家栋材尽心尽力。

（韩贻仁）

五公分微波隧道二极管

奖状

为表彰在推动我省科学技术进步，促进四化建设作出了重要贡献的单位，特发此状，以资鼓励。

完成单位：山东大学

项目名称：同步通讯卫星用5公分微波隧道二极管

奖励等级：壹等奖

“331 工程”，即“我国卫星通信工程”。在第一颗人造地球卫星发射成功之后，我国就开始对卫星通信进行探索性的研究工作。1975 年 2 月，国家计委和国防科委联合向中共中央、中央军委提出《关于发展我国卫星通信问题的报告》。当年 3 月 31 日，中央军委讨论了此报告，不久，上述报告得到了党中央和毛主席的批准，我国卫星通信工程上马，由此该工程被称为“331 工程”。该工程的实施，是中国航天技术从试验走向应用的重要标志，大大推进了我国应用卫星和卫星应用的进程。

1975 年，中央军委常委审议通过了国家计委、国防科工委提出的《关于发展中国卫星通信问题的报告》，这份报告最终以毛泽东主席的亲笔圈定而尘埃落定。因为毛泽东主席并没有在报告上留下日期，该工程就以中央军委常委审议通过的时间——3 月 31 日命名了。

1975 年，中国的航天事业虽然已取得一定成绩，也积累了部分经验，但面对“331”这样庞大纷繁的工程，还是第一次。该工程包括五个全新系统的工作：东方红二号卫星的研制，其中包括通信转发器和天线；地面通信接收和发送站的建设和设备的研制；长征三号运载火箭的研制；微波统一载波测控系统地面站的建设和设备的研制；低纬度靶场的建设，要具备发射液氢、液氧发动机火箭的能力。

1984 年 4 月 8 日，中国自行研制的长征三号运载火箭，成功地将东方红二号通信卫星送入 36000 公里的地球同步转移轨道，卫星定点在东经 125°。东方红二号采取自旋稳定方式，相当于第三代国际通信卫星的水平。1986 年 2 月 1 日，我国又成功发射了第二颗东方红二号通信卫星，它将第一颗卫星采用的全球波束改为国内波束，从而地面接收天线可以从 10 米降低到 3 米～5 米，更有利于应用。1988 年 3 月 7 日和 12 月 22 日，相继有两颗东方红二号甲通信卫星发射成功，卫星性能进一步提高，转发器从2个变成4个，功率由8瓦变成10瓦。这些数字看起来非常简单，而航天科技人员付出了大量的辛勤劳动。

东方红二号是我国第一颗长寿命的应用卫星，设计寿命为三年，我国当时的电子元器件固有可靠性不能满足要求，而国外对我国实行封锁，空间技术研究院的人员只好对所有的配套元器件进行全过程监造和验收，并通过老化筛选，剔除不合格产品，将这些元器件的使用可靠性从3级提高到6级，有的甚至更高，最终筛选出了东方红二号通信卫星上使用的几万个元器件，使卫星寿命达到5～6年。"东方红二号"的发射成功，开始了用我国自己的通信卫星进行卫星通信的历史。

同步通讯卫星用5公分微波隧道二极管用于我国第一颗同步通讯卫星（"331工程"）微波接收的第一级，该级的性能决定了地面上传讯号的接收质量。该器件失效会引发卫星整体失效，十分关键。航天五院的同志多次找到我们，我们多次推荐兄弟单位（如：南京所，上无17等），但五院经调研仍确定希望由山东大学承担。

同步通讯卫星用5公分微波隧道二极管是以锗为半导体材料，运用量子力学的隧穿原理制作的低噪声微波放大用二极管。通过合理采用锗平面合金工艺及相应的总体工艺设计，选择掺镓度合适的锗单晶，运用先进光刻技术和多重金属电极系统等一系列技术措施，使产品达到国际同类的先进水平，应用于我国1984年和1986年发射的两颗同步卫星试验，质量稳定可靠。该产品的研制成功，打破了国外的技术封锁、为进一步提高卫星系统的监测设备性能创造了条件。

本工作始于20世纪70年代中期，初步完成于70年代末，经卫星发射实体验证后，最后结项于1987年。1987年6月有关部门发来贺电："该器件在电性能方面达到了西德西门子公司生产的卫星用同类器件水平，在工艺上采取的措施使潜在的可靠性比西门子公司的产品更好，在噪声性能方面略优于西门子公司的同类产品……在1984年4月和1986年2月发射的通讯卫星中，该器件工作正常，直到目前为止，没出现任何故障，证明该器件可靠性高，电性能良好、稳定，达到了高可靠、长寿命的要求，为我国的卫星通讯事业做出了重要贡献。"本项目获山东省科技进步一等奖（1987年12月）。

（陆大荣　李淑英　程兴奎　余亦舜）

高校首批人文社会科学重要研究基地

山东大学政治学与公共管理学院的科学社会主义与国际共产主义运动(简称“科社与共运”)学科,是国家二级重点学科,是国家“211”工程和“985”工程的重点建设学科;是目前国内该学科中唯一具有学士、硕士、博士三级学位授予权、培养体系完整的学科点,是山东大学社会科学各专业中第一个获得博士授予权的学科点;以该学科为依托的当代社会主义研究所,是全国高校首批人文社会科学重点研究基地之一,该所主办的《当代世界社会主义问题》学术杂志,是国内唯一以研究和介绍当代世界社会主义重大问题为主要内容和特色的专业学术刊物。该学科点的学术研究水平、教学水平等居国内同类学科前列。

一、山东大学科社与共运学科的发展概况

1978 年,赵明义、胡瑾等先生开始组建科学社会主义系,创办山东大学科社与共运学科。1979 年开始招收科学社会主义专业本科生,1983 年开始招收科学社会主义专业、国际共产主义运动专业硕士研究生。1990 年,山东大学科社与共运学科点被国务院学位委员会批准为博士授权点,这是山东大学社会科学各专业中第一个获得博士授予权的学科点。该学科点 1991 年开始招收博士生。

依托于科社与共运学科,科学社会主义系于 1983 年 9 月创办了山东大学当代社会主义研究所,这是当时全国唯一一家专门以当代国内外社会主义问题为研究对象的研究机构。该所重新组建于 2000 年 3 月,2000 年 10 月入选为教育部首批“普通高等学校人文社会科学重点研究基地”。该所于 1984 年开始创办的学术杂志《当代世界社会主义问题》,是国内唯一以研究和介绍当代世界社会主义重大问题为主要内容和特色的专业学术刊物,是我国期刊界相关领域内学术声誉最好的期刊之一。该刊一直被国内权威机构认定为“全国中文核心期刊”和“CSSCI 来源期刊”。

山东大学科社与共运学科 1994 年被山东省列为重点建设学科,2002 年被列为国家二级重点学科,是国家“211”工程和“985”工程的重点建设学科。

该学科点教研力量雄厚,目前形成了一支以中青年学者为主体的精干教研队

伍。科学社会主义系现有专职教研人员 7 人(教授 4 人,其中终身教授 1 人;副教授 3 人),当代社会主义研究所现有专职研究人员 15 人(均为教授、研究员)。另有十余名全国本学科知名专家担任兼职研究员、教授。

二、山东大学科社与共运学科点的学术研究

经过三十多年的发展,山东大学科社与共运学科点的学术研究水平在全国同类学科中已处于前列,优势明显,取得了丰硕的研究成果。

自 2001 年以来的十年间,以该学科点专职教研人员为第一负责人承担的科研项目 30 多项,经费总额为 1000 多万元。其中,国家社会科学基金 10 项,省、部级社科规划课题 20 多项。终身教授赵明义作为首席专家主持的国家人文社科重大招标课题"中国特色社会主义与相关主义比较研究",是 2009 年度山东大学唯一的一项国家人文社科重大招标课题。近十年来,该学科点教研人员出版专著 20 多部,发表论文 200 多篇。取得的研究成果获中国高校优秀人文社科成果二等奖 1 项;山东省社科优秀成果一等奖 5 项,二等奖、三等奖十余项。

该学科点在科学社会主义原理与中国特色社会主义、当代世界与社会主义、社会主义思想史、政党理论与党的建设等方面的研究上,已经形成了自己的特色。在中国特色社会主义理论与实践的研究上,主要特色在于:注重研究马克思主义的科学社会主义与中国特色社会主义之间"源"和"流"的关系;比较研究毛泽东、邓小平等领导集体在科学社会主义当代化和中国化的理论与实践问题上的传承与创新等。在当代国外社会主义问题的研究上,一是分别从"比较"的角度、从"政党政治"的角度、从跟踪思潮和运动的角度,研究原苏东地区社会主义运动;二是对欧洲民主社会主义、欧洲新政治与社会运动等展开研究;三是从经济形势和经济改革政策、政治局势和变动趋势、对外政策和国际环境等方面,研究越南、朝鲜、老挝、古巴的社会主义理论与实践。

其中,赵明义终身教授的科学社会主义原理、中国特色社会主义理论等问题的研究,王建民教授、孔令栋教授的经典马克思主义、社会主义思想史问题的研究,刘玉安教授的民主社会主义等问题的研究,王韶兴教授的政党理论和政党政治问题的研究,崔桂田教授的越朝老古社会主义问题的研究,在国内马克思主义—社会主义研究领域有较大影响。

另外,该学科点与国内外相关的知名教研机构,如俄罗斯科学院东方学研究所和远东研究所、俄罗斯彼得堡大学、中共中央编译局、北京大学马克思主义学院和国际关系学院、中国人民大学国际关系学院、中国社会科学院马克思主义研究院、中央党校科社部和党建部等,建立了密切的学术交流渠道与合作关系。

三、山东大学科社与共运学科点的人才培养

目前,全国高校中将科社与共运专业的本科生、硕士研究生和博士研究生联系

起来进行系统培养的，只有山东大学。自1979年至今，该学科点培养科学社会主义专业本科生累计850余人；自1983年以来，培养科社与共运专业硕士生共260余人；1991年至今，培养科社与共运专业博士生150余人。本学科的人才培养，特色鲜明，所培养的学生受到社会的一致好评。本学科的本科教研成果获得国家级二等奖1个、省级奖2个，研究生教研成果获省级二等奖2项。

该学科点是全国高校中唯一设立“科社与共运”本科专业的学科点。该本科专业的学生培养独具特色，按照“厚基础、宽口径、创新能力和适应能力强”高素质人才的培养要求，构建了“以人的发展为核心”的课程体系和教学内容，实行了特殊专业、特色培养的“人才培养特色班”模式。近年来，该本科专业对人才培养的途径和教学体系进行了一系列新的探索和改革：一是实施“学业指导为主，兼顾科研素养培养”的本科生导师制，每位教师指导1～3名学生，指导学生调适心理、读书学习、进行社会调查和学术规范训练及科研活动。二是在课程设置和教学内容上，强调“精、深、新”，实现专业课的科学化、时代化、特色化和高质量化。既注意拓宽学生的知识面，提高学生的综合性素养，又注重强化专业学习。三、四年级的部分专业课程，尝试与研究生阶段的课程对接，使学生可在读研的2年时间内完成硕士阶段学业。三是在课堂教学环节上，实行“学术与知识”相统一、名家与骨干相结合的特色教学。四是强化专业实践教学和社会调研。

近年来，该专业本科生的升研率平均达到60%以上，最高的一届近90%。升入研究生的学生70%以上进入北京大学、中国人民大学、中国社会科学院等知名高校和研究机构的科社、党史等专业学习。

本学科点研究生的培养，以培养具有深厚马克思主义理论素养的，系统掌握科学社会主义与国际共产主义运动、当代世界社会主义与国际政治、中国特色社会主义与当代中国政治等专门知识的理论与实际工作者为目标，学生毕业后能够成为独立进行教学、科研、党政管理等高级专业人才。本学科点在硕士生和博士生的培养上，积极探索科学研究、人才培养相结合的新途径，诸如把导师承担的科研课题直接转化为教学内容，促进最新科研成果向教学转化；吸收博士生和硕士生参加导师课题组，把学生直接带入学科前沿，等等。

30多年来，山东大学科社与共运专业为知名高校、科研部门、理论部门、党政机关等输送了优质人才，毕业生赢得了用人单位的广泛好评，该专业点成为全国政治类各专业中具有鲜明特色、享有盛誉的专业点。

（吕连仁）

丁公龙山文化城址的发现

山东邹平县丁公遗址，是山东大学历史文化学院考古研究室在1991年山东邹平县丁公遗址的教学实习中发现的一座龙山文化时期城址，被国家文物局评为“1991年全国十大考古发现”之一。

丁公陶文

丁公遗址位于山东省邹平县苑城镇丁公村和石羊村之间，远远望去，整个遗址微微隆起，大约高出周围地面1米有余，海拔高度20米左右。20世纪50年代之前，这里曾是一片近现代坟墓，地势要比现在高出许多，1958年前后，将全部坟墓平掉并改造成粮田。由于村民历年取土打坯用于建房，遗址的大部分地段下落了将近1米。

丁公一带，民间流传下来的传说和古迹比比皆是。据村民代代相传，丁公系指官至三公之位的丁瑶，丁公村因之而得名。

1982年春，邹平县图书馆文物组和苑城镇文化站的同志调查发现了丁公遗址。1985年5月，石羊村民在村北取土打坯，挖出了大量灰土堆积和陶片，已故的原苑城镇文化站站长言家信同志，及时地把这一情况向滨州地区文物主管部门作了汇报。滨州地区文物管理所闻讯立即对其进行了抢救性清理，因为工作的时间短暂，清理的位置也处在遗址的东南部边缘，再加上他们很快将重点转移到了离此不远的苑城西南北辛文化遗址的发掘工作，所以在丁公遗址的收获不大。为了了解这一遗址的详细情况，1985年秋，山东大学历史系考古专业马良民先生带领两名本科生，对丁公遗址进行了调查和小规模试掘，始知这是一处面积较大、保存较好、文化内涵丰富且以龙山文化和商代遗存为主的古代遗址。因此，我们决定将其作为山东大学在鲁北地区的考古实习基地，以进行长期的考古发掘和研究工作。

1987年秋和1989年秋，为了进一步揭示丁公遗址的文化内涵和特征，山东大学考古实习队对丁公遗址先后进行了两次较大规模的发掘，发掘面积达 1000 余平方米，清理出房址、灰坑、陶窑、水井和墓葬等各种遗迹，出土了大量文化遗物。该遗址早期堆积保存之好和文化内涵之丰富，即使是在史前文化遗址丰富的山东地区也并不多见，这促使我们思考如何对这一遗址进行全面的了解。

1990 年开始的城子崖遗址第二轮发掘，确认了龙山城址和岳石城址的存在，从而解决了长期以来众说纷纭的城子崖下层城墙的归属问题。同时，也促使我们下决心对丁公遗址做全面勘探，以了解遗址的准确范围、不同时期文化遗存的分布和遗址内外有无重要遗迹等。当时，没有想过丁公也会有龙山城址的存在。

全面勘探需要相当数量的技术力量，学校没有这个条件和能力，这也是丁公遗址已经发掘了三次而迟迟没有进行全面考古勘探的原因。在山东省文物考古研究所，张学海所长和佟佩华副所长的安排下，由 9 名技工组成的勘探队伍于 1991 年 6、7 月之交，对丁公遗址进行了为期 13 天的全面勘探。勘探工作的重要收获之一，就是发现了一条环绕遗址周围的“淤土沟”。这条“淤土沟”的埋藏极浅，并且宽度达 50～60 米。如果这一条“淤土沟”属于龙山文化，虽与城子崖的龙山城墙相比是差了许多，但也是比较重要的。如果能够证实丁公遗址围濠的存在，或许表明它和城子崖的城墙代表了龙山文化时期两个不同的层次和等级。因此，决定在下半年发掘丁公遗址时，从考古所借 1～2 名熟练技工来解剖这条“淤土沟”。

8 月底，发掘工作如期进行，参加实习的是考古专业 1988 级本科生，由栾丰实和许宏、方辉带队，发掘位置选在遗址内的西北部。10 月上旬，曾参加过宁家埠、后李等多处遗址的发掘工作的省考古所技工刘洪山来到工地。这时，第一批探方大部分已经结束，不少同学开始转入第二批探方。我们选择遗址东部边缘一块比较方便的地方（这里是丁公和石羊两村土地的分界处），布一条长 10 米、宽 2 米的东西方向探沟，对夏天探到的“淤土沟”进行解剖。

探沟横跨遗址内的文化堆积和“淤土沟”。据丁公村支书言思军讲，这里的文化层由于大规范的取土打坯活动而被挖掉了将近 1 米，以至揭去耕土层之后，暴露出来的全是龙山文化堆积。探沟东部是以大块白色淤土为主的花土，即钻探时所认为的“淤土沟”；西部则是灰黑色土，几乎全是具有叠压打破关系的灰坑等遗迹，后来整理时发现龙山文化陶文的 H1235，就是其中规模最大和最为规整的一个。

10 月中旬，在济南举行的“纪念城子崖遗址发掘 60 周年国际学术讨论会”结束后，国家文物局专家组组长黄景略先生和一些学者来到丁公发掘现场。黄先生观看了每一个探方，与部分同学进行了简单交谈，对发掘工作表示满意。

这时，探沟的发掘深度已进行到 1 米有余。我们看到的情况是，西部的龙山文化灰坑等遗迹都直接打破或间接叠压花土堆积，而东部的花土越往深处范围越大，呈现向西倾斜的缓坡状，向东则伸出了探方之外，因探方东边就是树丛而无法向东扩方。花土堆积并不单一，其中有成层的大量细砂和其他土层，整个堆积比较坚硬，包含的遗物也极少。分析了层位关系和土层的结构之后，有两点是可以肯定的：(1)花土堆积的时代不晚于龙山文化；(2)花土堆积中虽然有不少的大块淤土，但显然不是原生的淤土，因此，无法与“淤土沟”挂钩。

为了搞清楚“淤土沟”的性质，10 月末，考古工作者又在地势开阔的遗址北部边缘布了南北向的第二条探沟。与第一条不同的是，这条探沟长达 25 米(最后延长至 55 米)，揭掉耕土之后，纵贯南北的花土堆积全都暴露了出来。11 月 2 日，因雨而停工一天。为了便于观察，第二天一上工，就趁湿将探沟内的地层全部刮了一遍。一览无余的清新地层，南端四五米是灰黑色土，北端一二米是浅褐色土，中间约有二十米是黄白相杂的花土。经仔细比较后认定，这就是此前未曾敢想的龙山城墙。原来感到困惑和费解的宽度问题，也有了一个合理的解释。

此后，专门请学校和省内的部分专家、学者，对丁公遗址的龙山城墙进行了鉴定和指导，得到大家的一致认可。对下一步的工作如何进行，一些学者提出了很好的建议。1992 年 1 月，丁公龙山文化城址被评为 1991 年度的中国十大考古新发现之一。

自 1985 年以来，丁公遗址先后做过七次发掘，揭露面积达 2300 多平方米，发现了大量各类遗迹，出土各种质料的文化遗物近六千件，其中多项发现具有重要学术价值。

城址。丁公龙山城址有外内两圈，外圈平面略呈圆角方形，东西约 350 米，南北约 310 米，面积 10 余万平方米，城墙宽度 20 米左右，城外还有宽 30 余米的城濠。1996 年秋的第七次发掘，在外圈北城墙中部发现了一座城门和一座木结构的排水设施。1993 年进行的第六次发掘，在外城圈内又发现一座小一点的龙山早期城址，亦为方形，面积 6 万平方米左右，周围也有一圈城濠。

陶窑。1989 年进行的第三次发掘中，在遗址西北部发现 3 座龙山文化陶窑。其中保存较好的一座由窑室、窑箅、火道、火膛和工作面等五个部分组成。窑室呈圆形，直径 1 米左右，火道平面呈“北”字形。众所周知，龙山文化是以卓越的烧制陶器技术而著称于世的，但在此前发掘的数十处遗址中还没有发现过陶窑遗迹。因此，丁公龙山陶窑的发现就显得十分重要。

房址和墓葬。丁公遗址历次发掘中，发现不同时期的龙山房屋基址近百座，墓葬 60 余座。房址中既有地面式建筑，也有半地穴式建筑，前者一般较大，最大超过 50 平方米，后者多数较小，小者只有 5、6 平方米。墓葬多为小型墓葬，长度 3 米以上和宽度 2 米以上的中型墓葬仅发现一座，并有一椁一棺。

刻字陶片。1991 年的发掘还有一项重大发现，就是在属于龙山文化的 H1235 内发现了一片刻字陶片。这是一块上大下小的四边形陶片，一面经磨光。在磨光的一面上刻有 5 行 11 个互不相连的文字，排列得比较规整，左数第二行的第一字是一个带尾巴的人形，在甲骨文中有相似的文字。每个文字的笔画刻写得都较细，但清晰可见，在放大镜下细看，横画略宽，有小的崩碴，像是陶器烧成以后刻上去的。再从文字的布局和排列分析，又很可能是刻在陶片之上的。陶片是一大平底盆的一角，浅灰色泥质陶，陶胎较薄，背面有轮旋的痕迹，属于龙山文化晚期。关于这片刻字陶片，1992 年春，经过相当多的考古学家和古文字学家的观察和鉴定，绝大多数学者对其真实性给予肯定，但也有个别未见到实物的人持怀疑态度。至于陶文的性质和如何释读，则存在着不同的意见和看法。或认为其与甲骨文存在着密切的内在联系，两者可以进行比较；或认为其属于古东夷族的文字；或认为这是一种走入歧途并未获得成功的文字。

此外，龙山文化的水井、窖穴，岳石文化的房屋基址和红烧土堆积，商代的大型房屋和各种形制的水井，东周时期的积蚌墓葬等，都是很重要的发现，对于了解和研究各个时期的社会具有重要价值。

丁公遗址的发掘工作自 1985 年开始，一直持续到 1996 年，在今后一段时间内，将有针对性的再进行一些发掘工作。通过这些年来的发掘和研究，对丁公遗址的价值和地位有了进一步的认识，主要可以归纳为以下几个方面：

首先，对龙山文化时期城址已普遍出现的认识产生了质的飞跃。以往尽管在黄河流域也发现了王城岗、平粮台、郝家台和边线王等龙山文化城址，因种种原因，人们并没有认识到龙山文化时期城址的规律。即使是最早发现的城子崖城址，不少人怀疑其层位关系，认为它并不可靠。在城子崖遗址第二轮发掘确认了龙山文化城址的存在之后，丁公又通过主动发掘而发现属于龙山时期的城址，使我们终于认识到：城址在龙山文化时期已普遍出现，凡是那些规模较大（面积在 10 万平方米左右或其以上）、所处位置居中、交通便利和文化内涵丰富的中心遗址，都有可能是一处龙山文化城址。这种现象是和当时社会政治、经济、文化等方面的发展水平相适应的，也与战争的日益频繁有密切关系。在这种思想指导下，以后陆续发现了许多同一时期的城址。

其次，为龙山文化的聚落形态研究提供了新的资料。在以往的考古发掘中，龙山文化的聚落资料相对较少，特别是城址内的聚落资料更少。丁公遗址的发掘，揭露了几十座保存相对较好的房址，加上受到破坏的房址多达近百座，以及数量众多的灰坑、较为少见的陶窑、水井和局部道路等。这些房址及相关遗迹的发现，有助于我们从聚落形态的角度了解龙山文化城址内的聚落分布关系以及不同时期聚落形态的变化等。

第三，丁公遗址出土了大量以陶器为主的各类文化遗物。通过对这些遗物的分析和研究，使我们对鲁西北地区龙山文化的分期、年代及区域性特征等基础性问题有了深入了解。以丁公遗址为代表，可以把鲁西北地区的龙山文化划分为两大阶段六期，这样，就可以和其他地区的龙山文化建立起一个可资比较的年代关系，为横向和纵向的深入研究奠定了坚实的基础。同时，也对龙山文化地方类型的划分提供了必要的资料。

第四,龙山陶文的发现,说明龙山文化时期已开始进入有文字记载历史阶段的早期。海岱地区目前发现的最早文字是大汶口文化晚期阶段刻划于陶器上的图像文字,这种文字已在较广的范围内出现。龙山文化多字陶文的出现,应是与当时的社会需求相适应,也是早期文字发展的必然。

通过对丁公遗址的研究,形成的主要研究成果有:

《山东邹平丁公遗址试掘简报》(山东大学历史系考古专业等:《考古》1989 年第 5 期),《山东邹平丁公遗址第二、三次发掘简报》(山东大学历史系考古专业:《考古》1992 年第 6 期),《山东邹平丁公遗址第五、六次发掘简报》(山东大学历史系考古专业:《考古》1993 年第 4 期),《专家笔谈丁公遗址出土陶文》(《考古》1993 年第 4 期)。栾丰实:《邹平丁公发现龙山文化城址》(1992 年 1 月 12 日《中国文物报》),栾丰实:《邹平丁公发现龙山文化文字》(1993 年 1 月 3 日《中国文物报》),栾丰实:《丁公龙山文化城址的发现及其意义》(《文史哲》1994 年第 3 期),栾丰实:《丁公遗址发掘记》《山东重大考古发掘纪实》(齐鲁书社 1998 年版)。

(栾丰实)

山东大学数学基地

自1991年开始，国家开始在各高校中选择一批代表我国较先进水平的、在国内具有重要影响和起骨干带头作用的数学和自然科学一级学科专业点，先后建立了“国家理科基础科学研究和教学人才培养基地”。旨在通过大力度建设，使这些“理科基地”持续稳定地为国家培养德智体全面发展的、优秀的基础科学研究和教学人才，为相关学科输送高质量研究生源。同年，经原国家教委批准，山东大学数学基地成为首批“国家理科基础科学研究与教学人才培养基地”之一。1992年起招收以培养数学基础科学研究和教学人才为目的的“基地班”。长期以来，数学基地秉承山东大学笃实、严谨的学风，培养和造就了一大批优秀人才，取得了优异的成绩，受到社会各界广泛赞誉。特别是国家基础科学人才培养基金实施以来，在教育部和国家自然科学基金委员会的关心和指导下，在有关专家的帮助和指导下，数学学院按照“目标明确，改革领先，成果突出，师资优化，质量一流”的总要求，抓住机遇，开拓进取，数学基地经过多年的探索和实践，结合综合性大学的特点和基础学科的现状，坚持“厚基础，拓视野，强素质，重能力”的原则，培养具有扎实的数学基础和创新能力的基础人才和应用型、复合型人才，形成了自己的人才培养特色，为社会培养和输送了一批批高素质的人才。

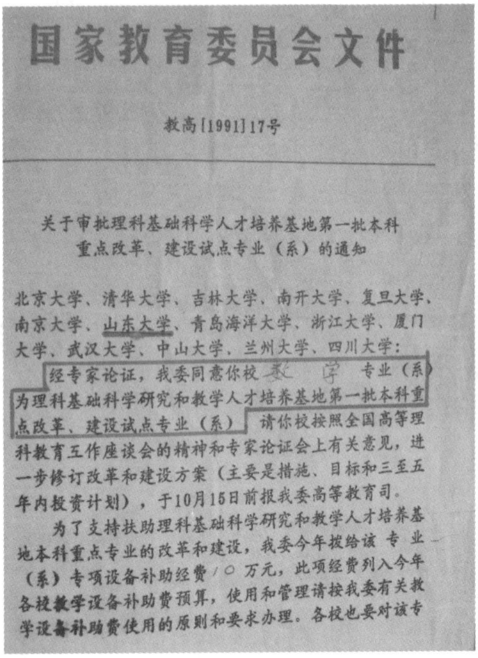

国家教育委员会文件

教高[1991]17号

关于审批理科基础科学人才培养基地第一批本科重点改革、建设试点专业（系）的通知

北京大学、清华大学、吉林大学、南开大学、复旦大学、南京大学、山东大学、青岛海洋大学、浙江大学、厦门大学、武汉大学、中山大学、兰州大学、四川大学：

经专家论证，我委同意你校 数学 专业（系）为理科基础科学研究和教学人才培养基地第一批本科重点改革、建设试点专业（系）。请你校按照全国高等理科教育工作座谈会的精神和专家论证会上有关意见，进一步修订改革和建设方案（主要是措施、目标和三至五年内投资计划），于10月15日前报我委高等教育司。

为了支持扶助理科基础科学研究和教学人才培养基地本科重点专业的改革和建设，我委今年拨给该专业（系）专项设备补助经费10万元，此项经费列入今年各校教学设备补助费预算，使用和管理请按我委有关教学设备补助费使用的原则和要求办理。各校也要对该专

近几年，数学基地在总结多年素质教育与创新性教育经验的基础上，2006年和2007年分别获得国家基础科学人才培养基金条件建设项目和能力提高项目的

资助,结合基金项目的实施,加强对学生的科研能力和实践能力的全方位培养,完善科研训练、实验教学和实践应用训练相互结合、相互促进的培养体系,增强学生的创新意识、科研技能和协作能力,使山东大学数学基地的整体实力达到国内一流水平,建设成为人才培养模式的示范区,数学研究型和应用型人才的输出基地。

基地为学生提供了良好的学习条件:

1. 优良的师资队伍

山东大学数学基地有一支治学严谨、研究领域广泛、实力雄厚的师资队伍。其中教授48名,副教授55名,博士生导师34名,硕士生导师60余名。现有中国科学院院士1名、教育部“长江学者奖励计划”特聘教授4名,国家杰出青年基金获得者4名,中组部“千人计划”国家特聘教授2名,国家高等学校教学名师2名,山东省“泰山学者”1名,山东省“万人计划”入选者3名。国家重大基金项目“金融数学、金融工程和金融管理”及国家“973”计划项目《金融风险控制中的定量分析与计算》首席科学家彭实戈教授是中国科学院院士、教育部“长江学者奖励计划”首批特聘教授,是倒向随机微分方程学科的主要创始人;青年数学家刘建亚院长是国家杰出青年基金获得者、教育部“长江学者奖励计划”特聘教授、教育部首届“高等学校教学名师”,主要研究领域为数论及其应用;教育部“长江学者奖励计划”特聘教授陈增敬教授获国家杰出青年基金,主要研究领域为金融数学和精算学;教育部“长江学者奖励计划”特聘教授王小云教授在密码研究方面取得了优异成果,并获国家自然科学二等奖和国家杰出青年基金。另外,学院特聘中科院王元、杨乐、马志明、严加安、林群、石钟慈、刘应明、郭雷等院士为我院兼职教授。2010年9月,山东大学与中科院数学与系统科学研究院签订协议,在山东大学设立华罗庚班。山东大学与中科院数学与系统科学研究院将在学科建设、联合培养本科生以及研究生人才、共享师资科研资源等方面开展实质性合作。双方将合力巩固和提高山东大学数学学科的建设与发展。

2. 高效的实验设施

多年来,数学基地不断加大对数学教学实验中心的投入,拥有“基地班”实验室、多媒体教学实验室、研究生实验室等面积达400多平方米,仪器设备总值1000余万元。基地还新建了多媒体讲学厅、“数学建模”实验室、金融软件实验室和信息安全实验室,依托国家自然科学基金委的条件建设项目,加强基础条件的投入和建设,对人才培养起到很好的支撑作用。目前,这些实验室运转良好,使用效率高,基地学生提供了良好的环境,同时也满足了教师教学和科研的需要。

3. 丰富的图书资料

图书资料对数学学科的科研教学和人才培养工作至关重要,数学基地依托国家自然科学基金委的条件建设项目,扩建了图书室,面积由原来的100平方米,达到了现在的600平方米。近三年,年平均投入70余万元购进新图书、新期刊。图书室现有中外文图书 3 万余册，其中，有 Springer 出版社出版的 UTM 系列丛书及 GMS 系列丛书，美国数学会出版的数学系列丛书等大型原版外文数学丛书十余种。中文期刊 87 种，外文电子期刊 249 种，外文杂志 100 余种，中外文期刊合订本 2 万余本，基本满足了师生的需要。“基地班”学生可以到院图书室借阅图书，并有专门供“基地班”学生借阅的图书，学生在教师指导下能阅读到最新的专业文献，及时接触和了解所学方向的前沿成果，这为学生开阔视野、进行科研活动提供了良好的条件。现已成为全国高校数学院中一流的图书资料室。

4. 教学改革和教学研究深入开展，成绩突出

为了使“基地”的教学适应现代数学的发展需要和学生自身的发展需要，使“基地班”真正成为培养高质量人才的基地，数学基地不断开展教学研究和教学改革，并多次组织数学院专家教授对“基地班”教学计划进行讨论和修订。新的教学计划强化基础课程，增强前沿课程的教学，注重学生素质教育和能力的培养。同时为主干课程编写课程简介，放在网页上，供学生参考，培养学习数学的兴趣，也促进了教学工作的进行。基础课程中《数学分析》《高等代数》入选“国家理科基地名牌课程”。对高年级应用类课程，启发、案例式教学方法成熟推广，提高了“基地”学生的实践能力，其中《运筹学》入选“国家理科基地名牌课程”。多年来，由著名教授为学生开设《数学内容方法和意义》和《现代数学选讲》课程，让学生全面了解数学知识，开阔视野。彭实戈院士多次为高年级“基地班”主持读书班，引导学生了解数学前沿知识。同时吸收优秀本科生参加教授的科研梯队，学习科学研究的基本思想方法。

数学基地还不断加强基地学生实验课程环节，培养学生创新能力和实际应用能力，开设数学实验课程，向学生直观地演示运用计算程序解决数学问题。注重学生计算机能力的提高，凡可以运用计算机的课程都附加了计算机实验，以此强化学生运用计算机解决实际问题的能力。同时，积极开展多媒体教学及双语教学的推广试点。采用 Maple 软件开设数学实验课和数学建模课程。例如，《自动控制理论》《数字信号处理》《数学实验》《数据库基础》等课程采用 Mat lab 开设，采用 Power Point 开设了《计算方法与软件》课程。《运筹学》《数学建模》《微积分》等课程使用多媒体教学。建立了数学基地网站，部分课程教案和课件上网，促进了学生学习。部分课程采用英语原版教材，开设了“Algebra”“Calculus on Manifold”“Topology”“Fundamentals of Number Theory”等多门本科英语授课课程，受到学生欢迎，也收到了良好效果。

在教学过程中，数学基地积极编写和使用优秀教材，近五年来编写教材 24 部，出版学术专著 8 部，《运筹学》获得教育部教材类科技进步二等奖，多部教材入选国家“十五”“十一五”规划教材，由高等教育出版社出版。多门基础课程选用国外高质量的优秀教材，产生了良好的课堂效果。精品课程建设在数学基地积极推进，成

效显著。截至目前,《运筹学》《线性代数》《微积分与数学实验》《复变函数与积分变换》四门课程入选国家精品课程。

“基地”建立以来,获国家级教学成果奖5项,其他教学成果奖30余项;承担了国家重大基础科研项目和自然科学基金等国家级项目和省部级项目180余项,科研经费4000多万元,获国家自然科学二等奖2项,国家科技进步三等奖3项,山东省科学技术最高奖1项,省部级科技进步奖近50项。特别是彭实戈院士所领导的金融数学团队又取得了一系列国际领先的原创性成果,于2009年获得国家自然科学基金委“创新研究群体科学基金”资助;2010年在印度南部城市海德拉巴举办的国际数学家大会上,大会组委会邀请彭实戈院士作1小时报告(大陆数学家首次),这是国际数学界公认的殊荣,体现了国际数学界对他所取得的成就的充分肯定。刘建亚教授带领的大学数学教学团队、刘桂真教授带领的运筹学教学团队,均被评为“国家级教学团队”;信息安全专业2007年被评为国家特色专业;统计学专业被评为山东省特色专业。

5. 注重学生创新和实践能力培养

创新素质教育是素质教育与创新性教育的有效结合,就是全面培养与提高学生创新素质,使之成为高素质创造型人才。在注重传授知识和培养适应现代社会经济发展对人才的需求的能力基础上,进一步结合专业的知识与技能,传授一般科学创新所需的思维与实践方法,提高大学生的创新精神和创新能力,从而增强整个民族的创新精神和能力。

创新能力只有通过切身的实践才能取得,因此创新教育必须注重实践环节的培训与锻炼。教学实践不仅可以训练相关的创新技能,还能够培养通过亲身的观察、体验来发现问题和提出问题的能力,这是创新的源头和关键。十几年来,数学基地始终把学生创新能力培养放在第一位,结合人才培养支撑条件建设项目,以实践能力培养为切入点,构建具有优势和特色的创新型人才培养平台,促进知识、能力、素质协调发展,为建设创新型国家提供有力的高素质创新型后备人才支撑。

6. 低年级学生配备课业指导教师

数学基地每年都为一、二年级学生配备课业指导教师,通过指导老师的引导和启迪,帮助学生顺利渡过大学适应期,尤其是在学习上顺利进入大学数学学习阶段。将课程教学与科学研究相结合,开展课业学习指导、组织课外读书讨论、论文研读与写作,培养善于思考、勤于思考的学习态度,培养严谨周全的思维方式,培养良好的自主学习习惯,让学生从低年级开始适应和融入数学学习的氛围,培养学生的科研素质和综合素质,为今后的继续发展打下基础。

7. 积极开展数学基地能力提高项目

数学基地以培养学生的创新意识、训练学生的科研技能和协作能力,培养高素质的基础研究型人才为宗旨,将课程教学与科学研究相结合,开展课业学习指导、组织课外读书讨论、论文研读与写作；让基地班学生普遍参加科学研究活动，让学生较早介入教师的研究课题，造就研究型的学习局面，通过科学研究能力训练，提高学生分析问题和解决问题的能力，提高学生的科研素质和综合素质。

自2008年度，数学基地能力提高项目全面开展，资助了72个项目，鼓励学生参与，在项目主持老师的带领下，学生可以了解一些数学分支的前沿的理论，锻炼思考能力和动手能力，培养学生的科研素质和团结协作的精神，为将来进入数学领域的继续研究奠定坚实的基础，为学生接触科研训练、培养创新能力提供了机会和平台。让基地班学生普遍参加科学研究活动，让学生较早介入教师的研究课题，造就研究型的学习局面，通过科学研究能力训练，提高学生分析问题和解决问题的能力，提高学生的科研素质和综合素质。

在数学基地的培养下，一批批高素质的数学人才从数学基地走向世界各地。据不完全统计，数学基地约有80%的同学获得保送资格继续进行研究生的学习，其中很多到中国科学院、北京大学、清华大学、中国人民大学、复旦大学、山东大学等国内知名高校继续深造。仅近5年就有70余名学生到中国科学院深造，目前有100余名基地同学在国外大学或者公司工作。

近年来，数学基地培养出一批进取心强、基础扎实、知识面宽、发展后劲足、具有创新意识的人才，在各类大学生创新大赛及数学建模竞赛中屡创佳绩。以基地学生为主体的山东大学数学建模代表队在2009年获得数学建模竞赛最高奖——“高教社”杯。已毕业的数学学院学生读研率、出国深造率比例高，许多毕业生已在各自的领域取得了突出的成绩。近三年获得全国一等奖11项，全国二等奖18项，在美国大学生数学建模比赛中获得一等奖23项，二等奖30项。

基地学生在社会实践方面也展示了良好的风采，有22支代表队参加了全国大学生创新训练计划试验课题，目前有数学基地为主体的数学学院正在实施大学生能力提高项目。

8. 积极开展实践(实习)教学活动

为了提高学生创新能力和应用数学知识解决实际问题的能力，数学基地加强了学生社会实践(实习)和课程实验环节，取得了良好的效果。

毕业论文是“基地”学生本科学习的一个重要环节，是学生将他们学到的基础知识用于解决理论和实际问题的重要实践，也是科研培训的一个重要环节。我们一方面鼓励学生结合自己的工作方向自寻毕业实践课题，由接受学生的单位出具学生毕业实践的评价；另一方面，与许多单位建立了协作关系，作为学生的长期实习基地，如山东省浪潮集团公司、济南德安计算公司、中创软件公司、山东地纬公司等。由实习基地依据自己的科研和工作课题，为学生安排实践课题，提供优越的实习条件。这些课题有很强的实用性和相当的科研性，高年级的基地学生，在毕业实习期间到这些实习单位，在教师和单位技术人员的指导下，参与实际科研课题，提高了运用数学知识解决实际问题的能力，学生的实际工作能力也有相当大的提高，为他们走向工作岗位打下了坚实的基础。

为了扩大学生的视野，更多地接触社会，了解实际，增强实际工作的能力，我们还积极组织学生利用假期参加社会实践。学生在指导教师带领下，利用暑期到青岛海尔集团、青岛啤酒集团、青岛港务局等单位参加社会实践，学习现代化大企业的现代化管理和计算机应用系统情况，结合自己学习的基础知识，深入讨论，写出实践认识和体会，开阔了学生视野，促进了课程学习。

通过将近20年的建设，山东大学数学基地获得了很大的发展，进一步改善了教学、实验、实习条件，加强了师资队伍建设，深化了教学研究与改革，为学生培养提供强大的软硬件支持。数学基地始终坚持“高层次，厚基础，重创新”的基础科学本科生培养模式，注意拔尖学生创新能力的培养，提高人才综合素质，已成为在国内外有重大影响的人才培养创新基地。

（吴　臻　刘京慧）

国内商用密码技术——“公钥密码快速实现技术及 SMS100-1 网络安全平台”

1996 年,李大兴教授所领导的科研团队研制开发的“公钥密码快速实现技术及 SMS100-1 网络安全平台”第一个通过国家密码管理委员会办公室鉴定的商密产品(商密鉴字第[1]号,1996),于 1999 年获国家科技进步三等奖、国家党政密码科技进步二等奖(省、部级)、中国青年科技奖等奖项。所研制的 SJY-01 加密机、加密卡等产品为国内最早通过国家密码管理委员会办公室鉴定的硬件商密产品。该系列产品的研发成功,代表着国内首次将密码产品应用于民用安全,对于推动国内电子商务和电子政务发展具有重大意义。

科技進步獎

證書

国内商用密码技术

李大兴,山东大学网络信息安全研究所所长。1963 年出生,1980 年就读于河海大学航海系,毕业后考入西安电子科技大学计算机系攻读硕士学位,1991 年进入山东大学数学系攻读博士学位,从师于著名的数学家潘承洞院士。1994 年获博士学位后留本系任教。当年被破格晋升为教授,1996 年晋升为博士生导师。研究领域为密码学与信息安全。其主要贡献是将密码理论和技术首次在国内进行产品化和商业应用,并取得了显著社会效益和经济效益。

随着计算机网络的普及,网络已成为我们日常生活中不可缺少的工具,我们不仅要利用网络实现信息共享,还要在公用网络上进行电子商务活动,利用公用网络传输机密、敏感信息(如银行账号、信用卡号、公司的客户资料等)。由于 Internet 和 WWW 技术的发展,在 Internet 上兴起了许多网络新业务,如网络购物、数字货币、网络银行等。这就迫切需要保护通信双方信息的机密性、完整性,信息在公用网络上传输时不能被偷看、篡改、假冒。但由于 Internet 在早期设计时没有考虑安全问题,使网络上各种新兴业务的发展受到限制。

由李大兴教授所领导的计算机系网络信息安全研究所科研团队经过近三年(1993～1996)的艰苦攻关,成功研制出"公钥密码快速实现技术及 SMS100-1 网络安全平台"。该系统于 1996 年 9 月通过了国家密码管理委员会商用密码管理办公室组织的技术鉴定(鉴定证书号为:商密鉴字 1 号),平台的核心器件 SJY-01 加密机、加密卡等产品是国内首个通过国家密码管理委员会商用密码办公室鉴定的硬件商密产品。该平台和硬件产品的密码算法采用通过中央办公厅机要局审批的具有自主知识产权的 SDPI 算法和 SDBI 算法。1999 年获国家科技进步三等奖、国家党政密码科技进步二等奖(省、部级)、中国青年科技奖等奖项。

SMS100-1 网络安全平台系统很好地解决了网络安全需求难点,适用于 EFT/POS,ATM,EDI 等各类网络信息安全系统,为政府、银行、金融、电子商业等领域的网络安全提供了完整的解决方案,现已广泛应用于政府办公网、金融、证券等大型网络系统中。该系列产品的研发成功与应用,标志着国内首次将密码产品应用于民用安全,对于推动国内电子商务和电子政务发展具有重大意义。1997 年,该所与当时的国家外经贸部合作,开发并应用了国内第一套商用数字证书认证中心系统,是国内第一个商用 PKI/CA 系统,其目的在于为电子业务系统提供基于数字证书的安全服务。该技术先后应用于上海证券交易所远程资金结算系统安全系统,深圳证券交易所远程资金结算系统安全系统,中国人民银行金融认证中心(CFCA),中国电信安全认证中心(CTCA),国家邮政总局电子汇兑系统,中国建设银行网上银行资金清算系统,招商银行 CA 中心,上海、深圳、北京电子商务安全认证中心,广东、山东、山西、吉林等十余个省级区域性电子商务安全认证中心,创造出了巨大的社会效益和经济效益。

(杨晓燕)

《两汉全书》的整理与出版

《两汉全书》出版研讨会

《两汉全书》是1996年在全国高等院校古籍整理研究工作委员会立项的一个大型古籍整理项目，得到“古委会”的重点支持和直接资助。先后被列入教育部人文社会科学研究“九五”“十五”“十一五”规划。1999年正式出版第一、二两册，获得学界的好评，随后整理工作全面铺开。2003年被全国古籍整理出版规划领导小组列为“古籍整理出版重大工程”，予以专题介绍。2009年12月，全书整理完毕，山东大学出版社一次性推出，凡36册，1300万言。

汉代是中国传统社会政治、经济、文化、思想、学术等各方面的体制或模式全面确立和奠定基础的重要时期，也是中华民族的文化心理结构基本形成的重要时期。汉代所有的创立和建设，不仅为中国此后的社会发展导夫先路，而且迄今为止仍在全球范围内产生着巨大影响。

一个时代的文化内涵，主要体现在这一时代产生的文献中，并通过文献的流传而得到继承和延续，所以对一个朝代全方位的认识和总结，最终要落实在对这一朝代文献的保存和整理上。流传至今浩如烟海的古代文献，是中华民族传统文化的主要载体，是研究中国封建社会政治、经济、文化的宝贵资料。由于我国历代封建王朝的统治理念、政策制度等各有不同，所以，不同朝代的文献亦具有各自的基本特征。全面收集、整理某一朝代的现存文献，编纂某一朝代的大型断代文献集成，对于全面认识这一朝代，进而对其展开各个学科的专门研究，具有特别重要的学术意义。

由于年代久远，保存不易，汉代文献在流传中已有大量散亡，现存的典籍也往往不同程度地存在窜乱和讹误，至于许多断章残篇就更缺乏必要的调查和整辑。为适应学术研究和文化发展的需要，《两汉全书》在前人成就的基础上，汇收和系统整理所有现存两汉文献，为这个阶段全部文献资料（包括部分整理成果）作出了一次系统的巡视和总结，全面反映了两汉学术文化的丰富多彩和博大精深，意义重大，影响深远，不仅是编纂汉代大型断代文献集成的首创之举，亦是编纂我国大型断代文献集成的一次成功尝试。

《两汉全书》规模宏大，资料丰富，突出“力求其全”的原则，凡属高祖元年（前206年）至献帝延康元年（220年）之间的所有文献，举如各种专著、别集，单篇诗、文、赋，以及经籍传注、小学著作、石刻简牍等，包括佚文残篇，悉予汇录，统一编排。收录人物达870余人，是迄今为止海内外第一部两汉现存文献的总汇。

《两汉全书》重视文献资料的审查与编排体例的创新。全编原则上采取了“以人系文（包括著作）”的办法，首先把普查到的近九百位两汉人物，一律按历史年代逐次排列先后顺序，人物年代不详以及无名氏著作，则排列其后而别作处理。其次以人物为单元排比文献资料，即在每一人物名下，首列其专著，次列其别集以及单篇作品，再列其他文献资料。这样的总体框架，从纵向看，能够如实反映两汉学术发展的整体脉络，并可显示各具体阶段的若干特点；从横向看，则每个人物的全部著作可以尽在眼前。因此，《两汉全书》既是断代专著的集成，又是一系列新编别集的总汇，带有一代总集的性质；既方便于查用汉代现存文献的实际状况，亦为编纂我国大型断代文献集成提供了新的范式。

《两汉全书》重视底本的选择与利用。专著类，注意选用年代较早的刻本（包括影印本），或清人的精校精刻本。别集类，注意选用虽非稀见但文献价值相对较高的版本。辑佚类，首选整辑文献比较完善、或于诸家中较为特出的本子；若辑本虽多而俱不尽如人意，则翻检群书另作新辑。

《两汉全书》体例完整，编纂谨严。《两汉全书》一概为收录的人物撰写小传，为收录的著作撰写提要。前者略述人物可考生平、论著等，后者说明著作的年代、流传与版本等，有重要的学术参考价值。《两汉全书》注重材料的考辨，传世伪书的处理尤取慎重的态度。所有文献一律加以新式标点，并作必要的校勘，方便阅读和征引。古籍整理是一项颇费学术功力，讲究谨严认真的艰苦工作。整理现存两汉文献，则更有其特有的难度，有的著作历代流传版本繁多，歧说并存，有的著作学者关注较少，文字多有衍夺误倒，所以，《两汉全书》在选定底本、辑补佚文、校勘文字、标点断句、撰写小传与解题等方面倾注了大量精力。例如，陆贾《新语》是西汉初年的一部重要著作，《汉书·艺文志》《隋书·经籍志》均有著录。整理者以《四部丛刊》

影印明弘治间桐乡令李廷梧刻本为底本，校以《子汇》本及程荣《汉魏丛书》本、《两京遗编》本，参考唐晏《新语注释》、今人王利器《新语校注》，采择杂纂、类书所引及古选本文字，整理入编，于不足 1.2 万字的原文中，列出有关删、补、改的校语 116 条，且对所附七段《新语》佚文加以按语说明，行文简要，兼采众长，堪称目前最佳的陆贾《新语》文本。

《两汉全书》收录有两汉谶纬文献、两汉石刻文献，附编有两汉简帛文献，其编纂者既有统观汉代谶纬、石刻、简帛文献的学术视野，又具有上述专门之学的深厚素养，其成果别有一番新的气象。

《两汉全书》对两汉谶纬文献予以重新整理，所做主要工作有：确定主据本和参考本、缀合与剔重、核校原始出处、补充佚文、点校注译等。《两汉全书》对今天还存有佚文的 160 余种谶纬佚书进行整理时，调查到谶纬辑本 46 种（每种含数种至数十种谶纬佚书），这 46 种辑本有 125 种版本（含抄本）。而当前流行的上海古籍出版社 1994 年版《纬书集成》，仅收古代谶纬辑本 14 种（计版本 16 种）；安居香山等人的《纬书集成》号称“辑录完备”，也只收古代谶纬辑本 26 种，且脱误不少。《两汉全书》依据“佚文数量”“出处版本”“佚文次序”三项原则，对前人 125 种谶纬辑本版本进行比较，一一确定了 160 余种谶纬佚书的主据本，而把其他版本（含上海古籍出版社《纬书集成》和安居香山等《纬书集成》）作为参考本。整理者将主据本佚文和参考本佚文编在一起，剔去重复，并作重新缀合。在对谶纬辑本补充辑佚时，从《文选注》、“前四史注”、《水经注》、“十三经注疏”等著作中，以及唐宋诗文著述（如唐人张说《为留守奏庆山醴泉表》、杨炯《浑天赋》）中，补充了诸多谶纬文句。《两汉全书》对谶纬的新辑补，有助于深入研究经学史，有助于深入研究上古文化史。

中国古代的石刻文献（既包括文字也包括画像）数量庞大，内容丰富，与传世纸本文献、出土简帛文献共同构成了古典文献中的三大主干。因此，《两汉石刻文献》在《两汉全书》中所占比例虽说不大，但因其属性特殊，故而与传世文献、简帛文献具有同等重要的文献价值。《两汉石刻文献》在充分借鉴前人成果的基础上，又作了进一步的增补与加工。为了更加全面地反映汉代石刻文献的整体面貌，不仅将有现存拓本的汉代石刻全部收入，同时也将《隶释》《隶续》以及严可均《全上古三代秦汉三国六朝文 · 全后汉文》等书中所收载的汉碑文字予以迻录，这两大宗文献中有不少内容已不见于现存拓本。这样一来，《两汉全书》中所收录的两汉石刻文献的总数就多达 505 种，与当前同类性质的著作相比，数量是最多的。除了传世录文外，均用现存拓本逐字核校，力求将录文中的讹误减至最少。校勘工作一以拓本为准，所据拓本主要是《汉碑全集》与《北京图书馆藏中国历代石刻拓本汇编》（战国秦汉部分）两书中所影印的拓片以及日本京都大学所藏汉代石刻拓片。对于漫漶不清的拓本文字，各家有不同的释读，整理者根据自己的理解酌选一家，别家有参考价值的释读异文则酌予选录，写入校勘记。若所据释文有误释之处，则据拓本予以订正，并在校勘记中说明。每种文献一般以常见的传统称谓作题名，个别情况下，为了更好地揭示其内容，做了适当的变更。题名之下，大都纂录题记，对碑刻的别称、发现时地、额题、行款、字数、碑阴、基本内容及现存情况予以简要说明，主要甄录现有的研究成果并标明出处，必要的时候则重新撰写题记。通过这次整理汇编，为学界提供一份全面而可靠的“汉代石刻文献”的最新文本。

《两汉简帛文献》考虑到版权问题，未将两汉墓葬、遗址中出土的文献释文全文载录，但就其汇总的汉代简帛出土、整理、研究的资料、信息来看，已经十分全备和充实。首先，就其载入的出土文献信息范围来说，已经最大限度地做到了事无巨细，全部述及。该书的编排体例是以出土文献介绍条目形式，逐年逐条编排，上自1906年新疆古尼雅遗址斯坦因第二次中亚考察所获西汉木简，下至2009年北京大学收藏的西汉竹简，其间对每一年每一次汉代简帛的出土都列出条目，给以介绍。其次，具体到对每一次简帛出土信息的介绍，也力求全面详尽，包括文献的发掘、出土、整理情况、文献的基本内容、文献图板及释文的载录、出处、学者对文献的考订、研究以及该条目撰写的参考文献等等，都一一述及，提供了有关该文献的最大信息，极大地方便了读者对两汉出土文献的查阅和了解。总之，汉代简帛信息的汇总和载录及其事无巨细之“全”，是对《两汉全书》之“全”的最好体现，而这正是这部巨著其中一个重要价值之所在。

《两汉全书》既集一代文献之大成，又具有高品位、高质量，兼有学术与收藏的双重价值。其规模之宏大，资料收集之全备，体例之完美，标点校勘之精良，都是对此前学术水平的一次引人注目的重要超越。不仅有力推动两汉历史的断代研究，而且有助于中国传统文化特色的全面总结，是一项全民族文化建设的基础性工程，也是当今古籍整理水平和成就的重要标志之一。

（王承略）

《山东大学齐鲁医院报》

《山东大学齐鲁医院报》(原称《山东医大附院报》)创刊于1997年3月5日,为国内首批医院报之一,是全国医院报中唯一有国家正式刊号的报纸。院报创立之前,院内新闻的传播媒体是医院党委宣传部主办的《医院信息》,作为内部交流材料,不定期出版,16开,每期10余页。随着形势的发展,医院在医教研和两个文明建设的内涵越来越丰富,《医院信息》无论从形式到内容都远远不能反映医院的全面发展状况,广大职工也非常希望有一个能反映心声的舆论阵地、发表学术见解的理论园地、开展文化交流的知识广角。因此,创办一份集思想性、信息性、专业性、科学性、知识性、文化性于一体的高质量、高品位的院报,成为医院广大职工的迫切愿望。

《山东大学齐鲁医院报》历年合订本

院领导根据医院整体工作的需要和群众的普遍要求,作出了创办院报的决定。党委宣传部按照院党委的意见,经过认真研究和考证,认为创办院报适时可行。1997年2月18日,山医大附院党委下发了[1997]党组字1号文,决定成立院报编辑部(科级),隶属于宣传部。宣传部部长严连生兼任院报主编,颜景文任责任编辑。经过紧张的筹备,同年3月5日,《山东医大附院报》创刊号正式出版。

院报创办初期,只有两名工作人员。为了缓解人员紧张,同年9月医院决定调吕军到宣传部,从事院报编辑工作。后又调入两人,使院报工作得以正常运行。

由于院报办的正规、标准,具有鲜明的特色,实现了办报的初衷,得到了各级领导、兄弟医院、各路媒体和广大群众的一致好评。

1998年10月22日,国家新闻出版署向该院院报颁发了国内统一刊号

CN37—0833/(G)。至此,《山东医大附院报》(现《山东大学齐鲁医院报》)成为国内第一家,也是全国唯一一家具有国内统一刊号的医院报。

院报最初创办时为旬报,四开四版。第一版为要闻版,主要报道医院党政工作的动态及其他重要信息、外事交流、院际往来等;第二版为综合版,主要报道医院建设中的各项成就、新人新事新风尚、医患联系、管理工作经验介绍等;第三版为医教研版,主要报道基础医学和临床医疗、教学、科研,以及护理、医技、医药等诸方面成果和信息,介绍特色专业、著名医界人物、人才培养和学科建设情况、临床医学理论的研究与探讨等;第四版为文化副刊,主要报道来自广大职工的文学作品,题材以反映医院特色和医务工作者的精神风貌为主,如诗歌、散文、小小说、特写以及美术、摄影、书法、篆刻等作品。1999 年底,山东省新闻出版局下发鲁新出报刊字[1999]87 号文,同意我院院报增刊至四开八版,其他不变。因此,院报将原来的第四版副刊版调整至第八版,新增的第四版为医疗前沿版,主要刊登当前世界医学前沿热点问题的理论发现、实验、探讨和尚未解决的疑难,为广大医学工作者开辟一个研讨平台;新增的第五版为健康家园版,主要刊登日常实用的医疗保健知识,普及医学保健常识;新增的第六版和第七版为专版,主要对医院重大事件、科室发展、名医风范等进行深入报道。

另外,齐鲁医院心内科主任、博士生导师、著名超声心动图学专家张运教授于 2001 年当选中国工程院院士,同年 12 月 20 日和 21 日,山东大学和齐鲁医院先后召开庆祝大会和庆功会。山东省人大常委会主任赵志浩、省政协副主席张敏、省卫生厅厅长王天瑞、省教育厅厅长左敏、省人事厅厅长焦连合,副厅长黄麟英、省科技厅副厅长翟鲁宁、济南市副市长陈国栋等到会祝贺,学校和医院领导宣布了对张运院士的奖励措施。这不仅是学校和医院的大喜事,也是我省医学界的大事。为此,《山东大学齐鲁医院报》出版了彩版《号外》予以报道。这在国内第一家,也是迄今为止国内唯一一家院报刊出《号外》。

由于院报始终坚持正确的办报方向,经编辑人员的辛勤劳动,很快成为深受广大职工和患者欢迎的全国内部交流的报纸,被全国高校校报研究会、全国高等医药院校校报研究会和省校报研究会接纳为理事单位。在 1998 年度山东省高校校报评审工作中,多篇作品获新闻奖,被省教委授予"山东省高等学校优秀校报"荣誉称号。

1999 年 5 月,在曲阜师大举行的山东省高校校报研究会 1999 年年会暨十五周年纪念会上,院报主编严连生应邀在会上向省内 50 余家校报的主编和编辑们介绍了办报经验,受到了与会者的一致赞扬。主编严连生获得"山东省高校优秀新闻工作者"荣誉称号。

该院报在 1998 年山东省高校好新闻评比中共有 5 件作品获奖,其中一等奖 2 件,二等奖 2 件,三等奖 1 件;在 1998 年度"山东省优秀教育新闻奖"评选中,共有 9

件作品获奖，其中二等奖4件，三等奖5件；在1999年度“山东省优秀教育新闻奖”评选中，共有5件作品获奖，其中一等奖4件，二等奖1件。三次获奖作品的数量之多、级别之高在校报界均名列前茅。

2000年以来，该院报先后被山东省教育厅、山东省高校校报研究会、全国医院报协会评为“山东省高等学校优秀校报”“全国医院优秀院报”。120余篇稿件被山东省新闻记者学会、全国高校校报研究会、全国医院报协会、全国高等医药院校校报研究会、山东省高校校报研究会评为好新闻一、二、三等奖，主编严连生多次获评优秀主编、记者，编辑多人次获评十佳记者、优秀编辑、优秀记者。

2000年5月，全国医院报刊协会成立，严连生当选副会长；2002年3月，又当选为中国高等医药院校校报研究会暨新闻工作者协会常务理事；2007年10月，严连生被聘为中国高等医药院校校报研究会第六届理事会副理事长，该院院报成为常务理事单位。

2008年9月，在全国医院报刊协会二届四次年会上，《山东大学齐鲁医院报》编辑部荣获“抗震救灾宣传报道先进集体”，严连生、谢静获评“抗震救灾宣传先进个人”称号。

2010年4月，山东省医院协会医院报刊专业委员会成立，严连生当选为副会长，吕军任副秘书长，谢静任秘书。同月，他们承办的山东省卫生思想政治工作促进会医院分会成立大会上，严连生当选为分会秘书长。

山东大学齐鲁医院党委宣传部自2000年4月齐鲁医院国际互联网络建成后，便负责网站的日常维护与管理；2009年网站设电视台，开通多媒体数字报。该网站连续三年获评山东大学优秀网站，宣传部获评网络新闻宣传优秀组织单位荣誉称号。

山东大学齐鲁医院党委宣传部及所办的院报和网站多年来取得了巨大成功，有重要的学术价值和社会效益，在医院的党建宣传领域独树一帜，为全国医院报作出了表率。

（田道正）

弹性管束换热器

在我国国民经济结构中，工业一直是能源的最大消费者，热能是其主要的能源利用形式之一，80%以上的热量需要传递过程转换以适应不同的工艺要求。作为不同介质之间热量传递的换热设备，既是工艺过程装置，又是热量回收装置，对产品的质量、能源的利用率以及系统的经济性和可靠性起着至关重要的作用，其性能的每一份提高都意味着巨大的经济效益和社会效益。

长期以来，振动一直是换热器运行过程中最易发生的严重危害，同时也是换热器设计中一直未能解决而又十分急迫问题之一。换热器振动破坏的实例很多，近年来，随着在现代换热器设计中一方面倾向于设备大型化，一方面又倾向于流动的高速度以提高传热系数和减少污垢热阻等原因，更增加了发生振动的可能性，也使得换热器振动破坏的实例更有增多的趋势。

在经历了长时间相对固定的研究模式之后，以传统的方式解决问题的空间越来越狭小。应该在理论与技术两方面都作一些突破性的变革，才能真正有助于某些基本问题的解决。

程林教授带领山东大学热科学团队采用了完全不同于传统的研究思路，不再致力于振动的预防，而是以主动的受控有限振动耗散积聚的能量，防止振动的破坏。他们设计了一种全新的能在流体流动的诱导下自由振动的元件——浮动盘管。依靠传热元件本身的振动特性，使振幅通过系统阻尼得到有效控制，从而使传热元件能够长期安全运行，解决了由于流体诱导振动而使换热器经常损坏的世界性难题。换热器使用寿命提高30%以上，1991年投入使用的第一批浮动盘管换热器至今仍运行完好。项目鉴定意见认为："该换热器在原理与结构上突破了传统换热器的设计思想，在国内外均属首创。"本项技术获得1994年度山东省科技进步一等奖和1995年度国家技术发明四等奖。

在后续研究中经过长时间努力，在利用自由振动防止振动破坏的基础上，进一步提出了利用流体诱导振动强化传热的新思想。将换热器设计中对振动的严格防止转变为对振动的有效利用，化害为利，使传热元件在低流速下的对流换热系数大幅度提高；并将换热器研究中分属不同领域的流体诱导振动与传热元件表面积垢关联起来，利用振动抑制传热元件表面积垢；提出了流体诱导弹性管束振动的理论模型，开发了弹性管束系列换热设备，建立了弹性管束换热器的设计准则及应用规范，成为国家建筑标准设计（编号：01S122－3～4），取得了显著的社会与经济效益。弹性管束换热器在原理与结构上突破了传统换热器的设计思想，在国内外均属首创。项目的鉴定意见认为："所提出的流体诱导振动复合强化传热理论与方法，拓展了强化传热的思路，是一项具有重要学术意义和应用价值的创新。"该项成果获得了2001年度山东省科技进步一等奖和2002年度国家科技进步二等奖。

在此基础上，以弹性管束换热器独特的温度响应动态特性为基础，开发了模糊自适应控制装置，使热力设备与动力机械根据负荷变化协同工作，设计了热力集成机组，可以在30％～150％负荷条件下持续高效工作，很好地解决了在大规模城市集中供热中热负荷变化大的问题，提高了供热效率，在城市集中供热工程中广泛应用，取得了十分明显的节能效果。项目鉴定意见认为："机组构思新颖、运行可靠，供热质量优良，主要技术指标达到了国际先进水平。"该成果曾获2002年教育部提名国家科技进步奖一等奖。

（宋继伟）

换热器热力设计新方法

在换热器设计方面，可一直向前追溯到20世纪40年代早期，几乎所有的研究都是把平均温差作为设计参数，而后又有了有效度和传热单元数法的概念。换热器作为热力系统的一个组成部分，其设计的目标是在给定的容积尺寸、制造费用、泵送功率、维修水平下，使传热效率最大；或者在给定传热能力、制造费用、泵送功率和维修水平下，使容积尺寸最小。但是怎样才能做到这一点，却是一个模糊的概念。

为了适应不同的工程用途与要求，在换热器设计中进行多目标参数优化可以强化传热，减少传送换热介质的能量损失，从而显著提高换热器的节能效果。但由于换热器各设计目标之间存在的矛盾性及某些不确定性，使得构造目标函数最优点集的隶属函数非常困难。目前，强化传热的意义和一些具体的方式已被人们接受与理解，但研究大多属于经验或半经验性的，往往是依据各自的经验与分析，设计出不同的强化换热元件，然后，利用实验研究的方法，给出实验关联式或准则关系式，存在的根本问题往往是传热得到强化的同时，通常伴随着流动阻力的增加，甚至在很多情况下流动阻力增加的幅度远远大于传热强化的幅度；而流体的物性参数的变化则是产生某些不确定性的主要因素之一。在强化传热研究的初期，人们单纯地关心换热系数的提高，Nu/Nuo（采用强化传热技术后的传热量与强化前的传热量之比）成为一种评价准则。随后，发现阻力系数随换热系数的提高而迅速增加，因此有了（传热增加量与阻力增加量的比值）这一评价的准则。但发现对于绝大多数现有强化技术来说，这一比值远小于1。从相同输送功率下增加传热量的观点来看，可以用是否大于1作为评价准则，因此，国内外学术界曾广泛采用这一指标。显然，比值越大，节能效果越明显，而且高品位能量的消耗越少。因此，从节能的观点来看，强化传热应该朝着提高的比值、向着使大于1的目标努力。但是，在21世纪以前并没有开发出这样高效的强化传热技术。应用传统的换热器设计方法无法从根本上解决这些问题。

传统的换热器设计中，直接设计能够确定换热器表面的最佳尺寸的同时也能满足所有限定的热力参数，但一般局限于那种换热面尺寸完全代表整个换热器表面的换热器。程林教授在多年工程设计实践基础上，首次提出了换热器分段直接设计的新思路，进而创立了一种全新的换热器热力设计新方法——基于新的耗散指数的换热器多目标参数优化分段直接设计新方法。即，提出了计算关联式中努谢尔特数上的一个耗散指数，综合考虑了传热、阻力、污垢、振动等多目标参数的影响，实现换热器基准使用年限的能耗指标最优。这一换热器热力设计的新方法能包容不确定参数带来的偏差，并能完全确定一个由多目标优化换热器的具体参数。

通过换热器多目标分段直接设计新方法，完成了以场协同为目标的换热器热力设计平台，具有完整的自主知识产权。相关研究成果获得国家科技进步二等奖1项(2004年)、教育部提名国家科技进步一等奖1项(2003年)。

（宋继伟）

七年制临床医学专业(药学方向)的设立与发展

七年制临床医学专业(药学方向)由山东大学首办,从2003年起面向全国招生,每年30人左右,首批学生(2003级)已于2010年7月份毕业。

七年制临床医学专业教材编写统稿会

七年制临床医学专业(药学方向)的开设在国内药学教育领域属于首创[国内目前的临床药学专业(或方向)在学制上大多为4～5年]。该专业已初步形成了完整的培养方案和教学体系,在国内高等学校临床药学教育中处于领先地位,在全国具有很强的示范性和试验性意义。

山东大学在七年制临床医学专业(药学方向)创立和发展的过程中,参考了国外多所大学的办学经验,对国内开办普通临床药学专业的院校进行了充分调研,形成了自己的优势和特色。

临床药学是一个实践性和技能性很强的专业,毕业实习是综合训练学生掌握临床药学技能,锻炼实际工作能力的最重要环节。我校首创七年制临床药学专业三段式毕业实习方式。山东省具有卫生部临床药师培训基地资格的医院数目最多,专业项目最为齐全,培训水平和质量较高,在全国享有盛誉。设有临床药师培训基地的五家医院:山东大学齐鲁医院、山东省省立医院、山东省千佛山医院、青岛市立医院和临沂市人民医院均已成为我校七年制临床药学专业学生的实习基地。

教材是教学活动的根本。临床药学专业开办之初,我们就联合山东省立医院共同编写了《内科及约物治疗学》《外科及药物治疗学》《妇产科及药物治疗学》《儿科及药物治疗学》《传染科及药物治疗学》《皮肤性病科及药物治疗学》《精神科及药物治疗学》共七本临床药物治疗学的专业课程教材，以及《药物流行病学》《药源性疾病与防治》（上述教材均为国内首次编写）、《分子药理学》《神经药理学》等临床药学的专业课程教材，均由人民卫生出版社或高等教育出版社出版。

培养方案和教学大纲是教学过程中不可或缺的指导性文件，是规范课堂讲授内容和评估教学质量的重要依据。我们对国内办有临床药学专业的高校和台湾地区高校及医院进行了实地考察与交流，制订了切合高级临床药师培养目标的《临床药学专业培养方案》《七年制临床药学专业毕业实习大纲》《临床药学毕业实习教学指导手册》《临床药学实习阶段指导手册》《七年制临床药学专题实习导师须知》以及《临床药学专业课程教学大纲》《临床药物治疗学课程教学大纲》等七年制临床药学专业主要教学课件，并进行了第二版修订和汇编。

积数年办学经验和教训，总结撰写了十余篇探讨七年制临床医学专业（药学方向）建设及教学改革的论文，发表在《中华医学教育杂志》《药学教育》《中国高等医学教育》《中国药房》等全国性专业学术刊物上或在全国性医学教育会议上进行交流。《七年制临床药学专业课程建设与实践体系改革》课题被山东大学列为2009年教学改革重点立项项目；七年制临床药学专业被山东大学列为《优势特色专业国际化建设》专项，学校从“985工程”项目中安排经费（每年20万元）进行连续三年的资助。

2010年7月已有第一届学生（2003级）毕业。鉴于国家实行临床药师制度的一系列政策措施的逐渐出台和实施，给临床药学教育带来了新的契机和良好的发展前景。七年制临床药学毕业生就业情况很好，供不应求，受到社会的广泛赞誉和一致好评。

山东大学倡议，于2011年在济南召开“全国临床药学教育研讨会”。会议主题为临床药学教育的实践与改革，并拟成立“高等学校临床药学专业教学指导委员会”。

七年制临床医学专业（药学方向）安排了大量医药学基础理论的学习和足够临床医药学基本技术的实践以及综合技能的培训，培养的学生具有扎实的药学、医学基础知识和丰富临床经验。这样培养出的人才方能真正与临床医师“对话”，参与药物治疗方案的设计与实施，协助临床医师选药和合理用药，更适合医院对临床药学人才的需求，更能适应临床药师的工作。

（帅　翔）

第二校园经历

第二校园经历推介会

山东大学更新办学理念，积极探索开放环境下创新型人才培养模式，在全国率先实施国内大学校际合作计划，推行“第二校园经历”，旨在提升教学质量，培养高素质创新型人才，对教育创新和人才培养模式改革进行了有益的探索和实践，逐步形成了独具特色的创新型人才培养模式。

山东大学适应时代发展，基于“资源无限，空间无限，机遇无限，潜力无限”和“优势互补，资源共享，互惠互利，共同发展”的理念，致力于探索开放环境下的创新型人才培养模式，在全国率先实施国内大学校际合作计划，合作高校间强强联手，签署合作协议，搭建校际合作平台，推行“第二校园经历”，使学生在本科阶段到国内其他知名大学优势学科学习半年至一年；旨在提升教学质量，培养高素质创新型人才。

2002年10月，山东大学与武汉大学签署校际合作框架协议，标志着以“第二校园经历”为主要内容的校际合作项目正式启动。六年来，山东大学先后与武汉大学、厦门大学、中山大学、吉林大学、哈尔滨工业大学、中南大学、华中科技大学、中国传媒大学、中国政法大学、同济大学、华东师范大学、兰州大学、天津大学、重庆大学、北京理工大学、中国海洋大学、南开大学、西安交通大学、西北工业大学等26所高校签署全面合作框架协议以及相关备忘录，互派优秀本科生，开展跨地域、高水平、大规模、长周期的校际合作。与首都医科大学、新疆医科大学、宁夏大学、宁夏医学院、延边大学、山东经济学院、山东工艺美术学院签署接受其优秀本科生来山东大学访学的协议。

“第二校园经历”自2002年启动以来，合作高校从最初山东大学、武汉大学、厦门大学3所增加到29所，万余名学生参与“第二校园经历”，在各合作高校近百个优势专业交流学习。“第二校园经历”成为我国高校合作办学的重要形式和教育教学改革的新亮点。

“第二校园经历”是一种教育理念、也是一种新管理理念，经过几年的实践探索，在教学管理、学生管理、后勤服务等方面已形成了比较完善的制度体系，各项管理制度日趋规范，工作机制日臻完善，使“第二校园经历”工作进一步制度化、规范化。

经过几年的实践探索，构建了以互惠互利、共同发展为核心价值，以优势互补资源共享为基本原则，以跨区域高水平大学为合作平台，以大规模长周期学生互访为主要形式，以学分互认待遇平等为制度基础，以培养学生开放视野和过硬竞争力为最终目的的“第二校园经历”创新型人才培养模式，得到国内高校和社会各界的认可和响应。“第二校园经历”同时促进了多元化校园文化的交流与融合，使学生在感受不同校园文化、地域文化的过程中，解放思想、开拓创新，为学生的成长成才奠定坚实的基础。

山东大学2003年首批赴厦门大学交流全体学生写道：“通过这种交流平台，我们开阔了视野，提高了自身素质，使自己锻炼成更加适应社会和时代要求的创新型、复合型人才，并期待我们归来之时能为学校的发展添砖加瓦，尽一份绵薄之力！”

2005年10月我校本科教学工作水平评估期间，教育部本科教学评估专家组对以“第二校园经历”为重要内容的本科教育改革给予高度的评价。关于“第二校园经历”的核心价值，本科教学工作水平评估专家组组长顾海良教授指出：“与各高校交换学生的创新举措，以学生为载体，搭建了各合作学校文化交流的平台。这种举措意义重大，很有战略性。这些都将成为高校发展的重要支点和平台。”

北京大学校长、吉林大学原校长周其凤院士2007年访问山大时谈道：“吉林大学与山东大学的实质性合作使双方受益匪浅，特别是通过学生的‘第二校园经历’，两校合作交流，对于双方的学科建设、师资培养具有积极作用。”

（申树欣）

“暑期学校”教学模式

暑期学校是国际上具有较大影响力的一种教育模式。山东大学充分发挥综合性研究型大学的特点和优势，积极服务山东省高等教育的发展和社会对复合型人才的需求，搭建柔性平台，实现学校资源的开放与社会资源的吸纳，以特色打造品牌，以精品赢得认同，实现开放式办学、培养创新型复合型人才的目标，2004 年在国内率先举办暑期学校。

一、暑期学校实施的过程

（一）明确办学理念与目标

为了拓展学生的国际视野，丰富学生的学习经历，在实践中逐步形成了“打破学院界限，打破研究生与本科生界限，打破校内外界限”“邀请海外名师，面向校外开放，紧追学术前沿，强化实践环节，培养创新能力，提高专项技能”的理念和指导思想，力图建设“精品化，创新型，开放式，国际化”的暑期学校模式。在此指导下积极挖掘海内外优质教学资源，满足学生跨专业、跨学科、跨学校、跨省份乃至跨国界学习的需求，开放式办学，努力实现培养创新型复合型人才的目标。

（二）建立完善的办学模式

学校确立了学术讲座、技能培训、社会实践、开放实验、海内外交流和双学位班/辅修班六大板块，板块设计固定而不乏灵活，给学生提供了更多的自我发展空间，打造了一系列文化品牌活动，为创新型人才培养提供了新的平台。

（三）构建顺畅的组织管理运行机制

学校成立专门的暑期学校领导小组，制定了暑期学校实施方案，确保暑期学校运行有据可依；完善了暑期学校相关制度，在项目申报、学生管理、工作量计算和发放、项目评奖、教学质量监控以及后勤保障等方面，已经形成了一套成熟有效的机制，尤其在质量监控方面，形成了教务处教学检查、各学院自查、督导员听课检查和学生记者团随机抽查、三位一体的教学管理监督机制，有效地保障了暑期学校项目的质量；每年划拨 100 万元专项经费用于暑期学校项目建设、教师工作量及奖励优秀组织单位。此外，学校还专门开设了暑期学校网站，集管理、教学、宣传于一体，大大提高了工作效率。

(四)创新人才培养途径

为两学期制提供有益补充。学校充分发挥综合性大学的优势,通过举办暑期学校弥补了因多校区办学造成的教学空间的不足。实现了六个校区各学科优质教学资源的共享,使不同学科、不同专业的学生在暑期学校的公共平台上相互交流,实现知识之间的相互渗透。暑期学校充分显示了综合性大学在人才培养上的优势,成为正常教学的有益的、重要的补充。

尝试复合型人才培养新途径。学校经过认真取证研究,在116个专业中选择部分专业,利用暑期学校在经济学院、管理学院、法学院、外国语学院等8个学院实施双专业双学位人才培养计划。培养计划覆盖海内外、校内外。在面向全校学生开放的同时,暑期学校还接收新加坡国立大学和南洋理工大学近千名学生参加双学位/辅修班学习;面向山东师范大学、山东经济学院、山东财政学院、山东建筑大学、济南大学等五所省属高校开放。

倡导服务地方。学校始终把服务山东作为学校的办学理念和发展战略,暑期学校自2005年开始,面向山东师范大学、山东财政学院、山东经济学院、山东建筑大学、济南大学等五所省重点高校开设双学位班和辅修班学习,接收优秀学生到山大部分专业修读第二学士学位课程,为地方高等教育的发展提供优质的教学资源。

为学生构建学习、实践新舞台。暑期学校依托社会实践基地,组织学生参加各类社会实践活动,培养了学生"发现问题,提出问题,研究问题,解决问题"的兴趣和探索求知精神,激发了学生的创造力,发展了学生的个性。融科学性、新颖性、趣味性、实用性为一体的开放实验,内容广泛、形式多样,"开放式,研究性"的教学模式,启发学生科研创新思维。通过暑期学校的学习,学生在全国大学生数学建模大赛、机器人设计大赛和美国数学建模大赛中屡获佳绩,暑期学校成为学生学习、实践的重要平台。

二、暑期学校的实践效果

(一)规模扩大,质量逐年提升

六年来暑期学校项目数及参与人数不断增加。自2004年以来,暑期学校共开设项目2000余项。项目数量从2004年120项增加到2010年451项。累计参与学生约6万人次,其中海内外高校学生累计7000余人次,每年参与学生人数从2004年7000余人次增长到2010年的16000人次。教师参与人数从2004年124人到2010年达到426人。

暑期学校以其独特的品牌优势,在保证参与教师层次高、教学内容新颖、教学方式灵活的基础上不断深化。暑期学校成立教学督导小组、教学检查小组、大学生暑期学校记者团对暑期学校师资配备、教学内容、教学方法、教学效果等方面进行有效监督，及时发现实施过程中存在的问题，有效推动了暑期学校的顺利进行。

（二）建立了适合山东大学人才培养目标的暑期学校模式

通过近几年对暑期学校教学的积极探索，确立了暑期教学项目的六大板块，即学术讲座、技能培训、社会实践、开放实验、海内外交流和双学位班/辅修班。所有项目面向所有参与学生开放，项目内容突出创新性和国际化。学校教务处对暑期学校进行统一指导、分类管理，承办单位具体组织。经过几年实践，暑期学校教学项目管理日趋规范，学校及承办单位分工更加明确，逐步建立了适合山东大学人才培养目标的暑期学校模式，为培养创新型人才提供了新型平台。

（三）充分发挥综合大学优势，创新型人才培养成效突出

2006年暑期学校面向校内学生及山东财政学院、山东经济学院、山东师范大学、山东建筑大学、济南大学五所省属驻济高校的部分学科专业学生开办双学位/辅修班课程，截至2010年，暑期双学位班共招收校内学生4096人，校外学生1473人。通过机器人实验、电子设计、数学建模等专项培训，山东大学学生在国内外数学建模大赛、机器人大赛上屡创佳绩。2008年，72名学生组成的24个竞赛团队获得山东省电子设计大赛一等奖；2009年，数学学院的3名同学获得全国大学生数学建模竞赛唯一的最高奖“高教社杯”。2006年以来，共有108名因参加暑期学校技能培训项目获奖学生通过单列计划获得免试推荐研究生资格；210名学生通过技能培训项目获得人力资源和社会保障部颁发的人力资源、物流管理、秘书、等专业的职业资格证书，为成功就业增添了砝码。

（四）深化开放性办学理念，校内外影响力不断增大

山东大学暑期学校打破了校内学院之间、校内本科与研究生之间、校内与校外之间及国内国外之间的界限，“不设围墙”，不仅容纳不同年级、不同专业的学子共处一堂，吸收学术的滋养，而且对省属五所高校开放，实现了校内校外的联合。与此同时，为实现人才培养的国际化，国际暑期学校项目的开展使山东大学的暑期学校走向了海外，教学模式逐步与国际接轨。

自2004年山东大学暑期学校举办以来，以特色打造品牌，以精品赢得认同，得到兄弟院校的认可，社会影响力逐年增强，引起了校内外各级媒体，特别是中央级媒体的广泛关注和持续报道，各大网站、电视台、电台、报纸等媒体从不同层面对山大暑期学校进行报道。

2008年，教育部对于我校暑期学校给予了重点关注，在其网站首页“各地教育”板块，于7月10日、7月29日、8月7日，分别以《山东大学2008年度暑期学校重特色铸品牌》《山东大学暑期学校六板块互动促进人才全面发展》《山东大学2008暑期学校顺利结课》为题跟踪式报道山大暑期学校。

中国大学生在线、中国教育网、先锋教育网、中国教育新闻网、中国教育改革和发展网、中国高校媒体联盟、新浪网、百大网、华夏网、科学网、新华网、《中国青年

报》《科学时报》《中国妇女报》等媒体也对我校暑期学校项目从不同角度进行了报道，社会反响强烈。

（五）学生积极参与，受益面广，满意度高

暑期学校自开办以来，受到了广大师生的一致认可。根据2008年暑期学校后期问卷调查显示，同学们对2008暑期学校的认同率达九成之高。其中20.6％的同学认为今年暑期学校效果非常好，83.3％的学生认为今年的暑期学校比以往的暑期学校更好，65.1％的同学认为实用性是今年暑期学校的最大特色。同时，富有时代特色也成为今年暑期学校的一个重要特色，23.8％的同学认同此观点。此外，今年暑期学校中老师教学方法新颖、同学们之间的积极互动、人性化的管理服务、多样化的课程设置成为大家最满意的地方，满意率达到95.1％。

（六）研教结合，教学研究取得突破性成果

暑期学校开办以来，针对这一新型的教学模式，教务处课题组人员在《求索》《高等理科教育》《中国教育报》等具有较大社会和学术影响力的刊物上发表了数篇关于暑期学校方面的学术论文。2008年《研究型大学暑期学校模式研究与实践》获得山东省教学成果三等奖。

三、特色及创新点

（一）开放性、国际化、公益性特色显著

为了培养学生国际视野，丰富学生的学习经历，我校积极挖掘海外教育资源，坚持“走出去，请进来”的培养模式。作为探索高教改革的一种趋势，暑期学校打破了国家、学校、院系的界限，使各类学术讲座、技能培训、社会实践、海内外交流的安排更有灵活性和弹性，为学生提供更多的选择和自我发展空间，特色鲜明，办学效果显著，深受社会各界好评和学生的喜爱。暑期学校的开展进一步推动了山东大学课程体系与国际接轨，提高了部分学科的国际化水平。

山东大学暑期学校项目中除双学位课程、部分技能培训课程和海外交流项目按照成本收取学生学费，其余项目的各项费用支出全部由学校负担，学生可以免费参加。

（二）突出综合性大学优势，实现各学科优质教学资源共享

山东大学在济南共有六个校区，各校区的学科特色明显。暑期学校打破院校、学科和专业的限制，相互交流启发和借鉴，使不同学科、不同专业的学生在暑期学校的公共平台上交流。知识之间的相互渗透，有助于文科学生的理科思维提高，工科和医科学生的人文素养提高，拓展了学生的思维和创新学习的空间，为更多有其他爱好的同学提供了一个延伸能力的机会。暑期学校充分显示了综合性大学在人才培养上的优势，成为正常教学的有益的、重要的补充。

（三）探索创新型人才培养的新途径，双学位/辅修班影响力大

该项目打破了校内学院之间、校内与校外的界限，面向校外乃至海外学生开放。海外：暑期学校接收新加坡国立大学和南洋理工大学的学生参加双学位/辅修班的学习；省内：面向山东师范大学、山东经济学院、山东财政学院、山东建筑大学、济南大学省属五所高校开放；校内：面向全校各院学生开放。暑期学校双学位/辅修班的专业数目达到16个，经济学院、管理学院、法学院、外国语学院等8个学院开设。

（四）构建实践教学大平台，强化学生实践和创新能力

山东大学有关“社会实践学分”和“创新奖励学分”的规定，鼓励学生提高自己的实践能力和创新能力。暑期学校依托社会实践基地，组织学生参加各类社会实践活动。各有关教学单位开展了如专业实习、社会调查、社区援助、科技兴农、医疗下乡、青年志愿者服务等各种社会实践活动。强化了学生的实践能力，服务社会。暑期学校为吸引学生主动参与科研实践活动，培养学生对“发现问题，提出问题，研究问题，解决问题”的兴趣和探索求知精神，激发学生的创造力，发展学生的个性，理工类各学科专业如生命科学院、化学院、药学院、软件学院等开展了科学性、新颖性、趣味性、实用性的开放实验，内容广泛、形式多样，执教老师积极探索“开放式、研究性”教学模式，启发学生科研创新思维。学生通过暑期学校的学习，在全国大学生数学建模大赛、机器人设计大赛和美国数学建模大赛中均有出色表现，暑期学校成为学生学习、实践的重要平台。

（申树欣）

AMS热控制系统

由诺贝尔物理奖获得者丁肇中教授领导的阿尔法磁谱仪(AMS)项目,汇集了16个国家和地区的60个著名大学和研究机构的600位科学家共同工作,历时近20年,耗资21亿美元,是20世纪末和21世纪初世界上规模最大的科学工程之一,是人类第一次在太空中进行的大型科学研究,与国际空间站、人类基因组测序和大型强子对撞机一起并称为世界四大科学工程。AMS的物理学使命是在太空中探索暗物质和反物质的存在,以及宇宙起源等,是唯一被安装在国际空间站的大型永久性的科学实验装置,将开启人类粒子太空探测的新时代。

山东大学于2004年参加到AMS项目,程林教授在其中担任热系统首席科学家,全面负责热系统的研究与设计。作为第一责任人与来自美国麻省理工学院、瑞士苏黎世高工、美国宇航局等不同单位的三十多位科学家一起,对AMS在各个季节的温度、运行方式以及空间站的方位,作了全部的热模型、热模拟和热测试,解决了人类历史上首次带电磁铁在太空中运行的温度控制这一关键问题,为国际空间站上唯一的科学实验的建设做出了杰出贡献。

AMS是一项史无前例的科学工程,没有任何经验可以借鉴,没有任何以前的资料和数据可以参考。AMS有六个非常精密的粒子探测器和650个微处理机,将在国际空间站上工作十年以上,是人类第一次使用精密的探测器探测一个全新领域,而热系统则是所有这些仪器正常工作的基础。在AMS研究过程中,山东大学AMS团队在程林教授带领下,提出了大型科学仪器太空运行的散热蓄热协同原理、周期性冷热交替的最小温差原理和不稳定分散热源的最优传热方法,解决了粒子探测仪在国际空间站运行的关键科学问题;提出了不同结构形式的散热元件,保证了系统的高效散热以及温度场的均匀性和稳定性;提出了利用热管既作为散热元件又作为局部支撑元件的思路并构建了一种新的特殊结构的热管,设计完成了主散热板,全面完成了热控制系统的热分析及其热控元件的相关设计。整体设计经过NASA严格的技术评估与实验,完全满足任务要求,得到高度评价。丁肇中教授在提交的一份报告中指出:“The entire thermal system was designed in Shandong University under the leadership of Professor Cheng Lin. The Engineering

Model made in Shandong arrived at CERN last year(注:2007 年)on time and has been meticulously checked, and receive well-deserved high recognition by NASA. ""... the work of Shandong University has received the highest recognition from the entire collaboration. Indeed, the work of Shandong University has made this experiment possible."在致教育部的函中写道:"1976 年以来,先后有数百位中国科学家和我一起工作,程林教授是最优秀的。"在致山东省科技厅的项目鉴定意见中提道:"您将会高兴地获知整个项目组对山东大学工作最高程度的认可。事实上,正是山东大学的工作让这个实验真正成为可能。"

山东大学 AMS 团队在 AMS 项目所有参与机构中第一个完成任务,不仅得到了丁肇中教授和美国宇航局的高度评价,也得到了来欧洲核子研究中心访问的吴邦国委员长、陈至立副委员长、刘延东国务委员等党和国家领导人的高度赞赏。

2009 年 10 月,国务委员刘延东视察山东大学 AMS 中心时说:"看了实验室以后,留下了很深的印象,你们和国际科学前沿接轨,做出了非常卓有成效的工作。我们国家正在由大国向强国迈进,在科学进步方面,我们应该在国际科学领域占有一席之地,你们的实验室做到了这一点。"

2010 年 7 月,在日内瓦参加世界议长大会的吴邦国委员长一行专程到欧洲核子研究中心(CERN),参观正在这里建设的 AMS。程林教授在 AMS 组装现场,向吴邦国委员长汇报了山东大学负责的工作,详细介绍了山东大学参与 AMS 项目中所产生的若干独有技术和创新之处,并向吴邦国委员长汇报了徐显明校长与丁肇中教授就山东大学继续进行 AMS 项目后续工作的一些具体事项达成的共识。吴邦国委员长在听取了程林教授的汇报之后说:"山东大学的工作非常了不起,非常了不起。"

按照 2010 年 7 月徐显明校长访问 AMS 项目组期间,与丁肇中教授就山东大学参加 AMS 项目的后续工作达成的一致意见。AMS 在国际空间站安装完成之后,将在全球建立三个数据中心,一个在美国、一个在欧洲核子研究中心、一个在山东大学,山东大学将继续承担 AMS 后续工作,全面负责热系统在轨运行监测和控制,而山东大学也将在第一时间共享 AMS 的数据和相关研究成果。

2011 年 5 月 16 日,AMS 搭乘美国"奋进号"航天飞机位于佛罗里达州的肯尼迪航天中心(Kennedy Space Center, KSC)顺利升空,19 日,被安装在国际空间站上,当日,北京时间上午 10 时 12 分,设在山东大学的"AMS 数据中心"开始接收 AMS 热系统八个温度测点的数据信号。以此为标志,山东大学开始全面负责 AMS 热系统的监控,这也意味着山东大学热科学团队进入到了国际科学研究的最前沿。随后的时间,来自国际空间站上 AMS 连续数据显示,在太空环境剧烈变化的情况下,AMS 各部件实际工作温度分布完全符合设计要求,由山东大学设计完成的 AMS 热系统表现出了极高的稳定性和可靠性,历时七年的研究获得了突破性成果。

AMS是一项伟大的科学研究，同时，又是一个不断产生新思想、新发明、新技术的工程平台。整个过程诞生了诸多目前尚没有被推广应用的先进技术，具有广阔的产业化前景。事实上，仅AMS热系统即有十余项技术是目前我国不具备甚至今后一个时期也很难自主产生的，这些技术孕育着巨大的产业化潜力。其中，高精度热控制技术、环路热管技术和大功率热机械泵，不仅具有世界领先水平，也具有批量生产的能力和广阔的应用前景。

应用于大规模集成电路、深冷、航空航天等领域的环路热管，基本垄断于美国等极少数国家，我国既缺乏真正有效的自主知识产权，又受到严格技术封锁与限制，因此未见批量生产。以AMS热控制系统为目的研制的新型环路热管具有独特的旁路阀及主副毛细芯结构，完全实现了35W～600W热量间大范围负荷的高效运转，并能在－20℃环境正常工作，代表了当今世界环路热管最高技术水平，不仅目前性能世界上最优异，同时也是AMS产生的最具代表性和实用性的典型技术。该技术完全产生于AMS，具有清晰和无可争议的完全的知识产权。

（宋继伟）

山东文献整理的里程碑
——《山东文献集成》

《山东文献集成》是迄今为止全国最大的地方文献丛书。

《山东文献集成》

重视乡邦文献，是中国学者的一个传统。许多藏书家甚至以搜集乡贤著述为己任，如民国时期山东胶县著名藏书家张鉴祥就曾搜罗先贤遗著两千余种、两万余册，为搜集和保护山东文献做出了重要贡献。利用乡邦文献编纂出版地方文献丛书，也是保存和传播地方文献的一种行之有效的方式。以省级地方丛编为例，清代道光至同治年间，广东的伍元薇、伍崇耀编刻《岭南遗书》、光绪年间定州王灏编刻《畿辅丛书》、民国年间山西省文献委员会排印《山右丛书初编》，其他如安徽、湖北、湖南、海南、贵州、云南、陕西、辽宁等省都编有自己的文献丛书，成为一省文化之标志。下至地区一级的文献丛书，也不乏闻名于世者，如久为学界视为善本的《四明丛书》，就是民国年间上海暨南大学校长张寿镛个人出资编刻的宁波地方文献丛书。其余如丁丙编刻的《武林先哲遗书》、盛宣怀编刻的《常州先哲遗书》等也都享有盛名。可是，山东作为一个文化大省却从没有像其他几个省份那样，编印出足以标志山东文化的“山东丛书”，这是一个重大遗憾。当然，我们的前辈也有过这样的努力。1949 年前，时任山东省图书馆馆长的王献唐先生曾选出 20 种山东人著作，编辑《山左先哲遗书》，然而由于时局动荡，终未完成。20 世纪八九十年代，安作璋先生也曾选择十余种重要的山东人著作，编为《山左名贤遗书》，点校出版，但规模较小，影响有限。

齐鲁文化，源远流长，历史上山东人的著述十分丰富。根据王绍曾先生主编的《山东文献书目》、沙嘉孙先生编著的《山东文献书目续编》，从先秦到近代，山东先贤的著述在一万种以上。另外，山东省图书馆的古籍收藏在全国处于前列，山东省博物馆保存着大量的珍本密函，其他各级图书馆、博物馆、大学图书馆也藏有丰富的古籍善本，其中相当一部分为山东人著作，且不乏未经出版的稿、抄本、流传较少的精刻本，完全具备编印一部“山东丛书”的条件。

2005 年，为了弥补这一遗憾，山东大学成立山东文献集成编纂委员会，筹备编纂《山东文献集成》(以下简称《集成》)，并于当年作为山东省政府重大文化工程获批立项，2006 年初正式启动编纂工作。经过编委会全体同仁的不懈努力，编委会对存世的山东文献进行了一次清理，并选择其中的大约一千种进行影印出版，到 2011 年 7 月《集成》已经全部编纂完成。全书精装二百册，十六开本，每册八百页，分为四辑，每辑所收之书略依经、史、子、集、丛五部分类编排。

《集成》收录的许多作家学者，都具有山东文化和学术的代表性，这是《集成》收书的重要标准。比如曲阜孔氏被誉为中国第一家族，《集成》收录《孔子世家谱》一百零八卷，对于研究孔氏家族乃至齐鲁文化无疑具有重要价值。其他收录的如汉代著名经学家高密郑玄，南朝文论家刘勰，宋代金石学家诸城赵明诚，清初文坛领袖新城王士禛、史学家马骕、文学家曹贞吉，清代辑佚第一大家历城马国翰、金石学家诸城刘喜海、文学家淄川蒲松龄、文字学家安丘王筠，民国时期著名学者王献唐等等，都在各自领域代表了山东的最高水平，同时在全国也具有代表性，能够很好地宣传山东，展现博大精深的齐鲁文化。

除了选取能够代表山东文化成就的重要作家作品，《集成》的另一收书标准是选取世间罕传秘本，为之续命，促其流通。《集成》收录的一千余种著作中，稿本、抄本占有很大比例。王筠《礼记读存》、许瀚《拟史籍考校例》、宋书升《尚书考》、王守训《诗毛传补注》、田雯《诗经大题》、王筠《文字蒙求》、刘喜海《古泉汇考》、杨以增《杨端勤公奏疏》、王献唐《王献唐先生遗稿》等都是稿本或清稿本；蒲松龄《幸云曲》、李文藻《南涧文稿》、卢见曾《读易便解》、高凤翰《南阜山人诗集类稿》、周亮工《全潍纪略》孔尚任《画林雁塔》、陈介祺《宝簠斋集各家彝器释文》、许瀚《攀古小庐杂著》等都是抄本。这些稿本、抄本大多都是世间孤本，而且从未影印过。

为古书续命，是几百年来很多学者共同努力的目标，因为很多古籍善本流传极少，甚至是世间孤本，一旦遇到天灾人祸，这些文献便永远消失在天壤之间了。影印出版，使其化一为万，是保护这些善本的最好途径。从明末汲古阁的影宋抄、影宋刻，到清末黎庶昌影刻《古逸丛书》，到张元济主持影印《续古逸丛书》，再到《古逸丛书三编》，以及最近《中华再造善本》的出版，莫不出于这种考虑。《集成》所选底本多为稿本、抄本，其中有相当比例为从未出版的孤本。即使是选用曾经出版过的本子，也考虑到其流传较少，比如明末清初莱阳董垓的集子《流览堂残稿》六卷，经其后人四处搜集，于宣统二年由莱阳通兴石印馆石印出版。搜检网罗晚明文献最完备的谢国桢《晚明史籍考》、大型书目柯愈春《清人诗文集总目提要》《东北地区古籍线装书联合目录》、著录山东文献较为完备的《山东文献书目》均未著录该书,《清人别集总目》虽然著录了该书,但收藏单位只有山东省图书馆,《集成》予以收录,对于保护和流传该书,无疑做出了重要贡献。

《集成》的影印除了开本与原书有所不同外,其余均保持了原书的式样。《集成》收录的很多稿本、抄本,里面有很多夹条、印章和朱笔批校,要使影印件丝毫无异地反映原书,难度很大。如蒲松龄《聊斋文集》稿本、刘喜海《古泉苑》清稿本,中间有不少夹条,《集成》在扫描时先把夹条覆盖的文本扫一次,然后掀起夹条再扫一次,这样既保持了古书的原来面貌,又不至于破坏内容的完整性。因为朱笔批校和印章都是红色,黑白印刷很容易把红色淡去,《集成》便采取了灰度扫描和印刷,这样就解决了红色容易淡掉的问题。另外,为了保持古书的原貌,《集成》保留了所选底本的封面,这是以前影印古籍很少做到的。

影印古籍的最终目的不是保存,而是要促进古籍的流通,为学术研究服务。为了方便研究者的使用,影印时所选底本要内容完整、印本清晰。《集成》除了稿本、抄本中的一些孤本外,凡是有副本的均选用完整清朗的本子。还采用了最好的扫描设备,在计算机上除去影响版面的污点后才编辑出版,所以版面整洁清晰。比如创修于光绪年间,由孙葆田等数 10 位学者历经 20 年修成的《山东通志》,具有重要的学术价值。商务印书馆曾在民国年间缩小拼版影印为 32 开本,上海近年又翻印商务本,版小字密,多有不清晰处。《集成》改用山东通志刊印局初印本重新扫描影印,完全解决了清晰度问题,为读者提供了更好的读本。清代辑佚第一大家历城马国翰的《玉函山房辑佚书》,以前虽然有出版社影印过,但底本是南方的重刻本,效果不佳,多有漫漶不清之处,《集成》采用马国翰的初刻本,印本清朗。而且附有光绪十五年章丘李氏撰辑《玉函山房辑佚书续补》11 种 14 卷、《目耕帖续刻》2 卷,以及光绪间蒋式瑆撰辑《玉函山房手稿存目》1 卷、《玉函山房辑佚书书后》3 篇。这些都是南方刻本所没有的,对研究马国翰和《玉函山房辑佚书》具有重要的价值。因此,《集成》本的《玉函山房辑佚书》是迄今为止内容最完整、影印效果最好的本子。

由于《集成》收录了的很多稿本、抄本都是绝无仅有的孤本,收录的其他精刻本、排印本和石印本,也多流传较少。《集成》的出版,使这些珍本秘籍化一为数百,让更多的研究者阅读到这些难得一见的学术文献,为我们提供了新的研究对象和研究材料。

生活在同治光绪间单县的时庸劢是一位鲜为人知的音韵学大家,他用一生心血撰成音韵学专著 38 种,对清代音韵学家顾炎武、江永、戴震、段玉裁、王念孙、孔广森等人的音韵学成就进行了系统总结,并提出独到的古音体系。对诸家的韵部进行了细致的讨论,涉及古文字学、训诂学等领域,且多有创获。王献唐先生认为:"他的功力和新颖见解,在清代 260 年内,具有山东全省的代表性,同时也有全国的代表性。"《集成》第一辑把沉埋了 100 多年、几乎不为人知的时氏音韵学遗著予以影印出版，必将为研究中国音韵学提供一大批崭新的文献资料，也为我们全面认识有清一代的音韵学成就提供了更为广泛可靠的依据。

许瀚是清中期著名的金石学家、小学家，一生为人做嫁衣，仍然留下了极为可观的高水平著述。第一辑影印了王献唐辑《许印林遗书》20 种，第二辑又影印了其著作二种，其中《拟史籍考校例》尤为重要。众所周知，章学诚曾用 10 余年精力纂修过一部目录学和历史文献学的巨著《史籍考》，先后经过毕沅、阮元、谢启昆等大员资助，成稿五百卷。道光二十五年江南河道总督潘锡恩邀请许瀚、包慎言、刘毓崧等修订章氏遗稿。道光二十六年许瀚拟定了这份《校例》，开头说："繁冗重复，漏略殊误，均所不免。"经过三年的努力，最后定为 300 卷。虽卷数减少，但内容增加了四分之一。可惜这部巨著咸丰六年毁于潘锡恩家火灾。王重民在为姚名达《中国目录学史》补写的《后记》中详细考证了《史籍考》的纂修过程和悲剧性结局，他说："许瀚在修订工作中起着领导作用。"这部凝聚着许多学者心血尤其是许瀚心血的章学诚遗著，不幸失传。这件许瀚写于道光二十六年清明节前三日的《拟史籍考校例》手稿，可供我们摩挲，想见《史籍考》这部巨著的模样。

王献唐先生是我国著名的金石考古学家、历史学家、古文字学家和图书馆事业家，在极其艰难的岁月里，留下了数十部著作，其中多部著作体大思精，为各领域的权威性名著。《集成》第四辑将其《炎黄氏族文化考》《那罗延室稽古文字》《国史金石志稿》《中国古代货币通考》《五灯精舍印话》《汪水云集校勘记》《老庄学案初稿》《读子识小》《魏平乐亭侯印考》《东周名器甄微》《南游诗存》《题襟小唱》等 26 种手稿，及柳诒征手稿《汪水云集校勘记》、顾实手稿《汪水云集校勘记》、王献唐之父王廷霖的手稿《泉货图释》，合计 29 种，汇为《王献唐先生遗稿》。收入《遗稿》的部分著作曾以排印形式出版过，但却无法代替手稿的原始价值，更有多种手稿未曾刊行，赖一线而孤传。此次得到王献唐先生后人的大力支持，能够把《王献唐先生遗稿》系统地汇集影印出来，对于认识和研究其学术成就具有重要的意义。

《集成》在鉴别版本、核定书名卷数、确认作者及其籍贯方面下了很大的工夫，于前人错误多有订正。比如聊城杨以增撰、杨绍和辑《杨端勤公奏疏》，《中国古籍善本书目》和《山东文献书目》定为稿本，可是全书字体工整，丝毫没有修改的痕迹，定为稿本显然不妥，《集成》遂定为红格清稿本。《海岱人文》33 种 45 卷稿本，旧题福山王懿荣辑，《中国古籍善本书目》和《山东文献书目》都如此著录。但是只有《王文敏公年谱》有记载这一条证据可证明是王氏所辑，从这部稿本本身来看没有王懿荣的任何痕迹，不能不引起人们的怀疑。《集成》通过书上微波榭主人题记、王献唐先生《双行精舍书跋辑存·藤梧馆金石题咏集录跋》、天津图书馆藏王懿荣手稿本《海岱人文册目》等材料，证明王懿荣所编《海岱人文》另有其书，《集成》所收的《海岱人文》作者当为曲阜微波榭孔继涵的儿子孔广栻。证据确凿，可为定论。又《集成》对该书编有详细目录，定为 33 种 45 卷，《中国古籍善本书目》失收《半江楼未刻诗》1卷、《十客楼未刻诗》1卷、《祇方园续集》1卷、《颜居诗略》1卷、《余生后草》1卷、《先孝靖公遗诗》1卷，且把《旧雨草堂集》的作者颜伯珣误为颜懋价，《山东文献书目》也因之致误。时庸劢《单县时氏音学遗著》23种39卷附15种23卷，《中国古籍善本书目》同样存在着失收的问题，另外，也没有著录每书的卷数。其中的《江氏均学》和《戴氏均学》等是时氏对江永和戴震等人音韵学著作的摘抄和讲评，《善目》笼统地著录为"时庸劢撰"，实为不妥。《集成》对这些错误都一一予以订正。

《集成》坚持保护古籍和方便使用兼顾，文物价值和学术价值并重的原则，选目精、规模大，在地方文献整理工作中具有开风气之先的地位。正是从这个意义上讲，《集成》不仅是山东文献整理的里程碑，对全国的古籍整理特别是地方文献整理同样具有重要的指导意义。

（江　曦）

TGC 探测器的研制

认识物质世界的微观结构，以及其运动规律是人类认识自然的一个重要内容，也是诸多宏观科学领域的研究基础。粒子物理学观察微观世界结构的方法则是通过粒子对撞机和高能宇宙线等实验。描述微观物质的物理理论（标准模型）获得了巨大成功，许多预言都得到了实验的证实。但是它所预言的黑格斯（Higgs）粒子至今还没有在实验中找到，另外，也有一些实验事实超出了标准模型的预言。

LHC（Large Hadron Collider）是在位于瑞士日内瓦的 CERN（Conseil Europeen pou la Recherhe Nucleaire，欧洲核子物理研究中心）建造并在 2009 年开始运行的大型强子对撞机，其设计质子—质子对撞的质心能量达到 14TeV，对撞粒子束流亮度高达 $10^{34}\mathrm{cm}^{-2}/\mathrm{s}$。它是世界上能量最高的粒子对撞机，主要目标是在高能区内寻找黑格斯粒子，同时也为粒子物理的其他研究课题提供了平台。

ATLAS（A Toroidal LHC ApparatuS）是建在 LHC 其中一个对撞点上的大型多用途粒子探测器。寻找黑格斯粒子是 ATLAS 的最主要的目的，同时它也将用来寻找较重的类 W、Z 玻色子、超对称粒子，研究基本费米子的结构以及 B 衰变中的 CP 破坏等当今最急需解决的物理问题。

山东大学 TGC 实验室内部探测器研制照片

ATLAS合作项目吸引了国际高能物理界的极大兴趣。目前，ATLAS实验合作组包括34个国家(地区)、150多个单位(大学、研究院所)，有2000多位科学家参加。参加国家中包括德、英、法、意、瑞士、瑞典、希腊、美、俄、日、加拿大、以色列、中国等当今世界上最重要的科技和经济大国。

山东大学、南京大学和中国科学技术大学，自1994年起就开始与ATLAS合作组进行了民间接触与交流。1998年6月，高能所和大学组一起以中国联合组名义向ATLAS合作大组表示要求参加ATLAS国际合作的意向。1998年9月在ATLAS全体会议上中国联合组无异议被接纳为ATLAS合作组的正式成员；1998年12月，ATLAS国际合作项目通过国家自然科学基金委组织的专家评审；1999年11月，基金委与CERN正式签订中国联合组参加ATLAS合作组的谅解备忘录。2000年6月，项目获得批准并正式启动，基金委将其列为国际合作重大项目予以支持，项目的名称为“ATLAS部分探测器和器件研究”。中国组加入之际，ATLAS实验还处于建设和准备阶段。根据国际合作惯例，各参加单位必须在探测器和基础软件方面做出一定的贡献，才能取得今后参与和共享研究成果的权利。

ATLAS实验的设计集中体现了当前高能物理探测器发展的趋势，它不仅是有史以来规模最大的谱仪探测器，而且各子探测系统在同类型中也是最高水平的。ATLAS探测器主要由内部径迹探测器，量能器和μ子谱仪组成。其中μ子谱仪用来辨认μ子和测量它们的动量。μ子是可探测的穿透力最强的粒子，量能器挡住了其他粒子，因而μ子的测量最为纯净，效率也最高，因此在实验中备受重视。山东大学物理学院高能物理研究室承担了ATLAS子探测器系统中TGC(窄隙室)探测器的研制与生产的任务，这是整个实验中非常重要的组成部分。这一任务不仅是ATLAS合作组所急需，而且由于项目的技术含量高，有利于发展我国粒子物理探测器的水平，有利于提高中国在ATLAS合作中的地位。

2004年，丁肇中先生参观山东大学TGC实验室

TGC的研制涉及许多先进技术的应用。山东大学立足于国内技术条件，并广泛开展国际、国内合作，建立了集研制和生产于一体、设施完善的TGC探测器专用实验室。在研制和生产过程中，通过强化工艺研究，制定严格的工艺流程，切实加强质量控制，按时完成了400台TGC探测器的研制与生产任务。所有探测器通过探测效率扫描和高流强辐照检测，结果表明所有探测器各方面的性能明显好于设

计要求的质量标准，其中最重要的性能指标：探测器的“非灵敏区域”都低于1%（规定的质量标准是5%）。

2005年，山东大学所研发的TGC探测器，运到瑞士日内瓦的欧洲核子中心，山东大学派出技术人员将探测器安装到ATLAS实验中，并进行了探测器和相关设备的联合测试和刻度，完成了μ子测量的相关测试。

2008年该项目全部完成。这是我国科技工作者首次在大型国际合作中以提供批量高性能探测器的方式，做出了高显示度贡献。山东大学生产的探测器的主要性能指标明显好于设计要求，探测效率明显优于国外其他实验室制作的同类探测器，达到了国际先进水平，得到了ATLAS合作组的高度赞誉，提高了我国科学家在国际合作中的地位。目前，ATLAS实验已运行一年多，山东大学提供的TGC探测器在实验现场经受住了严峻考验。

本项目首次在我国开展TGC探测器的研制和批量生产，对于我国探测器技术的发展具有重要意义。在TGC研制过程中其相关工作原理、制作与测试技术，涉及许多先进科技的应用，技术含量很高。这对我国新型探测器的研制和应用起到了拉动作用。项目实施过程中，通过跟踪该领域国际上最先进的技术和方法，在探测器制作工艺方面取得了许多宝贵经验，有利于对该类探测器的进一步改进与开发的研究，取得更好的推广应用前景。

山东大学通过承担该项研究，建立了设备齐全的气体探测器专用实验室。拥有高精度平台、超净室、大型精密绕线机、各种辅助设施与探测器基本性能检测等关键设备。培养了一支具有较高水平的粒子探测技术的技术队伍。本项目培养了三名博士生和一名硕士生，他们都分配在国内外重点大学或科研单位工作。参加本项目的青年教师，现已成为教学和科研骨干。由于实验条件的大幅度改善和人员水平的提高，拓宽了研究工作的领域和提高了研究工作水平，有力推动了本学科建设工作的发展。项目结束后不久，2011年教育部批准了以原TGC专用实验室为主要基础，整合山东大学物理学院有关力量而建立的“粒子物理与粒子辐照”实验室为教育部重点实验室。

（何　瑁　祝成光）

国家一级档案馆

一、首创学校档案管理委员会

作为一个历史悠久的院校，山东大学积累了丰富的档案材料。自1982年教育部在武汉召开部属院校档案工作会议后，学校档案工作也逐步恢复，但仍存在各种问题。1985年初，中共中央、国务院下发《关于调整我国档案工作领导体制的请示的通知》（中央[85]29号），为贯彻党中央、国务院、省委、国家档案局的规定和要求，学校进一步加强了档案工作的领导，先后两次召开了校长办公会，专门研究档案管理体制、干部、库房、设备等问题。档案管理委员会就是在这种情况下建立的。

当时，学校档案分散管理，多头领导，管理水平参差不齐，工作相互掣肘。因此，从学校层面亟须建立一个组织，统一协调全校档案工作。1985年5月8日，经过反复酝酿，学校第一届档案管理委员会成立。学校副校长陈之安任学校第一届档案管理委员会主任，党办副主任史枫砚、校办副主任李光合任副主任。为保障学校档案管理的水平和有关工作的落实，委员均由与档案工作联系密切的部门及档案专业的教师和档案管理部门负责人组成。同时，确定了档案管理委员会是学校档案工作的最高机关，档案部门作为执行机构的管理体制，指出档案管理委员会的职责是："全面负责和定期研究讨论学校的档案管理工作，制订计划、措施和规章制度，并组织检查全校档案管理的实施情况。"（见《关于成立校档案管理工作委员会的通知》）。1985年6月，档案管理委员会召开第一次会议，会议作出了三个重要决定：一是设立综合档案室，集中统一管理学校各类档案；二是改善档

山东大学档案工作目标管理国家一级预审工作会

案保管条件,增加档案库房配备;三是加强档案人员业务培训。1985年6月14日,学校起草下发了《关于建立综合档案室的计划》,并在很短时间内实现了教学、科研、基建、出版、文书等各类档案的统一管理,学校档案工作开始步入正常发展轨道。成立学校档案管理委员会,在学校层面汇集全校各部门的力量和智慧,促进学校档案工作的开展,这是我校的首创,这一成功经验后来在全国高校中普遍推广。

二、一流的馆舍建设

1985年之前,馆舍问题一直困扰学校档案工作的开展。1985年12月,随着学校各级领导和档案管理委员会的大力促进,档案工作纳入学校制定的“七五”发展规划。作为学校档案工作的主管部门校长办公室进一步向学校基建处提出申请,将档案馆舍建设纳入学校“七五”基建规划。时值学校筹建行政办公楼,于是档案馆舍建设,一并纳入建设规划。当时,还有一个有意思的插曲:1985年底,学校约有档案17000个保管单位(卷、册、袋、盒),档案部门依据当时的馆藏量起草报告,要求学校配备700m^2库房,其他办公用房250m^2。但学校高瞻远瞩,时任校办主任的档案管理委员会副主任李光合提出,档案馆舍建筑面积要有更长远发展的规划,档案馆舍设计标准要20～30年不落后。为此,学校重新向教育部申请基建计划,扩大了档案馆舍的建筑面积,并获得教育部批准,为学校档案的长远发展留下余地。

当时学校综合档案室隶属校长办公室,因此为设计建设一流馆舍建筑,校长办公室的许多工作人员与老一辈档案工作者、基建部门一起,克服重重困难,自行做了大量调研工作,对具体设计提出大量建设性意见,为学校档案馆舍建设付出辛勤汗水,保证了档案馆舍的建筑标准。新建档案馆舍位于原山东大学新校南门,行政办公楼北部;办公楼总建筑面积11000m^2,档案馆占据其中3000m^2。虽然整栋建筑外观浑然一体,但档案馆所在楼宇部分的建筑、结构、给排水、配电线等,均特殊设计,自成系统,满足档案工作和档案管理的需要。其中,办公室、借阅室等业务用房的建筑面积达1200余m^2,不仅完全满足“三室分离”的要求,档案库房、阅览室、办公室三分开,还配有多间档案整理室、档案消毒熏蒸室、声像档案洗印室、会议室、货运电梯间等,达到国内专业档案馆的水平;专用库房建筑面积1700m^2,2～5楼每层一大一小两间库房,大库房使用面积160余m^2,小库房使用面积80余m^2,按照当时馆藏年增量2000卷计算,预计满足以后50年发展需要是没有问题的。尤其值得一提的是,档案馆库房结构设计安全合理,所有库房采用圈梁加固设计,保证档案存放承重需要;外设环廊、防水帘,内库房与外界隔绝封闭,库门均为防火防盗门,从而基本保证了库房的恒温恒湿、防火、防水、防光等功能。加上后期配备的红外烟感装置、温湿度仪、去湿机、空调、通风机等设备,超大、规范的馆室和库房成为当时全国高校档案建筑第一馆,并将这一荣誉保持20余年。

1989年底,新馆舍与行政楼整体竣工,交付使用。借此东风,1990年5月,经教育部批准,山东大学档案馆亦正式成立,原校长办公室主任李光合任档案馆第一任馆长。新馆成立,首要任务就是库房搬迁。经过缜密准备,1990年9月,档案馆由老校1号楼正式搬入新馆,分散在学校各处的档案也同时集中保管。多年来,档案馆库房建设不断完善,1994年,科技档案库房安装密集架;1998年,全馆淘汰所有木质橱柜;2005年,对库房重新进行了装修,更换了所有电源线路、增加了监控设备、档案橱柜也逐步统一为六层双面橱柜,单位面积馆藏量大大提高。规范、宽敞、明亮的馆库,我校档案馆库建设受到教育部有关部门的多次表扬,引起全国高校档案同行羡慕,一直是档案同行观摩的对象。截至今天,学校档案馆舍建筑水平、建筑面积仍在全国高校名列前茅。

三、创建国家一级和省特级档案馆

一流的设施,促进了学校档案工作的开展。迁入新馆后,作为全校档案工作的推动者,档案馆致力于学校档案的集中统一管理,致力于学校档案工作的全面建设。在不长的时间里,建立健全了学校档案管理制度,建立起一套行之有效地档案管理网络,在全校全面推行部门立卷、课题组立卷,档案的归档率、完整率、合格率大大提高,形成了门类齐全、学校档案集中统一保管的管理格局。1997~1998年,在第二任馆长宫立昌馆长的带领下,档案馆全体工作人员,牺牲寒暑假的休息时间,加班加点,利用两年时间梳理了学校档案工作,使学校档案管理水平上了一个新台阶;并在此基础上,全部重新规范整理了近5万卷馆藏档案,补充收集大量散落在各部处室档案,使案卷质量焕然一新。1998年10月,国家档案局委托山东省档案局对我校档案工作进行了检查,确定我校为科技事业单位“国家一级”档案目标管理单位,显现了我校档案工作在全国的领先地位。

我校重视档案管理的现代化工作,是较早在全国开始档案管理现代化工作的高校。1990年,研制试用了全国高校首个dos版档案管理系统,录入案卷级数据2000余条;1994年,研制成功界面更加清晰、功能进一步完善的档案管理系统,到2001年前,共录入数据5万余条,完成了馆藏档案案卷级和部分专题目录文件级检索工作。以上工作,为进入21世纪后,全面建设数字化档案馆打下基础。目前,学校已先后投资80万,建设数字档案馆工程,学校档案管理初步实现现代化:网上立卷、档案信息数字化管理、档案信息网站等。截至2010年底,档案馆已完成案卷级机读目录184170条,文件级机读目录165224条,数千个全文机读档案,与学校部分教学业务系统实现数据交换,档案馆正向着成为学校的信息中心、发布中心和研究中心而努力。2004年,我校被山东省档案局确定为全省特级档案馆。

四、“撑起校园文化一片天”

2000年7月三校合并,原山东大学档案馆、原山东医科大学档案馆、原山东工业大学档案室合并成立新馆。在完成档案工作的实质性融合的基础上，2002 年，第三任档案馆馆长刘培平，提出了“服务，规范，创新，发展”的工作理念，档案工作开始转向“服务至上”，把优质服务、创新服务作为所有工作的立足点和出发点，特别强调档案信息服务与学校中心工作相结合，与建设和谐校园相结合，与校史研究相结合，在校园文化建设方面开创出一片新天地。

（一）围绕学校中心工作，提供全方位信息服务

档案馆始终关注学校中心工作，围绕学校中心工作，做好档案信息服务工作。

2005 年，学校迎接教育部组织的本科教育评估，档案馆在全力做好配合，提供利用档案的同时，主动写出 8 万多字的《办学传统与特色》研究报告，编辑出版了《我心目中的山东大学》《奋进的脚步——山东大学本科教学资料选编》，受到学校有关部门和评估专家的一致好评，被学校授予“山东大学教学管理与服务优秀奖”。

2006 年，学校为承接军工项目研究，开展军工资质验收活动，档案馆与学校国防科技研究院一起，组织建立起我校国防科技档案室，建立起标准化保密库房一个，承担起学校国防科技档案建设管理工作，为我校顺利通过国家武器装备科研生产单位二级保密资质审核作出贡献。同年，为配合学校“211 工程”检查验收，档案馆还专门整理、提供了“211 工程”馆藏档案目录索引，受到有关单位欢迎。

近几年，随着学校建校 110 周年的到来，许多院系、机构开展周年庆典，档案馆全天候、全方位提供档案信息服务，先后为历史学院、数学院、二附院、经济学院、物理学院、医学院等院庆活动提供线索、查阅资料、出谋划策，成为各单位庆典活动不可或缺的协办单位。

目前，档案馆是学校出具各类毕业生学籍、学位证明和其他档案材料证明的唯一机构，承担着为学校、社会和个人利用档案提供咨询、查阅等任务。据统计，学校档案馆平均年阅档达 4000 人次以上，调卷 6000 卷以上，电话、网络等在线咨询 2000 人次以上，文化效应、经济效益明显。

（二）发挥档案优势，服务校园文化

山东大学是一所建校 110 年的历史名校，有着悠久的发展历史和多彩的校园文化。档案馆充分利用丰富的馆藏，借学校历史名人、知名专家、重要历史事件百年、周年纪念的机会，通过举办多个大型展览、学术会议、编辑出版刊物，在弘扬学校百年历史、传承校园文化方面，独具特色。

2004 年 2 月，世界著名实验物理学家、诺贝尔物理奖获得者丁肇中教授访问山东大学，档案馆立即拟定了一个关于“丁肇中教授与山东大学”的宣传设想。经过大量调研，发现丁肇中教授的父亲丁观海不仅是山东大学的校友，而且曾于 1936 年、1946 年两次在山东大学任教，是山东大学教授。于是在丁肇中教授访问期间，档案馆举办了“丁肇中教授与山东大学”图片展览，把丁肇中教授和他父亲丁观海几十年来与山东大学的关系紧紧地联在一起，引起了极大轰动，并把丁观海先

生在山东大学学习、工作的86张档案资料复印装订成册，制成精美的礼物，在2月26日上午丁肇中作完报告后，由展涛校长亲自赠送给了他。这是利用档案作为礼物的先例，在全国引起极大反响。不久，丁肇中接受了与山东大学合作进行太空实验的建议，使山东大学有幸能进入国际高端研究项目AMS之中。2011年5月19日，AMS搭乘美国奋进号航天飞机进入国际空间站并成功安装，AMS热系统首席科学家程林教授及其团队成员辛公明副教授作为仅有的两名来自中国大陆的学者见证了这一场景。这一合作项目不仅提升了相关学科的学术水平，也为山东大学赢得了很高的国际声誉。

2008年，我国首次举办奥林匹克运动会。当发现山东大学宋君复教授曾参与奥运的线索之后，档案馆开始了广泛材料搜集与调研。通过长达3个多月的挖掘收集，一个清晰的历史线索终于形成了。大量的历史资料和档案图片证明，1932年任山东大学的体育部主任郝更生是刘长春的老师，曾为中国参加1932年的洛杉矶奥运会四处奔波、呼号。1932年来，山东大学工作的宋君复先生是刘长春的教练。在参加洛杉矶奥运会时已接到山东大学的聘书，回国后就到山东大学工作，他于1933年担山东大学体育部主任，先后于1936年和1948年又连续参加两次奥运会，是新中国成立之前，唯一参加过三届奥运会的中国人。1935年，山东大学新体育馆落成后，为备战1936年柏林奥运会，第一次组团的中国奥运代表团于1935年暑期在青岛山东大学集训一个月，山东大学成为中国第一个奥运训练营。这段历史从未有人系统地揭示过，应该说是填补了山大历史的一项空白。借此，我们举办了“山东大学与奥运会”图片展，展览收到了良好效果，被誉为有震撼效果和开拓意义。

2000～2010年间，档案馆共征集、拍摄图片近万幅，制作展板近千平方米，先后举办了华岗、潘承洞、丁肇中、老舍、臧克家、蒋维崧、束星北、刘先志、百年医学名人、萧涤非、王淦昌、童书业等文化名人纪念展和《百年校史展》《山东大学与奥运》、建国60周年《山东大学成就展》等大型图片展，主持或协助召开了华岗、臧克家、萧涤非、童书业等四个大型学术研讨会，参加了多次小树林论坛等校园文化宣传活动。《中国档案报》曾先后六次对我校档案馆工作进行了专题报道，称学校档案工作撑起了“山东大学校园文化的一片天”。

(三)档案编研与校史研究紧密结合，硕果累累

档案馆重视档案学术研究，鼓励充分利用丰富的馆藏，进行学术研究。学校校史办一直挂靠档案馆；2010年，学校成立了校史研究委员会，常设机构挂靠校史办公室，大大加强了校史研究工作，也促进了档案资料的学术研究工作。二十多年来，档案馆编研成果硕果累累。1991年5月，编辑出版《山东大学大事记》(1900～1990)；2001年8月，编辑出版《山东大学百年史》(1901～2001)；2003年9月，编辑出版《战士、学者、校长——华岗同志百年诞辰纪念文集》；2005年9月，编辑出版

《战士、学者、诗人——臧克家先生百年诞辰纪念文集》;同年,在山东大学本科教学评估中,写出8万多字的《办学传统与特色》研究报告,编辑出版了《我心目中的山东大学》《奋进的脚步——山东大学本科教学资料选编》;以及历年的《山东大学年鉴》。二十年来,档案馆共计出版图书资料10余种,累计达2000余万字。2011年,档案馆还承担一项学校重大项目,即110周年新校史馆的设计布展工作。新馆位于学校地标式建筑知新楼,占地1200m^2,投入资金300万元。新馆建成后,将集声、像、视频、实物为一体,全方位展示山东大学的辉煌历程,并将争取成为学校革命传统和爱国主义教育基地。

(楼蔚文)

悉尼奥运会举重冠军林伟宁

林伟宁

林伟宁(1978～),山东昌邑人,1991年被潍坊市昌邑县业余体校选中,练习举重,1996年进入山东省举重队。2000年的悉尼奥运会,女子举重被确定为奥运会正式比赛项目,林伟宁一举夺得女子举重69公斤级金牌,为山东省实现了奥运金牌(个人单项)零的突破。

此外,林伟宁曾获得1996年亚洲青年举重锦标赛三项冠军,抓举打破世界纪录;1999年全国举重锦标赛抓举冠军,总成绩、挺举亚军;1999年全国举重冠军赛,抓举、总成绩冠军,挺举亚军;1999年世界青年举重锦标赛三项冠军,挺举打破世界纪录;1999年亚洲举重锦标赛三项冠军,挺举、总成绩四次打破两项世界纪录;2000年世界大学生举重锦标赛三项冠军。1996年、2000年两次获得国家体运动荣誉奖章,曾荣获全国"五一"劳动奖章、全国"三八"红旗手、全国"五四"杰出贡献奖章、山东省十大杰出青年、山东省先进工作者、山东省"三八"红旗手、山东省富民兴鲁奖章、山东省优秀共产党员等荣誉称号,2003年当选为第十届全国人大代表。

一、为了心中的梦想,竭尽全力

作为重竞技项目,举重决定了要比其他运动项目付出更大的艰辛,更要有坚定不移的意志。林伟宁从小脾气倔强、不肯服输,既然选择了举重这条路,就必须义无反顾、竭尽全力走下去。那时,奥运会还没有把女子举重作为正式比赛项目,她也没有把目标定在拿奥运冠军上,但每当举起的重量多了一点,她仍然会感到异常欣喜，冥冥中觉得离自己的梦想又近了一步。

2000年的悉尼奥运会，女子举重被确定为奥运会正式比赛项目，林伟宁光荣地入选了国家集训队，备战2000年悉尼奥运会。在国家队集训期间，大家最初并不看好这个新人，在他们看来，林伟宁参加奥运会的希望不大，甚至常常有人开玩笑地叫她“国家队第一大陪练”，林伟宁并未气馁，一笑置之。在国家队400多天漫长的备战期里，她从不敢有一丝一毫的大意，既努力训练，又处处小心谨慎，防止意外受伤，因为在这样的时刻一旦受伤，就只能退出，永远无缘实现奥运梦想了。

悉尼奥运会前夕，在国家举重队举行的第一次选拔赛、第二次选拔赛和第三次选拔赛上，林伟宁用成绩证明了自己的实力，三次选拔赛都是第一名，从那以后，队友们都不再叫她“陪练”了，她也获得了宝贵的参赛资格。

林伟宁出场的69公斤级是悉尼奥运会女子举重的第三个项目，此前两项，杨霞和陈晓敏都以破世界纪录的成绩完美夺冠，林伟宁的压力可想而知，再加上患了感冒，腰部的旧伤也经常发作，感觉很不好，赛前那晚只睡了四个多小时。由于抓举第三112.5公斤失败，林伟宁一下子被匈牙利选手马库斯拉下了2.5公斤；挺举比赛一开把，林伟宁以132.5公斤的成绩追回了抓举落后的2.5公斤并以较轻体重暂列第一，马库斯和林伟宁的第二次试举均要了137.5公斤，在巨大压力下两人均未成功，马库斯第三次试举重量谨慎的保持不变，而林伟宁在马库斯第三次失败稳获金牌后，选择了破世界纪录的142.5公斤。遗憾的是，前面的激烈竞争体力消耗巨大，142.5公斤的重量对于她实在是有些勉强，没有成功。林伟宁回忆说，“如果当时要135公斤或者137.5公斤，一样会赢得很漂亮”。

二、在平凡的工作中，尽心尽力

2001年退役后，林伟宁进入山东大学体育学院学习。林伟宁说：“大学一直是我的梦想，求学这几年也是我一生中最充实的日子，当然，我学到的东西也让我以后的生活变得更加充实。”的确，充实而精彩的大学生活改变了林伟宁，她找到了属于自己的爱情，学到了重新走入社会的本领，为此后的人生道路打下了坚实基础。回忆起求学这几年，林伟宁最想说的就是感谢：“我当时还是想学一些运动管理方面的专业，因为对举重的感情太深，也是我的特长。但当时学的是工商管理专业，我一度犹豫过，好在体育学院的老师鼓励我，管理学都是相通的，大可不必担心，我才又坚定了信念。刚进入大学时，自己感觉很吃力，多亏老师和同学的倾力相助，我才顺利完成学业，也才有了我的今天。”

如今，林伟宁在山东省体育总会秘书处工作。在新的工作岗位上，林伟宁找到了新的人生支点，为群众体育工作当好“服务员”。尽管工作默默无闻，平平淡淡，她却是那样认真执著，在林伟宁看来，群众体育工作是一项意义重大、任重道远的事业。近年来，林伟宁不遗余力地投身到全民健身体育活动中，参与了门球、健美操、攀岩、篮球、乒乓球、象棋、够级等多项全省群众业余比赛的组织工作，广大群众在全民健身活动中，既锻炼了身体，又从中获得了快乐。

2008 年北京奥运会，林伟宁作为第七棒奥运火炬手在济南参与了传递。2009 年，中华人民共和国第十一届全国运动会在济南举办，作为组委会群众体育工作部的工作人员，林伟宁为“和谐中国，全民全运”竭心尽力，为全运会的成功举办做出了积极贡献。2009 年 9 月 22 日，在家乡潍坊作为第一棒火炬手，她又光荣地传递了第十一届全国运动会“如意”圣火。

林伟宁特别欣赏德国著名诗人海因里希·海涅的这句名言：“春天不播种，夏天就不生长，秋天就不能收割，冬天就不能品尝。”

路在脚下，为每一步加油，为每一天喝彩！

（袁淑娟）

象牙塔中走出的“老A”魏法祥

魏法祥

魏法祥，1983年12月出生，山东大学2006届国防生，现任陆军某集团军特种大队一连指导员。2002年9月，以国防生的身份考入山东大学控制学院自动化专业，2006年6月，从山大毕业后被推荐进解放军炮兵学院进修无人机应用工程，2007年7月毕业后分配到特种大队，历任排长、副指导员、指导员。入伍三年，他变换了四个工作岗位，面对困难从头学起，紧贴实战苦练精兵，立足本职无私奉献，成为从普通国防生成功转化为优秀基层军官的典型代表，谱写出一曲国防生扎根基层、献身使命的华彩乐章。他先后参加过“前卫—207A”演习、2008年军区侦察兵比武、2009年3月军区侦察骨干比武等，被上级表彰为优秀基层干部、优秀共青团干部、集团军“国防生先进典型”。2009年7月，通过层层考核，最终脱颖而出，作为8名参赛队员中唯一的国防生干部，参加“安德鲁波依德”国际特种兵比武，成绩斐然，荣立一等功。

一、“山大史上最牛国防生”

2009年7月3日，“安德鲁波依德”第十四届国际特种兵竞赛在斯洛伐克闭幕。代表中国特种兵参赛的71770部队竞赛队，首次登上这次国际大赛舞台，就以绝对优势勇夺13个比赛项目中的8个单项第一、6个单项第二、4个单项第三，摘取金牌数、奖牌数和参赛队总分三项桂冠，创下开赛以来多项新纪录，震惊主办方！在比赛结束时的宴会上，柳米尔·谢博上校佩服地说：“中国军人速度之快，耐力之强，创造了‘安德鲁波依德’竞赛的历史！”而其中一位手持GPS、指挥若定的中国队员吸引了大家的注意，他就是中国第二小队队长兼翻译——魏法祥。

2009年年底，魏法祥荣立一等功。消息传到母校——山东大学，校友们万分自豪地称他是“山大史上最牛国防生”。因为他创造了三个第一：全军国防生第一位参加国外军事比武，山大千余名国防生中，第一个荣立一等功、第一位在特种部队工作。

自2006年入伍以来，魏法祥已经变换了四次工作岗位，在新的岗位面前，他总是面对困难从头学起，紧贴实战苦练精兵，立足本职无私奉献，最终成为一名从普通国防生成功转化为优秀基层军官的典型代表，谱写出一曲国防生扎根基层、献身使命的华彩乐章。

二、携笔从戎心志坚

绿色军营绿色的梦，魏法祥的老家是山东莱芜，这是一块革命热土，在这里诞生了无数的战斗英雄，他便是听着这些英雄的故事长大的。在长期耳濡目染中，魏法祥逐渐确立了从军报国的人生道路。

2002年的夏天，在父母的支持下，19岁的魏法祥填下了国防生的志愿，从他下笔的那一刻起，他便走上了携笔从戎的道路，也开启了他不平凡的人生旅程。也就是在这一年，他顺利地成为了山东大学控制学院自动化专业一名光荣的国防生。

“自己喜欢当兵，父母也非常支持，因此当时的选择很坚定，就认准‘一条路走到黑了’，不撞南墙誓不回。”魏法祥在谈起当时的决定来时这样形容。当然他也知道这条路会给他带来什么，但他却义无反顾地踏上了这条从军路。

不经过锤炼，怎会炼成真金，不经过锤炼，怎会磨砺出如此坚定的心志。其实，在他的军旅路上，他也曾想过放弃，但想归想，成功的人之所以会成功，就是因为在经历徘徊、犹豫与挫折后，其内心反而更加坚定。

在上大学的时候，跟魏法祥很好的一个哥们儿突然放弃了国防生这条道路，“这个消息对我打击很大，那段时间我就开始考虑这条道路到底值不值得走，这个问题也困扰了我很长时间”。在说起这段往事时，魏法祥也是唏嘘不已。但最后没有放弃，他知道自己应该坚守自己的理想与抱负，他知道自己不能辜负父母的期望。在经历了这件事之后，他反而更加清晰了自己到底应该坚持什么，应该放弃什么。

2006年5月，大学毕业在即，魏法祥也曾犹豫过，面临同学较好的工作，是一脚踏进绿色的军营还是找一个安宁稳定的工作？魏法祥举棋不定。这时候一部电影《冲出亚马逊》让他找回了昔日从戎的激情，神秘的特种兵深深吸引了他，让他坚定了特种部队这条在外人看来异常艰难的道路。当选配办领导询问他分配去向时，他坚定地说：“特种部队”，领导看了看他，拍着他的肩膀说：“小魏，好样的，但那里很苦，你要作好思想准备……”

刚进入特种大队的魏法祥非常不适应，军事素质跟不上，拖了单位的后腿，自己憋气，战友也埋怨。作为独生子的魏法祥，哪里受过这种委屈？给父母打电话，告诉父母：“我不想干了，接我回家，不然就私自离队。”父母闻讯赶来，苦口婆心地跟队长一起给他打气。在战友的鼓励和父母的劝说下，他也知道自己“耍小孩儿脾气”确实不好，数次的犹豫与徘徊非但没有消磨其心志，反而使其更加坚定自己的选择，这也成就了他的光荣之路……

选择了当兵，也就选择了远离家乡，也就选择了不能对父母尽孝。但回忆起这么多年的经历，魏法祥觉得，“在今天看来，我不后悔自己当时的决定和所走的道路”。

三、做一个“气有浩然，学无止境”的国防生

回到母校山东大学的办公室，偶然看到了2009年控制学院的一份资料，魏法祥感觉亲切不已，“山大给了我无尽的财富，至今我都受益匪浅”。气有浩然的宽广胸怀与学无止境的进取精神带给了这个山东大学国防生独特的山大气质——山之魂，海之韵。

在山大的学习生活经历让魏法祥受益良多，其中一年暑假，魏法祥他们在部队训练，炎热的天气让他们每天汗流浃背、疲惫不已，而在这时，山东大学的领导和老师们给他们送来了清凉爽口的大西瓜。“虽然是一个十分微小的举动，但却令我们十分感动，觉得山大没有忘记我们，我们也不会忘记母校。”魏法祥这样说道。也正是由于学校类似的关爱学生的种种举动，使得魏法祥懂得了关怀他人、感恩社会的重要意义。

担任指导员工作后，魏法祥体恤官兵、尊敬领导。由于长时间高强度的集训，魏法祥身体很疲惫，但考虑到连长一人在位时间长，主动要求连长先休假；今年入伍的战士小陈，到连队不久就感觉到胃里不舒服，一跑步就想吐，有人认为小陈是有意装病，想逃避训练，小陈感到很委屈。魏法祥经过观察，觉得小陈不像装病，肯定有其他原因，就主动陪他到卫生所检查，结果确诊是胃溃疡。魏法祥及时安排小陈边治疗边休息，还时常让炊事班为他做可口的病号饭，宽慰小陈别着急，安心休息，等治好病再帮他把训练补上。小陈十分感动：“在家生病时，妈妈都没有这样待我，谢谢你，指导员！”可以说，正是母校的培养与教诲让魏法祥对“尊干爱兵”这一准则理解得更加透彻，践行得也更加彻底。

“气有浩然，学无止境”的校训引领了一代又一代山大人奋进的步伐。“校训让我明白了在为人上要明君子之德，养浩然正气，要有宽广的胸襟；在为学上要有不故步自封、永不满足的进取精神。山大国防生的求知欲很强，他们不会满足于现状，而是想不断进取，取得更好的成绩。”魏法祥在谈到山大对自己的影响时这样

说。而他的经历也恰恰说明了这一点,他不会因满足于自己的成绩而沾沾自喜,而是选择更大的挑战来提高自己。刚到部队那会儿,自己军事素质弱,“素质你不行,别当特种兵,要想有地位,必须有作为”,这些醒目的宣传标语此时显得特别刺眼,也特别刺激魏法祥的神经,他认识到身处这样的英雄集体,必须抛弃书生气,一切从头来。而在参加“安德鲁波依德”之际,为了能在比赛中出色地完成翻译工作,他开始“狂补英语”,在结束白天的训练之后,魏法祥还要在晚上抽出时间练习英语,“每天晚上都得戴着耳机一停不停地听,听得我头都大了。”他笑着说。但他最终坚持了下来,把各种军事术语背得滚瓜烂熟,2009 年 6 月下旬,中国参赛队抵达斯洛伐克后,魏法祥用最短时间准确翻译了 7000 多字的比赛规则。

四、扎根军营,苦练本领

“作为国防生,刚到部队时肯定是不适应的,会感到很孤独,但我们要做的不是每天自怨自艾、怨天尤人,而是要努力适应环境,去融入属于你的这个群体,比如我有什么问题,就直接去找班长问,自己某些军事素质差,就让班长们帮着自己提高,他们并不会因为这样瞧不起你这个排长,反而他们会更加尊敬你,跟你更‘亲’,这样也就使得自己更加适应这种环境,这个群体。”魏法祥说道。

魏法祥刚到特种大队的时候极不适应,当时他穿着一身便装去特种大队教导队报道,教导队长知道他的来意后,二话没说,指着门口外的一摞大小不一的轮胎对魏法祥说:“把那个最大的轮胎套在头上,作 5000 次蹲下起立。”作为“菜鸟”的魏法祥只能服从,刚下完雨的轮胎中积满了泥水,套在头上时,泥水把魏法祥全身衣服都浸透了,这一“下马威”也让他知道了环境的残酷与艰辛。在近距离的接触特战官兵后,魏法祥才感觉到了差距。10 米全副武装抓绳上,作为干部他自己竟然爬不上去,挂在绳上“荡秋千”;武装 5 公里越野,他被战士一路连拖带拉的“照顾着”来到终点。这时,深信“物竞天择,适者生存”的魏法祥知道只有努力提高自己,才不会被淘汰。2008 年 2 月,他成为某侦察营排长,营长看到 1.82 米的魏法祥后第一句话就是:“身体素质不错,能练出来!”从此他告别了安逸的生活,开始加班加点练,上肢力量不行,俯卧撑、单双杠;下肢力量不足,就蹲杠铃、10 公里……每天都坚持坚持再坚持,体重也由 176 斤锐减至 142 斤。经过不懈努力,在部队组织的一次尖子比武中,他取得了步枪精度射击和搬运原木两个第一。同年 10 月,作为主力队员参加了军区侦察兵比武,与战友齐心协力,一举夺得武装奔袭、操舟越障等 7 个单项第一和总分第一的佳绩。

“物竞天择,适者生存。”这是魏法祥非常喜欢的一句话,这句话也一直激励着他走到现在。“每个人初到一个环境时,机会都是平等的,只有敢于打拼去主动适应环境的人才会成功。”魏法祥解释道。

五、使命荣誉高于天，扬我国威勇争先

“我热爱特种兵这个职业，所以在部队需要我时，我会捧着一颗感恩之心站出来；祖国需要我时，我会抱着一颗赤子之心顶上去。”——摘自魏法祥日记。

2008 年 10 月，魏法祥刚参加完军区比武，身体非常疲惫，想休息一段时间。但是，此时总部要对全军特种大队进行军事训练一级单位考核验收，大队官兵都在加班加点训练，做最后的准备。耳闻此消息，他毅然推迟休假，投身到考核中去。他参加了军事理论、军事地形学、武装越野、手枪射击和攀登等的五个科目，成绩全都优秀。

2009 年 3 月，总部赋予军区代表中国参加“安德鲁博依德”国际特种兵比武竞赛任务，军区首长把这项任务赋予了特种大队。魏法祥主动找到营长，要求参加比武集训。训练是残酷的，竞争是激烈的，集训队员由 110 名锐减至 20 人。在昆明高原强化集训中，他身带伤病咬牙坚持了 43 天，最终成为 8 名正式参赛队员中唯一一名国防生干部，担任中国参赛队第二小队队长兼翻译。

现在在官兵们眼里，他是一面火红的旗帜，是一位知兵爱兵的大哥，是一位能察善打的特战精英，无论出现在哪里，都是那么鲜亮、那么耀眼、那么富有感召力。

六、一个特战队员的铁骨柔肠

任你是一个铁骨铮铮的汉子，也总有那么一丝情感让我们触动，魏法祥也是这样，作为一个军人，他一年中回不了几次家，而作为一个身兼重任的特战队员更是如此，每当想家的时候，他会找一个安静的地方自己一个人待着，或是给父母打个电话，魏法祥深知自己无法像普通人一样对父母尽孝，总是感觉自己对不起父母，但给父母打电话的时候却又是那么坚定，他经常对父母说：“忠孝不能两全。”既然选择了投军效国，也就是放弃了自己作为儿女的一些责任。父母很支持魏法祥，他们觉得有这么一个儿子很自豪，而这也让他能够更加从容地投身军营，燃烧激情，让青春在绿色军营中闪光。

在谈起自己的女朋友来时，魏法祥一脸歉意，“我们分手过四五次了，不过每一次都是我提的，觉得太对不起她了，我不能因为自己耽误了她”。本以为他会回避这些问题，没想到他却回答得十分坦然，这也是军人气质使然吧。“一个女同志自己生活不容易，尤其是结婚以后，自己不能回去照顾，家庭的重担便会只落到她的身上，想起这些让我很愧疚，这也是我数次提出分手的原因，但她却一直很坚持。”试想一下，一个如此体贴入微、为他人考虑的人又怎能不令人感动并且为之坚持呢？而两人也将会在明年结束爱情长跑，步入婚姻的殿堂。

经过无数次的历练，这个从象牙塔走出的国防生已成为一名铁骨铮铮的特战队员——“老 A”，这位“史上最牛国防生”也已成为无数学弟学妹心目中的超级战

士和偶像，千万个学子正在他的影响激励之奋然前行。对于魏法祥取得的优异成绩，中央电视台、《解放军报》《解放军画报》《中国国防报》等媒体也多次进行了宣传报道。最后让我们用他日记中的两段话再来回顾一下这位扎根军旅建功立业的共和国军人！

在山脚下徘徊，永远爬不上山顶；在困难面前叹息的人，永远成不了勇士。失误总是有原因的，但这不是逃避责任和一味自责的理由，而是成长中必要的教训；挫折总是难免的，但这不是裹足不前和一蹶不振的理由，而是成功必需的经验。选择特种兵，虽然困难重重，但进一步就是成功，我要坚持下去。

人生之路千姿百态，但真正适合每个人的路只有一条，是雄鹰就应翱翔在苍穹之上，是小草就应展示不屈的生命之绿。我抱着赤诚之心，在军人生涯上，部队需要我流汗时，我绝不惜力；祖国需要我流血时，我绝不惜命！

（尹　磊）

山东大学人文医学博士点

人文医学博士点成员

人文医学专业是经教育部备案山东大学2006年起自主设立的博士生招生专业。这是国内第一个人文医学博士点。迄今已经招收博士研究生5届，毕业博士生2人，在读博士生9人。

博士生导师陈晓阳教授，全国优秀科技工作者，山东省科学技术协会常务委员，兼任教育部教学指导委员会委员、中华医学会医学伦理学分会副主任委员、中国自然辩证法研究会生命伦理学专业委员会副主任委员、中国自然辩证法研究会医学哲学专业委员会常务理事、山东省医学伦理学学会副会长等职。

人文医学在山东大学有着悠久的历史。早在齐鲁大学时期，就开设有“伦理”“伦理学”“医学伦理”“医师伦理”“医学伦理及医学史”等人文医学课程。建国后，在山东医学院及山东医科大学时期，均设有人文医学课程。1981年，山东医科大学开设医学伦理学课程，是全国首批开设该门课程的学校之一。期间主编和参编了大量医学伦理学教材，其中具有代表性的有：1981年，李文鹏组织编写，山东人民出版社出版的《社会主义医学伦理学》(该教材是全国第一批医学伦理学教科书之一)；1989年，吴祥廉、吕国恩主编，山东人民出版社出版的《实用医学伦理学》(该教材被指定为山东省医务人员医学伦理继续教育用书)；1993年，李文鹏主编，山东大学出版社出版的《医学伦理学》(该教材被指定为华东六省高等自学考试通用教材)。2000年，新的山东大学成立伊始，校领导就医学伦理学的重要性作出专门批示，并将之作为学科发展，山东大学医学院医学伦理学研究室随之成立。专门的人员编制与学科建制，为医学伦理学迅速发展奠定了基础。2002年，以医学伦理学研究室为骨干和主要依托，山东大学人文医学研究中心成立。2005 年，山东大学医学院医学伦理学研究室撤并为山东大学医学院医学伦理学研究所。

该学科全体教师团结协作，在教学、科研、服务社会诸方面勤奋耕耘、开拓奋进，在医学伦理学、生命伦理学等人文医学学科领域取得了显著的成绩，走在国内人文医学研究的前列，且有一定的国际影响。

十余年来，人文医学学科博士点承担国家自然科学基金 1 项（“中国社会文化情景下医务人员组织公民行为研究”），国家社科基金重点资助项目 1 项（“新医改方案与构建和谐医患关系若干问题研究”）；山东省自然科学基金 1 项（“动态博弈理论视角下的中国医药流通治理机制研究”），山东省社科基金 1 项（“中国大陆医药卫生体制改革中的利益协调问题”），山东省科技攻关计划项目 1 项，山东省科技发展计划软科学部分 6 项，山东省教育厅人文社会科学研究项目 3 项，山东省医药卫生项目 1 项，山东省科协重点学术活动项目 1 项；山东大学自主创新基金资助项目（人文社科部分）3 项；与境外知名研究机构合作课题 3 项。发表 SSCI 论文 2 篇，SCI 论文 1 篇，CSSCI 论文 15 篇，中文核心期刊论文 60 余篇，国际学术会议论文 30 余篇。主编《人文医学》《医学伦理学》《医学法学》等教材 13 部，其中“十一五”全国规划教材《医学伦理学》（人民卫生出版社）1 部。参编教材 40 余部。获山东省软科学优秀成果一等奖 1 项，山东省软科学优秀成果三等奖 1 项。

在教学研究方面，在全国率先提出“将医学伦理学作为医学专业基础课开设”的设想，并进行了多项教学改革，取得了丰硕的教研成果。2009 年《医学伦理学》课程被评为国家级精品课程。

先后主办“面向 21 世纪的中国生命伦理学：医疗市场、道德与传统文化国际生命伦理学会议”（2005 年 6 月），“中国医学伦理教育理论与实践研讨会”（2008 年 7 月），第三届全国生命伦理学学术会议（2009 年 11 月），并将于 2011 年 12 月举办“医疗储蓄账户、深化医改及儒家生命伦理国际学术会议”。邀请境外专家短期来访 30 余人次。聘任美国 Rice 大学恩格尔哈特（H. Tristram Engelhardt）教授、香港城市大学范瑞平教授为客座教授。与香港城市大学公共治理研究中心、台湾中央大学哲学研究所保持着稳定的合作关系。

（杨同卫）

《中华民族精神概论》课程的开设

一、中华民族精神概论课程的缘起

2001年，针对当时高等教育存在的问题，特别是素质教育和民族精神教育中存在的问题，山东大学围绕如何对本科学生进行富有山东大学特色的文化素质教育，如何将文化素质教育与大学生的政治理论教育和人格品德教育有机地融为一体，以及能否在全国率先将文化素质教育纳入大学公共必修课程体系等问题，在文史哲等学科的专家学者和部分理工科的师生中展开调研和讨论，开展了大规模的教育改革活动。经过在三个校区(当时的东校区、西校区和南校区)的全面调研和若干次不同范围的研讨会后，文史两院先后向学校提出了将历史人文教育纳入学校公共必修课体系的建议，并提交了翔实可行的论证报告。

2001年9月17日向学校提出《历史文化学院关于在全校本科学生开设〈中华民族精神概论〉的建议》，认为：

(一)一个民族的历史，以及这一历史过程中形成的民族文化和民族精神，既属于知识和学问的范畴，更属于道德和价值的范畴，它凝结着一个民族世世代代的情感与理想，是标识民族身份、维系民族认同感的最终依据。

(二)以中华民族悠久的历史与灿烂的文学史为教学切入点，以中华历史文化所负载的民族情感、民族理想和民族认同为讲习重点，通过开设《中华民族精神概论》和《中国传统文学修养》两门公共基础课，在开阔学生的知识视野、提高其文化素质的同时，培养学生的人文使命感和民族责任感，进而完成“文化素质”与“民族精神”的一体化教育。这种一体化教育，有利

《中华民族精神概论》被评为“国家精品课程”

于增强学生对中华民族数千年所负载的精神价值的理性认同，培育学生的人文情怀和高尚的人格。

（三）这种一体化教育与目前高校中已经开设的大学公共政治课程，可以互相补充，互相深化，从而在“学术研究”“知识学习”“人文教化”和“政治教育”的自然交叉中，构建一个主线明晰而又内蕴丰富的新型大学公共基础课程体系。这将是一个创造性的举措，不但有可能为高校教育改革开拓出一条新路，而且对于民族精神的弘扬和中华民族的伟大复兴，都具有重大而深刻的意义。

（四）就大学人文教育的现状而言，目前，中国高校中至少存在着以下四个人们所普通感受到的问题：(1)过窄的专业教育，使学生的人文视野与治学基础不宽；(2)过重的“应试”“实用”的导向，使学生的人文理想和精神追求呈弱化状态；(3)人文素质教育往往只是“课外活动”的一个组成部分，游离于课程体系之外，这既增加了学生的课程负担，又增加了教学成本，从而使人文素质教育很难持续有效的开展；(4)把人文教育更多地等同于一般的文体活动和一般的技能训练，而忽视了人文教育的本质——人文传统和文化精神的培养。如果山东大学能率先对上述问题予以变革，将有可能为中国大学的人文教育提供一种具有一定示范意义的经验。

（五）山东大学“素以文史见长”，历史文化学院和文学与新闻传播学院具有很强的学术实力和师资队伍，完全有能力完成上述四点中所提出的设想、目标和任务。

二、中华民族精神概论课程的批准

学校非常重视历史文化学院的报告，很快就组织相关专家学者进行论证，对中华民族精神概论课程研究实施过程中特别需要解决的问题，如文史哲学科资源的整合以及科研资源如何转化为教学资源的问题；课程体系设计和教学组织、师资队伍的整合问题等，学校教学和科研主管部门和相关学院都在充分研究和协调解决的基础上予以充分关注上，并在教学计划中明确了中华民族精神概论课程的定位、属性和课时。

山东大学于2001年11月5日正式发文《山东大学关于整合完善本科专业教学计划的若干意见》(加附件)，决定依托山东大学“文史见长”的学科优势，以公共必修课的形式，在全校非文史类的本科生中同时开设“中华民族精神概论”和“中国传统文学修养”两门课程，作为学校文化素质课程的核心和特色课程。以此为标志，山东大学正式启动了《“文化素质”与“民族精神”一体化教育的大学公共课程体的建构》这一大学人文教育的改革项目，也是中华民族精神概论课程正式启动的依据。

三、课程内容

《中华民族精神概论》是一门融专业知识、学术人文、政治理论、道德教育于一体的综合性的课程，具有极为丰厚的内容，需要从历史与现实的结合上进行设计和阐释。

教学团队十分重视《中华民族精神概论》（以下简称《民论》）课程体系和教学内容的设计，将其基本内容概括为七个大的方面：

1. 研究和讲授中华民族精神产生和发展的历史。中华民族精神是随着中华民族的形成而形成，并随着中华民族的发展而发展的，是在长期历史发展过程中凝聚而成的。民族精神作为内化于民族心理意识之中、深藏于民族文化和民族生活之内的灵魂，它是深刻和稳定的。但伴随着民族历史的发展，受特定时代及其条件的影响，民族精神也会发生变异，打上特定时代的印记。《民论》课程的主要内容之一就是要将中华民族精神的产生、发展、演变的历史讲授给学生。

2. 研究和讲授中华民族精神的主要特征。不同的民族有不同的精神特征，如希腊的科学自由精神，印度的宗教慈悲精神等。中华民族在数千年的历史发展过程中提炼和升华出的民族精神也有鲜明的民族特征，主要表现为：(1)积极进取，百折不挠的拼搏精神；(2)博大宽容、互助互尊的友好精神；(3)国家兴亡、匹夫有责的爱国精神；(4)注重实际的现实主义精神；(5)身体力行的实践主义精神等等。

《民论》对中华民族精神的研究和讲授，就是要对上述特征进行学术上的概括并使之系统化，以适应大学教育的需要。

3. 研究和讲授中华民族精神的不同侧面。如中华民族的自强精神、宽容精神、爱国精神、自由精神、勤俭精神、重德精神、务实精神、人本精神、变革精神、民本精神等等。

4. 研究和讲授中华民族精神的物化特征。如“龙的传人与中华民族”“长城与民族精神”“黄河与民族的血脉”“泰山与中华民族的风骨”等等。

5. 研究和讲授中国传统文化中所蕴含的民族精神。黑格尔说：“民族的宗教、民族的风俗以及民族的科学、艺术和技能，具有民族精神的标记。”（《历史哲学》）所以，可从中国传统文化的不同门类中提炼和讲授民族精神，如“中国艺术与中华精神”“中国史学与中华精神”“中华民众与中华精神”等。

6. 研究和讲授“重大事件与中华民族精神”“杰出人物与中华民族精神”。如“屈原投江与爱国精神”“五四运动与科学启蒙精神”“延安整风与实事求是精神”和“孔颜人格”“老庄风度”“包拯与清官文化”“鲁迅精神”“雷锋精神”等等。

7. 研究和讲授中华民族精神的功能。通过这一方面的讲授，着重阐述民族精神在“中华民族的伟大复兴”中的作用，说明“崇高的精神，代表着社会进步的方向，凝结着绝大多数人的意愿和根本利益”“伟大的事业需要并产生崇高的精神，崇高的精神支撑和推动着伟大的事业”。

四、课程建设目标

1. 内容设计上，《中华民族精神概论》是一门通过对特定的历史人物（如屈原、

苏武)、特定历史事件和特定文化成果(如《论语》《易经》、"宋明理学""禅宗")的阐述,以体认和领略民族精神的课程。如:

读《西周书》,便该领略到西周的精神,同时便该领略到周公的精神。一段历史的背后,必有一番精神。(钱穆)

炎黄二帝的"文化场,正是后来夏商周统一国家的基础。炎黄子孙的团结,是我国文化的重要特点。这样的民族精神,在史前已露其端倪了"。(李学勤)

秦汉这四百年的统一,养成了一个统一民族的意识。从前只有"齐人""秦人""楚人"的意识,到这时候才有"中国人"的意识。(胡适)

——均引自本课程之教材《中华民族精神概论》

2. 在课程设计上,采取纵横结合的方式。"纵"的方面,以中华民族的历史进程为基本脉络,按时代顺序,如"远古时期""先秦时期""汉唐时期"等等,分几个大的单元;"横"的方面,在每个单元中,选取不同的横断面,进行专题讲授,如在"先秦单元"中,讲授《易经》与中华民族"自强不息,厚德载物"的精神、屈原与传统士人的人格建构等等,让学生从具体的历史人物、历史事件和具体的文化成果中真切地感受到民族精神的跳动。

3. 在授课理念上,凸显学术理性。即在强调弘扬优秀的传统文化和民族精神的同时,努力将这种"弘扬"变成一种科学的人文素养,养成一种学理上的自觉认同。从而使大学教育与中学教育有所区别,同时也能更好地体现出大学教育中知识和价值、学问和情操、科学性和政治性的圆满结合。

4. 在授课方式上,要求避开"通史"式的课程设计,也改变了以往由一二名教师通讲一门课程的习惯,而代之以系统的、专题讲座式的授课方式。即按照统一的教学大纲,系统地设置课程中应该包括的内容,用专题讲座的方式传授给学生。教师根据教学大纲中设置的专题,选择与自己研究领域相同的2～3个专题,按团队接力授课的方式完成一门课程的教学。这样的授课方式,切实保证了课程的思想深度和学术水准,从而真正实现教学与科研的紧密结合。

5. 在课程建设目标中,特别强调现代信息技术的运用,要利用网络的优势,丰富教学资源,提高办学效率,扩大课程的影响,实现教学手段的先进化。争取使本课程成为具有全国,乃至国际影响的品牌课程。

五、师资队伍与教学方法

山东大学素以"文史见长"。历史文化学院是山东大学学术实力最强的院部。蜚声海内外的老一代专家学者和今天的一大批杰出的中青年学者,共同造就了学院深厚的学术积淀,同时也形成了有关民族文化和民族精神的理性思考和学术关怀。

《中华民族精神概论》课程教学团队以历史文化学院的博士生导师、教授、副教授为主体组成。有很高的学术水平和教学水平，在30余名教师中有教授20人，其中博士生导师15人，副教授8人，讲师3人，有博士学位者21人。平均年龄为40岁左右。有近1/4的学者有一年以上的国外学习经历，教学方法多样，教学水平很高，使该课程成为最受学生欢迎的课程。

30位教师面向全校本科生授课。在总团队下采取“授课团队”的方式完成授课任务。每个授课团队由7～8人左右组成，完成5个单元的授课。大约每2人负责一个单元的授课。每个授课团队同时面向5～6个学院开课。不同的授课团队可以根据团队成员的学术背景、专业领域和学术兴趣，自行选讲本教学大纲中规定的相关内容。各授课团队之间选讲的内容允许有较大差异。“授课团队”的建设，是这门课程取得成功的重要原因之一。王育济教授一开始就提出：“中华民族的历史与精神”这门课程在授课方式上，要改变以往由一两名教师通讲一门课程的习惯，而代之以系统的、专题讲座式的授课方式。即按照统一的教学大纲，系统地设置课程中应该包括的内容，用专题讲座的方式传授给学生。教师应根据本课程大纲中的要求，选择与自己研究领域相同或相近的2～3个专题，按团队接力授课的方式，完成规定的授课内容。

这样的授课方式，保证了课程的思想深度和学术水准，也真正实现了教学与科研的紧密结合。同时，山东大学在全校性的本科公共基础课程的教学中，也首次真正实现了学术研究梯队与授课团队的合二为一。

六、课程的影响与荣誉

《中华民族精神概论》的开设在社会和学术界都引起强烈反响。

展涛校长在接受中央电视台《新闻联播》采访时，特别强调，这门课程“不是普通的知识传授，更重要地它是对学生人格的熏陶”。这种结合，收到了很好的教学效果。

山东大学管理学院学生秦玉全：“它不是从死记硬背的角度，单纯为学史而去学史，更多的是从欣赏的角度，这对培养我们爱国主义精神有很大的帮助。”（2005年2月15日央视新闻联播）

北京大学社会学系2002级本科生安文研：“北大的许多人文类选修课都很吸引人，大家听了，有‘灵魂得到安慰’的感觉。但晚上开课，人满为患，为什么这些课不能在正规的课堂中开设，为什么不在正规课堂上给我们的灵魂以安慰，偏偏在半夜才给我们灵魂安慰呢？山东大学把中华民族的文化精神、民族精神的专题放到了大学公共课程体系中，我和北大的同学们都很羡慕。”（在《第一届中国文化论坛：中国大学的人文教育·2005年北京香山》会议上的发言）

山东大学是中国高校最早以《中华民族精神概论》为名开展中华民族精神教育的高校，目前已经整整十个年头。十年来，教学团队的老师们为共约8万本科生讲授了这门课程，受到学生的高度评价；这门课程也获得从国家级精品课程到国家级教学成果二等奖到国家级教学团队等一系列的国家级教学奖项。

2011年6月又刚刚入选国家教育部精品视频公开课建设，是从39所“985工程”高校遴选出来的首批进入2011年建设的课程（教高司2011年105号文）。山东大学目前仅有《中华民族精神概论》和《中国审美文化史》进入建设范围。精品视频公开课以大学生为服务主体，同时面向社会大众免费开放，采取政府主导，高等学校自主建设专家学者师生评价遴选，社会力量参与推广的模式，高校和主讲教师承担选题建设任务，上网展示后社会反响良好的课程，给予荣誉称号和经费支持，教学团队正在积极进行视频公开课的建设。

（赵爱国）

首次对中国文化产业学术及理论的权威总梳理

由国家文化部、山东省委宣传部重点支持，山东大学主持编纂的《中国文化产业学术年鉴》，已完成 1979～2008 年即改革开放 30 年各卷，全书共 7 册 1600 万字，由文化艺术出版社、山东大学出版社联合出版。

《中国文化产业学术年鉴》

《中国文化产业学术年鉴》是国内首次编纂的、按年度持续反映中国文化产业理论走向和研究水准的大型学术文摘类权威著作，也是文化产业研究领域中信息容量最大、资料索引最全，可供长期保存和反复查阅的大型工具书，可满足高校各相关专业方向(约 30 个)的本科生、研究生撰写毕业论文时检索文献的需要，可基本满足研究者、决策者和产业界人士对文化产业的理论需求，可为不同行业、不同区域的文化产业发展提供思路方面的启迪和尽量丰富的信息参照。

2002 年，党的十六大报告明确提出发展中国文化产业的战略构想，这不但成为中国当代文化产业发展的一个界标，也成为中国文化产业学术理论研究和学科建设的一个重要起点。2003 年年底，山东省委宣传部在山东大学设立“山东省文化产业研究基地”。与此同时，教育部也在山东大学、中国传媒大学等四所高校首次设立“文化产业管理专业”。

基于长期形成的办学传统，山东大学历史文化学院文化产业管理学系成立伊始，即会同有关单位对 2002 年以来有关文化产业研究的学术理论成果进行了系统搜集和整理，经过数年积累，形成了过亿字的资料。2008 年 1 月，正式启动《中国文化产业学术年鉴》(以下简称《年鉴》)的编纂工作。

编审委员会主任委员为王文章、李群；工作指导委员会主任委员为朱正昌；编审委员除文化产业研究领域中最有影响的权威学者外，还包括政府决策层及业内知名人士，如张艺谋、范曾、海岩等。编辑部设于山东大学，主编为王育济教授、齐勇锋教授、侯样祥研究员、韩英。

2008 年年底，《年鉴》完成了 2002～2008 年之间各卷初稿编纂，随即以“特快专递”的邮寄方式，向 435 名专家学者寄送了《年鉴》简介、各卷详细目录和征求意见表，收回反馈意见 421 份。根据反馈意见，对初稿进行了三次较大修订。同时，根据专家学者的建议，将《年鉴》编纂上限由 2002 年上溯到 1979 年，以形成对近 30 年中国文化产业学术理论研究的完整总结，进而为 2008 年后《年鉴》的编纂奠定一个最坚实的基础。

《年鉴》的编纂，得到了山东省委宣传部和省直有关部门的支持和指导；2008 年年底，“《中国文化产业学术年鉴》的编纂及相应学术评价体系的建立”，被评定为山东省社会科学规划重大项目。

《年鉴》主体结构的确立和主要内容的调整，以及其他相应的学术工作，是在《年鉴》编审委员会及有关专家学者的指导和把握下进行的。

《年鉴》编辑部设于山东大学，主要负责《年鉴》基础资料的整理和前期编辑工作。具体编纂工作由山东大学历史文化学院文化产业管理学系负责，档案学系、历史学系、考古与博物馆学系的部分师生也参与其事，故文化产业的学科优势以及档案学的规范和历史学的严谨都在《年鉴》的编纂中有所体现。

山东省文化产业研究基地(设于山东大学历史文化学院)、国家发改委文化产业研究中心、中国艺术研究院、文化艺术出版社等有关专家学者也参与了《年鉴》的编纂及后期的编审加工工作。上述单位的通力合作，不但保证了《年鉴》的学术质量和出版质量，也使《年鉴》在“文化”与“产业”“学术”与“政策”“理论”与“实践”等诸多界面上保持着活跃的综合优势。

《中国文化产业学术年鉴》主体栏目有：

1. 中国文化产业学理研究与理论综合研究。本栏目包括文化产业的概念、定义、逻辑内涵、行业边际、学科特点等学理方面的研究，中国文化产业的特点、历史、现状等宏观理论研究，文化产业的发展布局及应用战略研究，文化产业的区域研究，文化产业的立法研究，文化产业学科建设与人才培养研究，中外文化产业的比较研究，海外文化产业研究等。

栏目由“年度权威论文选编”和“年度重要学术观点摘编”两部分构成，可较全面地反映中国文化产业研究的学术走向、理论趋势和前沿进展，并可从不同层面满足研究者、决策者、行业管理者和产业界人士的理论需求。

2. 中国文化产业行业研究。《年鉴》按行业将中国文化产业大致划分为七类：①图书、报刊产业；②影视、网络传媒产业；③动漫、游戏产业；④广告、会展、节庆产业；⑤旅游、生态观光、休闲产业；⑥体育产业；⑦艺术品、演艺、文博收藏产业。

该栏目按年度、行业精选“年度权威论文”和“年度重要学术观点”，以具体反映中国文化产业各行业的理论进展和实践经验。这样既可为各级宣传、文化部门和行业管理部门提供广泛的决策参考，又可为业内相关企业提供准确的行业发展态势和丰富的业内信息。

3. 中国文化产业“年度业内亮点”评价集成—统计、分析与结论。文化产业既是“文化”的，又是“产业”的，既要有合理的文化价值，又应体现产业的本质属性，即明显的经济利益和优良的产业模式。

依据上述原则，《年鉴》选取历年为媒体、大众和管理层所广泛关注的文化产业项目，如“超级女声”“临沂旅游产业链”“《闯关东》”“二人转演艺产业”“分众传媒”“百家讲坛”等为“年度业内亮点”，围绕着每个“业内亮点”，对民众、学术界、管理层所发表的各种评价进行了迄今为止最彻底、最全面的检索，并将这些评价进行分门别类的量化统计，由此做出关注度、评价向度、产业模式等方面的分析和结论。

4.“业内典范”综合考量：理论的张力与实践的自觉。以彩页的形式呈现，择优选登文化产业领域中“具有引领意义”的典范区域、企业、项目等，以凸显理论源于实践的学术张力。

彩页中选登的产业实践项目，与《年鉴》的学术宗旨相一致，并与《年鉴》的理论性、政策性、权威性相吻合；除展示“业内典范”的业绩外，着重突出相关人员，尤其是企业领导人在文化与文化产业等问题上的理论洞察力、学术观点、文化视野、前瞻意识和发展思路等，以强化学术、理论、政策、实践的综合互动。

5. 中国文化产业年度研究资料索引。该索引包括论文索引、著作索引以及博士、硕士论文索引。

年度论文分类索引。广泛搜集刊发于各类正式期刊、报纸、研究文集、会议论文集中的有关中国文化产业研究的各类文章，按年度编排成便于查检和使用的论文索引，是目前文化产业研究方面最为完备的信息检索平台。

年度研究著作索引。按年度收录文化产业方面的著作。同一年度按书名的汉语拼音首字母顺序予以排列。专业图书的检索量超过了《全国总书目》(电子版)、

《全国新书目》(纸质)、国家图书馆查询系统、上海图书馆查询系统、中国图书资讯网,以及卓越、当当购书网的总和,是目前中国文化产业研究类著作收录量最大的信息检索平台。

年度博士、硕士论文索引。文化产业类研究生的培养分布在文学、史学、哲学、艺术和经济、管理、计算机等二十几个不同的学科中,《年鉴》首次将分散于各学科的相关博士、硕士论文加以专业化整理,系统显示了该方面的完整信息。

《中国文化产业学术年鉴》目前已编纂并出版了1979～2008年各卷,"完整反映了改革开放30年来中国文化政策、文化市场、文化产业在理论层面上的综合互动,涵盖了近30年相关领域中最完整的学术信息和最丰富的理论内容"。今后将以2009年卷、2010年卷……的方式,每年编纂出版一卷,以期对中国文化产业的学术研究、政策制定、行业模式、产业实践等产生持续而深刻的影响。

《年鉴》在编纂过程中就受到文化产业学界近500位著名专家学者的支持和好评,如张敏教授(教育部中文教学指导委员会委员、上海大学影视学院院长)2008年9月曾专门致信,对山东大学的前期资料整理工作予以赞扬:"你们从基础做起,劳心费力,然功德无量,精神令人折服,只是工作量太大,头绪复杂,实在太辛苦了。"2009年6月19～20日,在北京大学、清华大学、中国社科院和中国传媒大学联合举办的"中国文化产业30人论坛"上,山东大学历史文化学院院长王育济教授以"1979～2008:近30年中国文化产业研究的学术考察与梳理"为题,简要通报了山东大学正在进行的《中国文化产业学术年鉴》的编纂工作情况,引起与会学者的高度关注。云南省文化厅副厅长、云南省文化体制改革办公室副主任范建华在大会点评时说:"对山东大学的工作,我们只能用敬佩和感谢来表述……最令人感佩的是,山东大学的老师们编制的《1979～2008年中国文化产业论文总目索引》《著作总目索引》《会议索引》等等,真是下了大工夫,花了大气力。山东大学肯做这样艰苦的基础工作,我们除了敬佩还是敬佩!"2009年7月29日,在中国艺术研究院文化战略研究中心举办的《国家文化产业振兴纲要》研讨会上,中国社科院文化研究中心主任,著名的《中国文化产业蓝皮书》的创始人张晓明说:"山东大学的工作,有着特别特别重要的价值。近些年来,我们的文化产业理论研究工作之所以进展不快,一个很重要的原因就是对以往的研究缺乏有效梳理。现在,山东大学的学者们很扎实地做了这一工作,其价值和意义不言而喻。"在2009年12月召开的第六届全国文化产业学科建设联席会上,与会专家更是认为,年鉴的编纂"为中国文化产业的学科建设做出了里程碑式的贡献";上海交通大学胡惠林教授说:"《年鉴》不仅仅是一套书,而是一项具有重要意义的事业,不仅会对高校文化产业学科建设和发展发挥积极的带动作用,同时也会为推动我国文化产业的发展产生深刻影响,我们感谢山大历史学院同仁为此付出的艰辛劳动。"北京大学历史系教授许平说:"山东大学已占据了一个学科建设的制高点,今后谁研究文化及文化产业,都绕不过这套年鉴。”

《年鉴》各卷出版后三个月，中央电视台新闻联播（3月20日）、新华社（3月22日、3月24日）、《人民日报》（3月25日）、《光明日报》（3月31日）、《中国文化报》（3月31日）、《中华读书报》（3月31日）等各大主流媒体，均以显著篇幅对年鉴的编纂工作等进行了报道。

4月12日，国家教育部以《山东大学主持编纂的〈中国文化产业学术年鉴〉（1979～2008年）出版发行》为题，编发了一整期《教育部简报》（[2010年第58期]，上报中央政治局、书记处、全国人大常委会、国务院、全国政协领导同志等）。此前，国家文化部、文化部文化产业司也对山东大学的编纂工作给予高度评价（见3月15日山东大学新闻网首条）。

（韩　英）

《子海》整理与研究

“《子海》整理与研究”(以下简称“子海”)是山东大学有史以来国家立项的最大的文科科研项目。子海是“子书渊海”的简称，这是一项将子部精华典籍予以整理，对传统子学进行研究，为民族文化事业的发展提供文献依据和智力支持的大型文化建设工程。

《子海》

2010 年 6 月 8 日，全国哲学社会科学规划办公室下发“社科规划办通字[2010]46 号文件”，委托山东大学实施国家社科基金重大委托项目“《子海》整理与研究”(项目批准号为 10@ZH011)。自立项以来，受到学校各级领导的高度重视。经 2010 年 7 月 8 日第七次山东大学校长办公会通过，成立子海领导小组，由徐显明校长任组长，分管文科的副校长任副组长，各相关处、院领导任组员，负责统筹协调子海的运行、筹资等各项工作；成立了由首席专家郑杰文教授领衔的子海编纂委员会，除山东大学有关学者外，编委会成员中还有北京大学和南京大学等大陆高校、台湾大学和台北大学等台湾高校、香港中文大学和澳门大学等港澳高校，以及日本东京大学和美国哈佛大学、德国慕尼黑大学等国外高校的专家，编委会在领导小组的指导下，负责制定子海整理与研究学术规划与整理规范，书稿质量审查等管理工作；成立了子海编纂中心，具体负责甄选底本、标点校勘、学术研究、出版、宣传等日常工作。学校专门为子海编纂中心分配了九间科研用房，配备了相关工作人员。这在山东大学科研工作的历史上，的确是不多见的。这一方面反映了山大校领导重视科研工作的一贯方针，另一方面则是由于子海是到目前为止我校所承担的规模最大的文科科研项目，其学术影响是巨大的。子海项目规模之大，主要体现在以下几个方面：

一、国家拨款，学校配套，数额之大，史无前例

国家社科规划办公室每年下拨专项科研经费80万元，学校除按国家到位经费的1∶1比例给子海编纂中心划拨配比经费外，每年再从学科建设经费中也按国家年度到位经费的1∶1比例划拨专项科研经费。项目计划十年完成，到结题之日，累计经费总额可达2400万元。国家投入的科研经费，比同时批准的另外两项（四川大学承担的“巴蜀全书”和吉林省社科院承担的“东北古代方国史”）都多。

按照子海项目的总体规划，预算经费总计9000余万元。因此，除了国家与学校的划拨资金之外，在学校领导的指导下，子海编纂中心又向山东省委、省政府提出了资金支持的申请，现已获得山东省委与省政府的许可，省领导已责成省委宣传部、省财政厅、省文化厅等各有关单位联合成立子海工作协调小组，帮助子海项目筹措资金。

二、收书之多，超越前代，篇帙之巨，一时无两

子海项目共包括四个板块，每个版块分别承担着不同的学术使命。

第一个板块是《子海精华编》，精选子部要籍500种，根据每种子部要籍以往流传与整理的实际情况，分别采取最为可行的方式加以整理。其中部头较大且前人未曾整理者，采用标点、校勘的方式整理；前人曾经标点、校勘者，或采用抽换底本的方式整理，或采用集校的方式整理，或采用注释疏证的方式整理，或综合使用以上方式；前人已有较好的注本者，采用集注、汇评、补正等方式整理；若整理者对所整理的典籍有深入独到的研究心得，创获较多，亦可采用新注的方式整理。这500种子部要籍点校释证工作，是子海项目的核心。

第二个板块是影印出版《子海全编》。选择周秦至清末重要子书5000种，遴选精善或稀见之本为底本，分期影印，这是子海项目的主体。清代乾隆年间编过一部很大的古籍丛书，所收涉及经、史、子、集四部，故称《四库全书》，共收录先秦至清代前期古籍3503种（此据文津阁藏本），被誉为鸿篇巨制，典籍渊薮。该书广收四部之书，不过3500余种，《子海全编》只收子部之书，已达5000种，可见收书之多，远超前代。

第三个板块是撰写出版《诸子思想文化精华研究丛书》。立足于子学文献的现代文化意义及其对当今现实政治与国际社会的资治作用，设计了100个研究课题，其中不仅有“先秦学术体系的重构”“诸子之学与东方智慧”“出土先秦子书专题研究”等通论性课题，也有“阴阳五行学说的生成与衍变”“法家学说的历史作用与当代价值”“先秦名学与印度因明学及希腊逻辑学之比较研究”“杂家学术方法论与中国考据学”之类的专题探讨，广泛涉及传统子学典籍中所包含的农学、兵学、武术、医学、园艺学、历算学、格致之学、蒙学、女学以及术数、艺术、文房、饮食、民俗、宗教

等诸多方面。这个版块，无论是学术内涵、知识门类，还是丛书规模，都是不多见的，这是子海的高端成果。

第四个板块是撰写《子海精华编提要》500篇，用5000到10000字的篇幅，简要地介绍《子海精华编》中所收每部子部要籍的作者的学术生平，详细地论析每部要籍的思想内容及其学术价值。以此为前提，选聘外语水平高且有很好的国学修养的专业人员，或具有良好的中国古典学修养的外籍汉学家，将每篇提要译成外文（目前主要是英文和日文），向世界展示中华思想文化的精华，这是子海所着力追求的文化传播效应。这种大型解题目录的撰写翻译，在国内尚属首例。

这四个版块研究成果的字数共计可达2亿以上，篇帙之巨，不难想见。

三、作者众多，来源广泛，层次之高，一时称最

截止到2011年7月底，子海编纂中心已从山东大学以及北京大学、复旦大学、南京大学、武汉大学、厦门大学、西北师范大学等30余所高校中，分三批选聘了97位科研人员（其中教授27人，副教授38人），启动了《子海精华编》中134种子学要籍的整理工作。

另外，有不少海外学者也以各种方式加盟子海项目。台湾大学知名学者叶国良教授于2011年8月～2012年8月来山东大学子海编纂中心进行合作研究，主要负责审稿工作。德国慕尼黑大学著名汉学家叶瀚教授已经启动了《鬼谷子与纵横家研究》一书的撰写工作，完稿后将收入《诸子思想文化精华研究丛书》出版。美国夏威夷大学著名汉学家安乐哲教授已完成《儒家角色伦理》一书的英文稿，目前中文版的翻译工作正在有序进行。

山东大学以子海项目为平台，广泛开展国际合作交流，将国内外几十所著名高校的几十位资深古典学者集结在一起共襄盛举，对国际社会所产生的良好的学术影响是不可估量的。

四、严格管理，制度完善，效率之高，堪称典范

为了保证书稿的质量，子海编纂中心专门编制了《子海精华编整理细则》，在全国范围内广泛征询了众多专家的意见之后，又经过十几次修改，才最终定稿。

为使子海项目的管理更加科学化、规范化，子海编纂中心还制定了《“子海整理与研究”项目管理办法》《“子海整理与研究”项目经费管理办法》《〈子海精华编〉整理工作流程》《〈子海精华编〉整理者遴选办法》《〈子海精华编〉责任编纂工作细则》《〈子海精华编〉审稿专家聘用办法》《〈子海研究编〉作者遴选办法》等一系列的管理文件，并在日常的编务工作中严格执行。

为了提高各项工作效率，子海编纂中心为已启动的《子海精华编》各子项目配备了专任责任编纂（每位责任编纂负责30个子项目），设计了《〈子海精华编〉子项

目管理卡》,规定专任责任编纂与各子项目承担者每月至少联系一次,并将联系情况特别是整理进度、遇到的问题填在各子项目电子文档中,以跟踪掌握各子项目的整理进度和相关情况,并及时解决整理者提出的问题。

自项目启动伊始,首席专家就要求责任编纂为日常的编务建立了"工作日志"。截止到 2011 年 7 月底,"工作日志"已记录了 5 万多字。详细的"工作日志"与动态的《子项目管理卡》结合起来,就是最好的备忘录与效率手册。

国家社科基金重大委托项目的具体实施,目前尚无成熟的管理模式与运作方式可资借鉴,有许多问题还需要在具体实践中不断地尝试与探索。对于子海项目进度之快捷,组织之高效,国家科研管理部门给予了充分的肯定。早在 2011 年 2 月 14 日由全国哲学社会科学规划办公室编发并呈送有关中央领导的《国家社科基金管理工作简报》第 4 期(总第 193 期)上,就在题为《〈子海整理与研究〉课题组探索重大文化项目运作管理模式初见成效》的文件中对子海项目的工作经验作了推介,并明确指出:"课题组积极探索重大文化研究项目的运作和管理模式,制定严格的项目管理制度,设计规范的古籍整理工作流程,推动项目研究全面实施,总体进展顺利。"

另外,子海编纂中心还编印了《子海特辑》三大册,收录山大前辈学者未出版的子学研究遗作,有高亨先生《老子哲学》《庄子哲学杂论》《先秦诸子研究文献目录》,栾调甫先生《墨学概论》《墨学》(第三册)、《名学》《因明(辩篇之二)》《名家言(卷之九)》《坚白说》《论逻辑与常语用名之异》《答王启湘问》《国学绪论》《子书概论》《指导研究》《论语研究》,丁山先生《荀子均(韵)集》《五行考原兼论明堂五帝》,王献唐先生《公孙龙子选译》《老庄学案初稿》《鬼谷子札记》,共计 20 种(其中墨书手稿 17 种),已由凤凰出版社于 2011 年 6 月出版。这些未刊稿的问世,弥补了现代子学研究史的文献空白,为学术界提供了新的参考资料。

总的来说,在子海编纂中心主要成员的共同努力下,项目进展高效有序,堪称又快又好。如此巨大的集体项目,在如此短的时间内,取得如此骄人的成绩,的确是很罕见的。

(郑杰文)